真のロマン市街図

出典:『マンステルのコスモグラフィー・ウニヴェルセル(普遍宇宙誌)』、
フランソワ・ド・ベルフォレストによる補足、1575年、アルスナル図書館蔵、パリ。

E・ル・ロワ・ラデュリ
EMMANUEL LE ROY LADURIE

南仏ロマンの謝肉祭《カルナヴァル》

LE CARNAVAL DE ROMANS

叛乱の想像力

DE LA CHANDELEUR AU MERCREDI DES CENDRES 1579-1580

蔵持不三也……訳

新評論

Emmanuel LE ROY LADURIE
LE CARNAVAL DE ROMANS

訳者まえがき——ロマン逍遙

＊文中で施設、建物の名のあとにあるアルファベットは、本書見返しの「真のロマン市街図」の記号と対応している。

本書の舞台ロマン＝シュル＝イゼール（Romans-sur-Isère）、通称ロマンは、フランス中東部ドーフィネ地方ドローム県の郡庁所在地で、今日、国際履物博物館で知られる。人口約三万三〇〇〇余。「イゼールに面したロマン」を意味する町名から明らかなように、かつて町の外壁が巡っていたジャクマール広場から河岸にかけての傾斜地に広がる旧市街（写真1）に、中世的なたたずまいを今もなお濃密に残す町の歴史は、北側に大広場（I）、南側に水量豊かなイゼール川を見下ろす、サン＝ベルナール参事会教会（H、写真2）と分かち難く結びついている。修道院として出立したこの教会は、ガリアの地におけるキリスト教布教の最初期の拠点の一つだったヴィエンヌ（イゼール県）の大司教ベルナールが、八三七年に創建したものだという。敬虔王ルイ一世の息子ロタールが兄弟同士の領土争いに負け、最終的に祖父カール大帝が築いた帝国の分割統治を定めるヴェルダン協約を弟たちと結んで、イタリアやプロヴァンス、ブルゴーニュおよびフランス東部を手にするようになるのは、それから六年後のことである。

こうして順調に教勢を拡大していった修道院は、八六〇年頃、来襲したノルマン人によって教会堂を破壊され、九二〇年頃まで再建されることはなかった。そして、せっかく再建なったにもかかわらず、教会堂はさらに一〇四九年には火災、一一一三年には略奪の憂き目をみる。やがて第四回十字軍

（上）写真１　イゼール川とポン・ヴュー（字義は「古い橋」）。左岸の町並みはロマン、右岸はブール＝ドゥ＝ペアジュ。
（下）写真２　サン＝ベルナール参事会教会。９世紀創建。

写真3　サン＝ベルナール教会堂西門扉と使徒像彫刻。

を派遣して五年後の一二〇七年、教皇イノケンティウス三世は当時神聖ローマ帝国領だったロマンのこの教会に、大市や定期市への課税・徴税権を認める。だが、教会参事会に与えられたこれらの権利は、七年後、教皇と対立していた皇帝フリードリヒ二世によって、港や橋の管轄権ともども奪われてしまう。

一三四九年三月三〇日、息子が後継者を残さぬまま早世してしまったドーフィネ公ユンベール（フンベルト）二世は、それまで神聖ローマ帝国領だったローヌ川東岸のドーフィネ地方をフランスに譲渡することを決意する。そんな新たな時代を画する協約が結ばれた場所が、まさにこの教会だった。以後、サン＝ベルナール教会は十六世紀に宗教戦争のあおりでプロテスタントに破壊され、十八世紀に入って、ようやく今日見られるような教区教会として再建されるようになる。往時の威容を示すものは、それゆえほとんど姿を消しているが、たとえば教会堂西門のせり台に見られるロマネスク様式の使徒像（写真3）や、十六世紀のタピスリーを擁するゴシック様式の秘蹟礼拝堂などに、この教会が歩んできた歴史の一端を垣間見ることができるだろう。

「通行税の集落」を字義とする対岸の町ブール＝ドゥ＝ペアジュへ行くには、サン＝ベルナール教会前から、ポン・ヴュー（「古い橋」、A）を渡る。町名はかつてサン＝ベルナールの教会参事会が通行税《ペアジュ》を徴収していたことに由来する。一方、一〇三三年以前に最初の橋桁が架けられたという橋は、一二一九年九月、有名な「グルノーブル大洪水」で壊れ、一二五〇年頃、コルドリエ（フランシスコ会）修道院（後述）の創設者でもある、大司教ジャン・ドゥ・ベルランによって全面的に架け替えられている。三本の橋脚の上に、石造りと木製のアーチがそれぞれ二つ乗った、なかなか壮麗なものだったという。

写真4　ジョザファ階段入り口。

爾来、橋の管理はサン＝ベルナール教会参事会に委ねられるようになる。しかし、一三六〇年、同参事会はそれに充てるべき通行税の収入減を理由に役割免除を地方長官に訴え出る。あるいはそれは、崩れ落ちた石のアーチの修復に、多大の費用がかかったためかもしれない。ともあれ、訴え出られた地方長官は、やむなく橋の維持・管理を参事会員のみならず、住民にも命ずるのだった。一四四八年に

写真5　「羊の家」正面。

なって、以後、幾度となく繰り返される橋の修復をようやく町当局が肩代わりするようになるが、それまでの約九〇年間、地域住民たちは苛酷な血税の徴収に喘いだという。なお、一五七五年のロマン市街地図には、この橋の上に牢獄がみられる（F）。本書に登場する叛徒たちが、裁判を受けるまで閉じ込められていた場所である。

　さて、サン＝ベルナール教会から、ペシュリ通りの緩やかな勾配を西に二〇〇メートルほど行くと、「ジョザファ（Josaphat）階段」（**写真4**）と呼ばれる回廊風の階段に出る。本書での言及こそないが、一五一五年、エルサレム巡礼から戻ったロマネ・バファンなる富裕な羅紗商が、「十字架の道」、すなわち聖金曜日に町をあげて行われた宗教行列の一旅程にと築いたもので、呼称はユダ王国国王の名であり、聖地の谷の名称でもあるヨシャパテ（Josapat）に由来するという。ちなみに、バファンはまた晩年の一五一七年、後述するコルドリエ修道院内に磔刑像や礼拝室を寄進している。だが、修道院は一五四八年に焼失し、その四年後には、プロテスタントたちの手によって磔刑像も破壊されてしまう。

　本書で取り上げられているカルナヴァル事件は、皮なめし業者とともに町の経済を支えてきた羅紗商や羅紗職人たちを一方の主人公としているが――その往時の盛業ぶりは、前述した博物館に端的にみてとれる——、彼らゆかりの歴史的建造物は、今もなおロマン市内の各所に残っている。たとえば、ジョザファ階段を少し戻り、フュゾー通りから三〇〇メートルばかりアルミルリ通りに入ると、町で最古とされる、十三—十四世紀の交差リヴ窓をもつ古色の館が見えてくる（ムトン通り）。外壁の上方に羊の頭部彫刻が取り付けられているところから、一般に「羊の家《メゾン・デュ・ムトン》」（写真5）と呼ばれているが、この羊頭は、中世羅紗商の紋章ないし看板を意味するものだという。

また、アルミルリ通りをそのままさらに一〇〇メートルも進めば、通りの右手に、篤志家の羅紗商ペロ（ピノ？）・ドゥ・ヴェルダンが、一三七四年に町に遺贈した居宅（R、写真6）が建っている。一七九〇年まで市庁舎として使われていたということからすれば、体制側の集会や舞踏会の会場として、というよりはむしろやがて起きる惨劇の直接的なきっかけとして本書に登場するのは、まさにこの建物だった。

写真6　羅紗商ペロ・ドゥ・ヴェルダンの旧宅。

今日、ロマンの市内観光ルートに組み込まれているこうした歴史的建造物は、この町でかつて羅紗商たちが経済的かつ社会的にいかなる地位にあったかを端的に示している。だが、本書を読む上で看過しえない建造物はほかにもある。その一つは、ジャクマール広場から河岸へと南下して旧市街を東西に二分するコルドリエ坂道から、かつての貧民地区へ、そ

写真7　トメ館、16世紀。

して旧市街東端の市門（サン＝ニコラ門、B）へと至るサン＝ニコラ通りを数軒入ったところに位置するトメ館（写真7）である。現在、ここにはブティックが入っているが、ルネサンス様式の門扉を擁するゴシック＝フランボワイヤン様式のこの十六世紀の瀟洒な建物は、町を代表する法曹一族だったトメ家の居宅で、グルノーブルの高等法院評定官としてロマンの治安回復のために送りこまれたミシェル・トメの生家でもあった。ロマン事件の主役の一人ポーミエもまた、本書に指摘があるようにトメ一族から最初の妻を迎えている。

コルドリエ坂道を少し上って右に折れれば、一三五九年以降、参事の選挙や四〇〇を超える家長たちの会議場にも使われていた、旧コルドリエ（フランシスコ会）修道院（M）の跡地に出る。前述したように、この建物は一五四八年に一度火災に遭っているが、地方三部会もここで何回か開かれている。現在、跡地には市庁舎（写真8）が建っており、その前のナディ広場ともども、修道院のようすがをとどめるものは、市庁舎内の階段（一部）のみとなっているが、住民の話では、市庁舎を建てた際、修道院の石材が礎石の一部に用いられたという。

もう一つのモニュメントは、ジャクマールの塔（O、写真9）である。一一六四年に町がはじめて

（上）写真８　コルドリエ修道院跡地に建つ市庁舎。
（下）写真９　ジャクマールの塔とジャクマール広場。

市壁に囲まれた際、北側の市門（ジャクマール門、C）の内側に建てられた高さ三七メートルあまりの四角い塔で、十五世紀に入って鐘楼に変えられ、巨大な鐘（大時計）と、それを撞く二・六メートルもの時打ち人形《ジャクマール》が取りつけられた。こうして一四二九年から、ロマン市民は教会の刻《とき》のみならず、世俗の刻を生活の中に溶け込ませるようになった。鐘楼自体は一八八三年と一九六七年に修復されているが、人形の方も、その際もしくはさらに遡って一八三〇年に、一七九二年（八月一〇日革命）の国民義勇兵の衣装をまとわされるようになった。

ところで、この塔の手前には、本書でもつとに指摘されているように、雄鶏（？）の彫像（**写真10**）が、さながら賽銭箱ないし洗礼盤のように置かれている。だれがいつ何のために置いたのか、まだ確かなことを突き止めるまでに至っていないが、興味深いことに、ロマン事件では、この家禽が富裕者たちの地区であるジャクマール界隈の集団呼称として、象徴的な意味を担わされていた。ちなみに、「ジャクマール」とは農民に対する蔑称「ジャック」に由来する。

最後に、旧市街を囲んでいた市壁を少し巡ってみよう。これもまた、ロマンの事件に重要な役割を果たしているからである。都市化の波に押されて、すでに旧ジャクマール門より東側はすべて取り除かれているが、市域が旧市街の約三倍ほどの広がりをもつまでになっている今日でもなお、その西側半分が残っている。とりわけ見事なのは、ジャクマール広場からクレリュー通りを上りきった地点で、そこでは巨大な石組がマス通り沿いに並んでいるのだ。そして、この高台を走る市壁は、イゼール川の支流ラ・プレル川（X）を埋めてつくった同名の広場を越えて、サン＝ロマン地区（V）へと再び駆け上がり、そこで曖昧に尽きている。

サン＝ロマン地区の西端、つまり市域の西端に位置するシャプリエ門（E、**写真11**）は、市壁から

（上）写真10　ジャクマールの塔の足元に置かれた雄鶏像（？）。
（下）写真11　シャプリエ門の残滓。右手石組の中に、旧市門がある。

取り残されたように建っている。本書によれば、十六世紀当時、一帯はブドウ園に覆われていたというが、今はそれも昔語りで、惜しげもなく降り注ぐ日差しを浴びながら、近代的な市営墓地が広がっている。シャプリエ坂道は、そのすぐ南側をイゼール川沿いにラ・プレル広場へと緩やかに下降する。ポン・ヴューと較べれば、いささか風情に欠けるアプローチだが、ここからは、イゼール川越しにロマンと対岸ブール＝ドゥ＝ペアジュの静かな町並みが一望できる。

十六世紀後葉のロマンのカルナヴァル事件は、以上の箇所を舞台として繰り広げられた。たしかに事件は、これら関連箇所と密接にかかわる形で推移した。では、それはいったいどのような事件であったのか。前置きはこれくらいにして、そろそろ歴史の幕を開けた方がよい。

南仏ロマンの謝肉祭《カルナヴァル》／目次

凡例

1　本書は Emmanuel LE ROY LADURIE : *Le Carnaval de Romans. De la Chandeleur au mercredi des Cendres 1579–1580*（原題『ロマンのカルナヴァル　一五七九年聖母潔斎の祝日から一五八〇年灰の水曜日まで』), Gallimard, Paris, 1979 の全訳である。

2　訳出に際しては、適宜改行を行った。

3　文中、〔　〕は訳者による補足、「　」は原文がイタリック体であることを示す。また、本書一七頁の図版や「主な登場人物」、二四頁の暦、各章扉の要約、関連年表、「人名・事項索引」および四二〜四三頁と五八頁のグラフは、訳者による追加である。

4　原文中、明らかに誤植と思われる記述については、訳者の判断で訂正しておいた。

5　行間の（1）（2）（3）…は原注番号で、原注は巻末に収録した。また〔1〕〔2〕〔3〕…は訳注番号で、訳注は各左頁に収録した。

6　本文および原注で用いられている省略記号の意味は以下の通りである。

①A41：《著者不明、四一頁》のことで、J・ロマン（ROMAN）, *BSASD*, 1877 による無署名テクスト（実際は裁判官ゲランが書いたもの）に対応する。

②P22：《ピエモン（PIÉMOND）、二二頁》のことで、公証人ウスタシュ・ピエモンのテクストに対応する。

③A.C.G.：グルノーブル地方古文書館

④A.C.M.：モンテリマール地方古文書館

⑤A.C.R.：ロマン市有古文書

⑥A.C.V.：ヴァランス地方古文書館

⑦A.D.D.：ドローム県立古文書館

⑧A.D.I.：イゼール県立古文書館

⑨B.M.：ロマン市立図書館

⑩BSASD：《ドローム県考古・統計学会誌（Bulletin de la Société départementale d'Archéologie et de Statistique de la Drôme）》

⑪BSSI：《イゼール県統計学会誌（Bulletin de la Société de Statistique de l'Isère）》

⑫V.D.：アメリカの歴史家スコット・ヴァン・ドレン（Scott VAN DOREN）提供資料

シャプリエの丘から望むロマンの町。16世紀の版画。

▲▲▲国境　━ ━ ━地方境界　••••••県境

ドーフィネ地方地図

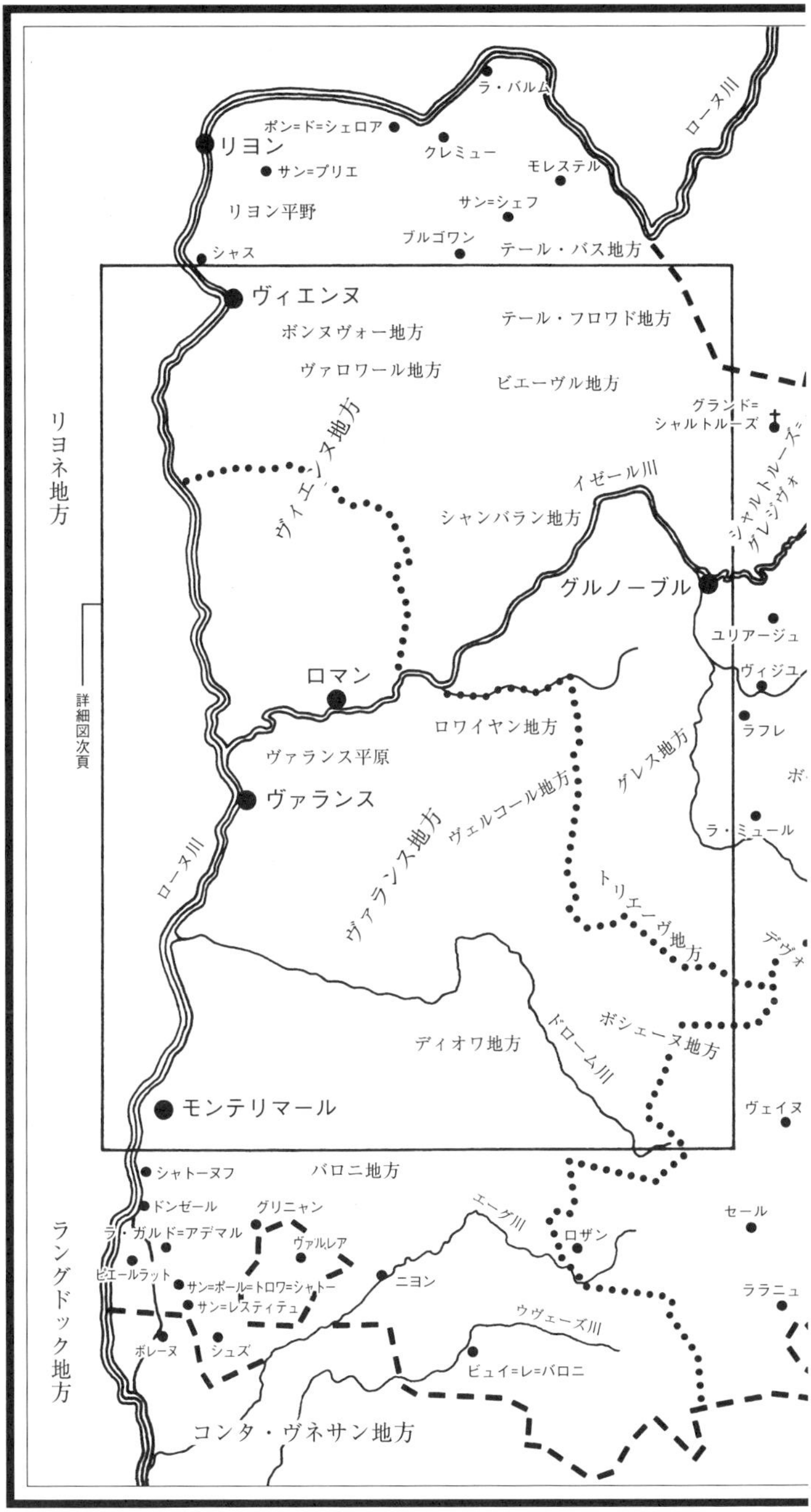
ラ・バルム
ローヌ川
ポン=ド=シェロア
リヨン
クレミュー
モレステル
サン=プリエ
サン=シェフ
リヨン平野
ブルゴワン
テール・バス地方
シャス
ヴィエンヌ
テール・フロワド地方
ボンヌヴォー地方
ヴァロワール地方
ビエーヴル地方
グランド=シャルトルーズ
リヨネ地方
ヴィエンヌ地方
イゼール川
シャルトルーズ
シャンバラン地方
グレジヴォ
グルノーブル
ユリアージュ
詳細図次頁
ロマン
ロワイヤン地方
ラフレ
ヴァランス平原
グレス地方
ヴァランス
ヴェルコール地方
ラ・ミュール
ヴァランス地方
ローヌ川
トリエーヴ地方
ボシェーヌ地方
ディオワ地方
ドローム川
モンテリマール
ヴェイヌ
シャトーヌフ
バロニ地方
ドンゼール
グリニャン
エーグ川
セール
ラ・ガルド=アデマル
ヴァルレア
ロザン
ピエールラット
ニヨン
ラングドック地方
サン=ポール=トロワ=シャトー
サン=レスティテュ
ウヴェーズ川
ボレーヌ
シュズ
ビュイ=レ=バロニ
コンタ・ヴネサン地方

ロマンとその周域

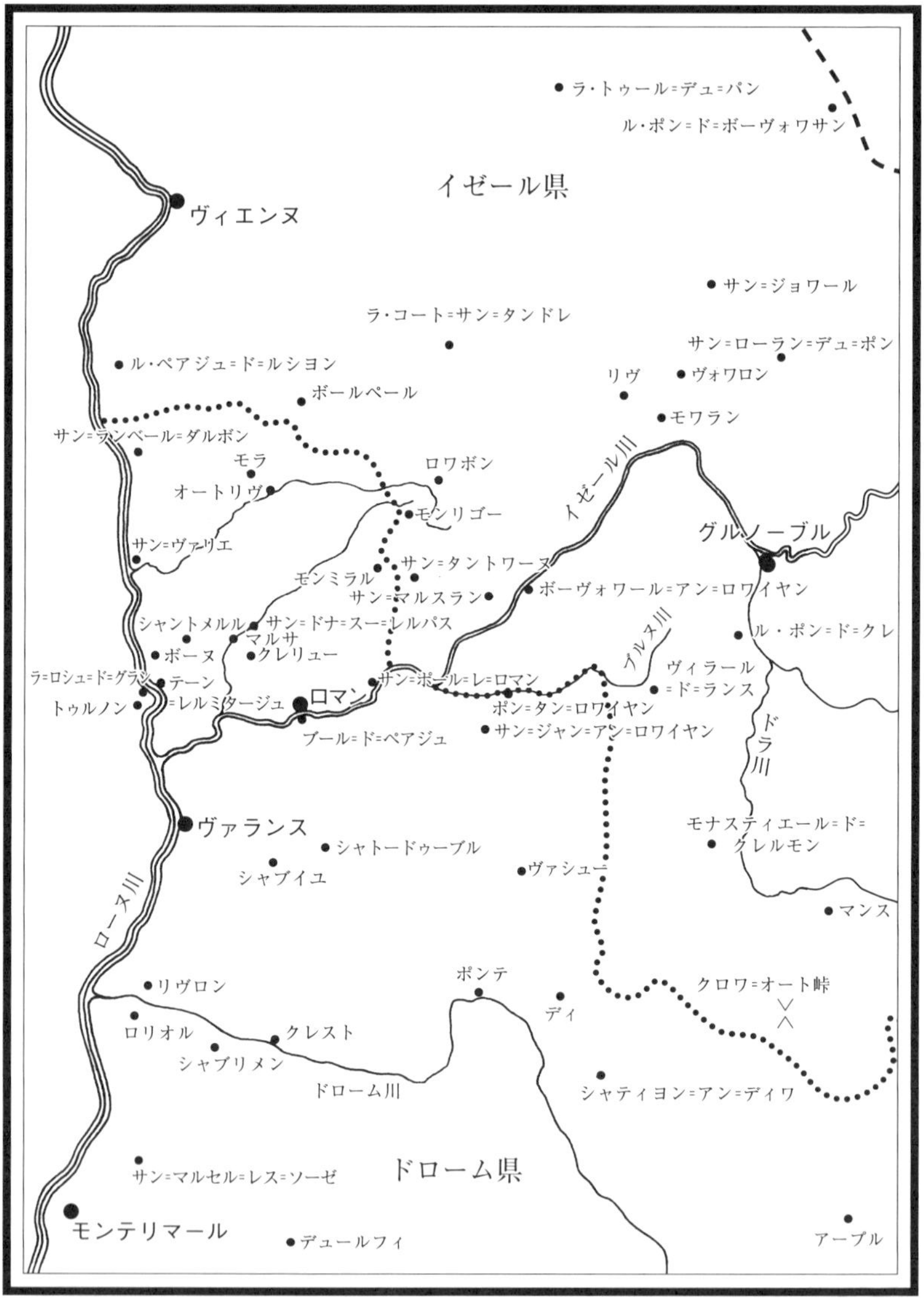

民衆同盟（1579—1580）中心地地図（出典：《Le Peuple Français〔フランス人民〕》、1977年6月）
（縮尺＝1：2080000　••••••• 県境）

主な登場人物

叛徒・民衆同盟側

ポーミエ（ジャン・セルヴ）：羅紗（親方）職人。叛徒たちの最高指導者だったが、悲劇的な最期を迎える。
ガモ：グルノーブル高等法院付き代訴人。第三身分＝叛徒指導者のひとり。
ロベール＝ブリュナ：ロマン出身の羅紗職人。叛徒指導者のひとり。
ジャック・コラ：モンテリマール地方の反ユグノー的民衆同盟指導者。超教皇制礼賛者。ロマン出身の羅紗職人。抵抗運動の指導者のひとり。
ジャン・ド・ブール：ヴィエンヌの裁判官・弁護士。ブロワ全国三部会の同市代表で、第三身分の陳情書起草者。
ジョフロワ・フルール：叛徒指導者。一五八三年、絞首刑に処される。
バルルティエ：フォール＝バルルティエとも。一五七八年に組織されたドーフィネ地方反税同盟の指導者。
ボニオル：製粉業者。一五七九年二月一五日の反国王軍一揆の指導者。
モンブラン：ドーフィネ地方のプロテスタント指導者。
レディギエール：山岳プロテスタント。ジュネーヴ・ユグノー派の指導者。のちに中央政界に入り、リシュリュー時代の大元帥に。

体制側

アントワーヌ・ゲラン：ロマンのブルジョワジーを代表する裁判官で、町の実質的な支配者。事件の報告書作成者。
ジャン・ギグ：ロマンの「四〇人参事会」メンバーのひとり。親プロテスタントのブルジョワ。叛徒たちを裏切って、次席検事に。
アントワーヌ・コスト：ロマンの仲買人・守備隊長。町の最高額納税者。
ミシェル・バルビエ：ロマンの弁護士。叛徒の指導者だったが、のちに同市の参事。
ボールザール：ロマン住民によるラプラド追討軍騎兵隊長。「若者修道院」指導者。
レイモン・ミュレ：グルノーブル高等法院評定官。

ラロシュ：ロマンの綱（縄）職人・歩兵隊長。ポーミエの旧友だったが、ブルジョワたちに寝返って、ヤマウズラ王国の「国王」となる。
レグル：鷲王国の王。
モジロン：ドーフィネ地方総督補佐官としてロマンおよびドーフィネ各地の叛乱を鎮圧。カトリック勢力の代表。

その他

ウスタシュ・ピエモン：**ロマンの公証人。事件の記録者。**
ジャン・トメ：ロマンの高額納税者で、第二資格の商人。
アントワネット・トメ：ポーミエの最初の妻。死別。
クロード・ブロス：アンジェー城代。一六〇六年、農民のため、陳情書を作成して国王に提出。
カトリーヌ・ド・メディシス：フィレンツェ出身。アンリ二世の妃で、夫王亡き後、息子のフランソワ二世とアンリ九世の皇太后。
ラプラド（アントワーヌ・ド・ラ・サル）：「盗賊団」の頭目。レディギエールの配下だったが、一五七七年、シャトードゥーブル城占拠。
マルグリット・ロワロン：ロマンの名門ブルジョワジー出身で、ポーミエの再婚相手。父ガブリエルは一五五〇年代の民衆派ロマン参事。

〈以下、一五九六—一六三〇年頃の反免税特権闘争者たち〉
アントワーヌ・ランボー：グルノーブル高等法院次席検察官。
クロード・ドゥラグランジュ：サン＝マルスランのバイイ裁判所代理官。
ジャン・ヴァンサン：ヴァランス大学法学博士・弁護士。
エヌモン・マルシエ：グルノーブル出身弁護士。
フランソワ・ド・ゲラン：ヴィエンヌ出身弁護士。

南仏ロマンの謝肉祭《カルナヴァル》——叛乱の想像力

民衆暦上におけるカルナヴァルと四旬節の位置

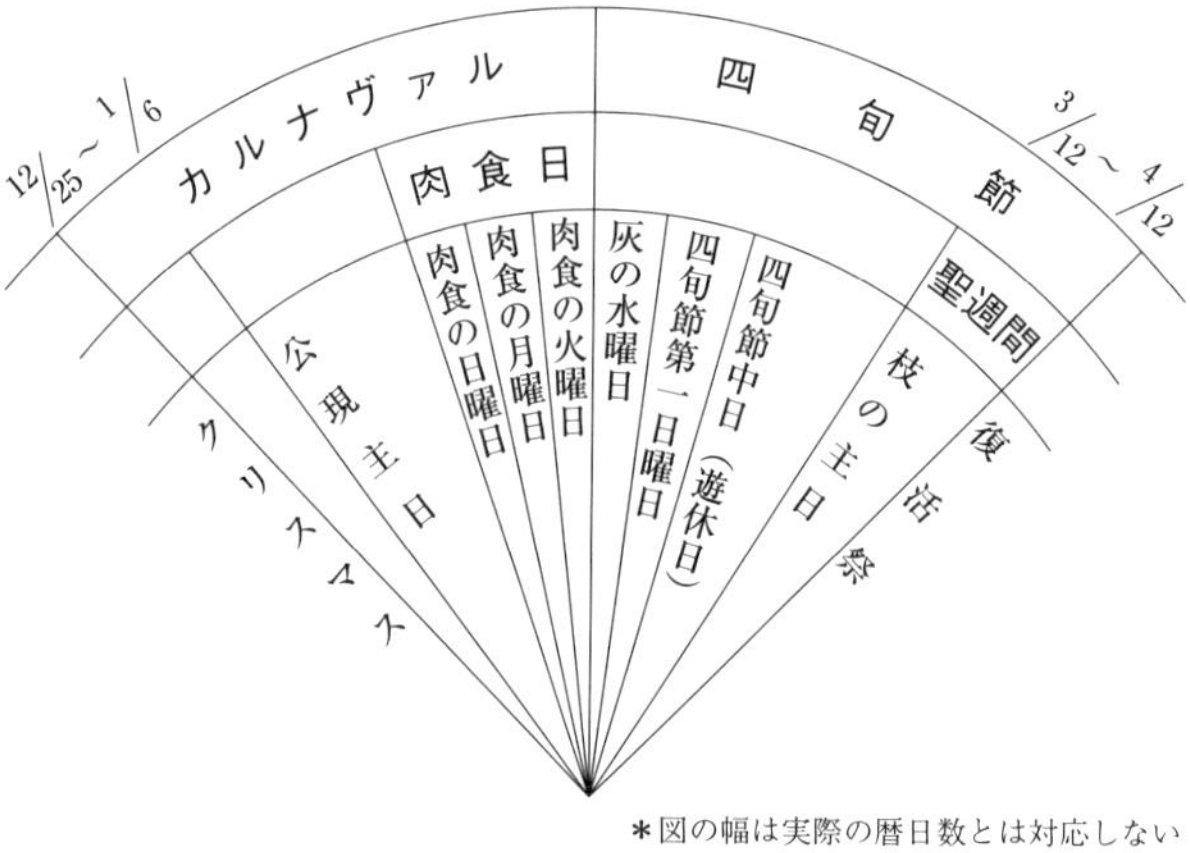

＊図の幅は実際の暦日数とは対応しない

第1章 都市と農村の舞台装置

フランス南東部ドーフィネ地方の小都市ロマン。イゼール河岸のこの町で、宗教戦争後の一五八〇年二月、伝統にのっとってカルナヴァル（謝肉祭）が営まれた。だが、華やかな祝祭的感興とは裏腹に、それは血生臭い対立と殺戮の場となった。本章はその背景をなす、一五七九年から一五八〇年にかけてのロマンおよび周辺地域の社会情勢、つまり行政・司法機構、人口・職業構成などを、タイユ税（課税）台帳や土地台帳といった客観的な史料から明らかにすることを通して再構築する。その際、著者は社会階層を「身分」「地位」ないし「資格」（位階的位置の指標）に区分し、これを富の指標と結びつける。そして、カルナヴァル事件の当事者たちをこうした社会的・経済的分類枠に位置づけ、さらに彼らをカトリックとプロテスタント＝ユグノー教徒という宗教的指標で分類しつつ、その対立の構図が事件に繋がっていくことを予告する。

筆者は永い間どこか小さな都市、たとえばフランス南東部ドーフィネ地方のロマンのような小都市の歴史を書きたいと願ってきた。ここは筆者がしばしば楽しく訪れる町であり、その地方の住民や風景も気に入っているからである。七、八世紀ないしそれ以上の長きにわたって、土地の社会的、経済的、文化的生活、さらには町の生活を調べる。古文書も大量に残されている……。

だが、よくよく考えてみれば、こうした主題はかなり茫漠としたものに思えた。当時筆者がなろうとしていた、個別史研究者の力量を凌いでもいた。あまりにも荷が重すぎた。そこで筆者は、ロマンの歴史を二週間だけに限定して描写することを選んだ。たったの二週間。しかし、それは何という二週間だったことか！　ロマンのカルナヴァルが営まれた一五八〇年二月の二週間、イゼール川両岸の参加者たちは、互いに仮装し、やがて殺し合いを始めたのだ。この波瀾万丈の、そして輝かしくも血生臭い二週間については、ドラマの経緯と結果を、一部始終を、状況と意味を、当然のことながら近隣の町村の様子をも含めて想い起こさなければならなかった。こうしてその一切が、すなわちカルナヴァルとそれ以外のことどもが、やがて本書の対象となっていったのである。

本書の出発点である第1章で、筆者は一五七九年から一五八〇年にかけてロマンがどうであったかを、ごく簡単に要約してみたい。ロマンの周囲に広がるドーフィネ地方の農村生活が、はたしてどのような様子であったかも指摘しておきたい。一五八〇年の悲劇は、いったいいかなる政治・社会的局面に立ち現れ、そこにどのように組み込まれていったのか。これについて語る前に、数字がさながら洪水のように本章を埋め尽くしていることを陳謝したい。本書全体の特質というわけではないが、時として量的でもある歴史の舞台装置を据えつけるには、どうしてもそれが必要なのである。

ローヌ川〔1〕から十数キロメートルほどに位置し、その支流であるイゼール川の河岸に位置するロマン市は、初めから都市型の人口構成となっていた。この人口構成によって、ロマンの町は、時の流れとともに古典的な推移を示すようになる。黒死病（一三四八年）が終息して間もない一三五七年、ロマンではなおも一一六三人の家長がいたとされているが(1)、一戸あたり四・五人の家族がいたと仮定し、さらに特権階級や貧者など、戸数に含まれなかった非納税者を考慮に入れると、住民数は六〇一三あまりとなる(2)。

一三六一年の破壊的なペストが過ぎた一三六六年〔2〕、ロマンの選挙議会《アサンブレ・エレクトラル》にはおそらく四三〇人の家長しかいなかった。この数に、前述の係数を乗ずると、住民数は二一二三となる(3)。これはたしかに低すぎる数値だが、おそらくかなりの数にのぼる不在家族の長が、一三六六年の選挙議会を《すっ

訳注1―ローヌ川　スイス南部に発して地中海に注ぐ大河。

訳注2―前述の係数　四・五＋〇・六七（原注2参照）＝五・一七。以後、この係数が住民数算出の基準となる。

ぼかした》ためだろう。だが、一四五〇年には、よりしっかりとした基盤に立った計算ができる。すなわち、この年、ロマンでは、名目的な課税戸数ではなく、明らかに実際の世帯数の五二九戸に税が課されているからだ[4]。これからすると、当時の住民数は、一世紀前の半分にも満たない二七三五となる。町はもはや今にも消え入りそうな小村といった有り様だった。まさにそれは、ペストや戦禍、飢饉、社会危機などのあとで終焉へと向かいつつあった、中世の歴史人口論的衰退にほかならない。

さらに時が経って一四九八年、いよいよロマンでも、他所と同様にルネサンスが始まる。この年、ロマンでタイユ税（人頭税）がかけられた家は八一四戸を数え、住民数は四二〇八となる。一一年後には、それぞれ八一五戸、四二一四[5]。さらに一五五七年には、《ルネサンス（再生）》が拡大して、停滞ないし停止の一時期を経験したものの、新たにその効果を生み出す。すなわち、発展期の一五四〇年代を過ぎると、ロマンのタイユ税課税戸数は一六一二と、一六世紀初頭の二倍に達するのだ。住民数はおそらく八三三四[6]。

こうして一万近くの人口を擁するようになったロマンは、当時としてみれば、ほとんど《小＝大都市》とも呼ばれるものだった。一五五〇年代まで続く人口増加は、たとえば土地の娼家の発展といった、まったく予想もしなかった領域にも影響を及ぼしている。「町の醜聞や悪例が引き起こされるがゆえに、より大きな娼家を一軒建て、そこにのみ娼婦や好色な女たちを配する必要がある」（一五五四年四月の市参事会決議[7]）。

それから九年後の一五六六年には、宗教戦争が勃発し、一五六四年に終息したはずのペストも再発する[8]。ルネサンス期に増加した市の人口は減少し、課税戸数は一五一九、住民数は七八五三となる[9]。人口減少と危機は一五七〇年になっても続く。なおもこうした呪わしい戦争がロマンを見舞っていたのだ！　それらは町を荒し回り、住民の命を奪っていった。その結果、ついに納税戸数は一四五四、住民数は七五一七となってしまう(10)。さらに一五七八年には、ロマンでタイユ税を払う家は一三〇四戸、住民数は六七四二へと落ち込む。新たな人口減である！　やがて一五八二年のカルナヴァルのあと、それぞれ一三三五戸(11)、六九〇二人にまで持ち直すが、一五五七年以降、ロマンの都市人口が七〇〇〇の《大台》を切ったのは、これで二度目（最後ではない）ということになる。

当時の計算には、しかし僅かだが過小評価がみられる。事実、一五八三年のタイユ税台帳は慎重に作成されているが、そこには納税戸数一五四七、住民数七九九八、つまり約八〇〇〇(12)、ないし一ヘクタールあたり二一二人という数値が記されているのだ。しかし、呪わしいペスト禍が終息して二年後の一五八八年、人口減はさらに顕著なものとなり、納税戸数一一八三、住民数は六〇〇〇〔3〕を下回ってしまう(13)。つまり、ロマンのカルナヴァルは、一四五〇年から一五六〇年までのルネサンス期ないし《麗しき十六世紀〔4〕》に上昇した人口論的周期が、終息ないし停滞状態にあった宗教戦争を生き延びたのである。このカルナヴァルは、したがっておそらく住民数七五〇〇、最大でも八〇〇〇ほどの都市に関わる。

とすれば、ロマンは、十六世紀のフランスで「第五」のカテゴリーに属する都市、すなわち住民数六〇〇〇から一万二〇〇〇までの都市ということになる。第一のカテゴリーとしては、当時二〇万から三〇万の人口を擁していたパリがあり、第二のそれにはリヨン（六万）が、第三にはルーアンやナ

訳注3―住民数は六〇〇〇　上述の計算式では六一一六となる。

訳注4―麗しき十六世紀　ペスト禍や百年戦争による荒廃、相次ぐ飢饉などが遠のき、十六世紀半ばまで、フランスの経済と社会が好況・発展局面に入ったことを指す。

ント、ボルドー（約二万）、さらに第四のカテゴリーには、トゥールーズ、モンペリエ、マルセイユ、オルレアンなど（一万五〇〇〇から二万）が含まれる[14]。そして、その次にくるのが、ロマンやそれと同規模の都市となる。

完全なものとおぼしき教区記録簿こそないが、ある貴重な資料が死の薄暗がりの中でロマンの家族構成を示してくれる。それは、世帯毎に列挙された一五八六年のペスト犠牲者の名簿である[15]。この名簿は、ロマンの町の真の《パトロン》である裁判官ゲラン――彼のことは、本書で以後しばしば語ることになる――の命で作成された。これによれば、一五八六年のペストは四〇九六人を死に至らしめたという。当時のロマン人口の半数を越える数（五一％）である。こうしてペストは、ロマンを目茶苦茶にした。まことに信じがたいまでの惨劇だった！

都市の枠組みからすれば、まさにこの疫禍は、一三四八年の黒死病の再来ともいえる。それはまた、一五八〇年のカルナヴァルを生き延びた反体制派をも数多く殺戮し、一連のカルナヴァル騒動に終止符を打った。そんなペスト禍が終息すると、町は寡婦たちの再婚と出生率の増大、さらに近隣農村からの急激な人口流入によって、急速に人口増をみるようになる。

一五八六年の疫病は、ロマン住民の半数の命を奪った。犠牲者に貧富の差はなかった。それゆえ、疫病の犠牲者数を調べていけば、一部の家族構成に対する膨大かつ有効な「調査」（五一％分！）が可能となる。事実、この年のペストのために、七〇三戸の「核」家族（祖父母や傍系血族を含まず、両親と子供だけからなる世帯)と、八四戸の「寡婦」世帯が被害を受け、死者の内容からみて「拡大」家族と思われるものも、少なくとも一六一戸ほどが犠牲者を出している。こうした拡大家族では、両親や子供のほかに、彼らと世帯を同じくする祖父母や父方ないし母方の独身兄弟などが死んでいるのである。仮に寡婦世帯のことを《無視》して、他の二通りの世帯(一六一+七〇三=八六四世帯)だけを考えてみれば、両者の比率は、拡大家族世帯が最小限一八・六%(一六一/八六四)、核家族世帯は八一・四%となる。

ちなみに、ここで《最小限》という言葉を使ったのは、筆者が核家族と呼んだかなりの世帯に、実際には祖父母や傍系血族が共住していたことによる。これら《余り者たち》は、たしかにペスト禍を生き抜いているが、彼らの生命がどうであったかについては、おそらく何ひとつ分からないだろう。一五八六年にたまたま死んだ(!)場合を除いては、である。ここではさらに、数多くのいわゆる《核》家族が、年月を重ねるにつれて拡大家族となった、あるいはいずれそうなっていくということと、それが家族サイクルの年代的な変遷によるものであるということを付け加えておこう。

実際、拡大家族がのちに核家族に数えられるようになるには、共住する祖母が他界するだけで十分であり、反対に、成長した息子が結婚して、若い妻とともに両親の家に住むだけで、核家族は必然的に再び拡大家族となるのだ! 一〇家族(核家族+拡大家族)に対して拡大家族が二世帯という比率は、一五八〇年代のロマンでは、それゆえ理に叶った数値といえる。こうした事情は、たとえば核家族がほとんど専一的に優越していた近代の個人主義的イギリスとは、かなり様相を異にしている。[16] むしろ、《大家族》が積極的に根付いていた地中海地方の家族構成に近い。

ロマンの拡大家族では、富裕になるにつれて構成員の数が多くなる。これらの世帯は、夫婦と子供たちに加え、系族の繋がりによって、高齢者や独身者をも快適に養えるほど豊かだった。ペスト犠牲者名簿に記されている一六一の大家族のうち、三二・三％にあたる五二世帯は、さらに一人ないし数人の下僕——とくに下女——を雇っていた。しかし、共住の下僕や下女を有する家の割合は、ペスト禍を被ったロマンの世帯全体（一二八二戸。核家族、拡大家族、単住独身者・寡婦世帯など一切が含まれる）では一三・六％（一七四戸）に下がっている。とくに寡婦世帯では、それは九・五％にまで落ち込んでいる。彼女たちがさほど裕福でなかった以上、当然といえば当然な話である。このようにみてくれば、大家族の三世帯に一世帯、平均的家族の場合は七世帯に一世帯だけが、そして寡婦の一〇人に一人が、それぞれ共住の召使による労働を用いていたことになる。この差はじつに興味深い。

話が下僕や下女にまで及んだついでに、ここで全体的な割合をみておこう。《ペスト罹患者調査》によれば、前述したように、ロマンでは七家族について一家族（一三・六％）が、一人もしくは数人の共住する《家事手伝い》を置いていた。ここで何よりも重要なのは、彼らがカーディング[5]や機織りのために雇われた無産者層の職人などではなく、あくまでも召使であったということである[6]。事実、ペストの犠牲となった二一二人の召使のうち、下僕は六一人足らずなのに対し、下女ないし《小間使い》は七一・二％の一五一人にものぼっている。彼女たちは料理をつくったり、床を磨いたり、糸を紡いだりするために雇われていた。

ロマンでは、総じて七ないし八世帯のうち一世帯は、家人を有する都市エリートもしくはそれに近い家だった。後述するカルナヴァルでの異議申し立ては、まさにこの《エリートたち》に対して燃え上がったのだった。こうした反体制派のうち、少数の中心層はとくに家人をもたない残り八六％の家の出身であった。

富裕と貧困とを問わず、また拡大家族と核家族とを問わず、これら全ての家は数多くの子供を抱えていた。一五八六年のペストは、全体で子供のいる四九の寡婦世帯を襲い、一戸あたり平均二人の子供の命を奪った。一方、七〇三世帯の核家族では、一戸あたり平均二・二人の子供を失い、一一四世帯（全体は一六一世帯）の拡大家族では、二・一人を犠牲にしている。つまり、三通りの家族は、ペストのために一戸あたり最低二人の子供を失った。逆に言えば、疫病が出現する前まで、子供のいる家では少なくとも三人の子供が生きていたことになる。ここで当時の子供や若者たちの凄まじい死亡率を考慮に入れればどうなるか。当然のことながら、両親はそれぞれ死んだ子供たちよりも数多い子供をもうけた。一五八六年のペスト以前では、生殖力をもつ両親が長生きした場合、おそらくその子供の数は一家族あたり六ないし七人だったと思われる。

❦　❦　❦

歴史人口論のあとは、社会学である。市外区や周辺区をもたず、市壁にひっそりと抱きかかえられたようなロマンの都市共同体は、さまざまな方法によっていくつかの部分に区分けされる。これについては、たとえば以下のような基準が利用できる。

訳注5—カーディング　繊維塊をカードにかける紡績工程。

訳注6—しかし、以下の記述から分かるように、職人がすべて無産者層であったわけではない。また、後に登場するポーミエやブリュナといった人物は、本書の時間枠では明らかに親方株をもっていた羅紗職人であるが、表記が煩瑣になるのを避けるためと、雇われ職人か親方か判然としない事例が多いため、とくにことわりのない場合は、「職人」という表記に「親方職人」が含まれる場合がある旨、了解されたい。

十六世紀自体の基準　幾通りかの身分《オルドル》、「地位《エタ》」ないし《資格《カリテ》》による地域社会の区分。

「階層《ストラト》」指標　社会＝経済的上層、つまり一〇％の最富裕者層は、残りの都市人口を形成する九〇％から対比的に切り離される。

社会的「階級《クラス》」の基準　位階的位置の指標（身分、地位、資格）と、富の指標（社会＝経済的レベル）とを組み合わせた基準。

「身分ないし地位」。一五七八年の課税目録もしくは「タイユ税台帳」は、ロマンの住民たち（ここでは一三〇四人の納税家長によって代表される）を四通りの《資格》に分類している。[17]《第一の資格》には、裕福な地主や、土地の上がりや債権や利子で優雅に暮らすブルジョワ、市在住の貴族たちのうち、貴族でありながら税を免れることに失敗した者、さらに廷吏や法学博士、きわめて数の少ない医師などが含まれる。つまり、この資格は、町の自称《グラタン（エリート層）》を対象としていた。

《第一の資格》をもつ者としては、たとえばまださほど豊かではなかったゲラン家、ヴェルー家、ロワロン家、ド・マニシュー家、ガラニョル家……などがあった。彼ら家長の数は合計五二人。納税家長の約四％にあたる。彼らが払った直接税ないしタイユ税の総額からすれば、この四％で市内の不動産の一六・二％を保有していたことになる。[18]人口比率の四倍にのぼる保有率だが、彼ら家長は平均して一人あたり六エキュの直接税を払っていた。

《第二の資格》に含まれるのは、基本的に商人たち、すなわち、そこそこの商いをする小売商や手広くこれを行う卸売商である。さらに、産業と結びついた仲買人たちも含まれる。その規模は、たとえばリヨンの同業者と較べれば小型といえるが、地元の羅紗織業と優先的な関係を保っていた〔7〕。彼らは梳毛職人や羅紗職人に原毛を売り、織り上がった羅紗を買い戻しては、多少遠い地方にも売り捌いていた。そんな彼らは、ロマン南方、コンタ・ヴネサン〔8〕に点在する町の商人たちと似ている。マルク・ヴナールは記している(19)。

《彼らは農村の生産物（小麦、羊毛）をかき集め、……地元の加工品（羅紗）を売り捌き、……羅紗を縮充するための杵搗《きねつ》き機の持ち主ないし貸主として、その生産に関わった……。小資本家としての彼らは、消費貸借や金銭貸借、さらに穀物（籾殻）や家畜、生地などの貸借を、いかなる形であれ、つねに欺瞞的な高利と引換えに行っていた。また、土地を小作に出しながら、領主的諸権利〔9〕や貴〔原文ママ〕族ないし聖職者の十分の一税を管理してもいた……》。

しかし、彼らの眼差しは、地元の枠を越えてより遠くまで及んでいた。イゼール川の船や「船乗《ノー》り《ト》」の出資者でもあったロマンの商人たちは、昔からの伝統によって、グルノーブルやヴァランスの同業者たちと結ばれていた。一方、ロマンの仲買人たちは、とくに塩が、さらに小麦やワイン、羊毛などが、ローヌ川やイゼール川を遡行して南部から北部へと運ばれていくのを統制した。川から上が

訳注7―服部春彦氏によれば、リヨンは一四六四年、国内に国際的取引市場の開設を目指す国王ルイ十四世から、年四回の定期市開催を認められ、十六世紀初頭にはヨーロッパ屈指の国際商業・金融業の中心地へと発展し、その定期市では、当時、フランス最大の貿易品だったイタリア産絹糸や絹織物などが取引されたという（「アンシャン・レジームの経済と社会」、『フランス史2』所収、山川出版社、一九九六年、三一頁）。

訳注8―**コンタ・ヴネサン**　ヴナスク伯爵領。十三世紀後葉から十八世紀末まで、アヴィニョンとともに教皇領だった。

訳注9―**領主的諸権利**　領主に認められた領民および領地に対する権益で、一五一〇年のオーヴェルニュ慣習法によれば、公道や橋の維持、あるいは通行者の安全を確保するための通行税の徴収、領民に対するパン焼きがまや製粉用水車（風車）、さらにブドウの搾り機のバナリテ（使用強制権）などがあった。

ると、彼らはアルプスから筏を組んで流されてきた木材の取引のみならず、ドイツや北欧からの鉄、鋼鉄、チーズ、布、小間物の取引も管理した[20]。

《第二の資格》は、商人の域を越え、知的な職業やそれと関連する職業とも広くかかわっており、そこにはさほど裕福とはいえない四、五人の公証人[21]や、コレージュ（寄宿学校）の教師も一人含まれていた。商人の資格に区分されている者のなかには、第一の資格における系族とまったく同様に、ロマン・ブルジョワジーの大物の名前もいくつかみられる。ギグ家やオドアール家、ジョマロン家、モンリュエル家、そして《もっとも裕福な》コスト家などである。このうち、町一番の高額納税者であったアントワーヌ・コストは、仲買人と守備隊長とを兼ね、一五八〇年の反体制派にとって恰好の標的となった。

全体として、第二の資格には一三七人の納税者が含まれる。この数値は、ロマンで《タイユ税を課された》家長の実数の一〇・五％を占める。第一の資格〔五二人〕と較べ、その数は二倍をはるかに越える。これを地租についてみれば（ただし、商人たちにとって重要な不動産は、土地台帳の評価ではほとんど考慮されていない）[22]、第二資格の商人や公証人が所有する土地は、市内の不動産（家屋と耕地）の一八・五％にものぼる。だが、彼らの人口比率と較べてみれば、二倍にまでは達していない。

都市という《ケーキ》の分け前からすれば、この第二のグループを構成する商人（およびその他ブルジョワ）たちは、大雑把にいえば、第一のグループに属する金利（地代）生活者たちよりも、多少なりと恵まれていた（両者の所有不動産比率は一六・二％対一八・五％）。だが、そんなケーキを分け合う頭数はより多かったため、彼らが払った税金の額によって象徴される個人的な取り分は、明らかにより少なかった。つまり、平均的な金利生活者の納税額が六エキュだったのに対し、彼ら家長たちのそれは二・六エキュにすぎなかった。さらに不動産についていえば、平均的な商人が占める一人あたりの《比重》は、平均的な金利生活者の四三％しかなかったのである。

《第三の資格》には、繊維（羅紗、梳毛など）から食品（精肉、パン）までの、ありとあらゆる職種の職人が含まれる。その絶対数と比率は大きかった。アンシャン・レジーム期のロマンは、ドーフィネ地方でもっとも《産業化された》都市の一つだったが、当時の産業は、もっぱら手工業、とりわけ織物の手工業だった。商人と職人という二通りの資格の間には、はっきりと一線が引かれていた。その一線を越える、すなわち職人の「身分」から実際の取引に関わる商人へと移るには、確固とした証しが必要だった。さもなければ、市参事会から叱責された。そこでは第一と第二のグループに属する者たちが警戒怠りなかったからである。[23] 参事会では、「資格」――換言すれば「名誉」――が厳格に扱われた。また、複数の納税者がある資格から別の資格へと移動することも、四通りの構成要素からなる市の財政基盤を破綻させる危険性を帯びていた。

手工業者たちは、彼らに羊毛を売り、その製品である羅紗を買ってくれたり、縮充用の杵搗き機を貸してくれる商人たちに経済的に依存していた。しかしながら、こうした経済的依存は、必ずしも第二の資格（商人）への政治的依存を招くことはなかった。彼らはある時は弱小経営者であり、ある時は一般労働者ないし職人、もしくはこれら弱小経営者の出資者（共同経営者）でもあった。つまり、彼らは自らが自分自身の《プロレタリアート》だったのだ。

彼ら手工業者は、資格を有する労働者として生計を立てていた。四〇日間の辛い労働によって、《一年分の食料となる穀類と見合うだけの現金を受け取った》。僅かながら土地を持ち、時に豪勢な、あるいは破産しかねないほどの葬儀を営んだりもした。そんな彼らは、互いに職業結社に組み込まれており、たとえばロマンでは、羅紗職人と縮充工を再編した聖ブレーズ同宗団《コンフレリー》が、地元集団の《羊毛部門組合《コルポラシオン》》（毛織物）となっていた。いったいに都市部ではなく、農村部の出身であった彼らは、それゆえ往々にして町の《旧家》の出である商人や貴族たちと区別された。文字文化への接近にも控え目だった。後述する叛乱を中心的に指導した毛織物職人や精肉商たちの一部は、たしかに読み書きができたが、石工や鍛冶師、大工などはそうではなかった(24)。

一五七九年から一五八〇年にかけての《反逆》の指導者たちは、基本的にはこれら町の第三身分の職人上がりであった。その数は全部で六三七名。前述した四通りの資格に属する家長総数の四八・八％にあたる。つまり、ほぼ過半数を占めていたわけである。このことからすれば、まさに彼らは町の《大黒柱》そのものであった。こうした彼らが家屋や店舗、農地、ブドウ園などとして市に有してい た資産は、全体の三九・五％だった（彼らはロマンの納税総額一九三二・四エキュのうち、七六四エキュを納めていた）。四八・八％という家長の比率を考えれば、三九・五％の資産という持ち分は、《彼らの取り分以下》だったといえる。

だが、彼らが町在住の《農業従事者《アグリコル》》とともに、等しく土地の軽蔑の嵐に見舞われていた、《下位》二資格の一方を代表していたという事情を考えたとしても、実体的な財産にさほど恵まれていなかったとするわけにはいかない。建物があるとないとを問わず、市内と周辺土地の五分の二がこうして彼らに属していたからだ。まさにこれが、抵抗ないし攻撃（！）の恰好の基盤となった。にもかかわらず、直接税に象徴される彼ら手工業者の個人的な役割は小さかった。すなわち、第二資格が二・六エキュ、第一資格が六エキュのタイユ税を納めていたのに対し、彼らのそれは一・二エキュにとどまっていたのだ。商人の納税額と等しくなるには、二人以上の職人が必要という勘定になる。土地ないし高利の上がりを有する不労所得者と肩を並べるには、六人分（！）のタイユ税が必要だった。

さらに、土地労働のために雇われたロマン人（《耕作者《ラブルール》》(6)、一般労働者、農業従事者）たちは、《第四の資格》を構成する。彼らの数は四七八人。家長総数の三六・七％を占める。膨大（！）な比率である。この比率は、市域が市壁によって農村部と分けられていたにもかかわらず、ロマンのきわめて農業的ないし農村《リュラル》＝都市的《ユルバン》ないし《リュルバン》的性格をことさらに強調している。毎年、夏の朝ともなれば、農業労働者たちが巨大な市壁に設けられた市門を通って、しばしば土地所有者のために、周辺での野良仕事に向かう姿が見られたものだった。繁忙期ともなれば、町中総出で収穫作業に当たることもあった。

たとえば一五七七年の収穫は、宗教戦争の残党たちの危険があったにもかかわらず、こうして町ぐるみで行われた。その三〇年ほど前の一五四七年には、ロマンのサン＝ベルナール教会堂で、市参事会の要請を受けた聖職者が、毛虫を破門（！）に付している〔11〕。この小動物が、住民たちの田園的な心にとってきわめて大切なものだった、町周辺の植樹に被害を与えたからである。その際、毛虫たちには弁護人がつけられ、彼らが退いて安楽に暮らせるだけのささやかな土地が提示された。だが、それに従わなければ、住民たちは毛虫たちを呪い、十字架と〔守護聖人の姿が描かれた〕幟を持ち出して、毛虫たちの上に聖霊の稲妻が落ちるよう祈った……(25)。これは、ロマンがなおも農業的ないし《神聖＝農耕的》性格を維持していたことを物語る、恰好の証拠といえるのではないか？

訳注10―耕作者《ラブルール》　一般に耕地を有する農民を指す。

訳注11―毛虫を破門に付している　いわゆる動物裁判である。詳細は、池上俊一『動物裁判』（講談社現代新書、一九九〇年）参照。

一五七八年のタイユ税台帳に記された四七八人の《農業従事者》の中には、ごく少数だが「裕福な」者もいた。その数は全体で一九人。いずれも一五七八年に二一・六エキュないしそれ以上の税を納めていた。町の名士たちが所有する数多くの土地における《グラジェ》（四分の一分益小作人ないし折半小作人）だった彼らは、そこで初歩的な無輪の犂《すき》を駆使した。彼らはまた、かなり恵まれていた手工業者たちと同等の財産を有し、《教会十分の一税の徴収者や穀物商人、あるいは金貸し》ともなった。こうした手八丁口八丁たちは、高価な錫製の食器やリネンなどを持っていた。

第四の資格の残り（一五七八年では四五九人の家長）は、とくに農業労働者からなっていた。南フランス地方独特の言葉で、彼らは文字通り「労働者」と呼ばれた[12]、当時の《プロレタリアート》の中核をなす存在であった。そんな彼らは、地主や金利＝地代生活者たちの需要に応えて、豊富かつ安価な労働力を提供した。ここで忘れてならないのは、衰退傾向にあったまさにこの十六世紀に、賃金生活者が貧困化の真っ只中にあったということである。

これら《名もない人々、しがない人々は……夏の間中、野に出て麦やブドウの収穫を行っている》。彼らは《鉄面皮だ[13]》。冬には、《土を耕し、ブドウの枝を剪定したり、ブドウ園に鶴嘴《つるはし》を入れたりするが、その後、失業する》。そこで時には物乞いすらした。そして冬の終わりや春には、《糊口をしのぐため、高利貸しから小麦を買う金を借りる》。労働者の気質なるものは、時として反体制的になるものである。たとえば彼らは、そのただでさえも乏しい給料を雇用者が独断で引き下げようとすることに、少なくとも腹を立てて抵抗したりする。町の内外で行われる穀物の買い占めにも抗議する[26]。むろん彼らは無一文であり、生存できるかどうかのぎりぎりのところにあった。大抵は読み書きもできなかった。こうした農業労働者であってみれば、持参金などほとんど無きに等しいその娘たちは、より豊かな家に下女ないし小間使いとして雇われなければならなかった（ちなみに、ロマンでは、ペスト直前の一五八六年に三〇〇人の小間使いがおり、その半数の一五一人が疫病の犠牲になっている）。

しかしながら、悲惨な印象をあまり誇張してはならない。第四資格に属する四五九人の《より貧しい者たち》からは、一五七九年から一五八〇年の《叛乱》で、指導者とまではいかないまでも、活動家や示威行動の参加者が出ているのだ。彼らはしばしば家屋を有していた。また、僅かな土地やブドウ園も維持していた（彼らの田園的職業を考えれば当然である）。結局のところ、四七八人の農業従事者は、ロマンの不動産の二五・七％を所有していたことになる。この割合は、彼らの家長数（三六・七％）と較べて明らかに少ない。にもかかわらず、それはけっして無視できないものでもある。というのも、不動産の四分の一が、建物のあるなしを問わず、納税者の三分の一以上を占める者たちに帰していたからである。もっとも、農業に従事する各家長の持ち分は、個人的にみれば最小限のものであり、そこからの果実もほとんど取るに足りないものだった。彼らのタイユ税は一エキュ。これは、平均的な職人（一・二エキュ）より幾分少なく、商人の二分の一ないし三分の一、第一資格の地主たちと較べれば、六分の一にすぎなかった。

ロマンのカルナヴァルは、まさにこうした《身分》対立がそのまま現れる場になった。つまり、金利＝地代と商品に生活基盤を置く第一・第二資格の者たちは、前述したように、家長数では一四・五％、土地資産では三四・七％を占めていたが、大雑把にいって、やがて彼らは体制側を支持するよう

訳注12―労働者　たとえばマルセイユ一帯では travaiaire, trabaiaire、ニースでは trabaié、ラングドック地方では trabalhaire、ほかに arello, airis, airo などと呼ばれていた。

訳注13―鉄面皮だ　字義は「悪魔のようになめし革をもっている」。

1578年のタイユ税台帳に基づく

ロマンの《資格》分類

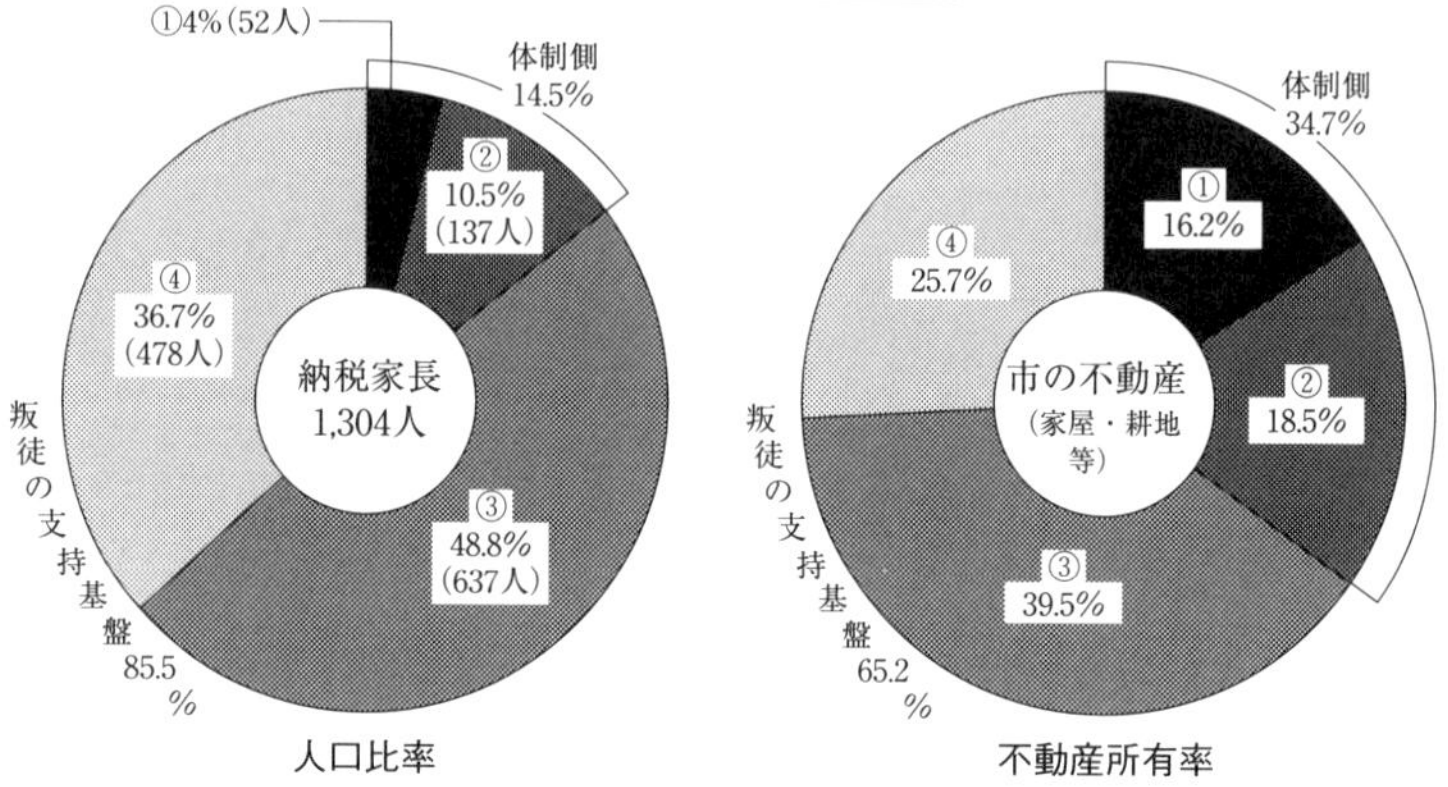

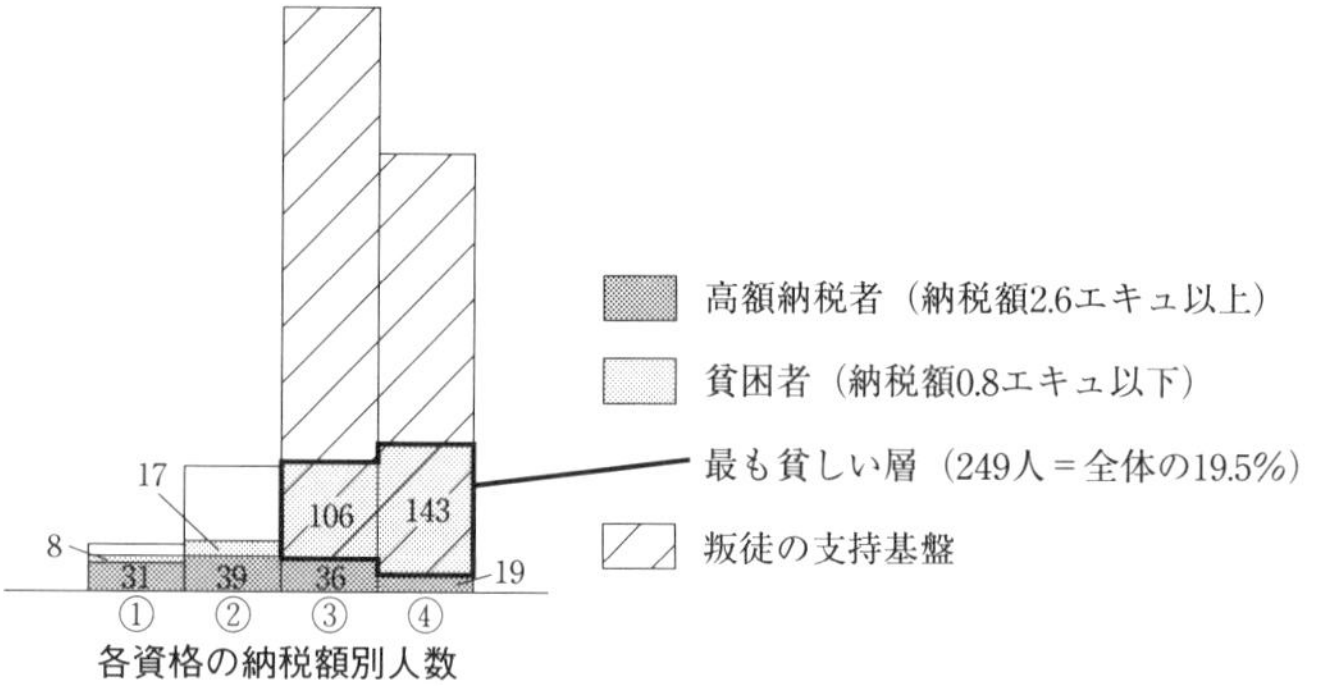

① 第一の資格：エリート層（グラタン）。裕福な地主、地代・債権・利子で暮らすブルジョワ、貴族等のうち、免税に失敗した者など。（1人あたり納税額：6エキュ）

② 第二の資格：商人、仲買人など。高利貸的な行為や、領主的諸権利の行使などから、小資本家ともいえる。（1人あたり納税額：2.6エキュ）

③ 第三の資格：職人。手工業、とりわけ毛織物業の職人や、精肉商、石工、鍛冶師、大工など。（1人あたり納税額：1.2エキュ）

④ 第四の資格：《耕作者》、一般労働者、農業従事者。（1人あたり納税額：1エキュ。ただし、ごく一部の「裕福な」者19人は、2.6エキュを納税）

納税額による人口比率

Ⓐ 13フローリン（2.6エキュ）以上の《高額納税者》＝エリート

Ⓑ 下層・中流＝マジョリティ

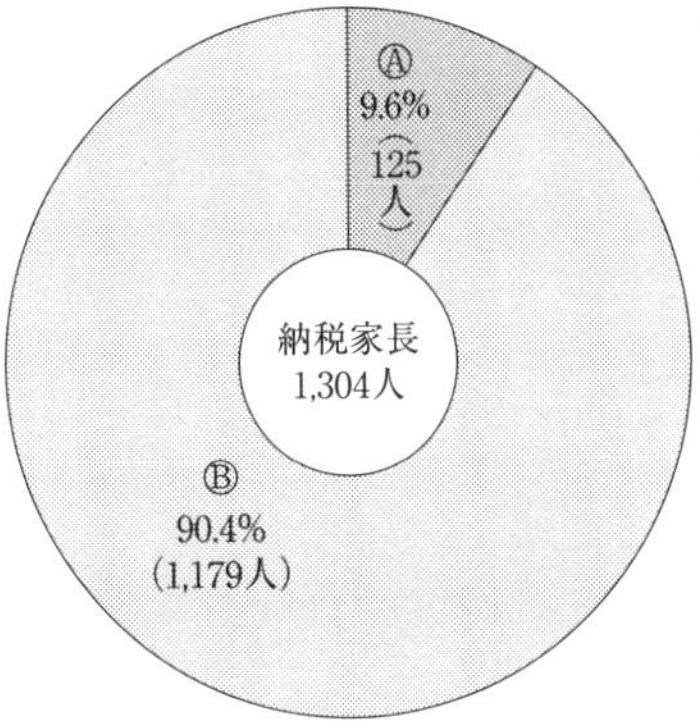

人口比

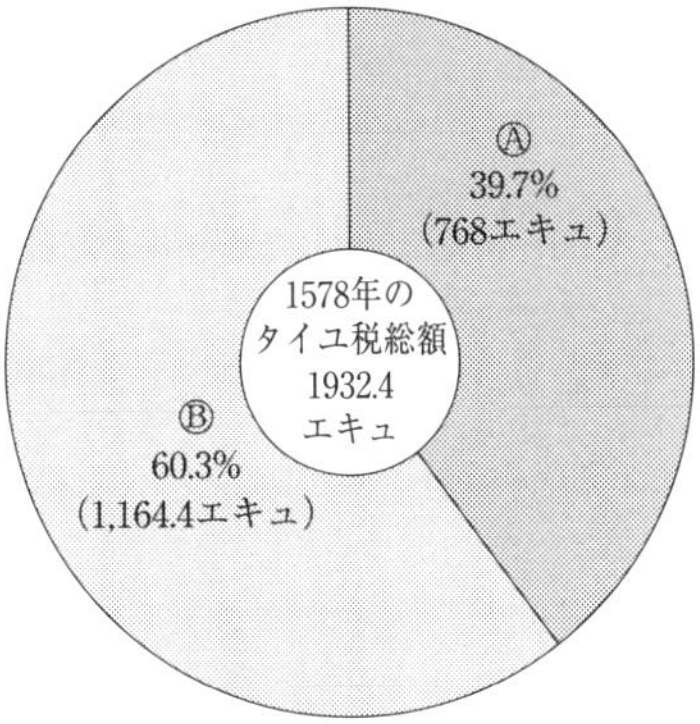

納税額比

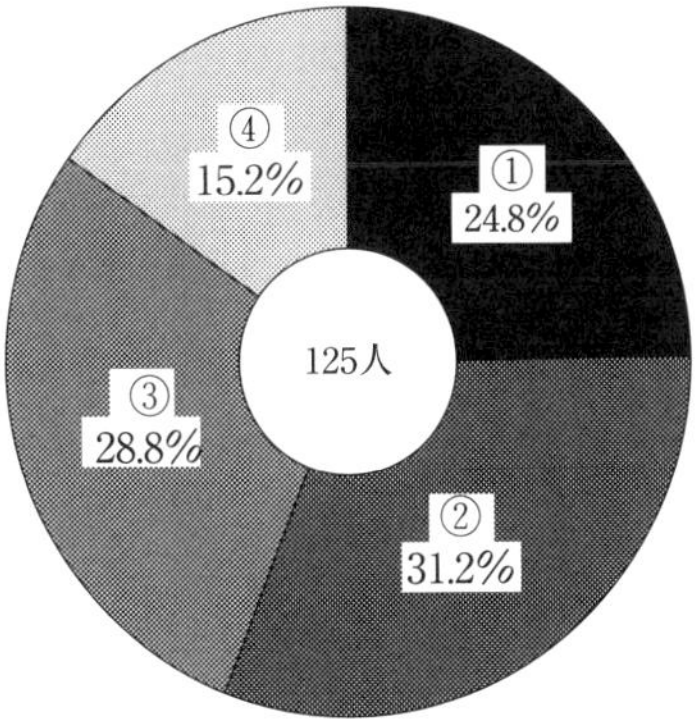

Ⓐの《資格》別人口比率

※これらのグラフは原書にはなく、当時の社会情勢を読み取りやすくするために訳者が作成したものである。

になる。《叛徒たち》の「同盟《リーグ》」は、したがってそのメンバーと支持を残りの資格、すなわち手工業者と労働者（合わせて家長数八五・五％、土地資産の《菓子》六五・二％）に求めなければならなかった。この時点まで、財産の偏差はさほど《反民主主義的》なものとして立ち現れてはいなかった。だが、まさにこうした状況こそが、二つの《下位》グループが導いた民衆闘争を助長することになったのだ。六五・二％という資産とともに、手工業者や農業従事者たちはエリートたちと対決するうえで絶好の立場にあった。明らかに彼らは、一握りの領主や名士たちが村の土地の八〇％を有していた、同じ時期におけるフランスの数多くの村の農民たちより、恵まれた立地条件にいたのだ。さらに言えば、首長の贅沢三昧に踏みしだかれている現代の第三世界の悲惨な大衆よりも、おそらく恵まれていたはずである。

⁂

身分や「地位」ないし資格ごとに分析する手法は、当時の心性に合致し、タイユ税の課税目録に記載された、さまざまなカテゴリーに依拠できるという点で、まことに計り知れない利点をもつ。しかしながら、これらのカテゴリーはことを単純化してしまっている。第一資格の地主や金利＝地代生活者の中にも、タイユ税が半エキュ以下の貧しい納税者もいたからである。それでも彼らは、町の支配的身分を構成していた。同様の貧者は、第二資格に属する商人たちの中にもいた。したがって、彼らはすべてが等しく裕福であったというわけではない。反対に、職人や耕作者の中にも、富裕者や半富裕者はいた。いずれも町の非特権的な《資格》に属していたにもかかわらず、である。それゆえ、

「地位」ごとの分析が、少なくとも《上位》階層に関するかぎり、是非とも必要となる。

ロマンの四資格（とりあえず、ここでは資格を一まとめにし、そこにいかなる区別も設けないことにする）の納税者一三〇四人のうち、一五七八年に一三フローリン以上、つまり二・六エキュ[27]以上のタイユ税を課された《高額納税者》は一二五人いた。この数は町の納税家長の九・六%、単純化すれば一〇%にあたる。つまり、彼らは上位《一〇分の一》、つまり統計学者のいう第一デシル（十分位数）に含まれることになる。この一〇%は、何らかのエリート層を構成する。彼らはそれぞれ下僕ないし下女を一人置いていた。一五八六年のペスト猖獗時に、ロマンのもっとも裕福な家の一三・六%が、男女いずれかの家人を雇っていたことは、すでにみておいた通りである。第一デシルに属するエリート納税者一二五人は、一五七八年におけるロマンのタイユ税総額一九三二・四エキュのうち、三九・七%にあたる七六八エキュ（合計）を納めている。

納税住民の中でもっとも裕福な彼ら一〇%の者たちは、建物のあるなしを問わず、町の資産（市内の家屋と土地）の三九・七%を所有していた。概数では四〇%ないし五分の二となる。第一デシルの者たちは、したがってその資産が社会全体における彼らの人数と厳密に比例すると仮定すれば、四倍分裕福だったことになる。つまり、全戸数の「一〇%」が、建物のあるなしを問わず、土地資産の「四〇%」を管理していたのだ。しかし、ここで留意したいのは、残りの九〇%が土地資産全体の六〇・三%を有していたということである。彼らは人口論的に「巨大な」マジョリティを構成し、不動産の「確固とした」マジョリティを管理してもいた。まさにこうした下層ないし中流に属する一〇分の九の人々が、建物のあるなしを問わず、市内にある不動産の五分の三を所有していたのだ。一五七八年のロマン社会が、同時代ないし現代の数多くの発展途上の社会より、幾分なりとも公平だったと

される所以である。(28)

「地位」ないし「資格」と「階層」を述べたあとは、これら二通りの構造を結びつけて、さまざまなグループや社会階級を単離してみたい。まず、前述した高額納税者一二五人の家長のうち、三一人はすでにみておいた第一資格、つまり大地主や金利生活者のうちに含まれる。もっとも特権的な資格に属する五二人の《金利生活者》の半数以上(三一人)は、それゆえ必然的に第一デシルのエリート層に位置づけられる。一方、一三七人の商人たち(名誉と尊敬とを受ける第二資格のメンバー)の場合は、三九人がもっとも裕福な前記一二五人の輝かしいデシルに含まれる。その比率は、もちろん金利生活者と較べて非常に低い。だとすれば、同じ商人とはいっても、かなりの資産を有する最上位の約四〇人の仲買人を区別する必要がある。一〇〇人ほどの小規模卸売商や小売業者ないし零細な小売店主は、さほど恵まれていなかったからである。このほかに、さらに第一デシルに位置づけられる裕福な手工業者も相当数いた。六三七人のうちの三六人、つまり、手工業者の一七人に一人が裕福だった勘定になる。

これに対し、第四の資格(農業労働者四七八人)では、耕作者のごく一部(一九人)が裕福である。せいぜい猫の額ほどの土地ないし小さな家程度しか持ち合わせていない、痩せた農地の耕作者四五九人から際立つ彼らは、二・六エキュ以上の税を納め、一二五人の第一デシルに含まれる。

要するに、資産と経済力とにもっとも恵まれた階層には、一二五人の家長がおり、そのうちの二四・八%(三一人)が第一資格の地主や金利生活者たち、三一・二%(三九人)が第二資格の商人、二八・八%(三六人)が手工業者集団にそれぞれ属していたことになる。これらの恵まれた手工業者たちは、中層以下の同輩たちが反体制的な叛徒側へと傾いたのに対し、必然的結果として体制側を支える集団の上層に位置した。第一デシルを構成する残りの一五・二％（一九人）は、農業労働者の「地位」にとどまっているが、前述したように、彼らの地位は、その人数の中に、「木靴に干し草を詰め込んだ」[14]、ごく少数の人々（四七八人中一九人、四％）を含んでいる。この一九人の裕福な耕作者は、貧しい多くの仲間たちとは異なり、暴動の煽動者の陣営には加わらなかった。そのため《無秩序の叛徒たち》は、第一デシルに属するエリート層の下に位置し、町のもっとも貧しい九〇％を構成する、六〇一人の手工業者と町の四五九人の耕作者たちから人手をかき集めていった。

　しかし、ロマンの大衆騒擾はやがて指導者の払底という事態に直面し、全体で一〇六〇人にのぼる職人や耕作者の家長を含む《育成場》での基盤も失うようになる（第7章参照）。ちなみに、こうした約一〇〇〇人の家長数に妻子や孫たちの数を掛け合わせれば、市の全住民七〇〇〇から七五〇〇人のうち、四八〇〇ないし五〇〇〇人という数になる。

　ここで、体制側のもっとも明確な集団のことに立ち戻ろう。《善良な人々》ないし《ロマンのお偉方》と呼ばれた彼らは、社会のさまざまな階層に何がしかの支持基盤を有していた。にもかかわらず、彼らは基本的に一二五人の第一デシルの家長たちを当てにしていた。わけても彼らが期待していたのは、この第一デシルのなかで、上位二資格（地主＝金利生活者と商人たち）に属していた七〇人の家長だった。そして、これらの家長やその妻たちのために、一五八〇年二月一五日の「肉食の月曜日《ランディ・グラ》」[15]

訳注14—木靴に干し草を詰め込んだ　「しこたま金を蓄えた」の謂。

訳注15—肉食の月曜日《ランディ・グラ》　地域と時代で異なるが、いったいにカルナヴァルは、「灰の水曜日」を初日とする四旬節直前の「肉食の日曜日《ディマンシュ・グラ》」から「肉食の火曜日《マルディ・グラ》」まで営まれる。四〇日もの間、肉食を断ち、一切の祝いごとも慎まなければならない精進潔斎の期間である四旬節に先立って、牛飲馬食と馬鹿騒ぎに明け暮れるこの三日間を、フランス語ではとくに「ジュー

に、一四〇人分の食事からなるカルナヴァル的・反革命的一大祝宴が催されている。そこには、平民集団の《煽動者》たちに対抗すべく、土地のエリートの華、つまり、のちに裁判官のアントワーヌ・ゲランと公証人のウスタシュ・ピエモンが用いることになる言葉を借りていえば、《ロマンの町のもっとも裕福な者や商人、市民たち》が集まった。この華の数は、妻子を含めて三〇〇から三五〇。市の人口の四・五％に相当する。

こうしたことから、さまざまな階級による戦線は、一五七九年から一五八〇年にかけてロマン地方を揺さぶった闘いの過程で、互いに密接に関係し合うと同時に対照的な様相を呈した。農村部では、農民たちが古い家柄の出身の領主貴族〔帯剣貴族〕や授爵間もない貴族領主〔法服貴族〕を次々と攻撃した。都市部では、市壁内《イントラ・ムロス》の手工業者や耕作者たちが、上席参事と次席参事のポストを占めるブルジョワと対立した。つまり、彼らは次のような顔ぶれと対立したのだ。ジャン・トメ、ユンベール・デュボワ、ガスパール・ジョマロン、アントワーヌ・コスト（以上、第二資格の商人たち）、ジェローム・ヴェルー、ベルナルダン・ギグー、《法学博士ブリュエール氏》、エヌモン・ペリシエ（第一資格の地主、金利生活者、法曹家たち）などである。この第一資格には、商家の出で、せいぜい言って地元の都市貴族の色をふりかけた程度の者もいた。たとえば、アントワーヌ・ド・マニシューやジャン・ド・ソリニャック、ジャン・ド・ヴィリエ……などである。地方や都市や農村といった枠のなかで、同盟関係は、ロマンの裁判官ゲランの厳しい監視のもと、最終的に都市ブルジョワジーと農村貴族とを必然的に結びつけた。これに対し、手工業者と農民たちは、羅紗（親方）職人のジャン・セルヴ、通称ポーミエの指揮下にあった。

では、ここでいう職人《アルティザン》とは何者なのか、何なのか？　一五八二年ないし一五八三年のロマンの課税目録には、納税者全員の職業は明記されていない。だが、職人に関してはかなりの示唆がみられる。一五八二年のロマンでは、職人《資格》のメンバーは、一五七八年より二八人多い六六四人となっているが、そのうちの二七五人と、一五八三年の二四一人の仕事内容については、いくつか資料がある。この二度にわたる大規模な調査は、職人資格のおよそ四〇％を対象としており、何が主要な業種だったかを明らかにしている。残りの六〇％、つまり未知ないし不明の仕事についている四〇〇人ほどの《職人》は、ふつう店や親方職人の作業場で一人あるいは二人一組となって働く「コンパニョン（雇われ職人）」だった。

ロマンの手工業の主要な業種は、繊維業である。一五八二年現在、その仕事内容が分かっている職人の五九％にあたる一六二人の家長が、この業種と関わっていた。そして、これら一六二人のうち、六六人は縮充工で、多くが借家住まいだった。つまり、持ち家のない貧しい人々だったということになる。彼らはドーフィネ地方産の羊毛を縮充し、やがて羊毛はリヨンの商人たちのもとに集められ、(29)

ル・グラ」（肉食ないし脂の日）という。ちなみに、一五五三年から五九年にかけてラングドック地方に滞在していたバーゼルの医師フェリックス・プラッターは、モンペリエでの見聞として、四旬節に肉や卵を食べれば死刑になり、さらに、四旬節の慣習として、肉用の土製の器はすべて打ち砕き、精進用の魚を煮るため、新たに器を買い揃えなければならないとしている（Félix et Thomas Platter à Montpellier, C. Coulet, Montpellier, 1892, p. 38）。

あるいは羅紗職人が地元でこれを加工した。一五八二年に、これら羊毛商人（と課税目録に記された者）は三九人いた。いずれも豊かではなく、むしろ零細な商人＝製造者だった。彼らは羊毛の売り手であり羅紗の買い手でもあった、ロマンやリヨンの大仲買人の傘下に入っていた。

羅紗職人であり、一五八〇年の反体制派の指導者でもあったジャン・セルヴ、通称ポーミエは、しかし十四世紀のパリ革命を指導した富裕商人エティエンヌ・マルセル[16]と同じレベルにはない。ロマンの叛乱羅紗職人たちは、それよりはむしろ、弱小な職人＝製造業者でありながら、一八三一年に仲買人たちの専横に立ち向かった、リヨンの絹織物業者を想い起こさせる。ロマンの羅紗職人と縮充工たちにも、むろん不満を覚えるだけの正当な理由があった。経済にとってきわめて有害な宗教戦争が勃発して以来、危機が彼らを疲弊させた。すなわち、十六世紀には、のちに彼らが売ることになる羅紗を買い入れる購買力は、食料用の小麦のそれと較べて、かなり悪化してしまったのである[30]。

ロマンの主たる手工業において、繊維業の次には金属や皮革、食品などに関連する業種がくるが、これらの業種は、基幹産業の繊維業と比較して数量的にかなり後退していた。これに関わっていると記された者は、部門ごとに二〇ないし三〇人の家長のみ。つまり、《繊維業者》が一六二人いたのに対し、部門全体を合わせても一〇〇人いなかったことになる。ただ、精肉・製パン業者たちは、数こそ少なかったものの影響力は有しており、一五七九年から一五八〇年にかけて、町の反税ストに重要な役割を果たした。

❦ ❦ ❦

手工業はロマン共同体がもつ二つの顔の一方にすぎない。この「ヤヌス・ビフロンス（二つの顔を持つヤヌス神）」のもう一つの顔は、農業である。ここでの農業は、ブルジョワジーの大地主と貧しい耕作市民との間に絆を作っていた。後者は富裕者たちの土地ないし自分の狭い土地で働いた。残念ながら、ロマンの二番目に古い土地台帳[31]の記載は不完全であり、しかもより後代（一五九六年）のものにすぎない。にもかかわらず、本書が問題とする時期（一五八〇年）に関するかぎり、それは市壁内の市民の家屋や店の配置、あるいは市壁外の農地の分布について、経験的におおよそのイメージを与えてくれる。

不動産をもっとも多く所有するのは、当然のことながらブルジョワジーの家である。だが、稀には貴族や旧家、時には商人や公証人の家もかなりの所領を有していた。これらの家は、市域内はもとより、隣接する一〇カ所ほどの村の中に、広い領地を私有していた[32]。ここでは第一の場合、つまりロマンの名士たちの純然たる私有地についてみておこう。もしもその土地がタイユ税を免れていなかったとすれば、土地台帳の評価額は一〇〇エキュ、二〇〇エキュ、三〇〇エキュ、さらには三五〇エキュにも達したはずだ。たとえば法学博士ジェローム・ヴェルーの未亡人は、三カ所に評価額三五七エキュもの広大な穀物用耕地を有していた。教会参事会員のロワロンは、家屋一棟、納屋二棟、土地一八区画、ブドウ園三カ所を持ち、その評価額合計は三二七エキュにのぼった。また、ベルトミュー・ロワロンは土地一二区画、ブドウ園一カ所、家屋一棟で二七六エキュ、ある《尊敬すべき》商人は、

訳注16―エティエンヌ・マルセル　一三一五頃―五八年。パリの商人頭（今日の市長に相当）をつとめ、一三五七年に全国三部会で起草された王令の遵守を巡って王太子、のちのシャルル五世と対立し、翌年二月、仲間たちと王宮を攻撃して王太子を追放するが、暗殺される。

総額二九四エキュにのぼる農地ないし《土地》二九区画とブドウ園八カ所の持ち主だった。さらに、シャルル・ジョマロンの資産は、家屋二棟、土地二二区画、ブドウ園一カ所、家畜小屋一棟で二八〇エキュ。ミラール家やボニヴォー家など、他の前市参事たちの家産も同様であった。

資産一〇〇エキュ以下、とくに五〇エキュということになれば、小規模な商人たちも少なからず該当した。彼らの資産は多くが市内にあり（家屋、店など）、土地も若干持っていた。市壁内の数多くの手工業者や、裕福なブルジョワないし地主などの土地も耕していた農民たちは、賦租金額が二〇ないし一〇エキュ、いやそれ以下でも満足していた。彼らの資産としては、せいぜい小さな家一軒、ブドウ園一カ所、土地一区画がある程度だった。まして寡婦ともなれば、土地台帳の賦租金額は数エキュ（一、二、五……エキュ）まで下がることもあった。

ところで、農業を営む四七八人の家長が市壁内に住んでいた理由は、何にもまして地元に広大なブドウ園があったことによる。このブドウ園はブルジョワジーの所有だったが、実はそれ以上に平民的なものであった。それは市壁の堀を取り囲むようにしてあり、ブドウの木は、近隣地域で美酒の産地として評判が高かった、きわめて庶民的なシャプリエ地区と接する高台にとくに密生していた。いったいにブドウの木を育てるには《集約的栽培》が必要であり、鶴嘴を用いての耕土や剪定、収穫のためには多くの人手がかかった。

一四四九年の史料によれば、ロマンの市民たちは、痩せて不毛な土地に位置する町がなんとか生き延びられるのは、《農作業の全体ないし大部分がブドウ園で行われているからだ》(33)と考えていた。確かに誇張された物言いではある。だが、実際にはさほどの誇張ではなかった。一五一六年の課税台帳(34)には、数百カ所におよぶ土地の大規模な調査結果がみられるが、それによれば、これらの土地の四〇・三％は畑であり、四八・六％はブドウ園、七％は林、四・一％は牧草地となっていた。ただ、それぞれのブドウ園は極端なまでに狭く、しばしば平民が所有していた。それはまた富裕者がしばしば所有する穀物畑より狭かったが、耕作適地のかなりの部分を覆っていた。

以上、急ぎ足で社会学的地平を検討し、それによって、金利＝地代生活者のブルジョワや商人たちの次に、手工業者たちや市内に居住する農民の土地、さらに彼ら以外のものである土地についても何ほどか考察することができた。では、言うところの「貧しい者たち」とは、呼称の広義と狭義双方の意味においてそもそも何を指すのだろうか。一五八六年のペスト犠牲者（総計四〇九六人。これは当時のロマン人口約八〇〇〇の過半数を占める）の中で、市内の二施療院、すなわちサン＝ニコラとサント＝フォワ施療院に収容されていた者は、筆者が調べえたかぎりで、せいぜい三〇人にすぎなかった。だが、施療院内が混雑していたため、明らかに市内の他の地区にある施療院と同様死亡率はかなり高く、三〇人全員が死亡している。この中には、貧者に加えて、下女も何人か含まれていた。

当時、ペストによる死亡率が五〇％以上だったことを考えれば、一五八〇年から一五八五年頃には、おそらく前記二施療院には、最多時でも犠牲者の倍、つまり住民数の一％に満たない五〇ないし六〇人の貧者しかいなかったと思われる。これは、当時の大都市と較べれば、際立った対照をなしている。たとえばマドリッドでは、少なくとも人口の一〇分の一が何カ所かの施療院に閉じ込められていた(35)。一五八〇年頃のロマンは、「大収容時代」以前だったが、貧者の多くは町に住んでおり、まだ施療院の柵の中に閉じ込められてはいなかった。

これら町の貧者たち(36)の中には、《職業的》な者もいた。路上や教会、祝祭、葬式などで物乞いをする者たちである。市の参事会はそんな彼らに施しをしなければならなかったが、乞食狩り《シャス＝コカン》たちは、反対に彼らを追放しようとしていた。やがて、かなりの数にのぼる家長がぼろ着をまとうようになる。《一時的貧者》たる彼らは、借家（間借り）人として、時には家主として、ロマンの家々に住んでいた。二通りの《下級》階層（職人と農民）に属するこれら困窮者たちはまた、一五七八年に四フローリン以下、つまり納税者一人あたり〇・八エキュ以下の税しか払わなかった、という事実によって特徴づけられる。一五八〇年の《叛乱》のあと、グルノーブルの高等法院から、その《指導者》として断罪される平民〔ポーミエのこと〕を生んだ社会階層に属していたのは、後述するように、実際にはこのレベルより上（〇・八エキュ以上）の者たちだった。したがって、叛徒の中心メンバーは職人や町に住む農民たちの下・中流層（富裕層ではなく、さりとて貧困層でもない）に位置していた。

〇・八エキュという税額は、まさに上方の叛乱主導者層と下方の貧困層とを分ける境界だった。この境界の下方、つまり納税者一人あたりの税額が〇・八エキュ以下の層には、農民の戸主が一四三人、職人の戸主が一〇六人いた。換言すれば、職人六人に一人（一六・六%）、農民三人に一人（二九・九%）が、主導的だが安楽さとはほとんど無縁の領域の下方、すなわち貧困の領域にいたことになる。第一の資格（ブルジョワジー＝金利・地代生活者）には、このような貧困者は、全体五二人のうち、僅か八人（一五・四%）いるにすぎなかった。経済的により《安定した》第二資格（商人）の場合、きわめて困窮した者の割合はより少なくなり、一二・四%にまで下がる。(37)

ここでは、下位とみなされる階層（職人と農民）に属し、タイユ税が〇・八エキュ以下で、きわめて低い社会的・経済的レベルにあるという、二通りの《恥辱》を同時に甘受していた個人に限って検討してみよう。その数は全体で一四三人（農民的資格）＋一〇六人（職人的資格）。すなわち、貧しい戸主は二四九人となる。この二四九という数は、それゆえ第四資格の市内在住耕作者の過半数を占める。

統計的にみて、彼らはもっとも貧しい集団を構成しており、一五七八年についていえば、二四九人の納税者はロマンの全戸主一三〇四人の一九・五％に相当する。家長五人のうち、じつに一人が貧民だった勘定になる。また、彼らの妻子や孫たちといった家族をも考慮に入れれば、一〇〇〇人あまりが貧民だったことになる。これに、前述した二施療院に収容されていた不幸な五〇人ほどを加えよう。さらに、さほど数は多くなかったはずだが、実際に貧しすぎたために課税台帳から外されていた不特定の貧困者も加わる。街頭や教会堂をうろつき回り、市当局が僅かばかり配ってくれる空豆入りのスープをすする物乞いも一〇人近くいた。

これらを全て加えて算定すれば、七〇〇〇から七五〇〇ほどの住民のうち、《貧者》はおそらく一三〇〇から一五〇〇あまりいたことになる。その中で、かなりの数が大衆的な、のちにカルナヴァル的なものとなる叛乱の示威行動に散発的に参加した。だが、きわめて低い地位にあった彼らは、異議申し立ての指導者としては、いかなる役割も演じてはいない。後述（本書第7章）するように、それを指導したのは、市内の手工業者や農民の中・下層の出身者だけであり、貧困層ではなかったのだ。

❦　❦　❦

以上、《資格》、「地位」ないし階層の違いや、貧困の状態を検討してきたが、ロマンの集団を分析するにはもう一つ《切り口》がある。家主（所有者）と借家（間借り）人とを分けることである。第一級の資料である一五八三年の土地台帳CC5には、この件について必要な情報が記されている。それによれば、一五八三年度のロマンの納税戸主は一五四七人だったという[38]。そこにはもちろんすべての家主が含まれている。もっとも、その過半数は職人ないし耕作者たちで、彼らはただ家一軒と狭い庭を所有しているだけだった。台帳にはまた、すでに二通りの《関連する》台帳[39]を比較しながら確認しておいたように、夥しい数の借家人も記載されている。彼らに対する税は、課税すべき土地や家屋がないため、資力に基づき、「カパージュ」[17]なる名目で控えめに見積もられていた。

一五八三年の土地台帳CC5には、こうして五九五人の借家人名が記されている。この中から、店を構えていた六〇人ばかりの職人ないし商人を急いで差し引いておこう。彼らはいずれも家主から《長屋状店舗《アルク・ド・ブティック》》ないし一個の独立した《店舗》を借りていた。仕事を行うため、こうして場所を確保したのである。

これらの店は、市の中心部を通って、ジャクマール地区の北側からサン＝ベルナール地区の南側まで、ロマンを斜めに走る中央ゾーンにとくに数多くみられた。体制側の牙城でもあったこのブルジョワと商人たちの中核部には、市庁舎やサン＝ベルナール教会の近くに家が何軒もあり、そのうち七ないし八軒は、ルネサンスまたは前期ゴシック様式のアーチ型の長屋状店舗だった。これらはそれぞれ別々の小間物商から借りたものであった。おそらく他に本宅を有していたと思われるこの六〇人を別にすれば、残りは五三五人の戸主（納税戸主全体の三四・六％）となる。彼らは語の十全たる意味、というより、むしろ貧乏人という意味において、真の「借家人」と言える。裏返して言えば、これは、少なくとも戸主の過半数あるいは三分の二近くが、自分の家を所有していたということを意味する。彼らは紛れもなく社会の《プチ＝ブル》階級だったのだ。

借家人が支払う家賃は、町の東側にあるサン＝ニコラの平民地区では、一人あたり年間二・三エキュ。同じ地区での一五八三年度のタイユ税（二エキュ）より若干高かった。住民たちの考えでは、どうやらこの家賃は、不動産資産の約六%に相当していたらしい(40)。各借家人は家一軒丸ごともしくは一部屋を借りた。あるいは、その中間形態として、《上方》ないし《下方》の階をそっくり借りたものだった（すなわち、店舗のあるなしを問わず、二階もしくは一階全部を借り切った。ただし、筆者が調べたところでは、十六世紀末のロマンでは、一階および二階建ての家しかなかった[18]）。

ついでに指摘しておけば、何人かの家主が町の東側にあるサン＝ニコラ地区の、とりわけイゼール河岸に、本格的な集合賃貸住宅を何棟か持っていた。こうした大規模な《建物》は、いずれも小部屋に住む四、五人に賃貸されていた……。だが、一般的に言えば、その全体ないし一部を実際に貸し出していた家の持ち主は、一人あたり一人ないし二人の店子を抱えているだけだった。もっとも裕福な名士＝有力者たちは、五軒、六軒の家を所有していたが、店子の数は、それでも一人ないし二人だった。このような《多数住宅《ミュルティドミシリエール》》所有は、たとえばロマンで一番豪勢なブルジョワで、大金持ちの商人であり、守備隊長も兼ねていたアントワーヌ・コストに象徴される。それにあるかあらぬか、一

訳注17―カパージュ　プロヴァンス語で「人頭税」を指す。ただし、近代プロヴァンス語の大詩人ミストラル（一八三〇―一九一四）の記念碑的偉業とされる『フェリブリージュ宝典』（プロヴァンス＝フランス語辞典）では、本書の表記にあるcappageではなく、capageとなっている。

訳注18―著者の誤記。ムトン通りに今もある通称「羊の家」は、十三―十四世紀に建てられた四階建ての館（「訳者まえがき」参照）。

1583年の土地台帳CC5に基づく

《家主》と《借家人》

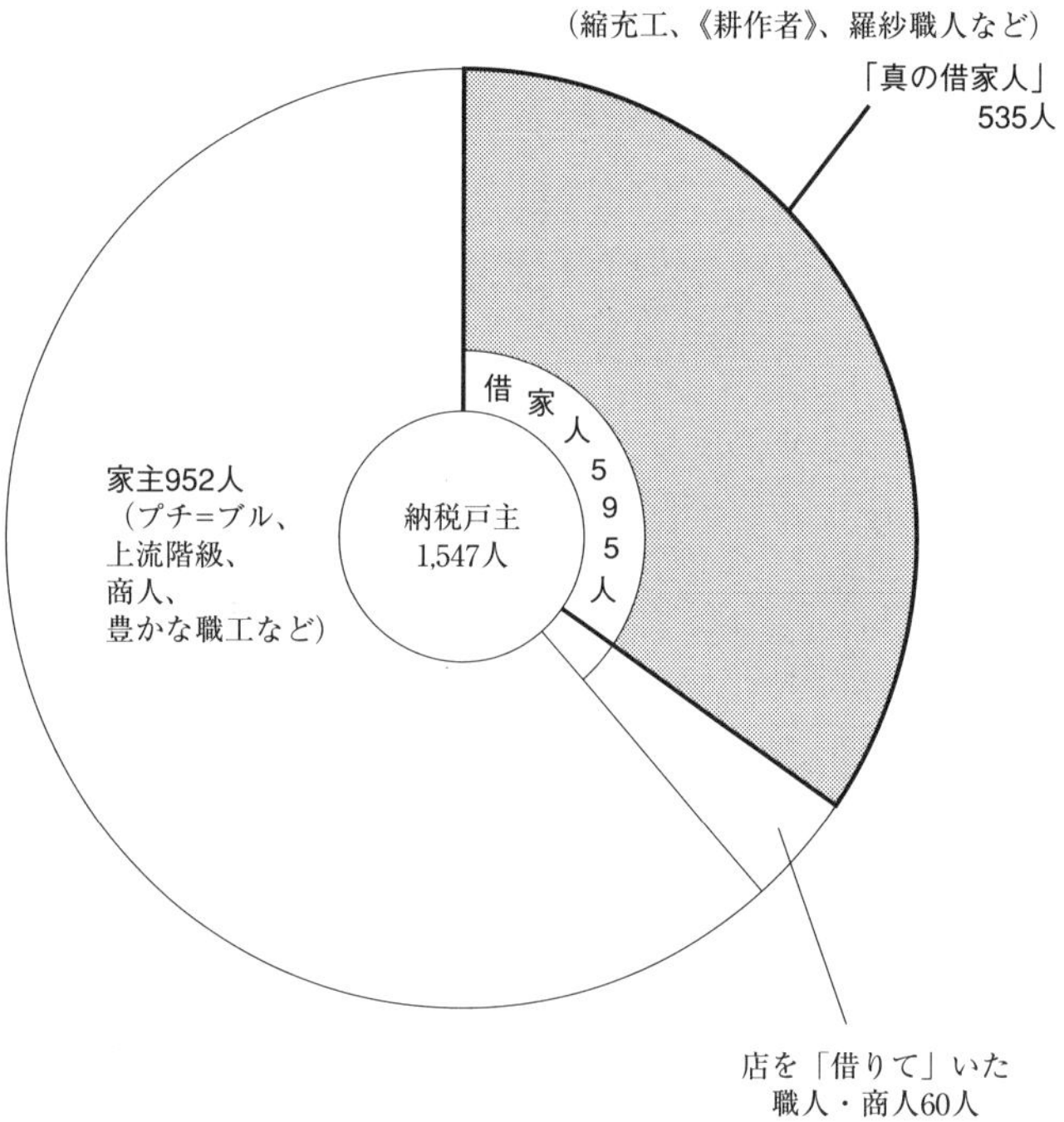

五八〇年のカルナヴァルでは、彼は《トルコ人の頭》[19]の一人となった。
一五八三年の《真の借家人》五三五人には、《財産をしこたま蓄えた》者数人が含まれている。だが、彼らは基本的に自らを町の正統な《プロレタリアート》だとしていた。この借家人プロレタリアートは、貧者とみなされていた者ばかりでなく、《耕作者》や雇われ職人、親方職人など、貧者ならざる者も数多く含んでいた。彼らは町の上流階級《グラタン》や中産階級に属するには貧しすぎ、叛乱の指導者を輩出した家産持ちの手工業者たちからなる、中産・下層階級にも属していなかった。

これら真の借家人五三五人のうち、仕事内容が分かっている職人や耕作者はかなりの数にのぼる。彼らの数は、全体で一一八人だった。その中でもっとも多いのは、五〇人という縮充工＝借家人の一大集団である。これに対し、家産所有者の縮充工は僅か五人だけだった。次に多いのは、実際には単純農業労働者の《耕作者》（一三人）。さらに、《独身の娘たち》（住み込みの貧しい下女たち）[20]、そして羅紗職人（一〇人）と続く。彼ら羅紗職人たちは、いずれも羅紗を実際に織る職工であり、手広くそれを扱う羅紗商人ではなかった。次に、人足（六人）、綱職人（五人）となっている。職人は他にもいるが、数は僅少だった。

もっとも注目に値するのは、前述したように、一五七九年から一五八〇年にかけての叛乱の指導者たちが、これら借家人の出身ではないということである。借家人たち、とくに縮充工たちが、暴動や示威行動あるいは最終決戦に、兵力なり《大衆的支持》《バズ・ド・マス》なりを提供したとしても、である。一五八〇

訳注19―トルコ人の頭　「嘲笑の的」の意。
訳注20―独身の娘たち（住み込みの貧しい下女たち）については数値不明。

年の叛乱で告発された被疑者のうち、一五八三年の課税目録に借家人と記されている者が一人だけいる。農業労働者のルイ・フェヨルなる男である。分かっているかぎりでいえば、被疑者たちは全員が家主層だった（その中には、サント＝フォワ施療院地区の精肉商フランソワ・ドルヴェ、耕作者ジャン・トロワヤシエ、一五八〇年に処刑された反体制派の鍛冶師アントワーヌ・ニコデル(41)の寡婦、反権力者の精肉商ジャン・テロ、処刑者の親族だったジャン・ロベール＝ブリュナ、一五七九年には叛徒たちに好意を示しながら、翌年には彼らに背を向けるようになった、プロテスタントもしくはユグノー〔21〕支持のブルジョワだった裕福なジャン・ギグ……などがいる）。

ブルジョワの中でも、とりわけ豊かだったジャン・ギグを除いて、前記の反体制者ないしその寡婦であったこれら家持ちたちは、単なる「小地主」にすぎなかった(42)。この《慎ましさ》にもかかわらず、あるいはまさにそれゆえにこそ、彼らは《下層の人々《レタージュ・アン・ドゥス》》つまり貧困ないし半貧困の状態にある多くの借家人と決して混ざり合うことはなかった。こうした貧しい借家人たちは、街頭での示威行動の際、時に家持ちたちの下で動いた。いわば後者は、前者を政治的に統御し、管理する手綱を維持していたのだ。いずれ立ち戻ることになるが、ロマンのカルナヴァルは、こうして上流階級ないし家持ち＝商人社会の上層と、職人住民の中流を占める小地主層（本書第7章参照）との間の紛争だったように思える。

この小地主層は、場合によっては、家を持たぬ下層住民（職人ないし農民）を背後で駆り立てることができた。ただ、下層住民たちを民衆運動の指導的役割と結びつけることはできなかった。家産を持つことができるほどの資力を有していた、中流手工業者だけからなる大衆指導者の狭い偏在化は、反体制指導者たちにとっては象徴的な威信の源にほかならなかった。しかし、それは同時に脆さの、そして孤立化の危険を孕んでもいたのだ。たとえば、戦略的な重要局面において、富裕者たちは町に住む彼らの敵を背後から攻撃することもできた。それには、借家人のリストにあるもっとも貧しいプロレタリアートがこの敵に与えるはずの支持を、奪い取ればよかったのである。

❧ ❧ ❧

以上述べてきたことと若干ニュアンスに違いはあるが、ここではさらに包括的な概念が必要となる。この概念は、ドーフィネ地方の都市内部で起きた大衆運動に、下っ端と指導者層を同時に提供した職人や農民からなる集団全体、すなわち《細民《メヌ・ポプラト》》に関わる。ヴィエンヌ県に残っている一五七九年の反体制運動時期の文書で、ジャン・ド・ブールとその仲間たちは次のような表現を用いている(43)。「すでに指摘しておいたように、町から男たち(兵士、ブルジョワジーの軍隊)を撤退させるという住民たちの考えには、きわめて危険なものがある。実際、そのような事態になれば、細民たちが自らの秘めた火によってかき立てられ、暴動を引き起こすという危機的な事態に陥るだろう」。十四世紀のトスカーナ地方と同じように、十六世紀のドーフィネ地方でも、「細民」の上には「肥えた人々《プープル・グラ》」、すなわち、商人や法曹家、さらにしばしば貴族を気取るブルジョワたちからなる少数のエリートがい

訳注21―ユグノー　十六世紀から十八世紀にかけてのフランスにおける、カルヴァン派プロテスタントに対するカトリック側の侮蔑的な呼称。一五三〇年代、フランスの宗教改革者カルヴァンがスイスのジュネーヴで宗教改革に携わり、改革を成功させて以来、ジュネーヴはカルヴァン派プロテスタントの総本山となった。伝統的な社会秩序を重んじるルター派に較べ、より自由主義的な性格をもつカルヴィニズムは、勤労者層のほか、貴族の間にも支持を得た。

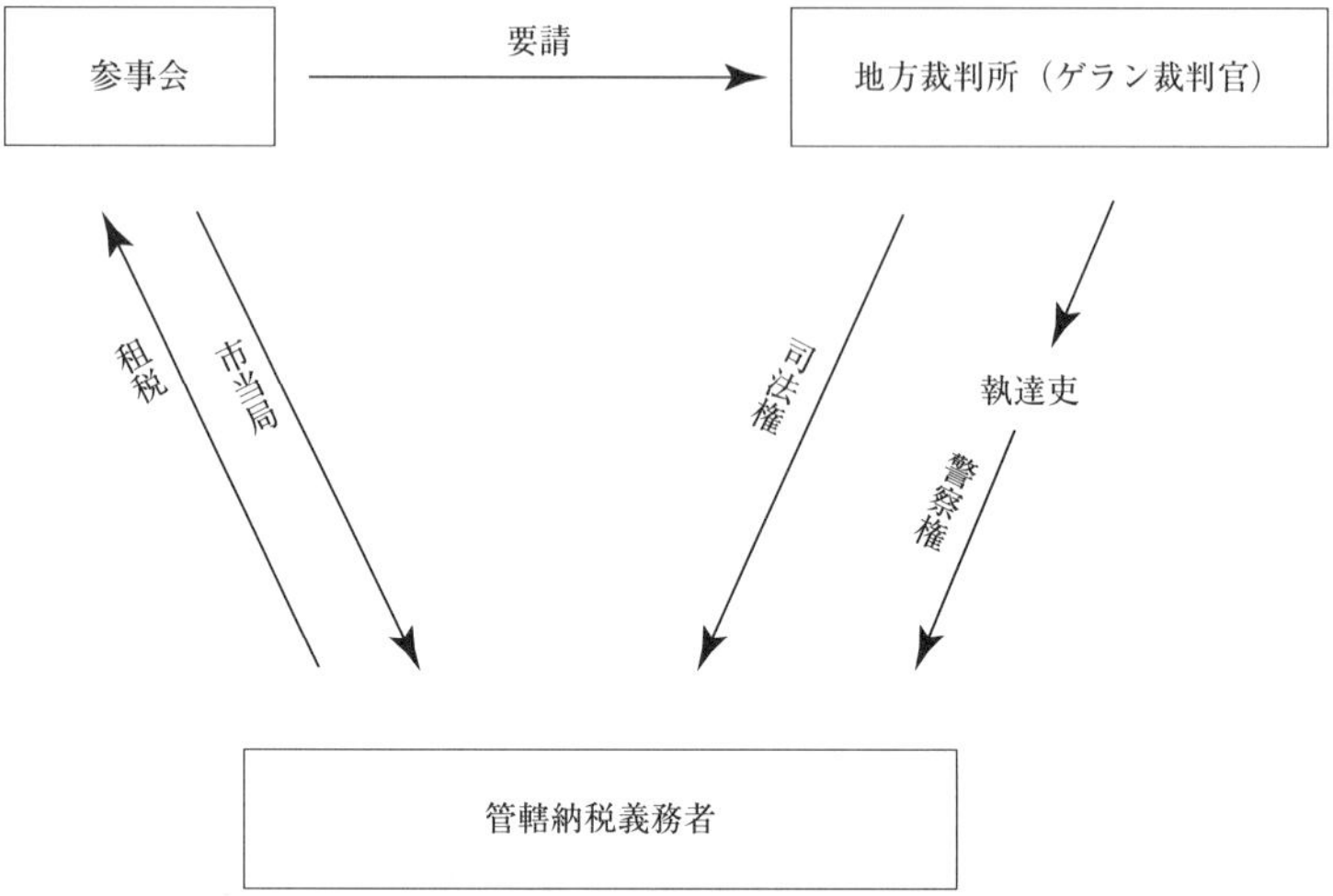

た。一般住民にとって、これらエリートたちは、「市壁内」で街頭運動や言論活動が起きると、当然のことながら決まって敵対者にまつりあげられる存在だった。

❧　❧　❧

さて、次はいよいよ一五七八年から一五八一年にかけてのロマンの「権力」に関する問題である。原則的に、市の運命は国王の任命になる地方総督《グーヴェルヌール》によって監視されることになっていた。だが、この地域における彼の影響力はさほど確固としたものではなかった（それがはっきりと打ち出されるようになるのは、本書で取り上げる時代より後のことである(44)）。ありていに言えば、ロマンを牛耳る権力は、四人の代表参事（全体で今日の市長職に相当する）と大小二通りの《市参事会《コンシュラ》》、さらに一人の国王裁判官(45)とによって分割されていた〔22〕。

当時の国王裁判官は前述したアントワーヌ・ゲラ

ンで、終身だった。彼の父親は、のちにロマンの宝石商にまで出世した田舎回りの行商人。とすれば、アントワーヌは素早い立身出世を果たした家系の申し子とも言える。法学博士となった彼は、一五六〇年代の中頃、地方の国王政府から市の最高位の司法官に任命されている(46)。成り上がり者の息子として、彼はまず素晴らしい結婚をし、裁判官のポストを義父のアントワーヌ・ガラニョルから受け継いだ。

一方、ガラニョルの息子は、やがて一五八〇年にサン＝マルスランのバイイ裁判所〔23〕の副バイイとなり、義兄弟のアントワーヌ・ゲランに全面的な協力を惜しまなかった。おそらくゲランは、その職位を公式ないし非公式に購うため、総額は不明だが、かなりの金額を払っているはずだ。彼はまた、自分の死後、子供や孫たちが後を継ぐよう、画策するようにもなる。一五七九年―一五八〇年には、ゲランの地位はきわめて安定していた。彼は法的「拘束力」の主であり、それゆえ、執達吏や下級役人を用いて、参事たちからの要請を住民たちに対して実施することができた。この意味において、ゲランの司法権は、行政権でもあった。

ロマンにおけるさまざまな権力、より一般的には「特定」権力（司法権、行政権、財政権）の分配という問題に関しては、筆者が思うに、一五七七年三月五日付のある具体的な文書がはっきりと語っている(47)。そこにはこう記されているからだ。「ロマンの国王執達吏は、ロマンの《民事法廷《クール・コミュニュ》》（裁判

訳注22―南仏に典型的なこのような参事会都市（コンシュラ都市）は、一一三一年のアルルやベジエを嚆矢《こうし》とする。やがてモンペリエ（一一四一年）、ニーム（一一四四年）、アヴィニョン（一一四六年）が次々とその仲間入りをする。なお、中世都市の分類としては、ほかに北・東部のコミューン都市、中・西部のプレヴォ都市がある。

訳注23―バイイ裁判所　国王代官《バイイ》を長とする国王裁判所で、地方の行政・司法・軍事を管轄した。

官ゲランが主宰する上級地方・国王裁判所）から付託された拘束権に鑑み、さらにロマンの前記参事である法学博士ジェローム・ヴェルー殿の要請を受けて、ジャン・メヨ、通称サスナジュに対し、一五七一年度の三〇タイユ税支払いのため、四〇フローリン一〇スーを払うよう命じている」。

ちなみに、法律家の有力者で、一五七一年に筆頭参事をつとめていたヴェルーは、他の同輩と同様、ロマンの各地区での賦課方式に応じて、《三〇タイユ税》とか《二〇タイユ税》とか命名されていた、国王タイユ税の一部を徴収する任務を帯びていた。ヴェルーの参事任期は、制度的に一年かぎりだった。にもかかわらず、この人物は、じつに六年後（！）でも、管轄下にあった納税義務者たちが自分の参事任期中に払ってくれなかった、租税の延滞金を徴収する責任者の地位にとどまっていた。これら納税義務者たちに支払いを強制するべく、彼は裁判官ゲランから司法拘束権を得た。つまり、ゲラン直属の国王執達吏を一人用いて、その管轄下にあるこれら納税義務者の都合を一顧だにせず、それを官僚的に遂行したのである。前述した通り、参事（行政権）の任期は一年だったが、租税の延滞については、このように過去に遡って任務を行使することができた。一方、裁判官（司法権）と執達吏（警察権）の職務は長期に及び、実質的には終身だった。

のちに再び触れることになるアントワーヌ・ゲランは、ロマンの真の「主」だった。本書で取り上げる時代、彼は《裁判所《シャンブル・デ・マシヌ》》[24]を支配し、そこから町の行政に関わるさまざまな決定を下していた。実質的に終身任命だったこの裁判官と並んで、ロマンには四人の市吏（代表参事）がいた。しかし、実際のところ彼らはゲランの影響下で市政を方向づけ、監督していた。すなわち、多少とも司法的な役割（市の諸規則や命令の起草）を担い、軍事機構（市壁の維持、民兵の守備隊長や上級兵の指名）を主導し、（国庫（王国財務府）に入る）直接税と間接税を徴収した。また、市の収入になる間接税（入市税、畜殺税、穀粉計量税）を管理し、その徴税を請け負った。生活必需品や疫病、秩序の維持、あるいは文化的・宗教的生活（寄宿学校や各種祝祭などの運営）にも目を向けた。

彼ら四人組は、四分割した社会のそれぞれを代表していた。すなわち、筆頭参事は《崇高に生きる貴族もしくは法服貴族、弁護士、医者、あるいは商取引を一切行わず、地代や家賃、債権などの収入で生活するブルジョワ》がつとめた。次席参事は商人もしくは法律実務家、第三参事は手工業者、第四参事は耕作者だった。[48] 一年任期で選ばれた彼ら参事は、二四人と四〇人を構成メンバーとする大小二つの議会によって補佐されていた。これら二議会は、参事たちの出身母体である四通りの社会的資格（名士、商人、手工業者、耕作者）から、それぞれ六—六—六—六（二四人）、ないし一〇—一〇—一〇—一〇（四〇人）の割合で選ばれた。ロマンのこれら四資格に関わる全体的な統計については、前節ですでに触れておいた通りである。

ドーフィネ地方の他の都市と同じように、ロマンでもこうした組織（代表参事、参事会）は、現行メンバーによる輪番制の自律的な相互選出方式《オートコオプタシオン》を採っていた。ブレヒトがいうように、まず地元の政体が《主権民》を選び、次に主権民が政体を選んでいた（！）。一五八〇年、反体制派に不満の種をばらまいたロマンの市参事会は、民衆を《解体した》（＝抑圧した）。たしかに、大小二議会のそれぞれ半数を占めた手工業者や耕作者たちは、ロマンの職人層や農民層から、時には、民衆の上層から正当に選ばれていた。だが、彼らは民衆によって真に「選ばれた」わけではなかった。[49] この非民主的な状況は、十六世紀前葉には、ルネサンス期のフランスの再都市化や中央集権的な専制国家の進展が、

訳注24—裁判所《シャンブル・デ・マシヌ》　字義は「機械室」。

少しずつ地方に寡頭支配の機会を与えていくにつれて、ドーフィネ地方でも明確な形を取るようになる。当時増加しつつあった平民手工業者は、こうして危険な存在に、抑圧すべき存在になった。

ロマンでは、一五三六年にも四人の代表参事と四〇人の大参事会メンバーを決める選挙が行われているが[50]、原則的にそれは民主的なものであった。市庁舎に「家長たち《シェフ・ドテル》」を集めて市民総会が開かれ、そこではまず大参事会メンバーが選ばれ、さらに彼らによって四人の代表参事が選ばれているのだ。しかし、この《総会》は《澱んでいた》とまでは言えないものの、少なくとも欠席者の多さに悩まされていた。同年の総会に出席した者の数は、当時の選挙母体の七%にも満たない、僅か七一人にすぎなかった。数年後、こうした高い欠席率のため、市の民主的制度は支配者たちの実力行使を、より正鵠を期していえば、むしろとどめの一撃をいともたやすく蒙るようになってしまうのだった。

一五四二年、グルノーブル高等法院の評定官レイモン・ミュレは、寡頭支配と中央集権化とを強力に押し進めるべく、ロマンにやってくる[51]。高等法院の名において、彼は地方でもっとも手工業者的であり、もっとも産業化が進んで活気のあったこの町での煽動行為や動揺や噂などを非難した。その際、参事たちから提案されたいくつかの規則によって、それらを取り締まろうとした。つまり、地元のエリートたちと国家官僚とが、互いに協力し合って民衆主権ないしその代わりとなっていたものを弾圧しようとしたのだ。自らの裁判権の合法性を後ろ楯として、彼は、かつて参事を選んでいた市民総会を以後一切禁止することを言明した。こうして、四〇人編成の参事会がやがて代表参事を四名指名するための選挙母体となり、市の審議機関となった。

この参事会は、一五四二年の条例が法外な改革をもって明確に〔25〕準備したように、現行メンバーたちによる相互選出方式によって、三年ごとに更新されるようになる。その一方で、これらのメンバーは、一五四二年五月一九日の市民総会で、当時の参事たちの指名に基づいて速やかに任命されている（結果的に、これが最後の市民総会となった）。むろん最後の市民総会は、レイモン・ミュレと参事たちの強圧的な主宰のもとで思いのまま操られた。

市民総会から生まれた《四〇人参事会》は、それぞれ一〇人のメンバーを擁する四通りの社会的＝職業的グループから構成されたが、前述したように、そこには一〇人ずつの手工業者と耕作者、さらに同数の名士や商人の代表者が含まれていた。これら二〇人の《上流人士》の中には、ヴェルー、ド・マニシュー、ブルジョワ（ブルジョワ＝モルネ）、ギグ、ロマネ＝バファン、ジョマロン、ミヤールといった家のメンバーがいた。彼らはそれからの三〇年間、他の数人ともども、ロマンの寡頭支配をほしいままにするようになる（後述）。これら地元のマフィアに支えられたグルノーブルの高等法院は、一五四二年、ロマンで小さなクーデタを成功させた。この《市政クーデタ》は、それまでみられた紛争を消滅させることこそできなかったが、少なくともこれは、ロマンの古代的だが確固とした《民主主義》の中で、《麗しき十六世紀》の人口増に伴う手工業者・反体制階級の台頭によって生み出された、さまざまな敵対関係を抑圧したのだった。

むろん、二〇人の名士集団の枠内、つまり商人部門（一〇人）と貴族的な金利＝地代生活者部門（一〇人）の間で生じた、内部的な緊張を過小評価してはならない。商人たち（第二部門）は、内々に第一部門を寄生虫的存在だとみなしていたからである[52]。

だが、本質になおも変わりはなかった。一五四二年、金利＝地代生活者と商人とを含む一派は、仲

訳注25―それまでは一年任期だった。

違いしていたにもかかわらず互いに結びついており、その下位集団として、さらに二〇人ばかりの親方職人と耕作者を擁していた。彼らはかつてロマンの半分を支配していただけだったが、この頃には町を完全に牛耳っていた。そんな彼らの数は、相互選出を繰り返すことによって、やがて増えていった。本書が対象とする一五七九年から八〇年にかけての市民革命の哲学全体は、まさにこうした一五四二年の強権発動を撤廃しようとすることを目的としていた。

たとえば、一五七九年の初春、叛徒職人のリーダーであるジャン・セルヴ＝ポーミエは、一時的ではあったにせよ、四〇年近くも昔の一五四二年の反民主的なクーデタ以降、相次ぐ相互選出によってメンバーが選ばれてきた《正常な》四〇人参事会に、《民衆に好意的である》と考えられていた《臨時の》もしくは《余分な》メンバーを相当数加えることに成功している。それは、ロマン革命の民衆的な春が迎えたもっとも《熱い》時期のある日、職人たちからなる《人民》が行った議会への大挙侵入から直接生まれた成果だった(53)。

これら一五七九年の《臨時の＝余分な》新メンバーの中には、もっとも反体制的な職人部門の長や煽動者たち（ギヨーム・ロベール＝ブリュナ、ジャン・セルヴ＝ポーミエ、ジョフロワ・フルール、ジャック・ジャック、フランソワ・ロバン、ジャン・ジャック）などが含まれていた。ジャン・ギグのようなユグノー教徒のブルジョワもいた。ユグノー教徒たちは、その宗教的な利への援助を期待して、一時的に民衆の立場に同調した。だが、翌年、ジャン・ギグは次席参事のポストと引き換えに、裁判官ゲランの味方となり、体制側につくようになる（ギグはこのポストを後述する反職人的抑圧後の一五八〇年の春に手にしている）。こうして彼は、次々と《風見鶏》を決め込んでいくのだった。

いずれにせよ、一五八〇年二月から三月にかけての決定的かつ反民衆的な抑圧によって、《臨時の

＝余分な》新メンバーは解任された。また、前記侵入劇を演じた平民の圧力を受けて、一五七九年、手工業者の怨嗟の的だった《大金持ち》の守備隊長アントワーヌ・コストの代わりに参事たちから指名された、《人民》に忠実であり、それだけに御しにくい地区隊長たちも解雇された(54)。

ひとたび一五八〇年の暴動の《恐怖》が過ぎ去ると、ロマンは、すでに一五四二年の時点で明らかとなっていた、寡頭支配的かつマフィア的な相互選出システムによって再び揺れ動くようになる。たしかに一五七九年の《臨時の＝余分な》参事会メンバーたちは、一五四二年に廃止された、どちらかと言えば民衆的な主権の、不完全だが活気に満ちた復活にほかならなかったのだ。だが、彼らは一五八〇年の四旬節に罷免され、絞首台か牢獄への道を辿らされる。こうした抑圧の結果、一時的な《二重権力》状況が廃されることになる。それまでは、さしあたり二通りに分けられていた法的機関の内部自体で、階級闘争が繰り広げられていた。この内的展開こそが、まさに本書で取り上げるカルナヴァルの奇蹟にほかならないのである(55)。

以上、権力に関して縷々検討してきたが、さらにロマンの宗教的・文化的生活についても詳細にみておく必要がある。一五八〇年のカルナヴァルもまた、町の文化に対して、教育的な喚起力を示すことになる。すなわち、十六世紀のロマンには、芸術的かつ宗教的な大がかりなイヴェントがいろいろあった。たとえばそこでは、完成した壮大なキリスト教の聖史劇《ミステール》『三人の師《ドム》』〔26〕（三人の殉教者セヴラン、エグジュペール、フェリシャンの奇蹟譚）が、一五〇九年の聖霊降臨祭の春祭や、旱魃とペスト

禍（一五〇四年、一五〇五年、一五〇七年）退散の祈願行事などに上演されていた。この聖史劇の準備作業は、十六世紀初頭の数年間、ロマンの町の財政的、行政的、宗教的、エリート的、さらに人口論的活力を動員して行われた[56]。一五一六年には、エルサレムにおけるキリストの受難の各場面を、ゴルゴダへの道に沿う形で表したキリスト磔刑像《カルヴェール》が、ロマン近郊の聖地に建立されている。のちに、この磔刑像はさまざまな奇蹟を、たとえば〔死んだ〕子供たちの再生といった奇蹟を数多く生み出していく[57]。

こうしたルネサンス期の熱情は、翻って、宗教戦争（一五六〇年以降）より早くロマンに根づいた、宗教改革の激高ないし反激高の前触れとなった[58]。一五六〇年代、とくに一五六二―六三年と一五六七―六八年に、度重なる軍隊の侵入によって一時的に強固なものとなったユグノー勢力は、市参事会を含めて、ロマンをその支配下に置いた。信仰を同じくするジャン・ギグは、そんな仲間たちの要求を市当局に伝えた。町における彼の権力は絶大だった。これと関連して、教皇制礼讃派《パピスト》の聖職者たちが、一五五〇年頃でも、「ミサや霊魂をさながら肉屋の肉のように売りさばいていた[59]」ため、周囲の執拗な怨嗟を招いていたということは指摘しておかなければならない。

だが、ロマンのユグノー教徒は少数派だった。一五六九年の場合、彼らは一四五四人の戸主のうち、一八一人（一二・四％[60]）足らずだった。これを主な業種についてみれば、そこにはブルジョワだけでなく、とりわけ職人たち、たとえば羅紗職人や縮充工、仕立て師、研ぎ師といった職人たちが多数加わっているのが分かる。その中には、やがて一五七九―八〇年の職人たちの叛乱を指導する者が一人だけ含まれている。羅紗職人のジャン・ジャックである。ほかにジャン・ギグもいたが、前述したように、彼は一五八〇年代に《転向》ブルジョワとなっている。

一五六九年、プロテスタントの影響力は目立って衰退する。市内各地区の《守備隊長》は、ボールガールのように、裁判官ゲランや教皇制礼讃派の参事たちに服従する。こうしてゲランたちは、次第に数が減っていく小さなユグノー教徒の群れを統御し、圧迫していくのだった。その結果、一五七三年には、プロテスタントのリストには一二八人の戸主が載っているだけとなる(61)。これは、町の全戸の一〇％以下である。一五七二年八月二四日のサン＝バルテルミの祝日[27]には、ロマンの悲劇とも言うべき、ユグノー教徒たちのジュネーヴへの最初の集団脱出や、恐怖による〔プロテスタントの〕信仰否認がみられた。

こうして一五七〇年代には、地元出身のユグノー教徒たちは地方権力から遠ざけられるようになる。にもかかわらず、彼らはなおも機会を伺い、一五七九年から八〇年にかけての叛乱の際には、カトリックの、だが反体制派の手工業者たちと密かに手を結んだ。やがてこの下級職人たちとも別れるが、それは過たず彼らの絶唱となった。少なくとも、ロマンでは。

❦　❦　❦

ところで、ロマンにおけるローマ教会とカトリシズムについては、ある程度区別しておいた方がよ

訳注26—聖霊降臨祭　キリスト教暦で、復活祭後の第七日曜日。

訳注27—サン＝バルテルミの祝日　この日、プロテスタントのアンリ・ド・ナヴァール（のちのアンリ四世）と、カトリックの王妹マルグリートの婚礼に集まったプロテスタント＝ユグノー教徒たちに対し、カトリックの摂政后カトリーヌ・ド・メディシスらが大虐殺を行っている。このプロテスタント虐殺劇はやがてフランス西・南部に波及し、多くの犠牲者を出すようになる。

い。カトリック、というよりむしろ異教的なカトリックの感性が、そこではきわめて明確に活力を持っていたからである。復活祭の前の四旬節に先立つカルナヴァル期間には、こうした市民の複合的な感性をすぐれて具現するものであった。ロマンのカルナヴァルは、後述するように、聖性と道化性とが強力に結びついていた。紀元千年紀のローマ教会で制度化[62]されて以来、四旬節の当初の目的は、洗礼志願者《カテシュメーヌ》たちあるいは元《異教徒たち》に、復活祭の祝いと自分の洗礼の準備をさせ、同時に、すでにキリスト教徒となっている人々をこの入信用の精進潔斎に参加させるところにあった。つまり、四〇日の四旬節期間中、人々は苦行によって自らを浄化したのである。

そんな四旬節直前のカルナヴァルとは、ごく単純に言って、将来の四旬節の洗礼志願者や彼らと苦行をともにする者たちが、「異教徒の生を葬り去る」[28]（！）時であった。それゆえ、カルナヴァルが、サトゥルナリアやルペルカリア、あるいは古代の冬祭りに由来する、牛飲馬食的かつ異教的な仮装行列を特徴とするとしても、また、四旬節とそれに続く復活祭の前のカトリック的時間への厳格な融合によって特徴づけられるとしても、何ら不思議はない〔第12章参照〕。異教的、キリスト教的というこれら二通りの要素の間に、たとえ矛盾があるとしても、それはあくまでも《弁証法的》なものにすぎないのだ。

こうしてヨーロッパ的ないしロマン的なカルナヴァルが、キリスト教と異教との二元性を帯びていたという認識からすれば、一五七〇年──一五八〇年頃のロマンにおけるカトリシズムの具体的な状況に、より正確かつ個別的な眼差しを向けることが必要となる。当時、ドーフィネ地方のカトリック教会は、宗教改革と一五六〇年以来の一連の宗教戦争によってもたらされた恐ろしい外傷《トロマティズム》になおも苦しんでいた。まさに低迷状態（！）にあったともいえる。崩壊し、ぼろぼろになった教会は、一部とはいえ、その財産と修道士を、聖職者と教会的使命を奪われてもいた。まだ回春のための治療を始めるには至らず、とても力の十分な蘇りを覚えるといった状況にはなかった。それを真に覚えるようになるのは、トリエント公会議〔29〕の厳しい方針を厳格に適用し始めるようになる、一五八〇年以降のことであった(63)。

一五七九年から八〇年にかけて、ロマンのカトリック教会もご多分に漏れず不振をかこっていた。たとえ自らが普及させていたキリスト教と異教とを包括するような感性が、なおも完全な活気を帯びていたにもかかわらず、である。正鵠を期していえば(!)、明らかにこのカルナヴァルに登場する感性は、神聖な道化性に敵対する厳密な掟にまだ打ち破られていなかっただけに、いっそう確固たるものとしてあった。これらの掟は、以後数十年の間に、トリエント公会議の戒めとして時限爆弾的に飛び出してくるようになる。

こうしてロマンでは、聖職者階級は、一五七九年と八〇年の間、集団として物理的な消滅こそ免れ

訳注28―サトゥルナリアやルペルカリア　サトゥルナリアとは、ゼウスによってオリュンポスを追われ、ローマに逃げて黄金時代をもたらしたとされる、播種とブドウの農耕神サトゥルヌスに捧げるため、毎年一二月末に営まれた豊穣祈願の祭り。その狂熱的な放縦さや社会的地位の逆転、牛飲馬食などによって、しばしばカルナヴァルの原型とされるが、両者の関連を直接示す資料は知られていない。一方、ルペルカリアは、ルペルクス(狼)とも呼ばれた家畜と牧人の守護神ファウヌスのため、その神官たちが二月一五日に催した古代ローマの祭り。ローマのルペルカルの洞窟で生贄に捧げられた山羊の皮紐を手にした神官たちが、裸体となってパラティヌスの丘を回り、出会った女性たちを皮紐で叩いて安産のまじないとした。この慣行は、わが国の「孕めん棒」の民俗とも通ずる。

訳注29―トリエント公会議　一五四五―六三年。プロテスタント勢力の伸張に危機感を募らせた教皇パウロ三世が、神聖ローマ帝国皇帝のカール五世に要請して南ティロルで開催した、新旧両教会の宗教会議。プロテスタント側が参加しなかったため、聖書解釈権が教会当局にあることなど、カトリックの教義や指針を確定する場となった。

たものの、社会的な下降を味わっていた。サン＝ベルナール参事会教会の参事会員も、町の三教区（サン＝ベルナール、サン＝ニコラ、サン＝ロマン）の主任司祭も、さらにその存在が共同体の都市的性格を約束するフランシスコ会修道士も、一五七九年二月から一五八〇年二月にかけて起きることになる《出来事》に際して、何ら決定的な役割を果たしたりはしなかった。これらの出来事は、官僚的な聖職者の賛否いずれかの重要な介入なしに進行した。にもかかわらず、教会はそれぞれの陣営に位置した。教会そのものを後ろ楯とする同宗団の社会的に攻撃的な活動によって、聖なるものと俗なるものとに同時に関わる祝祭的なフォークロアによって、さらにカトリックのヒエラルキーを体制側の「極右的」要素に同一化することによって、である。

宗教的で伝統的でもあり、時に占星術的でもある知の永続性[64]に向き合うと、ロマンの数少ない支配的エリートの間に、学問的思考に関するさまざまな知識が根づいていることに気づかされる。これらの知識は、中世末期以来ロマンに設けられていた寄宿学校の教師たちに由来するものであった[65]。この学校は、市当局とサン＝ベルナールの教会参事会とによって等しく管理されていた。それゆえ、そこでの教育は、名士ないしブルジョワジーの若者たちが生きるべき境界を決して飛び出ることはなかった……。

では、こうした教育の結果はどうであったか。それを明らかにすることは容易でない。より広く、一五七九―八〇年の叛乱時に、ロマンでいかなる識字教育がなされていたかを調べるのすら難しい[66]。しかしながら、名士たちが参事会関連文書に見事な筆跡で署名していることは確認できる。叛徒たちの何人かの指導者（ジョフロワ・フルール、ギヨーム・ロベール＝ブリュナ）もまた、美しい署名を行っている。だが、分かっているかぎりでいえば、《反逆者》の多くはむろん無筆だった。

ロマンにおける富裕者たちのカルナヴァルは、識字者たちのものであり、それゆえフランス語を話す者たちのものだった[30]。これに対し、貧者たちのカルナヴァルは、少なくとも叛乱部隊、つまり示威行動を行ったり行列を組んだりする、目に一丁字無き集団に属していた。

一五八〇年の出来事の象徴的な主題を個別的に選んでいけば、識字者／無筆の乖離が重要性を帯びていたことが分かる。教区記録簿に最初の統計が現れる六〇年後の一六四一年—四四年[67]、ロマン住民の七一％が読み書きできず、その割合は、男たちの方が女たちより若干低かった。教育が一六四三年ほどには発達していなかった一五八〇年頃には、全体的な無筆の比率は八〇％に近かった。だが、たしかに数は少なかったものの、ロマンの識字率は、一五八〇年頃であっても、おそらく成人の一〇人に九人は読み書きができなかった近隣の町村よりはるかに高かった。

❧ ❧ ❧

次に、ローヌ川の東に位置し、平野と丘陵とが帯状に繋がるこの地の農村部について、正確に語っ

訳注30—中世フランスの言語圏は、ロアール川以北のオイル語圏と以南のオック語圏とに分かれていた。十三世紀に初出するこれらの呼称は、いずれも「はい」を意味する言葉に由来する。やがてパリが政治的・経済的・社会的に中心的な座を占めるようになるにつれて、前者が公用語となっていった。具体的には、十六世紀に、王令によって王国の行政文書をオイル＝フランス語で作成するよう義務づけられたためだが、オック語は地方語としてなおも用いられ、南仏のモンペリエ一帯はラングドック（字義は「オック語」）地方と呼ばれている。なお、オック語はオーベルニュ地方の北部オック語と、内陸のトゥールーズ一帯を含む地中海地方の南部オック語（プロヴァンス語を含む）、さらに南西部のボルドーを中心とするガスコーニュ語に分かれる。ドーフィネ・サヴォワ地方の言語は、これとは別にフランコ＝プロヴァンス語と呼ばれる。

ておこう。これらの農村部は、ドーフィネの山岳地の裾野に点在するロマン、ヴィエンヌ、ヴァランス、モンテリマール、さらにグルノーブルといった、反体制の大きな帯を形成する都市群を取り囲んでいる。そのありようは、いずれ本書の展開に沿って縷々紹介することになるが、ロマンのカルナヴァルは、広域的な宗教戦争へといたる都市の陳列棚ないし玄関の一つにすぎなかった。都市部では、ひとたび叛乱が起きると、職人階級が立ちあがって、本質的にブルジョワジーに属する名士たちに反抗した。農地を巡る闘いでも、農民たちは貴族に背いた。市民の闘いは、こうしてルネサンス期における再都市化の必然的な産物にほかならなかった。それはいわば前兆としてあり、反ブルジョワ的なものたろうとした、近代的かつ市民的な階級闘争を予告したのだった。

対照的に、農村部の対立は遠い過去に起因する。たとえ反国家的な異議申し立てによって、この対立が近代化されたとしても、である。そう考えれば、あのフュステル・ド・クーランジュが、中世のとくに最初期の時代、つまりさまざまな都市があらかた消滅した紀元千年紀という時代を見渡して、こう述べているのも頷ける。《農村とは、社会生活の唯一とまでは言えないものの、少なくとももっとも強力な組織であった。そこは社会的労働のほとんど全てが営まれる場であり、富が作りだされ、いろいろな欲望が差し出される場でもあった。権力はまさにそこから生まれた。おそらくこの農村の内側で、さまざまな階級が互いに出会い、そして、ほかならぬ土地が目的となり、原因ともなって、大きな不平等が生まれるようになったのだ(68)》。

実際、ロマン一帯ばかりでなく、やがて農民たちの不満がきわめて激しいものとなる隣のヴィエンヌ地方でも、貴族の領地はかなり広く分布していた。すなわち、これら二地域(計二七一カ村)では、十六世紀末には、法服貴族と帯剣貴族および聖職者たちが、土地全体の五分の二に近い三八・四五%

を所有していたのである。残りの六一・五五％は、農村に土地を有する農民と都市部の平民ブルジョワが分け合っていた。ロマン周辺では、貴族・特権階層の土地所有率は、それより若干低かった（三四・一二％）。そんなヴィエンヌ地方では、農地問題が村人や町民の強い反撥を招いていた。広大な特権的領地（土地面積の四〇・八五％）が免税措置を享受していたからである。そして、まさにこの反撥が燃え上がって、一五七六年から八〇年にかけての暴動となったのだ。

一般的に言って、ロマンにおける貴族や聖職者たちの土地所有率は、たしかにスキャンダラスなほどではなかったものの、相対的に高かった。これを、フランス革命前夜の全土の事情と較べてみればどうなるか。この時期、特権を与えられた聖職者や法服・帯剣貴族たちの土地保有率は、最大で三〇％から三五％足らずであり、ブルジョワジーは三〇％、農民の場合は四〇％から四五％だった（同時期のイングランドでは、じつに土地の八〇％が、爵位を与えられた上流貴族や一般貴族のジェントリ〔郷紳〕たちに帰属していた(69)）。

さて、ドーフィネのヴィエンヌ＝ロマン地方にみられた、特権的な、つまり免税の対象となっていた三八・四五％もの土地は、前述したように、一五七九年―八〇年の叛乱の局面において、憎しみと怨嗟を招き、農民たちの敵意を駆り立てた。こうした敵意は、非難の的となった貴族と聖職者の特権階級が、人数では住民全体のたかだか二％以下だったにもかかわらず、土地全体の四〇％近くを支配していただけに、いっそう根強いものがあった。

十六世紀中に資本主義的な手法で領地を拡大したあまりにも裕福なこの少数派が、社会の沸騰期に村人たちの反撥の動きに脅かされたということは理解に難くない(70)。さらに、貴族の領地、つまり非難の的となった領地の割合が、すぐれて反抗的な農村地帯であるヴィエンヌやロマン地方では、ドーフィネ全体（二七・三五％）より、はるかに大きかった（三八・四九％）ことについても留意しておこう。これら二つの市を取り囲む騒々しい土地では、貴族たちの過度な所有地がそのまま過度の異議申し立てにつながったのだ(71)。

次に、ロマン一帯にある一〇〇あまりの村落における「領主権」について検討しておこう。領主の九三％までもが特権グループ――貴族と聖職者――に属していたため、これらの領主権もまた村々に反貴族的反抗のエネルギーを提供した(72)。ロマン自体で言えば、領主権は取るに足りないものであった。たとえばサン＝ベルナール教会の参事会員だった地元の領主たちは、屠《ほふ》られた雄牛の舌や「定額貨幣地代〔31〕」、さらに資産の一〇％程度の相続移転税（土地移転税《ロ・エ・ヴァント》）などを徴収したが、これらは全体でもさほどのものではなかった。

ロマンにおける「社会的」異議申し立ては、それゆえ、つましい、だが宗教改革によって非難された領主の教会参事会員に対してより、むしろ富裕な名士たちに対して向けられた。もっとも、他国の平地では、領主による徴税額ははるかに大きなものであった。その辺りの事情については、宗教戦争当時のいくつかの書類や、より後代の一七〇〇年頃の《戸数修正》に関するさまざまな調書から窺い知ることができる(73)。後者の調書は、現実がほとんど変わっておらず、なおも十六世紀末の状況とかなり似通っていたことを映し出している。

たとえば、ロマン北方の一〇六の村からなるブロックは、ロマンの名が冠せられた《エレクシオン（徴税区）》の境界内にあったが〔32〕、これらの村々――少なくとも五七村、だが、おそらくはそれ以上――は、領主に対して定額貨幣地代と金利とを払っていた。このうち、前者は金納ないし物納を慣習とする債務であり、農地にかけられたが、額自体は取るに足らないものであった。一方、後者は領主に帰すべき古い整理債の永続化した利息だともいえる。これは債務者の家族に課せられており、たとえ債務者が死んでも免除されなかった。

また、最低でも二七カ所あったと思われる《共同》水車小屋は、いずれも領主が所有するものであり、村のネットワークを繋いでいた。そこでは、小屋主である領主が挽かれた粉の五％を徴収することになっていた。また、領主所有の共同パン焼き竈も一四基あったが、その課税率はさまざまで、たとえばパンは一六分の一、小麦粉は二五分の一だった。

領主による「二〇分の一税」は、一七の村で認められる。場合によっては、それはとくに肥沃な、あるいは新たに開拓された土地に課せられた。呼称が示しているように、この税はこれらの土地で生産された作物の約二〇分の一を徴収するものであった。前述した「土地移転税」（相続ないし土地売却に対する移転税）は、三六件が記されており、相続ないし売却された資産価値に対する課税率は、「六分の一ドゥニエ」[33]（一六・七％）だった。

ここで指摘しておきたいのは、部分的にブドウ作りを行っていた九カ村で、領主の「ワイン優先販売権《バンヴァン》」がみられた点である。これによって、領主は、毎年五月や八月、場所によっては四旬節に、そのワインを領内の住民に売ることができた。さらに、少なくとも四七カ村では、領主的諸権利が農地

訳注31—定額貨幣地代　サンス地代とも。領主制賦課租の一種で、定期租ないし年租。農民保有地に対する領主の所有権を象徴する。

訳注32—当時のフランスの徴税システムは、国王の直轄財務機構が租税の配分・徴収を行う北部のエレクシオン地域と、地方三部会にその同意と配分、時には徴収の権利を認め、地域の自発的な意志として租税を国王に献金する形をとっていた地方三部会《ペイ・デタ》地域に分かれていた。

訳注33—一ドゥニエは一二分の一スー。

開拓に対しても課せられ、ライ麦や燕麦、雌鶏などが徴収された。領主的諸権利はまた、短期の、だが過酷な労働賦役という形を取ることもあった。それは、年に二、三日、領主の土地で労働に従事するものだった。

　これら課税や強制的な賦役は、ここで取り上げた四七カ村の場合、「徐々に増えて」いった。この賦役の重さは、納税義務のある開拓者が大規模な耕作者（雄雌三頭ずつの牛や雌羊用囲い地を有する）か、四ないし二頭の雄牛（二基ないしたった一基の犂）しか持たない中・小規模な耕作者か、あるいは雄ロバや雌ラバ、場合によっては馬程度は有している零細な農民か、さらにはいかなる繫駕用家畜も持たない日雇い農民かによって異なっていた。このうち、日雇い農民もそれなりの負担を強いられていたが、彼らの負担は他の農民に課せられたものよりは軽かった。

　こうした課税の実態よりすれば、思うに、村落社会は、牛や羊を何頭か有し、時に広い土地の定額ないし分益小作人[34]、もしくは狭い区画の貧しい小作人でもあった「耕作者」と、雄牛も雌牛も持たぬ「日雇い農《ジュールナリエ》」や「マヌーヴリエ」ないし「ブラシエ」と呼ばれる貧農とからなる、伝統的な二つの集団に分けられ、両者の間に中間的意味合いを帯びたカテゴリーが存在していたことになる。

　羊の類を含めた農耕用家畜の所有、より一般的に言えば、「四つ足動物との関係」は、村落における社会的分類の基本的な基準だった。位階が上になるにつれて増大していく領主の圧力は、農村共同体の上・下層を同時に襲った。それゆえこの圧力は、ひとたび危機的状況が生まれると、自らに対し、農村的・共同体的一体性を結集させかねなかった。村民たちは、領主がその業務のために任命した「役人たち」、すなわち領主の代官や書記、あるいは平民の城代たちをことごとく非難した。これらの者たちは、それぞれ領主の所領で裁判や家政全般、さらには軍務や事務を差配していた。

全体的に見て、貴族領主はドーフィネ地方の農民にかなり重い軛を課していた(74)。たしかに定額地代そのものは、さほど苛酷なものではなかった。だが、地代の未納金は累積し、一六・七%の土地移転税（譲渡税）は、しばしば重すぎて、村人たちの耐えうるところではなかった。一方、同地方の不動産市場は活発で、多少とも耕作可能な土地の三分の一は、各世代ごとに持ち主が変わるほどだった……。

特権階級、とりわけ貴族たちは、聖職者以上にこの不動産の可処分性を利用し、ロマンとヴァランス一帯に広がる、バ＝ドーフィネ（ドーフィネ低地）地方の平野ないし原野部のほとんどを独占しようとした。また、グレジヴォーダンの帯状の峡谷では、見事な領主所領に、新たに爵位を得た裁判官ゲランの子孫たちがやがて邸館を構え、ド・タンシャンを名乗るようになる〔35〕。定額地代が目減りした土地は、こうして都合よく領主の所領に組み込まれ、すでに資本主義的な性格を帯びていた領主の資産となっていった。

土地集めに走った貴族集団の中で、新たに爵位を得た新貴族たちも、税を免除された。彼らはきわめて活発な貴族の下位グループを形成したが、彼らがまだ平民だった頃に払っていた税の一部を自分たちに押しつけているとして、農民たちからは悪評を買っていた(75)。はたして地域の貴族全体の中で、この下位グループに含まれる人数がどの程度の割合を占めていたか、明示するのは難しい。ただ、一

訳注34――定額ないし分益小作人　いずれも借地経営者で、北部を中心とする定額小作は、収穫の六分の一から三分の一を、中・西・南部中心の分益小作は通例二分の一を、それぞれ現物または貨幣で納めた。

訳注35――十八世紀にリヨン大司教や国務大臣となり、ジャンセニスムと対立するようになったピエール・ゲラン・ド・タンシャンは、その末裔。

五九四年のヴァランス、ディ両地方における貴族全員を、一五二三年当時と比較検討してみれば、七一年後の一五九四年に新たに一家を構えた者の五〇・六%はおそらく貴族だった。(76) そのうち、爵位を得た者は、一五九四年の貴族全体に対して四・四%にすぎない。だが、新しい地方貴族（五〇・六%）は、貴族の血《サン・ブルー》を引く移住者ばかりではなかった。これには、爵位を受けて間もなかったため、貴族として数えられなかった相当数の者たちも加えなければならないのだ……。

これら《底辺》の第三身分を出自とする新貴族は、世間の評判が芳しくなかった。曰く、若気の過ちを犯している、墓地に排泄物を撒き散らすほど尊大に振る舞ったり、借金を踏み倒したり、平民を殴り倒したりする……。(77) ロマン近くのピザンソンでは、十七世紀初頭に、ブルジョワらしさを何ほどか失ったなりたての田舎貴族がいた。ゲラン（裁判官の息子たち）やジョマロン、ヴェルー、コスト、ロワロンといった一族である。時に彼らは奔放なゴロツキであり、一五八〇年には叛徒の血でその手を赤く染めている。このマフィアたちは、他の何人かの人物とともに、ピザンソンに免税された三四三八セテレ〔36〕を有していた。土地全体の広さが七三五三セテレあったところからすれば、これは耕作可能な土地の四六・八%に相当する。(78) さまざまな不満はまさにそこに起因するが、それは一五七九年から八〇年にかけて表立ったものとなっていった。

新たに爵位を与えられた者〔法服貴族〕やもとからの貴族〔帯剣貴族〕、さらにすべての領主たちの行動は、宗教戦争から何がしかの利益を得る者たちによって導かれた農村攻撃と軌を一にしていた。後者もまた、一五六〇年―一六〇〇年には甘い汁を吸っていたのだ。ごく単純に言えば、彼らは当時の教会や法律が認めていた、利子付き貸付の《認定債《ラント・コンスティチュエ》》〔37〕を利用した。そして、数多くの純朴な人々や恵まれない債務者を骨まで搾取したのである。(79)

一方、教会十分の一税《ディーム》はさほど引き上げられなかった。基本的にこれは収穫の十分の一を徴収するもので、農産物の主作物が聖職者たち――司教、司教座聖堂参事会員、修道院長、主任司祭など――に捧げられた。一七〇〇年頃に実施され、本書でもすでに用いているドーフィネ地方の大規模な調査に従えば、三三五カ所のディームリ、すなわち十分の一税徴収地区について、《十分の一を基礎とする》賦課租の歩留りを明確にすることができる。全体としてこれらの地区は、ヴィエンヌとロマンの税関係の訴訟を扱ったエレクシオン裁判所が管轄する二七一カ村と符合する。こうして一七〇〇年頃に集められた数値は、十六世紀末に関するさまざまな具体的な資料によっても裏付けられる。

問題の三三五ディームリのうち、穀物ないし《大粒種》について言えば、おそらく課税率は、《ディーム（dîme）》という語の語源が示すような《十分の一》ではなかった。筆者の計算によれば、それは二〇分の一（より正鵠を期していえば、二〇・一分の一ないし四・九八％）にすぎなかった。この率は、ロマンのエレクシオン管轄内にある一〇六カ村ないし一二六ディームリではより低く、収穫した穀物の二二分の一（四・五五％）だった。これに対し、ヴィエンヌの一六五カ村ないし二〇九ディームリではもっと高く、一八分の一（一八・二分の一、五・四九％）だった。

訳注36―セテレ　一セテレは穀種一スティエ（一五〇―三〇〇リットル）を播ける面積。ラングドック地方では〇・三―〇・八ヘクタール。

訳注37―認定債《ラント・コンスティチュエ》　国王の定めた利子による融資契約で、一年債および長期債があった。

こうした課税率はほどほどのものであり、十分の一税を払うべき農民にとって何ら苛酷というわけではなかった[80]。明らかにそれは、ラングドック地方やピレネー地方中部におけるほど重くはなかった。これらの地方の課税率は八ないし九％、いや十％にも達しており、ドーフィネ地方と較べて二倍近くとなっていたからだ。それからすれば、一五七九年から一五八〇年にかけて、ロマン一帯の農民たちは、教会側の十分の一税徴税人たちと対しつつも、さほど圧迫を感じなかったといえる。事実、彼ら徴税人たちは、農民にとってほとんど抑圧的な存在ではなかった。そんな徴税人たちに対する抗議は、したがって散発的なものであった[81]。

もっとも、一五六〇年以降に繰り返されたユグノー教徒による反カトリック的暴動の際には、徴税人たちはかなりの被害をこうむっている。ここでは彼らについてこれ以上触れない方がよいが、このような農村の怒りは、少数のユグノー教徒農民の煽動によって、基本的にカトリックの周囲から発生した。しかし、それは聖職者にほとんど害を与えず、本質的に貴族や在俗領主たちに向けられることになった。

以上の事柄から、しかし無理に特色を出そうとしてはならない。一五七九―八〇年頃に勃発した反貴族的・反領主的闘争において、在俗領主の諸権利は教会十分の一税の軽さ[82]に対してかなり重いものであり、農民叛徒の標的となった。彼ら叛徒たちは、とくにその怒りを、封建領主であるなしを問わず、貴族の経済的特権に向けた。これほどの恨みが生まれたのは、不当にも免除された貴族たちの税を、彼ら第三身分が払っていたことによる。こうして農民暴動は、当初、この免除措置に反対してさまざまな動きが引き起こされた際、重要な行動の一環として、一ないし二カ所の城を焼き払い、「テリエ」と呼ばれる賦課租台帳も燃やしたのだった[83]。

以上、何頁かにわたって述べてきた導入部をまとめるにあたって、ロマンのカルナヴァルが、ドーフィネ地方の状況（一五七九―八〇年）の重要な局面に位置していたと言っておこう。この局面については、これから少しずつ語るようになるが、まさに革命的と呼びうるものでもある。事実、農民たちの大集団は、武器を手に、貴族のゴロツキや領主支配の一部、とくに貴族の免税特権に反対して立ち上がった。いくつかの都市のブルジョワジーもまた、さまざまな段階で、特権的な二つの階層と闘った。さらに一部の市や町では、手工業者や一般民衆が富裕なブルジョワたちに論争を挑んだりもした。

一方、貴族たちはといえば、彼らを引き裂く根深い柵によってその統一性を失うようになった。プロテスタントの貴族とカトリックの貴族とに分かれたのである。こうしてさまざまな要素が噴き出すことになるが、その中には、ローレンス・ストーン[84]が《革命的状況》と呼ぶ、すぐれてアンシャン・レジーム的なものもあった。それは下流階級と上流階級との闘いであり、分裂したエリート内部の闘いでもあった。そして、これらの闘いに加えて、中央（パリとブロワ[38]の王権）と周縁（中央の財政的特権を妬むドーフィネ地方）との間の角逐もあった。

訳注38―ブロワ　フランス中部サントル地方の主要都市。一五七六―七七年と一五八八年の二度にわたって、ここで全国三部会が開かれている。

やがて国王軍は、現体制に敵対する農民たちを粉砕するようになるが、おそらく王権の介入がなく、圧力もなかったなら、ドーフィネ地方では、貴族の財政的特権を犠牲にして、何らかのより重要な社会変革が生じたはずである（事実、一六三〇年代には、社会変革が平穏裡に行われている）。何よりもドーフィネ地方はスイスに近く、エルヴェティク世界[39]では、反領主的・反貴族的革命が、それこそ何世紀も前から既成事実として効力を発揮していたのである。

訳注39―エルヴェティク世界　スイスのこと。

ロマンの「カルナヴァル事件」の背景には、一五三〇―五〇年代に顕著なものとなる、平民（第三身分）と貴族・聖職者との抜き差しならない対立があった。この対立は、後者の「（タイユ税）免税特権」に対する前者の反撥に起因するが、やがて都市の特権エリートたちが、農村部で新たに土地を取得しながら免税措置にあずかるようになって、農村対都市という新たな対立の構図が生まれてくる。

一方で農民たちに苛酷な税を課し、他方で特権階級の税を免除する第三身分にまで免税措置を広げた一三四一年の免税証書は、決して失効することのない「ドーフィネ的特権」を保証したはずだったが、その期待と記憶を反故にした政治のメカニズムの中で、一五七五年から八〇年にかけて、ロマンは、ドーフィネ地方の他の地域同様、さまざまな対立を抱え込むようになる。

第2章 税：平民対貴族

ロマンのカルナヴァルに具現された都市と農村での叛乱劇（一五七九―八〇年）の原点には、ユグノー教徒たちの陰謀を何ほどか想定すべきだろうか。匿名という無明のヴェールに身を隠しながら、一連の出来事について貴重な話を一部残してくれている裁判官のゲランは、この陰謀説を信じているようにみえる。いや、少なくとも読者にそう信じさせようとしているかのようである。こうしてゲランは、バ＝ドーフィネ地方やリヨン南方のヴィエンヌ地方でのさまざまな騒動における、プロテスタントたちの執拗な所業を告発する。いかにも勿体ぶった文書の中で、たとえば彼はこう語っている。

「ドーフィネ地方に起きた民衆の高揚《エレヴァシオン・ポピュレール》(1)について、のちに述べられる言葉の源泉と根拠とを明確かつ正確に理解するため、何よりもまず以下のようなことをあらかじめ考えておく必要がある。すなわち、前記地方に生じた全ての騒動の間、あらゆる手段を探りながらもヴィエンヌ地方に乗り込むことができなかった、改革を名乗る宗教を信奉する者たち（ユグノー）にとってみれば、ロマンの町に近い《村々の陣営》に属する者たちと協調関係にあった、前記ヴィエンヌの者たちを分裂させること以上に、これといった効果的と思える手立ては見つからなかった」。

しかしながら、プロテスタントだけでは、ローヌ河谷やアルプス地方で思うままに振る舞うことができなかった。山岳部やとくに農村に住むかなりの人々は、なおもカトリックにとどまっていたからである。その上、「同盟《リーグ》」（これは決して新しい言葉ではないが、少なくとも当時流行していた、しかし明らかに《唾棄すべき》言葉であった）の形をとって組織されたこの民衆の騒乱に対しては、ユグノー教徒たちに意見の分裂があった。きわめて高い地位にいた一部の指導者たちは、それを危険な、いわば今日《アナーキー》と呼ばれるような危機を孕んだ事態だと認識していた。

この《守旧派》には、ジュネーヴ・ユグノーたちの地元指導者で、若い活力を漲《みなぎ》らせていたフランソワ・ド・レディギエール〔1〕も名を連ねていた。疲れを知らないこの闘士は、農民叛徒たちに情け容赦なく立ち向かい、臆するところがなかった。一五九一年六月一三日、彼はグーベルネ〔2〕にこう書き送っている。(2)「われわれの調子は上々です。同盟は何かと騒いでいますが、身動きなどできはしません」（A29、注）。たしかに、ユグノーの指導者を怯えさせていた民衆同盟は、モンテリマール地方の同盟であり、これは超教皇制礼讃者であるためプロテスタントの憎しみを買っていた、ジャック・コラによって導かれていた。

改革派教徒たちは、それゆえこの事件では単なる脇役ではなかった。彼らの陰謀だけでは、おそらくヴィエンヌ地方やロマン地方に不和の種をまくことができなかった。暴動が起こりやすくなるには、民衆の深い不平不満が前提として存在していなければならなかった。では、不平不満とは何だったか。それはまず、軍規の乱れた兵士たちの略奪によって引き起こされた。これらの兵士は、二〇年ほど前、つまり新旧両キリスト教徒による《宗教戦争》が勃発した一五六〇年から国中を荒し回り、ドーフィ

訳注1―フランソワ・ド・レディギエール　一連の事件後、彼は驚くような転身をすることになるが、著者の意を汲んで、当面彼の説明は本文だけに委ねたい。第5章訳注45参照。

訳注2―グーベルネ　一五四三―一六一九年。イゼール地方ラ・トゥールの城主で、ドーフィネ・ユグノーの指導者。

ネ地方を疲弊させていた。この点について、匿名者（ゲラン）の考えはきわめて明確である。彼は書いている。ユグノーの陰謀は、農民の叛徒たちを刺激して、《周到に叛乱を起こす》よう仕向けた。すなわち、「農民たちは何年もの間、前記地方に繰り返し徒歩や馬で侵入し、数えきれないほどの強奪や残虐な行為を働いてきた兵士たちによって抑圧され、虐げられてひどい苦痛を被ってきた」（A29）として、彼らを煽って立ち上がるようにさせた、というのである。

たしかにもっとも被害の少なかった（！）事例をひとつ取り上げれば、二年前の一五七七年、グリヨンとラルシュとマルティニエールの連隊兵士たちが、何の気兼ねもなしにドーフィネ地方でかなりの数の家畜を盗み、売り捌いたことがある。(3) そこでロマンの指導者たちは、これらの連隊がラングドック地方へと《下る》ため市内を通る際には、部隊ごとに進軍するよう決めた。こうして彼らが町を横切る時、「住民たちは参事の命によって店を閉め、武器を手に、各人の持ち場や市門に張りついた」。その一方で、住民たちは「市（ロマン）の求めによって、連隊に礼儀と名誉とを捧げた」。これをしも参事の婉曲的表現と呼ぶべきか……。

耕作者や半農民的だった市民の畜群や収穫を台無しにした家畜や食べ物の強奪は、必ずしも兵士たちの盗みによるものとは限らなかった。住民は、肉の大食漢であり、浪費家ですらあった兵士たちに食べ物を提供するよう強制されたのである。彼ら兵士たちは一年に一人あたり八〇キログラムの肉を消費していたが、この量は現代のかなり食事に恵まれたパリ市民のそれを越えている。一五七七年七月二二日、《ロマンの町は、食料総監理官ド・モワデュ殿のもとで、ポン＝タン＝ロワイヤンの手前で露営していたド・ゴルドの軍隊に、牛や羊、パン、ワインなどを送るよう求められていた。だが、この地の包囲網は唐突に撤収され、ために町の負担で持ち込まれた四五〇〇ものパンは行き場所を失い、安値で売られる仕儀となった》(4)。

いつもながらの浪費……。加えて金銭的な損害もあった。すなわち、一五七七年、ロマンの町は兵士たちに捕らえられた二人の参事の身代金として、六〇〇エキュ〔3〕を支払わなければならなかった。さらにそれより前の一五七五年九月、当時、ドーフィネ地方の総督補佐官だったゴルド男爵がロマンにやってきて、麾下の兵士の食料用に、町の《課税世帯》ごとに二〇リーヴルにものぼる上納税を出すよう要求している(5)。

正鵠を期して言えば、人々を圧迫《フル》していた徴税は、納税義務者からは苛酷なものと考えられていた（現代フランス語で「群衆、大衆」を指す女性名詞のフル〈foule〉は、当時「抑圧、搾取」などを意味していた）。一五七八年八月、ドーフィネ地方全域で、課税世帯ごとに四エキュ徴収することが定められた。税の延滞分や、対立するカトリックとプロテスタントの、あるいはこの双方によって負わされた何がしかの負債ないし借金を穴埋めするためだという。市民全員がそれを支払う！　目茶苦茶《デュー・ルコネトラ・レ・シャン》な話である〔4〕。もとより、ユグノー教徒にしても教皇派にしても、敵の分派によって課されたいわれのない立替金を、自分たちが返済しなければならないと知って騒ぎ立てた。だが、この四エキュは、戦争状態にあるドーフィネ地方の《勇士シュヴェイク》〔5〕とでも言うべき、サン＝タントワーヌ村の公証人ウスタシュ・ピエモンの脈絡のない話を信ずれば、さほど抵抗もなく支払われたという。

訳注3—一八〇〇リーヴル。

訳注4—**目茶苦茶《デュー・ルコネトラ・レ・シャン》な話である**　字義は「神は自らの信仰を行為によって表すもの（信者）を見分ける」。

訳注5—**勇士シュヴェイク**　チェコの作家J・ハシェクの作品『兵士シュヴェイクの冒険』（四巻、一九二〇—二三年）の主人公。邦訳には栗栖継訳、岩波文庫、一九七二—七四年ほか、数点ある。

これに加えて、一五七八年一〇月には、さらに一戸あたり二エキュ四〇スーのタイユ税が課された（P63）。この時もまた、住民たちは挫けずにそれを負担した。ところが、それから間もなく、「国政のため」、つまり地方の負債と出費を清算するため、各戸に一五エキュ七スー三ドゥニエが課されるというのだ。今度ばかりは、住民たちも堪忍袋の緒が切れた。「戦争で被っている多大な搾取に鑑みて、この課税は住民にとってあまりにも破滅的であり、耐えがたいものであった」（P63）。

戦争を引き起こした紛争によって踏みしだかれているとしたら、その紛争を維持するべく何がしかの金を差し出して、はたしてどんな利があるというのだろうか。それは歯車に油を注ぐどころか、火に油を注ぐことになるのではないか……。

ドーフィネ地方では、すでに平和の希望は遠のいていた。たしかに王国自体は、一五七七年に和平勅令が公布されて以来、ほぼ全土的に鎮静化していた。だが、ユグノー教徒と教皇支持者との対立が続くこのアルプス山系に連なる地方は、なおも血なまぐさい闘いの餌食となっていた。そこでドーフィネのいくつかの市町村では、一五七七年三月一六日にブロワで全国に向けて提示された、地方第三身分作成になる各種の「陳情書《カイエ》」にすがった。

これらの陳情書には大きな期待が寄せられていた。そこには、戦争状態にある両陣営の一方のためにタイユ税を徴収した者は、すべてそれを報告して返済しなければならない、との要求が盛り込まれていたからである。また、これに関する計算書の提示は、土地とは無縁の親任官僚たちの厳しい監視の下で行われなければならなかった。だが、実際は、こうした親任官僚たちは、彼らの調査対象、つまり罪人たちと明らかに共犯関係にあった。

民衆側の主張は、さらに拡大していった。間もなくグルノーブルに招集されることになる、地方三部会（もしくはドーフィネ地方三身分代表会議）に向けて、各地の市町村は巨額な国王税やその他のタイユ税、あるいは戦費用に徴収される臨時税に反対の声を挙げた。これらの市町村は、納税義務者に残されるのは「粘土と岩」だけだと不満を示した。とりわけ、貴族や聖職者がその正当な割り当て分を支払うよう、さらに、ラテン文化を多少なりと身につけていた抗議文の起草者〔本書第3章に登場するジャン・ド・ブール〕が記しているように、「第三身分の平民」に過度の負担をかけないよう要求したのである。

もとより、三身分が義務を等しく負うよう求めることなど問題外であった。一五七九年に、それはとてもできる相談ではなかった。一七八九年〔フランス革命の年〕ですら、まだ無理だった。だが、全員もしくは大部分が数多くの土地や家屋を有していた古いブルジョワジー出身の新貴族は、まさに新参の貴族であるがゆえに、必然的結果《イプソ・ファクト》として納税の義務を免れないとの声が高まっていた（実際のところ、この《免税措置》は、なおも平民の中に沈んでいた新貴族の仲間たちに、多少とも自動的にその割り当て分の税を押しつける結果となった）。

都市や農村の第三身分＝平民が過度の負担を強いられない。おそらくそれが望ましいことであった。そこで、貴族や教会が、以前は《農村の》ものだった土地、つまり両者が平民から自由に手に入れた、《かつては貴族や聖職者と無縁だった》土地に課せられた税を払うことが要求された。さもなければ、これらの土地は、貴族や聖職者たちが特権階級の者たちを通して手に入れた《爵位》のお陰で、税を免除されてしまう。しかし、この地方における課税総額は一定だったため、重税の実質的な部分は、非特権階級の者たちのうちにとどまり、すでに苛酷な税が課されていた残りの土地に振り向けられるようになる。いうまでもなく、貴族はもとより、聖職者たちですら、必ずしもそれに貸す耳をもたなかった。とくに平民《ヴィレン》〔6〕という身分の垢を落としたばかりの新貴族たちは、それだけにいっそう傲慢であり、卑賤な平民と同様に課税されるままになるのを嫌った。

一五七九年の春に招集された三部会の開催に先立って、これらの要求は、一五七八年八月から翌年二月までの間に、陳情書を起草するきっかけとなっている。これは、起草者たちが、一五七九年に予定されていた地方三部会に向けて、陳情を明確にしようと本格的に集めたものであった。この陳情書は、前述したように、納税義務を逃れたとして告発された特権階級を攻撃した。まして、戦争含みの状況ゆえ、地域の人々や利益の防衛を強化するため、各人が原則として金銭の提供を、必要とあれば、自ら武器を取ることをも余儀なくされていただけに、こうした納税回避はよりいっそう問題視された（P64）。指導者や煽動者たちは、読み書きができる場合はこの間の事情を記録にとどめ、平民ともども、貴族や聖職者に原則的に国税を負担させていた、ドーフィネ地方のかつての特権を引き合いに出した。社会全体の特権と闘うために、地元の特権を主張したのだ！

やがて、事態は一変する。彼ら指導者たちは第三身分の平民、つまり、都市や農村の共同体に生まれたが、もっとも重要な要素を奪われ、もっとも権威のあるエリート層からはじき出された、農村や都市の平民を後ろ楯とするようになったのである。一方、エリート層は、不労所得を享受していた大ブルジョワや頑固で鈍重な法服貴族、富裕商人、さらに吝嗇な金融業家たちからなっていた。彼らは、一部とはいえ、貴族階級も味方につけた。とりわけ心強い味方になったのが、自分自身のため、もしくはその子孫たちのために、いつの日か手に入れようとしていた魅力的な貴族の地位を新たに獲得した者たちだった。

「自らの無力さを嘆いていた」《第三身分＝平民》の指導者たちは、多少ともおおっぴらに、あるいは隠れて、煽動やプロパガンダ活動に専念した。おそらく彼らは、ストライキという考えを、いや直接税、すなわちタイユ税の廃止という考えさえ広めた。「彼らは、タイユ税など一切払うことはないと唱えながら、正当な建白を求める人々の支持を得ている」（P64）。その場次第で俄仕立ての宣伝員や兵隊ともなった彼らは、町から町へ、村ら村へと赴いて、陳情書の内容を知らせた。そうして彼らは、自警団の形をとって集まった住民たちから好意的な誓約を集め、納税ストライキを告知した。その原則は、ド・ブールが、一五七九年四月にグルノーブルで開かれた全国三部会で実際に提示することになる。〔7〕《だれの目にも明らかな》叛乱の始まりは、当時の国王アンリ三世への敬虔な服従によって彩られていた。「彼らは、密かに町や村を巡りながら、生死を賭して前記陳情書を求め、国王に謹んで建白を行うとの誓約をしていた」。

話はまだ始まったばかりだが、ここで《問合い》を取ったとしても、決して無駄ではないだろう……。すでにみておいたように、叛乱の動因は数多くあった。だが、そうした動因は、税の問題と第三身分の不平不満を集めた陳情書の提出へと、速やかに収斂していった。ロマンのカルナヴァルへと話を戻す前に、ここで二つの先決問題を考えておきたい。一方は、叛徒たちが非難していた税の引き締

訳注6―平民《ヴィレン》　もとは農村部の住民ないし自由農民を指した言葉。

訳注7―本書第3章、ド・ブールの「陳情書」のこと。

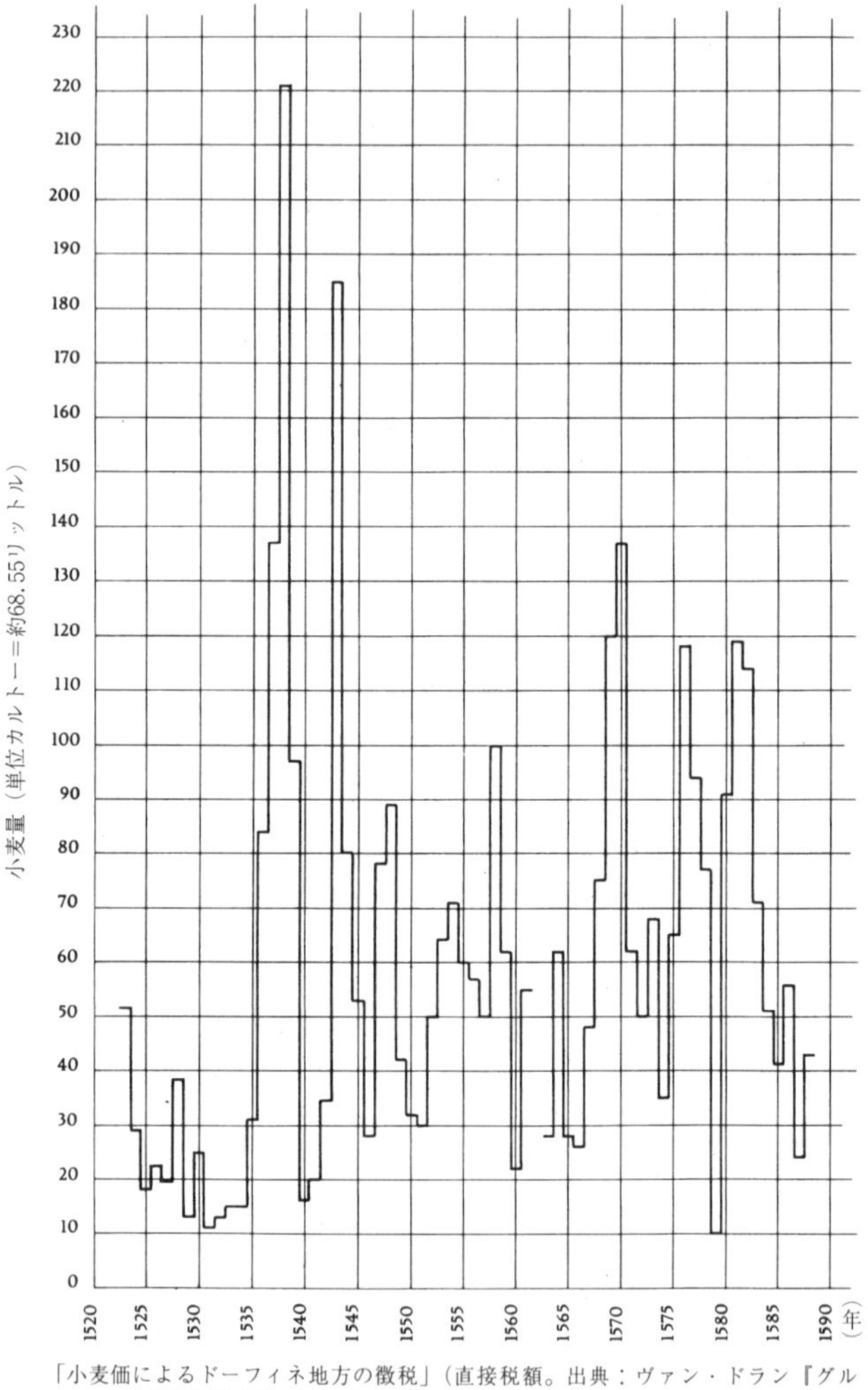

「小麦価によるドーフィネ地方の徴税」（直接税額。出典：ヴァン・ドラン『グルノーブル会計法院記録簿にみる小麦価』）

めが、一五七〇年代、とくに一五七八年の叛乱前夜には本当に苛酷だったのかという疑問、もう一方は、平民を執拗に苦しめていた特権階級や貴族たちの免税問題である。ただ、叛乱をよりよく理解するためだけに、この免税特権とそれが民衆の間に引き起こすことになる敵意の歴史を、簡単に辿ることなどできるのだろうか。

まず、ドーフィネ地方の農民戦争と、それがロマンのカルナヴァルにもたらした必然的な帰結は、税のさらなる増大や、この増大が、税に打ちのめされたと思い込んでいた納税義務者に与えた影響の余波とたしかに結びついていた。これについてきわめてはっきりしているのは、一五二三年から一五八九年にかけての、ドーフィネ地方のタイユ税（直接税）の変化である（右頁図表参照）。むろんここでは、タイユ税が「実質的な」価値（ここでは小麦価）で計算し直されている。おそらくこの徴税曲線の「名目的な」価値は、タイユ税同様、小麦の価格にも悪影響を与えたインフレーションによって増幅されている。そのため、連続しているとみなされる税負担の伸びについて、きわめて誇張された誤解を与える惧れなしとしない。

これに対し、実質的な価値ははっきりしている。すなわち、一五六六年から一五八四年にかけてのドーフィネ地方では、十六世紀の第一四半期以来、もっとも膨大な徴税額がみられたのである。フランソワ一世によって進められた戦争[8]が、かなり激しさを増していた一五三六年と一五四三年の前後では、たしかに税ははるかに重かった。その原因を作ったのは、ほかでもないフランソワ一世その人だったが、当時アルプス一帯では、王国財務府のために、相当な税の割り当てを負担し、もしくはそ

訳注8―イタリア戦争。本章訳注20参照。

れが課されていた。だが、この頃の徴税はまだ許容できるものであった。ルネサンスと、宗教戦争前の《麗しき》十六世紀によって活気を取り戻したドーフィネ地方は、人口論的かつ経済的な発展と何ほどかの繁栄とを味わっていたからである。だからこそ、同地方は高い税を払うことができたし、実際に嫌な顔一つせずに払いもした。では、権力にとって重要だったのは何か。むろん無防備な叛乱など、何ら問題とすべきことではなかった。

一五六六年から一五八四年までの間に、事態は困難なものとなった。ドーフィネの人々は武器に関心を抱いていた。少なくとも、数十年にわたる内乱のあと、武器の扱いに慣れていた。もはやおとなしく羊の毛を梳いている場合ではなかった。やがて、さまざまな不平不満や嘆きの種が奔出するようになる。同地方は戦争やペスト、飢饉によって疲弊したからである。一五六〇年以前、納税義務者の数は人口増と軌を一にして膨らんだ。だが、この時期以降、彼らの数は限界に達し、あるいは減ってもいる（たとえばロマンでは、はっきりと減少している）。課税される富も縮小した。こうした縮小は、総所得や納税者一人あたりの所得など、あらゆるレベルに及んだ。そこでは、当局の活動は反経済的なものとしてあった。一五六六―七二年と一五七五―七八年に、当局はきわめて重いタイユ税（等価の小麦による物納）を課しているからだ。それは、一五六〇年以前の好況時よりも苛酷なものだった（前述した一五三六年頃と一五四三年頃の二度の徴税最高時を除く）。

だとすれば、反対推論《ア・コントラリオ》により、一五七九年の叛乱は少なくとも直ちにその《効用》を発揮したことになる。ロマンを含むドーフィネ地方の叛乱が重要な局面を迎えた一五七九年のタイユ税が、一五七四年から一五七八年にかけての苛酷さを増した徴税策に、ついに終止符を打つことになったからである。事実、一五七九年のタイユ税は、一五二三年から一五八九年までの三分の二世紀にわたって、実質的な額としてはもっとも軽いものだった。十六世紀とは、いったいどういう時代だったのか！
しかし、叛乱が一五八〇年の春に抑圧されるや、類例がないほどの激しさで、地獄の徴税マシーンが始動する。再び厳しい取り立てが実施されたのだ。前年の課税の緩やかさとは対照的なそれは、一五八〇年から一五八四年にかけて、納税義務者に対する圧力をかなり増していくのだった。

第二の問題は、一般民衆の欲求不満のもととなった聖職者や貴族たちの免税特権である。直接税を巡る社会集団の特権と非特権。この点に関し、ドーフィネ地方における第三身分の一世紀にも及ぶ長期的な心性とは、はたしていかなるものであったか。ここで、映画監督の顰みに倣って、画面をフラッシュ・バック的ないし回顧的に振り返ってみよう。

ドーフィネの住民たちは、その非現実主義的な性向にもかかわらず、次のようなきわめて根強い基本的な考えをもっていた。すなわち、彼ら自身信ずるところによれば、自分たちは一三四一年以来、原則としてタイユ税を完全に免除されていた、租税とは無縁だった……というのである。当時のドーフィネ公ユンベール二世は、一三四一年は病床にあった。彼は、聴罪司祭たちに慫慂《しょうよう》されて、すでに地方の大部分の市町村がさまざまな形で享受していた全面的な免税措置を、地方行政の基盤となっていた自由（免税）証書によって、全ての臣下にまで拡大した。そして十七世紀まで、ユンベール二世の継承者である歴代のフランス国王は、この全体的な免税措置を公式に維持しようとする。だが、それは単なる建前にすぎず、欺瞞的ですらあった。国王たちは《無償の寄付》という名目によって遠回しにカムフラージュされた税を、遠慮会釈なく徴収したからである。[9]

だが、欺瞞は悪徳を称えて美徳に変える。民衆の間では、一六三〇年同様、一五五〇年においても、一三四一年の《免税》証書が、ドーフィネ的特権の決して失効することのない記憶の不可欠な一部をなしていた。[6]十六世紀には、免税措置が聖職者や貴族だけでなく、第三身分にまで広げられることが夢見られるほどになる。この意味において、いや、この意味においてのみ、叛乱は実際に理想郷《ユートピア》としての《守旧的な過去》の復活を狙った。[7]こうした過去は、政治家や君主制下の冷酷な役人たちの現実主義、すなわち、やがて中央集権的な将来を担うようになる現実主義に異議を申し立てるものだった。事実に基づくというよりも、むしろ理念的な叛徒たちの仮想保守主義の狭い範囲についてはいずれ検討するが、実際のところ、彼らは理想主義の守り手などではなく、改革主義の、時として革命の守り手ともなった。

局地的とはいえ、きわめて現実的な、そして一つの市民全体に関わるタイユ税の免税措置は、十六世紀中葉まで（！）たしかに続けられた。たとえばそれは、一五五〇年のモンテリマールでなおも実施されていた。[8]その三〇年後、この町で反税の叛乱が興り、それは初めから激しいものとなった。一五八〇年のモンテリマールでは、住民たちは、一世代前の町の黄金時代、すなわち市民たちが直接税を払っていなかった当時の両親や祖父母たちが伝えてくれたおかげで、このことをはっきりと覚えていたからだ。

しかし、こうした「現実的な」免税措置は、あくまでもモンテリマール一帯でのみ実施されていただけであり、[9]ドーフィネ地方全域にわたるものではなかった。事実、名目上とはいえ、国王が一三四一年に彼らに免税特権を与えたにもかかわらず、中世後期とルネサンス期のドーフィネ人たちは多額の税を収めることになる。これはつねに自発的な寄付という形をとった。最初の例は、フランス王ジャン二世（善良王）が、百年戦争で敵国イギリス軍の捕虜となった翌年の一三五七年で、王太子シャルルの王室財務府の意図によるものだった[10]。やがて、これら《善意の寄付》は、地元の人々の善意を、とくに彼らの自由ないし非隷属や《免税》を、さらに地方三部会による全体的《合意》を具体化していく（マルセル・モース『贈与論』[11]など参照）。

ここには、二番目に危険な要素（というより、むしろ爆弾の二番目の成分、つまり粉炭の次の硝石……）がある。十六世紀には、ローヌ川とアルプス北部地帯の間に反税運動がみられたが、筆者が語りたいのは、二つの特権階級〔貴族と聖職者〕が享受していたタイユ税の「免税措置」である。今度のそれは効果的な免税であり、絵空事ではなかった！　分かっているかぎりでいえば、おそらくそれは、一三四一年に最初の象徴的な証書が出されてからおよそ二〇年ほど後のことであり、遅くとも一三七〇年の六月[12]にロマンで開かれたドーフィネの地方三部会まで遡る。そして、この免税措置は、リシュリュー枢機卿の時代まで、規則かつ既成事実としてみなされるようになる。もとより、さまざま

訳注9―ドーフィネ公国のフランス王国への併合は一三四九年。ユンベール二世に後継ぎがいなかったため、「ロマン協約」によって資産の一切をフランス王家に遺贈した。このことがあって以後、フランス王太子はドーファン（ドーフィネ公）を名乗るようになった。なお、王太子の紋章は、フランス王室の象徴である白百合とイルカ（フランス語で「ドーファン」）の絵柄からなる。

訳注10―王太子シャルルはのちの賢明王シャルル五世。在位一三六四―八〇年。イングランド軍を王国から駆逐し、文芸を保護して王立図書館の創設やルーヴル宮の再建、サン＝ポール施療院やバスティーユ監獄の建設などを行ったほか、王国の財政安定化のため、全国的かつ恒常的な徴税制度を組織化した。捕虜となった父王釈放のため、摂政として多額の身代金を払っている。

訳注11―マルセル・モース『贈与論』　邦訳『社会学と人類学』1、有地亨ほか訳、弘文堂、一九七八年（原著一九二五年）。

な例外あっての規則である。これら例外の狙いは、国家のために、貴族や聖職者たちにしかじかの税金を強制的に払わせようとするところにあり、そこに前例が立ち入る余地はなかった。

いずれフランス貴族の一般的な哲学になるものとかなり符合する一三七〇年の証書は、それゆえ何世紀にもわたって暗黙の判例的価値を帯びることになる。証書を出させた状況が一時的なものであったにもかかわらず、である。一三七〇年当時、ドーフィネの特権階級をフランス国王のさまざまな企てにどうすれば引きつけられるか、それだけが問題視されていた（フランス国内における貴族の免税措置は、つねに中央集権的専制国家の悪しき物真似だった）。当時、国王はドーフィネ地方が同意した《自発的な》援助金と、王室所領からの「通常の」収入《あがり》とを、狡猾にも混同しようともくろんでいた[10]。それには、地方の高位の共犯者が多数必要だった。そこで貴族を免税とし、残りの民衆をより厳しく扱ったのだった。

やがて、きわめて長い時間をかけて、ドーフィネ地方における反税運動の「社会的」悲劇を演出するための舞台が準備される。すなわち、十六世紀には、十五世紀よりはるかに激しく、自らもまた「全ての者と同様に」免税となっていると考えていた第三身分と、貴族・聖職者との間で闘いが繰り広げられるのである。後二者は、特別な免税措置を享受していた。これは効果的な措置であった。だが、当然のことながら、第三身分は、これらの措置を分別のあるものとはみなさなかった。民衆が一三四一年の証書の精神に求めていた明確な論理は、「だれも」税を納めない、もしくは、より可能性の高い話として、貴族や聖職者を含む全てのものが、その《善意の寄付》を王国財務府（国庫）に「差し出す」ことだった。

こうした紛糾の最高の舞台は、一三七〇年頃から、毎年規則的に招集されていたドーフィネの地方三部会によって用意されるようになる。ここでは、この厳かな機関を紹介するため、多少とも言葉を付け加えておかなければならない。ロマンのカルナヴァルにみられる情念《パトス》において、最高潮に達したものが何かを理解する上で、役立つ説明をしておく必要があるのだ。

中世後期やルネサンス期の勢いを、そのまま十六世紀に持ちこんだようなドーフィネの地方三部会とは、はたして何であり、どのような構成となっていたのだろうか。すでにその全体的なありようを少しみておいた三部会の構造は、改めて指摘するまでもなく、硬直とは縁遠いものだった。すなわち、一五六〇年から一五八〇年にかけて持ち上がった、さまざまな宗教上の問題や世俗上の問題が、この構造自体を、適正ないし間違った方向へ一度ならず導くことになるからである。

デュセールによれば(11)、三部会の招集用「名簿台帳《ロール》」は、聖職者代表三六名、貴族代表二七〇名（基本的に広大な領地と裁判権を有する領主たち）、さらに第三身分代表一一五名からなっていたという。このうち、第三身分代表はいずれも都市および一部の農村の参事会員たちだった。これら地域の多くはフランス王太子の直轄地にあり、一部は特定領主の所領内にあった。ただ、選出が恣意的だったため、特定の領主はもとより、王太子に従属しながら、一五七九年と八〇年に叛乱を起こしたかなりの数の農村教区は、三部会に代表を送れなかった。ロマン北方の反抗的なヴァロワール地方のようにである。

これによってさらなる緊張が生まれた。三部会開催期間中に行われた投票がどれほど多様な方式で

訳注12―リシュリュー枢機卿　一五八五―一六四二年。一六一四年の三部会で頭角を現し、一時失脚するが、一六二四年にルイ十三世によって宰相に任ぜられ、絶対王権の確立に努めた。

あったにせよ、いったいに貴族たちが数においても地位においても、明らかに優勢を保っていた(12)。彼らは三部会で威信をほしいままにし、さらに絶対多数を占めてもいたのだ！　一方、第三身分にあってもっとも重要な影響力を有していたのは、大都市ないし特権的な都市だった。ドーフィネ地方の《一〇大都市》がそれだが、そこには、グルノーブルやヴィエンヌ、ヴァランス、さらにロマンなどが含まれる。だが、その他の農村部の町村も、自らの立場を弁えつつ、強く主張する術を知っていた。そんな主張のおかげで、これらの地域は、貴族や聖職者の代表と、そして一〇大都市の《エリートたち》となにがしかの距離を置くことができた。

ところで、この地方三部会は政治的な役割を帯びていた（三部会用陳情書《ドレアンス》の起草など）。とりわけ重要なのが、財政的な役割だった（三部会は、原則として税額の採決を行ったが、ドーフィネ地方における国家ないし地域向けの税全体の分配や徴収、管理などにも、少なくとも部分的責任を負っていた）。さらに、宗教的かつ経済的な軍事事件も担った(13)。

ここでは、多くを語ってくれる能弁な税になおもこだわろう。――アルプス南部に位置するドーフィネ地方の南東部では、比較的公平な徴税が行われていた。たとえば、ガプ、アンブラン、ブリアンソンなどの地域や、オワザン、バロニ一帯では、かなり昔から「土地台帳《カダストル》」を作成するのがつねだった。それゆえ町村毎に、原則的に独自の土地台帳を有していた。これらの土地台帳は、現代のものほど完璧なものではない。にもかかわらず、そのおかげで、土地の面積や地味の肥沃度に比例して課税することができた。こうして、とくに貴族の所領で免税となっている僅かばかりの区画を除いて、「すべての」所有地、農民や町民を含む平民の所有地はもとより、貴族や聖職者のそれもまた、面積と地味に応じて課税されていた。

したがって、これらの幸運な地域では、ドーフィネ地方中部や北部でみられるような深刻な税法上の紛争など、どこにもなかった。太陽に恵まれたこうした山岳部は、グルノーブルやロマン一帯で荒れ狂っていた欲求不満を引き起こすような対立、すなわち、免税の恩恵を受けていた貴族ないし聖職者階級と、自ら重税に打ちのめされていると信じ込んでいた、都市ないし農村部の平民階級との対立とは無縁だった。高貴な出であろうとなかろうと、キリストへの無償の奉仕に献身していようとなかろうと、各戸主はほぼ正当にその税を払っていたのだ。

このような幸運な状態をもたらした理由はいろいろあり、それを詳細に説明するには、おそらく膨大な紙数を費やさなければならないだろう。したがって、ここではただ、上述したドーフィネ地方南部の狭い地域がオック語圏〔第1章訳注30参照〕に属していたということだけを指摘しておこう。これらの地域の言語は、グルノーブル一帯を特徴づけるフランコ＝プロヴァンス語から、きわめて明確に切り離されている。オック語とフランコ＝プロヴァンス語との言語境界線は、まさに東から西にかけて伸びており、ロマンを通過する。いわばドーフィネ南部の《オクシタニ（オック地方）》は、やはりオック語圏に属し、土地台帳も作成していた、プロヴァンスやラングドック地方と文化的共同体をなしていたことになる。

この二地方で作成され、用いられていた土地台帳ないし「財産台帳《コンポワ》」〔13〕は、実際には久しい以前から、中世の衰退期に南部の法曹家たちによって蘇生されたローマ法と符合する形で存在していた。こうし

訳注13—財産台帳《コンポワ》　フランス南部に特徴的な土地台帳で、課税のため、土地のリストや所有者、面積、価格などが記載されていた。

たプロヴァンスとラングドックの事例は、必然的にドーフィネ地方南部にも広まった。より普遍的な枠組では、フランス王国の全体は、土地を対象とする物的タイユ税の《南部連合》地域と、個人に課税する人的タイユ税の北部地域とに分けられる。タイユ税は、土地台帳のおかげで、貴族たちの所領（オワザン一帯の場合）を含む、すべての土地の現実に公平に適用されると《物的》タイユ税となり、個人の身分、つまり、一方が免税される貴族ないし聖職者、他方が課税される平民といった身分を寸酌すると、《人的》（かつ不公平な）タイユ税になった。

課税における北部の《属人性《ペルソナリテ》》と南部の《属地性《レアリテ》》。その境界線は、フランス南部全域で交錯していた。それはまた、上述したように、ドーフィネ地方の中心部を通ってもいた。たとえばオワザン一帯では、きわめて強力な共同体的・地域的制度が存在しており、このほとんどスイス的な真の山岳共和制が、貴族にも他の者たちと同様に課税するよう強制できる、農民の監視力を高めたのである。

真の課税紛争は、したがってより北部の、ロマンやヴィエンヌ、グルノーブルなどの地域が含まれる、事実上《デ・ファクト》、人的タイユ税地域で激しさを増した。これらの紛争は、他所との比較が可能なかぎりにおいて、いっそう激化した。すなわち、ヴィエンヌやグルノーブルといった運の悪い地域の抑圧された納税義務者たちは、数十キロメートル以内の地に住む他のドーフィネの住民たち、たとえばオワザンやガプの住民たちが、公正な税制の恩恵に浴していることを知っていた。この点からすれば、ドーフィネ地方の《引き裂かれたような》状況は、より北方の、たとえばノルマンディやパリ周辺のイル＝ド＝フランス地方におけるような、やはり不快な、だがドーフィネ地方ほどに劇的ではない状況と異なっていた。こうした北部地方の農民たちもまた、おそらく重税に苦しんでいたが、彼らは同様の状況下にある地域に囲まれており、これらの地域でも貴族がともかくもタイユ税を免れていたのである。それゆえ、農民たちの憤りは、ドーフィネ地方とは異なり、他地域との比較から生じる欲求不満によって高まることはなかった。

❦ ❦ ❦

ドーフィネ地方の農民戦争（一五七八―八〇年）は、土地台帳や物的タイユ税のみられた南部一帯と無縁であった。公正な課税がなされていたこれらの地域は、納税義務者たちの不満ともほとんど無縁だった。一五七〇年代の終わりには、たまたま南部は部分的にユグノー教徒たちに支配されたが、これによって、本書で取り上げるものとはかなり様相を異にする特殊な問題が生まれるようになった。反対に、ローヌ川中流域とバス＝イゼール地域（モンテリマール―ヴァランス―ヴィエンヌ―ロマン―グルノーブル）では、一五七九年にかなりの数の暴動が起きている。これらの地では、以前から、社会階層の分化を引き起こし、民衆からは不公平で有害なものとみなされた免税措置と結びついたさまざまな問題が、ゆっくりと頭を持ち上げていた。それは、重い負担を課せられた農村部の納税義務者を尻目に、都市が、とりわけ都市のブルジョワジーが恩恵をこうむっていた、税の部分的免除という問題である。泥まみれの平民（農民や、貴族ではない多くのブルジョワを含む）に重くのしかかっていた課税とは対照的な、特権階級（貴族、聖職者、有力法服貴族）の免税という問題もあった。そしてそこから二通りの戦線が生まれた。一方は都市部対農村部、他方は特権階級対平民の戦線で、それぞれ一五三〇―五〇年代から活発化している。

都市部対農村部の戦線は、十六世紀に二つの理由によって激しさを増した。この理由とは、土地の譲渡と課税の引き締めとに関わる。前者についていえば、周辺土地の活発な開拓に具体的に窺えるルネサンス期の人口増加によって、土地はより稀少かつ貴重なものとなり、それだけにいっそう望まれるようにもなった。都市の名士たちとともに、貴族、とくに法服貴族やブルジョワたちは、農民たちを無視して、我がちに土地を買い占めていった。これに対し、つねにより多くの人口を擁していた農民たちは、こうした耕地を固有の土地として維持しようとした。紛争は激化する。そんな敵対状況に、いわば暴露者として一度ならず登場するのが、ほかならぬ税であった。

都市の名士たちは、たしかに税を課せられていたが、それは農村部での新しい所有地に対するものではなく、ヴァランスやグルノーブルといった都市にある居宅自体に対するものだった。こうして周辺の村々で土地を新たに購入し、以後その所有者になったにもかかわらず、彼らが町で納めている課税額は何ら変わることがなかった。課税額は、町における彼らの唯一最低限の財産に基づいてのみ算定されていたからである。これら有力者たちの税を軽減するという不公平な措置は、彼らが土地を所有する農村教区の村人たちの犠牲を強いることになった。名士によって土地を奪われた村人たちがかつてその村で払っていた税は、不在地主である新しい有力な買主たちによってではなく、農民たちによって払われなければならず、それだけ後者の課税額は過度になっていった。

「余所者《フォレン》」、つまり「非居住」の土地購入者が、村落共同体において前記農民たちの土地を取得したということは、それゆえ、この共同体にとどまった他の農民たちに対する税の引き上げという事態を招いた。その結果、農民たちの怒りは十六世紀にとくに激しいものとなる。人口や経済のみならず、都市もまた発展の真っ盛りだったこの時期、都市部の名士たちによる農村の「征服」は、十四世紀の緊縮経済の時期と較べ、際限ないほど強烈かつ凄まじいリズムで行われた。そして、望むと望まざるとにかかわらず、農民たちは税によって、計算することを、金銭にきわめて細かくなることを学んだ。小銭を蓄えていたからである。ここから生まれた紛争は、一五四〇年頃には、グルノーブル周辺の農村部にとくに顕著にみられた。また、ロマン周辺では一五一三―一五一五年以降に頻発した。そして一五七九―一五八〇年には、ロマンは農民と都市エリートたちとの対立がもっとも激しい都市の一つとなる。この意味において、十六世紀最後の一五年間におけるロマン一帯は、十六世紀中葉の特徴的な紛争を遅まきながら温存していたことになる。

　当時に特有のさまざまな矛盾は、こうして税の問題を通して浮かび上がってくる。土地の細分割と賃金の低下とを引き起こした飛躍的な人口増の結果、貧窮化傾向がより激しさを増した家族経済に喘ぐ農民たちの世界と、土地を買い占め、あるいは手に入れ、そしてこの土地を再編して、農村部で独自に資本主義を推進した都市の有力者たちの世界。両者の矛盾はじつに際立っていたが、そこでは、不公平な税がいわばそれを促す触媒の役割を果たしていたのである[14]。

　矛盾をかき立てた第二の要因は、税の締めつけである。歴史的背景《クロノロジー》がラングドック地方と較べて独創的ないし一風変わっていたドーフィネ地方では、この締めつけは日付、数値、規模ともにはっきりしている。長期的視座《ロング・デュレ》に立っていえば、十六世紀に入ってからのおよそ三〇年間は税が比較的ゆるやかだった。これに対し、厳しい税の締めつけがなされたのは、まさにフランス国王のフランソワ一世と、神聖ローマ帝国皇帝のシャルル・キント（カール五世）との戦いが、プロヴァンス地方への皇帝軍の侵入によって再開した、一五三六年のことであった[14]。

　この一五三六年から三八年までの三年間、名目的な価値（トゥール・リーヴル貨）[15]と、さらに実際的な価値（小麦）とによって算出された直接税の総額は、驚異的な伸びを示している（九六頁図表参照〕。そこでの総体的な小麦価は、年によって五倍ないし八倍となっている。やがて、税の圧迫に何がしかの鎮静ないし低下がみられるようになるが、一五三六年以前の低い税率にまで戻ることはなかった。

一五三六年から三八年にかけての締めつけはかなり厳しく、当然の結果として、それはこれ以上ないほどに根深く陰湿な恨みをさらけ出した。「遺骸は押入れを離れた(16)」。人々は国庫ないし地方財務庫《トレゾール・プロヴァンシャル》にこうして税金を納めなければならないことに憤った。そして、一部の恵まれた者たちのみを肥らせる既存の免税措置や不公平さを、さながら突き動かされたように非難しはじめた。ところが、ドーフィネの地方三部会は、すでに一五二四年に要望書を提出した時と同じ過ちを犯してしまう。モンテリマールやガプが享受している免税措置を、少なくとも部分的に廃止するよう要求しているのだ。

これを受けて、フランソワ一世は、一五三七年四月にしたためられたエダン陣地からの書状の中で、基本的に三部会の要求を認める〔最終章参照〕。モンテリマールとガプの免税特権が全面的に撤廃されるようになったのは一五五〇年代になってからだが、その時、ガプの鐘楼の早鐘が激しく打ち鳴らされ、住民たちに、以後、他所の者たちと同様に税を払わなければならなくなるということを、悲しみとともに告げたものだった。ちなみに、これら二市の参事たちは、一六一四年になおも往時の特権の回復を主張している……(15)。

一五三〇年から四〇年にかけては、ただモンテリマールとガプだけが問題になっていたわけではなかった。いったいに農村は都市、とりわけ大都市に対して敵意を抱いていた。都市エリートたちが、前述したように、農村の土地を買い漁り、それを免税にしたからである。農村を傷つけるような無礼で傍若無人な振る舞いをしたからでもある。たしかに都市は、さまざまな地方機関における支配的な立場を利用して、村々に負担を押しつけた。たとえば、都市に宿営するのを拒まれたため、国王軍は農夫たちの財布と農婦たちの美徳とを犠牲にして、農村に無理やり宿営したものだった。こうした軍隊の民家宿営や《糧秣》費用の返還には、無数のもめ事がつきものだった。そこで村の指導者たちは、返還のための複雑な手続きや会計処理を行ううちに、町の名士たちと対決することを学んだ。

一方、都市は、建前として《収税都市《ヴィル・クローズ》》が要求できる《国王借款》を、地域全体に、つまり農村世界に割り当てられる税にすり替えた。こうした不法なすり替えは、もとより望ましいものではなかったものの、戦争の遂行に莫大な費用がかかるところからして、避けることのできない副産物であった。一五四〇年代には、このすり替えはしばしばみられた。その結果、当然のことながら、《雲が嵐を運ぶように》、農民や反都市派の反撥を招くようになる(16)。

彼らの反撥はあくまでも法的・政治的なものであり、現実には何ら暴力を伴わなかった。それだけに、より大きな効果を挙げた。この方面で農民たちが暴力にすがった時期は四〇年後のことであり、これは、やがて宗教戦争を特徴づけるようになる、肉体的かつ血なまぐさい攻撃性を全体的な背景としていた。

訳注14―一五三五年、継嗣を残さず他界したミラノ公スフォルツァの跡目を自分の王子に継がせようとしたフランソワ一世は、それに反対したサヴォワ公を攻め、一五三六年二月、サヴォワとピエモンテを占拠した。だが、同年八月、サヴォワ公の後ろ盾となっていた仏王の仇敵カール五世は、プロヴァンスとピカルディからフランス王国に侵入し、両者の戦いは一五三八年の休戦協定まで続いた。

訳注15―**トゥール・リーヴル貨**―フランスでは中世以来、一六六七年の王令でトゥール・リーヴルに一本化されるまで、パリ・リーヴルとその4/5の価値のトゥール・リーヴルが並存した。

訳注16―**遺骸は押入れを離れた**　「知られたくない秘密が明るみに出た」の意。

一五四〇年代には、農村エリートが活発な参事会を代表するグルノーブルないしロマン一帯の村人たちは、一時的な結社ないし組合（一種の先駆的な、だが血生臭さのない田園同盟《リーグ・シャンペトル》）を組織した。特定の目的を法的に追い求めるため、一〇ないし二〇あまりの村が大同団結したこれらの結社は、ルイ・フォールのような勇気のある弁護士を雇い入れた。グルノーブルの高等法院ないし三部会によって構成される、地方の恒常的な諸機関に対して自分たちの弁護をさせるためである。当時の人々は、保有官僚＝裁判官と弁護士とに立脚したフランスの巨大な裁判システムが、社会的に有効性を帯びていることを知っていた。それゆえ、武力戦争に危険な形で頼ることなく、村落社会の要求を幾度となく伝え、平穏裡にその方向づけを行うことができた。要するに、当時の農民たちもまた、ほかの時代と同じように、カール・マルクスがうっかり失言してしまったような、無気力で鈍重な《ジャガイモ袋》などではなかったのだ。

こうした状況下で、都市側は、優柔不断な裁判官たちを、トリュフやメロンなどのささやかな贈り物で買収するという巻き返し策に出た。それにもかかわらず、一五四〇年代の農民たちの課税公平化についての主張は、結果的にグルノーブルの高等法院評定官たちや三部会メンバーの考えを、たとえ一部とはいえ、味方につけることになった。この傾向は、貴族や聖職者たちが、必ずしも都市のブルジョワジーと反農民のための連帯を組んでいなかった、いや、とてもそれどころではなかったため、いっそう進展していった。事実、彼らの側にあったいくつかの都市も、いずれ特権に反対する行動を起こそうという下心を有しており、反農民運動に深入りするのを望まなかった。こうして農民たちの要求は、一五四八年、南フランスにやってきた国王アンリ二世自身を、その国務会議《コンセイユ・デュ・ロワ》においてついに動かすまでになる。

一五四〇年代の状況は、たしかに農民たちの利益を認めるのに好都合だった。軍費調達のために実施された一五四二年の新たな税の引き締め策は、苛酷さにおいて、一五三六年のそれとほとんど択ぶところがなかった。一五四四年から四五年にかけての〔冷害による〕食糧危機は、不公平な税制をさらに不人気なものとした。都市の発達や、都市部に住みながら農地を集めまくる者たちの活発な活動は、《粗野な者《リュストル》（農民）》たちの意識を購入土地の免税化問題に向けさせもした。また、税に関わる都市の特権は、都市の拡大に伴う雇用機会の増加と結びついて、数多くの農民を都市に定住させる結果を招いた。このことは、タイユ税による農村の過剰開発というパラドックスをつとに示している[17]。

こうして一五四八年、諮問を受けたアンリ二世は思い切った手段に出る。すなわち、リヨンの王令（一五四八年九月三〇日）によって、一五一八年以降に都市在住者が獲得したすべての農村財産は、以後、都市の所有者の名で村に税が支払われるようにしたのだ。その結果、農村住民の税負担が明らかに軽減されることになる。つまり、彼ら住民たちは専制国家によって支えられたわけである。

この王令に基づいて、具体的な施策が次々と実施された。住民たちにとって、それらはいずれも歓迎すべき施策だった。そして一五五二年には、都市部でも農村部でも、第三身分が再び絆を強固なものにしはじめていた。特権階級の免税化、とくに聖職者が享受していたそれとの闘いを、より有利に進めるためであった（時代はすでにプロテスタントが沸騰しており、そこではカトリックの聖職者を非難する主張が歯を研いでいた）。

そんな一五五二年、都市や農村を代表する使命を帯びた弁護士や参事たちは、アンリ二世の王令に盛り込まれた文言、すなわち三〇年前から都市のブルジョワたちが手に入れていた、農村部の土地に対する課税化を受け入れることで合意する。こうした措置は、都市に住む所有者に打撃を与えたが、定額小作人ないし分益小作人《グランジェ》に被害はなかった。ついでにいえば、ここでの合意は、反目が何ら止められないものではなく、解決不能のものでもなかったということをはっきりと示している。にもかかわらず、都市や農村の平民階級と、剃髪頭《トンスラ》[17]や高貴な特権階級との闘いは、やがてかなり激しいものとなっていった[18]。十六世紀中葉のドーフィネ地方で本格的に始まった両者の闘いは、一五七九―八〇年の武力闘争によって最高潮に達する。そしてこうした闘いは、より結論的にいえば、一五九五年から一六三九年にかけて一時的に激化するようになるのである。

一五四〇年代の反都市闘争から、一五五〇年代と一五七〇―八〇年代の反貴族闘争への転回はまた、一七八八―八九年に、フランスの世論を反絶対主義的な心性（三身分は国家の専制に反対して大同団結していた）から、特権階級との対立へと向けさせた転回と同様に決定的なものであり、ともかくも典型的なものであった。この事件では、やがて《個人投票》の拒否問題[18]が重要な役割を演じることになる。

さらに十六世紀のドーフィネ地方にこだわれば、地域的対立の《第一段階》（反都市的）からだけでも、かなりの長期に及ぶいくつかの特徴が明らかになる。まず挙げられるのは、この対立がドーフィネでもっとも都市化され、外に開かれ、商業の発達した地域（都市と農村部）に偏在的にみられたということである。それは、イゼール川とローヌ川の水系沿いに、ヴィエンヌとヴァランス、ロマン、グルノーブルからなる四辺形の地域に影響を与えた。反対に、北部のアルヴァールや南部のディといった山間部は、さまざまな理由（それぞれ後進性……と過疎性）から、こうした闘争にどちらかといえば消極的な態度にとどまっていた。

次に、その頃から、組織化の面を含めて、独自の農民意識がすでにして形成されていた、もしくはされつつあったことが挙げられる。事実、一五五〇年には、三部会に対して、短期ではあったが「村落代表《コミ・デ・ヴィラージュ》」が設けられているのだ。これらの代表たちは、本書の重要な主題である一五七八年に改めて設置され、一五五〇年の時以上の成功を収めるようになる。

この事件全体の中で明らかとなったのは、ヴァン・ドレンの顰みに倣っていえば、《ルネサンス国家の中央集権化》と呼びうるようなものが果たした決定的な役割だった。本来的な意味での王権的な介入（一五三七年、一五四八年）は、まことに劇的であり、重要な重みを持っていた。だが、介入行為の主要部分は、はっきりした形ではないまでも、ドーフィネ地方で、三部会と三身分の檜舞台で繰り広げられた。三部会は、望むと望まざるとを問わず、王権の軍事行動のために、自らの名において巨費を徴収し差し出した。ところが、これらの巨費は国家会計に記載されなかった。徴収金がただちに使われてしまった（！）からだ。

こうして一五三七―三八年には、じつに六六万二〇〇〇リーヴルが、アルプス国境での戦いのための《臨時税《バルセル・エクストラオルディネール》》の名目でドーフィネ一帯で徴収された。だが、そのうちのたった一スーすら、ロワール川やセーヌ川を越えることはなかった。ドーフィネ地方の納税者たちは憤慨したが、パ

訳注17―剃髪頭《トンスラ》　カトリック聖職者の謂。

訳注18―《個人投票》の拒否問題　再開されることになった全国三部会のありかたを巡って、パリの高等法院や名士会議が第三身分代表の倍増に伴うその勢力拡大をきらって、頭数による採決方式を拒否したこと。

リ益地ではそれについて何も知らされず、臨時税を露ほども受け取ることができなかった。一五三七—三八年のパリやブロワ〔第1章訳注38参照〕からすれば、ドーフィネ地方は税を納めないでよい別天地と思われていた。グルノーブルやロマンからすれば、この地にはきわめて重い税が課せられていた。してみれば、中央の予算ないし国家会計を考えただけでは、そのいずれもが財政史で大いなる沈黙を守っているがゆえに、広域的な闘争を理解する上できわめて不十分ということになる。実際には、ドーフィネ地方の奥地で繰り広げられたこれらの闘争こそが、税を巡って、農民を都市と、平民を特権社会と対立させるよう仕向けたものなのだ。

❧　❧　❧

貴族対平民の闘いの最初期ないし《第一ラウンド》は、一五五〇年から五六年にかけて展開した。争点は重大なものだった。たしかに、下層階級では、由緒正しいもしくは純血種の貴族たちがかつて所有していた財産に（タイユ）税を課すなど、本心ではともかく、表向きには思いもよらぬことだった。思えば、おそらく冒瀆となる。つまり、おののきなしにそうした課税を考えることなど、だれもできるものではなかった。たとえていえば、納税額を査定する国王が、あたかもその忠実な貴族たちから生肉五〇〇グラムを切り取るようなものなのだ。とんでもない話（！）なのである。しかじかの自称旧家の貴族たちが、実際には前世紀に新たに貴族となった精肉商ないし安食堂の主人の末裔にすぎないことは、もちろんだれもが分かっていたが……。

当初のうち、世俗にまみれるのを恥とする聖器なるものはいろいろあった。だからこそ、一部の貴族はいくつかの面で脆さを露呈していた。一方、農民たちは、一五四八年に、余所者のブルジョワジーが新たに手に入れた財産に税金をかけさせるようにし、自ら成し遂げた事態の進展になおも陶酔しきっていた。その勢いを駆って、彼ら農民たちは、貴族（ないし聖職者）が新たに平民から買収した財産に、《タイユ税がかけられる》よう望んだ。都市の平民も、裕福であるなしにかかわらず、農民たちと足並みをそろえた。また、なりたての貴族が平民から手に入れた土地にも、やはりタイユ税が課せられるのを願った。

新貴族、もしくはロマンの裁判官アントワーヌ・ゲランのように、貴族に叙せられることを渇望していたブルジョワたちは、こうして一五七九年の叛乱農民に対してもっとも攻撃的な態度を示した側に加わる。農民たちの非難に気づいたなら、遅まきながら自らの行いを正せばよかった。だが、たしかに一五五三年の段階では、貴族たちは一五七八年とは異なり、まだ本格的な反撥を買っていたわけではなかった。にもかかわらず、彼らはそのもっとも脆い、あるいはもっともスキャンダラスな部分（貴族化と獲得したばかりの平民の土地）を攻撃され、勢力を殺がれていった。

一五六〇年に終息するこうした時代的傾向は、ルネサンスの長期的な経済発展に特徴づけられる。それこそが、貴族、とくに都市に住むブルジョワジー出身の活力旺盛な貴族をして、農民の土地を手に入れるよう仕向けたものなのだ。このことは、農村に地代の源泉と食糧補給基地とを確保しようとした、都市の全体的な発達と符合する。それはまた、古い定額地代つき保有地の地盤低下と、自作農ないし小作農が開拓し、都市貴族たちがかき集めた所有地が享受していた、つねにより高い収益性とに由来してもいる。

似非貴族ないし似非土地貴族がその恩恵に与かっていた免税特権に、こうして広域的な攻撃を加えながら、都市の平民ないし都市（農村はいうに及ばず）はそれぞれ独自の、時には矛盾する要求を考えていた。それゆえ平民たちの連携は、一再ならず不協和音を奏でた。おそらくこれが、乱れた破裂音を生む原因の一つとなる。たとえばグルノーブルの住民たちは、市内の「ユグノー派弁護士たち《アヴォカ・コンシストリオー》」に対する課税を望んでいた。彼ら《ユグノー教徒たち》は、高貴の出であるということを信じさせようとしていた法服貴族であり、グルノーブル高等法院と深く結びついていた。そして、免税措置を受けていることを鼻にかけ、これがドーフィネ地方の首都の下層階級を憤慨させていたのだった。

一方、ヴァランスでは、民衆は弁護士たちではなく、むしろ上流階級の大学教授たちと敵対していた〔第13章参照〕。後者が奇妙な主張をしていたからである。それは、教授職につけば彼らの血が気高くなり、その貴族性を保証され、あわせて税が免除されるという主張だった[19]。各都市民は、何ということか、なおも虚しく風見鶏をきめこみ、農村部を注意深く見守ってもいた。そして、いつかは彼らが不当だと思う税、すなわち、一五四八年に、農民たちが都市ブルジョワジーの非居住土地購入者の土地資産にかけるようにした税を撤廃させる、という希望を捨てたりはしなかった。

こうした不均衡でばらばらな条件を解決できなかったため、平民たちの対貴族闘争はあらぬ方へと向かってしまった。内部の渦に活性化された異質なマグマとでも呼ぶべき彼らは、まさにそれゆえにこそ内部分裂を引き起こした。これによって、ひとつの平民ではなく、いくつもの平民が生まれた。都市対農村、名誉ある有力者対手工業者、ドーフィネ地方の第二級の都市対主要《一〇都市》、さらにヴァランス対グルノーブルなどといったように、対立も多様化した。

同様の対立なら際限なく列挙できるが、これらの対立からすれば、最終的にはたして完全な統一概念として「ブルジョワジー」（もちろん《貴族》にとって、これはたしかにより強靱なハサミを持つカニの入った籠だった[19]なる言葉が使えるかどうか、自問せざるをえなくなる。《アンシャン・レジーム（旧体制）が多様と呼ばれる》所以である。

さまざまな行動や《協定》ないし妥協は、一五五〇年代の平民と特権者たちとの免税措置を巡る緊張を演出した。すなわち、一五五三年には三身分の間で合意がみられ、翌一五五四年には《協定》が結ばれているのだ。支配的な二身分〔聖職者と貴族〕の代表団は、第三身分の代表者たちを脅し、怯えさせ、あるいは買収して無理やり署名させた。そして、一五五六年の王令。これは、闘争の第一ラウンドにおける第三身分の失墜を決定的なものとした。王令は断を下した。貴族の財産は、いかなるものであれタイユ税を免れる。財産を獲得して間がないかどうかは、さしたる問題ではなかった。成りたての貴族の所有物かどうかなどといったことも等閑視された。

こうしたさまざまな例外措置の維持は、都市でも農村でも、少数派の意向を部分的にせよ政治に反映させるという問題に政治意識を向けていた、第三身分の重大な敗北を意味した。にもかかわらず、彼らはいくつかの譲歩を引き出してもいる。たとえば、疑いもなくつねに免税の恩恵を享受していた、ヴァランスのユグノー派弁護士や教授の数の制限、とりわけ聖職者に対する税制上の特権の部分的限定である。時あたかも、ユグノー教徒やそのシンパたちの意識がもっとも高まっていた。そこで抜け目のないアンリ二世は、この点において、世俗の二身分、つまりローマ教会を責めたてることに満足していた貴族と第三身分から、せめて一度だけなら一致した支持を得られると読んだ。

いずれ貴族の領地に容易に課税できるようにする、「総合地方土地台帳《カダストル・プロヴァンシャル・ジェネラル》」を作成してほしいと

注19—カニの入った籠　呉越同舟の謂。

いう、農民の、さらにはブルジョワジーの要求があっさりと一掃された時期でもある一五五〇年代、第三身分の一時的な敗北が、いかに重大な意味を帯びているかは理解されていた。ここで指摘しておかなければならないのは、こうした状勢において、平民たちは彼らが過去に持っていたような、あるいは将来持つことになるような強い意欲を持ち合わせてはいなかった、ということである。

一五五〇年代の税の圧迫は、なおもほどほどのところにとどまっていた（九六頁図表参照）。それは、一五三〇年や一五七六―八〇年、あるいは農民たちの反抗が明らかにより激しいものとなった一六三〇年ほどではなかった。一五五〇年代の第三身分はタイユ税にさほど苦しめられていず、したがって、自分たち以外の身分（！）のために行われていた免税措置を、一時的にせよ耐えることができた。この種の免税は、とくに新貴族を含むすべての貴族と関わっていた。

〔免税特権廃止の闘いに〕敗れた平民たちは、しかしあちこちでかなり派手な局地的闘いを展開した。筆者の考えでは、たとえば一五五〇年頃、一部聖職者の免税特権に反対する、親ユグノー的な地域のディとその周辺一八カ村が《民衆連合《ユニオン》》を組織している。この連合は、聖職者たちが獲得した不動産のみならず、彼らが平民から受けた遺贈分についても同様に没収している。それは、まさにディの聖職者たちを歯ぎしりさせるものであった。

だが、これは稀な事例である。一般的には、村人たちは非居住土地購入者に対する課税（一五四八年）という最初の成功に気を良くして、これを貴族全体に対する課税にまでもっていけると、あまりにも短兵急に、そしてあまりにも簡単に思い込んでいた。後者の課税が実現するのは、じつに一六三九年、いや、一七八九年まで待たなければならなかったのに、である。村人やロマンを初めとするさまざまな都市に住む彼らの新しい友人たちは、強大すぎる敵を相手にしていた。それゆえ、この強敵を窮地に追い込むこと、つまり貴族たちから免税特権を取り上げることは、さほど容易ではなかった。

一五五〇年代の敗北のあと、連帯した平民たちは、四半世紀以上の間、幻想を捨てざるをえなくなる。ただ、彼らの運動のいくつかはやがてくる事態の前兆となった。たとえば一五五〇年代、貴族に対する平民の利益を守るべく、ドーフィネ地方のさまざまな都市から有力者たちが王室に派遣されているが、そのうちの一人が、ロマンの参事だったガブリエル・ロワロンだった。ロワロン家は、ロマンの名家に数えられる家柄で、一五七九年から八〇年にかけてロマンの反乱を指揮することになるジャン・セルヴ、通称ポーミエは、一五六〇年代初頭に同家の娘と結婚している。そんなセルヴの行動は、独特の職人的独創性を帯びるようになるが、こうしたロワロン家との縁組による指導者の家系の継続性は、いずれ社会=政治的な闘いという点において疑いのないものとなる。

❦　❦　❦

フランソワ一世の、次いでアンリ二世の治世下でのイタリア戦争[20]と、それに続く皇帝カール五世に対する叛乱は、地域的にブーメラン効果を生み出した。この叛乱は一種の引き金として作用した。すなわち、平民や社会の間には税に関してさまざまな断層があり、これらの断層が互いにドーフィネを形作っていたことを明らかにしたのだ。こうして芝居仕立ての一つの舞台が、戦争によって、税の要求によって生み出されることになる。そしてそれは、全国三部会の儀礼的な年次総会の場で、農村、

訳注20―イタリア戦争　一五二一―四四年。イタリアでの覇権を巡るハプスブルク家とフランス・ヴァロワ家との戦争。

都市、第三身分、貴族、聖職者などの集団や身分を互いに対立させた。

一五六〇年からは、宗教戦争が地域的反抗の第二幕を演出する。発端は異端問題だったが、一五七五年を過ぎると、再び社会的対立が前面に出てきて、普遍的な展開をみせるようになる。たとえばパリでは、別の流れの中で、《カトリック同盟《リーグ》》〔第7章参照〕が同様の変化を生み出していくのだった。


ドーフィネ地方の場合、社会的闘争に向かうこの遅ればせの新しい変化をもたらしたものは何であり、だれであったか。そこでまず思い起こしたいのが、さらに二度（!）、つまり一五六七―七九年と一五七六―七八年に行われた、大規模な税の引き締めである（一五八〇―八二年の引き締めについては、それがロマンのカルナヴァル直後の時期にあたるため、筆者の考察対象とはしない）。こうして問題となる二つのエピソードの間に、実質的な価値に基づいて計算されたものの、インフレーションによって無力化していた地方タイユ税は、一五三七―四三年の実質水準ないし《購買力》をほぼ取り戻すまでになる。ただ、ドーフィネ地方は、十六世紀中葉のルネサンス期にみられたような、強靱な筋肉と赤銅色の立派な顎をもはや持ち合わせなくなっていた。一五六〇年以来、同地方は内乱や連続して襲来した疫病のため、経済的にも人口論的にも荒廃し、衰退していたのだ。一五六七年以後の再増税は、それだけにいっそう耐えがたいものだった（九六頁図表参照）。

一五六七年から七八年にかけて二度の大きな財務引き締めが行われた際、王国財務府（国庫）とその基盤である地方行政府は、いくつかの悪習を身につけていた。一五六七年から七六年には、税の圧力が最大となり、王の親任官僚とドーフィネにおけるその常設の代理者である総督補佐官《リュートナン＝グーヴェルヌール》が、手強い反代理政治的ないし反法的革命の原因を作った。彼らが三部会の正式な同意を得ぬまま、各種のタイユ税を課したからである。つまり、高等法院ないし総督補佐官自身の保有官僚たち、あるいは《地方代表《コミ・デュ・ペ》》と協議しただけで、それを強行してしまったのだ。もとよりこれら地方代表たちは、原則的に三部会の休会期にその代行をすることになっていたが、実際のところ、彼らは王国行政のダミーとして行動していた。

だが、一五七八年一〇月、たった一滴で壺の水が溢れ出る。当時、地方での諸税の徴収を認可する責を担っていたのは、《名ばかりの》もしくは地方三部会のカリカチュアともいうべき「国務会議」だった。この《会議体》は、グルノーブル高等法院の何人かの代表と、三身分のあちこちにいた罪深いイエスマンの名士たちとから、いわば即席に組織されていた(21)。民衆にとって、これらさまざまなからくりは不正以外のなにものでもなかった。それだけに、彼らの反撥は激しく多様なものとなった。

❧　❧　❧

一五七六年から八〇年にかけてのタイユ税紛争は、こうして何がしかの伝統的な輪郭と構造とを保っていた（第三身分対貴族、下層平民・農民対上層平民・都市の新法服貴族）。だが、十六世紀半ばにみられたような各身分間の純粋で単純な交渉は、維持されこそすれ、すでに無効なものになってもいた。

こうして交渉が「無効化」した結果、早くも一五七八年には、暴力沙汰が起き、血が飛び散る事態となっている。税の争点が再び重要性を増していたからである。当時は、エリートたちが幾分なりと宗教問題から遠ざかっていた時期だった。すでにして彼らは、一五六〇年代に一時支持したプロテスタンティズムをしばしば放棄していた。加えて内乱の初期から、職人たちはそれぞれ武装し、昼間は短剣、夜は長剣を携えていた[22]。以後、だれもが税問題や利害問題……について議論できるようになる。

にもかかわらず、交渉は多少とも熱心に続けられた。そして、一五七六年にブロワで開かれた全国三部会から、一五七九年のカトリーヌ・ド・メディシス[21]のドーフィネ訪問まで、ヴィエンヌの大司教裁判官で、たまたま前記三部会に派遣されていた平民階級の大立者、ジャン・ド・ブールが頭角を現すことになる。

訳注21―カトリーヌ・ド・メディシス　アンリ三世の母。シャルル九世の摂政としてカトリック、プロテスタント双方の均衡を策し、王権の安定を図るが失敗し、一五七二年八月、ギーズ公爵の陰で、プロテスタントに対する「サン＝バルテルミの虐殺」を演出する。

第3章

一五七六年：ジャン・ド・ブールの陳情書

職人から身を起こし、ヴィエンヌの裁判官となり、地元の大司教に次ぐ実力者だったジャン・ド・ブールは、一五七六年にブロワで開かれる全国三部会のため、「陳情書」を起草する。上位二身分に対する第三身分の鬱積した不満や要求、とくに税負担の不平等さなり不公平さなりを告発したそれは、古典世界の思想、すなわちキケロの契約思想や原初的平等思想、プラトンの歴史的時間観などに立脚したものであり、そこでは、たとえばルソー主義的平等観を想い起こさせるような、社会的階層間の機能的平等の実現が目的とされていた。さらに一五七九年、ド・ブールはグルノーブルの地方三部会にも新たな「陳情書」を提出しているが、こうした彼の提言は、ドーフィネ地方における以後の反税・反免税特権闘争に決定的に重要な理論的根拠を与えることになる。

ジャン・ド・ブールは一五七〇年代の中頃に初めて文献に登場するようになるが、それ以前の彼自身と一族について、われわれは多くのことを知らない。ただ、ド・ブールがかつて商売を営み、職人から身を起こしてブルジョワジーの裁判官となっていたと考えてもよいだろう（これは、素朴な、だがかなり真実性に裏打ちされた想像である）。市庁舎にエリート階層の参事を送り込んだのが、このタイプのブルジョワジーだった。古文書にその名が記されるようになった頃、ジャン・ド・ブールは地元の大司教職に次いで、ヴィエンヌ二番手の実力者となっていた。グルノーブルの、ついでブロワの全国三部会にヴィエンヌの地方代表として選ばれた一五七六年一〇月当時、ド・ブールは弁護士であり、法学博士であり、大司教を領主とするヴィエンヌ市の裁判官をつとめていた。ド・ブール家のもう一人ローランは、最初の参事であった。(1) つまり、彼の一族は、まさにヴィエンヌを《牛耳っていた》のだ。

　ド・ブールは、ブロワ三部会の意向によって、出身地ヴィエンヌの第三身分の「陳情書《カイエ・ド・ドレアンス》」を作成している。この陳情書は、他の二身分のそれとは切り離された。時代の特徴として、第三身分と他の《身分》との間で、合意などはとても不可能だったからである。

　こうしてヴィエンヌの一裁判官によって提出された陳情書は、じつに素晴らしい資料といえる。(2) それは、今日の言葉でいえば、ドーフィネ地方の《左翼知識人》と呼応する者から出たテクストなのである。そこではまず、上位二身分に対する第三身分のさまざまな不満や要求が明示されている。これらの不満は、とりわけ《タイユ税の免除措置》に起因する。この措置を享受していたのは、貴族や聖職者であり、ここには徐々に数を増してきた新貴族や、規則がきわめて厳密な意味での貧困に向けられた修道士たち、すなわち托鉢修道士やカルトゥジオ会修道士も含まれる。

ド・ブールによれば、貴族や聖職者たちは、ドーフィネ地方で《もっとも素晴らしい財産》、つまりもっとも見事な土地を所有していたという。それゆえ彼らは、税の割り当て分はもとより、宿営や軍需品（小麦やワイン、肉、燕麦、秣《まぐさ》、藁、蠟燭など）の費用の分担金も払わなければならなかった。もっとも、これらの宿営や軍需品は、部隊が通過する当該地方によって準備され、それを自分の財布によって支えたのは、第三身分だけだった……。

同様に、グルノーブルが中央権力の本拠地だったブロワとパリから遠く離れていたため、移動に伴って厄介な問題が生じたことも忘れてはならない。地元のさまざまな派遣団が、さまざまな主要都市へと移動する際の経済的支えは、いったいだれが担ったのか。とりあえず言っておけば、それは第三身分だけであった。そして（さらにスキャンダラスなことに）、こうして組織された移動派遣団に参加したのはだれだったか。むろん、一部の貴族と聖職者たちであった。いわば彼らは、第三身分が捻出する費用で観光旅行と洒落こんでいたのだ……。

この方式は、税の問題以外にもいろいろ難点を帯びていた。すなわち、ド・ブールによれば、第三身分はパリないしブロワの王にすがるためにでかけることができず、したがって君主に独自の訴えをすることもできなかったという……。ド・ブールの「陳情書」には、上位二身分がツケを払っていなかったという事実が、際限なく列挙されている。たとえば貴族や聖職者たちは、税の割り当て金を用いてワイン税を完済したり、一部の寄生虫的官職を完全に取り除いたりする義務を怠っていたというのだ。

　こうした不公平は、とりわけ同地方の権力機構に起因していた。というのも、ドーフィネ地方の三部会常任委員は八人いたが、そのうち六人までが貴族で、残りの二人は聖職者。平民代表は一人もいなかったからである。そんな委員たちは、会期と会期の間に、ともに三部会を代表する特別「代訴人《プロキュルール》」と一緒になって、貴族や聖職者の友人ないし同輩たちの便宜を図ることに汲々としていたのだ！　ドーフィネ地方の主要一〇都市の参事たちは、三部会に加わるのを認められてはいたものの、このような経緯をどうすることもできず、徒らに手を拱くだけだった。第三身分が経済的にも政治的にも差別されていた所以である。さらに、三部会委員たちや代訴人もまた勝手に税を免れ、さまざまな理由をこじつけて、第三身分の財布を空にしてしまったということを付言しておこう。

　ド・ブールはそこでどのような対策を考えたか。それは、第三身分が、他の二身分とは別個に集まれるようにすることである。まさにこれは、一七八九年のフランス革命時とは反対（！）の作戦だった。だが、二世紀の隔たりこそあれ、戦略的な目的はさほど異なってはいなかった。作戦自体が一致していなかっただけなのである。こうして第三身分が別個に集まれば、なおも制度的に存在していなかった主席検察官を独自に選べるとの期待があった。この検察官は、各バイイ裁判所〔第1章訳注23参照〕管区ないしセネシャル裁判所管区に、〔1〕やはり新たに設けられる第三身分の地方代表ないし代理人に補任されることになる。議決権をもつこれら新しい平民の代表たちが三部会の委員会に送り込まれれば、第三身分は税の割り当てを監督し、特権階級だけが享受してきた免税措置に制約を加えることができるようになるだろう。

❦　❦　❦

だが、ド・ブールやヴィエンヌないしドーフィネの第三身分代表たちの怒りが向けられた対象は、聖職者や新たに叙任された者を含む貴族だけではなかった。たとえばド・ブールは、恵まれた位置にいるその同僚の一部、つまり高等法院のさまざまな要素と敵対していた。自らが編んだ陳情書の第二八条と三一条で、彼はグルノーブル高等法院〔の評定官たち〕が、第三身分から徴収した税のおかげで、あまりにも高すぎる給与をほしいままにしていると告発しているのだ。さらに、設けられて間もない官選の廷吏たちが無用だと攻撃してもいる。ド・ブールによれば、彼らは高給を食《は》んでいるのにほとんど役に立たない。既存の諸制度ともども、無用の長物だというのである。

聖職者や貴族、一部の高位裁判官たちに次いでド・ブールの非難に晒されたのは、土地の強欲な高利貸したちだった。当時、ドーフィネ地方の各都市は、首まで負債に埋まっていた（ド・ブールの推定では、一五六六年から七六年までの一〇年間で、じつに三五五万リーヴルもの累積赤字を抱えていたという。数値は、むろんド・ブールによる）。土地の金を、いわゆる不正な方法で（！）操っていた者たちから泡銭《あぶくぜに》を吐き出させる。不誠実な債務者《ルリカテール》と分かった場合は、その金額を払い戻させ、これを町村の負債返済のため、より有効に用いる。

訳注1──セネシャル裁判所　地方行政官《セネシャル》を長とする裁判所。

ド・ブールはまた《余所者の商人たち》、おそらくはスイスやサヴォワの商人たちをも攻撃している。やがてこれらの商人たちは、十七世紀には「塩税吏《ガブルール》」なり、金融業者、あるいは徴税請負人と呼ばれるようになるが、フランス国王の代理人〔親任官僚〕たちから認許を得たばかりの彼らは、フランス・アルプスの北と東で国境を接する国々に向けて、ラングドック地方の塩田から採れた塩を輸出する契約を独占した。こうして彼らは、南仏産の塩を扱うドーフィネ地方の商人や荷車引きから、正当な生計の手段を奪ったのだった。

さらにド・ブールは、グルノーブルの徴税吏たちを激しく非難してもいる。彼らがさまざまな口実を設けて過分の手数料を払わせ、あるいはその手数料を税収から差し引いている、というのだ。それだけではなく、集めた税を払い込む際、トゥール・リーヴルで算出された金貨や銀貨を高めに計算し直して、自分の口座に税の名目で蓄えてもいるという。つねに実践的だったド・ブールは、それゆえ特別な徴税吏を、各バイイ裁判所管区に一人設けるよう求めている。これらの徴税吏は納税義務者たちのより近くに位置し、彼らによってより効果的に監視されることになる。

最後に、この陳情書の作成者は、《強欲な高利貸し》の中の究極のカテゴリー、すなわち都市の債権者や、ドーフィネ地方ないしリヨンの金融家に反対して立ち上がる。たしかに彼は、債権者たちが債権に年八%の利子をつけるのを認めていたが、一方で、一〇年間の支払い猶予期間中、彼らが元金の返却を要求するのを禁じてもいるのだ（第七四条）。

支配層全体（特権者、貴族、聖職者、金融業者、裁判官）は、こうしてド・ブールの標的となった。じつに彼は、ドン・キホーテにも比すべき勇気の持ち主で、ドーフィネ地方のあらゆるサンチョ・パンサたちが、自分に付き従うことを信じて疑わなかった。だが、彼の計画に対する農民たちの支持は果たしてどうだったか。

たしかにド・ブールは、《農村》問題を自らに課した。陳情書の第六四条から七一条にかけては、新しい領主たちによる土地の買い占めに異議を申し立てている。彼らは国王直轄財産の土地を安値で、あるいは贈与という形で手に入れているが(3)、その際、ダミーの名義人を立てて、自分たちの思いつきを正当化しているというのだ。そんな彼らの行動は、林間放牧権、薪伐採権、共有の風車や鳩舎、竈《かまど》、圧搾機などの設営権といった、村が日ごろ享受していた公共権を侵した。古典的な王政主義びいきのド・ブールは、国王が譲渡された土地の責任を負って、情勢を建て直すよう望んだ。何よりも国王は、各地の領主とは異なり、臣下をだれよりも正しく評価してくれると信じていたからであった。

さらに陳情書の作成者は、第七七条において、領主や彼の役人たちが、住民総会の集りを妨害しないよう要求している。ド・ブールはまた、裁判や治安の面で、領主権力が過度の反農民的行動に出るのに反対していた。こうした態度は、しかしかなり速やかに限界を示すようになる。たとえばド・ブールは、多大な損害を被っていた農民たちの他の要求（領主裁判権や領主制的諸権利などの改廃）については、ほとんど触れることがなかった。都市ブルジョワであった彼は、自分の階層の利害は農民たちのそれと異なっていると考えていたからである。事実、陳情書の第七三条で、彼は村の参事たちが、農村の土地を買い求めた町の平民に押しつけた重税に反対している。第八九条では、納税義務者がその「居住地」で税を納入するよう求めてもいる。これは一つの試み（!）だった(4)。つまり、都市のブルジョワジーは、農村部での大量の獲得物や所有地に対してではなく、町におけるその財産に対してのみタイユ税を払うようにするというのである。だとすれば、ものの道理として、それだけ村人たちの負担が大きくなる。紛争の種としてのこの都市部/農村部の対立は、やがて平民階級を弱体化し、ついに一五八〇年、その叛乱が最終的に鎮圧されることになる。

❧ ❧ ❧

当時の時代状況では不可避ともいえるこうしたさまざまな矛盾は、しかし第三身分の行動に関わる、喚起的かつ増幅的反響としての陳情書の重要な価値を何ら損なうものではない。ルネサンス人であり、ジャン・ボダン(2)の亜流でありながら、一方で、エタ地方(3)の代表機関を尊重させようと腐心した、ヴィエンヌの裁判官ド・ブールは、昔の著述家たちから、自らの政治哲学を正当化する根拠を汲み上げていた。そのかぎりにおいて、彼は明らかに際立っていた。発想を経験だけに求めた十六・十七世紀の大多数の民衆叛徒と較べ、一歩も二歩も進んでいた(5)。教養人としての彼は、自らが依って立つ《基盤》の革命的実践を理論化した。十八世紀の主張を先取りしたスタイルで、「平等」観を積極的に強調してもいるのだ。

陳情書に書かれているところによれば、もともと地方三部会は、第三身分を、他の二身分と「非公式な平等」関係に置くことを目的として設けられたものだという（第三条）。さらにド・ブールは、税の割り当てのために都市同士が遵守すべき《平等性》についても語っている（第五条）。とりわけこのヴィエンヌの指導者は、たしかに第三身分が特権階級に抱いている税制上の不満に立ち向かい、望ましい原則として、「いかなる社会でも、ひとたび獲得された平等は守られ」（第五条）、これによって「だれもが間尺にあった形で安んじて（税を）支払うようにする」（第五一条）としている。

もとより、ここで問題となっているのは、あらゆる個人におけるルソー主義的平等観、つまり、万人が生まれつき自由であり、他の人々と同等の権利を持つとするような平等観ではない。ド・ブールが強く訴えたのは、三部会という社会内での、階層間の機能的平等だった。その要求を、ド・ブールは明らかにキケロの平等観と結びつけていた。寄宿学校時代ないしそれ以後に、彼はこのラテンの著者の政治書を何冊も読んでいる（第五三条）。「というのも、キケロが証言しているように、一部の人々だけを大事にし、それ以外を軽んじる者は、軽んじられた者の破滅と喪失とを招く。周知のように、前記の社会と結社とにおける貧しい第三身分は、樹木の端にぶら下がった枯れ枝のようなものである。それは、体全体にひたすら滋養を与えるはずの根気（根から吸い上げた気）を一切受け入れない。第三身分は樹木という社会から義務と不快さしか得ていないのである。その結果、乾いて枯れてしまう危険に晒されている……」。

では、中世思想の遺産であるこうした社会有機体論的な比較を検討してみよう。ド・ブールの言葉にあるように、そこでは社会全体が一本の樹木にたとえられている。これからすれば、第三身分は太い枝となるはずだが、残りの有機体は、再生と豊穣の樹液の正当な分け前を、この太枝に与えることを拒んでいる……。重大なのは、ここでキケロが参照されている点である。たしかに陳情書の《諸則》第三部で、ド・ブールは契約思想と原初的平等思想の祖ともいうべきキケロに依拠している。人間同士の平等ないし根源的一致という名の下で、キケロは人間集団を構成する社会間の調和的均衡の原理を理論化している。そして彼は、中世の西欧やルソー以前の組合的平等主義の時代、あるいは十

訳注2—ジャン・ボダン　一五三〇—九六年。王権の擁護と宗教的寛容とを主張したフランスの経済・政治思想家。また、魔女迫害＝異端審問の激しい論者としても名を馳せた。主著に『国家論』などがある。

訳注3—エタ地方　地方三部会を有し、一定の租税自治権を持つ地方。

五世紀フィレンツェの人文主義[6]からグロティウス[4]までの時代に登場した、すべての重要な思想に影響を与えた。

ド・ブールはラテン文化が浸透していたヴィエンヌの慎ましやかな地方裁判官にすぎなかった。にもかかわらず、彼はこうした思潮の大きな流れのうちに身を置いていた。グロティウスのような有名なライバルと較べて、ド・ブールは実際に身をもってことにあたった特異な利点を有し、実践と論理を結びつけた。実際のところ、彼は、身分間の何らかの平等主義について、自分が関わっている庶民的な理想を変えようとしていたのである。

そうしたド・ブールの考えは、地域の伝統に根ざしていた。それまでの半世紀以来、ドーフィネ地方の第三身分や市町村は、自分たち自身ないし全体のため、完璧な経験主義に基づいて、世帯や義務や税の「平準化《エガラシオン》」、すなわち、だれもが望んでいた、それぞれの社会的階層ないし共同体の支払い能力に応じて実現されるような平等化《エガリザシオン》を[7]、たえず要求し続けた。一五三七年、時の国王フランソワ一世自身は、折よくこの種の平準化の要求に好意的な耳を傾けてくれた。

一方、ド・ブールはかねてより取るに足りないとみなしていた伝統を一顧だにしなかった。社会を構成する三身分間の望ましい平準化に関して、古代の著述家たちから受け継ぎ、進展させた包括的概念を提唱しながら、彼はその先駆者たちだけでなく、もっとも傑出した後継者の一部が達した、あるいは達することになるレベルを越えたのである。実際、一六〇一年に、法律家で偉大な歴史家でもあったエティエンヌ・パ（ス）キエ[5]は、ドーフィネの第三身分の弁護士になっているが、その際、彼は歴史的・地理的事実に基づいて、ドーフィネ地方が物的タイユ税へと必然的に移行することが正しいと確認している。彼によれば、ドーフィネは全体として王国南部の物的タイユ税の地域に属しており、それゆえ住民たちは、北部のノルマンディ地方や西部のアンジュ地方などのように、《顧客の頭数》（人的タイユ税）ではなく、不動産に応じて税を納めなければならないという。だが、パ（ス）キエ(8)は、ド・ブールが易々と行ったのとは異なり(9)、社会的自然に関するキケロ的な普遍性に基づいて構築された、平等システムの高みにまで滑空するには至らなかった。

ド・ブールの考えにはまた、プラトン的普遍性もみてとれる。そこで次に、時間や《内在的》正義についてのド・ブールの概念を少し考察しておこう。歴史的時間とその破壊ないし堕落の結果に関して、陳情書はきわめて明確に語っており、明らかにプラトンの思想と近接している（第五二条）。「いかなる慣習も特権も法も命令も、そうするのが必要であり、自明の理でもある場合は、変更なり修正なりを余儀なくされる。だとすれば、彼ら（特権的な二身分の人々）が第三身分をたえず支配できる立場にあると言い張っても、何の役にも立ちはしないだろう。これについては、さまざまな立法家たちがつとに証明してきているところであり、プラトンもまたその法に関する書の第四巻〔後述〕で、絵筆で改めて補修されないかぎり、長い時間が経てばたちどころに消えてしまう絵画と引き較べながら述べているように、人間の法はつねに何ほどか手を加え、アドウバ（adouba：フランコ＝プロヴァンス語で《修正する、調整する》の意〔6〕）しなければならないのだ」。

訳注4―グロティウス　一五八三―一六四五年。オランダの法学者・外交官。主著『戦争と平和の法』などにより、国際公法や近代自然法の開祖とされる。本書第14章も参照。

訳注5―エティエンヌ・パ（ス）キエ　一五二九―一六一五年。パリ生まれの歴史家・弁護士・人文学者。王権の発展過程をあとづけて、フランスの諸制度の起源を研究したほか、習俗や信仰、思想、文学などの発展にも関心を向けた。フランス最初の史家とされる。主著に生涯の大半を費やした『フランス研究』九巻がある。

訳注6―原文は adouber。

さらにド・ブールは同様の考えを再び発展的に取り上げている（第二条）。「（すべてのものを損ない変質させる）時間の経過とともに、前記代訴人と三部会委員たちはただ一つの職権に我慢できず、彼らを生み出し、定着させた行動にも満足できなくなっていた」（ド・ブールによれば、ここで言うところの職権とは、《第三身分を他の二身分と非公式な平等関係に置くこと》であった）。だが、これらの人物たちこそが「裁判官となり、第三身分と対立した。彼らは、この第三身分に無数の不満と圧力を与えてきた（もしくはこれを搾取してきた）。民衆はまさに前記委員たちによる土地の獲得のために苦しんできたのである」。

こうしたプラトンへの依拠は、きわめて典型的なものである。ギリシア語の原文、あるいはラテン語ないしフランス語の翻訳テクストから、ド・ブールは重要なギリシア文化を体得していた。また、陳情書第七六条で、彼は一つの手本として、民衆を苦しめていた負債を町全体に割り当てたアテネのソロン[7]についても語っている。たしかに、プラトンの『法について』第四巻に倣って言えば、《人間の出来事は神や運、偶然、仕事によって支配された純粋なる変転にすぎない》（ビュデ版、p. 55）。《政治体制はさまざまな戦争や疫病、生活を枯渇させるような過酷な気候などによって、次々にひっくり返される》（のちに中世ヨーロッパで言われる言葉を用いれば、戦争、ペスト、飢饉となる）。

ド・ブールによれば、共同体では各人が「快適さと不快さとに関わらなければならない」（第五四条）が、それを忘れた「専制的で一部のみが得をする」社会が、長い年月をかけてさまざまな悪習を作り上げてしまった。重要なのは、そうした悪習を乗り越えて、たとえばほとんど税というものがなかった国王ルイ十二世の統治下のような、古い時代の、往時の黄金時代の良俗に帰ることではないか……。もしそうならば（陳情書第七六条の文言は、たしかに彼がそう考えていたことを伺わせる）[10]、ド・ブールの思想は、この種の歴史家が、十六世紀にドイツやフランス南西部のアキテーヌ地方で蜂起した叛徒たちに影響を与えた、どちらかといえば陳腐な発想と大同小異だったということになる。彼ら叛徒たちは、よき反動分子として、おそらくは《国家的近代主義を拒み、古代の秩序に回帰しよう》[11]としただけだった。《そのシンボルや価値が激しく攻撃され、緩やかに取り替えられていくのを目の当たりにして嘆いていた》からである。だが、そうした公式はおそらくあまりにも窮屈すぎる。ド・ブールの理想は、善良な人々の牧歌的な記憶のなかで化石化した、いくつかの古い慣習へのノスタルジーへと何ら帰着するものではなかった。彼の真のモデルとなったのは、何よりもその普遍的で輝かしい抽象力という栄光に包まれながら、逸脱や腐敗のない最良の廷吏のうちに宿る正義《ジュスティス》（陳情書第二九条）なのである。「裁判《ジュスティス》とそれを司る廷吏は、人間を考える上で四元徳の一つ〔正義〕と同じように必要不可欠なものであり……、各人は裁判の発展と確立を望み、その実現につとめなければならない。だが、四元徳の参入なくしては、なんびとといえど生きてはいけないのと同様に、正義の府なしに永らえ、あるいは自らの生を確保しうる者はいない」。

「こうして裁判があらゆる身分の維持のために確立され、（地上のすべての身体に遍《あまね》く陽光を投げかける）太陽に倣って、各人のうちに機能を分かち与えるとすれば、質量ともにもっとも素晴らしい財産を維持・所有している三部会の上位二身分が、その分担金として、（高等法院や会計法院の官吏たちの給与に向けられる）総額三万四〇〇〇リーヴルを負担しなければならないというのは、（彼ら

訳注7―アテネのソロン　前六四〇頃―前五六〇年頃。アテネの執政官《アルコン》。彼はこの施策によって民衆（農民）を救ったほか、身体を抵当にした金融を禁じたり、市民の私有地を四通りにランクづけし、そのランクによって参政権を与えるなど、独特の政治を行った。第14章訳注20も参照。

がドーフィネ地方によって雇われ、給与を支払われるのが相応しいとするかぎり）理屈に合わないことといえるだろうか。何よりもこの金額は、前記（三部会の）委員たちが、いかなる形であれ義務であれ、（第三身分の）貧者たちに新たに与えるよう認めたものなのである」。このテクストの向こうには、ヴィエンヌの裁判官たるド・ブールが読んだ著者たちの影響が、すなわちキケロやプラトンはもとより、さらにジャン・ボダンの影響もみてとれる。

これら古典的な著者たちと近い立場で、ド・ブールはプラトンやキケロを読んだことのない大衆の願望にも目を向けている。たとえばイヴ＝マリ・ベルセは、その著『クロカンの歴史』[8][12]の中で、民衆の要求を知っていた村の下級貴族たちが編んだ行動宣言に依りつつ、一五九四年にアキテーヌ地方で起きた叛乱の用語法に関する統計を提示している。彼の集計では、いくつかの基本語がリストの筆頭にきており、そのいずれもが、公正で理想的な裁判を渇望し、それまで各地の法廷で行われてきた不正な裁判に反撥した、群衆の倫理的・宗教的欲動と関わっている。まず、頻度の点で最初にくるのは、「神」（一八回）、「公正・正当な」（一〇回）、「有徳家」（一八回）、さらに反語法を用いた表現による「泥棒・窃盗」（一四回）などである。

おそらく当時の事情をこれ以上明らかに示すことはできないだろう。十六世紀の最終四半期における民衆の叛乱は、往時の慣習への懐古的な回帰だけを求めていたわけではない。それはまた、大衆が暗々裡に知っていた価値体系、すなわち、ギリシア＝ラテン世界の古代文化が磨き上げた古典的な文化によって明るみに出された、倫理＝宗教的な価値体系にも基づいていたのである。

ブロワ三部会後の一五七七年から七八年にかけてのド・ブールの行動については、ほとんど分からない[13]。だが、ドーフィネ地方の叛乱が絶頂期に達した一五七九年四月、彼はグルノーブルの地方三部会に姿を現す。その頃、第三身分の人々は、数週間前のシャトードゥーブルでの市民軍による軍事的勝利になおも酔いしれていた（本章後述）。それに応えて、ド・ブールもより大胆に振る舞い、長い四四カ条からなる陳情書を新たに提出する（ブロワ三部会に提出した陳情書は一〇〇カ条だった）。そこには、将来に向けての第三身分のさまざまな要求が盛られていた。

さらに四カ月後の一五七九八月、彼はドーフィネ地方を訪れた《皇太后》カトリーヌ・ド・メディシスに、《短信》を送ってもいる〔9〕。これは四月の四四カ条を効果的に補完したものだった(14)。この四四カ条の陳情書は、たとえ個人的な様式を特徴として帯びていたとしても、当初はド・ブールの頭から完全武装して出てきたわけではなかった。それは一五七六年の陳情書の一〇〇カ条を長く延ばしたものだったのだ。それはまた、民主主義的高揚と一連の《基本陳情書《カイエ・ド・バーズ》》（Ｐ63）の起草に帰結する流れのうちに位置づけられる。ちなみにこちらの方の起草は、一五七八年一〇月から翌年三月までの間に、ヴィエンヌ地方各地の都市や農村でなされたものと思われる。

こうしてド・ブールが一五七九年に補完した陳情書の四四カ条には、一五七六年の同じ作成者による一〇〇カ条の陳情書とは異なり、哲学的な豊かさ（プラトン、キケロ、ソロンなど）がみられない。だが、その内容はより稠密であり、さらに具体的な細部がいろいろ含まれていた。また、そこで取り扱われた主題に関して、しばしば敵対的で辛辣な、しかしつねに正確なコメントもみられた。それは、数カ月後の一五七九年八月に、地方貴族や、とくに《南仏》巡幸中のカトリーヌ・ド・メディシスから出されたコメントだった（本章後述）。

訳注8―クロカン　クロカンについての詳細は第13章参照。

訳注9―皇太后の巡幸については、第6章参照。

概念的に言えば、一五七九年のド・ブールの考えは、三年前と較べてより素っ気なかったが、同時により大胆なものでもあった。四四カ条の陳情書を書き出した頃は、古きよき時代への、ドーフィネ地方の「自由」の伝統への依拠がはっきりしていた。だが、やがてその陳情書は開かれたものに、何の制約も受けぬ積極的なものになっていった。「正義」や「平等」といった不変の価値が、懐古趣味的「慣習」（伝統の）より優位に立ったのだ。そのかぎりにおいて、ド・ブールの内なる裁判官魂は、次のような哲学を強化した。「現在の状態は大きく様変わりし、過去とは似て非なるものとなっている。必要なら、今がまさにそうであるように、法も規約も慣習もなく、特権もなくなる。だが、たとえそうすることが明らかに有用な場合であっても、こうした法や規約や慣習、特権などの頭越しに新しい命令を下すことはできない。これが現在の状況であり、法の定めるところでもあるのだ」。

四四カ条に盛り込まれた抵抗の一部は、例によって、「聖職者や貴族および役人たち」が享受している免税措置と関わっていた[15]（税を免除され、必然的に特権者たちの陣営に属する高等法院などの高級官吏と、免税措置に浴さず、第三身分の同輩たちに忠実だった下級官吏との間には、両者を隔てる分岐線が走っていた）。

こうした問題について、ド・ブールと仲間たちは、一五七六年の一〇〇カ条の陳情書よりも多くのことを語っている。《ラングドックやドーフィネ地方南部のように、農民や平民たちの土地台帳を作成することになるだろう》。これによって、やがて上位二身分の取得土地に課税できるようになる。この地方でタイユ税の実施に関わる望ましい原則が十全に立てられたのは、じつにこれが最初（！）だった[16]。一五七六年の陳情書と較べれば、まさにそれは大変な進歩だったといえる。

こうして過去一〇〇年間に貴族となった全ての家にタイユ税が課される。少なくともこれが一五七九年の要求だった。何しろ新貴族の数は夥しく増え、それと軌を一にして、あらゆる種類の特権者たちが平民から手に入れた土地資産も増えていた。これらの資産は、それまで信じがたい状況にあった。彼ら特権者たちは、タイユ税や貴族たちが担うべき陪臣《アリエール＝バン》税も払わず、聖職者によって課せられる十分の一付加税も払わない。つまり、彼らは破廉恥なことに無税的存在だったのだ。

一方、以後戦時費は一〇〇年以上の歴史を誇る旧家の貴族を含む、「すべての」特権者が負担するようになった。ド・ブールにとってみれば、貴族たちが「魚」を食し（＝地方から提供された武力的庇護を享受し）、一方でその「骨」（＝付随的な税）について何ほども考えないということは、もはや何ら問題ではなかった。しかし、彼は下級の聖職者にも抜かりなく目を向けている。年収が二〇〇リーヴルを下回る村司祭たちは、免税措置の対象にする……。彼はそう言っているのだ。たしかに貴族たちは、新興と旧家とを問わず、全体として彼に強く抗議した。ただ、旧家の貴族たちは新参の貴族たちに隠れて何がしか譲歩しようとしていた。

当時ドーフィネ地方を訪れたカトリーヌ・ド・メディシス[17]は、これらの問題について、特権者たちに同調していた。この皇太后にとって、多くの貴族たちに課税することは、「フランスの慣習」に関わる全ての伝統と相反するものだった（だが、それはいかなる慣習なのか。いかなるフランスか。たとえば十三世紀以降に《フランス》に帰属するようになったラングドック地方では、貴族たちにも課税していた！）。フィレンツェ的策略に長けていたイタリア出身の皇太后カトリーヌは、この問題に関して言えば、視野の狭さを露呈した。半世紀後のリシュリュー枢機卿は、彼女ほど名士たちの《階級意識》にとりつかれていなかった。だからこそ、ドーフィネにおける第三身分の税の平等化要求に理解を示した。たしかに枢機卿は、「平等」に対する深い理解と引き換えに、さまざまな状況を利用して、地方三部会の最終的な廃止とドーフィネの「自治権」の名残を抹殺した。まさにこれは、飴と笞であった……。

「権力」の問題に関する条項[18]と、それを補完する皇太后への短信に対しては、ド・ブール＝第三身分と貴族＝カトリーヌとの間に合意と対立とがみられたが、それらはいずれも重要な意味を帯びていた。まず、貴族と皇太后は、第三身分の特別代訴人を選ぶ措置に激しく反発した。さらに、第三身分を倍増する措置（より正鵠を期していえば、特権者たちを代表する委員数と釣り合いがとれるようにするために考えられた、第三身分の委員数を倍増する措置）にも反対した。これら二通りの措置は、実際に地方三部会における第三身分の権力をかなり増幅させることになる。貴族と皇太后が彼ら第三身分に対して抱いた敵意は、まさにそこに起因した。その一方で、貴族と皇太后は俸給や官吏数の制限について、どうやら反対してはいなかった。官吏数を、フランスが最小限の官吏だけを抱えていたルイ十二世時代の低い水準にまで削減すること……[19]。第三身分はそう望んでいたのである。

これに対し、ドーフィネ地方は、第三身分と特権階級とを問わず、全体として《塩税》の徴収権を一五四七年から七四年まで管理していた地方三部会に返還されるようにすることで、また、この権利を余所者の金融業家から取り戻すことで合意をみていた。第三身分によれば、これによってドーフィネでは一万人分の雇用が生まれるという。はたしてそれは本当だったか。

すでにみておいた第三身分のいくつかの主張は、前記国有地に対する領主裁判権を、王国の保有官僚に返すよう求めるものだった。これらの国有地は、かつて内輪の領主たちに譲渡されたものだった（彼ら大規模な土地購入者たちが、一般的には平民を出自としていたため）。こうした要求は、少数の大規模土地購入者にとっては、まことに煩わしいものだった。何よりも彼らは、自分たちが圧迫していた第三身分や競合関係にあった貴族たちから敵視されていた。それゆえ、この点に関するかぎり、だれもが平民たちの要求を支持することで一致していたのだ。残りの農民たちは、一五七九年春、これら土地購入者によって任命されたよこしまな役人に対して立ち上がった。

四四カ条の陳情書には、より農民に特有な要求もあれこれ含まれていた（第一八条、三三条、四二条）。それは対立の重大さをつとに示していたが、一五七八年に「村落代表」が一名設けられたおかげで、農民たちは第三身分の中で自分たちの意志をより明確に表すことができるようになっていた。農村の声が以前よりもよく通るようになったのだ。この声は、無用な城郭の撤去を求めた。ブドウ園や麦畑を荒らす馬を駆っての優雅な狩りの禁止や、領主たちがいくつもの村々を犠牲にして掠奪した共有の森や沼沢、牧場などの返却……も求めた。注目すべきことに、これら三カ条の要求に対し、貴族はもとより、皇太后までもが第三身分に「いかなる」反対もしなかった。特権者と平民との間の軋轢を生んできた顕著な分裂は、上位二身分から危険視された第三身分の「権力」の拡大と、それほどまでに深く関わっていたのだ。それはまた、特権階級の甘い汁となった「免税措置」とも関わっていた。つまり、免税と地方権力とは、一時的にせよ、特権階級の支配的地位を支える二本の柱だったのである。

❧ ❧ ❧

一五七九年四月の全国三部会は、全体的に不毛なままだった、というわけではない。たしかに、貴族や、とりわけ古い家柄の彼らが意図的に放っておいた新貴族たちは、粘り抜いて免税措置にありついた（P79）。だが、教会はより妥協的な態度を示した……。一方、第三身分はといえば、その決断力を大幅に増していた。四月一二日、三部会の開会中に、第三身分はド・ブールの口を借りて、納税の延期を告知し、本格的な税金不払いストを打った。このストは、国王が一五七九年の四四カ条の陳情書に返答するまで、かなり長期にわたって続けられた……。

ただ、そこで問題となっていたのは、納税拒否だけではなかった[20]。リヨンの裕福な金融業家だったアンリ一族を初めとする、ドーフィネ地方のさまざまな債権者に支払うべき借金の不払いストもあった。さらに、部隊を指揮してドーフィネ地方のための軍事的防衛作戦にあたった、一種の傭兵隊長ともいうべき《守備隊長《キャピテーヌ》》への報酬不払いストもあった。税や他の原因によるこうしたストの原則と現実の行動は、地方三部会の開会直後に、ヴィエンヌの市参事会によって承認されている。同参事会はまた、一五七九年の復活祭直後の月曜日に、ド・ブールが全国三部会から持ってきた議事録を調べるために開かれてもいる。ストはヴィエンヌのバイイ裁判所管轄区総会からも支持された。総会は、一五七九年四月二四日、大小一七の市町村代表者たち二〇人あまりを一堂に集めて開かれたが、代表者の内訳は、有力耕作者や公証人ないし城代（貴族ではなく、しばしば領主が城主支配権とともに城の守護と責任とを託した平民）といった、いわゆる名士たちだった。

こうしたヴィエンヌの集会を利用して、一五七八年の決議に沿いつつ、ヴィエンヌのバイイ裁判所管轄区の「村落代表」（＝農民代表）が選ばれた。この代表となれるような人物は、半農共同体から派遣された、というよりは、むしろボールペールの反体制派だったバラン（おそらくはちょっとした顔役）をおいてほかになかった。

一五七九年の全国三部会では、自動的に多数派となった者たちが、彼らにとって神聖な特権者たちの免税原則を維持すべく、なおも頑な態度をとり続けていた（その必然的な結果として、税金不払いストが起こった）。反対に、権力に関わる厄介な問題には多少なりと譲歩している。すなわち、新たに設けられ、各バイイ裁判所管轄区で選ばれる第三身分の正式な代表たちが、やがて上位二身分の代表団とともに、地方総督補佐官のモジロンの傍らに――自らの知識によって彼を助けるとの条件つきで――席を占めるようになることを認めたのである。事実、一五七九年四月二四日、ヴィエンヌの前記管轄区の一七町村総会は、一八人から二〇人の代表団を選出している。これらの代表団は、玉座の間近でスト参加者たちを弁護するため、一団となって国王のもとに押しかけた（紛れもない行列である！）。二〇人あまりの中には、ジャン・ド・ブールはもとより、ヴィエンヌ参事のクロード・ラヴィネルや村落代表の姿もあった。ちなみに、これら三者は間もなくモジロンを包囲するようになる。

同じ頃、軍規の乱れた正規軍に反対して、平民や市民たちのきわめて体系的な都市非武装化策が具体化している。ヴァランスやロマン、モンテリマールなどは、すでに一五七九年の二月事件（後述）の際に、要塞守備隊を追放することでこの問題を解決していた。一五七九年四月二六日、ヴィエンヌもその範に倣った。同地の要塞司令官だったピエール・ド・サン＝マルクは住民たちによって解任ないし罷免された。彼は笑顔で職務を離れた。ところが、それと同時に、ド・ブールと仲間たちはヴィエンヌの貴族やトゥルノン伯〔第6章参照〕の軍備を恐れるようになる。いずれもが軍資金と四〇〇の兵を集めていた。おそらくそれは、第三身分に対する反攻のための第一歩だった……。

こうした警戒は、しかし革命的行動とは無縁なものであった。一五七九年五月九日と一二日、ド・ブールを含む第三身分の代表たちは、農民部隊による複数の貴族の殺害と、ロマン近郊における複数の城砦の焼き打ちに対して立ちあがった。その結果、都市部の改革派だが穏健なブルジョワジーと、領主権力に対する暴力行動を準備していた、農民共同体の激昂したメンバーたちとの間に亀裂が生じた(21)。

事例はほかにもある。一五七九年五月一九日、ヴィエンヌの名士たちは、モンテリマールの農・市民軍の長だったジャック・コラからの共同行動の提案を拒否しているのだ。これらの提案が内乱を引き起こす煽動的なものとみなされたためだが、はたしてド・ブールはコラを無鉄砲な人物とみていたのだろうか。ともあれこのヴィエンヌの裁判官は、武力に訴えるより、平和的かつ法的な方法を好んでいた……。だが、彼のやり方が正しいと認められるようになるには、きわめて長い年月を要した。事実、タイユ税裁判の判決は、一六三〇年代になって初めて第三身分に吉、特権者たちの免税措置には凶と出るようになったのである。

⁂

一五七九年八月、カトリーヌ・ド・メディシスは王国南部への歴史的訪問の際、モンテリマールやロマンのあとにグルノーブルを通っている(10)。一五七九年の四四カ条陳情書に対する彼女の返答が、基本的な二点(免税措置と第三身分の権力)について否定的であったことは、前述したとおりである。一方、ド・ブール自身についても、中庸さを弁えていた——たとえ頑固さが何ほどか混じっていたとしても——と指摘しておいたが、彼の皇太后との面談は尊大なものだった。皇太后カトリーヌはそんなド・ブールを「叛乱分子」と呼び、激しく非難している(一五七九年八月四・五日)。

だが、彼女は、ド・ブールがヴィエンヌの名士たちから委任された要求を放棄させることができなかった。それは、直接ブロワで国王〔アンリ三世〕に面会し、皇太后が勝手にさまざまな問題の決着をつけることがないようにする、という要求だった。グルノーブルへの移動に際して、皇太后が息子の国王から十全な権限を受け取っていなかったからである。ド・ブールにしてみれば、時間の浪費は好むところではなかった。そこで彼は、聖人や聖母より、神に直接訴える方を望んだ……。

カトリーヌは自ら粗野な振る舞いだとみなしていたこの無礼な仕打ちに衝撃を受けた。両者の和解を講ずる策もとられたが、ヴィエンヌの裁判官とイタリア女〔カトリーヌ・ド・メディシス〕は互いに相手を退け、それぞれの陣営にとどまった。すなわち、ド・ブールは第三身分のさまざまな要求を堅持し、自らが貴族たちの特権を代表していると思いこんでいたカトリーヌは、そうした要求を撥ねつけてしまったのである。

❦ ❦ ❦

前述したように、ド・ブールは、どれほどの行動家であったとしても、明らかに行動開始時の農民共同体ほど過激ではなかった。カトリーヌはこの違いに気づいていた。しかし、ここに一つの啓示的な事件が持ち上がる。それは、ド・ブールがどのような態度をとって、ドーフィネ地方各都市のなかに反響を呼び起こしたかを説き明かすものだった。事件の場所はグルノーブル。時間は一五七九年四

訳注10――彼女は一五六四―六六年にも、王位について四年目の若い息子シャルル九世とともに、王室の威光を弘布し、あわせて国内の安定化を図るため、王国巡幸を行い、リヨンからロマン、モンテリマールを経てさらに南部にも足を向けている。

月四日の夜九時のことだった。町の人々はひたすらド・ブールの執拗さについて語っていた。事実、彼は、皇太后だけではなく、唯一決定力を有する国王とも面会したいと主張していた。この点について、人々はグルノーブルの参事たちが平民の委任者たちを裏切り、貴族たちと一緒になって、ド・ブールと対決する皇太后を支持していたと、陰口を叩いてもいた。

《この夜、八時から九時までの間、サン＝ジャン、オクタヴェオン、トリオールの三氏（いずれも貴族）は、ドヴィル、コリス両氏（いずれも貴族）ともども、旅籠セール（グルノーブル市内）に集まっていた。やがてそこに、グルノーブルの外科医バスティアン氏もやってきた。こうして話が始まる。サン＝ジャンがバスティアンに言う。グルノーブルの者たち（参事）はいずれも有徳家で、彼ら（第三身分と特権者たちとの間）の紛争を王妃に知られるのを望んでいなかった者たち（ド・ブールとその仲間たち）に反対してきた、と。これに対し、外科医バスティアンは、こう返事している。今のところは何事も起きていないが、貴族は直接税やその他の租税を分担しなければならない。さもなければ、さほど遠くない時期に重大な事態が生じて、一〇万もの人命が失われるだろう……。さらに、バスティアンは言葉を加えた。

――スイス人の傭兵たちがやったことを思い出してください！

彼は、二、三度この言葉を繰り返した。これに対し、サン＝ジャンは怒り心頭に達した態で反駁した。

――いったい何がしたいというのだ？　スイス人たちが貴族に対してなした虐殺《ヴェーブル》をか？

外科医が答える。

――その通りです。

すると、コリスが外科医を怒鳴った。

――黙れ。お前は二人の遊びの邪魔をしているのだぞ。

たしかに、ドヴィルとトリオールはタロット・カードに興じていた。

それから一五分ほどして、外科医はサン＝ジャンに言う。

――わたしが申し上げたことを悪い方に解釈しないで下さい。わたしはそれをガモ殿から聞いたのですから。ガモ殿は、ラッパと若木《ランボー》とで人々を集め、そのことをこの町のいたるところに告示しようとされていたのです。

こう言って、バスティアンは叫んだ。

――スイス人たちのことを思い出して下さい(22)。

そしてバスティアンは、同じ言葉を再び二、三度繰り返すのだった》。

この恥ずべき出来事は、ただちに皇太后に報告された。怒った彼女は、地方総督補佐官モジロンの館に第三身分の代表者たちを集めさせ、ド・ブールを筆頭として、彼らがバスティアンとガモの血気盛んな言葉に反対するよう圧力をかけた。こうしてバスティアンとガモの二人は、カトリーヌと、この日、武装した一〇〇〇の手兵を引き連れてたまたまグルノーブルを公式訪問していた、サヴォワ公との共同の指示によって、獄舎につながれてしまう……。ガモはプレヴォ裁判所から死刑宣告を受ける。だが、減刑を国王に訴えたあと、ガモは、ドーフィネ地方主要都市（ヴィエンヌ、ヴァランス、ロマン、そしておそらくモンテリマール）の強力な介入のおかげで釈放される。これらの都市は、「第三身分の利益を追求して活動してくれたゆえに、彼を支えた。そんな彼を民衆に資する善意と熱意の人物とみなしてもいた」。ガモの釈放は、カトリーヌ・ド・メディシスの出発、すなわち彼女がグルノーブルを離れ、ドーフィネを去ったのと軌を一にして行われた。まさにそれは猫が去って鼠が踊る（鬼のいぬまの洗濯）……であった。

このガモ事件は興味深いものであった。晩年、ド・ブールによって非難されはしたものの、ヴィエンヌの裁判官〔ド・ブール〕と同じ闘争精神の持ち主だったガモは、第三身分の利益や諸都市の利益、さらに貴族たちに対する農村の利益を守るために心血を注いだ。一方、猜疑心に富んだ人物でもあった彼は、ドーフィネ地方におけるスイス的民主政体の活動分子として、スイスのスパイとして告発されてもいる。さらに、反体制派であり、カルナヴァル的な人物として、平等主義的・農民的革命の旗印、すなわち緑の若木と地ならし用の馬鍬、それにタマネギを振りかざした。スイス風の角笛ないし木管ラッパも吹いた。これらの楽器を彼は何十個も作らせ、ドーフィネの各市町村に備えさせた。

もともとグルノーブル高等法院付きの代訴人だった彼は、こうして平等の産みの苦しみを味わっていた第三身分のさまざまな要求と一体化していた、下級廷吏たちの代弁者となった。そして、完全に特権者たちの陣営に移っていた法院の評定官たちと対立した。そんなガモであってみれば、人々の人気は絶大なものがあった。ロマンのポーミエ同様、グルノーブルの下層第三身分の指導者でもあった。彼を支持し、命を救ってくれた各都市の参事たちから、彼が反領主的叛乱を煽動したヴァロワール地域の村々にいたるまで、広く平民階級から愛された。

なにしろ当時は、ウィリアム・テルの神話的・民主的・反貴族的イメージが、以前にも増してスイス全土に普及し、さらにスイスと国境を接するサヴォワやドーフィネ地方を越えて、フランスでも知られるまでになっていた。そのスイス風ラッパと若木と馬鍬をいただいたガモは、いわばウィリアム・テルのイメージを輸出する役目を担った、小柄な擬似スイス人だった。いや、彼自身が貧者のウィリアム・テルそのものであり、たしかに民衆が必ずしも望んでいたわけではないが、大衆の名で語る者たちが口々に唱えていた、貴族殲滅の幻想的シンボルでもあったのだ。

❧ ❧ ❧

では、ド・ブールの個人的な活動の結末はどうだったか。一五七九年一〇月になっても、ヴィエンヌの市参事会は特権者たちの免税措置に反対する、一五七六年の一〇〇カ条陳情書と一五七九年の四四カ条陳情書の要求をしっかりと支えていた。地方総督補佐官モジロンのすぐ下の弟であるレシャンが、ヴィエンヌ住民たちに圧力をかけたにもかかわらず、である。レシャンは皇太后が三身分に同意させた脆い和解に、ヴィエンヌの人々が忠誠を誓うよう望んでいた。

それから間もなく——一五七九年一一月一四日以前——、ド・ブールは他界してしまう。おそらく彼は、一五七六年から一五七九年までの、ドーフィネでの反税・反特権階級闘争の第二段階を指導する立場にあったはずだ。第一段階は十六世紀中葉まで遡る。そして第三段階で、闘争は勝利を得るようになる。すなわち、一六三九年になって、ようやく地方の貴族たちに、少なくとも彼らが平民階級から獲得するようになる土地について、税が課されるようになるのだ。この時期の大部分は、アンリ四世[11]とルイ一三世[12]の統治下にあった。

こうしてド・ブールの死後、「裂け目《デシリュール》」と呼ばれるものが立ち現れる。土地台帳に記録されていた地所について、かなり以前から貴族もすべての者と同様に税を払ってきたラングドックやプロヴァンス、ドーフィネ南東部などの地域と接触して、ドーフィネ地方の北部と西部は、ようやくフランスで初めてその教条的な眠りから覚めたのである。この地では、まだ半分ほど人的タイユ税が施行されていた。だが、同地域は、一五七六年以来、住民たちを苦しめてきた不公平で反平民的な税制について、強い意識を抱いていた。その結果、さまざまな叛乱が生じ、これが政治的にも哲学的にも激しい展開をみせることになるのだ。こうした激しさは、ホブスボーンやポルシネフ、ムーニエ、ベルセ〔次章参照〕、ピヨルジェなどが各地で描いてみせた、クロカンや他の《初期的叛乱》にお定まりの行動を特徴づけるものとは異なっていた。それほどまでに、ドーフィネの戦闘性は高いレベルにあった。ヴィエンヌの市と司法当局、さらにその周辺農村だけがそうだったわけではない。モンテリマールやとりわけロマンに対しても、語るべき言葉が、重い意味に満ちた言葉があるのだ(23)。

訳注11―アンリ四世　フランス国王在位一五八九―一六一〇年。プロテスタント王。ナントの条約は彼の治世下で結ばれている。国内の産業育成などに尽したが、スペインと戦端を開いたり、農民に重税を課したりして民衆の反感を買い、カトリックのカヴェイヤックに暗殺される。

訳注12―ルイ一三世　在位一六一〇―四三年。アンリ四世とカトリーヌ・ド・メディシスの子。九歳にして王位についたため、摂政の母后が政治の実権を握る。だが、一六歳で母后から権力を奪い、やがてリシュリューを登用して、大貴族の反抗や新旧両教徒たちの抗争を抑え、絶対権力の強化に努めた。

第4章

一五七八年：ジャック・コラの賢明なる叛乱

一五七八年のモンテリマールを皮切りに、以後ヴァランスを初めとするドーフィネ地方各地で、時に親プロテスタント的なカトリックの「民衆同盟（連合）」が結成される。農民ないし都市民、あるいはその双方からなる、いわば《共同体の部隊》としてのこの同盟は、酷税や「盗賊たち」、さらに国王や高等法院の抑圧に対する闘争の拠点となった。たとえば、超教皇主義のモンテリマールの同盟指導者ジャック・コラは、カトリック盗賊・ユグノー教徒排斥運動の中心的人物だったが、同盟メンバーを率いて、盗賊ラロシュ一味の掃討に乗り出している。つまり、モンテリマールの民衆同盟は、町の治安維持の役割も担っていたのだ。これに対し、ロマンの同盟は、町のブルジョワと手工業者との関係がぎくしゃくしていて、両者が共同戦線を張れるところまではいかなかった。

われわれの回り道は、フランソワ一世やヴィエンヌの、そしてド・ブールのドーフィネ地方を通ってようやく完結したが、前章の冒頭では、一五七八年に、さまざまな市町村が宣誓した「民衆連合」の初期段階での暗中模索を検討することができた。これらの市町村は、「陳情書」に盛り込まれた反税・反特権階級という目的のもとに集まった。この新しい反体制的な組織は、かろうじて厳密な意味での《結社》という呼称に値するものだった。即決される決定と柔軟な合議制とに基盤を据えた、分節的な構造を示していたからだ。そこでは、官僚的な意思決定システムというより、むしろ精神状態が具現化されていた。

こうした運動の呼称は、じつに斬新なものだった。「同盟《リーグ》」である。この呼称は、やがて一五八〇年代と一五九〇年代に、パリのカトリック同盟参加者に用いられるようになる。[1] 首都や地方の《善良なる都市》の出身だった彼らは、都市民の、だがカトリック信仰の名のもとで唱えられた意志を体現した。それからしばらくすると、ペリゴール地方の「クロカン」や「タール・アヴィゼ」(1)も「同盟」を結成することになる。[2]

これらクロカンたちは《王党派》(アンリ四世派)の農民たちで、パリを混乱に巻き込んでいた超教皇主義《ウルトラ＝パピスム》の狂信者たちと敵対した。しかし、彼ら農民たちは、狂信者たちとまったく同じように、

《共同体の部隊》として、結社の利益を守るために同盟に加わっていたのである。

一五七九年から八〇年にかけてのドーフィネ地方では、地元《同盟》に属する戦士たちの自主行動が、ポン＝タン＝ロワイヤン、とりわけモンテリマールから始まっている。つまり、モンテリマールと周辺農村とから、叛乱の狼煙はじわじわと北および北東へと向かっていったのだ。一五七九年二月頃には、こうしてヴァランスでもロマンでも、名士たちの目からすれば、とんでもない事態が生じるようになる。公証人のウスタシュ・ピエモンは書き記している。「このような民衆の連合形態は《同盟》と呼ばれているが、それはモンテリマールで始まり、次いでヴァランスやその他の地へと及んでいった」（P64）。

まず、ポン＝タン＝ロワイヤンからみていこう。そこでの最初の自主行動は、小さな村の「共同体」から起きている。この共同体は、ブヴィエという一人の傭兵の計画を挫折させた。すなわち、一五七八年四月から五月にかけて、「煽動的で戦争しか愛さない」傭兵隊長ブヴィエは、僅か一〇人たらずの兵ないし一種のならず者を引き連れて、驚いたことに、土地の城郭を一時奪取してしまう。彼はさらに、何の抵抗も受けぬまま周辺地域を侵略したいと思い、ここを拠点として、彼の仲間で共犯者でもあるラプラドが、より南部のシャトードゥーブルを拠点として行っているのと同様の掠奪を展開しようと考えた。その戦略は、交易商人たちから金銭を強奪するため、シャトードゥーブルとポン

訳注1――いわゆる「カトリック同盟《リーグ》」のこと。ただし、その性格や目的は大きく異なる。この同盟については、第7章参照。

訳注2――十六世紀末から十七世紀中葉にかけての農民一揆で、タール・アヴィゼの乱は、一連のクロカンの乱の嚆矢となった。一五九三―九五年のペリゴールやリムザン地方のほかに、一七〇七年にもケルシー地方で起きている。ベルセによれば、タール・アヴィゼとはクロカンの別称だという。第13章参照。

＝タン＝ロワイヤンとの間に「強盗軸」を設定するところにあった。これに対抗するため、カトリック教徒のモジロンとユグノー教徒のレディギエールは休戦協定を結んだが、それはブヴィエの計画を放棄させるには脆弱すぎた。

彼らは、プロテスタントの自治組織がすでにこの地域で高めていた、新しい村民エネルギーを看過していた。たしかにポン＝タン＝ロワイヤンの住民たちは、大部分がユグノー教徒であるか、もしくは土地のユグノー教徒たちの監視下に置かれていた。だが、彼らは、ブヴィエの《用心棒》たちが歩哨を殺害し、村を見下ろす城を手に入れたことを速やかに知った。そして、賊徒に対する警告が出されるやいなや、これらの住民たちはとくに指定された近隣の村々の「コミューン（自警団）」に集結し、一致団結して、征服したばかりの城砦に立てこもるブヴィエ一党を包囲したのだ。盗賊隊長ブヴィエの目論見は外れた。食糧がなくなった彼は、降伏を余儀なくされ、命と引き換えに、いずことなく退却していった。急を聞いて、仲間のラプラドが援軍を送ってきたが、いかにもそれは遅きに失した。

これは、村ないし共同体の最初の軍事的行動であり、一五七八年末から翌年初頭にかけて大々的に開始される農民戦争を、すでに一五七八年の春に先取りしたことになる。あるいは少なくともそれを告げた[2]。この事件で、農民たちの反犯罪人的・反盗賊的反応がどのような役割を果たしたかについては、つとに指摘されているところであるが、当時、《義賊》マンドラン[3]はまだ人気を博していなかった。たしかに十八世紀のマンドランは、国家的組織に反対し、（彼自身の言葉によれば）貧しい者たちに味方した。これに対し、ブヴィエやラプラドは勝手気ままに農民や商人たちを迫害しただけだった。

＊　＊　＊

しかしながら、叛乱の動きが本格的に発展したのは、ポン＝タン＝ロワイヤンではなく、もっと南のモンテリマールとその近郊農村においてだった。それはもはや発作的なものではなく、持続的で絶え間のないものだった。ポン＝タン＝ロワイヤンのようなこぢんまりした村とは異なり、大きな都市だったモンテリマールは、たしかに叛乱の最初期に町の協力者から物資面での支持を与えられた。そしてこうした新しい《モンテリマール的》展開と軌を一にして、一五七八年八月、それまで年代記作者たちが用いていた唯一の用語「コミューン（commune）」（たとえばポン＝タン＝ロワイヤンの場合）のほかに、いよいよ《同盟》という言葉が登場する。

この「同盟」（ligue）という語は、すでに当時の政治的・宗教的語彙の中に存在していたが、一五七六―七七年の段階では、それはまだフランス北部の広範な「カトリック連合」ないし「カトリック同盟」に、換言すれば、教皇主義のパリと王国南部の諸地方に関わっていただけだった。さらにいえば、やがて一五七九―八〇年にドーフィネ地方で広く使われるようになる「同盟（Ligue）」と「連合（Union）」の両語は、首都の《北方主義的《ノルディスト》》語彙からの借用語で、これが口頭ないし文字によってリヨン南方にまで持ち込まれたものと思われる。

訳注3―マンドラン　一七二五頃―五五年。規律の行き届いた盗賊団の頭領。市庫や徴税人だけを襲い、民衆から義賊として人気を博したが、裏切りにあって車裂きの刑に処せられる。詳細は千葉治男『義賊マンドラン』（平凡社、一九八七年）参照。

だが、ドーフィネ地方の同盟や連合は、ちょうどパリの場合と同じように、それが各都市の職業同宗団に基づいて組織されたとしても、一五七九―八〇年頃のイル＝ド＝フランスほど宗教的ではなかった。モンテリマール地方では、時にそれらはカトリック的となった。ロマン周辺では、構成員がカトリック教徒であったにもかかわらず、《親プロテスタント》的だった。これらの組織は、宗教的な観念を支持するためというよりは、はるかに平凡な意味で農村的であり、都市的でもあった「結社の」、そして革命の利益を守るためのものだった。もっとも、それはギーズ公爵家とパリとの真の教皇主義連合だった、《巨大な猟犬》ともいうべき大規模なカトリック同盟が、一五八〇年代にドーフィネの地にその影を広めにやってくる日までのことだった。[4] だが、これは別の話に属する……。

ドーフィネ地方初の同盟運動は一五七八年の夏に始まるが、その最初の動機は、略奪者たちに対する恐怖と、もう一つの略奪ともいうべき税に対する恐怖だった。すなわち、一五七八年八月には、民衆のそうした感情と、とりわけすでに感じ取れるようになっていた組織化の徴候とが、モンテリマールで明確なものとなったのである。そんな中にあって、夏期の徴税は反税同盟を刺激した、というよりむしろその存在を明らかにした。この同盟の指導者はフォール、別名バルルティエ。おそらく彼は下層階級に属する人物だった。

反税運動の伝統、より一般的に言えば、国家による徴税に対する闘争の伝統は、ドーフィネ地方ではそれからさらに四世紀にもわたって生き続けた。たとえば前述した十八世紀の義賊マンドランは、煙草の徴税請負制や税関などに対して、二十世紀のカフェ店主ジェラール・ニクーは《会計監査官》に対してそれぞれ立ち上がっているのだ……。[5] ここモンテリマールでは、一五七八年に、グルノーブルの会計法院[6]に対し、役人たちの給料用に三万六〇〇〇リーヴルを拠出することを急遽認めた、ドーフィネ地方の他都市の決定に不満が集まった(3)。

一五七八年七月から八月にかけて全国三部会によって公表された、一戸あたり四（六？）エキュの課税という新しい徴税案が登場したのは、まさにこうした混乱期であった。たしかにこの徴税案は、それ自体何らおぞましいものではなかった。課税額も法外ではなかった。だが、いかにも時期が悪すぎた（そして以後の《徴税》ははるかに重く、よりいっそうひどくなる）。同地域の農産物は、隣国における教会十分の一税の水準から判断するかぎり(4)、きわめて低い生産高にとどまった。まさに危機的状況（！）にあったのだ。こうして新しい徴税策は、フォール＝バルルティエによって結成されたばかりの《同盟》の抵抗を受ける。この結社が実際には（ロマンやパリの「同盟」とまったく同様に）同宗団の手工業者のみならず、より一般的には平民たちから人材を集めていたからである。

一五七八年夏の徴税を担当した「収税官《エクザクトゥール》」ヴィダル・ボームは、モンテリマールの市参事会に対し、「ジャン・バルルティエによって結成された同盟にならって、一銭たりと払おうとしない市民が何人もいる」と断言している(5)。バルルティエにしても、しかし当座のところ望んでいたものをすべて手に入れたわけではなかった。そこで彼は、正当かつ法的な手続きにのっとって、問題をグルノーブ

訳注4――ギーズ公爵家は十六世紀のカトリック勢力を代表した大貴族。とくにサン＝バルテルミの祝日におけるユグノー教徒虐殺の首謀者アンリは、新旧キリスト教の宗教対決に終止符を打つはずだった、一五七六年の「ボーリュー王令」に反対し、同年、最初のカトリック同盟を旗揚げ、さらに一五八四年には、プロテスタントのアンリ・ド・ナヴァールが王座につくのをよしとせず、新たなカトリック同盟を組織している。

訳注5――一九六〇年代におけるニクーの運動は、プジャードのそれ（第6章参照）と同様、小売店主たちの反税闘争を全国的規模で展開したもので、やがてその運動家たちは左派過激派に吸収されていった。

訳注6――この最高諸院は、パリやグルノーブルのほか、エクス、モンペリエ、ナンシーなど計一二都市に置かれていた。

ルの高等法院に訴える（これらの手続きはつねに民衆運動の側面を示しているが、別のより特徴的な側面には、場合によっては、不当な暴力をも辞さないという、大胆かつ集団的な戦略転換もみてとれる）。そしてフォール＝バルルティエは、高等法院のお偉方たちの前で、その吟味が未処理となっていた市の参事会会計について、今日われわれが《精査《エプリュシャジュ》》と呼ぶ監査を行うよう求めている。この点に関して、グルノーブルの高等法院は多少なりと譲歩した。決算書を提示するという原則を了承したからである。高等法院はまた、夏期の賦課額の半分だけを徴収することを認めてもいる。

こうしてフォール＝バルルティエはある程度の成果をあげることができた。では、モンテリマールの弱小手工業者たちの要求は、それから少しのちにロマンの仲間たちのうちにみられるようになる要求と、はたしてどの程度似通っていたのだろうか。たとえば、いずれの場合も《給金の増額》に関する要求はない。当時の文化的なつながりにおいて、おそらくそれはほとんど無意味な要求だったからである。ただし、少なくとも一部の職人や日雇い労働者たちは、乏しい給金に不満を抱いていた。

より重要だったのは、地域を支配していた高官たちに異議申し立てを行うことだった。そのため、彼らは税の一部、あるいは（幻想に身を置いて）全額の支払いすら拒否した。また、それまでモンテリマールを手中に収めていた、都市《エリート》ないし《マフィア》による市政を検討し直した。彼らも《マフィア的エリート》たちは、あらかじめ税によって貧民たちからだまし取っていた市の財政を操作しながら、《私腹を肥やして》きたとして、正当ないし誤って告発されていた。ちなみに、同様の現実的もしくは煽動的な話は、翌年にはロマン市民たちのよく知るところとなる。

モンテリマール住民は、当時からけっして孤立などしていなかった。一五七八年一〇月、モンテリマールを取り巻くローヌ河谷の村々では、民衆の感情がさまざまな古文書に記されるようになるほど強力かつ組織的なものとなった。民衆に間もなく武器を取るに至らせるこうした自覚の出発点は、同年八月初旬以来、これらのブドウ生産地にとどまっていた盗賊＝兵たちによる土地荒らしや掠奪、誘拐、貧民の娘に対する凌辱などにあった。同年一〇月、選挙民から正式に選ばれた関係教区の参事たちは、互いに村から村へと書簡を交わし合い、《分節化した》（位階的ではなく、水平的な）組織ないしネットワークを作った。さらに彼らは、自分たちの娘や収穫や羊を守ることにかけては慣れていた出身地の農民たちを、ささやかな軍隊にまとめ上げた。いわばそれは、軍事的無頼漢に道理を弁えさせるようなものだった(6)。

たとえば小村ドンゼールの《参事会》はこの「連合」に加わり、一五七八年一〇月、善意の人々に報いることを決めた。いずれこれらの人々は、農民軍の兵士として活動するようになるだろう。ただ、ここドンゼールでは、プロテスタントの指導者モンブラン〔7〕の脅威がなおも生々しく人々の記憶に残っていた。モンブランは土地のカトリック系参事たちにこう書き送っているからだ。「もし貴職らがユグノー教徒に税金を払わないなら、わたしは貴職らの住民と家畜とを虐殺し、すべての家や納屋を焼き払う」。

ドンゼールの住民たちは、バ＝ドーフィネ地方〔低地ドーフィネ地方〕で一般化していた同種の脅迫に、いずれ力で対抗しようとした(7)。ともあれ、読む者に反撥を抱かせるモンブランの文章を読めば、当然の結果として、なぜカトリック的幻想がこの地域で暴力を振るったかが理解できる。そしてこう

訳注7―モンブラン　シャルル・デュ・ピュイ・モンブラン。フィネ地方におけるユグノー教徒の指導者となるが、やがて捕一五三〇頃―一五七五年。プロテスタントに改宗して、ドーらえられて斬首刑にあう。

した暴力行為こそが、モンテリマールの指導者ジャック・コラをして、一五七八年には民衆的な反ユグノー運動の長に、一五九〇年には超教皇主義的同盟参加者に仕立て上げていくのであった。

それ以来、モンテリマール地域における村落連合の民主的・分節的組織は、フォール＝バルルティエが一五七八年八月に組織した都市同盟とともに、土着的な結びつきを準備できるようになる。と同時に、この連帯は《より高度なレベルでの》（陳腐な物言いだが、ここではそれが適切である）闘いを展開していく。モンテリマール以外の大きな都市は、内部的な裂け目がないわけではなかったが、市政府としていずれ《運動に巻き込まれ》ていく。つまり、モンテリマールを皮切りに、闘いは北へと向かい、ヴァランスやグルノーブル、そしてとくにロマンへと波及していったのだ[8]……。

一五七八年一一月一日、「市会《コンセイユ・ジェネラル》」（最大限に拡大された市政機関）がモンテリマールの市庁舎で開かれる。この市民総会は数多くの市民に開かれ、少数だが活発な下層階級の代表をも迎え入れた。事実、調書は、フォール＝バルルティエによって率いられた都市同盟の参加者八〇人が市会に出席したと記している。同様のことは、三カ月後にロマンでもみられたが、その結果は異なっていた。

市会の議事日程では、すでにして組織され、武装・戦闘集団化していた村落「連合」の代表団の協力が求められた。コストなる人物が指揮する代表団は、一五七七年に公布されながら、なおもドーフィネ地方で実施されていなかった「和平」[8]の王令を後ろ楯とし、カトリック、プロテスタント双方の兵や賊徒が、そして局地的にはユグノー教徒たちが働いていた、盗みや強奪を初めとするさまざまな横暴を非難した。

コストはまた、「連合」の仲間たちが、地方総督補佐官のモジロンのもとに罪人を送ったとも明言している。これら仲間たちは、あらゆる泥棒や追剝が「正義の士《メッシュー・ド・ラ・ジュスティス》（司直）」の手に委ねられるよう望んでいたからである。彼らはまた、自分たち自身を《進んで》「高等法院のお偉方」の権威のもとに置いたともいう。コストが付言しているところによれば、モジロンは彼らの請願を認め、《それについて、他市と連絡を取る》と回答している。こうして都市間の接触が軌道に乗るようになる。ロマンとヴァランスとクレストは、すでに運動に加わることを約束していた。コストとその仲間たちは、今度はモンテリマールの当局者たちが運動に再び参加するよう求めた。フォール＝バルルティエ一党の支持と名望家コラの援助のお蔭で、彼の要求は認められた。これ以後、モンテリマールは「連合」の受け皿となる。

少なくとも表面的には、これは依然として慎重な運動にとどまっていた。そこで活用された、あるいは単に想起されただけなのは、地方と王国の「正規の」制度ないし機関のネットワークだった。たとえば、和平の王令や地方総督補佐官モジロン、高等法院、組織化された《裁判》、農村共同体、都市のネットワーク（ドーフィネ地方の主要《一〇都市》は、かなり以前から正式に承認された決定機関を設けていた）……などである。同様に、ヴィエンヌ一帯では、バイイ裁判所管轄区の住民総会が《ことに当たった》……。

運動はまさにそこから二つに分岐していった。一方は北上し（ヴァランスとヴァロワール地域）、実質的に破壊的な、革命的なものとなっていく。それはカトリック系の、だが不満を抱く農民や市民たちに支えられた、ロマンおよびその周辺の行動と関わるようになる。彼らは教皇主義の名士たちと

訳注8──「和平」の王令　アンリ三世によるポワティエ王令。前年に出されたボーリュー王令よりプロテスタントの信仰の自由をさらに制限した。

対決すべく、ユグノー教徒たちとの危険な同盟をためらうことなく模索した。また、領主に対するあらゆる略奪のみならず、名士たちに対しても、熱に浮かされたようにいろいろ脅迫を繰り返した。

運動のもう一方の流れは、モンテリマールとその周辺から出立したもので、北上した流れとは反対に、明らかに反ユグノー的な性格を帯びていった。教皇主義的ですぐれてモンテリマール的なこの流れは、おそらく宗教意識と結びついていた。ドーフィネ地方最南部の人々が抱いていたこの意識は、なおも伝統的なものであり、教条主義的なものだったからである。

こうした傾向には、《経済の現状》もまた決定的な役割を果たしている。ロマンや（同盟運動の《北部》セクターに属する）ヴァロワールでは、住民たちの共同体にとっての最大の脅威は、カトリックの傭兵たちだった。反対に、モンテリマールや周辺農村では、前述したレディギエール率いるユグノーの傭兵たちが、大きな危険の種となっていた。なにしろ彼らは、東部にあってローヌ河谷のこの一帯を見下ろす山地はもとより、ガプやディ、バロニといったアルプス南部地域で盛んに活動していたからである。ロマンの急進主義はそこに由来する。つまり、ロマンの住民たちは、ユグノー教徒と「ともに」地元出身のカトリック系名士たちと闘ったのだ。

一方、そこからはまたモンテリマールの穏健主義も出ている。すなわち、ドーフィネ最南部に位置する同市の有力者たちは、ユグノー教徒に「反対」しながらも、農民ないし市民たちの同盟を指導し、彼らを宥める役を二つ返事で引き受けているのだ。してみれば、警告や注意は南部から発し、北部へと向けられたことになる。たとえば前述したドンゼールの村当局は、一五七八年一〇月より、「モンテリマール」の「連合」運動に加わっており、一五七九年二月、とくに一五八〇年四月には、ロマン地域の反領主主義者や親プロテスタントたちと距離を置くようになっている(9)。同村には反ユグノー的となるしかるべき理由があった。というのも、この村は地元生まれの若いプロテスタントたちを警戒していたからである。「第三身分と貴族の間で揺れ動く民衆の感情」を懸念し、「ユグノーたちと結託した第三身分による行き過ぎや略奪、虐殺」に怯えていたからでもある。これらの文章は、一五七八年から七九年にかけて、ドーフィネの民衆運動に二つの流れが、つまり北と南の、親ユグノー派と親教皇派の対立があったことをつとに物語っている。

モンテリマールでは、大胆な、そしてしかるべき地位にあるカトリック教徒なら勝負ができた。たとえば、当時三〇代だったジャック・コラは、訪れた好機を逃がさず捕まえている。彼は、モンテリマールで十五世紀には靴屋を、十六世紀には皮なめし業を営んでいた一族の出である[10]。一族はやがてゆっくりと、だが確実に社会的な上昇を成し、われらの英雄が誕生する以前に、露店の商いから参事や書記を生むまでになっていた。

ジャックの父親クロード・コラは弁護士だった。ジャック自身は、まず一五七二年頃にヴァランス大学で学び、この大学で「若者王」ないし「学長[9]」の役をつとめた。いうところの《王》とは、自然な共同体意識が支配する地元出身の《学生たち》から選ばれていた。この点で、彼はわれわれがしば

訳注9―学長　中世のフランスでは各都市に既成の社団を真似たパロディックな若者結社が組織され、それぞれ長をいただいていた。これもその一つ。第7章参照。

しば適用するようになる原則、すなわち、一五七九年から八〇年にかけて、ドーフィネ地方各地でさまざまな叛乱を引き起こした《原動力》が、若者結社や民俗集団、さらにそれらの指導者たちの周辺に求められるという原則を示しているのだ。

一方で、コラは粗暴な人間であり、犯罪と流血沙汰を好む指導者でもあった。それは、彼がこの混乱の時期に大量の血を流したことからも分かる。生粋の教皇主義者でありながら、まったくのすれっからしだった。一五七九年に皇太后カトリーヌ・ド・メディシスをして、「傲岸で狂っている」と激怒させたこの雄弁家は、学生時代、大学仲間の一人を殺し、殺人容疑で獄舎につながれてもいた。だが、地元の強力な友人たちのおかげで釈放されたジャック・コラは、少なくとも三〇歳になっていた一五七五年、父親の援助を受けてモンテリマールの「セネシャル裁判所所長代理《ヴィゼネシャル》」となる。たまたま前任者が死去して、ポストが空いていたからである。彼は官職を買った。このポストは、司法当局の管轄地と職務を担い、パイプ役として機能するものであり、地方全体を統治するグルノーブルと中央の権力を、モンテリマール地域の市町村の地方共同体とに結びつけるものでもあった。

一五七六年、コラはブロワで開かれた全国三部会で、ドーフィネの第三身分代表の一人となっている。彼はそこでド・ブールと定期的に会った。そんな彼の立場は、パリ出身のヴェルソリを典型とする徹底抗戦派と敵対する穏健派だった。狂信的なカトリック同盟のメンバーだった（一五年後に、コラがそうなったように）ヴェルソリは、プロテスタントとの闘いを鼓吹するべく、国王に「肉体と魂と胃と腸」を与えようとした(11)。三部会の審議はもつれた。その間、コラは個人的にヴェルソリに反対した。そして、これが原因となって、やがて彼はバ＝ドーフィネ地方に戻ることになる。

モンテリマール一帯では、一五七八年の《事件》（農民や一般民衆による「同盟」ないし「連合」

の創設）がなおも存続していた。当初のうち、コラ家はおそらく態度を決めかねていた。地方体制の大黒柱コラ家の父子、クロードとジャックは、一五七八年八月の段階では、平民フォール＝バルルティエが彼らの郷里で結成した組織について、よい印象を抱いてはいなかった。だが、一五七八年一〇月、彼らはついに一歩踏み出す。立場を変えて、フォール＝バルルティエの同盟に接近し、モンテリマールの町を反盗賊の「連合」陣営に加えるのだ。「わたしは彼らである。ゆえにわたしは彼らの指導者である（！）」。

まさにそれは、世間をあっと驚かせる行動だった。ジャック・コラは地方権力を託されたセネシャル裁判所所長代理という高い地位に物を言わせた。彼は正式に、モンテリマール地域で自分抜きで創設された「連合」運動の指導者となった。あるいはそこにカトリック的な動機があったのだろうか。ともあれ、地域的にユグノー教徒だった貴族＝盗賊との関係を断ち切るという展望は、おそらくこの熱心な教皇主義者にとって不快なことではなかったはずだ（だが、彼はまだ狂信的なカトリック同盟のメンバーではなかった。彼がそうなったのは、成熟の年齢に入ってからである）。

こうしてジャック・コラの役割は、少しずつ変化ないし進化していった。一五七七年から翌年五月まで、彼は、公布されたばかりの、だがドーフィネ地方ではほとんど遵守されていなかった和平王令の番人にすぎなかった[12]。つまり、セネシャル裁判所所長代理という公式の職務のために、彼は仲裁者の役割を演じなければならなかったのだ。好意的にいえば、そこでの彼は平和の守り手として立ち現れており、青年時代に、そして後年に再び名状されたような「煽動者」としてではなかった。だが、一五七八年八月当時、コラはユグノー教徒たちになかば支えられていた盗賊ラロシュの横行に不安を抱いていた。このラロシュという人物は、ルサの城砦に立てこもり、その周辺で勝手気ままに略奪を繰り広げていたのだ。

ロマンの騒乱が拡大した一五七九年二月、コラはラロシュに対する「コミューン（村落連合）」の軍事行動を巧みに技術的に組織した。すなわち、二月二四日、彼は一二〇〇人の連合軍の先頭に立ってルサ城を包囲したのだ。特筆すべきことに、三〇人あまりの貴族たちが加わって強化されたにもかかわらず、盗賊たちは勝利をコラに譲って四日後に逃走しなければならなかった。こうしてコラは、反ユグノー、反貴族、反盗賊の聖人となった[13]。

この「連合」の新しい指導者は、一五七八年から七九年にかけての冬に、盗賊たちの二つの城砦、ルサ城とシャトードゥーブル城（本書第3章参照）を陥落させる。それまで盗賊たちの守備隊は、ユグノー教徒たちのなかば積極的な加担を得て、苦しまぎれに農村を荒し回っていた。コラのこの二つの勝利は、彼を飛び抜けて偉大な指導者に仕立て上げた。政治家であり、軍事行動の指導者としての彼は、敵軍の領主たちに対して、地元民衆のエネルギーを一体化した。民衆はただそれだけを彼に求めたが、ルサ城の奪取は、二週間後のシャトードゥーブル城奪取のモデルとなった。

コラが掌握した地区では、農民たちは治安の悪さと闘い、その力は、領主たちとの戦闘においても何ら、もしくは（より北部での場合と同様に）さほど《衰える》ことがなかった。モンテリマール・コミューンの分節化した組織は、まず一五七八年一〇月に平等化要求運動のネットワークとして機能していた。だが、一一月にひとたびコラの監督下に入ると、この組織は階層化する。それは、新しい指導者からの最大の刺激を受けて、中央集権化した行動システムに、つまり、長がその頂点に立つピラミッド状のヒエラルキーとなったのである。

コラはまた、バ＝ドーフィネの一カ所以上の小村から支持を得ていた。たとえばコンタ近郊のピエールラットである。それまで同村は、あまりにも頻繁に盗賊たちの企てに手を貸していた。盗賊たちはそこで食糧を補給し、上納金と引き換えに住民たちを保護していたのだ。ピエールラットには、盗賊ラロシュの協力者が何人もいた。そのため、地方総督補佐官モジロンは、一五七八年八月八日の書簡の中で、略奪の寛大な協力者である村人たちを威嚇しなければならなかった。

そうこうするうちに、やがて状況が悪化する。ピエールラットがラロシュのあまりにも高圧的な要求に反対するようになったのだ。そして、無頼漢の密使が村人たちから棒で叩き出されもした。その仕返しに、かつての庇護者ラロシュは、村の家を何軒か焼き払う。彼はこの焼き打ちに際して、新しい要求のために、参事たちに脅迫状を出している（一五七九年二月二二日）。

これを好機として、コラはピエールラットの村人たちに対し、彼らを恐怖で怯えさせていた盗賊と対決するための助力を申し出る。ラロシュと闘うべく、コラはピエールラットにこう書き送っている。「小職の手元にあるものはすべて提供します。生命すらも心からあなた方のために用いる所存です」。ルサの奪取は、ついにはピエールラットの住民たちをコラに心服させるまでになる。事実、これ以後、彼らは混乱の仕掛け人たちと闘うため、積極的にコラに義勇兵を差し出すようになった(14)。

一五七九年四月から翌年初頭まで、コラはなおもセネシャル裁判所所長代理という公式の身分と、モンテリマールの同盟指導者という非公式の資格とを使い続ける。自らに託された二重の権力に基づいて、彼は周囲の村々に伝令を用いて回状を送る。それは、各村が兵を何人か動員すること、盗賊たちを監視すること、しかじかの郡庁所在地でコミューンの代表者総会を催すことなどを求めるものだった。こうした彼の行動は、たしかに合法的ではあったが、《貴族《ジャン・ア・パルティキュル》》のみならず、地方や王国の最高権威者たちの不興を買った。たとえばモンテリマールでコラと会ったばかりのカトリーヌ・ド・メディシスは、一五七九年七月一八日の書簡の中で、「同盟の主な指導者の一人」としての彼のことを、何がしかの悪意をもって次のように書いている。「貴族の殿方が時に大変な嫉妬を抱かれている相手とは、じつは尊大で狂った精神の持ち主なのです(15)」。

だが、コラはどちらかと言えば慎みをもった人物だった。にもかかわらず、第三身分の頭領とみなされていた彼は、貴族たちと多少とも刺々《とげとげ》しさを含んだ関係を保っていた。親ブルジョワジー的な彼の態度は革命的なものではなかった。それでも、聖職者と貴族階級に対するその態度には、ある頑さが染み込んでいた。

たとえば、一五七九年五月の作成になる重要かつ威厳を備えた《行動方針書》で、コラは、兵士の維持に用いられる国王ないしカトリック、あるいはプロテスタントによる徴税の根本を、ほかならぬ第三身分が支えてきたことを喚起している。第三身分はこうして貴族たち以上に、まさに際限なく自らを犠牲にしなければならなかった。してみれば、彼らが武器をとるには、とるだけの十分な理由がある。それは、「(第三身分が)国王にその忠実な臣下として尽くすため」だというのである(16)。武器をとるというこのアピールの煽動的な側面は、コラの修辞的な言辞の中では、平和主義と王政主義の必要性によって隠されていた(はたしてフランス国王は、自らの名のもとに引き起こされたこれらの叛乱を認めたのか、疑問なしとしない)。

大事を成す者、小事をも成すの譬え通り、武装蜂起の権利は、必然的結果《イプソ・ファクト》として、平民階級が自立的かつ自主的に結びつく権利をもつという考えをコラにもたらした。一五七九年五月の前記行動方針書の中で、コラはまた重大なことに気づいたと明言している。すなわち、ヴァロワール一帯の農民一揆のため、貴族たちは第三身分(とコラ自身)に不信感を抱くようになったと書き記しているのだ

（ちなみに、前述したように、それから二カ月後の一五七九年七月にカトリーヌ・ド・メディシスがコラに対する貴族たちの「嫉妬」について語った言葉を想起されたい）。

だが、このモンテリマールのセネシャル裁判所所長代理によれば、貴族たちが抱いたこうした不信感に対する第三身分の対策は、平身低頭して屈伏することではなかったという。自分たち固有の優越性をより確かなものとするべく、コラは、他の二身分を「共同戦線」へと誘った一七八九年〔フランス革命〕の第三身分のように――もとより彼は、二世紀後に起きる状況（！）を予知してはいなかった――、「第三身分がヴァランスとロマン、クレスト、モンテリマールの四都市[17]で、各市町村の全参事を招集して総会を開くため、すべての有徳家を探すよう」望んだ。

この計画は、したがって反体制派の三都市（ヴァランス、ロマン、モンテリマール）のブルジョワ・エリートたちに主導権を与えるものであり、さらに、これら都市のエリート主義者たちの庇護を得て、各村の指導者や農村の小名士たち（《参事たち》）を大同団結させることを目的としていた。都市や農村における第三身分の結びつきは、こうして完全な形で日の目をみる。まず、第三身分は自ら入念に選り分けた貴族や聖職者たちの代表何人かと接触する。そして、これらの代表者たちに上位二特権階級の仲間を呼び集めるよう求める。代表者たちは治安を回復・維持する方法を巡って、ブルジョワジーたちと討議する。こうした計画はなるほど控えめなものではあったが、それは平民たちの活動を全面に押し出すこととなった。

コラの企ては、一五七九年のドーフィネ地方で、いくつかの好条件さえ揃えば、能吏で決然とした兵士＝政治家に何ができるかを示している。自らに託された正規の裁判権の枠内で、コラは彼を支えてくれる都市の支配者層を越えて、都市部と農村部の民衆の支持をあてにすることができた。民衆が少数派でありながら、コラの指示のもとに立ち上がろうとするかぎりにおいて、である。こうしてコラは、第三身分の計画を思い切って展開した。それは他の二身分と交渉するためだったが、これら特権者たちはしぶしぶ彼の計画を認めざるをえなかった。

どちらかといえば、コラはまさにこのことによって、いずれより北部（ロマン）で生じるようになる特殊で多様な諸問題を、一層よく理解できるようになった。たとえばロマンでは、町のブルジョワたちと手工業者たちの関係がしっくりいかず、モンテリマールのように共同戦線を張れるどころか、対立が暴力沙汰にまで発展していた。ロマンと周辺部における叛乱の平民指導者だったポーミエの戦略は、それゆえコラの戦略とかなり異なっていた。

すべてが終わったあと、ポーミエは公職の資格を一切失っている。つまり彼は、コラの額を頭光のように明るく飾っていた正当な権威を欠いていたのだ。両者の違いはその末路にもみられた。一五八〇年以後、〔殺された〕ポーミエのことはもはや問題とならなくなる。これに対し、コラは才覚を発揮して、モンテリマール一帯での自分自身と同盟の仲間たちの窮地を巧みに脱していた。コラはまた、国王や高等法院の抑圧が彼らに及ぶのを防いでもいる。さらに、モンテリマールの町で年に二度以上大市が開けるようにしてさえいるのである。

だが、権力と幸運とに恵まれたコラは、やがてフランス北西部のマイエンヌやギーズ公爵家、あるいは強力な同盟の軍需と結びつくようになる。彼にとって、巨大な同盟の魅力にはまさに抗い難いものがあった。その一方で、彼は平民としての枠を越え、家系の社会的上昇に突き動かされるようにして、自分自身と子孫たちのために貴族の称号を得る。サン＝ゴバン領主（！）になったのだ。そして、カトリックの過激主義へと立場を転じながら、彼は大文字のLを伴う「同盟（Ligue）」、すなわち全国超教皇主義党《パルティ・ナショナル・ウルトラ＝パピィスト》〔10〕のなかで行動するようになる。

この過激キリスト教的な集合体の民主的な装いは、群衆を操作するコラにとっても決して不快なものではなかった。だが、そんな彼でも、最期は悲運だった。貴族に叙され、さらに華麗かつ優雅に再婚の式を挙げたまではよかったが、一六〇〇年、ついに戦場で落命してしまうのである。同盟の偉大な指導者として、フランス北部ピカルディ地方ラ・フェールの元地方総督として、アンリ四世の執拗な敵として、さらにスペイン国王の麾下に入った敵として、である。

コラの経歴には興味深いものがある。第三身分の指導者だったが、農民革命に典型的なもっとも極端な分子と敵対し、ほとんど陣営を変えることがなかった。だが、最終的に、左から右に、低から高に一種の転向を行い、かつて自らが若い指導者だった頃に反対した貴族の地位に身を置くようになった（ただし、一五九〇年代には、カトリック過激派の貴族たちが、やはり超教皇主義だったパリの第三身分と手を握っていたのも事実である）。

ちなみに、それとはまったく異なる流れのなかで、二十世紀の労働運動の歴史は、コラの場合と同じないし似通った足跡を辿ってきた。それは、内部に独自の論理を、すなわち民主的な、次いで煽動的な論理を帯びてはいても、後戻りないし逆転していると思えるほどの軌跡であった。こうした軌跡を辿った人物としては、たとえばジャック・ドリオ〔11〕やギュスタヴ・エルヴェ〔12〕、マルセル・デァ〔13〕たちがいる(18)。

十六世紀に戻ろう。ドーフィネ地方の革命状況において、コラ事件は地方の次元で司法が自己分裂

訳注10—全国超教皇主義党《パルティ・ナショナル・ウルトラ＝パピィスト》　通称「カトリック（旧教）同盟」。　訳注11—ジャック・ドリオ　一八九八—一九四五年。共産党を

していることをつとに物語っている。ド・ブールやコラのように、民衆運動に好意的だった都市や地域の司法官がいる一方で、ゲラン（ロマンの裁判官）やグルノーブルの高等法院は、叛乱鎮圧に進んで乗り出していた。だが、第三の身分（そこから社会的に正義が出てくる《第三身分》と第二の身分（数多くの法律家たちが、新たな貴族叙任によって最後に加わるようになる貴族階級）とから引っ張られるというのは、まさに第四の身分（司法）だけの問題ではなかった。

モンテリマールや、わけてもサン＝バルテルミの祝日の大虐殺〔第1章訳注27参照〕とは無縁であり（ロマンとは異なり）、手工業者たちの役割もさほど重要ではなかったヴィエンヌの特殊事情は、明らかに司法官を含むこの町のブルジョワジーが、貴族より第三身分の方に親近感を覚えていた、ということを示している。反対に、ロマンでは、土地の《エリート》が、サン＝バルテルミの祝日にユグノー教徒の平民を相手にその手を血で真っ赤に染めているのだ。それゆえこのエリートたちは、地元の手工業者たちとは最悪の関係となっており、必然的にカトリックの最過激派へ、そして一七九二年から九三年にかけて貴族政治《アリストクラシー》と呼ばれるものへと傾いていったのである。

除名されたのち、「フランス人民党」（P.P.F.）を創設し、第二次世界大戦中にはナチスに協力した。

訳注12―ギュスタヴ・エルヴェ　一八七一―一九四四年。ブルターニュ出身のジャーナリスト。革命的活動によって一度ならず投獄されたが、その主張を訴えるため、「社会戦争（La guerre sociale）」紙を、次いで「勝利（La Victoire）」紙を創刊・主幹する。だが、第一次大戦後から国家主義へと転向する。

訳注13―マルセル・デァ　一八九四―一九五五年。「フランス社会党」（P.S.F.）創設者。対独協力者としてヴィシー政権に加わり、解放後、イタリアに亡命する。

一五八〇年二月のロマンにおけるカルナヴァル事件の悲劇は、一五七九年二月三日の聖ブレーズの祝日に始まる。この日、ロマンの羅紗工をはじめとする職人たちは、武装行進やすぐれて民衆的な慣行である「レナージュ」を行い、その「国王」に親方羅紗職人で、火縄銃の名手でもあったカリスマ的なジャン・セルヴ、通称ポーミエを選んでいる。こうしてポーミエは、ゲランに代表されるロマンのエリート層に対する戦いを指導するようになる。それは、不公平な徴税システムと貧富の差によって増幅させられた、根深い不信や憎悪に基づく戦いであり、ポーミエ率いる同盟派を「叛徒」に仕立て上げる戦いでもあった。そしてこの叛徒の群れにロマン近郊の農民たちも加わり、ヴィエンヌを初めとする周辺地域と同様の錯綜したアノミー劇が、ゲラン＝モジロン／ポーミエという突出した役者を前面に押し出す形で演じられるようになる。

第5章 一五七九年：セルヴ＝ポーミエの最初のカルナヴァル

これから紹介するさまざまな混乱は、いずれもロマン一帯で実際に起きたものである。

いったいに、ロマン地方の農民たちは天変地異や戦争だけを心配していたわけではなかった。たとえば二年前から、必ずしもすべてが象徴的というのではないが、いくつかの奇怪な前兆が人々を不安がらせていた。まず、新月の一五七七年一一月八日、一個の彗星が月のあとに「星のように」現れている。「この流星は、一トワズ[1]ほどの長さで、その明るさは朝日にも負けなかった」（P56）。

この変事は一カ月続き、彗星の光はやがて次第にその強さを弱めていった。だが、凶兆とみなされた出来事に、リヨンの住民までも不安を覚えた。フランソワ・ジャンクタンなる人物は、これを千載一遇の機会とばかり、リヨンの印刷所から一六頁の冊子（in-8°）を出版している。題して、『一五七七年の今月一一月一二日に現れ、今日もなおリヨンやその他の地で見られる彗星に起因する脅威について』。

だが、現実はより深刻だった。一五七七年から七八年の冬、ロマンは大量の降雪に見舞われ、それが完全に溶けるには、一五七八年四月まで待たなければならないほどであった。クルミの木やブドウは凍結してしまった。この致死的な寒さは、明らかにクルミ油の生産量を減少させ、次のブドウの収穫量に一抹の不安を（誤って）抱かせた。さらに、これら異常現象のすべてがきたるべき不幸の予兆だと解されるようになる。「これは、民衆の叛乱や戦争、飢饉、ペストおよびその他の疫病などのさまざまな災厄を、われわれに予知させるための警告なり前兆であり、神はそれらを通して人々を訪れ、慈悲を授けて下さった」。

次の夏、好奇心に溢れた者たちは、なおも不安な兆候に気づく。すなわち、一五七八年八月、セイヨウミザクラやプラム、リンゴ、クルミなどの木の葉に、蛇の形をした模様がいくつも現れたのである。人々は新たな予兆の出現に、ただもう呆然とするばかりだった。「何人もが言っていた。卵や鯡のなかに、小さな蛇がいたと」（P62）。これによって多くの消費者が鯡と卵をボイコットするようになった……。

しかし、一五七八年の農作は、悲惨とは程遠いものだった。冬は寒く、夏は乾いて暑く……。こうした天候は小麦の成育によく、ワインにとっても好ましかった。少なくとも、その芽が四月の霜害を生き延びた将来のブドウにとってはそうであった。事実、この年、悲観主義者たちの予測に反して、穀物の収穫はかなりの量にのぼった。ワインの生産も同様だった。味がよいのに、さほど高くはない。「ワインの値段は壺あたり一スー、小麦は一スティエ[2]あたり六フローリン足らずである」。ただ、果物は、「旱魃による虫害のせいで」不満な出来に終わった。

しかし、年間を通じての上々の天候によってもたらされた好条件のもとで、ただ生産すればよい、というわけにはいかなかった。売らなければならなかったのである。まさにそこが難点だった。一方、

訳注1──トワズ　昔の長さの単位で、一トワズは一・九四九メートル。

訳注2──スティエ　穀粒用の容積単位で、一スティエはパリでは約一五六リットル。

一五七七年九月にポワティエの和平王令〔前章訳注8参照〕が公布されたにもかかわらず、ロマン一帯では依然として略奪が横行してもいた。商品は襲われ、イゼール川両岸での家畜市は中断していた（P62）。通貨の流通も滞っており、一五七七年の反インフレ策も講じたポワティエ王令は、エキュ金貨の価値をきっぱりと三トゥール・リーヴルないし六〇スーに固定した[3]。時あたかも、スペイン人が新大陸の鉱山で採掘したメキシコ産の銀が到着したが、平和という条件下であるなら、おそらくそれは経済活動を刺激したことだろう。だが、一帯を打ちのめしていた一連の混乱事を前にしては、通貨令にしてもメキシコ銀にしても、望ましい効果を十全に感じさせるまでにはいたらなかった。

そんなさなかにあって、民衆同盟の運動は、ロマン一帯にかなり熱心な支持を求めなければならなかった。これらの支持は、日頃くすぶっていた不満に起因していたはずだが、地域的にこの運動はマルサ村のクレリュー男爵領で始まっている。農村的な同教区には、一部にユグノー教徒たちが生活しており、プロテスタントに対する抑圧に苦しんでいた。それは、ロマンの裁判所の命による抑圧であり、同裁判所は、国王の名において農村部をも支配していた。

血は血を呼ぶ。マルサのプロテスタントたちは、先の〔宗教〕戦争の際に、ロマン裁判所の判決に基づいて処刑されていた。村に生き残ったその親族たちは、報復とばかりに焼き打ちを行った。彼らはロマンの高官たちにこれら遺体の償いをさせようとした。これはまさに農村における復讐の一形態であり、革命の出発点でしばしばみかけるものでもあった。

こうした行為によって、ロマン裁判所のさまざまな決定に最高責任者として関わった、裁判官アントワーヌ・ゲランは初めから非難の対象となった。このゲランなる人物は、以後ロマンのカルナヴァルが終わるまで最前線に身を置き続ける。マルサでは、ロマン北部地域の農村部全域同様に、反領主的不満が激しかったということも付け加えておこう。
叛乱を開始したマルサの周囲では、間もなく叛乱教区の凝集がはっきりとした形をとるようになる。そして、マルサやシャントメルルという集落の住民たちが参加して、第一回目の総会が開かれている。それは「いくつかの隣り合う村々でふしだらな生活を送っている者たちが、数多くかき集められた総会」（A30）だったという。

ゲランが用いている「ふしだらな生活を送っている者たち」という表現は、富農や《貧農》を含む農民全体を代表していないような、周辺的で過激な分子の介在を示唆する。一方、農村部のユグノー教徒が最初から暴動に巻き込まれていたという事実は、社会的疎外主義《マルジナリスム・ソシアル》を意味せず、むしろその反対だった。プロテスタントの農民たちは、十六世紀以降、一般に農民人口のなかでも裕福な層の出身であった。事実、当時の農村共同体は、その正規の機関とともに（選ばれた参事たちとともに、というべきだが、おそらくここでの彼らは、参事職を独占するため、状況を自分たちのいいように利用していた、より活発な活動家たちに取って代わられていた）、当初から農村でのこうした叛乱に加わっていた。この叛乱は、一般的な意味でも、またしばしば用いられる悪い意味でも、いわゆる荒々しい一揆《ジャクリー》とはまったく別物だった。

運動の初期において《共同体の》参加があったかどうかは、多分としか言えないが、それ以後は、確実に参加していた。たとえばゲランは、一五七九年一月に開かれた初めての集会のあと、連続して組織されるようになった農民総会に、「六里四方から大部分の村人が呼び集められた」（A30）と指

訳注3――これによって、エキュ金貨を基礎とする金本位制が成立する。

摘している。《大部分の》とは、民主主義的意味で多数を指すが、もしゲランがそう言っているなら、叛徒に対して厳しく、そして彼らを少数の煽動者たちとして紹介している彼のこと、真実を述べているはずである。たしかに事件の背景には、村落民主主義的なるものがあった。一年一カ月後のロマンのカルナヴァルが、最終的な虐殺によって終わるだろうと警告した公証人のピエモンは、この殺戮情報についてこう語っている。「ロマンの周辺に夥しい数の地域（農村）の代表が集まり、一五〇〇名ほどが武器をとって走り回った」（P89）。

その際、村落社会の正規の機関（共同体）は、ロマンの《共産主義者たち《コミュナール》》を救うため、まさにそうしたものとして過不足なく立ち現れるようになるが、これについては後述する。

当初、農民一揆は民俗的な性格を帯びていた。前述したように、最初の集まりは一五七九年一月に もたれているが（A30）、それはすでにカルナヴァルないしプレ＝カルナヴァル期間に入っていた[4]。というのも、ドーフィネ地方では、一月六日の公現祭から、やがて来る享楽[5]の兆候が、早くもあれこれ出現するようになっていたからである[1]。

前記マルサやシャントメルルを初めとする各村の総会は、「レナージュ」になぞらえて組織されている。フランコ＝プロヴァンス語で《reynage》[6]と書くそれは、フランス語の《王国》の謂である[7]。コワナールは書いている。《この民衆祭は騎乗槍試合から構成されており、槍試合の勝利者は「若者たちの王」と宣せられて、次の祭りまで若者組を指揮することになっていた[2]》。はたしてそうだろうか。ひとつ確かなのは、マルサやシャントメルルでの最初の反体制的集会が、冬の騎乗槍試合の際に開かれたということである。試合自体は兵士として出征したり、運動に興じたりする年齢の青年たちによって組織されたもので、毎年人を食ったような選挙によって、公現祭ないしカルナヴァルの王を選んでいた。カトリック教会もこうした目的に用いられるさまざまな儀式に深く関わっていた。

埒もない話だが、それでいて真剣かつ神聖な運動の制度化から軽火器の装備までは僅かな距離であり（叛乱初期の段階では、まだ大砲はなかった）、事実、その距離はすぐに乗り越えられてしまった。鉄と石炭の鉱山を伴うサン＝テティエンヌ＝アン＝フォレの兵器庫は、近くにあった。そこで鍛冶師たちは、炉の前を小悪魔よろしくせっせと動き回り、金床を叩いては、長剣や兜や弩《おおゆみ》などを作ったものだった。サン＝テティエンヌの武器商人ないし《金物商》は、じつに幸いなことに、軍需物資をロマンまで馬車や荷車で運ぶという漁夫の利を得た。郡庁所在地だったロマンの富農たちは、何ら金に困ってはいなかった。彼らは、いわば金と引換えに武装したのである。「村人たちはロマンの町への武器調達を始めるようになった。というのも、フォレの鍛冶師ないし金物屋がこの町に大量の武器を持ち込んでいたからだった」（A30）。

こうして準備されたものこそ、ほかでもない《六里四方》の農民戦争だった。舞台は、現在のフランス国土の〇・三％にあたる、一八〇平方キロメートル近くを占めていた、あるいは一〇〇あまりの村が集まっていたいくつかの地域で、ゲランによれば、そのために一万四〇〇〇の弩射手が集められたという。むろん数値は誇張がすぎるが（A34）、フランスの農民戦争はほかにも各地で勃発し、とくに十七世紀には、その数は膨大なものとなった。二十世紀にアルジェリアや中国などで際限なく拡

訳注4―ユリウス暦ではこの年の灰の水曜日は三月四日。暦上からすれば、カルナヴァル期間はその直前となる。
訳注5―カルナヴァルのこと。
訳注6―プロヴァンス語では reinage, rainatge。
訳注7―かつて一月六日の公現祭で、自分に割り当てられたケーキの中にソラマメや小さな人形が入っていた子供が、この日かぎりの王様役になる民俗があったが、もともとレナージュとは、この子供王の王国を指していた。

大した農民戦争については、ここでは触れない。

武器の購入は、軍事行動の前奏であった。最初の戦闘は、叛乱の基軸ともいうべきマルサの村で行われた。相手は正規軍の部隊だった。この正規軍は現実的かつでっち上げられた行き過ぎによって、農民たちの憎しみをかっていた。戦いは鐘と、アルプスやスイスのすぐれて民俗的な木製ラッパの合図で始められた(3)。きっかけとなったのは、ミュルの領主でアンブランの地方総督でもあったジャン・ド・ブルロン麾下の近衛軽騎兵隊が、たまたま村を通過したことだった。部隊はマルサを横断し、そここからさらにフランドル地方へと向かったが、農民たちにかなり激しく攻撃されたため、「少なからぬ兵や軍馬を失った軽騎兵隊は、アンジュー妃のジャルシュー城に落ち延びなければならなかった」(A31)。しばらくしてから、ブルロンの兵たちはリヨン地方へと退却した。

農民同盟のメンバーは、小競り合いの際、敗残兵たちから数多くの武器や馬を奪った。「そして、勝利者たちは、戦利品の分配を巡って争い、その結果、メンバー内に何らかの亀裂が生じた」。

しかし、関係はすぐ修復された。にもかかわらず、またぞろ食欲が沸いてきた《同盟参加者たち》は、同じ過ちを繰り返してしまう。今度は、とてつもなく巨大な獲物を相手にしてしまったのだ。アンリ二世の私生児として生まれ、プロヴァンスの地方総督(4)でもあったが、のちにアルトヴィティに暗殺されるようになる、フランス・マルタ騎士団の副総長の軍隊である(8)。

農民たちはその部隊を追った。部隊の指揮官ないし所有者の私生児としての、だが、国王につながる血筋など一顧だにしなかった。貴族も多数加わったこの名誉ある部隊は、追手たちに対し、あらゆる種類の誠意を示したが、いずれも徒労に終わった。また、彼らが自分たちのために買い求める商品に、値段の二倍も払うという約束さえした。しかし、これらの提案は遅きに失した。副総長の部隊は、

《農民同盟参加者たち》によって浴びせかけられた激しい憎悪と揶揄に追い立てられるように、「脇道を通って遠ざからなければならなかった」(A31)。

この時点、つまり一五七九年一月まで、少なくともロマン一帯では、状況はまだ抑制がきいていた。たしかに農村部あるいはその一部には、すでにささやかながら叛乱の狼煙が上がっていたが、いくつかの村に囲まれていたロマンの町は、なおも「国王への従属のうちに」とどまっていた。だが、ロマン地方に住む名士たち、つまり農村貴族や町の裁判官たちの間には、ある恐怖心が、ぼんやりとした形ではあれ広まっていた。当然のことながら、特権と権力とを有する彼らは、「火が燃え広がらないうちに、攪乱分子たちを見せしめの刑に処す」方がよいと考えた。だが、むろんそれはすでに手遅れだった。この種の状況下では、そうした対応はつねに後手に回るものなのだ。

一方、ユグノー教徒たちのネットワークは、彼らが少数派であるにもかかわらず、「まるで何事もないかのように装いながら」行動を開始した。すなわち、彼らはそれが必要であるかぎり、農村と都市との仲を取り持ったのである。その上、ロマンの大市や定期市には、連日とまではいかないまでも、少なくとも毎週、農民たちが家畜や穀物を商うためでかけてきた。そして、町の公共の広場や商店、安食堂では、ワインの壺を囲みながら、四方山話が始まったものだった。農民の体験談は町の不満派

訳注8―フィレンツェの名門貴族の血を引くフィリップ・ド・アルトヴィティは、一五五〇年に生まれ、父親の跡を継いで国王ガレー船の艦長となる。一五八〇年、ペスト禍のマルセイユに乗り込み、以後、プロヴァンスの情勢を国王アンリ三世に報告するようになるが、一五八六年、同地方の行政を批判した書状が途中で奪われ、本文にある地方総督のアンリに届けられる。そして、これを読んで怒った地方総督は、スイス人傭兵を従えてアルトヴィティを襲い、殺害する。本文の記述と逆だが、J. Balteau の Dictionnaire de biographie française (Letouzey, Paris, 1933) によれば、アンリもまた事件の翌日死んだという。

に伝染したが、これら不満派はまた、しばらく前からモンテリマール一帯で展開している都市暴動についても知っていた。

ロマンの事例は、こうしてまさに「農村」が都市の起爆剤となった――逆ではない――かぎりにおいて、特別な重要性を示している。この特徴は、最後の敗北まで続くことになるが、ロマンの町は、たしかに市壁内にかなりの数にのぼる第三身分の富農を擁していた。

都市部の不満派は、繊維の町に数多い羅紗工や縮充工、梳毛工などからなっていた。ロマンがこうむっていた継続的な経済危機は、内乱が始まった一五六〇年以来、都市人口の減少という形をとって具体化する。これらの危機は、手工業者たちに状況の何たるかを理解させるための契機となった。男たちはこうして政治化し、国家的ではないまでも、地域的な異議申し立ての手段を理解し、女たちは控えに回った。

職人という職業は複雑なものである。経済的な側面からいえば、彼らは何人かの大商人（原材料売りと製品購入者）によって、頭を押さえつけられていた。にもかかわらず、おそらく彼らはむしろ体制側に共感を抱いていたはずである。(5) 大勢の親方職人たちは、商店や一般家庭の需要に基づいて、ささやかに、だが誇りをもって品物を作りだしていた。そんな職人たちは、本来的な意味でプロレタリアート層ないし《前プロレタリアート層》を形作っていた。

資料は明確に語っている。親方職人たちは、時に雇いの職人たちを従えて、最初に叛乱の旗を掲げている。少なくとも、町で街頭の示威行動を最初に行っている。それより二〇年前、彼らは当初ユグノー教徒たちのプロパガンダに速やかに影響を受けていた。一五六〇年頃には、トゥールーズと同様にロマンでも、べとついた手をした梳毛工たちがグラスを掲げながら、クレマン・マロ(9)の詩編を初めて訳詞で歌ったものだった。彼らはまた、最初から《カルヴァンの汚物》[10]を撒き散らかしていた。

その一方で、ロマンには、つねに他の職種の職人ないし「技術人《ジャン・メカニク》」がおり、時に彼らが暴動の急進派となった。さらに、近隣あるいはより遠くからやってきた「余所者」や移住者もいた。彼らはみなロマン住民がほとんど望まなかった基本的職業（雑役夫、下働きなど）で、何とか糊口をしのごうとやってきたのだった。自分たちを嫌っていた在所の名士たちに対して、積極的な不満派となった彼らは、煽動者たちの演説に好んで耳を傾けた。この燃えやすい素材は、問題の月である一五七九年二月に火がつき、たちまち炎を上げるまでになった。それと軌を一にして、ひとたび発生した町の火の粉は、反動でいくつかの村をも襲った。「それは村人たちに、自分たちが当初考えようとすらしなかったことでも成しえるのだ、という勇気を与えた」（A32）。

ロマンでは、一切が一五七九年二月三日に始まった。この日（聖ブレーズの祝日）は、羅紗工たちの祭日だった。ここロマンでは、羊毛を梳き、次いでそれを縮充し、最後に大量の羅紗を生産する人々がいた。こうした業種および他のいくつかの業種の職人たちは、「かなり大規模な集会を組織した。町には職人が数多くいたからである。彼らは武装して閲兵式を行った」。彼らはまた、一年交代の隊長と旗印とを選んだ。その頃までにはすべてが秩序立っており、すべてが規則通りに動いており、彼らの儀式には、たくさんの人々が押し寄せたものだった。それは特別珍しいことではなかった。

羅紗工の中でもとくに裕福な二〇ないし二五人の傍らには、市内だけでもかなりの数にのぼる弱小

訳注9―クレマン・マロ　一四九六―一五四四年。人文主義の詩人。フランソワ一世の部屋付き小姓でもあった。宗教改革やカルヴァンに好意的な作品を残す。作品集に『クレマンの青春』がある。

訳注10―カルヴァンの汚物　プロテスタンティズム。

製造人や手工業者がいた。たとえば梳毛工は、原料を梳くという作業によって、羊毛加工職人と同様、羅紗工に近づいた。これら職業上の集りは、やがて兵隊行列に変わっていった。そこでは武装することが厳しく求められた。都市部の同宗団《コンフレリ》は、中世の同業組合《コルポラシオン》に倣って、武器携帯の権利をもっていた、もしくはその権利を勝ち取っていたからである。まさにそれが、農民組織と異なるところであった。農民組織では、基本的に剣を持つのはおろか、弩を持つ特権も認められなかった。だが、農民たちは、必要とあらば武器を手にした。前述したように、サン＝テティエンヌの武器商人から武器を調達したのが、まさにそうだった。

ところで、叛徒たちが、二月三日の聖ブレーズの祝日を旗揚げの日に選んだのにはわけがある。つまり、当時の民俗慣行と関わっているのだ。たとえばクロード・ゲニュベは、その見事にして風変わりな著書『カルナヴァル』において、聖ブレーズのうちに、風の主である熊男的人物をみている。この人物は、二月二日の「聖母潔斎の祝日」に冬ごもりの巣から出てくるという熊のように、すさまじくもよく響きわたる「脱冬の屁《ペ・ド・デシベルナシオン》」を放って、向こう一年間の活気に満ちた再生の始まりを示すという。自分自身を表現するのに放屁しか手段のない熊は、こうして春の原初的な聖性を賑やかに祝うというのだ。

しかし、ここでは話題をあまり遠くまで広げず、A・ヴァン・ジェネップ[6]とともに、聖ブレーズが、アルプス地方の住民たちの信仰では、明らかに繊維と農業と豊穣と音楽の守護聖人になっているということを確認しておくだけでよいだろう。ちなみにブレーズは、拷問を受けた際、鉄と櫛と梳き櫛の爪を用いて引き裂かれている。それゆえ、梳毛工たちと、彼らから影響を受けた羅紗工や織工たちが、ブレーズを守護聖人としているのは当然といえる。こうして彼らは、その叛乱ないし挑戦の始まりを、まさに聖人の祝日に据えたのである。[11]

聖ブレーズを守護聖人に据えたのは、繊維関連の労働者たちだけではなかった。ロマンで、手工業者たちに遅れをとることなく《公共の秩序を攪乱する》ようになった、富農や農業労働者たちもまた、高い人気を博していたこの聖人に庇護を求めた。ドーフィネ、サヴォワ、バス＝アルプス地方では、聖ブレーズの祝日に、やがてくる収穫の成功を願ってミサを唱え、春播き用の種籾を祝別した（ロマンでは一五八〇年に疫病避けのダンスすら踊られている）。そのため、人々は富農と牛飼いの別なく、大きな会食の輪を作って十字架の徴がついたパンを食べ、聖人の彫像を花々で飾られた樅台に担いで宗教行列を行ったものだった。

農地の豊穣さは、カップルの多産と結びつけられてもいた。聖ブレーズはしかるべき時を選んで祈りにくる娘たちをみて、目を細くするという。娘たちがそんな聖人に供物を捧げれば、聖人はお返しにワインを一口分与え、さらに一年以内に恋人も探してくれると信じられていた。一方、治癒聖人としての聖ブレーズは、大量の風に喉を自由に行き来させる任務を負ってもいる。こうして彼は喉頭炎と咽頭炎を治してくれるのである。聖書にあるように、まさに風を播いて、嵐を刈り取るのだ。

生命の慎ましやかな神格としてのブレーズは、ロマンではまた死者の神でもあった。だからこそ、彼は死者の埋葬を引き受けるサン＝テスプリ同宗団の守護聖人だった。[8][13] この同宗団は、町の東部の平民地区にあるサント＝フォワ教会に本部を置いていたが、一五八〇年の叛乱の最終高揚時には、決然として反体制側につくようになる。さまざまな聖人は、食事が無料で提供されるその祝日ゆえに、一

訳注11―聖ブレーズについては、第7章参照。

訳注12―サン＝テスプリ　「聖霊」の意。

般労働者たちの仲間だったが、聖ブレーズはいわば叛乱の仲間だったのだ。

❦ ❦ ❦

一五七九年の聖ブレーズの祝日は、武装行進といった側面とともに、民衆祭ないし「レナージュ」[9]の側面も併せもっていた。そのあとに、より大胆な新機軸が続いた。祭気分ないしほろ酔い気分の職人たちは、行列の際に、羅紗組合軍の隊長を選んだのである。彼らはまた、自分たちの《王国》を祝うため、茶番劇の王も命名していた。さらに、政治的指導者も即位させた！　決まりきった指名（たとえば隊長の指名）に加えて、「彼らは自分たちの代表としてばかりでなく、民衆の食事や精神的苦痛ないし税の軽減を求める主張のため、指導者を一人選んだのである」（A32）。

前出の公証人ウスタシュ・ピエモンは、一五七九年二月九日に行われたそんな選挙の逸話について、報告をものしている[10]。彼は正直に書いている。それによれば、この選挙は羅紗職人だけでなく、広くロマンの「民衆」によっても行われたという。つまりそれは、ほぼ間違いなく、同宗団の成員として、あるいはそれ以外の者としてロマンに集まった、職人や農民からなる充実した結社であった。

《選ばれた幸運者》は、ジャン・セルヴであった。別名ポーミエ。ル・ポーミエともいう。ピエモンによれば[11]、モンミレイユの出身だという。やがて彼は土地の村から、農村でないまでも、ともかく田園的環境から出て、青年時代に町に移り住んでいる。まさにこのことが、彼をして、《都市民》としてのアイデンティティを鼻にかけるロマン生まれの名士たちの、洗練された、もしくは多少とも洗練されたエリート意識と対立させる動機となる。だが、ポーミエは羅紗職人から親方職人となっている。そのかぎりにおいて、いわば彼は、自ら定住の地に選んだバ＝ドーフィネ地方のロマンで、何がしかの社会的上昇なり出世なりを遂げたことになる。

ポーミエに対する仲間たちの評判は、何ら職人と結びつくものではなかった。むしろ活発で軍人らしく、一方で商人ないし経営者的でもある。それがポーミエ評だった。一五七五年九月、ポーミエことジャン・セルヴは、ユグノー教徒を自称していた無法者たちを銃撃する。(12)この小競り合いの結果、返り討ちに遭った彼は、銃弾で傷を負う。問題の《事件》が起きる直前の一五七九年初頭、支持者たちは彼を「火縄銃の王」に選んでいる。はたして彼は、火器の扱いに何ほどか長けており、優れた射手としての正確な目をもっていたのだろうか。

それはともかく、こうした競技用火縄銃は、標的の「パプゲ（papegay）」を射落とす、古い競技弓射の後を引き継いだものであった。〔14〕ロマンでは、弓射競技は五月ないし、体に矢を射られ、ペスト避けの守護聖人とされている、聖セバスティアヌスの祝日（一月二〇日）に営まれていた。これは、かつては弓矢によって、より近年では銃で、柱の先端につけられた木製や粘土製、あるいは生身の鳥を撃ち落とす競技だった。〔15〕

「パプゲ」とは、とくに軍事的、宗教的、民俗的性格を帯びたロマンの社交組織であり、ヴァラン

訳注13—たとえばフランス北部パ＝ド＝カレ県のベテュヌでは、今も聖エロワの同宗団「シャリタブル」のメンバーが、市民たちのために、葬儀から埋葬までを執り行っている。その歴史と活動については、蔵持著『ペストの文化誌』朝日選書、一九九四年参照。

訳注14—訳者の手元にある資料によれば、たとえば南仏の古都ニームでは一三〇〇年にはすでにパプゲ（パプガイ）が営まれていたという（Albin Michel : *Roy du papegay au Nîmes ou les tireus nimois*, Topographie Clavel-Ballivet, Nîmes, 1878）。

スとロマンの関係を、運動面での対抗意識や、内乱や都市同盟の時期に重要となる武装結社意識によって支えていた(13)。そんな中にあって、ポーミエは火器の名手という威信をほしいままにしていた。彼には無駄打ちというものがなかったからだ。にもかかわらず、一連の事件に続いて起きたことは、彼がさほど戦闘的ではなかったことを示している。一方、このポーミエなる人物は、地元の優れた運動選手でもあり、ポーム(16)の室内球戯場で発揮するその腕前によって、「ポーミエ（Paumier）」といううってつけのあだ名をつけられている。このあだ名は、「セルヴ」という本名より広く用いられ、やがて本名の方は徐々に忘れ去られていった。

農村世界から出てきて、羅紗の親方職人となったジャン・セルヴ、通称ポーミエは、ロマンの社会の中で驚くほどの出世を遂げる。一五六〇年の二月二七日に挙式した最初の結婚では、彼は持ち前の名人技を披露して、アントワネット・トメと一緒になっている。法曹一族のトメ家は、もとは商人だったが、十六世紀を通して、ロマンの裁判所はもとより、グルノーブルの高等法院でも代々重要な職務についている(14)。しかし、ロマンのカルナヴァルで、セルヴ＝ポーミエはこうしたトメ家の中でもっとも著名な一人と（ほどほどに）対立しなければならなかった……。

やがて、モニユという名の一人娘を残してアントワネットが他界し、早すぎる男やもめとなったポーミエは、一五六二年一一月二〇日、マルグリット・ロワロンと再婚する。彼女もまた、ロマンの名門ブルジョワジーに属していた(15)。

しかし、課税額から判断するかぎり、ポーミエは豊かではなかった。むろん貧しいというわけでもなかった(16)。ロマンの職人たち、とりわけ羅紗工は、彼を前面に押し出した。おそらく四五歳になっていたはずのポーミエは、ポーム球戯や火縄銃における卓抜した運動能力に加えて、影響力を有し、著名さと町の上流社会の中での輝かしい人間関係とを兼ね備えた、もっとも有名な職人たちのうちに名を連ねていたからである。

そんなポーミエの《カリスマ性》と指導者としての資質は、ロマンの市壁を越えて、近隣の町村にまで知られていた。ゲランはそうしたポーミエの影響力を口惜しそうに嚙みしめていた。彼は書いている。「ポーミエは秘密裡に行った大同団結によって、ヴァランスの住民の一部を自分に引き寄せ、さらにロマン近郊からヴァロワール一帯(17)にいたるまでの村人たちをも引きつけた。そして彼は、自分のために参加してくれた一万四〇〇〇人に、火縄銃で武装させた……」(A34)。

一方、カトリーヌ・ド・メディシスは、一五七八年七月一八日にロマンを通った折、ポーミエの威信なるものを嫌というほど思い知らされている。たとえばこの日、《わが息子殿》(アンリ三世)(18)に書き送った手紙のなかで、彼女はこうしたためている。「あの者たちのポーミエとか申す羅紗職人の隊長は、同盟参加者たちの中で絶大な信頼と権威とを有しており、かの者が口にしたどんなささいな言葉でも、この町と周辺の住民たちすべてを行進させるほどです」。

その敵がわれわれに紹介するポーミエとは、次のような人物であった。いわく、「想像しうるかぎりでの悪辣非道な手をつかう男」(A33)。いわく、皇太后に対する敬意を欠いたはぐれ者。要するに、野人(森の男)ないしカルナヴァルの熊をモデルとするような、言葉遣いの粗野な男であり、がさつな男でもある、というのだ。

訳注15―スペーラ「イタリアの五月柱」、蔵持編著『ヨーロッパの祝祭』所収、河出書房新社、一九九六年参照。

訳注16―ポーム Paume。掌《ポーム》でボールを打ち合う中・近世のフランスを代表する室内球戯で、テニスの原型とされる。詳細は、蔵持「フランスの遊戯」、『世界遊戯大事典』所収、大修館、一九九八年参照。

あるいはまた、ポーミエがだれかに操られていたとする意見もある。それによれば、この半＝王は、「道化杖を持たされているだけ」の宮廷道化（王の道化）にすぎないという。敵方はさらにこうも付言している。とりわけポーミエは、「何かを企てている者の意図に従って実行できるだけであり、自分の意志によっては何ひとつなすことができない」。こうした言葉は、しかし民衆指導者に対する古典的な非難にほかならない。

たしかに、ポーミエはかなり口達者な人物だったようだが、指導者としての役目を遂行するには、それはむしろ必要なことであった。反面、彼は重大時に臨んで、否定できないほどの慎み深さを示した。過度の慎みないし不決断を、である。こうした証拠は、ゲランがポーミエに捧げているような、粗野で暴力的というイメージとは符合しない。

一方、ポーミエを自分の操り人形として利用したとされる、《何かを企てている者》ないし《裏で操る者》についていえば、その存在を立証するような証拠は何もない。たしかにポーミエは、各地で広範な人間関係や共感を自由に用いることができた（この点に関するかぎり、ゲランの当てこすりは正鵠を穿っている）。ヴァランスやモンテリマール側と同様、グルノーブル側においても、である。

北西部や東・南部では、彼はユグノー教徒との友情によって、リヨン地区の改革派小集団（A65）のみならず、とくにシャンソールやトリエーヴ、バロニ地域、ヴァランス地方の一部、さらにディや、難攻不落な指導者レディギエールを擁していた、ガプ地方などのプロテスタントの拠点と関係を築いた。これらアルプス地方の山国では、ミサが部分的にせよ禁止され、カトリックの聖職者が、カルヴァンの信奉者たちによってその財産や収入を強奪されてもいた[19]。

ポーミエによる《支配》が、当初どのようなものであったかについては、ゲランがいささかおぞましい言葉を用いて次のように記述している。「彼（ポーミエ）は、善良なる人々すべてから怖れられるほどの厚顔さと獣性とをもって、支配するようになった」（A34）。ポーミエはまた、市政を侵害し、市庁舎でのちの《ブリュメール一八日》[17]らしきものを引き起こした罪人だとして、非難されている。「彼はロマンの参事館に出入りし始め、参事会を一新し、参事会を構成する善良なる人々の代わりに、自分に従順な部下を据えたが[20]、それは靴屋が高等法院の院長になるのと同様、まことに不相応な任務だった」（A34）。

靴屋、善良なる人々、高等法院の院長などといった言葉遣いの繰り返しは、典型的なものであり、そこでは二通りの社会空間が明示されている。すなわち、羅紗や皮革などの職人たちが構成する空間と、町の裁判官や公吏、貴族、富裕ブルジョワ、豪奢な土地所有者、大商人などが作る小さな核を囲んで組織された、有徳者たちの空間がそれである。一方は弱小な叛徒、他方はエリート層。むろんロマン市民のうち、かなりの数にのぼる手工業者や農民は、独自の社会集団を標榜する《指導者たち》に従ったりはしなかった。なおも彼らは、その頃まで自分たちのために町を守ってくれた《お偉方《グロス・ボネ》》（名士集団）に対し、よそよそしく、そして多少とも消極的に支持を明らかにしていた。

訳注17―ブリュメール一八日　共和暦八年（一七九九年）のこの日、ナポレオンが総裁政治を倒したクーデタ。

ポーミエの革命的ないし少なくとも反体制的行動に対し、ウスタシュ・ピエモンはゲランほど大声ではなく、敵意も少ないが、より正確で、まったく同様に断固とした態度をとっている。一五七九年二月の事件について、ピエモンはこう書いている。「ロマンでは、ポーミエを指導者に選んだ一般人が……、前記隊長たち、とくに大事な町を守ってきた隊長アントワーヌ・コストや他の有力者たちから、（市門の）鍵を取り上げてしまった」（P65）。

ロマンの数人の有力者、とくに戦略的に市門を監視していた者たち――参事たち、というよりはむしろ彼らによって最高の《門番》として指名された代理人たち――が、住民から罷免されたということは、ピエモンの言葉がさらに指摘しているところである。彼によれば、ヴァランスでは、民衆同盟の参加者たちが、彼ら自身あらんかぎりの《愚行》を働いてきたにもかかわらず、同市の古いエリート・ブルジョワジーの中で、「もっとも優れた品性を備えている者たち」（P65）に、少なくともしかるべき地位と権力とを与えていたという。ヴァランスの一般大衆ないしその代わりになる者たちの行動は、したがってロマンほど攻撃的ではなかった。

一五七九年二月一〇日、ロマンの市庁舎大広間で、市民と市政府との間で最初の決定的な対決が行われている。本来それは、市吏たちが不満派に約束した大がかりな、だが定期的な《聴聞会《オーディアンス》》だった。およそ一〇〇〇人ほどがこの集会に殺到した。「前記町（ロマン）の数多くの住民、職人や富農とりまぜて、少なくとも一〇〇〇人あまりが裁判官殿（ゲラン）と参事諸氏の前に詰めかけた[21]」。これら一〇〇〇人のうち、数百人は場所がなかったため、外の路上で待機した。ほとんど二〇〇〇を越えることがなかった同市の男子労働力人口（成人と青年）と比べれば、この数はすでにしてかなりのものであった。ことほどさように動員度はかなり高いものだったが、それは人々の不満だけでなく、民衆的組織（同宗団など）の組織度をも表していた。

史料が語るところによれば、職人たちはそこでさまざまな要求をしたという。だが、住民の三分の一以上（！）を占める《農民＝市民》たちもまた、あれこれ要求を突きつけた。これらさまざまな集団は、一月三日から、一戸あたり三エキュの臨時加算額とともに徴収されるようになった一五エキュのタイユ税が、「地方三部会の次回総会（一五七九年四—五月）まで停止されるよう」求めた。[22]

一月三日から徴収が始まったこの一五エキュのタイユ税は、市民たちの怒りに火をつけたが、火薬に火というほとではなく、ただ「人々の噂」にのぼった程度だった。その点で、ロマンの住人たちは[23]ドーフィネ地方の他の人々、つまり反体制派で反税的な人々と完全に一致していた。資料によって、一八エキュとも、七ないし八エキュともされる以前のタイユ税についていえば、叛徒たちは徴税猶予を求め、さらに《徴税が七月一八日までなされたりしないよう》求めた。民衆運動の中枢を構成していた手工業者たちや小経営者、単純労働者ないし《組合職人》たち——とくに前二者——の特別な要求は、決しておざりにされることはなかった。それは次のような要求だった。《ロマンで生産された商品は、もはや（各種商品に対する市町村税からなっていた）特別税を課せられない》。[24]

つまり、税制を変革しなければならないというのだ。これまでロマンの生産者たちは、「彼らの貴重な労働の成果が、タイユ税などの支払いで消えてしまう」ことを、嫌というほど経験してきたからだ。こうして一五七九年一一月、ロマンの精肉商とパン屋は、パンや家畜・肉に対する間接税の引き上げに対し、なおも反税ストを敢行することになる。それから三カ月後の一五八〇年二月、同市ではカルナヴァル的大叛乱が起こるが、その指導者の一人は、ジョフロワ・フルールという名の精肉商だった。[25]

小さな町の革命は、互いに顔見知りの人々の間で起こった。彼らは心の底から、そして個人的に激しく反目し合った。一部民衆によって示された、持たざる者の持つ者への憎悪。単なる抽象的な《階級意識》よりも具体的な憎悪。この憎悪は、市の財政を操っていた、あまりにも裕福すぎる者たちに対して向けられた。一〇〇〇人の請願者はこう要求した（市参事会の書記が書き留めているため、言葉遣いは役所風の難解なものとなっている）。「一五六四年から現在まで、町の経理を、公金管理の差額ともどども見直してほしい。また、これら経理の見直しは、貧しい人々に対する抑圧を止めることができるよう、市民が指名する者にやってもらいたい」[26]。ちなみに、一五六四年は、アントワーヌ・ゲランがいよいよ市の裁判官となって君臨するようになった年だった……。

地方や地域の予算に不正を働いた者たちに対して非難の声が上がったのは、ひとりロマンだけではなかった。それはまたグルノーブルの「高利貸し」、すなわち不正に蓄財した金融家や、国王から託された任務を遂行する裕福な「官職保有者」、下級官吏、商売人ないし徴税人など、あらゆる業種の者たちにも向けられた。いわば、こうした手合いがドーフィネ地方の中心都市にはびこっていたのである。

そんな中にあって、サン＝タンドレ殿と呼ばれた人物だけは別格だった。リヨンヌは書いている[27]。「人々は財政策のまずさやそれを操ってきた者たちに不満を抱いている。彼らの生計全体ないしその大部分は、おそらくグルノーブルの三、四の高利貸しに握られているはずだが、最大なのはサン＝タンドレ殿の財布で、三部会代表と官職保有者の財布もまた大きかった……」（明らかに、ドーフィネの「三部会」代表たちもまた地元の「財政」にどっぷりと関係していた。まさにこれはスキャンダラスな《二項対立》である）。

何年、いや何十年もの長いインフレ（基本的に、債務者にとっての頼みの綱として役立った）にもかかわらず、地方や各町村は巨大な負債を抱えていた。おそらく、グルノーブルの強欲な高利貸したちに融通させた金銭は、地域共同体の負債を帳消しにするため、ただちに再利用されたと思われる（A65）。地域の無鉄砲な人物たちはこう主張している。必要な場合には、「サン＝タンドレ殿の財産のなかに飛び込み、国のため、その国を負債の一部から脱出させるため、これらの財産を売るほかはない……」[28]。ドーフィネ地方の借金妄想（！）。だが、それは理解できないものではない。何しろ当時の同地方は、《五万エキュ（ないし一五万リーヴル）の借金で今にも押しつぶされそうになっていた》のだ。この借金のほかに、さらに固定年率の利子一四％を、債権者のリヨンの金融家アンリ一家に支払わなければならなかった[29]。

これらさまざまな要求、すなわち国王税〔直接税〕や市町村税〔間接税〕の減額と、納税義務者たちの金を自分の懐に入れるという過ちを犯してきた、町の予算管理者たちによる会計報告書の提出という要求は、しかしそれ自体では公共の秩序を根底から揺るがすようなものではなかった。グルノーブルとリヨンの金融＝強奪者に対する憤りも、たとえそれがどれほど日常的であり、どれほど正当であったとしても、実際のところ、せいぜい民衆の愚痴以上のものではなかった。

公正な税と、貴族たちが享受している免税措置の廃止という要求もまた、他所と同じように、ロマンでも再び表面化した。それは新旧の特権者たち、とくに後者をいらいらさせた。一五七九年二月四日、すでに住民感情に置き去りにされていたロマンの参事たちもまた、ようやくタイユ税の免税措置に反対の声をあげる。それは、ロマン出身のジャン・スフレが新たに官職税の徴税吏、つまり必然的に免税特権を受けられるようになる小役人に任命され、免税の恩恵に与る惧れがあったからである[30]。

十六世紀末のロマンでは、著名な在地貴族アントワーヌ・ド・マニシュが馬鹿げた非難をしきりと繰り返していた。彼の祖先たちは、商人になったために貴族の地位を失ってしまったという。[18]こうして一族は、さながら鐘楼が雷を引き寄せるように、税を引き寄せてしまったともいう。アントワーヌは大威張りでこう述べている。「わが一族の祖ギヨーム・ド・マニシュには一七人の子供がいた。跡継ぎの祖父アントワーヌは、他の兄弟たちを食べさせるため、商人にならざるをえなかった。アントワーヌの長男ジャン・ド・マニシュの方は、実に二五人（！）もの子宝に恵まれたが、彼もまた兄弟たちを養うべく、商売を続けなければならなかった」。そして、アントワーヌは、一五七六年のアンリ三世の書簡を何通か引用しながら、これについて、次のように結論づけている。「だが、わが曽祖父ギヨーム・ド・マニシュは国王に仕え、わたしとまったく同様に、崇高に生きた[31]」。それゆえ、《われわれマニシュ一族は、税を免れている……》。

マニシュ家の税負担がのしかかるようになったロマンの住民たちは、実際には、この種の尾鰭《おひれ》がついた貴族の話に一切耳を貸そうとはしなかった。しかも、体制側の意見によれば、しばしば前述したような民衆の要求を伴う路上での示威行動は、これらの要求自体を半叛乱的なものにしたという。

《混乱煽動者たち》は、いずれも武装指向がきわめて強く、もちろんそれが状況を重大なものにしていた。彼らはすでに町の各市門の鍵を没収していた。こうして鍵を手に入れた彼らは、通行人たちが暴行を加えられたりしないよう、市門でのより細心かつ熱心な警戒を求めた。この警戒にあたる者たちは、運動に加わっている平民に対する抑圧策や略奪行為ゆえに、つねに恐れられていた無法な兵士らが、市内に入り込むのを阻止しなければならなかった。また、より計算された行動によって、《農村》部の友人でもある同盟参加者たちとも提携しなければならなかった。

近隣の町でも、叛乱はやはり《起こりつつ》あった。たとえばヴァランスでは、年代記をまとめた公証人のピエモンが民衆を讃えているが、彼の称賛の的となったのは、とくに彼らの慎みだった（P65）。彼が語るところによれば、民衆は、ローヌ地方のヴァランスでもっとも重要な名士たちを、自分たちの持ち場と責任とにおいて支えるという良識を持っているという。同盟派、とりわけそのなかでもっとも慎重なグループに共感を覚えていたピエモンは、はたしてヴァランスの状況をバラ色に描こうとしたのだろうか。

じつをいえば、ロマンでの最後の《事件》が終わって五日後の一五七九年二月一五日、ヴァランスの事情は悲劇的とはいわないまでも、かなり悪化しはじめていた。たしかに同市では、すでにポーミエの密使たちが活動していたのだ（A34）。民衆側指導者の一人で、町から半里ほどの郊外にあるアルボンの水車小屋で働く製粉業者のボニオルには、事態がさながら手に取るように分かっていた。

一五七九年二月、ここヴァランスでの騒動は、歩兵ないし騎兵が一部隊、市内の駐屯地に陣取っていたところから始まる。この部隊は地方総督補佐官モジロンの麾下であったが[32]、さらにシャンプやラ・バスティド、トリオールなどの城主たちに率いられた、三ないし四部隊の歩兵に掩護されていた。

訳注18―当時、貴族は商業や手工業、奉公などといった「賤業」と関わることが禁じられており、違反者には「貴族位喪失《デロジャンス》」の罰則が適用されていた。

軍隊を配備するにあたって、善悪いかなる理由がありえても、とにもかくにもヴァランスの住民たちは、兵隊が頻繁に引き起こす損害に、さらに町にその負担が義務づけられていた毎日の維持費にいい加減うんざりさせられていた。

ロマンで聖ブレーズの祝日に行われた民俗的・反体制的祝祭の翌日、つまり一五七九年二月四日、「血を熱くする」カルナヴァル的様相の中で、ヴァランスの参事たちは、「モジロンに対し、前記ヴァランスの町から部隊を引き上げさせ、国王に直接仕えさせるようにしてほしい(33)」と、丁重に訴えた。われわれではなく、まず国王に仕えよ、というのである。

だが、こうした状況において、ヴァランスの参事たちが持ち出したのは、きわめて欺瞞的なことに、《騎馬隊》のことだけだった。彼ら参事たちの言葉を信じれば、舗装されていようと泥濘であろうと、道幅が狭く、つねに不潔だったヴァランスの町は、「歩兵ならもっとよく自衛することができるはずだ……」というのだ。だが、住民たちは速やかに行動を開始した。一五七九年二月一五日、住民の一部（おそらく職人や耕作者たちからなる下層の第三身分）が、製粉業者ボニオルの指揮のもと、叛乱の狼煙をあげる。目的は、国王軍を町から放逐するところにあった。住民たちは農民同盟軍に助力を求めた。助力に不足はなかった（A35）。「彼らはすべての同盟軍（村人たち）を駆り立てて、国王軍を虐殺することへと向かわせた」。ゲランは、いささか悪意をこめながら、誇張してこう書いている。

だが、実際にはどんな虐殺もなかった。農民たちに支えられたヴァランスの叛徒たちは、それまで市壁内に宿営していた、モジロン、シャンプ、トリオル、ラ・バスティド麾下の四部隊と、礼を尽くして対峙したのだ（P64）。四人の指揮官の一人だけは、抵抗を試みた。「ラ・バスティド殿は撤退するよう懇願されたにもかかわらず、その警備隊を残そうとした」。だが、事態はかえって悪くなった。悪すぎる、というほどではなかったが……。「それは悪ぶっている時ではなかった。ラ・バスティド殿は敵の突き出した矛槍で腕に傷を負ってしまったのだ」（P65）。このささやかな事件によって、軍隊は残らず立ち去るようになった。「以後、町は駐屯兵なしに、住民たちが独自の責任で自衛するようになった」。まさに《行動は報われた》のである。

さて、こうしてヴァランスを追われた兵士たちには、なおも苦難が待ち受けていた。同市を去った騎兵たちは「あちこちに散っていった」（A35）が、撤退するには《あらかじめ整えられた》条件を満たさなければならなかったのだ。「彼らはロマンの町を通って撤退しようとした。そこなら、自分自身と愛馬が満腹することができると考えていたからである」。しかし、不幸にして、ロマンの市門の鍵は、いずれも持ち主が変わってしまっていた。これらの鍵は、かつてなかったほど戦略的なものとなっていたのだ……。皇太后カトリーヌ・ド・メディシスのために攻撃文書を作成し、明らかに彼女に熱意を示そうとしていたゲランは、かなり滑稽な表現で次のように記している。「ロマンの叛徒たちの残虐性は、騎兵たちをして彼らの町の外を速駆けで通過させたほどです」。

たしかに彼らは、騎兵が町に入るのを禁じていた。つまり、叛徒たちは、騎兵たちが人々の嘲笑を浴びながら、市壁の下を行進したり、逃げだしたりするのを放っておいたのである。さらに、騎兵たちの馬に僅かばかりの燕麦を、騎兵にはグラス一杯のワインを恵むことさえしなかった。叛徒たちはまた、「ののしりの（卑猥な？）言葉を吐きながら、騎兵たちに矛槍の柄を示し」て嘲った。これはすでにしてカルナヴァル的なからかいであり、意味の転倒でもあった。そして翌年、本格的な《ロマンのカルナヴァル》の際に、人々はその大規模な展開を目の当たりにするようになる。

決して血生臭いものではなかったが、ロマン住民の真の《残虐さ》(?)は、市壁の外でみられた。農村の教区内部にいた親しい知恵者たちのおかげで、都市部の叛徒たちは、「周辺の村人が警鐘を打ち鳴らして」、モジロンの騎兵たちを「粉砕する」(A36)よう仕向けた。それ以来、多くが《貴族の血》を引く騎兵たちは、多少とも過激な農村ゲリラに付きまとわれるようになる。そして、耳が警鐘の音で潰れるほどになった彼らは絶望し、《分散退却》の戦術を使いながら、「やむなく小部隊に分かれ、よく知らない脇道を一晩かけて歩き通したのだった」。この迂回のおかげで、何軒かの人里離れた家に辿り着いた彼ら《騎兵たち》は、ようやくにして自分自身と愛馬のための食料と餌と隠れ家とを見つけた。

まさにこれは、本格的な戦闘のない、栄光とはほとんど無縁の敗走だった。同盟側にしてみれば、それは最初の勝利となった。ここで、典型的なエピソードをひとつ紹介しておこう。——モジロンの騎兵隊に属する貴族の騎士ヴァランは、ロマンから一キロメートルのところに農地を有していた。だが、町の反対論者たちは、彼が《領地》に避暑に赴くのをきっぱりと禁じた。彼らはヴァランが「その小作人や下僕たちと接触する」(A36)のを物理的に防いだのである。すでにしてここには、いずれロマンの叛乱の、とくに周辺の農民同盟の特徴となる反貴族的色合いが、一風変わった形でみてとることができる。特権階級と彼らのために働く耕作者たちとの間にある支配=従属関係が、いわば白紙に戻されたのだ。

⁂

ヴァランスと同様、ロマンでも、一五七九年二月の状況はまだ半＝叛乱的なものにすぎなかった。取引がなされていたからだ。ロマンの参事たちは一〇〇〇人もの不平＝デモ参加者と結んだ約束に忠実だった。事実、彼らは一般市民や手工業者たちの要求を伝えるべく、モジロンのもとに使者をひとり送っている。これに対し、モジロンは二月一三日、こう返事している。《「民衆のだれか一人」（＝あなたがたのうちの平民のだれか）を連れて、小職に面会に来られたい。現行の税額は、小職の前任ゴルド殿が布告したものです。小職の過ちではないのです。小職としましては「ドーフィネのすべての人々に喜んでもらいたいと願っています。それほどまでに、この国の人々を愛しているのです」と申しますのも、小職は「四〇年という長きにわたって人々を統治してきた人物の息子」なのですから。云々》。気休めの言葉を連ねたものではあったが、書簡には、ロマン住民に対し、《当座は》いかなる徴税も行わないとの公式な約束が含まれていた(34)。

だが、地方総督補佐官のモジロンは、ドーフィネ一帯における公的権力の柱の一本にすぎず、必ずしも最重要人物ではなかった。さまざまな重要案件は、グルノーブルを初めとして、「三部会」や「高等法院」の実力者たちの周りで決定されていた。これら特権者たちによって支配されていた地方組織は、ロマンの叛徒たちが、ガプの山地を支配していたレディギエールのプロテスタントと手を握るのではないか、ヴァロワールやバ＝ヴィエンヌ一帯の、すでに共犯関係にある農民同盟と結託するのではないかとびくびくしていた。この結託の結果、ドーフィネの南・西部全体がひっくり返り、ついには王権から離脱するようになるのではないか。そう考えていたからだ。

いずれにせよ、ロマンの事件は地方権力、すなわち三部会や地方総督補佐官の不意を襲った。そんな底辺の動きに対する強硬手段の時期は、いまだ到来していなかった。全体的に高揚していたからである。そして、当然の結果として、権力当局は一掃され、あるいは壊滅された。三部会代表だったバセは、一五七九年二月一三日、ロマンの参事や住民たちにかなり穏やかな口調の書状を書き送っている。[35]「われわれは貴市にいくつかの暴動が発生していることを知らされました……。そこでわれわれは、……もっとも穏健かつ最良の方法によってそれに対処するため、ミシェル・トメ氏（ロマン出身で、グルノーブル高等法院評定官）を、氏がロマンの者として貴職らに寄せる昔からの友情の証として、貴市に派遣します」。

ロマンの市当局に対する全権使節として、三部会がトメを選んだのは間違いではなかった。この高等法院の《大使》の一族はロマン出身だったからだ。何世代も前から、正鵠を期していえば一四八四年から、トメ家はロマンの裁判所に裁判長ないし主席検察官を送りこんできた。[36]ただ、ミシェル・トメ自身とその一族は、埒もない長い闘いに積極的に関わっていた。それは、ロマンの町やブルジョワジーを含む住民と、彼らの共有荘園領主（もう一方の共有領主はフランス国王）である、サン＝ベルナール大教会[19]の聖堂参事会との闘いだった。

この闘いは、住民たちの勝利に終わった。すっかり爪を抜かれた聖堂参事会員たちは、町のブルジョワジーの前に膝を屈さなければならなかった。この富裕市民たちが聖堂参事会員だけでなく、《下層》階級の厳しい要求と直面した時、使節トメは何かしらよいことを思いついたらしい（この全権大使は、叛乱指導者のジャン・セルヴ＝ポーミエの姻戚だった）。事実、グルノーブルから全権大使として故郷の町に戻ってきた彼は、手始めに明確な政治的成功をあげている。[37]一五七九年二月一六日、ロマンの参事館で開かれた市参事会総会に迎え入れられたのだ。

その際、彼の傍らには、やはりロマン出身の高等法院評定官がもうひとり付き添っていた。この評定官は名をジャン・ド・ラクロワといい、先祖はロマンの造幣頭だった。ド・ラクロワとトメの周りには、さらに地方三部会を代表するジャン・ラボもいた。そして最後に登場するのが、ロマンの名士たちのどうしようもない悪鬼であり、貧民たちにとっては小心な虐殺者ともなるアントワーヌ・ゲランである。町の国王裁判所裁判官で、きわめてすぐれた著述家・歴史家でありながら、暗黒映画の登場人物ともいうべき彼の手は、一五七二年八月二四日のいわゆる「サン＝バルテルミの虐殺」のローカル版が起きた際、殺人仲介者を通して、ユグノー教徒たちの血ですでに染まっていた。

グルノーブルからの代表団と対峙して、ロマン市参事会の四〇人あまりのメンバーと四人の代表参事は一塊りとなって席に着いた。彼らはまた当然のこととして、ミシェル・トメが彼らに向けた演説も拝聴した。

トメの演説は快活なものだったが、中身は分かりきったことだった。すなわち、彼は宗教戦争の悲惨さを嘆き、さらに国王やモジロンや高等法院の善意に触れ、そのいずれもが、税の辛い引き締めをあまり積極的に行わないように努めていると語ったのである。さらに、ロマン住民たちが心を一つにすることの利点についても時間をとった。最後に、使い古された話を持ち出して、何人かの聴衆の涙を誘った。「わたしの一族はこの町出身です。わたしはあなたがたの家に生まれ、あなたがたの同郷人であり、あなたがたに属する者なのです」。

今日の農業共進会に関する弁論を三世紀も前に先取りしたようなトメの雄弁は、ただちに目的を達したようだった。退屈な訓示の後、ロマン市参事会の中の群衆に、ささやかな、だが確実な動きが生

訳注19―サン＝ベルナール大教会　サン＝ベルナール参事会教会のこと（「訳者まえがき」参照）。

じた。熱烈な喝采が、グルノーブルからの演説者に捧げられたのだ(38)。その一方で、対立する《ポーミエ派》の二人の代表の返答も促した。代訴人のアンドレ・フェリエと羅紗職人のギヨーム・ロベール＝ブリュナの二人だが、とりわけ後者は羅紗業界の利益を同業組合代表として守り、ポーミエとともに、抵抗運動を指揮していた(39)。

一五七九年二月のこの高揚した何週間かにおけるロマンでは、権力は少なくとも参事館におけるのと同様、民衆のうちにもあった。市吏たちに迎えられ、ご機嫌取りさえされたトメは、しかし、すでに自ら暴徒とみなしていた者たちの自分に対する態度を非難しなければならなかった。「彼は民衆を善良な道に戻すため、何も惜しみはしなかった。にもかかわらず、暴徒や叛徒と化した民衆から激しい怒りを買い、ついにグルノーブルへ引き返す破目になった」（A36）。

トメの使命はこうして何の名誉も得られず、当初に多少の成功を収めただけで終わった。このことは、ゲランにも何がしかの反省を促したはずだ。「急流が眼前につくられたあらゆる壁を打ち壊すのを防ぐのは不可能だが、……それと同様に、溢れんばかりの民衆は、高等法院評定官のミシェル・トメが行ったさまざまな神聖な忠告ものかは、自制することができなかった……」。

高等法院の権威がそこまで愚弄され、暴徒たちからも煮え湯を浴びせられたトメは、さしたる成果も挙げられぬまま、グルノーブルへと舞い戻っていかなければならなかった。一方、ゲランは後年の述懐のなかで、自分がトメに示した軽蔑を何ら隠そうとはしていない。つまり、裁判官ゲランにしてみれば、評定官トメは単に優柔不断な男にすぎなかったのだ……。それゆえしばらくの間は、一切がロマン人のなかで生起した。より正鵠を期していえば、一切が、ロマン住民と同盟の希望にかき立てられた近隣農民たちとの関係のなかで行われた、ということになる。

しかしながら、そこには多少の譲歩もみられた。かねてよりロマン住民たちから、「財務官と市の財政を操ってきた者たちに財務報告をさせるよう」求められていたグルノーブルの高等法院は、ついに彼らの要求を飲んだのである（P65）。こうしてロマンや他の町村で無数の決算書が提示されるようになる。それらはいずれも「具合の悪いものだった」。その決算書を、煽動者たちは彼らの反貴族・反為政者宣伝に利用した。ロマンでは、この決算書のために状況が緊迫化した。町の「有徳家」ブルジョワジーは、状況に応じていくつものグループに分かれ、互いに異なる解決策をとった。

これら有徳家のうち、ある者はすっかり意気喪失していた。「不逞の輩（叛徒）[40]は、いくら悪事を働いても罰せられず、もはや十分な力を持ち合わせていない裁判所から懲罰を受けることもないため、日を追うごとに数を増していった」。悲観した貴族たちは、そこでひとまず逃亡の途を選んだ。自分たちの町を去り、「ある者はグルノーブルに、ある者は状況がロマンほど《切迫して》いない他の地に逼塞した」。それは、まさに転地療養とでもいうべきものであった。彼らは自分たちの町の無秩序に、「神が秩序を授けてくれる」のを辛抱強く待った（A35）。いつかきっと、町に帰れる日がくるはずだ。彼らはそう信じていた……。

裁判官ゲランは、逃亡の途を選んだ同志たちとまったく同じように、《ポーミエ派》に敵対していた。だが、彼はこれら逃亡者より政治的であり、勇気があった。ひとたび安心と感じたら、残酷なまでに妥協を排した。たしかにしばらくの間、彼は和解の途を、妥協点を模索していたが、ロマンを離れまいとする決意に揺らぎはなかった。じつに彼は、ロマンの人口を半減させることになるペストが来襲した一五八六年ですら、町を離れようとはしなかったのだ。

善き使徒たるゲランをしても、「暴徒の群れ」の荒っぽいやり方は頭痛の種であった。どうしようもない烏合の衆（A35）たる彼らは、市庁舎の《トパーズたち[20]》に耐えがたい圧力をかけようとして、「時間を選ばす参事館に押しかけ」、あるいは町の中心にあって便利な集会場となっているコルドリエ[21]修道院の大広間に押しかけた。ゲランは、「全員が《……を望む》と叫んで、いちどきに話だそうとする」、これら叛徒たちのやり方に異議を唱えこそすれ、何ひとつ変えるまでにはいたらなかった。こんなカルナヴァル的シャリヴァリ（馬鹿騒ぎ）の中では、彼らの話を注意して聞いたり、理解したりすることは不可能に近かった。

叛徒たちの方でも、彼らを代表し、できるならポーミエより幾分とも温厚で慎みのあるような主導者を任命しなければならなかった。ゲランは、ブルジョワ側に属する何人かの名士ないし有力者たちから手助けを受けて、「全員の意志を代弁できるような人物をひとり指名する」よう、反対派の群衆を操作したが、その策略は結局のところ徒労に終わった。

この事件では、ラテン文学の素養を持ち合わせていた裁判官ゲランのうちに、ローマ市民の名で要求することを責務としていた「護民官」への漠然とした記憶があった。それまで群衆が無秩序のうちに抱いてきた、集団的問題の「非礼さと汚らわしさ」は何とか避けたい。ゲランはそう考えていた。有力者たちが密かに誘導しようとしていた民衆の選択は、一度ならずロマン出身の羅紗職人ギヨーム・ロベール＝ブリュナの意志通りとなった（親方羅紗職人のポーミエの場合と同じである）。こうした羅紗職人の同宗団は、手工業者＝平民を突き動かすという点からすれば、明らかにもっとも責任と影響力のある要素とみなされていた。

ゲランによれば、「彼（ロベール＝ブリュナ）はかなり逞しい精神を有しており、それを善い方に用いれば、多くのことが改善できたはずだ」という。そんな彼であってみれば、ポーミエと交替し、ゲランと《下層階級》との間の橋渡しをしてくれると期待されてもいた。だが、期待は裏切られた。ゲランがたえず考えていた行動は、民衆の指導者を何とか懐柔することだったが、それが成功したのは、ポーミエの旧友で、少し後に登場する綱職人のラロシュの場合だけだった。ブリュナに関していえば、この懐柔策は失敗している。革命的羅紗職人のブリュナは、階級闘争を沈静化するどころか、逆にひたすらそれを煽ったからである。

《有徳者》と《叛徒》は、ブリュナを仲立ちとしてかなりいびつな妥協をかろうじて結んだが、彼は両陣営にとって頼りにならない人物で、新たにさまざまな問題が生じた。それゆえこれらの問題は、なおも不満派たちの実質的な指導者だったポーミエの心を動かした。その頃、レディギエールに率いられたユグノー教徒たちは、アルプス南部の高地まで追い立てられていた。彼らは自分たちのために「何か大それたことをするという野望と欲求」（A37）を押し広げようとした。それは、ゲランの言うところによれば、ポーミエの心を膨らましていた野望と欲求と同じものでもあった。

こうして彼らユグノー教徒たちは、ポーミエと交渉を開始する。双方は「相互的な約束と保証……」とを与え合った。いくつもの会合や「折衝」が双方で用意された。交渉の場所としては、地域の二カ村が選ばれた。プティ・サン＝ジャンとサン＝ミシェルである。一説では、ロマンの民衆的英雄はその交渉の過程で買収されたという。はたしてそれは本当の話なのだろうか。あるいはポーミエは、自分の部隊のために金を必要としていたのだろうか。ともあれ彼らユグノー教徒たちは、ポーミエを

訳注20―トパーズとは、マルセル・パニョルの劇作に登場する教師。勤務校を解雇された彼は、腐敗した市議会議員のもとで働き、その不正を発見するが、やがて自分も堕落していく。

訳注21―コルドリエ　フランシスコ会。

味方に引き入れるため、「一二〇〇エキュともいわれる金額を彼に支払った」という。真偽のほどは定かでないが、少なくともこの噂は、ロマンの《有徳者たち》が敵に関して流したものだった。

善きカトリック教徒として、少なくともカトリック側の特定のメンバーとして（必ずしも両者は同一ではない）、彼ら有徳者たちはユグノー教徒たちの裏取引に不安感を抱いていた。この裏取引が「ロマンの町を破滅させるのにもっとも相応しい手段」だと考えてもいた。つまり、ジュネーヴの偏狭な党派主義者《セクタトゥール》[22]たちを勝手に町に入れたりすれば、ポーミエに仕えるとみせかけて、実際は町を乗っ取ってしまうのではないかと恐れていたのだ。

すでにしてもつれ合っていた状況は、ラプラドなる盗賊団の頭領以外の何者でもない、第三ないし第四の悪党の介入によって、さらに複雑なものとなっていった[41]。頭領ラプラド、本名アントワーヌ・ド・ラ・サルは、ロマン近郊のかなり繁盛していた商店主の息子として生まれている。のちに彼は、トリオル領主の妻となるクローディア・ド・ラ・サルをもうけるが、若い時からプロテスタントに入り、ユグノー派部隊の一員として、レディギエールの命令を受けて闘っていた。つまり彼は、この《改革されたと思われる》宗教の信者たちと、よい関係を保っていたのである。

一五七七年、ラプラドは本領を発揮する。資産家の兵士となり、自分自身とその財産のために戦い、あるいは略奪するようになったのだ。近いと思われていた平和（一五七七年に和平令が出たことによる単なる見込み違い）が本当に実現すれば、彼は失業し、獄舎に繋がれる惧れすらあった。そんな惨めな結末を避けるため、はたしてどのような手口を使ったかは不明だが、彼はドーフィネ地方でももっとも難攻不落とされていたシャトードゥーブルの城砦を手に入れる。こうして彼はそこに立てこもり、期をみて遠くまで出撃し、農村部の都市、たとえばロマンやヴァランス、さらにはモンテリマールの城壁の下まで攻撃をしかけた。旅人や商人たちを襲っては、金品も奪った。そして、これら捕らえた紳士たちがかなり高額な身代金を払いきれない場合は、牢獄に閉じ込めもした。

最初の《亀裂》は、このラプラドとロマン住民との対立という形をとって現れた。すなわち、一五七八年三月一二日、高貴な盗賊ラプラドは、富裕な参事の家に生まれたロマンの商人ジャン・ギグを生け捕りした。当時、ギグはサヴォワ公の代理として、商用の旅の途中だった（ロマンの名士と周辺地域のもっとも強大な専制者の一人とのこうした繫がりは、双方の利害に多少とも基づいていた）。そんなラプラドによって引き起こされたヴァランスやバ＝ヴィエンヌ一帯の緊張状態は、一五七八年から一五七九年の初頭にかけて耐えがたいほど悪化していた。

要塞を拠点としての略奪行為が繰り返された結果、商業は部分的ないし全体的に麻痺状態（シャトードゥーブルの場合）に陥った。それゆえ、商人たちは農民や手工業者たちの歩兵隊ともども、略奪に共同して立ち向かわなければならなくなった。ところが一五七九年一月、ラプラドは大胆な行動に出る。ローヌ川を渡って、右岸のヴィヴァレ地方にあるソワイアン城を奪ったのだ。さらに彼は、ピペ城の主になろうとも考えた。そうなれば、まさにヴィエンヌの町を支配下に治めることができる。だが、ヴィエンヌの参事たちはこの無法者の企てにいち早く気づき、それを失敗に追い込むことができた。

こうして一敗地にまみれはしたものの、ラプラドに気力の衰えはまったくなかった。一五七八年五月、すでに彼はスイス各州からの使節団を取り調べ、ナヴァール王、のちのアンリ四世の逆鱗に触れ

訳注22——党派主義者たち《セクタトゥール》 プロテスタント。

ていた。捕虜の身から解放された使節団は、ドーフィネを通って故郷に戻っている。当時、互いに反目しあっていた地元の最高権力者たち、つまり地方総督補佐官のモジロンとユグノー派指導者のレディギエールは、再び協力して、《兄弟にして親友である》ラプラドに対し、こうした策略を終わりにするよう求めた。だが、この無法者はできるだけ敬意を払うべき彼らの手紙を歯牙にもかけなかった。たしかにレディギエールと改革派は、大衆に対する姿勢を巡って彼から離れていったにもかかわらず、なおも彼を暗黙裡に味方の一人と考えていた。彼だけでなく、他の何人かの盗賊もユグノー派を自称していた[42]。

ポーミエやその忠実な仲間たちにとって、ラプラドの前でどのような態度をとるかが問題となったのは、そうした曖昧な、だが高揚しやすい状況下であった。ことはきわめてデリケートだった。当時、ポーミエはユグノー教徒と裏取引を重ねており、元プロテスタントないし現プロテスタントのラプラドもまた、ユグノー教徒に何がしかの共感を覚えていたからである。

どうやらロマンの反体制派とシャトードゥーブルの盗賊たちは、ともにある計画を温めるまで手を結んだらしい。それは、ラプラドが農民同盟やポーミエ派のロマン住民、ユグノー教徒たちの兵力に彼の兵力を加担させる（！）という計画だった。

本当の話か、半分作り話か、その辺りの詮索はともかく、噂はロマンのブルジョワジーを怯えさせた。彼らにとって、「シャトードゥーブル城に立てこもって指揮するラプラドが、ロマンの町で住民たちの長となり、町に入る」（A37）などというのは、考えただけでぞっとすることだった。ロマンの商人たちは、さらに新しい情報をあれこれ仕入れてこの盗賊を恐れた。はたして、彼らの危惧は当を得たものだったのか。たしかに同地方のシャルペでは、かなり大規模な取引の集会が開かれていた。

そこには手工業者や「農民、ポーミエ率いる前記同盟（ロマン市民・農民同盟）のメンバー、さらに前記ラプラドの手下である何人かの隊長や兵士たち」（Ａ３７）の姿がみられた。むろん盗賊団と同盟軍の連合は、「国全体を廃墟と化する」恐れがあった。ゲランは書いている。「神」はかかる荒廃をお望みにならない。きっと善人たちを助けに来て下さるはずだ。

農村出身者が八五％以上も加わっているという人的構成そのものからして、民衆同盟軍はほとんど農民的な性格を帯びていた。数に誇張はあるはずだが、同盟軍には一万四〇〇〇人の射手がいたという。だが、中古兵たちからなる同盟軍は、識別用の「綬を帽子に付けていなかった」。それもそのはずで、彼らは、三〇〇個の木製「コルネ」ないし牛飼い用ラッパで急遽集められたにすぎなかったのだ。これらのコルネやラッパは、教区から教区へと「互いにより効果的に呼び合うため」、グルノーブル出身のガモの音頭で同盟参加者たちが作っておいたものだった。

こうして招集された農民たちは、いずれもそれなりの武装をしていた。だが、ラプラドのような人物、つまり追剝であり、歴戦の強者であり、悲・喜劇の城代ともなった人物の命令に従うことにはなっていなかった。たとえユグノー派に肩入れする高度な戦略のためだとしても、である。

まさにこれがもとでポーミエから離反していった一部の農民リーダーたちは、彼らがなおもその盗賊行為を忘れないでいるラプラドと親交を結んだりはしなかった。そんなリーダーたちの態度に怒ってか、罠を警戒ないし恐れてか、それとも単にかつての略奪本能を取り戻したためか、「ラプラドはきわめて速やかに自分の兵力を残らずかき集め、前記の村々を走り回っては、女子供にいたるまで、一〇〇人ないし一二〇人も虐殺した。そして、家畜や家具、倉庫の食糧品を略奪した」（Ａ３８）。

そうこうするうちに、突然ラプラドとポーミエとの仲に亀裂が入る。この亀裂は、必ずしも決定的なものではなかったが、おそらく狡猾で政治的な感覚を持ち合わせていたポーミエは、のちにあえてそれを受入れ、ラプラドに対する農民兵たちの攻勢を後押しするようになる。だが、その攻撃を決定づけるような直接行動に、個人的に加担することはしなかった。

半分以上現実化したこの亀裂によって、ゲランたちの間に生じていたさまざまな問題が解決されてしまう。ゲラン一派はラプラドを憎んでいたが、ユグノー教徒たちをも嫌っていた。それは、彼ら自身が挑発した地方版「サン＝バルテルミの虐殺」の血生臭い記憶のため、ユグノー教徒たちをかなり恐れていたからである。

こうした状況下で、純粋に戦術的な同盟関係が結ばれ、盗賊行為と対決する。その結果、同盟は一種の神聖連合として力を増した。これを陰で操ったのがポーミエだった。彼は幾分なりと《蚊帳の外》にとどまっていたが、実際には事態を導き、その推移を重大な関心と敏感さとをもって見守っていたのだ……。

一五七九年二月末、仲間の一部を犠牲にした虐殺に怒った農民同盟は、ラプラドに対する行動を開始する。「ヴァロワールやヴァランティノワ一帯の市町村は、盗賊ラプラドと一派を包囲して略奪行為を終わらせ、彼らの圧力から地方を解放すべく、かなりの数にのぼる兵を速やかに集め、指揮官ポーミエに託した」（P６６）。資料によれば、彼にはバ＝ドーフィネ地方の叛乱劇の「総大将」なる称号が奉られたともいう。明らかに問題を抱えた「市町村」と総大将のポーミエは、こうして行動を開始し、地方総督補佐官モジロンに代表される国王機関の無力ないし衰退した権力に取って代わった。ウスタシュ・ピエモンは、無念さを微塵もみせず、いやむしろ皮肉まじりにこう記している。「和平王令もモジロン氏も、ラプラドの略奪行為を防げなかった」。

民衆同盟の大集合は、一五七九年三月一日にロマンで、ポーミエ派とバ＝ドーフィネ地方の全活動家を集めて行われた。当日、実際には四〇〇〇の同盟参加者がこの羅紗の町に集結したが、その中には、「隊長や指揮官に率いられ、命令されていた」民兵の姿もあった。それからこの一団は、「まさにラプラドが彼らの前に初めて現れたときのように、即興的に（つまり、まったくの思いつきで）シャトードゥーブルへと向かった」（Ｐ６６）。ポーミエの権威下に置かれた同盟の決定は、モジロンやロマンの（新興）ブルジョワからなる参事たちにとって、じつに厄介な既成事実を作り出した。だが、これら同盟軍の部隊が通過して三日後の三月三日、ロマンの参事と市政府は、何度かためらったのち、ついに農民側について、盗賊たちに立ち向かうとの決断を下すようになる。

この新しい方針を決定するまで、ロマンの高官や有力者たちはさまざまな議論を重ねた。彼らはまず、臨時のメンバーとして参事会に席を得て間もないポーミエの仲間たちに影響された。と同時に、君主政の化身とでもいうべきモジロン自身が、革命につきものの一切の混乱を避けるため、シャトードゥーブルの包囲陣を指揮するものと考えていた。だが、こうした状況にあって、国王自身ほど王制支持者ではないと言い張ったところで何の役にも立ちはしない。それよりは、どれほど嫌いでも、「国王に服従しつつ」、いち早くポーミエの側につく方がよい(43)。彼らはそう考えたのだった。しかも、シャトードゥーブルの高い城壁の下で露営していた同盟軍は、ロマンの市当局からの「援助と協力を期待していた」。

だが、いずれにせよ、危険はさほど大きなものではなかった。教皇主義の山羊《シェーヴル》とユグノー教徒のキャベツ《シュー》[23]双方の肩をもっていた、あるいは両者の間でうまく立ち回っていた、きわめて慎重な旧市街の神父たちが記しているところによれば、結局ラプラドは、頼みの綱であった《改革されたと思われる宗教の者たち[24]から非難を浴びるようになってしまった》ためだという（実際には、この非難は中途半端なものだった。もしラプラドが何とか同盟軍を制圧できていたなら、レディギエールはためらうことなく彼を新たに利用したはずだ）。

ともあれ、これらユグノー教徒の魂胆がいかなるものだったにせよ、また、いささか混乱した結論だとしても、ロマンの市政府が、農民たちのみならず、市民や商人たちの敵であり、「きわめて切実な治安を乱す者」でもあったラプラドをなおも取り除こうとしたのは、決して間違ってはいなかった。そのため、あらゆる手段に訴え、《全力を尽して》、「当市（ロマン）の善良な市民を歩兵および騎兵とする最上の部隊を、必要な食糧をすべてつけて攻囲線に向かわせる」ことが決議された。この目的のため、同市出身の隊長が二人、参事たちによって《選ばれた》。騎兵隊の隊長に選ばれたのはボールガールなる人物で、彼はまた、モーグーヴェール＝ボングーヴェール[25]のふざけた、だがきわめてブルジョワ的な《修道院[26]》を率いる地元の中心的存在でもあった。

一方、歩兵隊長には、とくにロマンの綱（縄）職人であるラロシュが選ばれた[44]。彼を選ぶにあたっては、かなり慎重な意見が出された。民衆同盟の影響力をもつメンバーで闘士でもあった彼は、ロマンの町では、職人でありながら穏健な第三党を代表していた。ポーミエのかつての友だが、友情が憎しみに変ってすでに久しいこの職人は、やがて一年後に訪れた決定的な時期に、名士たちの方に寝返り、叛徒たちの敗北を招くようになる。

ボールガールとラロシュは、それぞれの部隊の人選、つまり盗賊たちの根城である要塞に引き連れていく上で、「彼らが適任と思う男たちの選択」を一任された。速やかに人選のすんだラロシュの分遣隊は、シャトードゥーブルを攻囲するため、直ちに出発した。こうして攻囲戦に集結した、ラロシュとポーミエ傘下の二つの同盟部隊に属するロマン人たちは、かなりの数にのぼった。[45] 正確なところは分からないが、さらに彼らは、第一ないし第二隊と一緒に、大砲を二門運んでもいた。これらの大砲は、前の地方総督補佐官だったゴルゴド（一五七八年没）がロマンに設置して、市民たちの自由な裁量に任せようとしたものだった。[46]

神聖連合へと向かう次の段階は、速やかに乗り越えられた。シャトードゥーブルの攻囲[47]に、ほかならぬモジロン自身がついに加わったからである。いまどきの言葉を用いて言えば、モジロンはそこに《大衆の圧力を受けて赴いた》こととなる。そこで彼が見出した大義名分は人間愛であり、おそらくは正直なものだったろう。地方全体の総督補佐官として王権のために尽していた彼は、国王軍なり《正規軍》なりがシャトードゥーブル問題の解決に乗り出さなければ、ラプラドが俄仕立ての攻囲軍を粉砕してしまうだろうと考えた。いささか扱いにくいとはいえ、ラプラドがプロテスタントであるレディギエールの盟友である以上、こうした《粉砕》劇は、超カトリック主義者モジロンの望むところではなかった。「別のプロテスタントたちが介入するようなことにでもなれば、事態は紛糾し、（ラプラドは）永遠に記憶されるような虐殺に走るだろう」（A38）。モジロンはそう予測していたのだ。

先験的に言って、同盟側はモジロンに敵意を抱いていたわけではなかった。むしろ、彼が助けに来てくれるのを期待していた。むろん、本物の兵や軍人階級（基本的に）である国の貴族たちを引き連

訳注23—キャベツ《シュー》　フランス語の表現で、シェーヴル・シュー（chèvre chou）は「総花的、すべての立場を考慮した」の意。
訳注24—改革されたと思われる宗教の者たち　プロテスタント・ユグノー教徒のこと。
訳注25—モーグーヴェール＝ボングーヴェール　字義は「悪政＝善政」（第7章参照）。
訳注26—修道院　若者たちが組織したパロディックな結社。第7章参照。

れて、である。それゆえ、《民衆》は実際にモジロンが援軍に駆けつけてくれたのに満足した。「彼らはモジロンが自分たちとともに来て、シャトードゥーブルの城砦を奪取し、前記ラプラドを打破できるよう、彼が動員できる気構えのある貴族や兵を連れてくるよう懇願した」（A38）。

じつを言えば、攻囲者たちは、互いに《味方を敵と同様に監視していた》。モジロンはさほど頭が切れる人物ではなかった。だが、良識だけは弁えていた。その証拠に、彼は攻囲戦の指揮を取り、戦いが社会全体にまで拡大するのを何とか避けようとしたのだ。これに対し、同盟参加者たちの動機は、必ずしも純粋なものではなかった。彼らにとって、シャトードゥーブルは単なるワンステップにすぎなかった。では、彼らが考えていた最終目的とは、ごく簡単に言ってグルノーブルだったのか。

二通りの資料が別々に示唆している仮説からすれば、彼らはラプラドのような単純な盗賊を攻めるだけでなく、ドーフィネ地方の《中枢》まで、つまりグノーブルの高等法院や、納税者の血税で私腹を肥やしたと同盟参加者たちから非難されていた、財務官たちをも攻撃するつもりだったという。「そののち（シャトードゥーブルを奪取したのち）、彼らはグルノーブルの町を襲って国家や司法当局を転覆させ……、さらに財務官たちが難を避けて逃げ出したりしないよう計画した」。捕まれば、財務の報告をさせられることになる。財務官にしてみれば、そう考えただけで、逃げ出したくもなるだろう。だとすれば、この逃亡とは、おそらく財務官たちが味わわされた恐怖心を端的に物語るものといえる。

なおも夢想的な段階にとどまっていた同盟参加者たちのグルノーブル攻撃計画は、しかし表面的な印象ほど愚かしいものではなかった。重要都市のグルノーブルもまた、代訴人ガモを指導者とする民衆・職人党を有し、同盟側はさながらトロイの木馬と同じように、その党を当てにしていた。彼らはドーフィネ地方の中心都市で「反逆的な行動を開始し」、冒瀆も冒瀆、「ついには高等法院の権威に対して立ち向かい始めた、不穏分子たちの部隊(48)」に大いに期待した。

ポーミエにとって、グルノーブルを手に入れるという大それた野望と較べれば、シャトードゥーブルなどたいした価値はなかった。この指導者は戦略的な頭をもっていた。また、運動能力が優れているにもかかわらず、さほど実戦は好きでなかった。それゆえか、実際に彼は本格的な防塁を建設中だったロマンにとどまる、もしくは、じつに速やかに舞い戻るようになる。はたして彼は優柔不断だったのか日和見主義だったのか。ともあれポーミエは、同盟の仲間たち、つまり農民やロマン市民が、シャトードゥーブルで、部下として、だが自分抜きでそれぞれの役割を果たすように仕向けたのである。「前記ポーミエとその共犯の長たちは、ロマンを去ることを望んでおらず、前述した他の同盟参加者たちにシャトードゥーブルの茶番劇を演じさせていた」(A39)。

一方、モジロンは、予定通り一五七九年三月五日、数部隊を引き連れ、大砲二門も伴って、グルノーブルを後にする(P67)。行程の前半部は、イゼール川を筏で下らせた。いずれも小ぶりなものだったが、中世末期と同じように、要塞を落すには十分だった。

補佐役のソーサともどもシャトードゥーブルに着いたモジロンは、状況が思っていたより混沌としているのを知る。折も折、ブドウの枝の剪定時期(冬期に行われる)だった。攻囲線の同盟軍のうち、多くは即席の兵士であり、ブドウ栽培者もいた[27]。彼らのただ一つの気がかりは、ブドウ株のもとに戻り、火縄銃よりむしろセルペットを握るということだった。「彼らが考えていたのは、シャトードゥーブルに滞在することではなく、そこをただちに発ってブドウの世話をすることだった」(A39)。

さらに、攻囲軍の懐具合たるやひどいもので、むしろ無きに等しかった。急ごしらえの兵の多くが、全部まとめても、彼らが頭陀袋に入れて持ってきた食糧のみ、という有様だった。こうして新たに敵前逃亡の動機が速やかに生まれる。「彼らは攻囲に必要な物を考えたり気遣ったりしなかった。それゆえ、食糧が一杯に入った頭陀袋を担いできただけだった。それが空になったら、全てを捨てて家に戻るつもりだった」（A39）。

内情がこのようなものであったため、皮肉なことに、そこでは籠城側が攻囲側を兵糧攻めに追い込むという、普通とはまったく逆の現象がみられた。数日もすれば、攻囲自体が惨めな形で終息する惧れすらあった。「事実、これらのよき兵たちの大部分は、二日ほどとどまった後（シャトードゥーブルの城壁の下で）、隊を離れ、夜闇に紛れて逃げ出すようになった」[49]。規律にほとんど無頓着だった同盟部隊の指揮官たちは、「退路を遮断する」（A39）といった対策さえ考えなかった。だが、まさにそうしたいい加減さのおかげで、部隊を現地に貼りつけることができたのではなかったか。つまり、そこではだれもがじつに完璧なまでの気まぐれという波に浸かっていたのだ……。

そんな中に、モジロン一行が到着する。救世主のように待ち焦がれていた援軍ではあったが、それは逆に敵前逃亡を加速する（！）危険性を孕んでいた。《ムー（意気地なし）》と呼ばれる同盟参加者の一部は、この地方総督補佐官が、同盟の《強硬派》や過激派についてきた自分たちを懲戒するのではないかと危惧した。彼らはまた、モジロン一派の襲撃を避けるため、そそくさと逃げ出す腹づもりだった。だが、外交家で「騒動を恐れていた」モジロンは、「きわめて優しい口調で」（P67）皆に語りかける術を心得ていた。それが効を奏して、攻囲は何とか続行された。

さらに、地方総督補佐官モジロンはシャトードゥーブルの攻囲戦に投入した民衆の動揺を丸め込み、それを巧みに操ろうとした。「彼は食糧も軍需品も決して欠かすなとの命令を下した」（A39）。

モジロンがいることで社会秩序の維持が保証されていた、ロマンを初めとするいくつかの都市では、従来の指導者たちがすでに押しのけられていた。権力の座から一掃されたというわけではなかったが、権力構図が変ったこれらの都市は、ようやく重い腰を上げ、ラプラドに対する戦いに万全の援助を与えるようになった。一方、ヴィエンヌなどの都市や、小心翼々とした、あるいは万事に鈍い小名士たちに率いられていたサン＝タントワーヌといった小村は、それまで、少なくとも公的には同盟に協力することを拒んでいた。だが、モジロンが民衆の自発的な行動を保証するに及んで、ようやく態度を変え、ラプラド討伐の援軍を送った。そして、兵一〇〇人からなる部隊を維持するため、各共同体から三三三エキュ（兵一人あたり九リーヴルないし三エキュ以上）の税が徴収された(50)。

一五七九年三月一〇日、ドーフィネの市町村代表——参事ないし代理人——が一堂に会した大規模な集会がロマンで開かれる(51)。それはいわゆる神聖連合であり、制度的なものでもあった。だが、陳情書がなおざりにされたわけではなく、特権者たちが享受していた免税天国の終焉に関するさまざまな要求も忘れられてはいなかった。変化に対する歓喜に満ちた感情が、さながら大きな身震いのようにドーフィネ全体を駆け巡った。それは、言葉のもつ本来的かつ深い意味で、まさに「民衆的感情」と呼ぶべきものだった。

蜜月。同盟側と王権や地方および市町村の権力当局との団結は、揺ぎないように思えた……。グル

訳注27―セルペット　ブドウの房を収穫するための小型のナイフで、刃が鎌のように内側に湾曲している。同型のナイフは、ヨーロッパでは鉄器時代から使われていた。

ノーブルの高等法院もそれを後押しし、新たに評定官のミシェル・トメをロマンに派遣した。市民たちがモジロンに対して自らの務めを果たすよう促すためである。しかし、ロマンの有力者たちとポーミエとの間には、すでに抜き差しならない軋轢が生じていた(52)。

さて、シャトードゥーブルの攻囲軍は、ラプラドに対してもはや何らの手加減もなかった。ユグノー教徒から半ば見捨てられた彼は、以後、シャトードゥーブルの城壁内に退き、モジロンの大砲に晒されるようになる。そして、最初の数発で士気を阻喪した彼は、一五七九年三月一五日頃、ついに降伏する。「いかなる援軍も期待できなくなったラプラドは、シャトードゥーブルの町（実際には村）と城をモジロンに返し、自分と部下たちの命を救ってもらい、所持品もすっかり返してもらった」（P69）。

こうして彼はアルプスを越えて東に向かい、一握りの部下ともども、サルッツォ伯領(28)に身を寄せた。彼はそこで、隠れプロテスタントの旧友数人の友情に頼ったが、それも長くは続かなかった。ベルガルド元帥が、ドーフィネのユグノー教徒たちと示し合わせて彼を迎え入れ、とある要塞の指揮を託したのだった……。だが、ラプラドは動機不明の犯行のため、数カ月後に短刀で刺し殺されてしまう(53)。ウスタシュ・ピエモンは冷静にこう結論づけている。「これが、かかる盗人たちの末路であった(54)」。

かなり長い間、周辺の農村部に恐怖を撒き散らしていたシャトードゥーブルもまた、その要塞に立てこもった盗賊のために犠牲を払うことになる。すなわち、安全対策の一環として、「モジロンは（シャトードゥーブルの）城郭を徹底的に破壊させ、町（＝隣接した村）の城壁に巨大な切り通しを随所に開けさせたのである(55)」。

ラプラドに対する勝利は、盗賊行為の終焉を意味した。じつはシャトードゥーブルより若干早く、隊長ラ・クシュの拠点であり、ドーフィネにおける盗賊たちの第二の要塞だったルサが落ちていた(56)。このルサ攻略で手柄のあったのが、モンテリマールから農民部隊を率いてきたジャック・コラだった(第2章参照)。

❦ ❦ ❦

シャトードゥーブル事件と付随的なルサの事件は、さまざまな(反対)勢力が極端なまでに絡み合っているという、ドーフィネの状況を示すものだが、そこでは、社会・政治的な結社が人間と土地とを分け合っていた。これらの勢力分布と内容を列挙すれば次のようになる。まず、同地方南東部のユグノー教徒たちで、彼らはレディギエールの同調者と非同調者とに分かれていた(57)。ついで農民同盟と都市民同盟がくるが、後者にはユグノー派ないし親ユグノー派が若干含まれる(ロマン一帯)。だが、南部のモンテリマール一帯では、この同盟は明らかに親カトリック的なものとなっており、ロマンの場合にかなり鮮明にみられるように、慎重派(ラロシュ)と積極派(ポーミエ)とに分かれていた。

ここで付言しておきたいのは、農民の騒擾が、農村と都市の同盟の内部自体に本来の目的を求めながら、運動そのものを予期せぬ方向へと、つまり、まず盗賊たちへ、次いで領主たちへと転換させたのではないか、ということである。

訳注28―サルッツォ伯領　イタリア北部ピエモンテ地方。

前述のリストには、さらに《優勢な陣営》として、大・中規模の都市の有力者や貴族たちが加わる。税の問題について、彼らはそれぞれ態度を異にするが、混乱に対する嫌悪心から、地域の最高位のカトリック機関、すなわち、グルノーブルの高等法院やドーフィネ地方総督補佐官とたまたま提携していたにすぎなかった。後者の官職はモジロンが占めており、地方の兵力の一部を支配していた。

一方、ポーミエはこれらさまざまな勢力の間を器用に泳いでいた。翌年には消息不明となっているが、彼はいささかこみ入ったゲームをしていた。まずユグノー教徒と、さらに要塞の盗賊や追剝たちとも交渉をもった。やがて、農民たちとの友情に押し立てられて、盗賊たちを裏切ってもいる。そして最後に、自分の息のかかった指導者たちが、国王派やグルノーブルの実力者と、さらには性格的にも政治的にも不倶戴天の敵ともいうべき町の名士たちと、脆弱ながら連帯の絆を結ぶのを放置している。こうして彼はラプラドに対して立ち上がり、最後の瞬間、あるいは福音書にあるように、最後の時にやってきて、最初から働いている者と同じ報酬をもらう作業者を決め込んだのである。[29]

❦　❦　❦

シャトードゥーブルの陥落は、農民や職人、さらに他の同盟参加者たちにとって、何カ月も遠ざかっていた彼らの《仕事》に舞い戻れる時を意味した。だが、モジロンや有力者たちからすれば、それは権威の回復をもたらすようになるという意味しかもたなかった。

とはいえ、この権威の回復は、モジロンが試み、しばらくしてようやく成功したものだった。彼はシャトードゥーブルの荒廃した城壁の下に設けた（仮）小屋に市町村の主な長や隊長を召集し、その前で気持ちを和らげる演説をしている（P69）。要するに、彼は「国の解放と自由のために、彼らが自らの命と財産とを危険に晒した善意と熱情とに感謝の言葉を述べたのである」。しかし、当初からあった対立はなおも根強く残っていた。ラプラドに対する最終的かつ共通の勝利にもかかわらず、モジロンはシャトードゥーブル攻囲を決めたのが、農民を含む民衆であり、何ら権力当局が認めたものではない、という事実を忘れてはいなかった。そこで彼は、演説にこうも付け加えている。「以後、王の意志や命令なしに、武器を取って戦うといった気を起こさないでもらいたい」。

モジロンの演説は、飴と鞭を使い分けたものだった。彼は無骨な者たちにこう忠告しているのだ。今回の攻囲戦における当初の計画は、「あまりにも無謀であり、危険なものである。しかしそれも、二度とかかる仕儀に及ばない（王権によって緊急の許可が発せられた場合を除いて）ということなら許せる。この場で小職は、諸君がそれぞれ家に戻り、上位者に服従し、神が命ずるままに平和な生活を送れるよう、休暇を与えるものである(58)」。

これに対し、同盟参加者たちに動揺はなかった。名前は分からないが、彼らの指導者の一人ないし数人は、モジロンに次のように返事している。「われわれは国王の権威に反対して武器を取ったのではありません。その権威に仕えるためにそうしたのです。われわれは和平王令を遵守したいと思っているのです」（P69—70）。丁寧だが閉鎖的な言葉で、彼らはこう言って表面的にのみ譲歩し、実質は譲らなかった。言葉面《づら》を信じれば、いかにも平和主義的な意志表示だったが、まさに彼らはこの意志に基づいて、ラプラド一味の強盗と戦い、軍隊の仮面をつけた地元の守備隊と対決していたのだ。

訳注29—『マタイによる福音書』一〇、1—16。

行動に訴える……。それが彼らにとっては必要だった。

モジロンが召集した集会では、最終的に、なおも武装していた同盟側とモジロンとの間に何らかの妥協が成り立つ。それは、同盟者たちが武装のまま、ヴィロード製の手袋のように従順に（だが、実際には《豪腕》に）なるというものだった〔30〕。これと引き換えに、彼らはこの地方総督補佐官に対し、自分たちの陳情書に盛り込んださまざまな要求を支持するように求めた。すなわち、第三身分の自分たちに力を貸して、その税負担を貴族や聖職者に振り分けるよう頼んだのである。しかも、ドーフィネの伝統的な掟や特権に、「ドーフィネの自治権《リベルテ・デルフィナル》」に見合った形で、である。それは、ジャン・ド・ブール〔陳情書の起草者〕の意図に沿った要求でもあった。

決断を迫られたモジロンは、間近に迫った地方三部会で、こうした計画を弁護することを（漠然と）約束する。そして最後に、こう言わざるをえなかった。「平和な生活に満足し、互いに慈しみあい、次回の三部会まで待ってほしい」（P70）。

❦　❦　❦

ドーフィネ出身でフランコ＝プロヴァンス語を話すモジロンは、土地の人間に語りかけるのに適した弁舌ができた。そんな彼は、敵対的な意志をしばらくの間和らげることができた。だが、それは長く続かなかった。やがてこの弁舌は、ロマンの住民に対しても試みられるが、結果は同様だった。そこで彼は、叛乱の拠点であるロマンに赴くに際して、グルノーブルの高等法院から派遣された評定官ミシェル・トメに同道してもらった。

ロマンの市参事会で、モジロンは一般的な言葉を用いて、シャトードゥーブルの攻囲戦直前に市民の間に生まれた「噂と新たな騒動」を非難した。(59) より具体的にいえば、ポーミエ一派の叛乱職人たちが、通常、市門の開閉を担当する守備隊長から「市門の鍵を奪い、その任務を取り上げたこと」(P70)を非難したのである。それはじつに重要な鍵だった！　これらの鍵の使い方ひとつで、村の同盟仲間たちが、時にロマンの中心部まで入れたり規制されたりしたからだ。そしてこの鍵は、見かけよりはるかに重い物質として、本書で取り上げる政治的な紛争の真っ只中に、一度ならず入り込んでくるのであった……。

ロマンの住民たちがつねに非難されたのは、彼らの過激主義であり、急進主義であった。ヴァランスの者たちでもやろうとしなかったことに、諸君はあえて手を出す。市参事会で、モジロンはおおむねロマン人をこう非難した。《諸君は鍵番の守備隊長を取り替えてしまった》。どうしようもない罰当たりではないか……。

ロマンの町に「権力の二重構造」が存在していたことは、モジロンがこの地を訪れた時にはっきりみてとれた。そこでは、一方に《隊長》ポーミエが、つまり、町の主を自任する手工業者たちの《統治者》がいた。事実、彼は市壁や市門、一部の庶民地区、さらに市参事会の《異常なまでに余分な》分派を押さえていた。

彼の反対側には、有力者たちがいた。参事やロマン裁判所の廷吏、それに社会政治的システムの手足ともいうべき裁判官のゲランなどである。ゲランと参事たちは、参事館やコルドリエ地区を本拠と

訳注30―フランス語の表現で、「ヴィロード製の手袋をはめた　豪腕（鉄の手）」とは、「外柔内剛（の人）」を意味する。

していた。むろん、精神的にである。

このゲランは、市民総会（拡大参事会）の名で、市庁舎にいる地方総督補佐官のモジロンに返答するよう懇願されている。だが、補佐官に対し、彼は多少とも月並みな言葉で、「おそらく補佐官が受けたと思われる過ちと不平不満とを赦してくれるよう」求めただけだった（実をいえば、裁判官ゲランとその仲間たちは、こうした「過ち」とは無関係だった。彼らはつねに体制側を支えていたからである）。

それまで何ら重要性を帯びていなかった市門の鍵の話は、本質的というより、むしろ政治的な行為によって決着した。参事会ないし市民総会のすべてのメンバーは、全員一致で「厳かに宣誓し」、国王とモジロンに忠誠を誓うようになった。つまり、王国や地方の上の権威に対し、二度と武器を向けたりしないということを誓ったのである(60)。

では、羅紗職人のポーミエはどうなったか。欺瞞といえば欺瞞だが、モジロンは、詳細こそ分からないものの、彼と会い、「町の名誉を守り、国王に服従するよう申し付けている」（P70）。これに対し、ポーミエは厚顔にも相手の申し出をすべて守ると誓ったのだった。と同時に、良心の呵責を曲芸師のように操る彼は、シャトードゥーブルで仲間たちに言ったのとまったく同様に、自分が導いた同盟の行動が、単に「民衆がドーフィネの歴代公爵の意志に基づいて享受したいと願っていたさまざまな特権を、正当に求める」ためだけのものであった、と付言したのである。平民たちが自ら気がねなく解釈した《ドーフィネの自治権》ないし免税特権に与れれば、貴族や聖職者は納税に貢献せざるをえなくなり、その結果、税が第三身分のやせ細った肩にのみのしかかることがなくなって、第三身分としても、「自発的に」納税に《寄与する》ようになる。ポーミエはそう主張したのである。したがって、ポーミエもまた基本的なところまで譲歩したわけではなかった。この年、ポーミエは一度ならず柔軟さと頑なさとを使い分けた。一五七九年、彼はジャン・ド・ブールが起草したドーフィネの「陳情書」を守った。四カ月後には、カトリーヌ・ド・メディシスに対しても同様の姿勢を貫いている。だが、翌一五八〇年は、彼には不運な年となる。

❦　❦　❦

あらかじめ断っておけば、モジロンとポーミエとの和解は表面上のものだった。ドーフィネ地方の中心都市〔グルノーブル〕で事態が動いているだけに、それはなおのことだった。留守をすると、居場所を取られるの譬え通り、モジロンが、通常はグルノーブルに駐屯している正規軍数部隊を引きつれ、シャトードゥーブルの城壁の下で、同盟参加者たちとその義務を果たしている間、グルノーブルの秩序を守るはずの参事たちは、ポーミエほど急進的ではなかったにもかかわらず、一時的に兵のいなくなった《土地を占拠》してしまったのである。一五七九年三月一五日、彼らは民衆に武器を持たせた。つまり、住民たちは、「以後、つねに剣を帯び、必要に応じて貸し出される武器を取る」(61)よう、市当局から要求されたのである。

同一九日、彼らは市内のブルジョワ四人を指揮官とする、四〇〇人あまりの部隊を組織した。八日後の二七日には、噂が噂を呼び、やがてモジロンが戻ってくるとの情報が町を駆け巡る。参事会と筆頭参事たちは、それでもたじろがなかった。大勢の声に後押しされた彼らは、モジロンの面前で、職業的な兵たちからなる守備隊が、いかなるものであるにせよ市内に駐屯するのを拒んだ（同様の例は、シャトードゥーブルの陥落以前にもあった)。市外区についても同じだった。

グルノーブルの参事たちは、こうして一五七九年二月五日に遡る、ヴァランス市の冒瀆的ないし反撥的な態度を踏襲したのである。だが、彼らは、地方総督補佐官が大砲の返還を口実に、巨大な砲身ともども、一部の兵を城壁内に入れてしまうのではないかと恐れていた。そこで彼らは、「必要なら、自分たちの費用で大砲をシャトードゥーブルからグルノーブルまで運びたい、と申し出た(62)」。

こうしたことすべては、「連合」、すなわち農村だけでなく、都市――おそるべき都市――も加わった同盟の名でなされた。そして以後、「連合」は、ヴァランスやロマン、グルノーブルといったいくつかの都市で、合法的な、時には非合法な権力当局を再編するようになる。それはまたブルジョワジーの一部と手工業者たちとを結びつけた。ロマン自体では、両者は互いにはっきりと袂を分かっていたにもかかわらず、である。

さて、グルノーブルに戻ったモジロンは、この《国王の良き都市《ボン・ヴィル》》の通りで繰り広げられた謀反劇に愕然とする。「町に着くなり、彼は、前記市民たちからなる連合のメンバーが、数多くの太鼓と武器に身を固めた守備隊を組織しているのを知って、憤りを覚えた」(P71)。地方総督補佐官は一晩考えぬいた。そして、翌日、参事たちと市会(参事会なのか民衆の集会なのか、正確なところは不明)を召集する。「集会」は(高等法院の?)宮殿で開かれた。疲れを知らないモジロンは、そこで群集に凝った言葉で演説をし、「人々が正統な君主の権威に武器を向けた際に生ずるであろう危険を指摘した」。明らかにモジロンは、王政への忠誠に対する市民たちの異議申し立てをほとんど重大視していなかった……。はたして彼は、とんでもない間違いを犯したのか。

《君主》ないし国王を引き合いに出しての説得の後は、《高等法院的な》理屈である。モジロンは要点だけを聴衆に言う。「国務会議たる高等法院を抱えたグルノーブルのような町では」（P71）、《諸君はこのようなことをしてはならない》。たしかにグルノーブルのブルジョワジーは、新貴族の裁判官（評定官）に抗して立ち上がっていた。よくよく考えてみれば、〔ブルジョワジーや一般民衆に対して〕モジロンはすでにシャトードゥーブルやロマンで行ったのと同じ演説を、土地の事情に応じて多少文言を変えながら、グルノーブルでもやったことになる。それは三度目の演説となる。

　こうしてこの職業軍人は演壇の闘士《バトゥール・エストラド》〔31〕となった。そして、現代の政治家ないし選挙候補者にも似た仕事を誠実に行った。筆者が思うに、彼はその多くの敵が言い立てたほど野蛮ではなかった。

　多くの人口を抱えて活発だったグルノーブルで、モジロンの演説に対する反応はさほどはかばかしいものではなかった。たしかに高等法院の前でもたれた集会の場で、グルノーブルの住民たちから委任を受けた代表がモジロンに行った返答は、高圧的なものであり、期待とは裏腹なものだった。それは、将来、グルノーブルが《同盟》に加わることをはっきりと求める返答だった（この問題は、翌冬の情勢次第で再び論じられるところとなる）。モジロンとの協議に臨んだ相手はこう明言している。「グルノーブルの町は、守備隊から解放され、国王の（和平）勅令に従って平和な生活を送るため、ヴィエンヌやヴァランス、ロマンといった町の連合に入ります」。

　モジロンに突きつけられた一連の言葉には、グルノーブル住民たちに基本的な二つの要求が再び明確に示されていた。その要求とは、すでにみておいたように、ドーフィネの他の市町村から出されたそれと同じものであり、一つは、「良き愛国者として……自分たち自身で町を守る」ということだっ

訳注31――演壇の闘士《バトゥール＝エストラド》　本来的意味は、「浮浪者、斥候兵」。

た（ここでの愛国主義は、「フランス」に対するものではなく、純粋に地方ないし地域を対象とする）。もう一つは、彼らの有効な要望、つまり「民衆の陳情書にしたためられた正当な建白」（P71）の実現に努めることだった。端的にいえば、それは恐ろしい守備隊を市域から遠ざけ、税の一部を貴族や聖職者に払わせる。つまり、平和と公平な税とを求めていたのだ。これは至極控え目な要求であり、ド・ブールや陳情書の言説が、まさに普遍的な基盤を構成していた。

こうした市民たちの決定を前にして、もはやいかなる反論も無効であることを悟ったモジロンは、自らの権威をあらゆる悪魔に追いやって、[32]譲歩する。彼はグルノーブルの住民たちに「援助を申し出る」。すなわち、次回のドーフィネ地方三部会で、対立する社会集団間に全体的な和議が結ばれる期待をほのめかしたのだ。「次回の三部会の結論として、おそらく三身分は手を取り合って互いに相手を認め合うようになるだろうし、またそうならなければならない」（P72）。結局、ドーフィネ地方を襲った重大な階級闘争と対峙して、モジロンは相互的な連帯を主張することで応酬したのである。「互いに手を取り合い、深く愛し合うのだ、諸君」。グルノーブルやシャトードゥーブルで、彼は取り巻き連にこう言っている。

❦　❦　❦

持ち前の慎重さそのものと時間稼ぎの戦術とによって、モジロンは流動的であると同時に緊張を孕んだ、そして場所によっては革命的ですらある不安定な状況に、何とか適応しようとした。とりわけそうした状況は、ロマンと周辺農村部において著しかった。

ロマンでは、モジロンとゲランとポーミエとが受けを狙って交わした《ラムレットの抱擁》[33]にもかかわらず、ポーミエを取り巻く手工業者や耕作者たちはなおも警戒を怠りなかった。彼の後には、数百ともいうかなりの数にのぼる民衆が付き従っていた。加えて、一〇〇〇人以上もの活動家がおり、通りで示威行動を行った。つねに情報通だったゲランによれば、一五八〇年初頭には、ロマンだけで七五〇人の「同盟参加者」がいたという（A171）。この数は、同市の成人男子の人口が二〇〇〇を超えなかったと思われるところからして、かなりの《動員率》を示すものといえる。

シャトードゥーブルの奪取は、しかし同盟参加者の慢心を増上させた。叛徒たちの振舞いを報告することに余念のなかったゲランはこう記している。「同盟者たちは栄光に包まれてロマンに戻ってきたが、〔彼らの振舞いは〕とても見られたものではなかった」（A40）。栄光のぼろ着に包まれた勝利者たちの信じ難い行列が、ロマンの通りを進む様を想像しなければならないというのだ。だが、たしかに彼らは、この地でもっとも強大な盗賊の一人を排除した。まさに見事な手柄である。これに対し、土地のブルジョワジーは、ひたすら手を拱くだけだった。

自惚れが嵩じた同盟者たちは、もともと町の正当な所有物である大砲二門を、「町に入った後も」、大胆にも手元にとどめ置いた。これらの大砲は、ラプラドに対する作戦行動の際、彼らがシャトードゥーブルに運んだものであり、それを荷馬や荷物ともども持ち帰ったのだった。「だれが大砲の持ち主か」という問題は、ずっと後になって、市民たちの間にとりわけ重大な動揺を生むようになる

訳注32――「権威を棄てること」の謂。

訳注33――**ラムレットの抱擁**　「つかの間の和解」の意。フランス革命時に、ラムレットが立法議会でフイヤン派とジャコバン＝コルドリエ派の左右対立を収めて和解させたが、たちまちもとの木阿弥に戻ったことによる。

（筆者はここで、一八七一年のパリ・コミューンのことを想い起こしているのだが……）。「彼ら（同盟参加者たち）は、大胆にも大砲が自分たちのものだと言い張った」。

加えて、動揺は反領主的、《反貴族的》な性格を帯びるようになった。後述するように、こうした傾向は、理論的な声明書などではあまり目立たない形で現れるが、実践行動や日常的な振舞いの中では、危険な形をとる。ロマンや他所の「同盟参加者」の場合がまさにそうで、彼らはシャトードゥーブルから引き上げる際（A40）、「さほど立派ではない屋敷をもつ貴族たちを打倒する、と脅したのであった」。

これに関するゲランの証言は、《叛徒》の言い回しにおける「話し言葉」に関心を示している。貴族たち、もしくは少なくともそう呼ばれる一部の者たちは、農民の怨嗟の的だった盗賊ラ・プラド〔ないしラプラド〕を、シャトードゥーブルから追い払うのに力を貸していた。だが、感謝と政治的な感情とは異なる。社会階層は、たとえ下層であっても、冷血な怪物として振舞うことがある。「同盟参加者と農民たちは、前記シャトードゥーブルで前記貴族たちから受けた援助に感謝していなかった」（A40）。

貴族あるいは現行の領主制に反対する言葉の、もしくは言葉以上の横溢は、ロマン一帯にじわじわと浸透していった。「ロマンや近隣の村々では、増上慢が嵩じて、その領主もかくやと思わせるほど殿様気分に浸っている、下卑で愚劣な男しかいなかった」（A40）。これはゲランの貴重な証言であり、まさにそれが、ごく稀なことではあるが、「現実の」農民像を規定していた。

こうした反領主的意識は、かなり広まった。たとえ表面に出ず、静かでスキャンダラスな暴力を伴わずとも、それは、《同盟》が基本的にロマン周辺より控え目な目的を追い求めていた、より南部のモンテリマール一帯にまでみられた。たとえばマルサンヌの住民や参事たちは、一五八〇年の夏、自分たちの心のおもむくまま、《代議員》をひとり獲得しようとしていた。そこで、彼らの領主であり、もとプロヴァンスの地方総督補佐官をつとめ、ドーフィネとプロヴァンスの最高の名門一族に属するルイ・デュール・ドンシューは、次のような書状をこれらの参事たちにしたため、素っ気なく警告している。「わたしとしては、貴殿たちが、上長者に帰属するものを奪おうとする、（村の）同盟の仕儀に従おうとしているなどとは考えていません。まっとうな勧告を聞き入れて、わたしの考えと指示に従うように。そして、不埒な幻想に惑わされたり、法の定めるところに反しないように(63)」。

このルイ・デュールの書状は、マルサンヌの村と参事に、つまり村の少数のエリート識字者たち（役場書記など）に宛てられている。これらエリートたちは村を正式に代表していたが、彼らはその《エリート的》メンバーの一部が読んだり、書状を書き写す――しかもフランス語に――ことができるという事実によって、月並みではあるが、村では一目置かれた存在だった。マルサンヌの場合、したがって、統治者ないし《上長者》、すなわち領主の権威と財産に異議を申し立てようという企みを押さえられたのは、村の下層から「上層」までひっくるめてだったことになる。

こうして急進主義とみなされるようになったマルサンヌと近隣の村々は、コラや地域の穏健な同盟と仲違いしてしまう。コラは、これらの村がもつ反貴族的な傾向を明らかに危惧していた。理論的に彼の行動方針に従っていたにもかかわらず、である。彼によれば、そこには「数多くのならず者」がいて、「勇敢な貴族たちを脅かしていた」という。おそらくコラは、彼の同盟《左派》に固執していたこれらの村を、「非人道的に葬り去る」とさえ考えていた(64)。すでにみておいたように、コラはその政治的経歴を反貴族的なスローガンから始めていたが、この点については、彼の少なからぬ同調者よりはるかに慎重派だった。

ルイ・デュールがマルサンヌの参事たちを叱責した書状の言葉遣い自体は、興味深いものである。すでに紹介しておいた文言の必要部分だけを取り出せば、次のようになる。《「不埒な」幻想、「法」の定めるところ、「上長者」、「指示」》。これらの文言は、すでに一五六二年に、バ=ローヌやニーム・セヴェンヌ地方のユグノー派貴族たちが、プロテスタント農民たちを叱責するのに用いたものと酷似しているのだ。農民たちが、福音書に明記されていないことを根拠に、領主的諸権利や封地、領主所領、さらには教会十分の一税まで一緒くたに拒もうとしたからである(65)。

❦　❦　❦

ロマンでは、裁判や商品および参事会に関わる貴族たちに対する手工業者の異議申し立ては、なおも流血沙汰には至っていなかった。だが、反領主的闘争は、一五七九年の春頃から、支離滅裂に周辺農村にまで広まり、より《野蛮な》ものとなっていった。一部では、拷問を伴う虐殺も行われた(66)。したがって、ロマン市の階級闘争は、基本的に演劇的な色合いとは程遠いものだった（最後の段階で、それは性格を変えるようになるが……）。ゲランは独特のスタイルで、都市部と農村部との間にみられるようになったこの不一致について、次のように記している。「村人たちについて言えば、彼らは殺戮や焼き討ちといった、際限ないまでの行き過ぎた行動に走り、それは前記の町（ロマン）よりはるかに激しいものだった」（A42）。

ロマン近郊の、広大なクレリューの男爵領では、農民たちはまず領主権の機構自体、つまりその政治＝司法権の代理者（裁判官）と軍事力（城代）と官僚体制（書記）を攻撃している。もっとも、官僚体制とはいっても、小規模なものであり、おそらくは書記がただ一人いただけに過ぎなかったが……。「前記クレリューの男爵領では、彼らは自分たちを苦しめる裁判官や城代、あるいは書記を殺害せざるをえないほど不幸な状態に置かれており、悲嘆に駆られた彼らは、ついに裁判官たちを残酷にも死に至らしめた」（A42）。

だが、農民たちの反撥は、拷問され、虐殺されたこれら不運な家臣たちを越えて、さらに領主＝貴族自身にまで向けられていった。こうして彼らは領主の城館まで詰めかけた。それにはさまざまな理由があった。貴族たちの企みに対する恐れ、馬具の下で悪臭を放つ農民たちの昔からの敵意、新貴族に対する憎悪、免税特権……といった理由である。そこにはまた、領主制を打倒する、あるいは少なくとも弱体化させるという明確な意図もあった。

騒擾は、貴族領主ドルバンの城郭の火事と、それに続いて起きた領主による殺害事件（一五七九年四月一九日［A42］）で頂点に達する。ちなみに、この血生臭い小史の本質は、次に紹介する二つの話を比較すればよく分かるだろう。一方は頑ななまでに親貴族的・反農民的な話で、出所はゲランである。他方は公証人ピエモンによる親農民的な話、つまりドルバンやその同類、さらには貴族一般に敵対的な話である。

「きわめて敵対的な農民を有していたある貴族〔ゲランは名前を明示することなく、ドルバンをこう呼んでいる〕は、多くの農民に城館を襲われたが、よく戦ってそのうちの何人かを殺した」。

この記述を読めばただちに気づくが、登場する人物が匿名になっている。あるいはそれは、これをもって、カトリーヌ・ド・メディシスないし王宮にいる地方総督に対する、公式な報告にしようとしたためだろうか。いずれにせよ、ゲランは〔《ドルバン》といった〕固有名詞を二義的なものとみなしていた。もしかすると、国の指導者たちにとって、関心にない名前などどうでもよいとの判断が、彼自身のうちにあったのかもしれない。それとも、彼が守ろうとしていた反農民の主張を侵しかねない検証を避けようとしたためか。事件を僅か数行の言及で片付けたゲランの言葉を信ずれば、ドルバンの不幸は、おそらくこの貴族に対して農民たちが培ってきた敵意によって説明される。

一方、ピエモンは同じ事件に目を向け、その問題点を細かに分析している。彼は書いている。「一五七九年六月末頃〔ではなく、実際に事件が起きたのは四月。期日に関しては、ゲランは彼より詳しい〕、たまたまドルバン殿がその城館に、新たに爵位を受けた者を含む貴族たちを集め、〔農民たちに〕どのように報復するかを相談していると、突然辺りが騒々しくなった。村という村から農民たちが大勢集まり城館になだれ込んだのである」。

最初のうち、ピエモンは農民たちの行動を弁護していた。つまり、新貴族たちに問題ありとしていたのである。免税の恩恵を受けるようになったことや、成り上がり者にありがちな尊大な態度をとったことなどから、彼ら貴族たちは、税の公正化に情熱を燃やし、すぐに怒りの火がついた第三身分の憎しみを買った。彼はそう考えていた。と同時に、このサン＝タントワーヌの公証人は、事件の本質について、過ちの重い責任をすり替えてもいる。すなわち、事件の出発点に、彼は農民たちの憎悪ではなく、貴族たちの報復を位置づけているのだ。

前述したように、ゲランは話の流れをかなり凝縮している。この縮約版の狙いは、農民を罪人に仕立てようとする自らの主張を通そうとしたところにあった。そこには、一部ながら話が捏造されてもいた。彼の記述には、それゆえ農民たちの攻撃とドルバンの正当防衛とが語られている。自分の命を守るため、ドルバンは粗野な攻撃者たちの何人かを殺めなければならなかった。彼はそう言うのである……。

これに対し、ピエモンは同じ流血事件からより複雑な、そしておそらくはより正確な話を引き出している。それは、ドルバンやその共犯者である新旧の貴族にとって、きわめて立場が悪くなるものであった。彼は述べている。「(農民たちの)襲撃を知らされたドルバンは、いち早く(城館)を抜け出した。(農民たちの)部隊は彼が城館にいないのを知って、一人また一人と引き上げ、他のコミュノーテに通知した」。

ここでピエモンは《コミュノーテ》という言葉を用いている。これは、襲撃に農民個人だけでなく、各村を代表する集団的な機関、つまり常設の参事会も加担していたということを暗示している。それはまた、農村同盟を構成する兵たちの介在をも意味する。

こうした観点からすれば、素朴で正直者だったピエモンにとって、偽善的なゲランがドルバンのために主張した、《正当防衛》なる理屈はどうなるのだろうか。

公証人ピエモンはさらにこう続けている。「同夜、(農民たちの)部隊が引き上げたのを知ったドルバンと彼の部隊は、城館に戻った。そして、彼らは(農民たちの)部隊が再びやって来た場合、城館をどう守るか話し合った」（P74）。

ここまでは、何ら異常なところはない。だが、ここから事件は込み入ったものとなり、話はドルバンの評判に傷がつき、一部農民の命が失われるところへと展開していく。

「城館に戻ると、ドルバンは近くに住んで、普段は城館で彼のために働いている貧しい作男を三人呼びにやらせた。

三人がやって来ると、ドルバンはこう切り出して尋ねた。

──城館を襲った連中は何者だ？　どこから来たのだ？

これに対し、三人の作男は、彼ら（襲撃者）の数があまりに多すぎて、だれだか分からなかったと答えている。

するとドルバンは、三人が前記の場所（城館）に集まった貴族数人を覚えており、この城館の秘密も知っていることに気づいて、彼ら（作男）を城館から退出させた上、これを殺して死骸を放置した。だが、三人のうちで一人だけ、瀕死の重傷を負いながら助かった。二日後に、彼もまた息を引き取った」。だが、死ぬ前に、「彼はことの顚末と、ドルバン殿……とその一部の隣人たちが、この虐殺事件を容認していた事実を明らかにした」（P75）のだった。

だとすれば、前述したゲランの短い文言、すなわち「ドルバン殿は自衛し、何人かを殺した」という文言には、批判されるべきことがたくさん出てくる。事実、恐ろしい人物であるドルバンは、何人かの仲間──たとえば共犯者となるデュボワなる貴族──ないし殺し屋を頼んで、自分の利益や危険な秘密を守るため、子飼の作男たちを殺させて口封じをしたのだ。ドーフィネの貴族の犯罪がこうしてひとたび明るみに出ると、農民たちの怒りは倍加した。そして、すでにピエモンが言及していた守りの姿勢が一転し、新たに断罪の動きが生まれるのだった。

この時点から、ゲランとピエモンがそれぞれに語る二通りの話が符合するようになる。ただし、これら二人の作者のうち、後者による話の方がより詳細をきわめている。というのも、何一つ隠し立てをしていないサン＝タントワーヌの公証人とは逆に、ロマンの裁判官は、結局のところ、少なくとも事件に関するかぎり、自分に都合のよい情報しか示さず、いわば出し惜しみをしているからである。

いずれにせよ、瀕死の作男によって語られた新たな殺戮を知って、いくつかの村と同盟部隊は、その復讐のため、改めて行動に出たはずである。「知らせを受けた人々は、この犯罪にどう報復するかを話し合った」（P75）。「彼らは警鐘の音を聞きつけて集まってきた」（A42）。「八〇〇ないし九〇〇もの男たちが、ドルバンの城館を包囲しようと舞い戻ってきた」（P75）。

恐ろしい襲撃の知らせを前もって察知した領主ドルバンは、仕返しを待ったりはせず、そそくさと城館を逃げ出した。葬り去るべき相手がいなくなったドルバンの敵たちは、城館を略奪し、そこに蓄えられていたワインを飲んだり、食べ物を貪ったりした後、これに火を放って鬱憤を晴らした（P75）。農民たちの復讐劇は、こうして仕返しすべき相手に逃げられてしまい、やり場のない《怒りが火のように燃え上がった》[34]。「（農民たちの）強大な力と、その数が刻々と増していくのを知ったこの貴族（ドルバン）は、それを逃れ、命だけは何とか助かる道を見出した。だが、財産と城館までは無理だった。それらは、略奪されたのち、焼かれて灰燼に帰してしまったからである」（A42）。

訳注34―怒りが火のように燃え上がった　原文の字義は「《赤い雄鶏》へと向かった」。

ドルバンの城館に続いて、三人の殺害に共犯者として加担したデュボワの城館も焼き討ちにあった（P75）。ゲランは書いている。「怒りが収まらなかった彼ら（農民たち）は、次にドルバンの隣人であるもう一人の貴族の城館も焼き討ちし、さらに別の貴族の屋敷に対しても同様の復讐をすべく、出発した。そして……」（A42）。

このテクストからも分かるように、ゲランは《赤い雄鶏》（農民たちの憤り）がひとりでに広まっていったと思わせたがっている。怒り狂った者たちの手にした松明が、勝手に城館から城館へと炎を飛ばした。彼はそう言いたかったのだろうか。よもやそんなことはあるまい。二番目の火災は、どうみても《理性》を欠いたものでは決してなかった。おぞましいものでもなかった。事実、ピエモンはそう指摘し、デュボワがドルバンの共犯者だったことを強調しているのだ。ともあれ、これら二人の領主は一時的に助かったが、巣窟は烏有に帰した。

城館を焼かれた領主ドルバンは、何とか命だけは助かるものと思いこんでいた。だが、間もなく彼はわが身の不運をかこつようになる。ゲランはこう述べている。「ここで記しておくべきなのは、やがて一五八〇年四月一九日、彼（ドルバン）は廃墟となった城館を見に行った際、農民たちの火縄銃によって、あえない最期を遂げたということである」（A42）。

三面記事的な旱魃の話とともに、ゲランはこうして暗殺劇を語り、パリや上流階級の目にそれがより悲観的なものと映るように、その原因を農民たちの騒擾にあるとしている。ここでもまた、彼は正確な描写（事件自体について）と部分的な描写（動機について）とを使い分けている。実際、貴族ドルバンの暗殺に触れながら、たしかに犯罪的な行為が、三人の作男の血生臭い殺戮に対して農民たちが行った、ひとつの報復措置としても考えられるということを、口をつぐんで語ろうとしないのだ。

加えてゲランは、これら一連の出来事に先立って、じつはドルバンには罪に汚れた前歴があるという点を故意に見落としてもいる。

一方、ピエモンはといえば、この点に関して、ひたすら明らかにしようとしているようにも思える。ドルバンの死んだ日については誤解しているにもかかわらず、である。彼はドルバンを親殺しとまで呼んでいる。「人口に膾炙した煽動的で不穏な噂によれば、前記ドルバン殿はロマンから……戻ってきた何者かに殺されたというが、と同様に、そのロマンで実父を殺したとも言われている」（P75）。

なるほどゲランの記述は、こと事件や年代に関するかぎり、不正確ではない。偽善的なこの裁判官は、どこかで真実を語らずにはいられなかった。だが、際限なく狡猾な彼は、自らが紡ぎ出す語りを操作し、切り詰めた。これに対し、ピエモンは、日付については必ずしも信頼できるというわけにはいかないものの、彼がドルバンとその仲間たちに対する農民たちの行動を吟味するようになって以来、たしかに裁判官ゲランより真実を語るようになっている。

グルノーブルの高等法院は、初めのうち農民同盟に反感を抱いていたが、ゲランが一五八〇年のロマンのカルナヴァル以降、同盟参加者やその農村の仲間たちに厳罰をもって臨むに及んで、暗黙裡にゲランよりピエモンの主張を正しいとするようになる。たしかに高等法院のメンバーたちは、闘争心を剝き出しにして、《一五七九年二月一八日のペイランでのド・ガスト邸略奪、一五七九年四月のヴォーヌのクレリュー男爵領における裁判官と城代と書記の殺害》(68)を初めとするいくつかの行動を、処罰している。だが、《ドルバンとデュボワの城館略奪と焼き討ち》やドルバンの殺害には、目だった形での反対もせず、判決も下していないのだ。

グルノーブルのお偉方は、貴族や、彼ら自身がそれを享受しているさまざまな特権にきわめて忠実であった。しかし、彼らもまた、公共の秩序に著しく反するものだったにもかかわらず、ドルバンへのさまざまな策謀を水に流して問題視しなかった。ゲランの報告で割愛されていた、ドルバンに対するピエモンの詳細な告発も暗黙裡に支持した。だが、ゲランはドルバンが農民たちに仕掛けた罠について口をつぐみ、そうすることで、自らがやがてポーミエに仕掛けるようになる罠を、前もって告げてもいるのだ。

一方、こうした春に背いての農民一揆にも恐怖を覚えなかった貴族たちは、問題を綿密に検討したりはしなかった。ただ、最悪の事態に対する備えは怠りなかった。たとえば、一五七九年六月、翌年の農民鎮圧で一躍名を馳せるようになるトゥルノン伯は、あらゆる事態に備えて四〇〇名からなる軍隊を組織している(69)。では、農民の《大いなる恐怖》を波及的に育んだものとは何なのか。

❧ ❧ ❧

一五七九年春のこれら一連の恐ろしい焼き討ち・殺害事件(クレリューで起きた暴力ないし《大胆不敵な》行動、デュボワの城館とド・ガスト邸の焼き討ち、さらにドルバンの城館焼き討ちと本人の殺害)のうちに、有力者たちはささやかな、だが決して否定できない慰みを見出して満足するほかなかった。農民たちの血生臭くも激しい、そして急進的なまでの騒擾が、なおもロマン一帯にのみとどまっていたからである。一五七九年五月一二日、三部会代表のバセはこう手紙に書き記している。「有難いことに、他所(ドーフィネの他の地域)では、農民たちは慎ましく自制しています」。この手紙の中で、彼はさらに各都市の参事たちに対し、新たな騒動を防ぎ、「かかる野蛮な叛徒たちを逮捕するため」、守りを固めるよう進言している。[70] ロマンとその周辺農村は、こうして過不足なく《台風の目》としてあったのだ。

❧　❧　❧

城郭放火魔の発作が槍玉にあげたのは、統治者の城館ないし身体というより、むしろ農民たちが領主に負う一連の債務や義務だったと考えるべきなのだろうか。たしかに農村の暴徒たちは、しかじかの村民がこれらの債務を公式に認めた証書、まさに「認知証書《アクト・ド・ルコネイサンス》」と呼ばれるものすら、臆することなく攻撃した。そこで燃やされたものは、そうした認知がすべて記されている台帳、つまりフランス北部からきた法律用語で言うところの「土地台帳《テリエ》」だった。つまり、村人たちの攻勢は、土地台帳への攻撃として悪化ないし開花し、それに付随して、時に殺人やさまざまな犯罪的行為を働いたのだ。ゲランによれば、ポーミエのために動いた、あるいは彼を後ろ盾とした農民たちは、「オートリヴ村の伯爵領で認知証書の更新を行っていた、ブシャージ伯爵殿の徴税請負人《ランティエ》モンリュエルを血祭りにあげている。彼らは《土地台帳》を奪い、モンリュエルと手伝いたちの財布や外套、剣、さらには衣服などを盗んだ後、この台帳を燃やした」（Ａ４２）という。

領主帳簿の焼却は、重要な意味を帯びていた。土地台帳は、きわめて有効性の高い、それゆえ農民たちがきわめて危険なものと判断した証書と量的な近代性とが、領主的諸権利という、多少ともおおらかなアルカイズムの中に侵入していることを象徴しているからである。これらの土地台帳は、フランス革命前夜にかなり広範にみられるようになる。土地台帳の作成者ないし《封建法学者》だったバ

ブーフは、自分自身に対する反撥から、農村と都市の急進主義を標榜するもっとも過激な闘士となっている。(35)

詳細は不明だが、ドーフィネ＝サヴォワ地方、今日言うところの《ローヌ＝アルプス》地方では、土地台帳の作成が、十六―十七世紀に、農民たちの激しい反対行動の対象になっていた。一般的に言って、当時の高官たちはこれらの行動を、明らかに誤って埒もないものと考えていたが、ゲランが指摘した、土地台帳の作成者モンリュエルに対する過激な行動の背景には、まさに一五七九年の農民戦争という特殊事情があったのだ。

十七世紀の、より正鵠を期して言えば一六八〇年のサヴォワ地方で繰り広げられた、領主諸権利に関する新しい台帳に対する農民たちの攻撃は、かなり過酷なものであり、しばしば絵画的《ピトレスク》なものでさえあった。貴族の家族文書には、同様の暴動のことが恐ろしい言葉を用いて言及されている。サヴォワの歴史家ジャン・ニコラがそうした記述を発見したのは、まさに私蔵古文書の中の資料からだった。(71)フランス南東部における裁判関連の古文書館は、自ら些細なものとみなす、これら《細かな》事件の報告書までも保存してくれてはいない。だが、この報告書こそが、当時展開していた二重の矛盾した近代化、すなわち、書類にこだわる領主たちと反体制的な農民たち双方の近代化が、はたしてどのようなものであったかを明らかにしてくれるのだ。

❦　❦　❦

貴族たちに向けられるようになった農村の不満は、他の時代ならほとんど重要視されない気象問題によって激化する。「一五七九年四月一六日、季節に背いて、厳しい寒風が北から吹いた」（P72）。翌一七日の聖金曜日[36]、この北風は雪に変った。凍結のため、石にもひびが入ると思えるほどだった。不運なことに、ブドウや、ドーフィネ地方でかなり広く栽培されていたクルミの木は、すでに樹液を漲らせていた。それが凍結してしまったのだ。

これによって、ブドウの刈り取りとクルミ（油用）の収穫の期待がすっかり費え、もしくは、少なくともかなり減少した。「そのため、聖週間[37]に一四ドゥニエ足らずだったワイン一壺が、復活祭主日（氷結後）には三六ドゥニエ、続く収穫期には四八ドゥニエにまで跳ねあがった」。一方、クルミ油は六リヤールから四スー[38]にまでなった。とすれば、当然のことながら、投機家たち、つまり、商売用のワインのストックを抱えた者たちが、きたるべきブドウの悲惨な収穫を見こんで売り惜しみをするようになる。すでに春先から、彼らは自分たちが商うワインの値段を吊り上げていた。

ブドウ畑をもたず、自らの財布をはたいてワインを買っていた愛飲家にしてみれば、この予期せぬ事態は頭の痛いことだった。《大酒のみ《ボン・ビブロン》》[39]のある鍛冶師は、ワインの高値に憤り、こんな冒瀆的な悪態をついたものだった。「神がブドウを凍らせたのだとしたら、俺様が鉄を鍛えるように、その頭にハンマーをくれてやる」。だが、数時間後、この不遜な鍛冶師は出血多量で死んでいる……。

訳注35―バブーフ　一七六〇―九七年。革命家。フランス北部ピカルディー地方のモンディディエで行政官をつとめていた際、土地の分配と農業法に関する考察を著している。革命後、共産主義的理論を発表し、ロベスピエールに協力する。だが、総裁政府の転覆を企てて失敗し、処刑される。

訳注36―聖金曜日　復活祭主日直前の金曜日。

訳注37―聖週間　復活祭主日直前の週。

訳注38―一リヤールは三ドゥニエ、一スーは一二ドゥニエに相当。

訳注39―大酒のみ《ボン・ビブロン》　字義は「良い哺乳瓶」。

都市部での騒擾や農民一揆に不作が加わった状況のさなか、ドーフィネの地方三部会は季節外れの寒さのもとで開かれた。一五七九年四月一九日のことである。第三身分ないし《民衆》(72)代表たちは、そこでもっとも戦闘的な熱気を見せつけた。一五七九年の平民の激しさは、しばらくの間、一七八九年の革命時にドーフィネの第三身分にみられた、かなり厳しい反動を髣髴させるものだった。この激しさは、二つの支配的身分(73)をあたふたさせ、それに対する反応もまちまちだった。ド・ブール[40]に虚栄心をくすぐられた聖職者たちは、部分的なら譲歩してもよいとの意向を示した。すなわち、免税の特権こそ主張していたが、新たに平民から得た不動産に対する物的タイユ税を支払うことを受け入れたのである。これによって、なおも聖職者の資産外にあり、第三身分の手の中にとどまっていた、不動産の残りの部分に対する重い課税がそれだけ避けられることになる。

だが、聖職者とは反対に、貴族たちは厳しく頑固で、一歩たりと妥協しなかった。税を巡る第三身分との対立は、彼らによる平民の土地――《リュラル》[41]――の獲得と同時に、新貴族に与えられたタイユ税の免除に関わっていた。もとより新貴族に対する免税措置は、第三身分が大半を占めていた納税者にしてみれば、まことに我慢のならないものだった。それまで同じ身分だった者たちが、貴族となって免税の特権を享受し、それにつれて自分たちの税負担が重くなるからである。

これら二つの対立点に関して、貴族たちは地方三部会を舞台に、悪魔もかくやと思わせるほど奮闘し、防戦にこれ努めた。「貴族たちは、村で新たに手に入れた財産に対するタイユ税を一文たりと払うまいと、おおいに頑張った」（Ｐ７３）。新貴族たちのこうした徹底抗戦は、何ら驚くべきことではなかった。平民という身分と不愉快な納税とからようやく抜け出した彼らであってみれば、再びそれを経験したいとは思わなかっただろう。

しかしながら、第三身分は一枚岩ではなかった。三部会の代表である名士たち一派は、貴族や聖職者の免税特権には激しく反対しながら、農民階級の叛乱に対しては不寛容という態度を断固とっていた。一方、ポーミエを初めとする過激派の指導者たちは、《第三身分の平民》を後ろ盾としていた。両者の対立は、まさに抜き差し難いものだった。

やがて一五七九年五月一二日、地方三部会の第三身分代表、つまり体制派の穏健な者たちは、彼らの代理人に和解の声明文を託している。彼らはそこで、「ロマン周辺の村々で先ごろ起きた過激で恐ろしい蛮行」に遺憾の意を表明し、「裁判官と城代と（クレリュー男爵領の）書記に対してなされた殺害」を、格段の力をこめて非難している。また、いくつかの城火事、つまり「ドルバン、デュボワ、ド・ガスト殿の城館の焼き討ちや、その他の犯罪」をも断罪しているのだ。

彼ら名士たちは、こうして〔一揆農民たちを〕非難する一方で、農村部の混乱が、例によって過激派の前衛だけで起きており、油のシミのようにロマン一帯から外に浸透しなかったことを喜んだ。だが、彼らはとんだ思い違いをしていたのではないか。彼らの委託人たちのことを誤解していたのではないか。いぜれにせよ、彼ら名士たちは、この混乱に限界がある以上、第三身分の「陳情書」に盛り込まれたさまざまな要求が、最終的には通るものとの見通しを立てていた[74]。そして、国王と地方総督補佐官、グルノーブルの高等法院、裁判所、つまり「国王陛下とモジロン閣下、法院の評定官およびその他の司法官殿たち」からなる至高の四権威のもとで、最低限の合意が約束されなければならないと訴

訳注40―ド・ブール　ヴィエンヌの裁判官で「陳情書」起草者。　訳注41―リュラル　字義は「農村（住民）」。第3章参照。

えたのだった。
融和的なものたろうとするこの文書は、三部会代表バセの出席のもとで、ドーフィネ各地の市町村から三部会に派遣された参事、基本的には都市部の参事たちによって副署された。むろん、これら市町村の中には、同地方の《主要一〇都市》も含まれていた。

第三身分ないしその活動的な少数派の中には、三つの陣営がはっきりと、あるいは少なくとも輪郭だけをとって立ち現れていた。都市部の寡頭支配者と平民手工業者（都市民を含む）、それに、復讐ないし憎悪の名のもとにいくつかの城を荒らした、統制のきかない農民たちである。そんな農民たちと手工業者たちの間には、辛うじて連帯が保たれていたが、都市部の寡頭支配者と都市部ないし農村部の平民との間では、かつて税の特権に対して共同戦線が張られていたにもかかわらず、すでに連帯意識は瓦解していた。

こうした裂け目や緊張状態がなぜ生まれたかについては、容易に説明がつく。それは、農民たちの戦いが先鋭化し、より粗暴なものとなっていったからである。ここでの《先鋭化》は、しかし皆の満足するところではなかった。各都市、とりわけ名高いドーフィネの《一〇都市》は地代で、より一般的に言えば、農業のあがりで生きていたからである。つまり、このあがりが、有力者たちの寄付ないし金銭的消費によって、直接的あるいは間接的に市民全体に注がれていたのだ。してみれば、教会十分の一税や領主制的賦課租、さらには小作料といった農村部の負担に基づくシステム全体が、農民一揆の炎によって焼き尽されてしまっては元も子もなくなるではないか……。

いや、農民の中にさえ、大胆だが血生臭い行為を、民衆同盟の名のもとで、自分がその行為の紛れもない責任者となることを、恐れる者がいた。裁判官ゲランは、こうした〔第三身分内の〕対立という有利な状況につけいった。普段からの嗅覚に物言わせて、彼はいち早くそれを見抜いていたのだ。「一通の手紙によって一部の叛徒たちの心をつかんだ」（Ａ４２）彼は、何人かの同盟参加者を慰撫し、ある城の焼き討ちを未然に防いだのである。

ロマンですら、「連合」ないし《同盟》の穏健派は、市壁からでも煙が見えた城館の焼き討ちに対し、冷ややかな態度をとっていた。そして、一五七九年の初夏には、手工業者の中で分裂が起きている。「巧妙な手段を用いて、彼ら（おそらくゲランとその仲間たち）は、ポーミエにとって呪わしくも敵対的な方法を見出した。前記町（ロマン）出身のラロシュと呼ばれる兵士がそれである」。すでに紹介しておいたように、ラロシュの本職は、綱（縄）職人。つまり、他の台帳に登場する羅紗職人のポーミエと同様に、《繊維》関連の人物だった。

前述したように、二人は互いに相手の子供の名付け親をつとめた洗礼式が縁で、親友となった。「ラロシュとポーミエは若い時分から親友であり、戦争にも一緒に行った仲だった」。彼らは地元の「連合」ないし同盟の共同創設者であり、ともにそのメンバーだった。一五七九年初頭、セルヴ＝ポーミエは射撃の腕前を競う特別な「王国」において、なおも火縄銃の王に選ばれているが、ラロシュはそんなポーミエの《下僕》ないし「二番手」を宣せられていた[75]。両者のこうした絆は、平民同盟（ポーミエ）と、より裕福な地区の半＝職人的要素（ラロシュ）との連帯を具現化していた。だが、この絆は、一五八〇年のカルナヴァル期間に起きた血生臭いドラマの前触れともなった、市民たちの連帯瓦解時に断たれている。

ラロシュは穏健派に鞍替えし、次第に有力者との結びつきを強め、ついにはゲランに籠絡されるままになった。ポーミエの方は、ラロシュと同じ社会的階層にあったが[76]、依然過激派を標榜し、明らかに町の顔役たちとは一線を画していた。それぞれ反体制的な職人たちの分派を率いていた二人の関係が断たれた原因は、農民たちの暴力を恐れたラロシュの言葉が、不幸にしてポーミエの不興を買ったところにあった。ラロシュは言っている。

――叛徒たちがこのまま暴力沙汰を続けていけば、首吊りされる連中が多くなって、通りが悪臭を放つようになる（A43）。

この言葉が、ポーミエの感情を傷つけた。当然といえば当然だが、彼は《有徳家たち》によって絞首台に送られる、最初の護送車に乗ることを恐れていたからだ。怒ったポーミエはラロシュを脅した。おそらくこれを殺そうとも考えていた。だが、密かに体制側と通じてもいた穏健派の集団がポーミエの敵の命を救い、嵐を収めさせた。「ラロシュは、町にいるかなりの数の仲間や、彼に肩入れしている有徳家たちの力を頼んで抵抗した」（A43）。有力者たちはラロシュがポーミエ勢力に対する向かい火となってくれることを喜んだ。そして、秘密工作員ではないが、さほど目立たないこの人物のおかげで、彼らは敵方の内部に足を踏み入れることができた。さらに彼らは、ラロシュが一〇日から一二日以内に町からこっそり姿を消すのにも手を貸した。

やがて、事態が収まる。綱職人も、依然属していたもっとも過激な分派とのまずい関係こそ続いていたものの、何とかロマンに舞い戻ることができた。こうして彼は、普段の仕事を再開するようになる。しかし、それも次の決定的な対立が起きるまでだった。

一五七九年のロマンにおける活動家内部の分裂は、あくまでも単なる個別の事例に過ぎない。しかし、それは穏健派と急進派（都市部）とのありふれた分裂という点において、きわめて典型的なものでもあった。では、農村部における小名士と村の統制のきかない分子との間では、この種の分裂劇はさほど顕著ではなかったのか。たしかにそこでは、いわゆる神聖連合を結成するまでには至っていなかった。つまり、貴族と同盟参加者たちとが手を握り合うまでにはまだ間があったのだ……。

両者の提携は、シャトードゥーブルの陥落後に実を結んだ。それまで、民衆側は貴族との連帯はもとより、内部的な合意ないし一貫性すら失っていた。貴族はそんな「民衆に対し、かつてなかったほど激しい怒りをぶつけるようになっていた」（P75）。「連合」ないし同盟の指導者層も、ドルバン城館の焼き討ちに加わったグループの指揮者たちを非難した。放火魔たちはそんな非難に無関心を装ったが、それぞれの長たちから見せしめの制裁を科せられるとの威しを受けた。だが、制裁はついに実施されなかった。とはいえ、同盟の司令部にとって、それは当初の純粋に平和的かつ防御的な目的を想い起こす機会となった。敵から身を守り、ド・ブールが作成した陳情書に盛り込まれている、さまざまな主張や要求の実現を「謹んで」獲得する。それが本来の目的だった。

サン＝タントワーヌの公証人〔ピエモン〕がいみじくも書いているように、「連合の主だった長たち」が、小規模な農民一揆の行き過ぎによって連帯を崩されていた時ですら、町の騒擾は何ほどか地歩を固めていた。たとえばロマンでは、参事たちの寡頭政治に対して、ポーミエを中心とする、かなりの数の男たちからなる集団が結成されている（ここで男たちと言ったのは、都市部でのこの反対運動に、面妖なことに女たちの姿が見られないからである）。そこで戦わされた議論は、利害問題についてだった。大規模な窃盗（！）が繰り返されているではないか。富裕者たちの指図に従って、町の管理者たちが貧しい者たちや納税者を食い物にしているではないか。民衆側が行ったこうした告発は、ゲランからは否定され、ピエモンからは本当だとして支持されたが（P88）、決して間違ってはいなかった。

ともあれ、それはかなりの金額に及んでいた。ゲランは書いている。「前記町における彼らの暴走は、ロマンの参事や行政に反対して始まったもので、二万エキュ以上の金額が着服されたことを告発している[77]」（A40）。二万エキュ、すなわち六万リーヴルという金額は、当時としては大変な数字である。《叛徒たち》が求めたのは、「ロマン市の抱えている負債を返済するため」この金額を返還せよ、ということだった。それにしても、巨額な負債である。これに見合うだけの債権の一部は、グルノーブルやリヨンの金融家か「高利貸し」に負っていた。

そこで、民衆側は、市参事会で新たに指名された仲間を通じて、《会計監査人《オーディトゥール・ド・コント》》を複数任命させた。これら監査人たちは、権力を握り、あるいは市の予算を操作していた有力者たちに対し、不快の念を隠そうとはしなかったが、予算のお手盛りについては、子細に調査した。にわか仕立てではあったものの、彼らはかつての参事マフィアたちを、その友人や縁者ともども執拗に追い詰めた。よき社会学者でもあったゲランの定義によれば、ここでのマフィアとは、「二一〇年来、ほとんど参事職を独占してきた、ブルジョワの名士や商人の大部分によって」（Ａ４１）構成されていたという。《二〇年》前というと、一五六〇年代。つまり、宗教戦争が始まった時期になる。それは町を危機に陥れた戦争であった。そして、この危機感がさらに民衆の恨みを育んでいった。重税と市庁舎で不正を働いていた者たちに対する恨みを、である。

元参事たちは喧嘩を売られた。横領した公金、つまり裏金の「利益のあがり（利息の利息）」を要求されたのだ。だが、会計監査人たちによるこうした喧嘩は、次第に出口なしの状況を生んでいった。調査は長引いて数カ月にも及んだ。敵に横領金を返済させることができなかった《監査人たち》は、それでもいろいろ手を尽し、調査を終了させようとする要求を拒んだ。こうして彼らは、町の有力者や役人たちに、おそらく根拠のある疑いを投げつけた。これに呼応するかのように、もっとも激した民衆の指導者たちが、突然、「貧しい者たちを食い物にして私財を蓄えた」秩序側の者たちを襲い、あるいは略奪しようと提案する。少なくとも、強制的に〔横領金を〕戻させるのだともいう。これら二つの、とくに後者の脅迫が、一五八〇年二月、ロマンのカルナヴァルの始まりを告げる陰気な仮面行列の引きがねとなったのだ。

市民や平民の圧力に、農民ないし村人たちの圧力が加わる。この二重の圧力は、二通りの反対運動、すなわち、一方は市民・手工業者的、他方は農民・軍事的という両面的な運動を指導者として率いた、ポーミエの両面作戦からとりわけ力を得ていた。アントワーヌ・ゲランは、都市と農村とのこうした恐ろしい結託が、はたして何を意味するのか、よく気づいていた。その結託ぶりはまた、市の行政や財務の諸問題に対し、《詐欺師たちを倒せ！》といったスローガンの上にもはっきりと現れている。

裁判官ゲランは書いている。「叛徒たちは、市民を掌握するだけでは満足できなかった」。さらに、彼はこう続けている。「彼らはまた、かなりのドゥニエが見つかりやしないかとの期待を抱きつつ、《会計監査》という手段を弄して村人たちも支配した」。裁判官が言うように、こうして《叛徒たち》は、「自分たちの悪計を実行に移すため、一緒になって同じ口実を作り上げ、村人たちを利用した」（A41）。それは、町の大《詐欺師たち》が返さなければならない金銭を流用して、村々の負債を払わせるという考えによるものだったという……[78]。

しかし、ロマンの民衆は、市の公金問題を蒸し返すだけでは満足しなかった。市の会計官や元参事たちを攻撃していた叛徒たちは、「裁判官をも攻撃の槍玉にあげ、刑事訴訟に手心を加えさせ、勝手に囚人たちを出獄させた。さらに、ロマンの王室記録保管所の扉や窓を打ち破った」（A41）。これらの乱暴で《悪辣》なやり方は、都市部においては、後述するように、裁判領主制ないし裁判国家に対する異議申し立てへとつながった[79]。だが、この相手は重すぎる！　ちなみに、当時王太子〔42〕の下にあったフランス王室は、一般的に言ってグルノーブル地方に、とくにロマンに対して、かねてよりその権威をより強く押しつけ、ロマンのサン＝ベルナール大教会の聖堂参事会員たち――もともとロマンの強大な領主ないし共同領主だった――は、市民に対する裁判権をかなり以前からあらかた奪われていた。

こうして彼らが失ったものを、王太子は手に入れていた。これによって、中世末以降、王太子は徐々にロマンの城壁《イントラ・ムロス》内で領主ないし共同領主に、つまり裁判権をもつ至上者となっていった。この領主権＝至上権（これは必ずしも高貴ないし善良なものではなかった）を、彼は自分の代理者で、ロマン裁判所の筆頭裁判官でもあったアントワーヌ・ゲランに仮託した。地元の裁判所を襲い(80)、調書を盗み、囚人を釈放し、王室記録保管所の扉や窓を打ち破る。それは、まさに社会秩序の、つまり、王権と領主権と社会的なるものとからなる秩序の大黒柱に楔を打ち込む所業だった。〔こうした所業を押さえるべき役目を担った〕裁判官ゲランは、実際、過激派参事側のつとに知られた指導者だった。

過激派参事たちは、民衆の騒擾に対し、部分的な譲歩しかしなかった。ゲランは自らの権威を盾に、そんな過激派を支配していた。彼はロマンの実質的な主に、「機械仕掛けの神《デウス・エクス・マキナ》(43)」になろうとし、ブルジョワジーと市当局、さらに高官たちを押さえていた。そして、それぞれのチーズに指をつけては、舌なめずりしていた。時に、そこには血の味もあった。

裁判所襲撃は、ドーフィネにおける叛乱の延長上に位置していた。運動の起点となったマルサの農民たちは、ロマンの裁判所に対して、いや、実際にはゲランに対して立ち上がっていたからだ。この裁判官が、おそらくサン＝バルテルミの虐殺の際に、彼らの一部縁者の処刑を命じ、執行させたためである。ロマンでは、一五七二年に起きたサン＝バルテルミの祝日の想い出は、公然と想起されこそしなかったものの、各人の記憶のうちになおも立ち現れていた。正体不明の《だれかが》、町の牢獄を煙で充満させ、それから覆面した男たちによって、この日、たまたま投獄された一〇人あまりのユ

訳注42―王太子　アンリ三世のこと。ただし、彼は一五七四年に王位についている（―一五八九）。

訳注43―機械仕掛けの神《デウス・エクス・マキナ》　出口なしの悲劇的な状況を解決してくれる人物のこと。ギリシア悲劇の大詰めで、芝居の筋とは無関係に神が現れ、紛糾した事態に決着をつけたところから。

グノー教徒を虐殺させたのである。正体不明の人殺しである《だれか》。間違いなくそれはゲランであった。またしても彼だった(81)。その頃から、すでにして彼はカルナヴァルの仮面で仮装し、カモフラージュと人を窒息させるような煙を吐いていたのである。

とすれば、虐殺の七、八年後に、ロマンの一部プロテスタントが、目立たないようにではあったもののの、ゲラン一派に抗してポーミエ一派を支持する腹を決めた理由が理解できる。まさにゲランはユグノー食いだった。かつては彼自身ユグノー教徒ないし共鳴者だったにもかかわらず、である。人は、自ら否認したものとひたすら戦う。ロマンのカルナヴァルは、こうして二つの立場の変節者たちで最後まで満ち溢れるようになる。

サン＝バルテルミの地元での虐殺者であれ、マルサで絞首刑に遭った者であれ、ロマンには、とりわけ裁判所の高い壁の内側には、たしかに「多すぎる押入れの中に多すぎる死骸が隠されていた(44)」。これらの死骸は何とも言えない臭いを放ち、町の《正義》の士であるはずのゲランを告発していた。茶番の正義、茶番のマフィア。まさにそれは、平民の叛徒たちを、裁判所関連施設の破壊者たちを怒らせる特性を帯びた正義だった。

❧　❧　❧

ロマンに存在していた二重権力という状況下においては、叛徒たちが町の実質的な主たるブルジョワたち——裁判官ゲランはもとより、寡頭体制を出自として、この体制が相互選出によって集めていた参事、とくにゲラン派の参事たち——を、その地位から追い払ったとしても、さしたる問題にはならなかった。事実、ポーミエは《ある計画を抱いていた》。より単純化して言えば、当時はまだ内緒ではあったものの、一つの戦略を立てていたのである。自分一人の力では敵にかなわないと悟った彼は、山岳出身者たちを率いていたユグノー教徒のレディギエールが、いずれ勝利を収めると予想し、それに期待したのだ。そこでポーミエは、そのための画策を怠りなく行った。たとえ下部の同盟参加者たちがプロテスタントの仲間の一部を打ち倒した時でも、である。

このロマンの平民指導者は、レディギエールの卓抜した軍事的な才能をよく知っていた。いずれディオワやガパンセの山地から、ユグノー部隊が下りてきて、カトリックたち、あるいは自称モジロン派のカトリックたちを打破するはずだ。彼はそれを当てにした。おそらくユグノー部隊は、ロマンで都市権力の同盟者たちの中に、ブルジョワのユグノー教徒と教皇支持派の手工業者や耕作者との連帯を打ちたてるだろう。だが、そこに反ゲラン派の姿はないはずだ。この連帯がおそらくゲランを町から追放しているからである。いや、もしかしたら、殺してしまうかもしれない。

こうしたポーミエの目論見は、決して根拠がなかったわけではない(82)。一五九〇年のある日、レディギエールはアンリ四世のため、カトリックの一部から援助を受けて、ついにドーフィネ全域を支配下におさめているからだ。だが、これはポーミエが死んでかなり経ってからであり、したがって彼はその勝利の美酒を味わうことができなかった。いや、たとえ生きていたとしても、はたしてレディギエールがポーミエに美酒を飲ませたかどうか、疑わしい。何よりもこの大元帥は、あまりにも右往左

訳注44―「知られたくない秘密があった」の意。「押入れの中に死骸を入れてある」をもじったもの。

往する民衆を利用こそすれ、ほとんど愛してはいなかった。しかも、晩年彼は、カトリックに改宗（！）しているのだ。[45]

さて、ロマンとしては、山岳派のプロテスタントたちが適宜華々しい攻撃をしかけてくれるのを待ちながら、生き残りをかけた態勢作りをしなければならなかった。しかし、平民だけではとても敵を一掃するわけにはいかなかった。未来は、結局だれに託せるのか。敵は少しずつ打ち負かしていかなければならなかった。さしあたって有効な戦略があったとしても、アントワーヌ・ゲランのような恐ろしい敵が相手である以上、それは危険であり、不十分でもあった。これと較べれば、お人好しポーミエなどは、重大な局面では、せいぜい少年聖歌隊の子供といったところだった。

それゆえ都市部の同盟側は、何とか下級の役職でも奪い取ろうとした。これらの役職はいろいろあったが、町の生活になくてはならないものであり、いずれにせよ、町の豊かさと輝きとからもっとも遠いところにいた者たちには、近づきやすいものだった。彼らはタイユ税や公金の徴収ないし管理といった役目を担おうとした。「彼らは自分たちが選びうる、町のもっとも機械的な問題を扱う家令と不穏な職人の二役を果たした」（Ａ４１）。

民衆の活発な行動は、また町の軍事的かつ軍事式組織にも関心を向けた。ロマンには昔から、「町職人」からなる一種の民兵組織が存在していた。[83] こうした組織は、「ロマン射手・弩射手大修道院」という多少とも能天気な同宗団の中にもあった。この《大修道院》は、宗教的な、だが世俗的で修道院とはまったく無縁の儀式を営む一方で、町がそのためだけに用意した広場や空き地で、毎年「パプゲ」の射的大会〔一九一頁参照〕を組織してもいた。競技の勝者には「弩の王」なる称号が冠せられた。この称号は、十六世紀後葉には火器の普及に伴って、ごく自然に火縄銃の王の称号に取って代わられ、あるいはそれが追加されるようになった。(前述したように、ポーミエはロマンの《事件》が勃発する直前の一年間、火縄銃の王であった。そんな偉業のおかげで、彼は民衆的な人気を獲得し、前もっての選抜も参事たちの承認も必要としない、政治的かつ社会的な出世を果たしたのである)。

職人や火縄銃の射手たちからなる民兵組織の役目は、純粋な意味で民俗的なものとはほど遠かった。とくにそれは、宗教戦争が激しくなって以来、顕著となった。実際、強盗やごろつき、あるいは町を通過する兵たちの常軌を逸した略奪行為をあらかじめ阻止し、間に合わない場合には、これを鎮圧しなければならなかったからである。もっとも、そうするには、侵入者の数がさほど多くなく、町の弱体な民兵部隊にとってあまり恐ろしい敵ではないという条件つきだったが。

彼らはまた、市壁や市門を見張り、町をペスト罹患者や余所者などから守らなければならなかった。総隊長と町の石畳の道筋に沿った市門や地区の各警備隊長は、堂々という言葉とはかなりかけ離れていた、この都市部隊の全体および箇所分遣隊をそれぞれ指揮していた。基本的に、彼らは参事ないし市参事会によって、直接・間接的に任命されていた(84)。だが、一五七九年、一般兵の中で隊長の命令に

訳注45—本書の陰の主役ともいうべきフランソワ・ド・ボンヌ・レディギエールは、一五四三年にアルプス地方のサン＝ボネで生まれ、初めユグノー軍の一兵卒として働いた後、頭角を現して山岳ユグノー派を統率し、一五七七年にはドーフィネ・プロテスタントの指導者になっている。やがて、同じプロテスタントのアンリ四世から、ピエモンテ、サヴォワ、ドーフィネ各地方の国王軍司令官に抜擢され、本文にあるようにグルノーブルを占拠し、ドーフィネの地方総督になった一五九一年と九二年には、サヴォワ公国軍を粉砕している。さらにルイ十三世の時代になっても、たとえば一六二一年にフランス中西部のサン＝ジャン＝ダングレで起きたプロテスタント(!)の暴動を鎮圧するなど手柄をたて、リシュリューが宰相になる直前の一六二四年には、マリ・ド・メディシスやラ・ロシュフーコー枢機卿らとともに、大元帥として枢密国務会議のメンバーになった。なお、大元帥の職位は、一六二六年の彼の死(ヴァランス)をもって廃止された。

従わないという事態が起きた。これら半日勤務の兵たちは、いずれも庶民出身の職人たちであり、たとえ肩に火縄銃を抱えてはいても、たえず本職を離れるわけにはいかなかったからである。彼らは隊長たちを更迭しようとし、一度ならず、替りを指名することに成功した。(85)「彼らは徒党を組んで直接隊長たちにかけあい、その任務を奪おうとした」（Ａ41）。しかし、一五八〇年二月、ゲラン派の市庁舎は、こうした民兵に対する統制を一部取り戻している。

一五七九年、平民たちは「増長もはなはだしく、犯した罪の数々を書きとめようとすれば、かなりの時間を失う」（Ａ42）ほどだった。しかしながら、町が完全に無秩序の扇動者たちの手に落ちたわけではない。一五七九年四月、アンリ三世はロマンの参事たち(86)にねぎらいの書簡を送っているが、実を言えば、彼らは四カ月前からの《さまざまな動き》に立ち入るのを控えていたのだ。国王はシャトードゥーブル陥落に関し、市の指導者たちを祝福している（ただし、彼らは、最後にやって来て勝利の分け前に与った耕作者たちと同様の行動をとったにすぎない）。それゆえ、国王はロマンでのさまざまな問題や無秩序について彼らを許し、「ロマンで起きているこれらすべての無秩序の記憶は、いずれ永久に消され、葬り去られるだろう」と請合っている。

やがて、麗しき五月が到来すると、モジロン、トメ、ゲランの三人、つまり王権と高等法院と市の裁判行政を代表する仲間たちが、手を携えてロマンを正常化へと導こうとする。おそらくゲランに操られていたトメが、夜間外出禁止令《クヴル・フ》を出す〔46〕。悪態をついたり〔47〕、喧嘩したりするのも禁じた。さらに、住民たち、とりわけオーベルジュ（宿屋兼食堂）の主人や《居酒屋の亭主ないし女将》たちに対し、町に余所者が入ってきた場合、その旨を裁判官ゲランに報告するよう義務づけてもいる。「彼らは、余所者たちが町に着いた際、一時間以内にそれを前記裁判官（ゲラン）に告知し」、たとえこれら余所者たちが彼らの縁者であっても、「自ら火器を取らなければならなかった」(87)。明らかにこれは、町の同盟参加者たちと、村や小邑、さらには近隣の都市にいるその仲間たちとが結託するのを避けるための措置だった。オーベルジュは浮動の人々が集まる地理的な拠点であり、それだけに疑いの目が向けられていた。

一方、有力者層という解体した船の主だったゲランは、それでも確信に満ちた支配者然たる態度を示していた。だが、〔自分の立場を磐石なものにするには〕市参事会を二〇人あまりの配下の者たちで固める必要があった。これだけいれば、自分のために相互選出を実施させることができる。彼はそう考えていた。さらに彼は、ロマンの市民たち（とりわけ騒ぎ立てる反対派）が、参事会の審議に参加できるようにしていた傍聴席を廃止した。あまりにも老朽化が激しく、数多くの傍聴者の重みで今にも崩れ落ちそうだから。それが取り壊しの口実だった。ついに成功するまでには至らなかったが、できるなら市参事会を、傍聴を禁じ、内輪だけで審議が行えるような、《大衆から切り離された》集団からなる、一種の残余議会に変えようともした。

ゲランは、ポーミエのどちらかといえば失敗を頭に叩き込んでいた。ポーミエという指導者は、参事会の奪取に失敗した。たしかに、一五七九年の春、ロマンの叛徒たちは市門警備隊長たちの首をすげ替え、同年一杯、自分たちの長の一部（セルヴ、ブリュナ、フルール、ロバン）を、正規の市参事ではなく、臨時の諮問委員にすることに成功している。だが、彼らは町のもっとも中核をなす機関、

訳注46―フランス語では、中世都市における帰宅消灯の時を告げる鐘や市門を閉ざす時刻のことも、「クヴル・フ」という。

訳注47―悪態をついたり　字義は「神に誓う」。

つまり参事会を思い通りに変えられなかった。

すなわち、一五七九年の一連の《事件》後に指名された上位二資格の参事（ベルナルダンとジャン・トメ）は、寡頭体制に加担していた。第三資格の参事（手工業者）はピエール・フィリポだったが、彼は一五七九年一一月、反税ストを行ったパン商たちの追及に血道を上げた一人だった。第四資格（地元出身農民）の参事はアントワーヌ・ヴィネで、彼はフィリポ同様、ゲラン派追放後も、参事会のメンバーにとどまっている。この追放劇は、一五八〇年二月の悲劇的な鎮圧の後に行われた参事選挙と符合しており、ヴィネとフィリポもじつはゲランの味方だったのだ……。一五七九年のロマンで起きた機構改革とは、それゆえ周辺的なものであり、とくに地区警備隊長と臨時諮問委員に関わっただけなのである。なるほどロマンにはもう一つの権力が存在していたが、それはある程度まであり、決して権力を奪い取るまでには至らなかったのだ。(88)(89)

❧ ❧ ❧

こうしたさまざまな出来事は、ロマンをクロシュメルのレベルにまで貶めるものなのだろうか。いや、そうではないだろう。やがてそれらが国政と衝突するようになるからである。一五七九年七月初め、「皇太后（カトリーヌ・ド・メディシス）がドーフィネ地方に向かったとの知らせが（ロマンに）舞い込む」（A43）。そういえば、カトリーヌは一五七八年九月から、フランス南部への長期にわたる旅を始めていた。申し分なく丸ぽちゃ顔で、豊満ないし小太りの、六十代にしては元気だが、反面疑り深くて無教養でさえある（イタリアのある大使は、このイタリア女性をこう評している。〔48〕

「彼女は教義の何たるかがまったく分かっていなかった」）彼女は、生まれつきの調停人でありながら、心底反動主義者であり、貴族には免税特権があってしかるべきとの考えに凝り固まっていた。そんな皇太后の南仏巡幸の目的は、自らの強固な交渉人としての資質と魅惑的な女性という資質とを、ともどもに植えつけるところにあった。彼女にとって、戦いを鎮めるのは何ら困難なことではなかった。だが、宗教対立と階級闘争とが逆巻く南仏の地では勝手が外れた。

　皇太后がロマンにまで至った順路はいささか複雑だった。まず、南西方に下った彼女は、現在のロ＝エ＝ガロンヌ県のネラクに立ち寄っている。ロマンのカルナヴァルに最初の〔叛乱の〕火がついた同じ月〔一五七九年二月〕、このネラクで、彼女は娘婿のアンリ・ド・ナヴァール[49]や、彼に従ってきたユグノー教徒たちと原則的な和平協約を結んでいる[50]。彼らは、静かにすることの代価として、カトリーヌからかなりささやかな贈り物であったが、向こう半年間、一四カ所の居留地（このうち三カ所はギュイエンヌ地方、残りの一一カ所はラングドック地方、主に北部のセヴェンヌ一帯[90]）を得ている。

　その間、彼女はドーフィネのプロテスタントたちから派遣されたソフレ・ド・カリニョンと何度か会っている。そして、彼にさまざまな譲歩案を与え（一五七八年一一月）、アンリ三世は一カ月後にそれを認めなければならなかった[91]。こうして彼女は、カリニョンの仲介で、レディギエールや、ドー

訳注48―クロシュメルル　ガブリエル・シュヴァリエの小説（一九三四年）の題名で、クロシュメルル＝アン＝ボージョレ村の教会前に公衆便所が作られることを巡って起きた騒動を扱ったもの。一九四八年にピエール・シュナルによって映画化されている。

訳注49―アンリ・ド・ナヴァール　後のアンリ四世。一五七二年、王妹のマルグリットと結婚しているが、一週間後、それを祝うためにパリに集まったプロテスタントたちに対してカトリーヌ・ド・メディシスらが仕掛けたのが、いわゆるサン＝バルテルミの虐殺。

訳注50―いわゆる「ネラクの王令」。

フィネ南部のアルプス地域にあるユグノー派の拠点と最初の接触[92]をもつようになる[93]。

ネラクの後、皇太后はカルカッソンヌを通り、数日後、モンペリエの市壁に着く。そこで彼女は、住民たちの臣従礼による歓迎を受けるが、それはいささか不気味なものだった。彼らの大部分がユグノー教徒になるのを望んでいたからである。臣従礼とはいいながら、両側には火縄銃が並び、その銃口は訪問者の馬車のほうに向けられていたのだ……。

エクサン＝プロヴァンス[51]までやって来た時、彼女はようやく《社会の》困難さにはっきりと気づく。ただ、それを認めるようになったのは、少し後にドーフィネに入ってからのことだった。彼女の述懐しているところによれば、それは《尾の先の毒》……だったという。

一五七八年から一五七九年にかけて、時に社会闘争と農民運動によって鼓舞された内乱が、プロヴァンス各地で猖獗をきわめていた。ドーフィネの平野部や山岳部で、それが猛威をふるうのと機を同じくして、である。エクサン＝プロヴァンスの受け入れ組織は、皇太后にプロヴァンスでの対立が広がっていることを打ち明けている。この地域では、ウルトラ＝カトリックのカルセス伯[52]に近い「カルセス主義者」ないし「マラブー」[53]たちの間で、すでに一種の兄弟喧嘩[54]が始まっていた。また、ユグノー教徒や穏健派カトリックの一部を含む、「ラザ」ないし《ラゼ》たちもいた。さらに「コミューン」、つまり一般市民や手工業者、農民たちからなる市町村の抵抗運動もあった。

この「ラザ」たちの連帯は、ドーフィネでジャン・ド・ブールとポーミエの周辺で結成された同盟に似ている。しかし、[55]そこには何人かの貴族も含まれていた。その激しさはかなり増幅していった。一五七九年には、カラ村で農民一揆も勃発している[94]。土地の領主はこれに加担した農民たちを弾圧した。そして報復劇。領主は、村の中にあって彼を敵視していた農民一派に殺害されてしまう（カラ村の参事には、ほかに二派あり、一方は領主に、もう一方は領主の「息子」についていた。さながらルイ十四世の宮廷を思わせる構図だが、流血沙汰はなかった!)。

こうしたプロヴァンスの混乱に、さらに税に対する恨みつらみが加わる。ドーフィネや王国の南北に位置するすべての《エタ地方》〔第3章訳注3参照〕と同様に、それはエクサン=プロヴァンスやマルセイユ周辺でもみられた。つまり、プロヴァンスでも、免税特権について、やがて貴族と第三身分との間に「タイユ税訴訟」が持ちあがるようになる。グルノーブルやヴァランス周辺と較べて、徴税の受け皿はより公平に配られてはいたとはいえ、この紛争は同地方に大きな影響を与えることになる……。

エクサン=プロヴァンスとアヴィニョンで、皇太后カトリーヌ・ド・メディシスは、「カルセス主義者」や「ラザ」、さらにコミューンの参加者たちが互いに和解するよう最善を尽し、何とかこれに成功する。それから彼女は、旅程を北にとる。だが、そこにはより厄介な問題が待ち受けていた(95)。

訳注51—エクサン=プロヴァンス　マルセイユの二〇キロメートル北に位置する古都。一五〇一年に高等法院が置かれ、一五四五年には、法院の命で異端ヴァルドに対する大弾圧が行なわれている(メランドール事件)。カトリック同盟の拠点でもあった。

訳注52—カルセス伯　ジャン・ド・ポンテーヴ。一五一二—八二年。ポンテーヴ(ヴァール県)の名門領主で、宗教戦争におけるプロヴァンス地方のカトリック過激派指導者。

訳注53—マラブー　一五八〇年頃、カルセス伯の甥であるユベール・ド・ヴァンによって率いられたカトリック集団。

訳注54—「ラザ」ないし《ラゼ》たち　宗教戦争時にプロヴァンスにいた改革教徒たち(raza)。「剃る、切る」を原義とするプロヴァンス語(rasa)の呼称は、彼らが略奪や迫害の犠牲になったことによる。ミストラルの『フェリブリージュ宝典』は、この呼称について、カトリーヌ・ド・メディシスがカルセス伯に替えてプロヴァンスの地方総督に任じたレッツ(Retz)元帥に由来するという説も紹介している。

訳注55—カラ村　フランス南東部ヴァール県。

皇太后のドーフィネ歴訪は、一五七九年七月一六日に始まる。彼女はアヴィニョンから北上して、広大なアルプス地方に入っている。最初に訪れたのは、最重要都市であるモンテリマールだった。同市で、彼女は軍や社会各層、さらに聖職者たちの代表に迎えられたが、これら歓迎陣の中には、地方総督補佐官のモジロンの姿もあった。彼は、地元の貴族たち、つまり「仲間の貴族たちからなる大部隊」や、プロテスタントにきわめて敵対的で、同盟側の民衆も毛嫌いしていた、グルノーブル司教のギヨーム・ド・サン＝マルセル・ダヴァンソンを従えていた。

モンテリマールに着いてしばらくしてから、カトリーヌはやはりユグノー教徒に対して攻撃的だった民衆同盟の地元指導者ジャック・コラに会っている（反ユグノー的という点で、コラは、プロテスタントとの共同歩調に好意的だったポーミエや、より北部の他の同盟参加者たちと異なっている）。コラについて、皇太后は歯に衣を着せずにこう言っている。彼は「横柄で愚かな人物」であり、地元の貴族たちから名指しされた敵だと。彼女はさらにこうも付け加えている。コラと彼の仲間たち、加えてドーフィネの第三身分全体は、貴族たちに税を課そうとしている……。まさに皇太后は、これに憤慨していたのだ。階層間の和平と一体化とを実現しようとする意図があったにもかかわらず、貴族の特権は維持しなければならないと頑なに思いこんでいた。その思いを、彼女は表敬に訪れた《ヴァランスの同盟とコミューンの指導者たち》にはっきりと示している。そして、彼らを激しく糾弾する。「あなたがた平民は、自分の税を払えばいいのです。貴族たちに税を課そうなどとは思わないこと。あなたがたの町にある国王軍の駐屯部隊を、追い出そうとするのもやめなさい。互いに平和にやりなさい」。これら四つの言い条は、この町を離れて、次の目的地に向かう直前に、カトリーヌがヴァランスとモンテリマールの者たちに言い置いた厳命の要約である(96)。

カトリーヌが次に向かったのは、そのヴァランスだった。彼女はここでも歓迎されるが、それはいかにも表面的であり、実際はむしろ警戒心のこもったものだった。カトリーヌは、同年初めに職業軍人たちを追放していた、同市の軍隊化した平民たちについて次のように書いている。「ヴァランスの兵たちは、わたしの前に来ることさえしなかった。あの者たちは、わたしが貴族たちと一緒になって、町を奪い取りはしないかと恐れていた。そのため、一晩中、必死になって〔わたしの動向を〕見張っていた……」。

カトリーヌがロマンに着いたのは、一五七八年七月一八日のことである。ゲラン派が参事館などを占拠していたのに対し、道路や市壁をなおも押さえていたポーミエ派の部隊は、「ポーミエに言って、〔カトリーヌのために〕各所の市門を開けるのを拒否させるかどうか話し合っていた」(A43)。これら市門の鍵をポーミエ派が管理しているだけに、この拒否は納得がいくものだった。ロマンの鍵は、ゲランの手から抜け落ちていたのである。皇太后の町への入市を何とか禁じたかったロマンの同盟派職人たちは、市門の守りを強化する手助けをしてもらうため、周辺の農民の仲間たち、つまり「大勢の周辺隣人たち」を召集するまでになる。

だが、この軍国主義はやがて崩壊する。のちにロマンの住民たちは、自らの力を過信していたと述懐している。こうして彼らは態度を豹変させ、しかしできるだけ冷ややかに皇太后を受け入れるとの決断を下したのだった。一五七八年七月一八日に、彼女はこう書き記している。「ここロマンの住民たちは、数を頼んでわたしの前に現れました。全員武器を携えてもいた。ポーミエとか呼ばれる彼らの隊長は羅紗職人で[98]、わたしに歓迎の短い挨拶を行いました」。

カトリーヌ自身の証言によれば、ロマンの同盟派指導者ポーミエは、当時、人気の面でも地域に対する影響力の面でも頂点に立っていたらしい。彼女は付言している。「はっきり申し上げて、ポーミエなる人物はこれら同盟参加者のうちでとても大きな信頼と権威とを有しています。ちょっとした言葉を言うだけで、この町や周辺の住民たち全員を歩かせるほどです……。彼と語り合えたらどれほど楽しいでしょう」。

二人の会談はただちに実現した。「なぜあなたは、わたしの息子である国王の権威に刃向かっているの？」。カトリーヌはポーミエに問い質している。これに対し、平民指導者は、二通りの陳述が同じ内容を語っているところから[99]、われわれにもよく分かっている短い返事で応じている。「わたしは国王には忠実です！」。彼はそう叫び、それから言葉をつないでいる。「しかし、住民たちは、戦争の猛威で苦しむ貧しい者たちを保護させ、と同時に、彼らの陳情書に盛り込まれた正当な建言の実現を誠実に求めさせるため、このわたしを選んだのです」（ピエモンによる）。あるいはこうも言ったという。「わたしは、グルノーブル〔の高等法院〕に提出された〔陳情書の〕条項にある要求が〔受け入れられるよう〕、第三身分によって選ばれたのです」（ゲランによる）。

これら二通りの陳述は重要なものであり、おそらくはフランス語を使うポーミエ（彼はフランス語で編まれた陳情書に関してフランス語で語っている）は、この陳情書にある平民たちの基本的な要求、すなわち貴族に税を払わせるという要求について、その起草者のド・ブールと連帯していた。一方、ゲランは、ロマンの貴族たちと打ち揃ってそれぞれカトリーヌの前で跪拝礼を行うに先立って、なおも次のように言い張っている。「(ポーミエは)あまりにも自信過剰が激しいため、ここにおられる殿方(カトリーヌの供をしてきた領主たち)が、繰り返し、きつく跪けと命じているにもかかわらず、皇太后の御前に跪こうとはしません」(A46)。数週間後には、ベルガルド元帥[56]も、何らためらうことなく皇太后の前で膝を折っている(P84)。明らかに、彼には彼女の赦しを請わなければならないことがたくさんあったからだ。

最終的に、カトリーヌはポーミエに対しても激しい非難を向けるようになる。だが、ポーミエはそれをまるで気にかけなかった。にもかかわらず、彼女はそんなポーミエを、コラやド・ブールとは同列に扱わなかった。「愚か」だとか「扇情的」だとは思わなかった。もしかすると、穏健とすらみなしたかもしれない。

ともあれカトリーヌは、ロマンで一時的ではあれ二重の返還劇を成功裏に演じている。市門の鍵をポーミエ派からゲラン派に、つまりゲラン本人と町の正当な行政官である参事たちに返させたのである。ゴルド[57]が町に置き去りにし、地元の同盟参加者たちによって奪われていた大砲二門は、ポーミエ部隊の無念をよそに、リヨンへと送った。その後、この強力な大砲泥棒である皇太后は、ロマンを去ってグルノーブルに向かい、数カ月過ごすことになる。そこで彼女は、税の公平化を求める平民たちの要求を巧みにかわし、都市部と農村部の平民を率いていた、スイス人のように熱血漢だったガモ〔第3章参照〕を、しばらく獄舎に閉じ込めさせるのだった。

訳注56―ベルガルド元帥　ユグノー派指導者の一人。

訳注57―ゴルド　男爵。国王治安監督官で、モジロンの前任者。

第6章 ストと負債

カトリーヌ・ド・メディシスのドーフィネ・ロマン訪問後、ロマンの緊張は一気に高まる。収穫が終わったにもかかわらず、税の納入を拒んだ農民たちが武装して町に入る。これに応えて、ポーミエ派も徒党を組んでロマンを徘徊し、名士たちを脅迫したり、罪人を牢獄から釈放したり、あるいは参事会をほしいままにするなど、体制側からみれば、「無法」の限りを尽していた。だが、こうした無法ぶりは、負債を抱えて右往左往し、そのつけを住民たちに回そうとするロマン市当局ないし参事会の、いつに変わらぬ拙劣極まる財務行政と腐敗とに符合していた。たとえば、町のブルジョワ参事たちから従来の四倍にものぼる税を課された手工業者たちを代表して、ポーミエの同業である羅紗職人のロベール＝ブリュナは、寡頭支配者たちに不当に得た金を拠出させ、町の借財に充てるよう提唱し、精肉商のジョフロワ・フルールは、「増税」反対のストを広言する。

皇太后カトリーヌの訪問は、短期間だったにもかかわらず、ロマンの人々の心を静めた。だが、完全に（！）というわけではなかった。一五七九年七月一八日から二〇日にかけてのこの女傑の滞在期間中でも、じつに三〇〇〇もの農民たちがポーミエの手引きでロマンに違法に入り込んでいるのだ。夜間、彼らは抜き身の剣をマントの下に隠しながら、通りや辻で集会を開いた。ヴァランスの場合と同じように、そのすべてが、地元の貴族や皇太后の従者たちにとっては大きな不安の種だった。

カトリーヌが立ち去った後、事態はさらに悪化していった。農民一揆の雲行きがロマンの農村部に広まったのである。農民たちは、一五七九年の収穫が終わっても、税や教会十分の一税（ただし小額）の納入を拒んだ。今や彼らは、翌一五八〇年には、教会十分の一税のみならず、領主制的賦課租についても、ストを行うと明言してはばからなかった。ここにゲランの証言がある。これは村人の言葉そのままを引用したもので、きわめて貴重であり、何よりも価値がある。それによれば、農民たちは貴族や有徳家たち、換言すれば市の名士たちに「汚い不快な言葉」（A150）を浴びせかけたという。農村が市の富裕者たちに負っていた負債は、領主たちに対する債務ともども、農民叛徒から槍玉にあげられ、市からやって来た執達吏たちも、石を投げつけられる始末だった。

ロマンでも、ポーミエ派の《マランドランたち》[1]が、一五七九年の夏から秋にかけて町を自由に徘徊していた。彼らは有徳家たちを威嚇し、グルノーブルの高等法院評定官であるトメ〔2〕が牢獄に送った罪人を釈放してもいる……。町のエリート層や裁判官も、一度ならず同時に攻撃されていた。実力者たちでさえ、五五人という大量暗殺の犠牲者になるのではないかと怯えていた。どうやら、ポーミエの仲間たちは殺人リスト（！）を作っていたらしい。

農民と職人たちとの合同は、ロマンの市場で実現している。そこでは民衆を率いる隊長が複数選ばれ、一五七九年の第一週には、グルノーブル奪取が話し合われた。すでに彼らは、ロマンはもとより、ヴァランスやモンテリマールも手中に収めていたからである〔1〕。

❧　❧　❧

この騒擾は、相対立する陣営がつねに些細なことで相互非難を繰り返しているだけに、《危険》なものとなった。事実、その非難合戦の最中に、ロマンでは、食料品にかけられた間接税の反対ストが起きているのだ。パン職人や精肉商たち……のストについては、多少話を後戻りさせなければならない。

一五七六年から一五八〇年にかけてロマンで起きたこれらの問題は、おそらくすべてが「税」、とくに町の財政に資する「間接」税を巡るものだった。町の金庫は、参事会員たちによって徴収される

訳注1―マランドランたち　中世に街道を荒らした強盗団。むろんここでは「同盟参加者たち」の謂。

訳注2―トメ　ロマン出身。

直接税、つまり国王タイユ税からの僅かなあがりだけでは不十分であり、間接税なしですますことはできなかった。これら間接税のうち、もっとも金額が大きかったのは、精肉業からのものだった。当時、ロマンの精肉業は、肉の小売こそいくつかの店舗で行われていたが、市当局の厳格な所有・管理のもとに統合されていた。いわばそれは、町の《社会主義》の一部門でもあったのだ。参事会は毎年行われる請負更新のための入札時を除いて、競合を認めなかった（反対に、ほとんどの場合、穀物市場では――十九世紀の優れた経済学者でも必ず気づいていたわけではないが――、細かな規則が設けられていたにもかかわらず、完全な競合がなされていた。そしてそこでは、小規模な売り手＝生産者と購買者＝消費者の群れが、需要と供給の原則をほぼ自由な形で発展させたのである）。

ロマンの精肉業は、毎年専門職の集団、家畜解体業者の集団に請け負われていた。彼らは家畜、とくに羊、次いで牛を購入して殺し、解体して、契約で定められた、したがって違反ができない値段で肉を売るのだった。その結果、利益が出た場合は、屠殺した家畜の頭数に応じて、スー、リャール、ドゥニエといった通貨単位で計算し、何がしかの金額を町に納めなければならなかった。こうして一五四五年以来、精肉業の納入税額は町で最大となっていた(2)。事実、その金額は毎年三六九フローリンにも上った。ちなみに、「ポントナージュ」（イゼール橋を渡る商品に対して市当局が課した入市税）の総額は一八〇フローリン、他所産ワインの入市税総額は二二〇フローリンだった。

むろん、これら精肉商と町との最大の対立因は、前者が屠殺した家畜の頭数に応じて町に払い込む上納税を巡るものだった。収税吏たちはそれを引き上げようとし、精肉業者たちは下げろと言い張る。

こうした対立は、三年前の一五七六年九月九日に始まっている。この日、ロマンの家長たちの総会が、ラッパと時打ち人形《ジャクマール》の鐘を合図に開かれた。たしかに、それは大人数からなる拡大参事会で、代表参事四名、正式メンバー三〇名に加えて、六〇名以上の《臨時》参加があった。反対者たちはまさにその数に言外の意味、少なくとも潜在的な意味[3]を感じ取らせることができた。出席者の過半数は、職人や賃金生活者、さらに農民たちだった。《ムッシュー》とか《メートル（師、先生）》とか呼ばれる者は、上位の二資格ないし社会階層（貴族やブルジョワジー、商人たち）に属する二〇名のメンバーの中にしかいなかった。六〇名の臨時出席者のうち、《ムッシュー》は一人だけ（！）だった。それは普段の参事会とは異なる世界だった。まさに平民の世界だったのだ。

　これら六〇名の中に、三年後のロマンのカルナヴァル時に扇動者として名を馳せるようになる人物たち（職人）の顔もいくつかあった。たとえば、有名な叛乱羅紗職人（ポーミエのこと）に近い、ジャン・ロベール＝ブリュナや羅紗職人のフランソワ・ロバン、それに比較的裕福だったジョフロワ・フルール（後の指導者）やフランソワ・ドルヴェなどである。会議の内容についてあまり言及のない報告書を信じれば、彼ら四人は発言しなかった。三年後、長引いたこの問題で四人が積極的に果たすことになる役割を考えれば、彼らの沈黙は、むしろそれ自体に意味があったともいえる。

　一五七六年の拡大参事会で、代表参事たちは次のように言明している。《現在、当市は五万から六万リーヴルの負債を抱えている。「それゆえ」、この「負債に伴う利息を支払うため、税金」を引き上げなければならない。われわれが本参事会に家長を召集した理由がここにある》。これは、たとえどれほど《マフィア化》していたとしても、市当局が手工業者に対する税の引き上げを図ろうとする場合、彼らの「同意」を考慮しなければならなかったことの証左である。

　参事たちは続ける。《そこで増税ということになるが、以後精肉商はこれまでの「三倍」、すなわち牡牛一頭あたり一二スー（四スーに代えて）、子牛は八スー、羊は二スー（半スーに代えて）、豚は四スー、山羊については二スー……を町に納めるものとする。（市有の計量台を通した）小麦粉の秤税については、六倍の一スティエ〔第5章訳注2参照〕あたり一スーにまで引き上げる（これには、ロマンでもっとも豊かなブルジョワだったアントワーヌ・コストが激しく反対している。負債に苦しむ町から、一時的に計量台を買い取っていたからである）。製菓商とパン職人に対する税は四倍増とし、市税はパン一スティエあたり二スー（六ドゥニエ〔半スー〕に代えて）にしたい。ポントナージュ〔前頁参照〕は倍に上げ、（荷車の）車輪一本あたり一スー、つまり二輪荷車一台につき二スーとする。商人たちが利用しなければならない大秤（市有計量台）の使用税は三倍になる。他所産のワインは四倍……》。

以上の提案は拡大参事会ないし市民総会で投票にかけられているが、目立った反対はなかった。だが、二日後の一五七六年九月一一日、精肉商とパン職人は、増税の見返りに、《何食わぬ顔で》肉とパンの値上げを認めるよう要求している。彼らに抜け目はなかった(4)。

「挑発」ないしそう感じられるものは、結果的にいって、ロマン市民が反対行動を始めるにあたって決定的に重要な役割を果たした。《挑発》、それは耐えがたいほど高い地方税のことであり、ロマンについて言えば、市税として職人ないし小売店主が負担しなければならない、一五七六年の増税であった……。

一五七六年の市参事会決議は、のちに一五七九年のパン職人や精肉商たちの反撥へとつながる。それにしても、一五七六年九月という年月は興味深い。政治的にみれば、この月はブロワでの全国三部会が始まった時期であり、一五七九年の異議申し立てについて、すでにその思想的な重要性をみておいた、ヴィエンヌの裁判官ジャン・ド・ブールが行動を開始した時期とも重なる。一方、経済面からすれば、一五七六年には、一〇年ほど前から始まっていた物価の高騰が、ものすごい勢いでさらにその度を増している。

たとえばグルノーブルでは、一五四九年から一五六四年にかけて、小樽一つの小麦価がおおむね一〇〇―一五〇ドゥニエだったのが、一五六六年から一五七六年にかけては二〇〇ドゥニエ以上にもなり、凶作だった一五七四年にはじつに三〇〇ドゥニエにも跳ねあがっているのだ。このインフレは、十六世紀の長期的な物価高騰の中に位置づけられる。一五六六―七六年の一〇年間についてみれば、それはまたアメリカ大陸から入ってくる貴金属に影響される通貨相場とも符合していた。まさにこうした高騰こそが、一五七六年にロマンの参事たちから突きつけられた、「租税」引き上げの真の動因だった。(5)

しかし、改めて指摘するまでもなく、それには支払わなければならない代価が伴っていた。やがてインフレの社会的効果なるものが感じられるようになる。インフレが引き金となって、間接税の分野でも引き上げが誘発されるようになったのである。パン職人や精肉商たちの不満は、羅紗職人や平織職人のそれに裏打ちされて（ここには食料関連業者と繊維関連業者との驚くほどの連帯意識がみられる）、これら《誘発効果》の一つとなっていく。そして間もなく、彼らは一緒になって激しく抵抗するようになるのだった。

⁂

職人や小売店主、あるいは食品店主たちの不満に対しては、すでに一五七七年の二月、つまり一五七六年の強制的な増税の数カ月後にしかるべき策が講じられていた……。

それは示唆的な出来事だった。すなわち、この月、ロマンの有力参事一族出身の裁判官アントワーヌ・ヴェルー（一五七九年、農民叛徒たちによって殺害されたと思われる）は、調書の作成を余儀なくされている(6)。犯人は、いわずもがなの羅紗職人ジャン・セルヴ、通称ポーミエである。ヴェルーを殺すようになる反体制派たちの将来の指導者となるポーミエは、ある不透明な事件について、寡頭体制の一員で参事たちの代理人である、ジャン・ブルジョワを痛罵して憚らなかった。それは、和平協約（おそらく一五七六年五月七日に結ばれた、《レリジョネール(7)〔3〕》に好意的なボーリユーないしムッシュー王令のこと）の後を受けて、プロテスタントに再び開かれた教会や墓地の周囲の柵を、ブルジョワたちが参事会の命を受けて撤去した、という事件である。

問題の事件で、ポーミエがユグノー教徒に味方したのか敵対したのかどうか、はっきりとは分からない。参事会の彼の敵たちについては明確である。いずれにせよ、ここで確認できるのは、これらプロテスタントがロマンにおける駆け引きに慎ましやかに戻ってきたことと、ブロワの三部会に伴う情勢とが、ロマン自体の雰囲気を加熱させる働きをしたという事実である。

だが、そこにあるのはおそらく無意味な逸話だけであり、はっきり分かるのは、闘いの英雄であり、地元の指導者でもあったポーミエが、この問題について、すでにロマンのプロテスタント教会がある庶民地区の群集に対し、魅惑するような、つまり、友好的であると同時に恐れさせるような影響力を及ぼしていたことぐらいなのである。たしかに、ジャン・ブルジョワとの激しいののしり合いを目撃した一二人の証人のうち、だれひとりポーミエに不利になる証言をしようとした者はいなかった。彼らは口止めされて黙秘していたため、罰として二晩ロマンの牢獄に入れられた。参事たちにしてみれば、まことに不愉快の極みだった。

一五七七年二月というカルナヴァル月は、時期的にみて《熱い》とまではいえないまでも、少なくとも反体制的な重い緊張感に包まれていた。裁判官ヴェルーは、前述した調書の中で、参事たちから徴収を託された有力者にタイユ税の支払いを拒んだ、アダメ・ボワイエなる人物（平織物職人）の事例を報告している。それによれば、参事の一人が、いきなりボワイエの織り上げた平織物を何枚か没収したという。これに怒ったボワイエは、仲間のジャン・ヴァリエ、通称パトー[4]に付き添われて、その参事を幾度となく熊手で刺した。そこでヴェルーは、ボワイエを牢獄に送った……。だが、ヴェルーは保釈金と引き換えにボワイエを釈放しなければならなかった。この職人が、町の民兵の分隊長格だったからである。分隊長が牢獄暮らしということになれば、その部下たちがはたして歩哨に立つだろうか……。

同じ週には、もう一つ事件が起きている。三番目の事件は、ロマンの大立者である大金持ちの守備隊長コストが、パン職人のアントワーヌ・フレン、通称「パン・ブラン」[5]に面罵されたことである（パン・ブランなる男はなかなかの人物である。一五七九年の反税ストを指揮した一人であり、一五八〇年のロマンのカルナヴァル後に絞首刑にあっている）。彼はコストのことをこう言って憚らなかった。

――「町の建物に巣食う連中（市庁舎の参事たちと参事会）は、町の公金で美味いものをたらふく

訳注3―レリジョネール　宗教戦争当時のプロテスタントの呼称。
訳注4―パトー　字義は「うすのろ」。
訳注5―パン・ブラン　字義は「白パン」。

食べている盗人以外の何者でもない。もし（自分の地区を受け持つ）参事がタイユ税を集めに来たら、そいつを張り倒してやる……」。

事件はかなり重大であり、この事件の調査では、したがって徴税担当の参事全員がヴェルーを補佐した……。

一五七七年のカルナヴァルを契機に、こうして一五七九年と一五八〇年のカルナヴァルを熱く燃やす薪が集まっていった。不当なタイユ税に対する怒りと町の黒幕グループによる腐敗と大宴会に対する怒り[8]。織工や羅紗職人、パン職人、さらに民兵に下士官たち（《分隊長》）などからなるグループは、すでに動き出していた。彼らはポーミエやパン・ブランといった自他ともに認める指導者に率いられ、団結してエリートたちと相対した。これらの指導者たちは、まだ一時的なものにすぎなかった闘いに、すでにして平民を動員できる態勢にあった。

❧ ❧ ❧

一五七九年、事態は一層はっきりする。間もなく反税ストへと向かうことになる職人たちの異議申し立てを理解するには、羅紗職人のギヨーム・ロベール＝ブリュナが、大胆にも「民衆に代って」という見事な署名に続けて書き連ね、一五七九年五月一六日にグルノーブルの「高等法院評定官殿たち」に送りつけた、基本的な文書を参照するだけでよい[9]。当時、《ポーミエの相談役だったブリュナ隊長》（P89）は、職人たちから受け入れられ、ゲランからも認められていた民衆の代弁者の役を担っていた。

その文書の中で、彼もまたロマン市が抱える「負債」問題を取り上げている。だが、彼の考えは偏執狂的なものだった。それは、ここが肝心な点であるが、彼の「支持者」たる民衆と同じ考えであり、一五七六年に《マフィア的》な参事たちが提起したものとは異なっていた。町が負債を抱えている？ ブリュナは言う。だとすれば、それは時期が悪いせいではなく、ごく単純に前の代表参事たち（一五七九年前二〇年間の歴代参事たち）のせいではないか。彼らが不正を働いたからだ。恥知らずの連中だったのだ。彼は書き記している。かつて（一五七九年以前）、前参事たちは《ロマンの住民や農民たちの大金を扱っていました》。彼らはこの大金を正規の税収によって手にしていた。これらの公金は、国庫への上納や市の通常出費の決済を含む、経常経費の実際の支払いに向けられなければならない。それなのに彼らは、公金を自分たちの懐に入れ、個人的な目的に流用していた。(10)

だが、もとよりこうした過ちは、参事たちのいかにももっともらしい不正にのみ帰せられるものではない。それはまた、当時としても時代遅れな、ロマンの会計システムが抱えていた信じがたいアルカイズムにも起因するのである。たとえば、同じ時期のモンペリエにはすでに存在していた「中央集権的」な財務会計の代りに、ロマンでは四人の代表参事各々が、大雑把に言って、町の収入と出費の四分の一ずつを、さながら自分の帝国でもあるかのように管理していたのだ。しかじかの参事がしかじかの地区で税金を集め、その収入で、他地区のしかじかの賃金労働者に支払いをする。何と込み入った（！）システムなのか。これでは不正が行われて当然ともいえる。(11)

単純化思考のブリュナにとって、ことは明瞭だった。いや、明瞭すぎた。一五七八年とそれまでの参事たちは、「かなりな金額のルリカテール（債務者）だった」。彼は言っている。その証拠は、一五七九年の春先に、グルノーブルの高等法院から許可をもぎとって反体制派たちが行った財務の監査である。彼はこうも付け加えている。参事たちは不当利得者である。自ら操作した「これら（市の）公金」で、彼らはその地位に見合った利益を不当に得ている。こうして公金を横領されたロマンの町は、「出費を工面しなければならなくなりました。前記の（不正直な）参事たちがルリカテールとなっている金額に充当させるため、借金を余儀なくされたのです」。むろん町は、これによって「借金の利息の支払い」を強制された。

ここにみてとれるのは、一五七九年、反体制派が過去二〇年間の参事とブルジョワジーと商人とによる市政を攻撃した際に取り上げた、市の借財《二万エキュ》(12)の問題である(13)。彼らにとって、問題は通貨のインフレではなく、あくまでも市政の腐敗にあった。

ブリュナの考えと人口に膾炙した偏執狂的な噂とによって、《犯罪者》にまつりあげられた旧参事たちは、じつはさらに由々しき所業に及んでいるのだ。それこそ前例がないほどの悪辣さで、これら市庁舎のトパーズ〔第5章参照〕たちは、自分たちの不正によって穴の開いた金額を、あろうことか市に貸しているのである。そして、市に、当時としては法外な率（一〇％以上）で利息を払わせてもいる。いや、市が所定の期日までに払えなかったため、この初期利息にかかる利息を払わせさえしているのだ！　「その結果、ロマン市の負債は大きく膨れ上がりました」。こうした事態は、たとえ前参事たちがどんな報告をしているにせよ、彼らルリカテールたちの暗躍《イストワール》なしではありえなかったはずである。

結果はどうだったか。それはまさに、吸い上げたり押し上げたりする税務ポンプ《ポンプ・ア・フィナンス》のようなものだった。すなわち、前年度の代表参事たちは、前々年度の前職たちに横領金を吐き出させることをしなかった。後者もまたその金を後任たちに貸していたからである。こうして市の借金は五万リーヴル〔6〕

以上にものぼるようになった。

ブリュナによれば、解決策には以下の二通りがあるという。すなわち、まず、債務者である歴代の代表参事たちに、彼らがそれまで隠し持っていた債務の元本と「利息」とを市に返還させること、次に、前任者が当然行うべき払い戻しをさせなかったより新しい参事たちに、彼らが返還させなかった金額の利息を払わせる（！）、ということである。

ロマンの高揚した雰囲気を恐れ、と同時に、申請者たちに何かしら形のある満足を与えようとした高等法院は、ついにブリュナの要求を受け入れる。そして、帳簿の提示とさまざまな返還とが、少なくとも原則的に行われるようになる。ただし、裁判官ゲランの監督下で……（むろんこれでは、結果的に行われなかったも同然である！）。

ブリュナの行動は、続いてロマンの参事たちによる一切の寡頭体制を告発することに向けられる。その財源を叩いたのである。まさにそれは、ブリュナによる宣戦布告にほかならなかった。

参事名簿によれば、この寡頭体制には新たに参事になった家柄もかなり含まれている。ベルナルダン・ギグやジャン・トメ、無爵位の平貴族であるジャン・ド・ソリニャック、貴族のマニシュー一族、アントワーヌ・コスト、ジェローム・ヴェルーといった顔ぶれだが、さらにこれにジャン・ド・ギリエやガスパール・ジョマロン、さらに飛ぶ鳥を落す勢いの成り上がり裁判官アントワーヌ・ゲランも加えなければならない。

これらの家柄は、一五八三年のタイユ税帳簿に巨額な課税額が記されていた。この年、ロマンの住

訳注6――一リーヴルは原則的に三分の一エキュ。

民たちは平均で二ないし三エキュの税を納めていたが、ここに列挙した一〇人の実力者たちは、それぞれ最低でも一〇エキュ、平均で一八から二〇エキュ、つまりロマンの平均的な賦課金額の六―一〇倍を納税していた（多少とも本物らしい貴族であるがゆえに免税となっていた者を除く）。[15]

ロマンの手工業者たちにとって、問題は、この寡頭体制を町の権力から追放することではなかった。彼らがせいぜい望めたのは、レディギエールのユグノー教徒たちがもしも勝利を収めるなら、市参事会の権力を、プロテスタント・ブルジョワジー（彼らは戦術的に職人の仲間だったにすぎなかったが）に託してくれるということだった。それゆえ、羅紗職人のブリュナや精肉商のフルール、さらにその仲間たちは、穏健な目的を求めていた。なるほど彼らは、社会の《身分》に基づいて四通りの資格（司法官、商人、職人、農民）に分かれていた、市参事会の在り方すら問題にしていない。つまり、彼らが攻撃したのは《価値《なかみ》》であって《規範《かたち》》ではなかったのだ。

そんな彼らの野望は、ごく単純にいって、平民職人の指導者からなる臨時参事会員を出席させて、参事会を充実させるところにあった。こうして一五七九年三月二三日、[16]羅紗職人のジャン・セルヴ、通称ポーミエと、同じく羅紗職人のギヨーム・ロベール＝ブリュナ、さらに業種の不明な職人フランソワ・ロバン（だが、彼は前二者と同じように、一五八〇年のカルナヴァル後に断罪されている）の三人は、「臨時」参事会員の肩書きで参事会に出席している。むろんそれだけの力では、大勢を変えるまでには至らなかったが、議論や決議に影響を与えてはいる。（本来いてはならない）彼らが「そこにいる」と考えただけで、裁判官ゲランは冷や汗が出てくる思いをしたのだった。

彼らは間違いなくそこにいた。当然[17]（！）である。しかも、年末まで！　一五七九年一一月二二日でもなお、市民総会（事実上の拡大参事会）は六八名の出席者をみている。つまり、参事たちと四〇名あまりの四《(社会的)資格》代表に加えて、一二一名の臨時メンバーが顔をそろえていたことになる。そして、この臨時参事会員の名簿の最後に、町のよく知られた反体制派の名が連なっている。ジャン・セルヴ＝ポーミエ、ギヨーム・ロベール＝ブリュナ、ジョフロワ・フルール、フランソワ・ロバン、ジャン・ジャックといった名である。

一五七九年一二月五日には、三名の代表参事と一一名の参事会員だけが審議(定例会議)に加わっている。その中に、ポーミエ(ジャン・セルヴ)の顔もあった。そこでは、小麦の買い占めや穀物の市外流出に対する苦情、精肉商やパン職人の反税ストといった重要な問題が議論されている。同月一一日と一四日、さらに二六日には、ジャン・セルヴ＝ポーミエ、ギヨーム・ロベール＝ブリュナ、ジョフロワ・フルール、ジャン・ジャックの面々が、交代で定例会議に出席している。

翌一五八〇年のカルナヴァル期間には、死人も出た抗争前夜の二月一〇日と一二日、ジャン・セルヴ＝ポーミエ(この頃、彼は一枚の熊の毛皮を見せびらかしていた)と仲間の反体制派であるジャン・ジャック、さらにアントワーヌ・ニコデルは、参事会での審議に加わっている。彼らは職人《資格》としてそこに参加していたのである。議題は、地区隊長たち(しばしば彼らもまた平民の仲間入りをしていた)が警備する市門の閉鎖と、永遠の難問である市の負債についてだった。

一五八〇年二月中旬の血塗られた弾圧までの約一年間、民衆側の指導者たちは市参事会に参加できた。まさにそれによって、さまざまな問題に対する情報や圧力について、あらゆる手段を手にすることができたのだった。こうした問題としては、[18]租税、貧者救済、三部会への代表派遣、財務監査、穀物供給、そしてもちろん、市の負債などがあった。

基本的に、《民衆側》に忠実だったこれらの参事会員は、市の財務行政と資産に何とか思い切った手を打たなければならなかった。そこで彼らは、取り立ての厳しい借金（全体で五万五〇〇〇リーヴルから六万リーヴル）を返済するため、富裕者や前参事、あるいは有力者たちにそれを払わせなければならなかった。おそらくそれは《革命的な》ことではないだろう。しかし、いずれは胡座をかいた資産家たちを切り崩していくはずである。ちなみに、六万リーヴルの返済というのは、決して些細な事業ではない。ロマンの金持ちといったところで、所詮はほどほどに小金を貯めこんだだけであり、地元の下層階層や貧者と較べて豊かであるにすぎないからだ。

してみれば、こうした強制返済の計画は、町のブルジョワジーにとってまことに身の毛もよだつような恐ろしい話だった。しかし、一五八〇年の貧者たちのカルナヴァルは、全体として次のような主題に文字通り躍らされるようになる。「金持ちたちよ、不当に得た財産を町に返せ！」（P88）。反富裕者的なこのダンスは、太鼓やコルネット（角笛）、鈴、剣、箒、熊手、殻竿、葬衣などが紡ぎ出す、シャリヴァリ的なリズムに煽られた。有力者たちはそのすべてをこう解釈している。「貧者たちはわれわれの財産を取り上げようとしている（これは確かである）。そればかりではない。われわれの妻たちすら奪おうとしているのだ。彼らはわれわれを殺し、食べようとまでしている……」。ゲランを筆頭に、いささか解釈のし過ぎではあった。

十六世紀の社会の風景全体を支配していた、負債や高利の借財、あるいは《認定地代》といった問題は、したがって重大な、われわれ現代人が考えるよりも、はるかに重大な展開をしていったといえる。それが、貧しい者たちの集団的無意識にあるもっとも恐ろしい部位に、不穏な偽足を何本も送りつけたからである。と同時に、金持ちたちの不安に宿る大恐怖《グランド・プール》[7]の幻想にも、同様に、あるいはそれ以上の偽足を植えつけた。まさにそれは、《咽喉元に突き刺さった刃》でもあった。

❦ ❦ ❦

ここでは、ブリュナやその羅紗職人仲間たちのやり方が、実際にド・ブールのそれと異なっていたことに着目しておこう。一五七九年にロマンの住民たちにみられた過度の悲壮感は、一五七六年のドーフィネのそれを文字通り引き写したものだった。事実、ド・ブールの提案は、ドーフィネ地方の都市「全体」の耐えがたい負債を、本来的には《ルリカテール（債務者）》である、グルノーブルの強欲な高利貸したちに返還させる、つまり彼らが負っていたものを戻させることで支払う、というものだった。ブリュナはそんなド・ブールのやり方を真似し、一五七九年、それをより穏健な形でロマンという限定された枠で実施しようとしたのである。ロマンの寡頭体制に関わる者たちに、不正に蓄えたものを町の負債決済のために吐き出させる。これがブリュナの提案だった。単純にいって、こうしてそれぞれ狙い打ちにされた社会集団は、当然ながら同じ規模にはなかった。ド・ブールは地域財政を超えて貴族や聖職者といった特権階級全体を攻撃した。この点からすれば、彼は一五八九年の戦うドーフィネを予示していた。これに対し、ロマンの反体制派は、よりおとなしい形で、彼らの小さな町のブルジョワたちに勝負を挑んだのである。

訳注7——大恐怖《グランド・プール》　歴史学的には、もともとフランス革命初期における農村の社会不安を指す。

ロマンの負債についてはここでひとまず措き、タイユ税と間接税の問題に戻ろう。前述したように、この問題は、一五七六年の町の「不吉な」解決策以来、ロマンの手工業者たちを苛立たせてきた。例の負債を清算するため、ブルジョワ参事たちは、同年、手工業者から徴収する税を二倍、三倍、あるいは四倍にも引き上げている。それに対し、むろん手工業者たちは寡頭体制にしっぺ返しをする。すなわち、一五七九年、彼らの指導者である羅紗職人のブリュナが、寡頭支配者たちの財布から、彼らが不当に得た金を直接出させて、借財を解消することを提唱したのである。ここから引き出される当然の理屈として、精肉商のジョフロワ・フルールは、「増税」反対のストを公言する。ブリュナの仲間である彼の目にも、増税はもはや町の負債の解消に何ら必要ではない（！）と映ったからだ。

　これら反税ストを行ったのは、前述した通り、精肉商とパン職人だったが、口火を切ったのは前者である。町から精肉の専売を認められていたことによって、その行政部門に密接に組み込まれていた彼らは、基本的に町の徴税・行政機関に対して異議申し立てを行った。それは理屈に適った行動だった。この点で、彼らの偏狭さなり《プジャード主義《プジャーディスム》》〔8〕なりを非難するのは、おそらく的外れといえるだろう。

　ところで、精肉業界が町と交わす年間の賃貸契約〔委託ないし認定契約〕は、一五七九年四月七日に結ばれ、一五八〇年二月一二日、つまり一連の《事件》の終息直前に更新されている。前者の契約書には、賃貸人である参事のほかに、賃借人代表であるジョフロワ・フルールの花飾りのある署名がみられる。一五八〇年のカルナヴァル後には、彼もまた絞首刑に処されている。

右の契約には、ほかに有力な家柄であるテロ一族の精肉商（やパン職人）もまた、賃借人代表として加わっている。だが、明らかに彼らは文字が書けなかった（読めなかった）。そのうちの一人クロードも、カルナヴァルが終わった一五八〇年三月に断罪されているが、一五八〇年二月一二日の契約更新時にも、同じ顔ぶれが立ち会った。ただし、フルールは代表だったにもかかわらず欠席している。この時期、彼は民衆のカルナヴァルを指揮していたからである。ブルジョワ参事たちとあまり親しくなりたくなかったからでもあった。

カレーム＝プルノン[9]から翌年のカレーム＝プルノンまでを期間とする、これら二通の契約署名時に、精肉商たちは牛や羊や子牛の肉を提供する約束をしている（マルディ・グラが肉の祭であることを想起されたい）。いずれ彼[10]らは、町に一五七六年に引き上げられた率で所定の税を払うようになるが、同時に、牛肉一リーヴルを一五ドゥニエ、生の豚肉を含む他の畜肉を一八ドゥニエで売る[11]だろう。彼らはまた、四旬節に病人たちに肉を一リーヴルあたり二二ドゥニエで提供するはずだ。町の商人

訳注8―プジャード主義《プジャーディスム》　文具書店主だったピエール・プジャードが、一九五三年、全仏小売商・職人擁護連合を組織し、フランスのアルジェリア統治を支持する一方、経済統制と税制に反対して起こした運動。右派政党として、一九五六年の国政選挙で勝利するが、経済構造の変化についていけず、一九六〇年代に消滅する。

訳注9―カレーム＝プルノン　四旬節初日の「灰の水曜日」に先立つ三日間で、通常はこの期間がカルナヴァルとなる。そのうち、もっとも重要なのは、マルディ・グラ（肉食の火曜日）と呼ばれる最終日。

訳注10―場所と時代で異なるが、おおむね三〇六―八〇一グラム。第7章で、著者は現行の半キログラムとして考えている。

訳注11―四旬節は潔斎期間であるため、キリスト教徒は原則として肉食を断たなければならなかったが、病人はこのタブーから外されていた。

たちには、殺した家畜の脂身を、ロウソク一リーヴル相当量を三ドゥニエの割合で売ることになる。

参事たちはそんな彼らにロマンでの畜殺の独占を保証していた。そして、彼らは賃貸契約書の中に市有財産を担保として差し入れ、精肉商たちもまた彼らの財産と身柄とを差し入れていた。ここまではだれもが満足していたはずである……。

では、問題は一五七九年六月末の、ちょうどカトリーヌ・ド・メディシスがロマンを訪れた直前に始まったのか。おそらくそれに間違いないだろう。七月二日、ゲランと精肉業者の監視に指名された参事会の二人のメンバーが、精肉業者やパン職人などから「間接税」を集める町の徴税人〔ジョフロワ・フルール〕に、彼が参事たちに負っている一九二エキュの払い込みを命じている。

しかし、徴税人はそれに抗議し、借金は一〇〇エキュしかないと言い張っている[20]。一五七九年六月二七日の監査によれば、フルールは参事たちに一六エキュ五〇スーの借りがあったというが、いずれにしても彼は、まさに個人的な事情によってささやかなストを始めたとも考えられる……。

一五七九年九月一〇日[21]、カトリーヌ・ド・メディシスのロマン訪問（七月）に対する記憶は薄れつつあった。彼女の仲介で結んだ相互の約束は忘れ去られ、ストが拡大の一途をたどっていた。それは、ロマンの市場での農民や市民たちの激しい騒擾と機を一にしていた。《コミューン》がグルノーブルの奪取に向かえるようにするため、民衆の隊長たちの選出、つまり指導者の選択も行われていた……[22]。

こうした半暴動的な雰囲気の中で、精肉商やパン職人は、一五七六年に町が〔緊迫財政の〕解決策として大幅に引き上げた税の支払いを拒んだ。怒った参事たちは言っている。《しかし彼らは、肉やパンの値上げで得をしているではないか》。だが、これらの値段は、一〇年以上も前から、全体的なインフレ傾向と呼応する形で上がったのではなかったか。食品関連の商人と職人たちは、単に増税だけではなく、税金「そのもの」に反対してストを張ったのだ！

このような状況であってみれば、翌一五八〇年二月のカルナヴァルで、富裕者たちによる反手工業者的冗談が、すべて食品価格に向けられた（！）としても驚くには値しない。からかいの休戦。一五七九年九月に苦杯を飲まされた参事たちは、もはや町の負債を清算できず、学校教師の給料も払えず、市壁や泉、大時計、役場などの修理代も出ないとこぼしている。だが、ロマンの財務経理に特徴的な古い細切れのシステムに従えば、前述した税収は、通常《直接》そうしたものに振り向けられていたのだろうか。

ともあれ参事たちは、裁判官のゲランに対し、納税拒否者たちにしかるべき命令を出すよう懇願している。しかし、ゲランにしたところでたいしたことはできなかった。ただ、命令に従うよう命じた（！）だけだった。むろんそれは徒労に帰した。ゲラン派の威力ははたして湿ってしまったのか。

一五七九年一〇月一七日と三〇日、新たな催告が精肉商たちに二度にわたって出される。これら精肉商のうちの少なくとも一五名は、同年春に町と交わした肉の業務契約の署名者ないし共同責任者であり、反税ストを行っているところだった。彼らの中には、やがて行われるカルナヴァル的騒擾と、その後の弾圧にかかわる重要な人物も含まれていた。たとえばクロード・テロであるが、もう一人のフランソワ・ドゥルヴェは、叛徒グループのうちで最大の殺し屋（！）だった（彼は三二四頭の羊を屠っている）。

一五七九年一〇月の資料からすれば、どうやらストは、基本的に聖ヨハネの祝日〔六月二四日〕から聖ミカエルの祝日〔九月二九日〕にかけて行われている。だが、聖ヨハネの祝日以前、つまり春が終わる頃に行われたことも一度だけあった。各精肉商は、平均して七エキュを滞納していた。これからすると滞納金の総額は約一〇〇エキュないし三〇〇リーヴルにものぼることになる。この額は、ロマンのような小さな町にとってかなりのものだった。当時三〇〇リーヴルといえば、農村部の穀類を対象とする教会十分の一税の総額に匹敵する。

これら精肉商たちは、夏の三カ月間に平均して羊二〇一頭、牡牛一頭半、子牛三・二頭、さらに「ブランコ」ないし「ブラヴォ」(?)〔原文ママ〕を四・七頭畜殺していた。畜殺分がそのまま消費に回されるとすれば、ロマンの「最低」年間消費量(四旬節を含む)は、一一カ月の間、精肉商一五人で羊一万一〇五五頭、牡牛八二頭、子牛一七六頭、牝牛一四八頭、そして「ブラヴォ」二五八頭ということになる。つまり、大雑把にいって、乳児を除くロマン住民は、一年に羊二頭と《牛一〇分の一頭分》を食べていた計算になる。これは無視できない数である(周知のように、肉の消費量は都市部の方が農村部よりはるかに多かった)。こうした事実は、十六世紀におけるロマンで、精肉業がいかに重要な職業であったかを端的に物語るものといえる。[12]

識字者とそうでない者とが入り混じったこれら反体制派の精肉商たちは、互いにかなり強い家族的なつながりを培っていた。たとえば、スト参加者一五名のうち、三人がオリヴィエ、二人がデュ・コンセイユ、別の二人がティボー、さらに四人がテロという姓だった。そして、それぞれが町との同じ業務賃貸契約にのっとって働いていた。彼らはまた、《精肉商組《ベール・ド・ブシェ》》ごとにより緊密な連帯を維持していた。彼らの中には、牝牛半頭、子牛半頭しか畜殺しない者もおり、言うまでもなく、これは畜殺担当の相方がいたことを示している。

ロマンの参事会に立ち向かった力は、これほど強力で連帯を保ち、それでいて自然なものだった。だが、一五人の精肉・畜殺業者の中で、五人(ドゥルヴェ、デュ・コンセイユ姓一名、ティボー姓二人）の強固な核が明確になるにつれて、多少の軋みも現れてくる。すなわち、これら五人が一五七六年以前の低い税額でしか納税しないと言い張っていたのに対し、より慎重な他の三名は、《ほかの者たちが払う》、あるいは《近いうちに払う》なら、自分たちの税の割り当て分を支払う用意があると言うのだった。

一五七九年一一月、パン職人たちは、その兄弟とも親友ともいうべき精肉商たちの後を受けて、ダンスの輪の中に入っていく。つまり、彼らもまたストを張るようになったのである。[23] やはり一五七六年の一方的な増税を、改めて（！）拒むようになったからだ（精肉商たちと同様、彼らは一五七七年と一五七八年にはそれを受け入れている。だが、一五七九年は政治的な風向きが変わった）。これら反抗的なパン職人たちの一人に、筆者はクロード・テロの名を挙げておいたが、おそらく彼は、肉とパンの双方を押さえていたテロ一族の反体制派につながっていたと思われる。結局、《製パン業》の反税スト実施者の九人について、われわれは全員の顔ぶれを知っていることになる。

彼らはパン一スティエごとに課され、市有の小麦用計量台で徴収される税を拒んだが、そのうちの八人は、一五七六年以前の一スティエ六ドゥニエ（二スーないし二四ドゥニエではなく）という、好ましい税率に戻るのを望んでいた。より穏健なスト派パン職人一人だけは、「ほかの者たちが払うなら」、やむなく納税するのを受け入れたが、彼らの基本的な要求は、《昔の慣行》に、つまり一五七六年以前に戻るというところにあった。そのかぎりにおいて、パン職人たちは、ジャン・ド・ブールより過去に執着していた。

訳注12—ブラヴォ　プロヴァンス語でおそらく「牡牛《ブラヴォ》」。

一五七九年一一月と一二月にも、ストはなおも続いていた！　参事たちは八方ふさがりの状況をどうすることもできなかった。そこで、再度ゲランに介入を求めた。これを受けて、威圧的で激しやすい彼は、ロマンの精肉商とパン職人たちに対し、改めて納税者としての義務をきちんと果たすようにとの命令を出す[24]。しかし、今回もまた徒労に終わった……。

明けて一五八〇年一月、カルナヴァルが近づいたので、スト参加者の代表たちが市庁舎を訪れる。一月二五日は、パン職人と製菓商の番だった。代表たちを率いていたのは、やがて冬の終わりとともに絞首刑に処されるようになる、製陶・パン職人のマトラン・デ・ミュール（彼の竈はパンと壺を焼くのに用いられていた）。これらミシュ[13]と竈の職人たちからなる代表団は、参事たちに向かって、自分たちは決してインフレの犠牲にはならないと主張している。彼らは、増税が町の「すべて」の納税義務者（したがって、地主ブルジョワジーも含めて）と、「すべて」の商品（パンや穀類や小麦粉だけでなく）に課されるよう望んだ。それがだめなら、製陶・パン職人たちは一五七六年以降の増税を拒むというのである。同じ日には、精肉商たちの同様の要求がなされている。しかし、彼らの要求は、要するにパンの値上げにあったのだ。

精肉商とパン職人たちは、間違いなく数日後に控えたカルナヴァル（一五八〇年二月）の主たる指揮者であり、演者でもあった。だが、彼らはまた、フルールやマトラン・デ・ミュール……たちの絞首刑という重い税を払わされることになる。再び勝利者となったゲランは、彼らを《打ち損じ》たりはしなかった。すなわち、絞首刑直前の二月二六日、彼が有罪を宣したストの指導者たちに罰金を課すのである。対象となったのは、デ・ミュールやフルール、パン・ブランの妻（ここでようやく女性が登場する！）、クロード・テロ、ギヨーム・ガゾンなどだった。

一方、参事たちといえば、一五七九年の九月と同様に、一五八〇年二月でも、これら反税ストと町の頭痛の種である借金問題との関連を強調していた。彼らは言っている。《反税ストのせいで、町の金庫は空になってしまった。これでは町の債務を清算することができない》。だが、もしそれが可能だったなら、ことの是非はともかくとして、デ・ミュールとフルールは高い絞首台の上から彼らにこう叫んだはずである。《盗っ人たちめ、町の借金を払うべきなのはお前たちだ。それには、お前たちが密かにくすねて握り締めている公金を、吐き出すだけでいいのだ[25]!》。

❦ ❦ ❦

この精肉商とパン職人たちのストは、一五八〇年二月に起きる《事件》の原因や動機を使い切ったのか。そんなことはない。事実、事件は、一五七九年の秋から一五七九―八〇年の冬にかけて、より広範な地方的戦いへと弾みをつけて展開していったのである。

一一月初旬、ある不吉な予兆が悪寒となってロマンの住民たちの背筋を走る。ピエモンは書いている。「一五七九年一一月九日月曜日夕刻、ものすごい稲妻と雨とに見舞われる恐ろしい天気となった。季節は冬。ロマンに近いクロワ＝ド＝ヴォルの三人の男が、ヴァランスからの帰途、激しい雷光と雷鳴に遭って、ロマンに逃げ込んできた。そのうちの二人が十字を切るのを見て、もう一人がそれを馬鹿にして言った。《そんなに怯えているけれど、悪魔だって守ってくれやしないぞ。立派すぎる十字

訳注13―ミシュ　田舎風大型丸パン。

を切っちまった以上は》。男がそんな悪態をついた瞬間、雷が落ちた！　男は即死したが、他の二人は恐ろしい思いこそすれ、無傷だった。噂では、この雷に打たれた男は別の宗教の信者（プロテスタント）で、かつて（ロマンの）サン＝ベルナール教会堂の打ち毀しに加担したことがあるという」。公証人のピエモンは、いささか格言調で話をこう締めくくっている。「これは、十字印に覆われながら、つねに神に祈りを捧げる者を馬鹿にしてはならないという、格好の事例である」（P85）。

この出来事は反税ストとは無関係である。ストはより激しいものだった。それはロマンのパンや肉の商店を揺さぶっただけではなかった。直接税についていえば、いくつもの町村の民衆に関わっていた。「グルノーブルでは、一一月に入ると、それまで納入を拒否していた地区に、一戸あたり一五エキュ一〇スーのタイユ税を払わせることが決められた」。さらに、「地方の事業を賄うため、二エキュ四〇スーのタイユ税」（P86）を徴収するようになった。だが、「貧しい者たちは同年見舞われた不作のため、ほとんど飢饉状態にあった」（事実、一五七九年一〇月の大雨で播種作業が被害を受けている。いうまでもなく、これは凶作の前触れであった。一方、前年秋のブドウの収穫は、ワインの売れ行きもあって、村に貴重な現金収入をもたらし、納税の一助となるはずだった。しかし、実際はそうならなかった。一五七九年春の冷害でブドウの芽が凍結し、不作となってしまったのである）。

それゆえ《民衆》は、三部会に送りこんだ彼らの代表を通じて、当座のところ、前記の二重のタイユ税が払えないとの返事をした。たしかに日常的な泣き言の域を越えて、公平な課税という反貴族的な要求は、こうしてまさに悪魔が箱から飛び出したように、再び姿を現したのだ。村々の代表たちは力説している。「国王がわれわれの陳情書を認めてくれた暁には、各人が当然その義務を果たす（特権者も税を納める）よう期待します。その後でなら、われわれとしても」二重のタイユ税を「払うにやぶさかではありません」。

こうした平民たちの挑戦に対して、現行法と免税措置の擁護者であるグルノーブル高等法院の最初の反応は、抑圧であった。「拒絶された高等法院は、グルノーブルに来た農村代表を残らず牢獄に送り」、その委任者によって、彼らから強制的に納税させようとした。だが、《民衆》は一歩も譲らず、蜂起すら口にするようになった。「彼らは何らそれに従おうとせず、むしろ民衆の決起を囁いたのだった」。すると、突然、高等法院は囚人たちを釈放した。まさに態度の豹変《ドゥシュ・エコセーズ》〔14〕である。力で失敗したから、緩やかな手段を用いようとしたのだ。

一五七九年一二月四日、グルノーブルで開かれた三部会は、高等法院より柔軟な態度を示し、モンタニエを《村落代表》（P86、n1）として急ぎヴァロワール一帯に派遣した。彼の役目は、村々の財布の紐と住民たちの心を緩めることにあった。そこで彼はこうほのめかした。一戸あたり二エキュ四〇スーというタイユ税は、ひたすら国の安全を守るためのものである、と。いずれ分かるようになるが、この代表は《二重のガス抜き》を旨としていた。つまり、村を守るために設けられた彼は、一方で村人たちに権力側の命令を伝え、これを甘言で丸め込む役目を担っていたのだ。

農民たちの感情は、《大恐怖》現象が波及していかなかったなら、おそらく鎮まったはずである。だが、再び共鳴箱の代りを務めたのは、なおも一触即発の状態にあったヴァロワールだった。「同じ頃、ヴァロワール一帯の村は、トゥルノンの伯爵領主が騎兵と歩兵部隊を集めていると考えていた」。猛獣のように恐れられていたトゥルノン領主の命によるこの部隊結集は、人々を不安にさせた。結集

訳注14——態度の豹変《ドゥシュ・エコセーズ》 字義は「スコットランド式シャワー」。湯と水を交互に使うところから。

の舞台は、正確にはトゥルノン市[15]近くだった。

　トゥルノンの真向かいに位置するローヌ左岸のヴァロワール住民たちは、トゥルノンの真向かいに位置することもあって、ひとしお不安が募っていた。彼らは反対派農民だった。それゆえ、トゥルノンの貴族領主は彼らに反感を抱いていた。むろん、逆もまたしかりである。農民たちは「この領主がこれまで自分たちに行ってきたさまざまな脅迫」をよく覚えていて、「いずれ彼に踏みにじられるかもしれない、と噂し合っていた」（P86）。そこで「ヴァロワールの住民たちはローヌ左岸に陣を張り、戦闘態勢をとった」。こうすることで、トゥルノン領主が河を渡り、彼らを鎮圧しに来るのを防ごうとしたのだ。しかし、それは取り越し苦労だった。どうやらカトリックのトゥルノン領主は、右岸のヴィヴァレ＝アルデーシュ地域にある、ユグノーの小邑を奪おうと考えていただけだった。

　一難去ってまた一難。トゥルノン領主のことは忘れられたが、今度はメルルとマンデのことが世間を騒がせるようになる。一五七九年のクリスマス、ユグノー教徒側で〔傭兵として〕働いていた恐ろしいごろつきのメルル隊長が、それまでカトリックだったロゼール地方の町を奪ったのである。この奇襲作戦をやりやすくするため、彼はあろうことか深夜ミサの間に行動したのだ。ミサに与るため、住民たちは町のいくつかの教会に集まっており、「ノン＝パレイユ[16]」と呼ばれる巨大な鐘の音が、メルル一味の侵入の騒音をかき消した。何という祝い。一味がこの町で行った虐殺は、南仏全域での新たな宗教戦争[26]の始まりを告げることになった。

　これと時を同じくして、さながらおまけでもあるかのように、またぞろ内乱になるとの噂が広まっていった。嫌な予兆もあった。「一五八〇年一月、聖パウロ改宗の祝日（一五日）[17]は晴天に恵まれた。古諺によれば、この日、強い北風なり寒風なりが吹けば、それは戦争を……、かつてだれも経験したことがないほど激しい戦争を意味するという。同じ月、ドーフィネで、土地の貴族たちが、第三身分を根絶やしにすべく、いくつかの歩兵部隊を編成したと知らされる。農民たちは大いに驚き、早速あれこれ陰謀を巡らした……」。

陰謀とはいっても、そこは農民のことである。実際には攻撃をしかけるほかはなかった。だが、同盟の運動は広がりをみせ、ローヌの左岸から右岸へ、東から西に、《帝国》〔神聖ローマ帝国領〕から《王国》〔フランス王国領〕へ、つまりドーフィネ地方からヴィヴァレ一帯へと展開していった。そして、この抵抗運動は、トゥルノン領主が支配する地域の南に位置し、彼の反農民的な抑圧が届かないヴァランス付近まで広まっていった。

一五八〇年二月三日、ゲランは、《数日前からヴィヴァレで起きている民衆蜂起[27]》について、グルノーブル高等法院の初代院長である旧友オートフォール宛ての書状に、若干の驚愕とともにこう書き記している。「かなりの数にのぼるカトリックとプロテスタント双方の民衆が、彼らの言葉によれば、自分たちに課された税の一切の徴収を打破するため、行動を起こしています……」。ありていに言って、タイユ税の拒否や徴税人に対する殺しの威し、さらに、プリヴァ側近のフーリエといった放浪扇

訳注15―トゥルノン市　ローヌ川沿いにヴァランスの約二〇キロ北。

訳注16―ノン＝パレイユ　字義は「比類のない」。

訳注17―二五日の間違いか。

動者たちによって広められたすべてのものは、ヴィヴァレでは一五七九年一〇月から引き続きみられたのである(28)。

この《新旧両宗教的》な農民運動は、例によって、道理に適った激しさで、軍規の乱れも甚だしい駐屯部隊による地域の軍事的占領という問題に立ち向かった。これらの駐屯部隊は、まさにドーフィネと同じように、ヴィヴァレ一帯の町や城を押さえていた。ローヌ両岸での「平和」の要求は、思うに根本的なことだった。一五八〇年二月二日（聖母潔斎の祝日）、ヴァランス司教のシャルル・ジュラは、町と司教座の行方を心配しつつ、次のように記している。「彼らはヴィヴァレの同盟参加者たちであり、平和を拒んでいるあらゆる者たちに、それを守らせるよう行動しているのである(29)」。貴族でも税を納めていたラングドックのヴィヴァレ司教区では、民衆の不満の中心地だったドーフィネ地方とは異なり、免税特権は存在していなかった。

ドーフィネの同盟は職人やブルジョワ出身の指導者をいただいていた。それほど発展していなかったヴィヴァレの同盟参加者たちは、より魅力的な領主所領の罠にはまり、《楽しい小突あい《ブラド・アミカル》》を幾度か繰り返した後、サン＝セルジュやド・ピエールグールドといった地元の貴族に、自分たちの運動を指揮させる。こうした慣行は、彼らの間で以後長く続くことになる(30)。司教ジュラは書いている。「貴族の一人が彼らを指揮していた。そうなるよう強請されたからである。小職の知るところ、その貴族の名はサン＝セルジュという」。カルナヴァルの始まりと同時に生まれたこのヴィヴァレの同盟は、参加者の数も多く、よく組織されていた。

ローヌ左岸のヴァランスの市壁からは、対岸にいるよく統率のとれたアルデーシュ部隊が見えた。ヴァランス司教はさらにこうも記している。「午後三時頃、グランジュとクリュソル城の間の平原

（ローヌ右岸）に、およそ五〇〇名はいると思える火縄銃の一隊が見えた。彼らは命令に従って行進したり、太鼓を打ち鳴らしていた」。いつもなら、彼ら鼓手たちは祭りに登場するはずだった。そんな彼らが抜ければ、祭はかなりやりにくくなるだろう。午後の終わりもしくは晩、巨大な岩場の上から対岸のヴァランスを睥睨する古い城砦のクリュソル城が、農民部隊によって焼かれる。ユグノー教徒（一五七三年）が、次いでカトリックと国家主義者（一五七九―八〇年）が代わる代わる占拠した要塞としてのクリュソル城は、こうしてこの日、消滅した。それとともに、農民たちが戦費の名目で搾取される可能性も消えた(31)。

ヴィヴァレの同盟は地域的な特性を帯びていた（貴族が指導者であったり、都市的要素の影響をさほど受けていなかったことだが、その目的はどちらかといえば《狭く》、ほぼ純粋に平和主義的で、ほとんど《社会的》性格を有していなかった）。一五七〇年から一五八〇年にかけてのこうしたヴィヴァレの反対運動は、ドーフィネのそれより穏健という本来的な特徴をもち、じつに十七世紀まで長期にわたって受け継がれることになる。

とはいえ、ドーフィネ同様、ヴィヴァレにおいても、同盟農民とユグノー派との優先的な、少なくとも戦術的な連帯に、裁判官ゲランが不安げな目を向けていた点に変りはない。ユグノー派が既存のカトリック教会のみならず、国王に由来する公権力に対しても異議を唱えていたからである。彼は書いている。ローヌの対岸から、それ自体かなり沸騰している状況の観察を怠りない者たちは、「（ヴィヴァレの同盟参加者たちによる）かかる行動が、カトリックの場と、国王のために保持されていた場（クリュソル城）で始められたことに驚きを禁じえなかった(32)」。

❧ ❧ ❧

ロマンのカルナヴァルに火が点されると、ローヌ中流域河谷の両岸全体が一気に熱を帯びた。ヴァランスでは、しかし火は灰の下にくすぶっていた。ゲランが書いているところによれば、同盟穏健派の指導者であるモンテリマール人のジャック・コラは、自分の部隊にほとほと手を焼き、このヴァランスでは、「住民たちの間に不安や猜疑心、あるいは嫉妬が渦巻いている」ことに気づいたという。「そこで目先の利くジャック・コラは、口惜しげにモンテリマールに戻った(33)」。

しかし、ヴァランス司教には、騒がしい町を去って、コラのように生地に戻れる手立てがなかった。やむなく司教座のあるヴァランスに残り、《細民（下層民）》たち、つまり、しばらくの間、製粉業者のボニオルや《連隊長》フォルトゥナ・ド・ドルヌ、さらには参事会のメンバーであるギヨーム・サヴィナらによって扇動され、代表あるいは指導された、職人や耕作者たちに反対して、《有徳者》（名士）たちのグループを支持せざるをえなかった。

一五七九年二月二六日、サヴィナはモジロン（地方総督補佐官）の残りの部隊が、町から外に出るよう求めている(34)。また、同年三月一九日、参事たちが渋々認めたヴァランスの《細民》集会で、職業軍人のフォルトゥナ・ド・ドルヌが、（民衆側にたった）町の防衛に当る連隊長兼《長官《シェランタンダン》》に選ばれている(35)。四月三〇日には、製粉業者のボニオル（本名フランソワ・シュヴァリエ、民衆側指導者）とサンラールなる人物が、ヴィエンヌ地方から来た兵たち、つまり武装した同盟農民たちを、何とかヴァランスに入れようと画策してもいる。

こうした展開は、名士たちにとってはまことに許し難いものだったが、《細民》たちの一部にとっても、耐え難かった。そんな細民たちの中にアントワーヌ・モエなる男がいた。彼は市の参事会で、旧友ボニオルの陰謀を非難している[36]。おそらくヴァランスでは、ボニオル率いる同盟過激派とモエの同盟穏健派との間に亀裂が入っていたのだろう。ちょうどロマンでポーミエとラロシュが仲違いしたようにである。もっとも過激な市民たちと手を結び、略奪の恐れが多分にある農民部隊を町に入れるかどうか。その決定は、このようにしばしば彼らがどういう態度をとるかの試金石となった。

一五八〇年二月初旬、ヴァランスの状況は安定とはまったく《かけ離れた》ものとなった。ローヌ川のヴィヴァレ側、つまりクリュソル城の火が燃え盛っている右岸で起きていることを注視しながら、ヴァランス司教のシャルル・ジュラ・ド・ルブロンは、悲しげにこう記している。「誤った助言を受けた貧しい者たち（ヴァランスの民衆部隊）が、わたしの望む以上に数が膨れ上がった町の騒ぎ好きな輩たちに唆され、（名士たちに対して）何がしかの嫉妬を抱くようになった」。司教は最悪の事態を恐れてさえいた。「彼らはわたしとわたしの仲間である善良な人々（《有徳者》たち）に、危害を加えようとしていたのである[37]」。しかし、彼は司教区の中心地にいる者たちの心を、多少の提案によって何とか落ち着かせることができた。たとえば、もっとも逆上していた指導者たちに秘跡を授ける、といった提案によってである。こうしてヴァランスは、カルナヴァル期間中、比較的平穏さを保つようになる。

❧ ❧ ❧

一方、ロマンでは、すべてが集合離散を繰り返すようになる。一五八〇年二月一二日[38]、モジロンは国王にこう書き送っている。「しかしながら、小職の危惧はロマンだけにあります。ヴァランスは、土地の司教で、陛下の忠実な下僕でもあります、一人の有徳者の統治下に置かれているからです。これに対し、ロマンの分裂は、小職に苦痛と恐れを等しく与えるものです……」。

こうした状況下で、ロマンはなおも普段のロマンとは大きく異なっていた。それは、北部の村々も同じだった。前年以来、これらの村はたえず反体制派であることを旗色鮮明にしていたのだ。マルサ、シャントメルル、ヴァロワール……。ロマンのドラマの背景には、こうした村が控えていたのである。

たとえばマルサ村では、一五八〇年二月に、前年の同じ月と同じような経験を再開していた。この村では、兵士たちの略奪が、一五八〇年の聖母潔斎の祝日（二月二日）に行われた、半防衛的、半民俗的な集会の動機となり、口実ともなった。ゲランの書状を信ずれば、集会はしかしかなり好戦的な様相を帯びていたという。「聖母の祝日だった去る火曜日、小職どもの町の周辺に住んでおります者たち（村人たち）は、武器と太鼓とを携えてマルサに集結しました。旗印の数は一五・六本でしたが、幸い何ら騒動らしきものはありませんでした」。とはいえ、一五・六本の旗印となれば、参加者の数は一五〇〇ほどになる。[39] 複数の教区から集まってきた彼らは、互いに出身地区ごとに編成された。

一五七九年の秋と冬にかなり荒れ、なおも現実ないし仮想の敵、つまりカトリックや領主に対して武装蜂起する構えを崩していなかったヴァロワール村の場合は、新たに住民たちの中からもっとも肝の据わった者を何人か選び、これをロマンに派遣している。「（一五八〇年の）聖母潔斎の祝日、この町にヴァロワールから数人がやってきて、集会に参加した……。彼らは集会が早く開かれるよう強く望んでいた」。彼らの言葉は「その体質のしからしむるところか、脅しと格別の熱意に満ち満ちており、わたし（ゲラン）としては全力でこれを打倒しなければならなかった[40]」。

裁判官ゲランが、雄弁を振るってヴァロワールからの招かれざる客たちの説得に努め、彼らの方も間違って召集されたことに気づいて、立ち去らざるをえなくなった。そんな時だった。ロマンの住民たちの輪の中から、もう一人、奇妙な人間が姿を現す。熊に仮装したポーミエだった。

一五八〇年二月のカルナヴァル直前の聖母潔斎の祝日（二月二日）と聖ブレーズの祝日（二月三日）、中心部はゲラン派、周辺部はポーミエ派に選り分けされていたロマンの町では、同宗団の行列や民俗舞踊のブランルといった伝統的な民俗慣行が営まれ、「レナージュ（王国）」もいくつか結成される。富裕者やカトリック教徒たちの「雄鶏＝鷲王国」や「ヤマウズラ王国」、職人や農民からなる同盟派の「去勢鶏王国」や「雄羊王国」、さらにレディギエールを後ろ盾とするユグノー教徒「野ウサギ王国」などである。すぐれて天空的な生き物と地上的なそれとに分けられるレナージュは、そのままロマン社会における持つ者と持たざる者との、体制側と反体制側との、さらに支配層と「叛徒たち」との対立の図式を端的に象徴していた。そして、この対立は「肉食の月曜日」に両派の衝突を招き、事件のクライマックスとも言うべきポーミエの射殺という悲劇を招くのだった。

第7章

一五八〇年：アントワーヌ・ゲラン、ロマンの裁判官にしてフォークロアの主

一五八〇年のロマンでは、前年同様、すべてが聖母潔斎の祝日（二月二日）と聖ブレーズの祝日（二月三日）に再開されている。両日は、町でも村でも、ひときわ激しいカルナヴァル期間の始まりを告げるものだった。

一月末、ドーフィネ地方のこの町では、反対運動のためにさまざまな準備が過激なまでに行われていた。すなわち、一月三〇日と三一日、羅紗職人たちはいつものやりかたに従って、「いかにすれば戦いに勝利するかを互いに議論し合い、布告人に馬で町中走らせた。住民たちを集めて完全武装させ、観閲式に臨ませるためである。彼らはすでにそれを幾度となく実施して慣れていた」（A152）。

だが、単に祭典を繰り返しただけではなかった。国家の支配に抗して、ロマンが半独立を勝ち取った年の最初の記念日をも祝ったのである。それはまた、ロマンの周辺部はポーミエ派、市の中心部はゲラン派という、二重の権力システムが確立した初めての記念日でもあった。民衆グループの指導者だったポーミエは、この祝賀行事に進んで首を突っ込み、その間、行列を繰り広げる仲間の羅紗職人たちは、武装し、馬上姿も勇ましい高貴な騎士のように振舞っていた。「ここで特記すべきは、騎乗者の一人が前記ポーミエだったということである」（A152）。葬儀や軍隊行進に登場する鼓手たちも、数日間、彼らと行動をともにした。「そこで彼らは、太鼓や武器を手に市中を行進した」。

聖母潔斎の祝日に登場する仮装熊の扮装[1]をしたポーミエは、仲間たちと市役所に出没した（たしかに市の議事録には、彼が一五八〇年一月から二月にかけて開かれた参事会に出席したと記されている(1)）。「熊の毛皮に身を包んだポーミエは参事会にやって来て、自分に割り当てられているわけではなく、そうすることがかねよりの慣行であったわけでもないのに、ある列のある席についた」（A153）。

この《理不尽な》闖入を、裁判官ゲランは何らかの権力を求めている症候《しるし》だと解釈した。むろん無法な要求である。こうした一切の出来事は、「彼らがつねに何を予想していたか、そして、彼（ポーミエ）が大掛かりな陰謀をいくつも企んでいるにちがいないということを、じつに明確に印象づけた」（A153）。これについて、いつものように誇張癖と作り話の傾向があるゲランは、ポーミエを、栄光と膨らんだ《汎ドーフィネ的》野望とに駆られた放蕩息子であると断じている。「前記ポーミエは、ドーフィネで自分に命令できる者などだれもいないということを知ってほしい、と皆に公言して憚らなかった」。

《ゲラネスク（ゲラン的）》な主張のうち、おそらくよりまともなのは、《ポーミエ派》とユグノー教徒たちが手を握っていたというものである。だとすれば、あるいは熊の毛皮とは、プロテスタントの陰謀を隠蔽するためだったとも考えられる。ゲランは言う。「（ロマンの）有徳者たちはポーミエ一味の行動を警戒する策をかなり練っていた。一味の大部分は、前記同盟の長たちですら、前述したよ

訳注1—仮装熊の扮装　ヨーロッパの民俗では、この日熊が巣籠もりから出てきて天気を占い、曇天なら冬が終わったと思って出巣し、晴天ならまだ冬が続いていると信じて巣に戻ると考えられていた。

うに（改革派）宗教に属しており、彼ら（有徳者たち）にとってみれば、これは他の何にも増して頭痛の種だったのだ」（A153）。実際のところ、同盟の指導者たちのうち、ユグノー教徒は皆無に近かった。だが、たしかに彼らはプロテスタントの密使たちと仲間になっていた。一年前、ジャン・ギグ[2]もまたその一人だった。ただし、彼は間もなくゲランの陣営に寝返っている。

二月二日、熊仮装の登場。同三日、聖ブレーズの祝日。脱穀人と、彼らが使う梳き櫛が、殉教の際にこの聖人の体を引き裂いたとされる梳毛職人の祭日でもある。[3]「前記の日（聖ブレーズの祝日）にやって来た彼らは、完全武装した前記職人たちで、総勢六〇〇ほどだった」（A152）。

ロマンに六〇〇人もの羅紗職人？　ゲランのあげた数は明らかに誇張されている。だが、六〇〇人が現実に集まったとすれば、彼らはいずれも家長であり、あらゆる業種の〔親方〕職人だったはずであり、加えて羅紗＝梳毛業や町の各種工房ないし露店には、何百もの職人や単純労働者が雇われていた。これら羅紗・梳毛職人やそれ以外の個人労働者、小店主、賃金生活者、武器を携行した男だけの民衆行列参加者を合計すれば、六〇〇という数にはなる。そんな彼らが政治的デモと軍事的威圧を行う？　少なくともゲランはそう示唆しているのだ。

たとえ例によって、戯画的なまでに現実を単純化していたとしても、ゲランはすべて間違っていたわけではなかった。彼は述べている。「それはポーミエ一味を増長させ、それ以来、彼は自分の企みがかなり近い将来に実現すると確信するまでになった」。ここでの企みとは、ゲランが何の証拠もなしに気まぐれにポーミエが考えているとした、名士たちを完璧に打倒するというものであった。とはいえ、ポーミエが無実だったわけではない。筆者の考えでは、彼はこの手の冒険を援軍なしで行うほど愚かでは決してなかった。では、援軍とは何か。それはレディギエールであり、ユグノー教徒だった。

聖ブレーズの祝日の民俗慣行《フォークロア》は、なおも重要なものだった。そこでは、羅紗業者の行列に参加した男たちが、「昨年同様、羊を追いかけながら王国《レナージュ》を建設していた」。行事は二月三日に繰り広げられるが、通常は翌日一杯続いた。それはまず、行列参加者の一部、とくに若者たちによる徒競走に始まり、次いでその勝者への、理論的にはもっとも足の早い者（競技にごまかしがないとして）への賞品授与が行われた。賞品は去勢された雄羊ないし種羊だったが、おそらくそれは、あちこち走らされた後、鎌投げで殺された。(2) そして最後に登場するのが「王国」（《レナージュ》）、つまり、状況に応じて選ばれた、カルナヴァル的ないし空想的ヒエラルキーの人物たちから構成される行列である。

雄羊の王は、時に仮装したパロディックな大法官や小修道院長らを従えたりもした。おそらくこの王は、もっとも民衆の注意をひいた人物の一人だった。彼に関して、われわれはそれ以上のことをほとんど知らないが、行事自体に関してゲランが使っている「昨年同様」という言葉は、明快に祭のありようを語っている。こうしてわれわれは、サーベルやブーツの音にもかかわらず、恒例のカルナヴァル的仮装のまったき現実に、つねに、そしてなおも向き合うことになる。当面のところ、まだ暴力は登場していない。

訳注2―ジャン・ギグ　ロマンの裕福なプロテスタント商人。第5章参照。

訳注3―これは、聖ブレーズが脱穀人（耕作者）と梳毛職人の守護聖人であったことを意味する。伝承によれば、聖ブレーズはアルメニアの司教で、三一六年、皇帝ディオクレティアヌスの時代に殉教したという。奇蹟譚の一つに、魚の骨が咽喉につっかえて苦しむ子供に、聖母潔斎の祝日のロウソク二本で聖アンドレの十字架を作り、これを子供の咽喉に置いて骨を除いたという話がある。プロヴァンス地方では、マルセイユを中心にとくに篤い信仰があった。

たしかにゲランは、この一五八〇年二月三日のことを、当日のさまざまな出来事を記した書状の中で《沸騰して》いると表現しているが、聖ブレーズの陽気な行列に何ら不安を抱いていなかった。彼の目には、それが何かの陰謀と映っていたにもかかわらず、である。書状の中で彼がむしろ気をもんでいたのは、ジャック・コラをモンテリマールに追い返したヴァランスの騒擾であり、マルサやヴァロワール村の農民たちによる、慢性的に繰り返される騒擾であった。[3]

一五分ほどで終わったロマンの羅紗職人による行列は、とりわけ民俗色の濃いものだった。しかし、ゲランはそれを新しい展開に応じて再解釈するようになる。彼の心を弱火で煮て、文字通り焼きもきさせるような策謀が展開するに応じて、である。

雄羊の王国はまだ、聖母潔斎の祝日と、とくに聖ブレーズの祝日から下準備が始められた、民衆の娯楽の一部にすぎなかった。二月三日からの数日間、ロマンの通りやとりわけ職人地区では、当時の言葉で《ブランル》と呼ばれたダンスが繰り広げられた。「彼らは町中でブランルを踊った」。ゲランはそう書いている。では、いったいブランルとはどのようなダンスだったのか。それは何種類かあったという。[4]

一部の踊り手たちは、「小鈴を足につけ、抜き身の剣を手にして、スイス人傭兵がもつ太鼓の音に合わせて」(A152)踊ったものだった。いわゆる《剣踊り》というもので(死ぬことのシミュレーションか?)、ドーフィネ地方を初め、ドイツやイタリアの各地で今もみられる。[4][5]

足につけられた小鈴は、道化の鈴を想い起こさせる。それはまた、鐘の取り外しという、ラブレー的、ガルガンチュア的、そしてカルナヴァル的〔脱聖化の〕テーマをも喚起する。広場や教会の鐘塔ないし鐘楼にある時を告げる鐘が、スペインのカルナヴァルなどでは人の背中に乗せられ、カルナ[6]

ヴァルの狂気に覆われたロマンでは、〔鐘＝鈴のアナロジーによって〕人の足に取り付けられている。まさにこれは、本来的な意味がひっくり返されて登場する鐘であり、逆さまの時の現出でもある[7]。

一方、これらの鈴や剣を伴う《スイス人傭兵たちの太鼓》のシャリヴァリは、政治的な意味を帯びていた。それは、《叛徒たち》がドーフィネに導入しようとしたとして告発された、スイス流男性中心民主主義を想い起こさせる。この太鼓の演奏は、世界各地の数多くの民族に類例がみられる、三重のコードを表している。音と暦と社会とにかかわるコードである。すなわち、《痛みの太鼓《タンブール・ダフリクシオン》》は、（一年の）時間の裂け目と（ロマン）社会の裂け目を賑々しく祝福し、同時にこれを企むのだ。

聖ブレーズの祝日に登場するもう一つの踊り手グループは、数が多く、一風変った形で沸騰する。「別のグループでは、踊り手たちがそれぞれ熊手や箒、小麦の脱穀用殻竿（A152）……葬衣などを手にして踊っていた」。

ここで、合理主義的な解釈をみてみよう。ゲランの文書を編んだJ・ロマンはこう指摘している。《おそらく箒と熊手はお偉方を追放し、殻竿は彼らを倒し、葬衣は彼らを葬り去らなければならない、ということを意味している[5]》。この指摘は、必ずしもすべてが的外れなわけではない。たとえばグルノーブルでは、数カ月前、反対派代訴人のガモが逮捕されているが、カトリーヌ・ド・メディシスの

訳注4―ブランル　字義は「揺れ動くこと」。

訳注5―訳者の知見では、たとえば十七世紀のストラスブールでも、カルナヴァル時に同業組合による剣踊りが披露されていた。今日、フランスでよく知られているのは、バスク地方のそれである。第12章参照。

訳注6―道化の造形において、鈴はロバの耳やハーフ・カラーの衣装とともども、道化の愚性を表現するものとされている。詳細は、蔵持著『異貌の中世』弘文堂、一九八八年参照。

訳注7―一般的にカルナヴァルは「逆さまの世界」と規定されるが、これはカルナヴァルが必ずしも反体制的であった（ある）ことを意味しない。詳細は、蔵持著『祝祭の構図』ありな書房、一九八六／九二年参照。

言葉によれば、それは彼が「熊手を持って、民衆を扇動したから」だという。また、現代の話だが、〔スペイン内戦を描いた〕『誰がために鐘は鳴る』にある有名かつ恐ろしい一文の中で、ヘミングウェイは、共産党員たちが殻竿を使って有力者たちを皆殺しにしたと書いている。十九世紀のドーフィネの農民たちは、娘の不品行に頭を悩ました時、これを母屋に連れていって、箒で幾度も叩いたという……。

しかし、こうした攻撃的な意味がすべてではない。殻竿や熊手や箒は、小麦の栽培周期の終わりに繰り広げられるダンスを伴ってもいる。ロマンや周辺地域では、穀粒を藁や籾殻から分けるため、今もなお殻竿が使われている（地中海的な一大脱穀地帯が始まる、より南部のバ＝ローヌ河谷では異なる）。そこでは「夏」、馬や牛、突起つきローラーなどが、穀粒を麦束から取り出すのに用いられている）。ロマン周辺では、殻竿打ちのチームによる、冬期の麦打ちが続いている。聖ブレーズの祝日のカルナヴァル的祭典に、殻竿や熊手や箒が登場する所以である。すなわち、ほどいた麦束を打ち、熊手でかき集め、さらに箒で穀粒と藁と籾殻とを掃き分けるのである。これは穀物の生育周期の終焉ないし死を意味すると同時に、春の種まきに象徴される新しい生命のプレリュードともなる。ドーフィネのカルナヴァルにおける聖ブレーズは、こうして春に播かれる穀種の守護聖人として、今も信仰を集めている。

播かれ、発芽し、収穫され、最後に脱穀されて毎年《殺される》穀粒の周期的な死を象徴する踊り手たちは、端的に言えば、死の踊り手でもある。《彼らは……小麦の脱穀用殻竿を持ち、三日前から、キリスト教徒の肉体を一リーヴルあたり六ドゥニエで売れると叫んでいた、他の者たちとともに葬衣をまとっていた》。脱穀の技術を採り入れた踊り手たちの行列は、したがってカルナヴァルの初めに登場する、古典的な埋葬行列でもあった。とはいえ、それは独創的ないし意味深い性格を帯びていた。ロマンの葬衣については、次のテクスト（A160）を読めば分かる。「それは聖霊《サン＝テスプリ》同宗団の触れ役が身につけた赤青二色の衣で、死者を埋葬するまで脱ぐことはない〔8〕」。この同宗団は、フランス南東部の村や小邑における古い農耕組織の延長上に位置する。彼らの礼拝堂は、ロマン市内北東部の庶民地区に近いサン＝フォワ教会にあった。それは、中世に町の共同体が生まれる核となっていた(6)。

聖霊同宗団は貧者に食べ物や金銭を施すことを旨としていたが、注目すべきことに、それは生者のみならず、死者（！）をも結集していたのだ。生きているうちに特別な会費を払い込んでおけば、死後も数年間はこの組織に続けて参加できる。つまり、死者は同宗団の祝宴で会食したり、町提供の食べ物を満載したその食卓の回りで、貧者から一人ひとり紹介されたりもしたのである。こうした同宗団（聖ブレーズは彼らの守護聖人である(7)）のおかげで、職人や貧者や死者たちは、聖ブレーズの祝日に、一緒に通りに繰り出すことができた。

（仮想の）人肉嗜食《カニバリズム》という目的は、まさにこれら葬送儀礼の向こうから最後に立ち現れてくる。「キリスト教徒の肉六ドゥニエ」と叫びながら、聖ブレーズ同宗団の生存メンバーと行列参加者たちは、有力者たちに半分真剣な、そして半分カルナヴァル的な威しをかけていた。不気味といえば不気味な冗談だが、彼ら自身、同宗団の一員として埋葬儀礼と雑務とを引き受けた死者の肉を食べようと、介添え人たちに提案してもいる。死者を食べて、生者の滋養にするというのである(8)。

訳注8―たとえばフランス北部ピカルディー地方のベチユヌでは、今でもシャリタブル（慈善）と呼ばれる同宗団が町の葬送一切を担っている。

聖ブレーズの祝日の民衆祭は、三通りの出し物からなっていた。（カルナヴァルの）「兵士たち」が、ダンスの間じゅう剣を振り回すもの、「農民たち」が脱穀用の殻竿を地面に叩きつけたり、熊手や箒を振り回したりするもの、さらに聖霊同宗団の「宗教」儀礼を担当した者たちが、葬衣でこしらえたシーツを振りかざすものである。

カルナヴァル的死という「重要な」テーマを扱うこれら三通りの原初的な仕掛け（農耕的、軍事的、聖的）は、基本的なものであった[9]。これに較べ、梳毛職人の守護聖人としての聖ブレーズの二義的・付加的な役割は、一五八〇年二月三日のロマンの祭りではほとんど現れていない。ただ、理論的にいえば、行列は何よりもまず梳毛職人や羅紗職人たちからなる聖ブレーズ同宗団のものであり、この同宗団自体、生者と死者の耕作者からなる原初的な核と符合していた。ここでは、一五八〇年頃のロマン人口の三六％が、これら耕作者だったという事実を忘れてはならない。

羅紗職人たちは、古い世界の屍衣を織った。それは、彼らが葬衣として振り回した屍衣である。一方、聖ブレーズの祝日の農民と職人とによるダンスは、民俗的なものだった。だが、このダンスは、聖ブレーズの祭に続く週でも踊られたため、速やかに政治的なものとなっていった。《一握りの踊り手》たちが政治化したことについては、ゲランも次のように確認している（A152）。「彼らは町中でブランルを踊った。……そして、これらのすべてのダンスは、彼らが一切を葬り去ろうとしていることを知らせるという、別の目的にひたすら狙いを定めていた[9]」。

周知のように、ゲランはいささか信用ならない証人ではある。しかし、彼よりはるかに公平な目をしていたピエモンもまた、このダンスが純然たる民俗慣行の域を越えたことをはっきり認めている。事実、彼はこう明言しているのだ（P88）。ロマンの同盟ないし連合参加者たちは、聖ブレーズの祝日から肉食の火曜日《マルディ・グラ》〔10〕にかけてのカルナヴァル期間に、自らさまざまな《王国》を組織し、「そこで大掛かりなブランルや仮装行列《マスカラード》を繰り広げた。そして、まる一週間というもの、ブランルを踊り、仮装行列を展開しながら、彼らは町の富裕者たちが貧乏人を食い物にして蓄財したと叫んだ……」。

貧者たちのカルナヴァルに由来するこうした当てこすりは、有徳者たちの背筋をぞっとさせた。「金を返すべきかどうかを伺いながら、数人のブルジョワや商人の有力者は自尊心を傷つけられた思いにかられた。そこで彼らは、仲間の何人かが連合（《民衆同盟》の）に加わったにもかかわらず、（手工業者グループの中で）もっとも扇動的な者たちを根絶やしにしなければならないと考え、そうするために、第三身分に反対する者たちの信頼を得て、カルナヴァルの月曜日に、市庁舎の中にもう一つの《王国》を作ったのだった……」（P89）。

では、この王国とはどのようなものだったのか。実際にそれが富裕者たちによって組織されるようになるのは、二月九日の火曜日以降のことだった。だが、ここでは、貧しい者たちのダンスに、民衆的な手法と娯楽を特徴づける、いつもの多様な意味（ないし言語学者の言う多義性《ポリゼミ》）がみられることに着目しておこう。手工業者たちは富裕者たちが「借金を返済する」のを望んでいたが、その要求は、繰り返し指摘するが、階級闘争の様相を帯びていた。それはまた、寄付や大人から子供への、持つ者から持たざる者への富の再分配という、すぐれてカルナヴァル的なテーマも担っていた。十七世紀から十九世紀にかけて、ドーフィネの若者たちは、ロマンのカルナヴァルだけではなく、何世代も続け

訳注9―蛇足ながら、こうしたテーマはジョルジュ・デュメジルの唱えた、インド＝ヨーロッパ世界における神話＝宗教＝社会制度の三機能説を想起させる。

訳注10―肉食の火曜日《マルディ・グラ》　告解の火曜日。四旬節初日にあたる灰の水曜日の前日で、一般にカルナヴァルの本番日。カルナヴァルそのものを意味することが多い。

て各地のカルナヴァルに出かけ、ダンスや〔仮装〕行列に打ち興じる一方、家々に押し入って、そこに陣取る既婚者や家長たちから、卵やソーセージを含む食べ物や金銭を寄付させた。

《返済させること》を目的として営まれた聖ブレーズの祝日のダンス（ブランル）や仮装行列は、一五八〇年二月三日から一三日までの一〇日間、ロマンの各通りで、多少とも散発的ないし激しく続けられた（P88）。

催されたのは、これらの出し物だけではなかった。二月六日土曜日もしくは二月七日日曜日辺りには、前述したように、二番目の《王国》が登場している。「そうこうするうちに、ジャクマール門界隈のまともなグループも、自分たちで《レナージュ》（つまり《王国》）を組織し、雄鶏を一羽走らせようと決めた」（A153）。

この「まともなグループ」は、比較的裕福なジャクマール地区に住む、同盟穏健派や《有徳家》から構成されていた。《軟弱な》同盟参加者であるこれら穏健派は、ポーミエのヘゲモニーも認めるよう主張する同盟《強硬派》とは逆に、次第に混乱し、あるいは抵抗への熱が冷めていった。

そうした瓦解の始まりは、しかし、少なくとも外見的には、雄鶏レナージュが政治化する兆候ではなかった。富裕者たちの傍らでは、一切がなおも《民俗的》な楽しみのうちにとどまってい[11]たのだ。雄鶏競走の勝利者（前もって決まっていた？）は、ジャクマール地区で人気のあったレグルと呼ばれる若者だった。この雄鶏に、地区では鷲のくちばしをした鳥なる名前が冠せられていた……からである。

こうして、富裕者主体のカルナヴァルを云々するロマン人の話題の中に、そんな《鷲》がらみで、過度なまでに男らしさが取り上げられるようになる。男らしさを二倍備えた彼は、コケコッコーと鳴き声をあげるだけにとどまらず、羽ないしシャンテクレルク[12]の直立した鶏冠《とさか》をも備えている、というのである。

ジャクマール地区の、獰猛なキジ目の雄である鷲王の行事は、二日間続いただけだった（一五八〇年二月八日の月曜日と九日の火曜日）。「レグルはすべての楽しさと暇を持ち込んで、祝宴を二日間催した。そして、二日しか続かない自分の治世の間は、仮面とダンス、狩り、さらにそれ以外の暇つぶしに限って話し合うと通告した」（A153）。高くほっそりした時計塔の足元に広がるジャクマール地区は、こうして彼が一時的に統治する四八時間に、仮装行列や祝宴、舞踏会、あるいはブランルで沸き返った。カルナヴァルのもっとも《原初的》な中核を特徴づける狩猟儀礼[10]も、その一部となった。

祭の雰囲気に、抵抗闘争の重さはなかった。事態は偽善的な親しさの中で推移していった。ポーミエは単純でお人好しだったためか、それとも自分をマキャヴェリになぞらえていたためか、レグル王と雄鶏王国の陰謀に無警戒だった。「ポーミエも彼の仲間たちも、これについて嫉妬や疑念を何ら抱かなかった」（A151）。

そして二月九日。レグル（鷲）王が最後の《凱旋式》を行う日である。おそらく儀式は、羽飾りで埋まった行列と何通りかのスポーツ競技からなっていた（A155、162）。こうした出し物は、雄鶏王国の「夜宴」で最高潮に達した。当夜の饗宴に招かれた最上席の賓客は、《気楽に》やってきたポーミエその人だった。紳士を装う彼は、雄鶏王の宴会に出席した。だが、はたして民衆の指導者

訳注11―レグル　字義は「鷲（エグル）」。前に定冠詞がつくとレグルとなる。なお、こうした勝利者は、いったいにカルナヴァルの王となり、祭の主役となった。

訳注12―シャンテクレルク　十二世紀末から十三世紀初頭にかけて編まれたパロディックな口承文学、『狐物語』に登場する雄鶏の名。

ポーミエは想像できただろうか。このカルナヴァルの帝王が、間もなく自分を殺害する者たちの一人となり、まさにそれによって、ロマンのブルジョワジーの貴婦人たちからもてはやされるようになるということが……。

とはいえ、ポーミエは《豪勢な》宴会に一人で来たわけではなかった。とくに身近な同調者から選んだ、凶悪な顔つき（彼の敵ゲランの言葉を信じれば）の男たちを何人か伴っていたのだ。「しばらくしてから（二月九日火曜日）、ポーミエはかなり凶悪な顔つきをした手下数人を従えて、エグル（鷲）の王が主催する宴会に赴いた。そしてこの日、王は凱旋した」（A155）。

裁判官であると同時に、われわれの語り部でもあるゲランの話を追っていくと、王レグルは「鷲の」王になったという。こうしてテクストでは、事件の動物譚化《ベスティアリザシオン》ないしフォルクロリザシオン[13]が強調されている。

そんな鷲＝雄鶏の羽幕の向こう側で、政治が爪を研いでいた。戦争はなかった。雄鶏王の凱旋式の前夜（二月八日）、ユグノー教徒たちはグルノーブルを奪取すべく、奇襲攻撃を試み、不発に終わっている。この失敗に懲りた襲撃部隊は、ドーフィネの中心地を囲む次の段階の町へと矛先を向けたからである。ヴィジユ、サン＝カンタン、ラ・モット＝ヴェルディエなどである。遠くから見れば、さほど意味のない局地戦だったが、それは、一五八〇年に南仏を多少とも揺さぶった、プロテスタントとカトリックとの間の小規模な軍事紛争、つまり《恋人たちの戦争》[14]の先駆けとなった。これもまた、取るに足りない争いだったが、ドーフィネでは、その血の重みにも匹敵するほどの影響を与えた。

仮にカトリック的妄想症《パラノイア》があったとすれば——つねに的外れだったというわけではない——、プロテスタント側の《武装した赤ら顔たち》のこうした騒音とは、アンデュズの町（セヴェンヌ地方）でユグノー教徒の集会が開かれた際に練り上げられた、全体計画の一部をなしていたといえる。これは、彼らの共鳴者たちの力、すなわち、レディギエールたちの力や、ヴィヴァレとロマン周辺全体における農民同盟の運動を、ローヌ河谷の両岸に集め、再編する計画だった。

たとえば、ローヌ東部には、ユグノー部隊の隊長ブーヴィエが完全武装した五〇〇の農民兵を率いて向かい、これだけの人数でいくつもの城を奪っている。そこで、リヨン地方の総督補佐官フランソワ・ド・マンドゥロは、彼らの脅威に備えるため、その弱体な兵力を集めて、これをモジロンやグルノーブル高等法院の兵力と軍事的・政治的に合体させた。マンドゥロはまた、ドーフィネ地方三部会の代表者たち（聖職者と貴族代表各六名、第三身分代表一二名）を、何とか自分の味方に引き入れようともした。

こうして王党派の教皇主義者たち、すなわち兵士くずれたちからなるいくつかの部隊と百名ほどの貴族たちが、敵を求めて各地を捜し回った。彼らの靴音は都市部や農村部にいる第三身分の平民たちをひどく不安にさせた。当時、第三身分は、グルノーブルの三部会で彼らの名前で長広舌をふるった者たちが、自分らを代表しているとはほとんど考えていなかった（P94）。

ロマンの町にとって、地方総督補佐官のモジロンは、とりわけ不安の種だった。町は一連の深刻な危機を何とか乗り切ったばかりで、危機自体はなおも終わってはいなかった。このような危機は、司

訳注13—フォルクロリザシオン　民俗慣行の変質ないし通俗化。

訳注14—恋人たちの戦争　フランスの第七次宗教戦争をこう呼ぶ。ただし、全土的にはこれは一五七九年に始まっている（一一五八〇年）。

訳注15—アンデュズは一五五七年にカルヴァン派が入って以来、急速にプロテスタント化が進み、本文にあるように、一五七九年にはラングドック低地地方のプロテスタント大会が開かれるまでになっている。

教（ヴァランスの場合）や有力者たちの目がもっと行き届いている、プロヴァンスの他の都市にはなかった。

ロマンのカルナヴァルが始まった頃、モジロンは密かに現地に送りこんだ兄弟や裁判官ゲラン、さらに彼の支配下に入れることができた何人かの《有徳者》を介して、この町に影響を及ぼした。一五八〇年二月一二日、彼は国王にこう書き送っている。「小職はかなり動いて、（ロマンで）改革派〔プロテスタント〕の陰謀や共謀を抑えるため、各人の行動を監視してくれる有徳者やカトリックを相当数確保しました」(11)。

モジロンの策は、一見埒もない鷲＝雄鶏王国の設立時に、ある役割を担っていた。（王国の組織者たちは、地域展開の中心地だったロマンで、一種の政治的な《沼》を占拠していた。それはゲランが遠からず漁夫の利を得るようになる沼でもあった）。

こうしたモジロンの策術の影響は、やがて完全にブルジョワジーと有力者たちからなる第二の「レナージュ」が組織された際、よりはっきりした形をとる。このレナージュがヤマウズラの王国だった。

❧　❧　❧

鷲＝雄鶏王が究極的な凱歌をあげた一五八〇年二月九日火曜日、「町（ロマン）のもっとも有力な者たちは、大広場で楽しげに歓談しながら、レナージュの準備を注視していた」（A153）。それは、「ヤマウズラ競走」、つまり勝者に賞品として、雄鶏ではなく、ヤマウズラを一羽与える徒競走の準備だった。もともと《ヤマウズラ王国》とは、ロマンの地図でいえば「大広場と橋の地区」が始めたもので、形態こそ民俗的だが、政治的な内実を帯びていた。祭の震央は、大広場の周囲と橋に隣接する、町でもっとも裕福な一角だった。イゼール川にかかるこの橋は、ロマンと対岸のブール＝ド＝ペアジュと呼ばれる瘤状の小邑を結んでいた。

ゲラン本人も加わっていたヤマウズラ王国の組織者たちは、彼らの隣人であり、仲間でもある鷲＝雄鶏の王国に、親しい競争心を燃やそうとしていただけだったのか。ゲランは無邪気にそう解釈しているが、たしかに誤りではない。だが、それは真実の一部にすぎない。時に日付こそ間違うが、ピエモンは同盟に共感を抱いており、ロマンのブルジョワジーが大量殺戮の意図をもっていたと明言している。要するに、彼はヤマウズラのレナージュが、根絶やしを目的とした有力者たちの反撃を表していると言うのだ。手工業者たちの反富裕者的民俗慣行に対して開始された反撃。その隠された意図には、たしかに怪しいものがある。

しかし、彼ら手工業者たちは雄羊王国の反体制的ブランルの際、すでに先手を取られていたのではなかったか。にもかかわらず、彼らは数日後に登場する野ウサギと去勢鶏《ヌキ》のレナージュでも、同じ過ちを繰り返している。だとすれば、ヤマウズラのレナージュとは、本物の都市型民俗と、貧困層殺害を狙った時限爆弾つきの陰謀とを互いに結びつけたものともいえる[13]。悪ふざけが虐殺を先取りしていたともいえる。

ヤマウズラ・レナージュの《謀反者たち》は、認識印を身に帯びていた。帽子につけられた一枚の

訳注16―サン＝ベルナール教会広場から対岸にかかっているポン・ヴュー。

訳注17―ブール＝ド＝ペアジュ　字義は「通行税の村」。「訳者まえがき」参照。

紙札で、それには一人ずつ番号がうたれていた。文字の読めない者たちには不可解な番号が記されたこの札は、ロマンの上流階層と無筆の一般大衆《ヴュルゴム・ペキュス》とを識別するためのものだった。「唐突に会議が開かれ、（ヤマウズラ・レナージュの）一員となる者は、互いに相手を認識するため、数字入りの紙札をつけるようにとの命令が出された。そして、ただちに紙札が作られ、参加者たちに、さらに後にはメンバーになろうとしている者たちにも配られた。彼らはそれを自分の被り物につけた」（A154）。

被り物につけられた小さな紙札は、打倒有力者を鮮明にしていた、ほとんどが文字も紙も知らない同盟派農民たちの被り物の特徴である無印とは、際立った対照を示していた。一五七九年、リヨンヌはこう書き記している。「彼ら（同盟派）は、互いに呼び合う《ス・ビュシェ》ため、木製ラッパを三〇〇個も作らせた。だが、被り物には何の目印もなかった」（A43、n1）。

二月九日、ロマンのブルジョワが六〇人あまり、大広場に例の小さな紙札をつけて集まる。六〇という数は、羅紗職人らの行列に参加した六〇〇名とは対照的に、たしかに町の有力家の実動人員を上から数えていったそれと符合している。課税目録によれば、これら有力家の数は、いうまでもなく職人や耕作者よりはるかに少なかった。

この集まりがもっぱら娯楽的なものであることを、ゲランは執拗なほど繰り返し弁明している。そんな《ゲーム》自体に関する彼の粗描は興味深い。「彼ら（六〇人）は、（ヤマウズラ王国の始まりを告げる競走の際）、どう準備すればうまく走れるようになるかだけをひたすら考えていた。王になって皆を歓待したかったからである」（A153）。それゆえ、《お偉方》の王国は、貧富の違いこそあれ、予定ではごく一般的なレナージュと見合う形で始まることになっていた。初めに、動物（ここではヤマウズラ）を獲得するための徒競走があり、次に《勝利者》をカルナヴァルの王に任ずる宣言がきて、最後にさまざまな出し物を伴う《宴会》ということになる。

だが、大宴会だけが問題だったわけではない。ヤマウズラ王国自体が陰謀含みだったのである。それは初めから雄羊王国の男たちに警戒心をかき立てていたのだ。

政治的な敵の被り物に紙札が満開とばかりについているのに気づいたポーミエは、状況をよりよく把握するため、大広場を巡回した。そしてすぐに、敵意に満ちた策略があることを嗅ぎ取り、「それが何かしら自分の派の者たちに対する企てだと考えた」（A154）。にもかかわらず、彼は慎重に構えようとした。一緒に広場に出向いた、《もっとも扇動的な》仲間の一人は、ヤマウズラ王国の準備を見て、もはやじっとしてはいられなかった。「彼は剣に手をかけ、それを鞘から半分抜きながら、ものすごい剣幕で怒り出し」（A154）、これ以上ないほど口汚く罵った。怒りに駆られたこのポーミエの仲間は、こうしてその指導者に敵と一戦交えるよう申し出るのだった。彼はポーミエに忠告している。「これでは待ちすぎです。連中がすっかり準備を整えてしまえば、われわれは負けますよ。自分が仕掛けていいですか」（A154）。

しかし、ポーミエはここでもまた、穏健だが優柔不断な性格を見せてしまう。すなわち、彼は激高した配下の平民護衛役をなだめ、出し抜けにその日催されることになっていた鷲＝雄鶏王国の宴に出かけてしまったのである。前述したように、それは彼の友人にして敵でもある（実際は後者）ジャクマール地区の住民たちが、偽善的に彼に招待状を送っていた宴だった。

翌一五八〇年二月一〇日、ロマンでは何ら事件らしいものは起こらなかった。（裸足）競走とヤマウズラ王国の（火器と流血の）陰謀の準備だけが着々と進んでいるだけだった。

そして、二月一一日木曜日。いよいよヤマウズラの獲得競走が、コルドリエ広場で行われた。この広場は、修道院の影に隠れていたため、有徳者たちには格好の逢引きの場となっていた。男や（貴）婦人たちにとっても、自分の若い主人が走るのを見に来た者たちにとってもそうだった。「木曜日、……ヤマウズラの獲得競走の準備に余念がなかった者たちは、町の大部分の（貴）婦人や民衆が暇つぶしにやってくるコルドリエ広場に、間違わずに集まってきた」（A155）。興味深いことに、ここには貴婦人、つまりブルジョワの婦人のみならず、名望家の若妻や娘たちについての言及もみられる。彼女らはまさに富裕者たちの行列や国王入市の際の華だった……。ゲランの話の中にこうして初めて女性が登場する。

　証言の糸を辿っていくと、貧しい者たちのカルナヴァルはなおも決然として男だけのものだったが(14)、去勢されていなかったわけではない。おそらくそこには女性たちも混じっていた。ただ、数が少なかったため、言及の名誉に与れなかったのである。これとは逆に、富裕者たちのカルナヴァルでは、女性の存在が不可欠な一部をなしていた。象徴動物（ヤマウズラ）の選択には、女性たちも関わっていたからだ。また、競走の見物人の中には、自ら足を運んできた大勢の美しい貴婦人たちの姿もあった。しかも、少し後には、彼女たちが火薬に火をつけている。ロマンでは、そんな女性たちが男同士の争いの種となった。

　技術的にいって、はたしてヤマウズラの獲得競走がどのように行われたかは分からない。羽を毟り取ったヤマウズラを追いかけたのか。石を投げてこれを殺したのか。あとになって、徒競走での優勝者が、褒賞としてこの小鳥を受け取ったのか。いずれにせよ、ロマン的な混迷の中にある政治劇と同じように、徒競走という《スポーツ》劇は、初めから終わりまで仕組まれていた。町の上流階級に属する一八歳から三六歳までの多くの青年たち――数十人？――は、試合に出るため登録している。だが、そこでは、貴婦人たちが注視する中、綱職人のラロシュ[18]が一位となり、勝利者を、つまりヤマウズラ王を宣せられるよう、意図的に調整された、あるいは彼ら自身でそうしたのである。八百長？それともトリック？

その判断はさて措くとして、ラロシュは旧友ポーミエと民衆たちの過激派と仲違いし、今では法曹家や商人、地主などからなるロマン・ブルジョワジーの頼みの綱となっていた。彼らは職人グループを分断し、対抗する際、いささかもためらわずに、この職人を自分たちの指導者に仰いでいた。それゆえ、〔実際の競走では〕足の速い者たちが速度を緩め、息をひそめるようにして、ラロシュにヤマウズラを得させるようにしたのである。ゲランは平然と書いている。「幸運は、前記ポーミエの最大の敵――少なくともそう公然と言われている――であるラロシュのものとなり、これによって彼は王となった」(15)。だが、ポーミエの「公然ではない」最大の敵は、ゲランが言外ににおわせているように、ほかならぬ彼自身（！）だった。

都市部の競技や民俗慣行におけるこうした裏工作ないし偽装は、頻繁に行われていた。たとえばカルカッソンヌ[19]では、弓や火縄銃による射的競技で、鷲ないし蛇の的を《打ち落とす《デサンドル》》際、地元のもっとも熟練した射手たちは、町の参事の一人に花を持たせるため、たとえ彼が老人で目が見えず、「どの獲物に的を絞ってよいか」分からなくても、自ら大失態を演ずることまでしたものだった(16)。

競走者の質に問題なしとしないが、ラロシュ（腹の突き出た四〇代？）の操作された予期せぬ勝利

訳注18―ラロシュ　第5章参照。

訳注19―カルカッソンヌ　フランス南西部オード県の中心地で、ローマ人の建設になる古都。ヨーロッパ最大とされる城砦で有名。

は、有力者たちに敵対する雄羊王国の男たちの間に、さまざまな動きや疑念混じりの解釈を引き起こした。これによって、「ポーミエと彼に似たり寄ったりの一味は、一切が故意に操作されていたのではと考えるようになった」（A155）。いかにももっともな疑いではある。

それまで動こうとしなかった民衆の指導者ポーミエは、いささか遅ればせではあったものの、何か企みがあるのではないか[20]と考え出した。そこで彼は、ヤマウズラ王国に対して、いくつか抑制策を企てた。彼にとって《仲介人》（A155）ないし共犯者の役を担っていた自称第三者の人物数人を介して、有力者たちに通知した。二月一一日木曜日のヤマウズラ獲得競走の際に行われた《王国》の授与を祝うため、数日後（二月一五日の肉食の月曜日《ランディ・グラ》[21]）に営まれる手筈になっていた、ブルジョワたちの祭を中止するよう、誠意をもって要請したのである。民衆指導者とその一派は、「かなり以前から彼らの行動に口出ししていた外部の者たちを仲立ちとして、前記王国の祭を何とか中止させようとした」（A155）。

《お人好しポーミエ》から出たこの寛大なほのめかしは、しかし撥《は》ねつけられた。有力者たちは威しに屈せず、計画通りにことを運んだ。民衆側が彼らに伝えた警告が無視されたことで、事態はただではすまなくなった。警告の中に辛うじて覆われていた威しとは、ポーミエの仲間かつ信奉者で、職人たちを強力に援護するであろうロマン近隣の農民たちによって、町に圧力をかけさせるというものだったからだ。《農村に囲まれた町》が置かれたこうした状況は、決して見落としてはならない。まさにそれは、庶民地区の平民や近隣教区の農民に悩まされる、有力都市に特徴的な状況にほかならなかった。

ポーミエは仲介人を通じて名士たちにおおよそこんなことを言っている。《どうしてもヤマウズラの行事をやるとなると、わたしの仲間たちが怪しがり、あなたがたに危害が加えられて、後悔するような事態にならないともかぎりません。何しろ（ロマンの）町の近くから来ている（連中です）から》（A155）。事情はこれ以上ないくらいはっきりしていた。

数日後、ゲランは職人指導者たちの虐殺をあとづけで正当化するため（この裁判官はそれを正当防衛と記している）、故ポーミエが「自分の企てを進めるため、村人たちを大勢（ロマンに）入れようと思い始めた(17)」と難じている。おそらくそれは誇張された非難だが、かといって、真実をまるで穿っていないわけでもない。事実、同じようなことは、規模は小さかったものの、前年の一五七九年にも起きていた。そして彼らは、半世紀後にエクサン＝プロヴァンスでも行動を起こすようになるのだ。

話をヤマウズラ・レナージュに戻そう。有力家の青年ないし若者たちは、下からのさまざまな突き上げにもかかわらず、自分たちのレナージュを諦めようとしなかった。カトリックのゲランは、アウグスティヌス的な予定説(22)を頑なに信じていたが、おそらくそれは、彼が一種の攻撃的な新異教主義《ネオ＝パガニズム》だ(23)として退けた、カルヴァン主義の残党の影響によるものだった。

彼はこうした仲間の強固さを、天が定めた抗しがたい神の介在によって説明している。「神があらかじめ命じられたことは、なんびとといえど避けることができないように……、神はその善人たちの

訳注20―何か企みがあるのではないか　字義は、「岩の下にウナギがいないか」。

訳注21―肉食の月曜日《ランディ・グラ》　告解の月曜日。肉食の火曜日前日。

訳注22―アウグスティヌス的な予定説　キリスト教最大の教父アウグスティヌス（四世紀）が唱えた説で、人間と世界の宿命は神によって予め定められているとする。やがてこれは、カルヴァン主義やジャンセニスムの救霊予定説へと受け継がれていく。

訳注23―思潮としての新異教主義は、自然崇拝や豊饒儀礼といった、古代の非キリスト教的世界への回帰を目指して、十九世紀末に登場している。

心に、前記レナージュを行う覚悟を決めるという意志を授けられた。それゆえ、カレーム＝プルノン〔第6章参照〕の月曜日にレナージュを行うというのは、すでに宿命として定められているのだ……」（A155）。

ここで注意したいのは、「カレーム＝プルノンの月曜日」という表現である（ヤマウズラ・レナージュの行事が行われる日のことだが、これについて、ゲランは数日前――事後に編まれることになる話を遡ればそうなる――、それが二月一五日月曜日、つまり肉食の月曜日に営まれるとしている。むろん、この日は肉食の火曜日《マルディ・グラ》の前日だが、プロヴァンスおよびフランコ・プロヴァンス語地方では、当時はそれ自体「カレーム＝アントラン」ないし「カレーム＝プルノン」と呼ばれていた）。

話の流れに沿っていけば、《カレーム＝プルノンの月曜日》なる〔太陰暦による〕言い方は、したがってゲランの言説における様式的な変化を示していることが分かる。つまり、彼はそのテクストを通して、それまで太陽暦を用いていたのだ。たとえば、《二月三日》（雄羊のレナージュ）とか《二月九日》（ヤマウズラ獲得競走初日）と〔太陽暦に従って〕記している。ところが、二月一〇日水曜日ないし二月一一日木曜日以降になると、彼の表記は太陽暦から太陰暦に変ってしまう[24]。

肉食の月曜日と肉食の火曜日の暦日（一五八〇年は二月一五、一六日となる）は、実際には肉食の火曜日および四旬節期間のあとにくる復活祭主日と同様、月相に基づいて変動している。肉食の火曜日は自動的に復活祭主日の約四〇日前に位置するが[25]、後者は春分に続く最初の満月後の日曜日に符合する祝日となる。カルナヴァルの祭全体は、日相（太陽暦）から月相（太陰暦）へというこの移行と結びついていた。二月二日（熊が巣から出て、太陽の輝きで季節を占うとされる聖母潔斎の祝日）から新月の肉食の火曜日までは、したがって移行期間ということになる。その途中で、裁判官ゲランは、語彙を代えることによって、それを明確にしたのだ。

これらの移行は、ゲランのテクストで、彼の太陽暦による暦日表記の終わりを示す二月九日に始まる。それは最高の、そしてすぐれてカルナヴァル的な転倒儀礼と呼応していた。今度ばかりは、高級地区の君主たるヤマウズラ・レナージュの王も、ロマンを一五日間統治すると自ら宣言している。まさに彼は、町を、当時のオック地方のフォークロア（民間伝承）に好んで登場する桃源郷に仕立てる決意をしたのだ(18)。そこでは泉にワインが流され、高価な砂糖漬けのイチゴが、普段なら熟成鰊の値段である破格の安値で投売りされるだろう……。そんな王令を、ヤマウズラ・レナージュの王ラロシュは、架空の大評定院で一五八〇年二月九日付で公布する。この日付は、ヤマウズラ・レナージュが企んだ陰謀の初日に過不足なく符合している。いわばその王令は、富裕者たちの計画の核心を表したものでもあった。

「従軍商人や居酒屋主人、あるいは宿屋主人」の意向を受けて、ラロシュの王令は食料の値段を、（笑いをとるため）それに見合う振舞いをする義務とともに定めた。これによって、食べ物と飲み物の世界全体がひっくり返った。希少品が安くなり、反対に、安価な品が高価になった。すなわち、こ

訳注24―ちなみに、教会暦がユリウス暦からグレゴリウス暦に変ったのは一五八二年で、前者の一〇月五日が後者では同月一五日に修正変更されている。

訳注25―本来は四六日。だが、日曜日は斎戒日から外されるため、四旬節の日数に含めない。

訳注26―ピケット　ブドウの搾りかすに水を加えた安飲料。

れ《以後》は、干草や藁、カラス麦、飼料、さらにピケット〔26〕、悪臭のあるワイン、変質したワイン、酸えた臭いのする樽底のワイン澱《フォン・ド・トノ》（ないしマグロ《トン》？）、塩漬けウナギ、悪臭つきないし腐った鰊、豚の背脂とばら肉（こうした豚の重視は、豚肉料理やアンドゥイユ、腸詰め、さらにその他のソーセージからなるラブレー的祝祭としてのカルナヴァルがもつ、つとに知られた愉悦的側面を想い起こさせる）などが最高の高級品となった。これらの値段は、一トゥール・リーヴルにもなり、あるいはそれに近い、あるいはそれすら越えるものとなった。

反対に、転倒の規則にのっとって、消費者たちはほとんどただで、さもなければ数ドゥニエないし数スーで、普段ならとても買えないようなシナモン（肉桂）や丁子付き七面鳥、キジないしエゾライチョウ、ヤマウズラ、若鶏、野ウサギ、ローストしたヤマシギ、オレンジ付きモリバト、脂の乗った子牛、雄羊、マス、コイ、カワカマス、コルナやトゥルノン産ワイン、イポクラース〔27〕、バラ水と砂糖に漬けた一キンタル〔28〕のイチゴなどが購えた。

このでたらめな値段の出所は、基本的にはラロシュだった。だが、例によってゲランが陰で糸を引いていた。正式な王令を扱いなれていた彼が、宿屋の主人らのために……。町の大裁判官として、彼は在任中にこの種の王令を一つ以上作成するようになる（19）。一五八〇年のカルナヴァルに、こうした馬鹿げた値段をラロシュに押し付け、あるいは吹きこんだのは、間違いなく彼だった。食べ物のそれぞれの値打ちを面白おかしく入れ替えながら、このテクストは、名士たちと同等だとか、さながら腐った鰊が一キンタルのイチゴに取って代るように、彼らと役割を交換するとか主張している《貧者たち》を笑い者にしているのだ。

価格に関するゲランの主導権は、つかの間の素朴な政治的諧謔を越えて、さらに遠くまで向かった。

この主導権は、時の流れが反転し、世界がひっくり返る、カルナヴァル的時間の繊細だが中心的な痙攣と完全に見合っていた。そして、それは文化伝統の中に組みこまれ、一五八〇年を過ぎても維持されるようになる。

〔カルナヴァルが生み出す〕逆さまの世界というテーマは、中世末から十九世紀前葉にかけての民衆版画に頻繁に登場している(20)。版画や小冊子に好んで描かれたのは、妻に打擲され、ロバに後向きに乗せられた情けない夫である(29)。

ネズミが猫をかじり、狼が羊を守り、時にはこれに食べられてしまう。息子が父親の尻を叩いて折檻し、母親ではなく、父親が赤児の尻を拭く。犂が一組の牛を曳き、旅人が乗り合い馬車を引く。さらに、雌鶏が雄鶏の上に乗って交尾し、雄鶏が卵を産み落とす。王が裸足で歩き、将軍が兵舎の中庭で雑役をする。釣り人が魚に釣られ、狩人がウサギに捕まえられてしまう。ガチョウが料理人を鍋の中にほうり込み、雄の七面鳥が農夫を丸焼きにする。手押し車が、手押し車になった背に袋を積む。娘が若者のいる窓の下でオーバードやセレナーデを歌う。また、動物園では、檻の中で、虎が自分を苦しめる飼育係を殺す……。

統計的に言えば、これらは動物同士（例、ネズミにかじられる猫）の、あるいは動物と人間（例、雄の七面鳥に丸焼きにされる農夫）の役割交替を描いたものであり、ほとんどの場合、何よりも自然

訳注27―イポクラース　シナモンや丁子入りの香りの強い甘味ワインで、中世では強壮剤として珍重された。

訳注28―一キンタル＝一〇〇キログラム。

訳注29―伝統的な家長制に違反ないし逸脱した者に対するシャリヴァリ。同様に民衆的な造形表現に表されたシャリヴァリとしては、姦通や不品行を働いた者（性的規範違反）や再婚者（結婚規範違反）に対するものなどがある。詳細は、蔵持著『シャリヴァリ』同文館、一九九一年参照。

の秩序もしくは自然＝文化的秩序の転覆を表している。ロマンのカルナヴァルもまた、この規則の例外ではなかった。事実、二月九日の「値段」は、美味と卑俗な食べ物と同様に、動物たちを相互に入れ替えている。さらには、動物をその飼料ないし必需品（干草、藁、カラス麦など）と入れ替えてもいるのだ。

ドラマの書き手で、フォークロアと逆さまの世界の主でもあるゲランの想像力は、まことに豊かなものであった。彼は、じつにさまざま家畜や小動物、たとえば貴重な野禽や塩漬け牛肉などを、死んだ肉として逆転させるという発想の持ち主だった。

反対に、民衆版画〔たとえばエピナル版画〕は、ほとんどの場合、反転という手法を用いて、元気溌剌とした動物たちを登場させている。とすれば、ロマンのカルナヴァルは、ここでもまた典型的でありながら独自性を保っていたことになる。

ロマンのカルナヴァルは、その象徴体系《サンボリック》を幾重にも拡大しながら、自らの正当性を打ち出していた。たしかに、ゲランが値段を列挙した肉畜や野禽の中では、表象《エンブレマティック》的な動物が重要な位置を占めている。これらの動物は、雄羊、雄鶏、ヤマウズラ、野ウサギ、去勢鶏と呼ばれたロマンの五つの「王国」にも登場していた。

ここで注意したいのは、逆転ないし倒置と転覆ないし破壊とを混同してはならない、ということである。こうした《混同》を裏付けるものとして、貧者たちのカルナヴァルの出し物に登場するいくつかの埒もない企画がある。その中で特徴的なものとして、たとえば富裕者たちの死骸を嗜食される肉に変える（キリスト教徒の肉六ドゥニエ）というのがあった。そこには、財産と女たちの分配順序を逆にし、貧乏人の妻を金持ちの妻と取り替えて再編したいという手工業者たちの漠とした願望も現われていた（A171）。こうした考えはまったくもって現実離れしていたが、たしかに逆転・倒置的であると同時に転覆・破壊的な様相を帯びていた。

だが、ゲランとラロシュは、これが富裕者たちのカルナヴァルだとばかり、二月九日にとんでもない価格を公示した際、何よりもまず、《神話と対照的な事柄を取り上げ、自然の摂理と社会が不易不変なものとしてある「秩序」》を、冗談まじりで明らかにしようとしたのだった。そして、《転覆劇をもっと面白おかしく演出しようとして、あべこべの考え》を主張した。たしかにこの考えは、ひとたび熱狂ないし錯乱状態に入ると、悪ふざけでありながら、それでいて明確に何を嘲弄するかを無意識裡に示しているのだ。(21)

しかし、そこで重要なのは、ゲランの心の中に生じたものである。彼が支配層の祝祭の首謀者だったからである。彼の場合、疑う余地はない。でたらめな値段が何を意味するかは明らかだった。そのカルナヴァル的なでたらめさを取り除いていえば、値段の意味は、以後の出来事に鑑みて、次の単純な標語で要約できるのだ。「秩序、権威、王権」という標語に、である。だとすれば、〔ロマンのカルナヴァルにみられるような〕人間同士の役割交替というのは、彼らが占めている位階的な役割の永続性を、さらに一層はっきりと確認することにほかならないのである。(22)

さて、ロマンの《有徳者たち》は、前述したように（ヤマウズラ王国の）君主をいただくことになった。そのラロシュ王は、コルドリエ地区の修道院に落ち着き、これを自分の《王宮》とした。ごく短期間の住まいではあったが、それは彼の仲間たちの陰謀にとって便利な場所にあった。コルドリエ地区の修道院は注目の的となり、《王党派》の初期の出し物が集まる拠点ともなった。〔30〕

一五八〇年二月一二日金曜日を機に、出し物は、秩序維持のため、一種の制度として過剰なまでに膨らみ、これ見よがしにエスカレートしていった。警吏や公安部隊がいなかったため、既存体制の支持者たちがカルナヴァルの廷臣と軍隊をもって任じた。にもかかわらず、こうした創作は、悪ふざけの精神と状況に相応しい《健全な》冗談の精神とに見合っていた（A155、156）。「金曜日（二月一二日）と土曜日と日曜日、木曜日に行われた（ヤマウズラ獲得）競走の後でもあり、人々の話題はもっぱら馬鹿げた笑い話と暇つぶしに集中した。町じゅう探しても、目に入るものといえば、伝令と大使と厩係、それに補給係の姿だけだった」。つまり、ロマンのブルジョワ（あるいは、こっそりと町に入り込んだ農村の有力者）たちの多くは、カルナヴァルの王国に仕えるべく、保有官僚や伝令を初めとして、あらゆる種類の役人に扮していたのだ。

伝令たちは埃にまみれ、大使たちはロマンの真っ只中に、自ら称賛する悲喜劇こもごもの王国を設置したことを明らかにするという役目を担っていた。厩係と補給係の存在は、町に初めて《入市》したばかりのヤマウズラ王に従う保有官僚役の宿舎が、予め用意されていた事実を物語る。彼らの存在はまた、《国王》軍のさまざまな分遣隊が泊まる家もあったことを示している。たしかにそれは、ゲランが巧みに演出した行動であり、心理的な洗脳でもあった。そんな彼の狙いは、強情に抗うロマン市民を《危険な賭けに》、つまり、真偽のほどはともかく、軍事的な威しと行動という状況に引きずり込むところにあったのだ。

こうした手法はこれが初めてというわけではなかった。市民にとって、それはフォークロアの面でも、いや、事実という面でも、すでに馴染みのある現実を表していたのである。ロマンには、王の入市を楽しく迎えようとする伝統が以前からあった。この伝統は、少なくともフランソワ一世の時代〔一五一五—一五四七〕まで遡る。一方、何かと面倒を引き起こす徴集兵ないし派遣部隊の宿の世話をするという、憂鬱で厄介な伝統もあった。これら二通りの伝統のうち、後者は宗教戦争の開始時以来、つまり一五六〇年以来、注意深く形作られてきたものだった。

一五八〇年二月には、その二つの伝統が、真剣な作戦行動を偽装ないし正当化する冗談めかした振舞いを演出している。「伝令たちは小箱を運び、（コルドリエ地区の修道院の）王宮に参上した大使たちは王に会見を求めた。また、厩係と補給係は家々の扉に印をつけて歩いた。つまり、自らが愉しみ、それを見物人たちにも与えるため、できるかぎりの準備がなされたのである。あちこちの通りは、見物人や物見高い野次馬で溢れた。彼らは大使や補給係が忙しげに行き来するさまに目を見張ったりもした……」。

ヤマウズラ王国の支持者たちは、ゲランを先頭に、王権（ここではフランス王権）の真似事をかなり遠くまで推し進めた。君主ラロシュは、二月一二日の金曜日と翌一三日の土曜日の伝令たちに、（仮想の）「宮廷審問官《プレヴォ・ド・ロテル》」を同道させたが、審問官自身もまた麾下の忠実な射手部隊を率いていた。ヴァロワ朝[31]の法解釈を司っていたこの「宮廷審問官」は、重要な役だった。すなわち、王宮内と《王》が一時的に住まいを構えた町（ここではロマン）における秩序と物資の流通を監視したのである。

彼は宮廷と町の管轄区域内で、王の側近やロマン市民、さらには王宮に出入りする商人たちに関わるさまざまな違反行為や民事事件を裁いた[23]。事実、前述した転倒価格は、彼によってしっかり管理されていた。同様に、彼は居酒屋や旅籠、さらに「宮廷の従者たち」に食べ物を売る商人たちにも目を

訳注30―原文は一〇日となっているが、間違い。
訳注31―**ヴァロワ朝**　カペー朝の傍系で、一三二八年から一五八九年までフランスを統治した。

光らせた（A156）。そんな宮廷審問官のお披露目が行われた二月一〇日と一一日には、ロマンのいくつかの通りで、治安権力のささやかな実力行使もあった。「宮廷審問官は、彼自身の命令と、彼ら（ヤマウズラ王の臣下たち）が食品相場について出した王令（前出の逆転価格）とに違反した者たちを罰するため、配下の射手を伴って町を巡回した」。

こうしてみると、ロマンのカルナヴァルとは、カトリック＝異教的祝祭の冬の周期における王権儀礼の小規模な模倣といえるかもしれない。

だが、宮廷審問官の民俗行列に登場した射手たちの行進は、おそらく弓と火縄銃の同宗団を意識してのものだった。この同宗団は毎年パプゲ〔第5章参照〕の射的競技を担っていたが、一五八〇年は、ポーミエがかつての優勝者だったにもかかわらず、どうやら有力者側に組していた。

宮廷審問官とその麾下の射手たちに象徴される警吏役――これはさまざまな意味をもつ語だが、ここではとくに食品取締官を指す――は、不正な存在とは考えられていなかった。もっとも重要な日である二月一四日の日曜日、カルナヴァルで沸き立つロマンの町に、正義の女神が厳かにやって来る。「これら叛徒たちが正義（裁判）によって与えられる罰を予告するかのように、大評定院が前記町（ロマン）にやって来た。顔ぶれは、何人もの院長や評定官、検察官、書記、執行吏、請願者、訴訟当事者ないし原被告……などだった」（A158）。

たしかに、「大評定院」について、それが院長や評定官、検察官、書記、執行吏……などから構成されていたということ以上は書けなかったのだろうが、一四九七年に国務会議から分かれた実際のそれは、一種の最高法院として、《地方とパリの高等法院ではしかるべき客観的判断が下せないような》、国家的な事件を裁く役目を担っていた(24)。狡猾なゲランは、自分の権利を指先まで知り抜いていた。それゆえ彼は、万事心得て大評定院のパレードを、自分たちの王政に見合った形にパロディー化したのだ。

これに対し、地元の一般民衆は、いうまでもなくパリの大評定院についてまるで無知だった。そんな彼らにとって、裁判官ゲランが仕立て上げたバーレスクな行列は、グルノーブル高等法院（かつてのドーフィネ評定院を継承）の豪奢さを彷彿とさせた。事実、ロマンは、光栄にもこの威厳に満ちた高等法院の訪問を何度か受けていた。それは、角帽に羽飾りをつけ、縁を毛皮で飾った法服をまとった法官たちと、猫かぶりをした者たちとによる、厳粛さと派手さとが相半ばした《入市儀式》だった。

ところで、ロマンの行列には、《請願者や訴訟当事者ないし原被告》がいたと記されている。してみれば、おそらく彼らは訴訟の真似事やその場に合わせた滑稽な身振りなどを行ったのだろう。プロヴァンス的な冗談は、しかしそこから付随的な棘を引き出す。いかにも突飛な衣の下には、重大な事件の本質が隠されていたのだ。ゲランにはそれが何か分かっていた。

高等法院の評定官や保有官僚は、国王（ないし王妃）が転居ないし居を構えた場合には、伺候して挨拶するのを慣例としていた。その際、国王は自分に敬意を表しにやって来たこれら国の重要人物たちに対し、何らためらうことなく説教したものだった。いや、今日でもなお、フランス大統領は国家機関の代表たちを受け入れている。一五七九年にドーフィネ地方を訪れたカトリーヌ・ド・メディシスも、これら高等法院の代表たちを歓迎している。彼女はアンリ三世にこう書き送っている（一五七九年七月一八日）。「当地の高等法院の廷吏たちがモンテリマールまでやってきました。そこでわたしは、昨朝、出発の前に、モジロンを介して彼らをわたしの居室に集め、わたしの旅の間に起きそうなことを十分に理解させました(25)」。

本題に戻って、裁判官ゲランがすっかり仕組んだ茶番の大評定院一行は、《町に着くと》、厳かにコルドリエ地区の修道院の建物に向かった。そして、中に入って、ヤマウズラ王に《恭しく挨拶》した。ラロシュはまず、これらの一団と一緒に日常業務を遅滞なく処理した（「彼は厩係と補給係に命じた」）。それから、本来の問題について、彼らに半ば冗談、半ば真面目にあれこれ語りかけた。「彼は（大評定院の面々に）、民衆が不満を言ったりしないように、また、（大評定院が）彼ら（民衆）を残らず豊かにするように、正義（裁き）を行うようきわめてはっきりと命じた。彼（ラロシュ）は有徳者に対してはひたすらこのような言葉のみで語りかけ、義務の遂行を怠ったような他の者たちには、絞首刑のことだけを語ることにしていた」（A158）。

カルナヴァル王たるラロシュの正義とは、しかし相手を選んだものだった。たしかにそれは、薄い色の上質ワインで溢れた泉やイポクラース〔本章訳注27参照〕で満ちた濠、ケーキやカリソン〔32〕、脂の乗った子牛肉、ソーセージ、炭火焼きの肉、さらに腸詰めなどでできた城壁を擁する、桃源城の城門を大きく開け放った(26)。だが、これらの城門に入れるのは、有徳者とその仲間だけだった。まさにラロシュは、諺にもあるように、報いを望んで恩を売ったのだ〔33〕。一方、職人や下層民からなるロマンの過激派たちは、やがて絞首台に上ることになる（絞首刑は彼らの一部について行われた）。

ヤマウズラ王国《レナージュ》の大評定院行列が行われた二月一四日日曜日には、敵対する王国ないし《反王国》がいくつか組織されている。これらの王国は、《金持ちたち》に対して、あるいはおそらくまったく独自に、民衆的要素を取りこんで出立している。去勢鶏や野ウサギなどの「レナージュ」がそれである。これについては、後述する。

一方、富裕者たちのカルナヴァルや、それに随伴した行列をほぼ完全な形で把握するには、日曜日の各王国だけでなく、さらに翌一五日の月曜日に起きた出来事をいくつか押さえておかなければならない。二月一一日の木曜日に始められたさまざまな出し物の棹尾を、きわめて突飛な威厳のうちに飾ったヤマウズラ王国の祝宴は、じつはこの日（《肉食の月曜日》）に営まれているのだ。「前記月曜日の朝、祝宴の催されたコルドリエ地区の修道院宿舎に戻った後、前記ヤマウズラ王は、衛兵を連れてミサに出向いた」（A159）。

この《衛兵》役の中には、宮廷審問官の射手たちの時と同様の補充警備係だけでなく、町の富裕層に属する若者結社から徴集された本格的な兵たちもかなりいた。後者のような民兵は、やがて十九世紀には国民軍と呼ばれるようになる。「彼の衛兵は、四〇人の勇敢な若者たちから構成されていた。彼らはいずれも鉄兜をかぶり、火縄銃を携えていた」[34]。肩に火縄銃、頭に鉄兜……。おそらくそれは、一五九〇年頃、パリで繰り広げられた、カトリック同盟の教皇主義者たちによる軍事パレードを髣髴させるものだったろう。ただし、そこに僧服姿はなかった。ロマンのふんぞり返った若者たちの鎧は、厚紙でこしらえたものではなく、サン＝テティエンヌの

訳注32―カリソン　エクサン＝プロヴァンスの特産物で、アーモンドと果物をすり潰した練り物の上に、固めた白砂糖を乗せた卵形の菓子。

訳注33―報いを望んで恩を売ったのだ　字義は「金持ちにしか金を貸さない」。

訳注34―ユグノー教徒のナヴァール王アンリが、第一王位継承者となったことに危機感を抱いたカトリック貴族たちが、一五八三年、ギーズ公アンリを領袖とし、「ただ一つの信仰、ただ一つの法、ただ一人の国王」を合言葉に結成した組織。二年後には、時の国王アンリ三世に圧力をかけ、プロテスタントの礼拝を禁止したり、牧師や非改宗者を国外追放にする、いわゆる「ヌムール協定」に調印させている。これによって、第八次宗教戦争が始まるが、この戦いを、同盟派、国王派、ユグノー派それぞれの指導者の名をとって、「三アンリの戦い」と呼ぶ。

鍛冶師たちが鍛えた頑丈な金属製だった。これら鉄で補強された七光りの息子たちは「コルスレ」と呼ばれていた。今日言うところの胸甲騎兵である。彼らはまた、槍を担いでもいた。それはスイス人傭兵が使う、全長四・六—五メートルもある代物だった。そんな彼らを導いていたのは、「彼らの長とその手足」、換言すれば将校と下士官ということになる。いずれも、町の民兵組織におけるブルジョワ部隊の隊長と下級幹部ないし分隊長《カポラル》だった。

四〇人の若者たちは、自費ないし家の金、あるいは有徳者陣営に属する何人かの支持者の援助で「完全武装」(A159)していた。はたしてモジロン自身は、自分とゲランの仲間たちのために、これらの軍隊を密かに町に入り込ませるに当って、何らかの力を貸したのかどうか。そこのところは不明とするほかない。ともあれ、肉食の月曜日には、市内のものであると外部のものであるとを問わず、いよいよ殺人道具が棚から下ろされることになる。それは、両陣営が戦いの武器を磨き、笑いもしくは最悪の事態に備える、まさにその時に用いられるようになるのだろうか……。だが、手工業者たちのアルカイックな剣で、有徳者陣営の火縄銃に立ち向かえるものなのか。

富裕者陣営の兵力は四〇人の若者部隊だけではなかった。カルナヴァルの行列で、彼らの後には、「おあつらえ向きに美しく着飾った、完全装備のスイス人傭兵二〇名」(A159)が続いていたのである。彼らの軍服の《美しさ》については多言を要しまいが、ここでも、そして他の場合(A160)でも、それはゲラン支持者たちのうちにみられる、一般民衆の《野暮ったさ》とは対照的な都市生活のもつ審美感を示している。

ところで、スイス人たちは、たとえ悲・喜劇いずれの役どころであっても、その多様な特徴ゆえに、つねにわれわれを驚かせる。たとえば一九七五年、何人もの社会学者がチューリッヒかどこかの銀行家を、スイスのグノーム〔35〕というイメージでとらえている。この貪欲な銀行家は、発展途上国の労働者の頭蓋骨で、民衆の汗を飲んでいるというのだ。(27)地球を触手の中に抱え込み、それを、さながらグリュイエール・チーズででもあるかのように締めつけるスイス・タコ。そんな紋切り型のイメージを見据える一方で、恵まれたスイスという古いノスタルジーがなおも執拗に夢見られてもいる。ミルク・チョコレート、いつも時間通りに鳴くカッコウ、氷河を仰ぎながらのんびりと草を食む牛……といったノスタルジーが、である。

一五八〇年のロマン市民からみたスイス人のイメージは、二十世紀の末裔たちとはかなり異なった様相《パノラマ》をしていたが、それは、すでにして彼らの間でも相矛盾するものだった。ロマンのカルナヴァルが始まった時、スイスの州はゲランの脳裏にさまざまな幻想をかきたてた。〔宗教改革に伴う〕有力者の大量虐殺、直接民主制、さらに、角笛と、聖ブレーズの祝日のブランルでも騒々しく打ち鳴らされた皮張り太鼓の音で、民衆が武器を手に集まる共同社会。彼にとって、これらは恐ろしい幻想だった。

だが、肉食の火曜日が近づくにつれて、こうしたステレオタイプは一変した。蓼食う虫も好き好きではないが、まさに各人がそれぞれのスイス人像（！）を抱いていたのだ。たとえばロマンの《有徳者たち》は、奇抜な格好をしたスイス人傭兵が、じつはベルンないしバーゼルの市民に仮装した、勇敢なロマンの武装市民だと示唆している。だとすれば、それは、恐ろしいスイス人歩兵のイメージを、効果的に町の通りに植えつけようとする魔術にほかならなかった。彼らはフランス歴代王の伝統的な

訳注35—グノーム　民間伝承で地中に住んで宝を守るとされた　地の精で、醜い小人の姿をしているという。

同盟者であり、したがってラロシュ王の必然的な同盟者ともなった。ヤマウズラ王国の専制王は、民衆たちの叛乱とも冗談ともつきかねる行動を前にして、スイスの徴集兵たちから庇護者に選ばれた、アンリ三世の忠実な臣下たろうとしていたからである。

　軍隊行進のすぐ後には、裁判官ゲランが完璧なまでに組織した市民行列が続いた。彼は、一介の綱職人であるラロシュより、組織の何たるかをはるかによく知っていた。まず最初に現れたのは、全員が羽飾りをつけた「国王側近たち」だった（おそらくその中には、すでに前日、町でのお披露目をすましていた大評定院の面々も含まれていた）。続いて、ラロシュ王の「大法官」（職人たちの王国、すなわち《同盟》もまた、羅紗職人のギヨーム・ロベール＝ブリュナが扮する独自の《大法官》を擁していた。《高等法院長》は精肉商のフルールだった［A170］）。さらにその後には、人を食ったような《高位聖職者》のお歴々、すなわち「聖堂付き施物分配司祭、司教、大司教」（A159）などが顔を揃えていた。彼らは、愚者の祭における気前のよい高位聖職者にも似ていた。

　行列のしんがりをつとめたのは、当然のことながら、第三身分の廷吏や卸売商の一団で、《それらしく仮装して》一列縦隊で進む、「八〇名[36]以上もの有力ブルジョワ、商人および前記（ロマンの）市民たち」だった。バーゼルのカルナヴァル（一九七九年）と同様に、ロマンのカルナヴァルでも、祭の前夜、各人はその財力でできるだけの金をかけて、自分用の仮面や仮装を準備したものだった。「これらロマンの名士たちは、この日、王宮で自分を引き立たせ、彼らの王に面目を施すため、できるだけ着飾ることを忘れなかった」（A160）。

　ブルジョワの行列は、ミサに参列する時点で最終的に完結した。場所はサン＝ベルナール教会だった。そこで、本物かつ正統的な教会ミサに臨むのである。カルナヴァルがカトリック的時間の中に位置している点は忘れてならない。だが、このミサは、同時に、まさにパラドックスな愚者たちのミサとしての役割も担っていた。というのも、そこでは、行列から出てきた偽の高位聖職者の葬儀（東方教会の神学からすれば、瀆聖）が、祭典のいわばクライマックスとして営まれたからである。いうまでもなく、葬儀にはでたらめな創意があれこれ散りばめられていた(28)。「ミサの間も、音楽が止むことはなかった。大使たちが至るところからやって来た。オスマン・トルコの君主からでさえ、トルコ服にターバンと新月刀といった出で立ちの使者が四人派遣されてきた。（信任）状を国王陛下（ラロシュ）に提出すると、彼らはわざわざ持参してきたヴィロードの絨毯を地面に敷いて座り、ミサが終わるまでそうしていた」（A160）。

ターバンといい新月刀といい、加えて東方の絨毯といい、このトルコ趣味に欠ける物は何一つない。すでにしてそれは、「町人貴族」のママムシ(37)にも相応しい道具立てといえる。ちなみに、ここではモリエールが、あらゆる種類のオリエンタリズムをふんだんに宿した、近代の南仏の民俗文化からかなり多くの着想を得ていたことを想い起こすべきだろうか(38)。

スイス人同様、トルコ人もまたフランソワ一世の、さらにそれ以後も、概してフランス王政の同盟者だった。だとすれば、彼らがラロシュ王の同盟者だったとしても不思議はない。ともあれ、自称

訳注36―バーゼルのカルナヴァル　ドイツ語で「ファスナハト」。詳細は、蔵持著『祝祭の構図』前掲参照。

訳注37―ママムシ　モリエールが一六七〇年に発表した韻文五幕劇に登場するトルコ高官の尊称。

訳注38―モリエールは一四六四年からフランス各地を旅しているが、とくに南仏に多くの足跡を残し、たとえば一六五〇年代には、モンペリエやベジエで幾度も公演を行っている。この間の事情を詳しく論じた貴重な資料として、Albert-Paul ALLIÈS : *Une ville d'états. Pézenas aux XVIe et XVIIe siècles*, Pézenas, 1973, pp. 243–300 がある。

《外国から》参上した（仮想）《大使たちの》到着は、前週金曜日に建国されたヤマウズラ王国の凱旋式を始める契機となっていた。そして肉食の月曜日には、サラセン・トルコやそれ以外の国からも《外交使節たち》がやって来て、これら使節団の登場に挟まれる形で、式典が論理的には終わることになる。そういえば、十五世紀末に、実際に《君主《スルタン》ジジム》なる雅びなトルコ人が一人、ロマン一帯に出没している。そんな彼の騎士ぶりの記憶は、ロマンのエリートたちの言い伝えとしてなおも受け継がれていた。

社会的メタファーとしての結社や国家ないし「身分制議会」の行列は、とにもかくにもルネサンス期の都市にみられた民俗慣行の一部をなしていた。十五世紀後葉のパリでは、この種のパレードに数万人が参加しているが、参加者たちは、それぞれ自分がメンバーとなっている、手工業者や特権階級の同宗団ないし同業組合のメンバーたちとともに、長い距離を行進したものだった。

ロマンのカルナヴァルが営まれてから一〇年以内に、ジャン・ボダンは『国家論』〔原題『共和制』〕（一五八六年〔仏語版初版は一五八三年刊行〕）のラテン語版の中で、いくつかの都市に関して社会学的考察を行っている[39]。その考察によれば、人間とはムカデを思わせる長蛇の列をなすものだという。すなわち、互いに一列に結びついて行列を構成する分節が、広場に聳える鐘楼の上からこれを眺める見物人の目には、都市の社会的な構造を思わせるというのだ[29]。たしかにボダンは、この件については自由な立場をとっていた。すなわち、際限ないまでの地域的多様性によって、各共同社会の慣習や掟が差異化されているため、行列する市民たちが次々と現れる秩序は、各都市の祭典進行役の裁量に委ねられる、ということを積極的に認めているのである。しかし……。

『国家論』の著者は、自分にとって便利な手がかりをいろいろ与えてくれそうな、十分に用意されたモデルを一つ懐中から取り出している。すなわち、祭典進行役が窮地に陥るような場合を想定し、まさにその進行役こそが、王政下の都市にほかならないというのだ。都市共同体全住民（男子）が顔を揃えるとみなされる行列の先頭を行くのは、王である。実際のところ、王は市民全体の外側に、共同体の全体的な《秩序》の外側に位置する。ボダンはさらに、王の後にはむろん聖職者が続くとしている。次が、《元老院《セナ》》のお偉方（ボダンの頭は古代ローマの残影で一杯だった）。この威厳ある《元老院》とは、ごく単純に言えば、都市の上級議会を構成するエシュヴィナジュ（フランス北部の参事会）にあたる。

これに続くのが軍人で、その長たる「最高司令官《インペラトール》」ないし隊長は、公爵や伯爵、侯爵、方伯、白伯、男爵、城主、封臣、さらに他のすべての軍人、つまり家柄がそうである者や職業軍人、召集兵、あるいはただその場で軍服を着ただけの者たちの前を歩く（したがって、この集団には、状況によって、職業軍人制軍隊や軍人貴族、ロマンにいるような単なる民兵が、単独ないし一緒になって参加できることになる。ただし、これに関して、ボダンは軍隊の階級と、実質的に軍隊階級に由来する貴族たちの爵号とを一緒くたにしている）。

軍隊の後ろでは、法服をまとった裁判所書記組合のメンバーが、一歩一歩踏みしめるようにして歩くが、これは彼らが[40]軍隊より重要度において劣る[41]ことを意味する。この中には、司法官幹事会や、慣例的にデクリアと区別される、裁判人のクリアの面々が含まれる。さらに、代弁者や法律家、弁護士、

訳注39―この書は未邦訳だが、参考文献としては、佐々木毅『主権・抵抗権・寛容――ジャン・ボダンの国家哲学』岩波書店、一九七三年などがある。

訴訟人、法の実務家、代訴人、書記、代書人、公証人、使者、執達吏、あらゆる種類の定員外廷吏、触れ役、牢番、公共広場《フォルム》や宮殿にたむろする者たちもいる。

これに続くのは、医師と薬剤師、さらに浣腸やランセット、乳鉢などを担当するシュヴァリエたち、次に《知ったかぶりをする偉そうな庶民》の教師一団、あるいは若者を教える教育者、すなわち教会法や民法の教授、医学教授、自然学者、数学者、弁証法学者、「歴史学者」（!・）、詩人、文法家などがくる。次は、商人や卸売商、塩税吏、高利貸し、両替商、売春斡旋業者、その他の商人たち。

そして、いよいよ町の腹や骨組みや鎧兜を担う者たちがくる。パン職人、精肉商、魚の卸商と小売商、漁師、（下手な）料理人、見習コック、料理長、町に住む農民と牧人、建築家、武具師、大工、石切り工、冶金工、鋳貨師、金箔師、宝石装身具商、精錬工、ガラス職人、花火・火薬師、公衆浴場の火夫、陶芸師、狩猟用ラッパと角笛作り、象牙細工師、ロウソク製造人などである。

彼らに続くのは、羅紗や生地の織工、絹や羊毛、山羊ないしラクダの毛、亜麻、麻ほかの織工たちである。彼らはそれぞれ平織物や綱、籠、衣服、絨毯、壁掛け、船の帆、パピルス紙、〔ぼろ布を原料とした〕紙、羊皮紙などの生産に従事していた。（皮）なめし工、縮充工、染抜き職人、仕立て職人、縫製工、靴職人、さらに植字工も続いた。彼らはその職種にきわめて新しい発明が導入された結果、時代に取り残されていた。しかし、ボダンによれば、彼らがみせる専門的な素晴らしさは、高く評価されなければならないという。

行列のしんがりをつとめるのは、さほど面白くはない一群の人物たち、つまり市民の愉悦を遂行する者たちである。その中には、彫刻家やそれ以外の多少とも肌を露出した彫像の制作者、画家や絵具商、フルート奏者、軽業師、物真似芸人、パントマイマー、大市のレスラーや《剣闘士》などがいた。

御者や（喜劇）役者、召使、女衒、仲立ち人たちもいた。こうしてボダンは、パレードのしんがりに芝居や遊びに関係する者たちを置く。彼はこれらの者たちを毛嫌いしていた。彼らが都市の秩序を侵すと考えていたからである。ボダンによれば、そんな彼らより、清潔とはいえないが、有益な仕事についている者たちを優先させなければならないという。それには浴場経営者や理髪師、水夫ないし船乗り、旅籠の主人、馬丁、葬儀人夫、監視人、死刑執行人などが含まれるが、彼らは背徳者や放浪修道士の排除にあたっているともいうのだ[42]。

ロマンにおけるラロシュの行列は、ボダンが描いた架空の、だがほぼ同時代のそれといくつかの点で似通っている。ロマンではまた、王や高位聖職者、軍隊、国王側近の重臣、ブルジョワジー、大商人たちが最高位を保ち、肉食の月曜日に行われたヤマウズラ王国の行列では、先頭の特別な場所を占めていた。だが、比較できるのはここまでである。ボダンが考えていた軍人は、実際の隊長ないし司令官たちだったからだ。ただし、彼らは、『国家論』の著者が唱えた半ば現実、半ば架空のモデルに含まれる。反対に、ロマンの王国では、たしかにすべて架空というわけではなかったが、この上なく誇張されていた。その中でただ商人とブルジョワの一部だけは、等身大の役割を演じていた。にもかかわらず、普段よりははるかに飾り立てていた。

では、《王》や《高位聖職者》、《国王側近の重臣》はどうだったか。ごく単純にいって、彼らはロ

訳注40―デクリア　古代ローマの十人団。裁判官のデクリアとしては、上位のセナトール、中位の騎士身分、下位の税務司法官という三通りがあった。
訳注41―クリア　古代ローマで三段階に分けられた氏族制社会組織の中間単位。
訳注42―改めて指摘するまでもなく、ボダンはこうした行列編成を借りて、現実社会の職業的構成に対応させている。

マンで我が世の春を謳歌していた善良な名士たちで、偉そうに王や司教の役につき、これによって社会の階級を実際より数段駆け上ったのだった。彼らはその栄光への夢と栄華への情熱によって作り出されたこの想像の産物に、膨らんで天にも上るような、だが一般民衆にとっては抑圧的な産物に、足並みを揃えて入り込んだ。そのために、集団的な組織、すなわち、後述するような、ロマンの「モーグーヴェール」《悪政》という、陽気で世俗的な〔パロディックな〕修道院に具体化される組織を利用したのだ。

もう一つの違いは、ロマンの手工業者たちが、実際の日常生活によって割り当てられた、そしてボダンもその行列の中で割り当てたような、階級社会における職業的な下層＝歩兵という紛れもない役割を、何ら果たしていなかったところにある〔43〕。それどころか、彼らは独自の集団を作ってさえいた。そして、大広場でのコルソ・フルーリを拒み、町の周域で地区の荒々しいカルナヴァルを営んでもいるのである。彼らはまた、上は国王、下はし尿汲み取り人にいたるまで、身分や資格が次々と組みこまれた完璧《アンジェリック》なヒエラルキーに、自己を同一化しようともしなかった。そして、市民と職人という立場の「こちら側で」、剣踊りが演じてみせる大地や死や戦争のアルカイックな価値を大量に再発見している。それが端的に現れたのが、彼らの雄羊王国だったということになる。

ジャン・ボダンはまた、読者にこうも予告している。自分が描き出したあらゆる身分、あらゆる職業からなる行列は、主導権争いや民衆一揆の可能性の種を抱えている(30)、と。さらに彼は、緊急を要する場合以外は、この種の行為を増やしてはならない、とも付言している。

正鵠を期して言えば、ロマンでは、肉食の日曜日《ディマンシュ・グラ》〔44〕にヤマウズラ王国の祭が盛大に始められた時ですら、周域地区の粗野で貧しいカルナヴァルはなおも活気を呈していた。

二月一四日の日曜日前後に民衆の反抗が再発したことについては、手元にある二通りの資料（ピエモンとゲランによる）が、詳細な点で多少の食い違いはあるものの、一致して認めている。それによれば、たしかにこの日曜日に、複数の「王国」が再建され、あるいは継続していたという。これらの王国は、職人や庶民、農民のみならず、ユグノー教徒（彼らの数は全住民の一〇％以下だった）の一部をも巻き込んで建国されたものだった。ピエモンは書いている。「ロマンの町では、カレーム＝プルノンに先立つ日曜日（肉食の火曜日直前の日曜日[45]）、祭だからと二つの王国《レナージュ》が一緒に誕生したが、そのうちの一つは、同盟の指導者ポーミエの仲間や盟友、友軍、側近などといった、彼を前記町の統治者にまつり上げている勢力によって作られた」（P88）。

一方の《レナージュ》は、「不吉な意味をもつ動物である野ウサギを走らせた」。もう一方の王国は、やはりピエモンの指摘によれば、「連合の別の者たちによって」、つまり、同様にポーミエと近しい同盟参加者たちによって作られたという。「そこでは小さな鳥が走らされた」。この《小さな》鳥とは、去勢鶏である[31]。鶏の脚の上で企てられた去勢もしくは陰謀。

《去勢鶏》王国はまた、「フォンド（Fonde）のレナージュ」、つまり《投石器のレナージュ》とも呼ばれた（ロマンで使われていたfondaというプロヴァンス語は投石機《フロンド》を意味する[32]）。この去勢《カポネス》された《ク》王政の始まりを告げる競技に参加した者たちは、おそらく試合の規則にのっとって、互いに自分の投石器で、当日の賞品でもあった去勢鶏を狙い打ちしようとしたに違いない。ライバル同士の中で、

訳注43―コルソ・フルーリ　カルナヴァルや収穫祭などに特徴的な、花で飾られた山車行列。

訳注44―肉食の日曜日《ディマンシュ・グラ》　肉食の月曜日前日。

訳注45―肉食の日曜日のこと。

投石器の狙いがもっとも的確だと認められた者は、殺された、あるいは彼が自らそうした不運な鶏を手に入れ、王を宣言した。

活動的で反体制的な若者たちが使っていた飛び道具の「投石器」は、ロマンではすでに局地的なレベルで政治的・《反権威的《フロンドゥール》》[46]な意味を帯びていた。その意味が国家的なものとなったのは、おそらく一六四八年のパリの叛乱以後のことであるが、ともあれ、ここでもまた、スポーツと民俗慣行と政治とが互いに分かち難く結びついていた[33]。

日曜日に、（競走ないし野ウサギと去勢鶏の的当て競技が規則通り行われてから）旗揚げされたこれら二つの王国は、「牛飲馬食とブランル（ダンス）と仮装行列」とからなっていた。いずれもが、前週と同じ浮かれ騒ぎと議論とを引きずっていた。例によって、その目的も二つだった。まず、互いにひたすら愉しむということ、もう一つは、社会や政治や市政に対する異議申し立てだった。すでに引用しているテクストの中で、ピエモンはそれをきわめてはっきりと指摘している。「ブランルを踊り、仮装行列を展開しながら、彼らは町の富裕者たちが貧乏人を食い物にして蓄財したと叫んだ。金を返すべきかどうか、様子を伺いながら、数人のブルジョワや商人の有力者は自尊心を傷つけられた思いにかられた……。」（Ｐ８８）。

ピエモンの言葉を信じれば、ヤマウズラの王国が（ゲランや富裕者やラロシュたちによって）組織されるようになったのは、日曜日の野ウサギと去勢鶏の王国騒ぎに対する反動だったということになる。「数人のブルジョワや商人の有力者は、（野ウサギと去勢鶏の王国によって）自尊心を傷つけられた思いにかられた。そこで彼らは……（反対派の中の）もっとも扇動的な者たちを根絶やしにしなければならないと考え、そうするために、……カルナヴァルの月曜日（肉食の月曜日）に、市庁舎の中でもう一つの《王国》を作ったのだった。そこにはもっとも豊かな者たちが集まり、……野ウサギよりはるかによい意味をもつ鳥、すなわちヤマウズラを走らせた」（P89）。

だが、ピエモンのテクストは、因果関係という点で間違っている。ヤマウズラの王国ができたのは、肉食の日曜日でもなければ、翌日の月曜日（肉食の月曜日）でもない。実際には、まだ野ウサギや去勢鶏をどれにするかが問題となっていなかった二月九日の火曜日まで遡るのである。

とはいえ、三つのレナージュに関するピエモンの分析は面白い。これらの《戦う王国》は、肉食の日曜日と月曜日（二月一四日と一五日）から、ロマン市民をどうしようもなく切り裂くようになるが、カルナヴァルの悲劇が終わって二カ月後の一五八〇年四月、サン＝タントワーヌの公証人ピエモンは、教皇主義者とプロテスタントおよび残りのユグノー教徒という対立する過激派同士が、農村部を犠牲にして働いたさまざまな略奪についてこう記している。「略奪は三通りの兵士たちによってなされた。すなわち、ユグノー教徒と味方の同盟参加者たち、それにカトリックたちによってである」。公証人はさらに付け加えている。そこには、「ロマンの三王国の（宿命を予告するような）意味」（P105）があった。

他の証言によっても裏打ちされるこのテクストに従えば、野ウサギの王国は（一〇日前のヤマウズラ王国とまったく同様に）、町の手工業者のグループとその地区のそれぞれ一つを代表し、部分的には、ロマンのユグノー教徒たちの小規模だが影響力のある過激派に肩入れされていた。事実、大雑把

訳注46―パリの叛乱　王権の拡大を阻止しようとする高等法院と貴族の反対勢力によって起こされ、一六五三年まで続いた、いわゆる「フロンドの乱」のこと。呼称の由来は、パリの学生たちの投石遊び。

にいって、彼らユグノー教徒は町の人口構成からすれば辛うじて一〇番目にすぎなかった。後述するように、カルナヴァルにさほど《巻きこまれる》こともなかった。しかしながら、彼らは、レディギエールという、遠くにこそいるがきわめて強力な人物から支持された存在として、少なからぬ力をもっていたのだ。

野ウサギ王国とは異なる地区を基盤とする去勢鶏の王国の方は、手工業者と町在住の農業従事者やブドウ栽培者の別のグループから構成されていた（ロマンの人口のじつに三六％が農業関連者だった！）。彼らもまた同盟＝ポーミエ派だったが、ユグノー教徒ではなく、なおもカトリックの影響圏にとどまっていた。たしかに、同盟内に位置してはいたものの、モジロン派や高等法院派といった公認カトリシズムの《純粋主義者たち》と同じく、プロテスタントのいくつかの妥協案に反対していた。

一方、有力者たちに捧げられたヤマウズラ王国は、モジロンを後ろ盾としてレディギエール派のプロテスタントと激しく渡り合う、この公認カトリックグループを応援していた。

以上のことから、ピエモンが提唱する単純化した三重の《等式》ができる。

野ウサギ＝ユグノー教徒
去勢鶏＝同盟派
ヤマウズラ＝カトリック

それにしても、野ウサギ王国は、ユグノー教徒の秘密の陰謀に加えて、いったいどのような技術的、政治的、宗教的手法をとったのか。詳細は不明である。字義通りの意味での野ウサギ獲得競走は、たしかに実施された。多少とも閉ざされた場所でそれを行うかぎり、この足の速い小動物がヤマウズラよりはるかに競走に向いていたからである。

去勢鶏の王国については、裁判官ゲランのテクストが多くを教えてくれる。彼が語っているところによれば（A158）、この第二の《レナージュ》は、おそらく一五八〇年二月一四日日曜日（肉食の日曜日）に誕生しているという。どうやらポーミエは、それを自分たちに敵対する大評定院の行列に反対するための、いわばしっぺ返しないし反撃として考え出したようである。「前記ポーミエと仲間たちは、こうしたこと（大評定院の威圧的な行列）を目の当たりにし、これから自分の身に何が起こるか（ヤマウズラ王国の者たちによる彼の暗殺）を予測しながら、だが、ヤマウズラ側による（この暗殺計画に）備えをするでもなしに、その祭を妨害し、前記町（ロマン）の大部分の労働者や職人《ジャン・メカニク》たち[47]のために、去勢鶏獲得競走をやることにした」。

だが、ここには解釈上の不一致がある。すでにテクストを引用しておいたピエモンによれば、ヤマウズラ王国は去勢鶏王国に対する反攻だという（実際は間違い）。逆に、ゲランは、去勢鶏王国が、ヤマウズラ王国の主導権に対する苛立ちまじりの反動だとしている。こうしたゲランの分析は、（同じゲランの《公的な》主張とは裏腹に）、やがて起きる流血事件について、野鳥〔ヤマウズラ王国〕に加担した有力者たちに第一責任があることを強調している。

はたしてこの分析は全体的に正鵠を穿っているのだろうか。ヤマウズラと去勢鶏という二つの王国は、おそらくそれぞれ二つの対立する陣営から、町のさまざまな地区の自発性によって独自に生み出

訳注47—職人《ジャン・メカニク》たち　字義は「機械の人々」。

されたものである。そして、ひとたび肉食の日曜日に立ち上がると、両者は互いにしのぎをけずった。まさにこれが、暴発という状況を引き起こしたのである。

野ウサギ王国は部分的にユグノー的なものだった。手工業者を主体としていたからである（何人かの手工業者はカルヴァン主義に傾いていた）。これに対し、去勢鶏王国はより農民主体であり、したがって教皇主義的な性格を帯びていた。それはまた、市内のかなり農村的な地区で組織されたからみで、ロマンの町に在住する農業従事者やブドウ栽培者を、さらに、ゲランが言うように、「前記町の大部分の耕作者」をもとくに引き寄せた。とはいえ、これらの耕作者たちは、かなりの数になる《機械の人々》（職人たち）と一緒だった。

こうして二月一四日日曜日、去勢鶏王国の耕作者たちと《機械の》人々が集結する。「その数はだんだん増えていって二〇〇にもなった」。去勢鶏の獲得競走ないしそれを射落とす的当て競技の後、そして《自分たちの王を立てて》から、「彼らは武器を携えたまま、町を散策した」（Ａ１５９）。例によって、ここでもゲランの書き方は曖昧である。この《散策》という言葉は、何かしら穏やかな意志を想起させる。だが、それは《武器を携えた》ものだったのだ。戦いのためだったのか。いずれにせよ、ここまでくれば、数日前の聖ブレーズの祝日に、葬衣や〔仮想の〕葬儀が醸し出す高揚の中で、虐殺を象徴する民衆側の行列の歩みを規則的に刻んだこみ入った儀礼的な仕掛け、すなわち殻竿や熊手、箒、小鈴などはもはや必要ない。

二月一四日の日曜日には、翌日、つまり肉食の月曜日に繰り広げられるようになる対決への備えがなされている。それは雌雄を決する戦いとなるのだろうか。今はまだ分からない。ゲランは書いている。「日曜日」、去勢鶏王国の行列参加者約二〇〇人は、武器携行の《散策》の後、「ヤマウズラ王国の祝宴が開かれることになっていた（肉食の）月曜日に、自分たちも祝宴を催す相談をした」。こうしたことに関するかぎり、抜け目のなかったゲランは、これら二〇〇人の参加者に、すでにほかならぬ彼自身が抱いていた攻撃の意図ありとみた。彼らはただ「（富裕者に対して）理由のない喧嘩《クレル・ダルマン》〔48〕を仕掛けることしか考えていなかった」。ゲランはそう断言している。

だが、有力者たちの方も、いたずらに手を拱いたりはしないとの覚悟ができていた。敵に悪だくみがあると知った「有徳者たちは、善後策（つまり、前述した大評定院行列が催される肉食の月曜日に、自分たちのヤマウズラ王国の祝宴をどのようにやるか）を話し合った。その結果、もし彼ら（ポーミエ一派）が自分たち（富裕者たち）に攻撃を仕掛けてきたなら、これに応戦するということになった」（A154）。

あらゆることが交錯したこの日曜日には、ラロシュとポーミエが歴史的ともいうべき再会をしている。仲間割れした二人のこうした出会いは、もう一度あるだけだった。偶然か、それともあらかじめ決められていたのか。一方は有力者たちの新しい《王＝指導者》で、ゲランのいいなりになる藁男《オム・ド・パーユ》（ダミー）、他方は《雄羊王国》の民衆側指導者。そんなかつての盟友二人が、かなり緊迫度を増しつつあったロマンの政治的出来事に導かれるようにして、大広場で出会ったのである。その際、ラロシュは王のけばけばしい衣装をまとっていたのだろうか。ともあれ彼は、親しげに、しかし幾分かの偽善とともに、ポーミエを翌日の肉食の月曜日に予定されているヤマウズラ王国の祝宴に招待した（ここでは、ポーミエがすでに二月九日に営まれた、鷲＝雄鶏王国の宴にも出席していたこと

訳注48―理由のない喧嘩《クレル・ダルマン》　字義は「ドイツの喧嘩」。

を想起したい。彼にとっては、まさにそうした《友情》が、数日後に流血沙汰を招くのである）。

だが、ラロシュの申し出は不調に終わった。ポーミエが丁重に彼の招待を断ったからである。やがてラロシュは立ち去った。この拒否の理由について、同盟側の指導者は、ヤマウズラ王国と去勢鶏王国に、たとえ見かけだけでも和解させようとする仲裁人たちに対し、次のように説明している。

――もし避けることができるなら、自分としては、敵（ラロシュ）が凱旋するような場所には二度と行こうとは思わない。

自分のいる場所に敵が来た場合、立ち去ったりはしない。

しかし、敵の来ることが分かっている場所には、決して出向いたりはしない。

これら三点を強調した彼の弁明は、はっきりとした三段論法となっている。事実、その言葉遣い《サンプリシテ・アル》の単純《テルナテイヴ》さは、たとえばジャンヌ・ダルクの言葉（「もしもわたしがそこにいれば、神はわたしをそこに残し、いなければ、わたしをそこに押し出す」）を思い出させる。そしてそれは、いくつかの似通った事例と結びついて、慎重にして冷静な指導者というポーミエの人となりを明るみに出す。すなわち、彼はあらゆる種類の挑発を速やかに拒みながら、争いの種を探したり、あるいは敵の罠にはまったりするのである。ちなみに、この弁明は、「祝宴」が「凱旋式」の最後の段階であり、これによって「王国」（ここではヤマウズラ王国）が幕を閉じるということを示している。

ラロシュとポーミエの邂逅は、より集団的な「二度目」の出会いの前触れとなった。それは不承不承の出会いだった。いや、むしろ敵対的なものだった。すなわち、前述したように、肉食の月曜日に、互いに一五〇ないし二〇〇を数えるヤマウズラ王国と去勢鶏王国の支持者たちが、ミサを終えて、たまたま通りで交錯するという危険な事態が起きたのだ。ミサそのものは、半ば神聖、半ば悪ふざけだった。半ばキリスト教的、半ばトルコ風でもあった。社会の深層では、悲劇と喜劇とが気軽に寄り添う。

すでにみておいたように、ラロシュと彼の宮廷の支持者たちは、月曜日の朝、騒々しいまでの音楽と数人のトルコ人役を伴う、盛大なパレード仕立てで宗教儀式に赴いたのである。「ミサがすむと、国王陛下（ラロシュ）は、前記供連れ（行列に加わった軍人や一般市民の一団）と、彼の前を行く四人のトルコ人を従えて、宿舎に戻った（コルドリエ地区に帰った）」[34]。パレードはラロシュが獲得したことになっている町全体を横断し、サン＝ベルナール教会からコルドリエ地区へと、つまり町の南部から北東部にかけて進んだ。

最初に去勢鶏王国の行列とすれ違ったのは、行列の先頭にたち、ラロシュ王のすぐ前を行く四人のトルコ人たちだった。「途中、彼らはフォンド（フロンド）とも呼ばれる去勢鶏王国の一群と出会った」（A160）。ロマンの狭い道であってみれば、二つの行列は、僅か数センチで相手に触れるというぎりぎりのところで行き違い、挑戦的な雰囲気が生まれた。去勢鶏側の行列は、ハーフ・カラーの衣装をまとい、騒々しく走り回りながらもどこか不安げで、無作法かつ陰気な顔をした人物が先導していた。「ロバに乗った彼は、聖霊同宗団の先触れが着る、赤・青二色の奇妙な衣装を身に着けさせられていた。それは、これから埋葬する死者の前でまとう葬衣でもあった」（A160）。

この〔仮想〕葬列の先頭に、ロバがいたのは不思議ではない。ローヌ流域でもオック地方でも、さらにはフランコ＝プロヴァンス地方でも、妻に打擲された夫がロバに後向きに乗せられて市中を引き回されるという、いわゆるアスアドが行われていたからである[35]。ここではそうした夫の代りに、もっとも近い隣人をロバに乗せ、より多くの笑いを取るために、彼に哀れな夫の身代わりを押し付けたのである。

貧しい者たちの行列の先頭にロバを配置する。それは、富裕者たちの男らしさを愚弄するものであり、彼らに対し、カルナヴァルという逆さまな世界では、キュロットをはくのが夫ではないということ、そして、妻たちが夫を張り倒した後、別のより貧しい、だがより男らしい男へと向かったりもするということをはっきりと告げるものでもあった。さらにそれは、夥しいシンボルが咲き乱れる中にあって、有力者たちのもっとも近い隣人が、納棺や埋葬に無気味な快楽を抱くようになる葬儀の触れ役である、ということも仄めかしているのだ。ちなみに、エロー県[50]のジニャックでは、二十世紀に入ってもなお、毎年サンヌベレの祭[51]に、ロバがサラセン人（トルコ人）と闘っている。

去勢鶏王国の行列では、ことほどさように葬送儀礼のイメージが中心的な位置を占めていた。そこに登場する赤・青二色の悪趣味な埋葬用衣装は、聖霊同宗団の葬儀の触れ役と、彼に従う住民グループとがまとったものである。「彼らがわざわざそれをまとったのは、翌日の（肉食の）火曜日に行おうとしていた虐殺を示すためだった。彼らはこの日を、非難されてしかるべき恐ろしい企ての実施日に選んだのだった」（A160）。

去勢鶏王国に反対する裁判官ゲランは、こうした虐殺計画を非難しているが、じつを言えば、ゲラン自身もまた、哀れな去勢鶏王国の参加者に対して、攻撃の刃を磨いていたのだ。まさに、去勢鶏を始末したければどんな難癖でもつけられる、というわけである[52]。だが、この点に関するかぎり、《貧者たち》がカルナヴァルの伝統的な精神にのっとって、冗談とも本気ともつかない大掛かりで象徴的な埋葬パレードを組織したとする、ゲランの指摘は正しい。

カルナヴァルといえば、一年のこの時期に営まれる民俗行事のうち、もっとも重要な慣行であり、そこに登場するマヌカン[53]や、時にカルナヴァル風に（熊などに）異装した生身の人間は、模擬裁判にかけられて有罪を宣せられ、埋葬や焼殺によって処刑されるのだ[54]。

一五八〇年のロマンでは、事情はより複雑だった。実際、そこでは「平民と有力者たちのカルナヴァルが営まれ、双方がさらに細分化していた[36]」。そして、沸騰した町のミクロコスモスの中で、生者と死者の、豊饒・繁栄と処刑の儀礼が巧みに絡み合っていた。すでにみておいたように、肉食の日曜日には、ヤマウズラ王の大評定院が、民衆側のカルナヴァルを処罰すると威嚇している。自分に課せられた義務を怠る者を、最終的に絞首刑に処すとしているのである。まさにそれは、（カルナヴァルに典型的な模擬）「裁判」に符合し、当然、後には処刑（ここでは絞首刑）が控えている。

ヤマウズラ側にとって、ロマンのカルナヴァルは、すべてが冗談とも本気ともつかぬものだった（たしかに、少し後に絞首刑は現実のものとなるが）。しかし、翌日になると、手工業者たちが富裕

訳注49―アスアド　シャリヴァリの制裁パターンの一つ。第5章参照。

訳注50―エロー県　南仏ラングドック地方。

訳注51―サンヌベレの祭　この祭は、復活祭主日後四〇日目の昇天祭に営まれているもので、マルタンと呼ばれる張りぼてのロバと、「サラセン人」をもじったセニベレ（著者によればサンヌベレ）と呼ばれる町の若者たちが、演劇的戦いを繰り広げることで知られている。八世紀のある日、ロバがいないでサラセン人の襲来を住民たちに知らせたという伝承に基づくとされるが、むろんそれは史実とは無縁である。なお、南仏を中心に積極的に民俗調査を展開している、若手ヨーロッパ民族学者の出口雅敏氏の調べでは、こうした動物張りぼてが登場する祭は、近年、観光化の波に乗って創案されたものを含めれば、ラングドック地方だけで少なくとも三〇を数えるという。

訳注52―慣用句の「厄介払いをしたければ、どんな難癖でもつけられる」（原義は「飼い犬を始末したい者は、狂犬病だからと言う」）をもじった表現。

訳注53―マヌカン　張りぼて人形。いったいに藁やぼろきれ、木片などで作られ、等身大あるいはそれ以上の大きさをもつ。

訳注54―中には、フランス側ピレネー山中のプラ＝ド＝モロのように、熊祭とカルナヴァルが合体し、前者の主役である熊男たちはその毛皮を剥がれ、後者のマヌカンだけが焼かれるところもある。

者相手に（象徴的に）しっぺ返しをするようになる。最初から、つまり聖母潔斎の祝日〔二月二日〕や聖ブレーズの祝日〔二月三日〕から、彼ら手工業者たちは、そのカルナヴァルの中心に、死の価値を高め、〔擬人化された〕悪や老い、不品行、さらに腐敗の埋葬ないし食人化《カニバリザシオン》を称える儀礼を据えていた。こうして迎えた肉食の月曜日、彼らは富裕者たちに対し、判決の如何にかかわらず、カルナヴァルのマヌカンを埋葬ないし解体するのとまったく同様に、土に埋めてしまうと（たちの悪いブラックユーモアめかして）脅すのだった。ゲランはこう付け加えている（A160）。

「民衆はかなり混乱をきわめ、それゆえ、すでに述べておいた食品税率を無視しようとしていた一部の者たちは、以前のように（聖ブレーズの祝日の際と同じように）、なおも騒ぎをやめようとしなかった。

——四ドゥニエだぞ、キリスト教徒の肉一リーヴルが！

云々することにかなりの困難を伴うほど、彼らの言葉はあまりにも悪辣さに満ちていた。だが、それについては多くの者たちのみならず、町にいた余所者たちからさえも聞かされていたので、（わたしの話の中でそうした言葉を）あえてそうとは思わない……」。

前週の一リーヴルあたり六ドゥニエから四ドゥニエへと値引されてはいたものの、ここでもまた、一度ならず人肉嗜食の話題が登場する。単なる冗談とはいえ、それは食人幻想を背景とする不吉でひどく悪趣味なものだった。譫妄的なまでの熱狂状態にある場合はさておき、いくら陶酔し、あるいは反旗を翻しているとはいえ、ロマン市民に、あらかじめ殺しておいた有力者たちの肝臓を食べるなどという気は毛頭なかった。同様のことは、フランス革命時の《吸血鬼たち》についても言える。彼らもまた比喩として言ったまでであり、大部分の者は、殺された貴族たちの動脈から流れ出る貴重な液体を、ついぞ飲もうとは思わなかったはずである。

にもかかわらず、ロマンでは、この食人幻想が何がしかの効果をもたらした。おそらくそれは、歴史精神分析学にみられるさまざまな症状と結びついているのだろう。いや、こうした幻想は、たとえば一六三五年のアジャンや一三八〇年のモンペリエのように、実際に人肉嗜食へと突き進んだ、カルナヴァルや暴動の特殊な儀礼[37]と結びついてもいるのだ[55]。

「キリスト教徒の肉四ドゥニエ」という貧しい者たちの言葉は冒瀆的なものだが、われわれにとって、ゲランの注釈もまたそれに匹敵するほど冒瀆的なものだった。彼によれば、こうした言葉のため、神に支えられた富裕者たちのカルナヴァルからどのような反撃が飛び出しても、正当化されるという。したがって、反撃の目的は、ロマンの中心部に入り込んだ要素、すなわち、去勢鶏王国の参加者たちが口々に叫ぶ、卑猥で、受洗した肉体を侵すようなスローガンの不純な要素を一掃するところにある、ともいうのだ。そういえば、ロマンのカルナヴァルでは、より予防的な対抗カルナヴァルが出現するのがつねだった。ゲランは記している。「思うに、神はただちに彼らを罰せられるだろう。彼らがこ

訳注55—モンペリエは一三四九年にフランス王家に帰属しているが、一三七九年に勃発して鎮圧された民衆叛乱の賠償金が払えず、一三八〇年には、それを求めるアンジュ公軍が町に押し入っている。同市の聖職でサン＝ピエール聖堂参事会員だったシャルル・デグルフイユは、一七三七年に編んだ『モンペリエ市史』の中で、トゥールーズの年代記にあるM・ド・ラ・ファイユの次のような記述を紹介している（Ch. D'Aigrefeuille : *Histoire de la Ville de Montpellier*, J. Martel, Montpellier, 1737）。「神も国王も何者も恐れないこの（アンジュ公の）軍隊は、国王の役人たちに襲いかかって皆殺しにし、……さらに残虐さに無慈悲さを加えて、これら役人たちの遺骸を何体か井戸に投げ捨て、残りの一部は、さながら有罪判決を受けていたかのように、綱で縛って通りを引きまわした。そして、信じ難いほどおぞましいことに、彼らは剣で遺骸を切り裂き、獰猛な獣がするように、洗礼を受けた肉体を食し、あるいは獣たちに食べさせるため、それを投げ与えたのである」。

れまで犯したいかなる悪よりも悪辣な言葉ゆえに」（A160）。

だが、キリスト教徒の神は、この問題で本当に動いたのだろうか。ともあれ、ゲランとラロシュは、ヤマウズラ王国支持者たちの援軍として呼んだ、イエス＝キリストの弟子にしてはいささか風変わりな四人のトルコ人を、彼らのフォークロリックな威圧行列の先頭に据えている。実際のところ、彼らトルコ人たちは悪魔然としていたが……。

たしかに、ゲランは海千山千の裁判官だった。カトリックの栄光や慣習に言及することをひとまずやめて、彼はいよいよ寄宿学校《コレージュ》時代に蓄えた、ギリシア文化やルネサンス文化についての蘊蓄を登場させるようになる。ロマンの騒動にまつわる彼の話も、ついにそこまできたのである。もはや彼は、民衆を単なる冒瀆的な反洗礼者と呼んだりはしない。代りに、唐突にも、「スキタイ人」と呼ぶようになる。ロマンの町になぞらえたドーフィネのアテナイに、その生来の野蛮さを向けたスキタイ人だというのである。とすれは、ゲランはさしずめデモステネス〔56〕となるのだろうか。彼は書いている。「スキタイ人や世界でもっとも野蛮な者たちをもってしても、あの者たち（去勢鶏王国の参加者たち）が企て、その実行を決意したほどの悪事をなすことはできないだろう」（A160）。

ゲランの話の中で、たしかにこうしたアテナイ云々の脱線はかなり短いものである。そして、それにすぐ続けて、彼は自分の支配下にあるヤマウズラ王国の特徴を、もはや（スキタイ人とは反対の）《ギリシア的な》ものとせず、教皇主義的ないし超教皇主義的なものとする。のちに彼は、これをはっきり《ミサ党》と呼ぶようになるが、この呼称には、特別のほのめかしがみてとれる。すなわち、肉食の月曜日朝、着飾った有力者グループのためにあげられた、半賢・半愚、半トルコ的・半キリスト教的なミサを想起させるのだ。

さて、問題の月曜日朝、ミサが終わると、前述したように、去勢鶏とヤマウズラ両王国の行列は、互いに敵意を抱いたまま、ロマンの狭い道で交錯している。空気が一瞬緊張し、そしてほどけた。双方が反対方向に道をとり、離れていったからである。ヤマウズラの行列は、王ラロシュの《王宮》があるコルドリエ地区へと向かい、やがてそこで真昼の食事（《昼間の正餐》）を摂ることになる。自称高官や偽職業軍人（ただし、完全装備）からなる、王の従者たち一四〇人の大宴会は豪華で、申し分ないまでにカルナヴァル的だった。「われわれのことに話を戻せば、王は（ヤマウズラ王国の）ミサが終わると、正餐に向かったが、そこには一四〇人分の皿が不足することなく並べられていた」（A161）。

同日の午後、正餐がすめば、次は《舞踏会》の時間だった。それはコルドリエ地区だけでなく、市庁舎でも行われた。ロマンの伝統では、《カルナヴァル（カレーム＝プルノン）》（とくに肉食の月曜日と日曜日）の舞踏会は、「ボングーヴェール（善政）」ないし「モーグベール（悪政）」と呼ばれる、パロディックな《大修道院》によって組織されることになっていた〔第5章訳注25参照〕。これは娯楽のための同宗団で、参事たちの権威と、他の問題同様、民俗慣行の面でも地元の裁定人を自他ともに認めていた、裁判官ゲランのいつもの監視下で、町の有力者の青・若年たちが催すものだった。

笑いを目的とするこの大修道院のメンバーは、市民から集められた。だが、宗教的な役割も半分だけ帯びていた（たとえば、町の宗教施設の再建費用や、四旬節中の説教者の報酬に当てるため、かな

訳注56―デモステネス　前三八四―前三二二年。アテナイの雄弁家で政治家。父の遺産を横領した後見人たちを弾劾するため、弁論術を学んだとされる。スパルタや蛮族の野望を非難し、拡大政策をとるマケドニアに対する勢力を指揮する。だが、アテナイに進駐してきたマケドニア人への叛乱に失敗し、ポロス島に逃れた後、ポセイドンの神殿で毒をあおって自殺する。

りの大金を寄付したりもした）。また、結婚やシャリヴァリ、カルナヴァルの舞踏会、侍女（小間使い）たちの舞踏会、さらに、先端に松の若木の枝ないし幹をとりつけた「五月柱《メ》」立てといった慣行を、公的かつ面白おかしく監視する役目も担っていた。五月柱についていえば、モーグーヴェール〔悪政大修道院〕は、五月一日ないし聖霊降臨主日〔復活祭後の第七日曜日〕に、これを娘や恋人たちのために町の大広場に立てた。

だが、この「マイア」[57]と呼ばれる異教の祭よりかなり前、肉食の月曜日と火曜日に営まれたモーグーヴェールの舞踏会は、愛に満ちた生活を謳い、娘や若妻たちを煽り、婚約や結婚の準備を駆り立てていた。グルノーブル高等法院の調査記録[38]が強調しているところによれば、有力者たちの後押しを受けたヤマウズラ王国は、モーグーヴェールと良好な関係を保っていたという。そしてそれは、徒競走の審査が行われた当初から（二月一一日木曜日）、第二の性、つまり女性に重要な場を与えていた。女嫌いとまではいかないにしろ、ともかく女性にほとんど依拠しなかった雄羊や去勢鶏、あるいは野ウサギといった民衆の王国とは対照をなしていた。

そのかぎりにおいて、ヤマウズラ王を批判することはできない。それどころか、彼は娘たちを好いていたのだ。「正餐の後、ラロシュは市庁舎に出かけた。そこでは、町の多くの貴婦人や淑女たちを集めて、舞踏会が賑やかに催されていたからだ」。ここで用いられている《貴婦人》や《淑女》といった言葉は、舞踏会に参加していた女性たちの大部分が、有力者のグループに属していたことを示している。

ロマンのブルジョワにとって、したがってこの月曜日の午後こそが、女性や愛と出会う格好の機会だった。男女が互いに相手を探し合い、カップルをつくり、あるいは再びカップルとなる。だが、その一方で、ヤマウズラ王国の陰謀が、ダンスのリズムに合わせるかのように、力と形を帯びていった。もっとも、それは、下層階級や雄羊王国にとって重要だった剣踊りと同様に、決して勇ましいものではなかったが。

　ともあれ、ヤマウズラ王国には女性や火器までが加わり、公然たる敵、つまり去勢鶏王国を圧倒していた。あとは同盟者を獲得すればよかった。ありていに言えば、そこで白羽の矢が当てられたのは鷲のレナージュだった。こうしてロマンは、以後、対立と戦闘員の再編という局面を迎えるようになる。そこでまずみられたのが、愛に満ちたカルナヴァル的外交だった。

　〔ヤマウズラ王国の〕正式な接近が形をとるにつれて、おそらく鷲王国もヤマウズラ王国へと歩み寄っていった。ただし、しぶしぶ承諾するというふりはした。ラロシュ(39)が主催した舞踏会について、ゲランはこう書いている。「舞踏会の間に、鷲王から派遣されたエローが何人かやって来た」（A161）。エロー、つまり紋章官である（ここではむろんカルナヴァル化されている）。これもまた、フランスないしドーフィネ的王政[58]儀礼の妄想的模倣といえるが、この人物は、冠をかぶり、胸と腹部に百合の花[59]が刺繍された上衣をまとっていた。手に笏杖も持っていた。一般に、紋章官は主君から預かった要請状ないし挑戦状、あるいはまた「宣戦布告書《カルテル》」を、味方もしくは敵方の君主たちに渡さなければならなかった。それが、彼に与えられた任務だった。さらに彼は、騎乗槍試合にも注意を向けた。

訳注57—マイア　字義は「五月祭」。
訳注58—ただし、フランス併合前のドーフィネは公国。
訳注59—百合の花　フランス王室の紋章。

ロマンを訪れた紋章官たちは、「ヤマウズラ王（ラロシュ）宛てに宣戦布告書を携えてきた。その中で、（鷲王国の）王は、彼（ラロシュ）が自分の王国の境界を通った際、挨拶にもこなければ、祝宴にも招いてくれなかったことを非難した」（A161）。たしかに、ヤマウズラのさまざま行列は、雄鶏＝鷲王国の領地（ジャクマール地区）のすぐ近くを巡回しながら、非礼にも友好の挨拶を送らなかった。そこで鷲王国側は、通常一つの地区から別の地区にかけて行う国境の画定を実施した（この場合は、多少ブルジョワ的なジャクマール地区から、より明確にエリート的な大広場＝橋地区にかけて）。

いったいに、こうしたやり方は柵争いないし境界争いを生んだが、それはライバル意識をかきたて、緩和するための争いだった。この種の争いによって、同じ都市内での善隣関係が促されたのである。鷲王は、（宣戦布告書によって）自分自身とヤマウズラ王との間に、何らかの確執があると信じている風を装った。猛禽王国の支持者の中には、実際に穏健派とはいえ、同盟側を標榜する者がいたからである（逆に、野鳥王国の者たちは、大半が農民同盟に追随していなかった）。《ラロシュがわたしを軽蔑したのは、「わたしに反感を抱いていたためなのか」。鷲王はいかにも芝居がかった口調で、大略そのようなことを問うている。「だとしたら、互いに一戦交えるまでだ[40]」》。

こうした男（雄）同士のパロディックな闘いは、見方によれば、雌を征服するための、そして新しい春の到来を告げる求愛行動《パラド》を想い起こさせる。だからこそ、鷲王の一連の言葉には、一種の媚《こび》がみてとれるのだ。《もしラロシュが「そうやって（自分を）軽蔑する[41]なら、彼は、鷲がひと飛びすれば、いくらヤマウズラが岩に半分身を隠していたところで、簡単にこれを捕まえてしまう、ということを知らなければならない」。ヤマウズラを隠す[42]「岩《ラ・ロシュ》」という表現は、明らかにしゃれである。つまり、猛禽類と野鳥に託しての語り口といい、このしゃれといい、ここには二重の言葉遊びがあるのだ。だが、ゲランは、パリにいる上層の読者たち（彼がその物語口調のテクストを送った宮廷のテクノクラートたち）に対し、鷲王の言葉は、「ラロシュ」王自身および彼とヤマウズラとの物質的ないし神秘的な結びつきを、ごく単純に指しているにすぎないとしている。

だとすれば、そこにはこれまでになく女性的な野鳥〔ヤマウズラ〕の象徴的な心に言い寄る求婚者が二人いることになる。一方は、ロマンのきわめて雄的な雄鶏＝鷲〔王〕で、キジと猛禽双方の性質を備えているため、赤い鶏冠を立てながら、空の高みから愛らしい獲物めがけて襲いかかる。もう一方は、ラロシュである。彼はすでにヤマウズラとある程度情を通じていたが、その関係も、競争相手のために終止符を打たれる可能性がある。ライバル二人が、互いに身も心も美しい雌もしくは女性を我が物にしようとするテーマ。これはすぐれてカルナヴァル的なものであり、肉食の火曜日ないし前夜に、即興の民衆劇で演じられたりもする。こうした即興劇は、ドーフィネ地方に近いイタリア中・北部一帯で広く行われていたが、ドーフィネ自体、イタリア半島と似た文化を有していた[43]。

このテーマはまた、冬の終わりに、さらに春を通しても行われる騎乗槍試合の動機にもなっていた。やがて、十六世紀も三分の二を過ぎると、騎乗槍試合は環通し競べ[60]や柵争いなどに変っていくが、これらの槍試合では、想いを寄せられた女性の象徴的ないし実際の愛は、試合の勝者へと向かうことになっていた。と同時に、槍試合は騎士道にのっとって争われ、戦場で敵に対するよりも激しく渡り

訳注60―環通し競べ　たとえば一六三四年のモンペリエのカルナヴァルでは、反リシュリューの軍を挙げて失敗し、処刑されたモンモランシ伯アンリ二世の後を受けて、前年地方総督になったばかりのアリュワン公のため、この競技が行なわれているが、その際用いられた環にはダイヤがはめこまれ、勝利者の褒美として提供されたという（Ch. D'Aigrefeuille, op. cit.）。

合ったライバル同士の、心からの相互理解を確固たるものにしたのである。肉食の月曜日の午後に、ロマンでみられたのがまさにそうしたものだった。「突然、（鷲王とラロシュの間に）和解が成立した。激しい論争があったわけではなかった。この和解を互いに誓い、保証するため、一時間後に両者が馬に乗り、それぞれ槍を腿に挟んで、走る馬の上から環を狙うことになり、その通り行われた」（A161）。

周知のように、環通し競べはかつての槍試合のような攻撃的な性格をほとんど帯びていない。それに挑戦する騎手は、馬を全速力で走らせて突進し、台ないし小さな支柱に垂直に置かれた環を槍先にかけて抜き取らなければならない[61]。馬上で槍を構えた騎手はまた、環のほかに、「ファカン」も相手にする。ファカン（faquin）とは、〔標的用〕人形や《ターバン》、もしくは単純に地面に置かれた模造頭を意味するが、騎手は小脇に抱えた槍でその標的を突き、ひっくり返さなければならない。

相手が環であれファカンであれ、こうした競技は、数週間もしくはひと月後の春祭に先立って営まれた、往時のカルナヴァルを特徴づける戦士的ないし軍事的儀礼の一部をなしていた。槍を用いるこれらの儀礼的競技は、春の目覚めのみならず、叛乱の目覚めをも予示し、やがてそれを引き起こすようになった。不思議なことに、それが目覚めを促したのである。と同時に、この競技は社会的・地理的な統合のきっかけとしても行われた。

たとえば、一六〇八年にサヴォワ公女が、一〇〇万エキュ金貨（うち、一五万はジャムと篝火代金）もの巨額を投じて結婚した際、壮大なバレエに先立って、カルナヴァルのファカン競技が催されている。これにはサヴォワの猟師やニースの漁師、ヴァル・ダオスタの農民、さらにピエモンテの農婦など、それぞれ異なる言語（フランス語、イタリア語、プロヴァンス語）を話す者たちが動員されたという。まさにそれは、サヴォワ領内の多地域的・多言語的一体化を確認する手段でもあった。

同様に、ロマンでも、大広場と橋のブルジョワ地区一帯の境界線を、儀礼的にコルドリエ地区まで画定したヤマウズラ王国の行列の後、つまり、肉食の月曜日の夕刻頃、二人の王――鷲王とヤマウズラ王――による環通し競べが行われているが、これは、一方は大広場と橋、他方はジャクマールという、それまで半ば対立し、半ば友好関係にあった二つの地区を、最終的に連帯させることになった。

ファカンや環通し競べ、さらに柵争いといった馬事競技に介在するものとは何か。結局それは、冬の終わりに発芽し、復活祭や麗しき五月、そして初夏の聖ヨハネの祝日〔六月二四日〕まで花を咲かせる性と豊饒の目覚めにほかならない。たとえば一六二〇年には、パリの王宮広場で、アンヌ・ドートリシュ[62]が目に涙を浮かべ、唇に笑みを寄せながら、若い夫ルイ十三世を見つめていた。夫王が次々と槍に環を通していくのを見て愉しんでいたのだ。そして、そうしながら、遅くはなるが、やがて王が自分を母にしてくれる日を待ち続けたのである[63]。

より一般的にいえば、サヴォワやドーフィネ、あるいはパリ周辺のイル＝ド＝フランス地方では、身分の高低を問わず、貴婦人たちは、王女の挙式や、魔法の島で快楽に耽る王の恋愛を祝って催される、こうした槍競技に情熱を傾けたものだった。

訳注61―今日、公園などで同様のゲームを見かけることがままある。メリーゴーランドの馬にまたがった子供たちが、手にした短い棒で、外側で係が差し出す環をひっかけるものである。

訳注62―**アンヌ・ドートリシュ**　一六〇一―一六六六年。スペイン王フェリペ三世の王女。一四歳で同い年のルイ十三世と結婚し、一六四三年に夫王が他界すると、摂政として、内縁の夫とされるマザランと国政を動かす。

訳注63―彼女がルイ十四世をもうけたのは、その一八年後だった。

ロマンの環通しは、随分と小規模な馬事競技だったが、その例から外れていたわけではなかった。ヤマウズラと岩〔ラロシュ〕ないし鷲との愛という、恋愛のメタファーを伴うこの競技は、町を彩るさまざまな女性が気取って踊る大舞踏会の前に行われている。舞踏会の余興には仮面舞踏会も入っており、そこでは熱心な男たちが、眩いばかりの女王の供回りをつとめていた。ゲランは記している。「これら二人の王の環通し試合が終わった後、ヤマウズラ王は鷲王とその従者や部隊を午餐に伴った。そして午餐がすむと、彼らは舞踏会に出かけた。まず、仮面仮装者たち（仮装行列）が入ってきた。さらに、これとは別に、女王を連れた四人の王からなるじつに見事な仮装行列も入ってきた。女王はすこぶる豪華な衣装をまとっており、それが彼女をひときわ輝いてみせた……」。

やがて、美食とダンスに歓喜する場に、二月の早い夜が降りてくる（P88）。仮面舞踏会は篝火のもとで行われたのか、それとも松明の火でか。いや、明かりがあろうがなかろうが、王の数だけは十分すぎるほどだった。二人の王（鷲王とヤマウズラ王）はすでに舞台の上にいた。だが、王はほかにも二人いた（合計四人）。この追加的な二人もまた、体制側の王国に面白おかしく飛び出してきたのだ。そう、ここではさらに雄羊、野ウサギ、去勢鶏という三王国の庶民の王を忘れてはならない。もう一人、同盟側の無冠の君主である熊王ポーミエのことはいわずもがなである。人口六〇〇〇余の町に八人の王。その比率はきわめて高いものだった。こうして騒動は、間もなくやって来る。

暗いが陽気だった肉食の月曜日に夜の帳が降りてくる。やがて、最終的な抗争が始まるが、その前

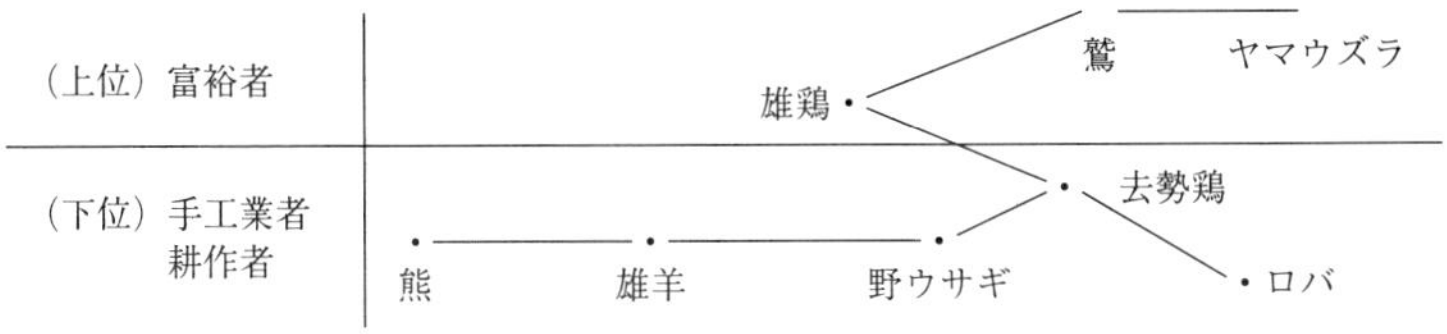

に、ここで急いで過去を一瞥しておこう。

手始めに、このカルナヴァルで完結する動物学ないし「動物譚」をみてみよう。手工業者や耕作者の側には、熊、雄羊、野ウサギ、去勢鶏、ロバが、《富裕者》の側には、雄鶏、鷲、ヤマウズラがそれぞれ登場している。これを図式化すれば、上の図のようになる。

ここでは、最初からいくつか対照的な特徴がみられる。まず、富裕者たちの動物がいずれも鳥だという点である。つまり、羽なり翼なりをもっている。これらの鳥が、上層の支配階級を体現しているのだ。そこには、上下と天地の位置関係もある。一方、民衆側の動物群では、鳥類は去勢鶏だけである。しかもそれは去勢され、飼い馴らされている。端的に言えば、富裕者たちの動物譚に登場する仲間に較べると、明らかに弱体化しているのである。一方、雄鶏はけづめですくっと立ちあがり、羽をばたつかせ、文字通り雄叫びを喚げて雌鶏と交尾する。こうしたすべての行動は、去勢鶏のそれとはほとんど相容れないものである。

また、富裕者たちの動物には性別があり、それが強調されている。いうまでもないことだが、たとえば雄鶏の場合、かなり古い版画の中では、両脚の上に乗り、羽を備えた一種の男根として表されている。鷲とヤマウズラにしても、肉食の月曜日の午後には、互いに交尾したとみなされる。

対照的に（P88）、貧しい者たちの動物は去勢されているか（去勢鶏とおそらく雄羊も）、凶兆と考えられているか（野ウサギ）、あるいは象徴体系の中で、性的な意味づけとは無縁のものとなっている（熊、雄羊、野ウサギ、去勢鶏、ロバ）。換言すれば、これらは純粋に象徴的な意味においても、番《つがい》をなしたりはしない。鷲＝ヤマウズラという二項式の場合とは逆である。かろうじて熊だけが粗野な雄（男）らしさを備えているが、それも古典的なカルナヴァルでは、一般的に暴行という形をとるだけであり[64]、選ばれたカップル――恋人もしくは夫婦――の確立へとは向かわない。

以上の点からすれば、これらの動物は、それぞれの陣営において、ロマン事件の当初から確認されたような、二通りのカルナヴァルの象徴体系にのっとっていたと考えられる。すなわち、聖ブレーズの祝日に登場した貧者たちの動物は、いずれも地上の力強い存在で、粗暴かつ《冥界的》（＝地上的）な方向性を有し、一方、肉食の月曜日における富裕者のそれは、結婚（番）と天空的という方向性を帯びているのである。

❧　❧　❧

天空的であるなしを問わず、これらさまざまなシンボルを論ずる前に、完全に地上的な連帯関係の変転や力関係のありようを解読しておかなければならない。たとえば、鷲とヤマウズラの関係は、流動的で複雑である。一見不和を装いながら、互いに接近し、環通し競べを行い、《交尾飛翔》も行い、最後にはっきりと手を結んでいる。こうした駆引きは、ロマン社会の下層をなす一部のグループにおける立場の再結合にもみてとれる。すなわち、雄鶏＝鷲王国の支持者たちはかつての同盟派だったが、やがて《転向》していく。たしかに当初は、平和を維持し、課税と盗賊たちの略奪などに反対して、農民と市民による「連合」を支持していた。だが、間もなく、この同盟と彼らのロマンでの（過激な）やり方からも離れていった。同盟に責任があると思われる過激さと《暴動》のためにである。「前記鷲王とその部隊（の者たち）は、大部分がかつて前記《同盟》に加わっていたにもかかわらず、これら叛徒たちを好きになれず、援助したりもしなかった」（A161）。

そこではまた、アンシャン・レジーム期の社会ではよくみられたことだが、個人的というよりむしろ家族同士のいざこざが、ただでさえ政治的な分裂を起こしている行動に、さらに亀裂を入れていったのだ。鷲王国に加わり、後にヤマウズラ王国と終生結びつくようになった同盟派（この結びつきは、さまざまな意味、つまり儀礼化されているだけに一層重要なものとなった慣行に裏打ちされた意味に満ちていた）の中には、当初のうち、「反乱軍（ポーミエ麾下の民衆）のうちでもっとも騒々しかった」者も何人かいた。だが、彼らは、家族の受けた災難で熱が冷めてしまったのだった。すなわち、彼らの親ないし縁者の一部が、なおもポーミエ寄りの同盟過激派に属していた仲間たちから攻撃され、傷を負ったのである。戦闘的な社会では、純粋な友情なるものはつねに保証されているわけではない。

重罪を働いた犯人たちは、殺人未遂の咎でロマンの牢獄に入れられた。だが、民衆同盟の指導者たちは、《投獄》が重大かつ有効な理由によって正当化されるにもかかわらず、これら捕らえられた仲間の釈放を求めた。そして、裁判官による裁判を拒否して釈放を勝ち取るため、彼らポーミエの部下たちは、短期間ではあったが、なおも町を支配していた力にものをいわせた。

訳注64―ヨーロッパに広く分布するカルナヴァル伝承の一つに、熊が村を襲って村娘を攫い、やがて村人に殺されるが、救出された娘は熊の子を身ごもっていて、やがてこの異類婚から熊の力を備えた男子が生まれる、というのがある。

そんな誰の目にも明らかなごり押しに、縁者が被害を受けた元同盟派たちは怒った。そこで彼らは変節する。さらば、雄羊、野ウサギ、それに去勢鶏……というのである。こうして彼らは鷲王国とヤマウズラ王国に加担し、「有徳者たちと一緒になり、じつは（ポーミエ支持者たちを）好いていなかったと告白するのだった。そして彼らは、前記暴徒《ミュタン》たちに対して目覚しい働きをした」（ここで想起したいのは、われわれの語り部であるゲランの語彙で、この「暴徒」という語が過激分子《ティグール・デュール》ないしポーミエ派を指している点である）。

むろん、二月の最初の二週間は、仕事や情報を集めにロマンにやって来た農民や商人、あるいはロバ引きたちの途切れることのない群集にまじって、カルナヴァルの祭や王国、さらに集会などに出入りする者たちがいたはずである。祭の期間中ですら、地球は止まらず回っていた。人々は麦もしくは穀類を売ったり（有力農民や商人やロバ引きたちの場合）、それを買うために（必要なだけの麦を生産できなかった零細農民や一般消費者の場合）町にやって来た。たとえば一五七九年の年末、二四〇スティエの麦がジャクマール門から、さらに追加として二八スティエがサン＝ニコラの門から、それぞれ町に運び込まれている[44]（町の北側と東側に位置する両門は、すぐれて《農業的な》市門であり、いずれもイゼール川の北岸に広がる穀物畑に面していた）。

それと時を同じくして、近隣の農村教区からやって来た買い手たち六四人が、この穀粒を一六六スティエ、二ないし三スティエ入りの箱に分けて買っていった。それを家にもって帰り、粉に挽いてパンを焼くためである。何人かの有力ロバ引きは、おそらくより広い販路をもっていた（といっても、さほど遠くまで及ぶものではなかった）。それゆえ、彼らはロマンの町で麦をかき集めた。だが、その《積荷》はさほどの量ではなく、せいぜい一度に一〇―二〇スティエ程度だった（一スティエはブドウの搾りかす《マール》一一二リーヴルに相当し、したがってその重量は五六キログラムとなる）。とすれば、穀粒一トンの運送は最大量だった。

すでに民衆祭が華々しく始まっていた一五八〇年二月五日には、《取りこまれた》小麦を《外に出す》ため、町にやって来た買い手の数は七一名だった。「レナージュ」建国の真っ盛りだった二月九日は六三名だったが、彼らは一様にさほどではない量の麦を買いつけ、平民たちの要求運動とともに、祭にも加わっている（ロバ引きたちが麦の少量単位による運搬業務を独占し、荷車を用いてのより効率的な輸送がなかったため、必然的に訪問者＝買い手の数は増加した）。こうした列挙はさらに続けることができる。たとえば二月二〇日には、一〇〇人あまりの買い手が他所から来て、同日、ジャクマール門から入ってきた麦を二二〇スティエ買い求めている。また、前年一二月二一日から二月一二日にかけては、三七六三スティエが町に運ばれ、四六一九スティエが町から出ていっている。麦の量という点からすれば、僅かだが出超である。

しかし、一五七九年から一五八〇年にかけての収穫年は、穀類の生産高が十分だったため、移出のために、町の穀物備蓄を空にしてもよかった。要するに、近年の脱穀量はかなりのものになっていたのだ。加えて、民衆の購買力も、この年は税額が少なかったおかげで、何ら衰えてはいなかった……。だが、まさにそこから（カルナヴァルの際に対立する欲求不満の原因となる）二重の危惧が生まれてくる。その危惧を感じたのは市民たちだった。彼らは麦が町から陸続と出て行くのを、不安の眼差しで見送っていたのである。(45) ブルジョワたちも恐怖を覚えていた。穀物を買いに町にやって来たこの農民たちが、いずれ自分たちに襲いかかり、略奪を始めるのではないか……。肉食の火曜日は目前であり、だれもまだ何が起こるか分からなかった。だが、ゲランだけは計画と避雷針を、いやむしろ反平民的な雷をもっていた。

❧ ❧ ❧

ロマン、一五八〇年二月一五日、肉食の火曜日前日。《緊張感《シュスパンス》》はなおもそこにあった。ドーフィネの静かな町に夜が降りて来る。これ以上考えられない静けさである。だが、そんな静謐さに抗うように、至るところでナイフが研がれていた。この夜、コルドリエ地区の修道院内に用意された富裕者たちの王国の食卓に、盛大なご馳走がソーセージやラードとともに並べられ、大宴会が開かれた。しかし、夜宴の終わりに用意されるのは、夥しい涙と流血となる。肉食の火曜日は、まさに悪夢のように過ぎていくことだろう。もはやそこでは、翌日の灰の水曜日〔四旬節＝斎戒期間の初日〕を待つことなく、いきなり喪に服するほかはなくなるのだ。

当時の証人たちは、二月一五日から一六日にかけて、ロマンでいったい何が起こったかついて、例外なく多くを語ろうとしていない。たとえば、ヴィヴァレの地方総督だったジュスト＝ルイ・ド・トゥルノンは、カトリーヌ・ド・メディシスに宛てた二月一八日付けの書状の中で、ロマンの夜に簡単な光をあてているにすぎない。そこで彼が語っているのは、「何らかの動揺と、この両日に、ロマンの町のもっとも貴顕な者たちが、同町の〈民衆〉同盟の何人かとその指導者たちに対して行った、ささやかな処刑《（原典ママ）》」についてだけである。彼はまた、同日にアンリ三世に送った別の書簡で、こうしたロマンの晩鐘[65]を、町のエリート層と民衆同盟との間の感情的な対立に起因するとしている。[46]「前記町のもっとも際立った者たちは、（ロマンの）民衆同盟の者たちから長きにわたって受けてきました数々の無礼や卑劣な行為に、もはや我慢ができなくなりました。そこでついに、（もっとも貴顕な者たちが）やむなく彼らに襲いかかったのです」。

さらにトゥルノン伯は、彼の高官の一人であるヴォーヌなる人物が、ロマンのブルジョワジーに手を貸したとも記している。「この援助により、彼ら（もっとも貴顕な者たち）は、前記同盟の主要な指導者たちやより過激な者たち少数を殺害しました」。あとはただ、こうして民衆同盟を粉砕できたことを、ひたすら神に感謝するだけだった。「神のおかげで力がなおも町の貴顕たちにあります。周辺の貴族たちが彼らに援助を送るようになったからです……。爾来、前記の地（ロマン）は陛下に服従し（国王の命ずるままにあり）、土地の貴族に好感を抱いております」。喜ばしい大団円。トゥルノン伯は国王のためにこう締めくくっている。ここでは、ロマンが「しばらくの間、陛下の王国のうちで、もっとも反抗的な町の一つだった……」ということを想起されたい。

トゥルノン伯の書簡は、ある一点で貴重なものといえる。ロマンのブルジョワジーと周辺農村部の貴族たちとの間に、協調関係があったことを明確にしている点である。この点を除けば、彼の書簡は、二月一八日頃、民衆同盟の支持者で、闘いで負傷したシブフなる人物が提供してくれるものほど詳細

訳注65―ここで著者は、一二八二年の復活祭に、シチリア島民がアンジュー家の支配に対して蜂起し、晩課の鐘を合図にフランス兵を大量虐殺した、いわゆるシチリアの晩鐘を想起している。

ではない。騒動の三日後、シブフは市壁をよじ登って、ロマンからイゼール川の方へと脱出するのに成功している。そして、すでに武器を手にしていた農村部の農民たちのもとに走り、「ロマンの金持ちたちが人々を虐殺し、そのため皆が怯えている」（P89）と伝えた。それ以上の言葉は無用だった。だが、以下で取り上げる語りの中で、公証人のピエモンと裁判官のゲランは事の次第をより詳細に述べている。

ピエモンによれば、虐殺劇の責任は、すべてヤマウズラ王国の《富裕者たち》にあるという。彼ら野鳥王国の支持者たちは、公証人が記しているように、「（一五八〇年二月一五日の）夜になって、市庁舎に引きこもった。自分たちの王国の出し物を愉しむためと、ダンスのためではなく、叛徒たちへの襲撃を準備するためにであった」（P89）。つまり、ここでは《去勢鶏の叛徒たち》と呼ばれている、ポーミエ一派の者たちを襲うというのである。ピエモンはこうしてまず流血事件を画策したとして、有力者たちを非難している。そして、さらにこう続けている。「午餐の後、（ヤマウズラ王国の）彼らはダンスに興じ、仮面をつけた（仮面舞踏会）」。この仮面舞踏会は見事なまでに華やかで、おそらく町のあらゆる政治地理的階層から参加した、見物人や活動的な賛美者たちを魅了した。彼らはそんな《仮面仮装者》を見つめただけで「走り寄った。ポーミエ配下の過激派さえ、何人かはそうした」（P89）。

闘いが始まったのは、ちょうどその時だった。二月一五日、肉食の月曜日の、時間はおそらく夜の九時か一〇時。ピエモンの記述を信じれば、それはヤマウズラ王国の者たちが、雄鶏＝鷲王国のメンバーとともに意図的に仕掛けたのだという。仮面舞踏会を見るためにそこにいた（ポーミエ）一派から正体を見破られ、「ヤマウズラの者たちは、武器を携えたまま、（舞踏会場から）出て、襲いかかった」。そして、去勢鶏のポーミエ派を手当たり次第虐殺したのだ。「一部は殺され、残りは傷を負った」。それからヤマウズラ王国の者たちは、「市中の衛兵詰め所を次々と襲った」(P89)。これに加えて、やはり市庁舎の舞踏会場から出てきた別の一団が、まっすぐポーミエの本拠へと向かっている。ピエモンは書いている。「彼らは指導者ポーミエの居場所へと向かった。騒動について何も知らなかったポーミエは、顔見知りの何人かに呼ばれて扉口に降りた。そして銃弾を一発受けて倒れた」(P89)。たまたまそこに居合わせた指導者の仲間たち、あるいは騒ぎを聞きつけて飛んできた者たちのうち、激怒した数人は(ヤマウズラ王国の《突撃隊》によって)殺された。命拾いしたのも何人かいた……」(P89)。

❧　❧　❧

この月曜日の夕刻から翌日の夜にかけて起きた事件については、ゲランがより詳しく、そしてはるかに陰険な口調で語っている。すでに前に引用しておいた、彼のテクストの最後の箇所をもう一度検討してみよう。「これら二人の王の環通し試合が終わった後、ヤマウズラ王は鷲王とその従者や部隊を午餐に伴った」(A162)。文脈からすれば、午餐はコルドリエ地区の修道院で催されたようだ。「そして午餐がすむと、彼らは(市庁舎で開かれた)舞踏会に出かけた」。町全体が歌とダンスに打ち興じている時、コルドリエ地区の修道院から市庁舎までのこうした行進は、まさに行列そのものであった。

行列はイゼール川にかかる橋の周辺を迂回しながら進んだ。むろん、民俗色を帯びたパレードである。先頭を行くのは、鷲とヤマウズラ両王国の王。二人の後には、それぞれの従者たちが続いた。次は、仮面仮装ないし仮面行列の一団、さらに仮面仮装者たちからなるもう一つの一団も続いた。再び先に引用した一文によれば、彼らは「女王を連れた四人の王からなる別のじつに見事な」仮面行列を仕立て、「女王はすこぶる豪華な衣装をまとっており、それが彼女をひときわ輝いてみせた」という。

行列の先頭に立っていたラロシュ王と鷲王は、すでに舞踏会場に入っていた。そこにはヴァイオリン奏者や、町のやんごとなき貴婦人や淑女が大勢集まっていた。ゲランによれば、まさにここがピエモンの記述と大きく矛盾する点であるが、攻撃が始まった時点では、行列の最後尾は、まだ橋からさほど離れていない通りにあったという。それゆえ、この攻撃はヤマウズラ側が仕掛けたのではなく、出し物を見に来ていた敵方、つまり去勢鶏側が起こしたものだというのである。見事なまでに着飾った女王を見て、その快活さや肩がけ、被り物、さらに従者たちを見て興奮した去勢鶏王国の者たちは、ただちに攻撃を開始し、略奪や暴行を働き、あるいは〔女性たちの〕ドレスの下やコルサージュの中などをかき回そうとした……。

ゲランはさらに述べている。「つまり、（去勢鶏王国の）叛徒たちは、翌朝六時に予定されていた、（反ヤマウズラ王国の）陰謀実行時間が待ちきれず、また、大量の戦利品を得ようとして、警告の太鼓を叩きながら、（王女の行列の後尾にいた）者たちに襲いかかったのだ」（A162）。ちなみに、太鼓のルルマン〔トレモロ奏法〕とは、ロマンや農村部で起きるさまざまな出来事を知らせるものだった。

事実関係というより、少なくとも両陣営に属す役者たちがどのような意図のもとで動いたかという点について、ゲランの見方は、ことほどさように ピエモンのそれと際立った対照をなしている。カトリーヌ・ド・メディシスと宮廷に事件を報告した裁判官ゲランは、ひたすら去勢鶏側に陰謀があったということを信じさせようとしている。この陰謀は、肉食の火曜日の早朝六時に、夜明け前を狙って実行に移される手筈だった。だが、ゲランによれば、ポーミエ一派が物欲と淫慾とにかられた結果、実際の行動開始は前夜に早まったという。敵の行列を見て、彼らは本能を抑えることができなくなり、ヤマウズラ王国の美しい貴婦人のみならず、舞踏会にいた優男や淑女たちを攻め立てると考えただけで、急に奮い立つものを感じたのだともいう。

だとすれば、《有徳者》ないし《もっとも貴顕な者》たちの行動は、まさに正当防衛だったことになる。彼らは襲撃者に抵抗せざるをえなかった。換言すれば、去勢鶏王国の刺客たちは、ヤマウズラの行列のしんがりにおり、後ろを向いてポーミエ派の攻撃者たちに「立ち向かった」有力者の若者たちを何人か傷つけた。ゲランはそう言うのである。それから、彼ら刺客たちは「自分たちが無防備であるのに気づいて、近くにある橋の衛兵詰め所を襲うことにした（この詰め所は、《ゲラン派》の市当局に従順な民兵の分遣隊に維持されていた）。だが、彼らは衛兵たちに手荒くあしらわれ、やむなく意気消沈の態で自分たちの地区に引き下がっていった」。

ここでもう一度、敵対する両集団の位置関係がもつ重要性に着目したい。ゲランの分析（信憑性は半分）に従えば、敵に《ひどい目に遭わされた》去勢鶏側の男たちは、力と気力を取り戻すため、なおも自分たちの拠点であり、難攻不落にも思えた、シャプリエの手工業者地区に退却したことになる。

ここで始めて、ゲランのテクストとピエモンのそれが一致する。事実、ゲランも舞踏会における突撃隊の《出撃》について書くようになるからだ。陰謀の中心だった疑わしい裁判官＝語り部の言うことを信じるなら、舞踏会場から飛び出したこの有力者たちの武装集団は、正当防衛の闘いをしたとなる。（これに対し、公証人ピエモンはこれらの刺客たちが完全に攻撃的であり、処罰に値するとしている）。ゲランは書いている。「そうこうするうちに、殴り合い（行列の小競り合い）があり、そして皆殺しが始まるとの噂が（舞踏会が開かれている）市庁舎まで聞こえてきた……」。

次に、事の順序を逆にして考えてみよう。ピエモンの一連の記述では、行列の小競り合いを挑発したのは、ヤマウズラ王国の《踊り手たち》の出撃だったとなっている。ゲランの記述では、これがまったく逆となる。少し彼の記述を辿ってみよう。「そして皆殺しが始まるとの噂」は、「女性たちをひどく怯えさせ、そこに集まっていた有徳者たちを怒らせた。こうして彼らは武器を手にわれを忘れて飛び出し、たまさか（原典ママ！）、いやむしろ神の意志によって、闘う用意のできていた者たちを、適宜三つの部隊に編成し（総勢三六人）、そのうちの一隊がまっすぐポーミエの宿舎に向かった……」（A163）。

ゲランのテクストでは、次にポーミエの死に関する記述が続くが、これについては後述する。彼のテクストには、ほかにもいくつか検討しなければならない点があるからだ。

まず、エリート層の踊り手たちによって、一瞬のうちに実現した武装三部隊の編成の「偶然」性に関してである。これが《偶然》にできたとは、じつに噴飯もの（！）である。それぞれ最低一〇名以上の男たちからなる三つの部隊は、カルナヴァルに際して、ヤマウズラ王国が数日前からロマンの通りに陳列していた、武器一式を使うことができた。彼らはまた、運命的な舞踏会が催されていた市庁舎の棚を保管場所とする、民兵の武器を残らず持ち出すこともできた。つまり、三部隊の動員は、決して偶然によるものなどではなかった。モジロンの書簡がつとに示しているように、それは数日前から秘密裏に予定されていたのだ[47]。

驚くべきことに、ゲランは「たまさか《フォルテュイットモン》」などという笑止千万な表現を用いたあとで、ただちに思い直し、神の「意志」という言葉をもってくる。まさに有力者たちによる突撃隊の出陣と勝利とが、ひとりその意志に起因するというのである。神に責任をかぶせているといってもよい。ともあれ、あの偽善家タルチユフにも似たゲランは、運命予定説をできるかぎり利用しつつ、事件の陰で糸を引いた。それとも、神はゲラン本人だったのか。機械仕掛けの神《デウス・エクス・マキナ》〔第5章訳注43参照〕だったのか。もとよりこれは、かなり気軽な同一視ではある……。

考察すべきもう一点は、《女性》に関わる。一連の事件において、彼女たちの存在は、別に一項を設けて論じてもよいほど重要なものである。事実、ゲランは、騒動の始まりに関する語りの中で、二度までもこう言っているように思えるのだ。《女たちを捜せ（犯罪の陰に女あり）》。最初の言及は、聖遺物のように飾り立てたカルナヴァルの女王について、そのじつに豪華な衣装が、「彼女をひときわ輝いてみせた」という。彼が断言しているところによれば、夜の帳が降りかかった黄昏時に、ポーミエ派が予定より数時間も早く攻撃を開始したのは、この歩く女性的記念碑ともいうべき女王を見たためだったという。ゲランの言葉を信じれば、彼らはふとかなりの戦利品を手にできると、何人かの淑女をからかい、あるいは略奪できると考えた。攻撃を待ったところで、いったい何の足しになるのか。みすみす千載一遇の機会を逃してしまうのか。彼らはそう考えたというのである。

女性に関するゲランの語りで注目したいもう一つの言及は、《弱い性》（女性）についてである。彼によれば、外の騒ぎと、間もなく皆殺しが始まる（おそらく凌辱のあとで）とのまことしやかな噂が、舞踏会にいた「女性たちをひどく怯えさせ」、パニックを引き起こしたという。そして、今度はそのパニックが、有力者たちの間に、敵に対する自衛的で懲罰的ともなる反撃の狼煙を上げさせた。つまり、女性たちが最終的な決着をつけさせたというのだ。

こうした女性たちのパニックを、最初の闘いが展開する重要な動因とみなすゲランの主張は、はたしてすべて間違っているのだろうか。筆者としては、そこに真実の一部は含まれていると思う。南仏各地の都市に住んでいた一般的な青年たち（これには一六歳から三六歳までという、かなり広い年齢幅が含まれる）の習俗は、世間と隔絶してはいなかった。

たとえばジャック・ロシオーは、さまざまな論文(48)を通して、職人ないし徒弟（職人見習）たちからなる若者結社のことを描写している。それによれば、ローヌ河谷のいくつかの町では、彼らは夜、《性悪女を追いかけて》走り回り、これを輪姦したという。かなりの数にのぼるこうした若者たちの犯罪は、彼らの年齢階梯にきわめて典型的にみられた。まさに彼らは、すでに精彩を失ってはいたものの、十四世紀に苛酷なシャリヴァリを仕掛けた若者たちの後継者だった。当時、若い乱暴な騒ぎ屋たちは、どこかで挙式があると聞けば、その教会に侵入して《十字架を壊し、執行司祭を侮辱するだけでは飽き足らず、新郎新婦を殴りつけたりもした》。さらに、新婚者の家を襲って略奪まがいのことさえした。あるいは、若いカップルを引き回して、川で強制的に水浴させたり、挙句の果てに、二人を地元の娼家に連れていき、そこで騒がしい祝宴の幕を閉じたものだった。

これら数々の蛮行は、時代とともに衰えていったとはいえ、決して消滅したわけではなく、一般大衆の恋愛感情と相いれないわけでもなかった。しかしそれは、ロマンやリヨンなどの「ブルジョワ的」環境にあって、モーグーヴェール（悪政）大修道院に関わる若い男女のエリートたちの中で開花した、より上品で優しく、そして儀礼化された雅《クルトワジー》風とは際立った対照をなしていた。そこでは好んで愛の言葉が語られ、貴婦人や淑女、少女、あるいは《大修道院》の修道女といった女性たちは、侮辱より憧憬や熱愛ないし崇拝の対象となっていたのだ。

一方、《下層》階層の若者たちは、ルネサンス期を過ぎてもなお、女性に対し、中世的な男性中心の排他主義《ショーヴィニスム》と男性優越論的《ファロクラティック》野蛮さという伝統を維持していた。彼らは都市部の欲求不満を生きていた。ただ、そんな彼らの態度には、多少なりと理由がある。多くの娘たちが、もはや彼らの自由にならなかったからである。たとえば高齢者が、二〇という年齢差にもかかわらず、娘たちを嫁として奪ってしまうこともあった〔66〕。こう書けば、あるいは次のような反論も出るだろう。すなわち、下層階層出身の欲求不満の若者たちは、より上品な捌け口こそなかったものの、さまざまな売春施設で本能を満たすことができたのではないか。たとえば、町の中に堂々と店を構えた、いわば町内社会主義《ソシャリスム・ミュニシパル》とでもいうべき性格をもつ娼家でである。あるいはまた、《脂の乗った娘たち》が陽気にじゃれつく、《至るところにベッドがあり、どこにもないような入浴装置を備えた私営の浴場》も、そうした捌け口となりえたはずだ。さらに、いわゆる《やり手婆が営んでいるような小さな売春宿》や、流れ星のように独りうろついて稼ぐ娘たちもいた(49)。

だが、正鵠を期して言えば、十六世紀末の、宗教改革と反動宗教改革とが敵対し、結びついた時代〔67〕にあって、売春の存在は、その場しのぎの手段だったとはいえ、当時まだピューリタニズムとは呼ばれていなかった厳格主義から問題視されていた。それゆえ、娼家はしばしば鎧戸を下ろさなければならなかったのである。平民の若者たちがもつ攻撃性は、こうして富裕者たちの妻や娘に進んで向けられた。それはとくに、カルナヴァル期間の終わる肉食の日々に特徴的な、愉悦や性的狂乱の爆発時に

訳注66—このような事例は、しばしばシャリヴァリの対象となった。

訳注67—信教の自由を認めたナントの王令は、一五九八年に発布されている。

顕著にみられた。その爆発を、若者修道院は何とか規律化し、雅風や模擬王国の女性王政の方に、あるいはまたプラトニックな愛や、肉食の火曜日に営まれる舞踏会の際の結婚準備に誘導しようとした……。

だが、これらさまざまな統制の試みにもかかわらず、とりわけ民衆が高揚する時期には、なおも逸脱は起こりえた。舞踏会におけるロマンの富裕女性たちのパニックや、女王の供をしていた淑女たちの戸外でのパニック。明らかにそれは、去勢鶏王国の支持者たちが、なれなれしくしたり、尻をつねったり、暴行したりして引き起こそうとしたものだが、必ずしもみせかけではなく、まったく根拠がないわけでもなかった。だが、このパニックは富裕者たちの陰謀を招いた原因ではなかった。ゲランが長い時間をかけて陰謀を準備していたからである。つまり、本来ならもっと遅い時機に、多分肉食の火曜日の午前六時に予定されていた陰謀の実施が、パニックによって早まったのだ。もっともこれは、自分の個人的な意図を、ひたすら敵である去勢鶏王国のメンバーのせいにしている、ゲランの言葉を認めた上での話である。

不意打ちを恐れていたヤマウズラ王国の男たちによる急襲は、こうして舞踏会場にいた者たち、主に女性たちの間で集団的な不安やパニックが突然生まれた結果、いきなり早まった。

❦　❦　❦

さて、ポーミエ殺害に関しては、またぞろ二人の証人、すなわち裁判官ゲランと公証人ピエモンの間に記述上の齟齬がみられる。公証人によれば、前述したように、騒動が起きたのを知らなかったポーミエは、二階の居室から家の入り口まで下りたという。顔見知りのだれかに呼ばれたからである（裏切り行為か？）。そして、宿舎の敷居を出たところで、ヤマウズラ王国の舞踏会からやって来た突撃隊の銃弾を受けて即死している。このピエモン版テクストは、ポーミエが罪を着せられて殺されたとする。つまり、状況的に無実だった指導者の流血事件を、ゲランの責任に帰しているのである。

　これに対し、ゲランのテクストは、一連の出来事のいくつかを巧みにやり過ごそうとしている。（たしかにそれははっきりしているが、かといって、ピエモンの叙述が本質的で公正なものであるとは考えられない）。いずれにせよ、舞踏会場で編成された（ゲランはそう書いている）、それぞれ一〇人程度からなる三つの部隊の一つが、「まっすぐポーミエの宿舎に向かった」。（おそらく、彼らは自分たちがこれから何をしようとしているのか分かっていた）。「彼らはポーミエが八、九人の共犯者と一緒に外にいるのをみつけた」（《共犯者《コンプリス》》。この言葉は、それが意味する者たちをあらかじめ殺してしまう……。意味するものが意味されるものを殺してしまうのだ。ゲランは殺戮に関わる用語をしばしば使う）。

　ともあれ、ゲランによれば、ポーミエは《共犯者と一緒に外にいた》（ゲラン版）のであり、《騒動が起きたのを知らずに家にいた》（ピエモン版）わけではなかったことになる。こうして裁判官は、自らその秘密を握っている《意図的な《テレフォネ》》言葉遣いの効果によって、共犯者たちに囲まれて外に立っていた敵の頭目が、雪のようには潔白でないということを示唆しているのである。

　武器を取ってポーミエの居所に向かった舞踏会場の若い有力者たちは、ヤマウズラ王国の王ラロシュ自身に指揮されていた（むろんゲラン本人は、手を血で汚したり、赤く染めたりはしなかった。その汚れた仕事を、仲間や下っ端たちにやらせたにすぎない。ここには、彼の狡猾な態度がみてとれるが、実質的には虐殺者［！］にほかならなかった。一五七二年に起きたロマン版サン＝バルテルミの虐殺時のようにである)。そんなゲランによれば、ラロシュはポーミエの居宅の扉口に仁王立ちとなり、それからこの小キケロは[68]、昔の友で、今は心の通い合うはずの敵となったポーミエに弁舌を振い、「せっかく愉しんでいる（カルナヴァル的に打ち興じているヤマウズラ王国の）者たちを襲撃させるのは、間違った了見であり、それは、彼（ポーミエ）自らがした約束、すなわち互いに友好平和のうちに生活するとの約束に背くものだと難じた」（A163）。

これは、ティトゥス・リウィウスの蘇りとでもいうべきゲランが作り出した言葉である[69]。そして、ラロシュの口を借りて、ヤマウズラ女王の仮面行列に対する襲撃――真偽のほどは不明――を画策したとして（ポーミエの遺体はそれを否定している）、ポーミエをより巧みに非難したのである。こうした非難は、ゲランが振りかざす、乏しい内容の割にごまかしが多い書類の根幹をなしているが、さらに、口先の巧みなこの語り手は、ラロシュの演説を通して、「互いに友好平和のうちに生活する」という、かつてポーミエがカトリーヌ・ド・メディシスに対して行った、曖昧な約束を喚起している。もとよりそんな約束は、時代の不運と男たちの頑迷さによっていとも易々と破られた。約束が、第三身分からの課税の公平化を訴える「陳情書」を、皇太后が受け入れるのと交換条件になされたものであるだけに、それはなおさらのことだった。むろん「陳情書」の受け入れは、ついに実現しなかった。

かなり短い時間だったが、演説の検討はここで切り上げる。ラロシュ＝ゲラン派のグループが行動を開始し、ロマンで白兵戦《ブライトクリーク》を行おうとしているからだ。ここからの話は、数日前、正確には二月九日の火曜日のそれと逆の対照をなしている。すなわち、ポーミエ派のある男が、指導者の制止も聞かずに、ただ一人、ゲラン派の者たちに剣を振りかざして襲いかかろうとしたことがあった。手短にいえば、その際、ポーミエは潜在的なこの挑発者をなだめたものだった。

ここでもまた、それと同じことが、だが、正反対の形で起きたのである。ラロシュは仲間たちに《手を焼いていた》。彼はそれを放っておいた。いや、おきすぎた。こうして「前記（ラロシュの）部隊のある若者は、何人かが前記ポーミエの娘のもとに着いたのを知った」（《娘のもとに［à la fille］》という文言は、ポーミエの支持者たちが次々と［à la file］もしくは列を作って［en file］来たと読むべきか、あるいは彼らが指導者の娘の周りで組織されたとすべきかなのか、定かではない。ただ、後者の場合、ポーミエは一女の父だったことになる）[70]。そこでこの若者は、「集団をなす彼らがいろいろ悪事を働くのではないかと思い、大声でこう叫んだ。《ここそこするのもいい加減にしろ！》。それから彼は、矛槍を手にした前記ポーミエに近づき、その顔を矛で突いた。これが合図でもあったかのように、二発の銃弾と剣も続いてポーミエを襲った」（A163）。矛で攻撃すれば、どんな野獣でも、ポーミエに比される熊ですら、森で殺すように仕留めることができる。だが、ラロシュの部隊全体は、銃や剣を帯びていた。そして、これらの殺し屋たちを介して、ヤマウズラ王は聖母潔斎日の熊〔第5章参照〕を倒したのである。

ここでのゲランの語りは、しかしゲラン派にとっては冷たいものだった。というのも、彼はポーミエに対して銃や剣がものを言ったとして、最初の矛による挑発を評価していないからである。何にまれ、初めが肝心なのに、である……。

訳注68―小キケロ　雄弁家のもじり。
訳注69―ティトゥス・リウィウス　前五九―後一七年。古代ローマの歴史家で、『ローマ建国史』一四二巻を著している。
訳注70―ポーミエは初婚の相手アントワネット・トメとの間に、モニユという名の娘をもうけている。第5章参照。

ともあれ、こうしてポーミエが死んだことで、彼の仲間たちはグループの衰退を感じ始めた。「一部の者は逃げ出した」。ピエモンはそう指摘している。これについて、ゲランはより詳しく次のように記している。民衆側の指導者が突然死んだため、「その場にいたポーミエの共犯者たち（前出）は怯えおののき、ある者は用意しておいた綱で市壁を乗り越え、ある者はイゼール川を泳ぎ渡って逃げ出した」（Ａ１６３）。

　最初に女性たちのパニックがあり、これが引き金となって、有力者仲間による攻撃がなされ、ついには貧しい者たちないしその一党に別のパニックを引き起こした。パニックが生んだ敗走によって、去勢鶏王国の支持者たちが、さながら黒雲のようにロマンのエリートたちの上に投げかけていた、耐えがたい不安は一掃された。ゲランもまた、冷静沈着に成し遂げられたポーミエ殺害という喜ばしい結果を歓迎した、あるいは歓迎同然の態度を示した。彼は書いている。「前記同盟の他の者たちは、わが身を守ろうという気力さえ無くした」。

　たしかにゲランは、ポーミエを陥れた罠が、翌朝の夜明け前、すなわち六時に決行が予定されていたとされる手工業者たちの軍事クーデターを、未然に防ぐためのものであったということを、是非とも信じさせようとしていた。だが、有力者たちの指導者だった彼はそれを納得させるまでには到底至っていない。手工業者や耕作者たちが彼らに反感を抱いていたのは間違いないところである。ただ、そんな反感が、肉食の火曜日の払暁に、武力行使の陰謀という形で爆発するというのは、まったく論外とはいえないまでも、立証されていないのだ。だとすれば、ゲラン派の流血行動は、緊急事態ゆえとか抑止するためといった一切の正当化が不可能になる。それについて、ゲランの語りをきわめて慎重に編集したJ・ロマンは次のように述べている。「ポーミエの死に続いて起きた混乱や、民衆同盟側の抵抗意欲の衰えなどからして、ロマンの《有徳者たち》の生活に対する彼らの陰謀が、本当にあったとしても、まだ爆発の準備はできていなかったと考えざるをえない」（A１６３、n１）。

第8章

一五八〇年：肉食の火曜日もしくは神はわれらに

ポーミエが殺された翌日、つまりカルナヴァル最終日の「肉食の火曜日」、ヤマウズラ王国の王ラロシュの武装部隊は、ゲランの意を受けて、町の東端のサン＝ニコラ地区を襲う。叛徒たちを多く出した地区だったからである。それからこの部隊は、市内の戦略拠点を次々と支配下におさめる。だが、指導者を失っても、叛徒たちの抵抗は強く、とりわけ課税額の低い肉体労働者や農民が多く住み、去勢鶏王国の牙城だった最西端のシャプリエ地区では、激しい攻防が繰り広げられた。ブルジョワジーと反目していた手工業者たちのクレリュー地区も、重要な戦略拠点であり、そこには近隣農民たちがポーミエ派に加勢するべく、市門につめかけていた。しかし、戦術的な駆け引きに長けていたゲランは、この市門を占拠していた叛徒たちを説き伏せて降服させ、農民部隊が町に侵入するのを防いだ。これによって、彼はロマン全域を確実に掌握することになる。

いわゆるカルナヴァル的位相は、以上の話をもって幕を閉じる。一五八〇年、ジャクマールの大時計が夜中の零時を打って始まる肉食の火曜日は、脱カルナヴァル化されていく。あるいはここでは、血塗られた肉食の火曜日が、紛争や追放、殺戮（一般的には象徴的な殺戮だが、これまで扱ってきた事例では、それがまさに現実のものとなった）などのもととなる、カルナヴァル固有のシステムの本質自体を具体化したのだと認めるべきだろうか。死が《王冠の中に宮廷をもつ》とはシェークスピアの名文句だが、それはカルナヴァルの王たちについてもあてはまるのだ。

だとすれば、われわれはここでロマン事件の決算を迫られることになる。だが、それを内乱などと呼ぶべきではない。内乱とは、人口規模七〇〇〇余の町の単なる都市ゲリラ戦より、明らかにより激しいものだからである。

ともあれ、ポーミエを倒し、もっとも強固な彼の中核的仲間たちを霧散させたばかりの（ラロシュ個人に率いられた）小部隊は、参加者の数を増やし、サン＝ニコラの市門と同名の地区を奪取するという、当初の目標を成し遂げようとしていた。そこは、ロマンの完全に周縁的な一角で、市壁の内側に位置しこそすれ、町の東端にあった。もっとも貧しく、町で一番農村的な地区でもあった。納税義務者の平均税額は（地区毎に詳しく記してある一五八三年のタイユ税台帳では）、たかだか二エキュにすぎない[1]。ただし、そこには税額が一三エキュにものぼる、あるいはそれすらも超える大口納税義務者ないし課税対象者は含まれていない。この地区にはまた、多くの《耕作者たち》（本書ではすでに幾度となく出てきている語だが、南仏ではそれは単に農業労働者ないし同様に零細な農業経営者を意味する）も住んでいた。

だが、社会＝職業的名称について、一五八三年のタイユ税台帳がそれを網羅しているとは到底いえない。それでも、サン＝ニコラ界隈には二五人の耕作者がいたとしている。彼らは貧しく、税額は一戸あたり平均で一・五エキュたらずである。一方、一〇〇人あまりの納税義務者[2]について、同じ台帳はこれを職人と明示している。そのうち、一三人は梳毛工となっており、豊かさとは縁遠い彼らの税額は、一人あたり二エキュ。しばしば借家ないし貸し部屋に住んでいる。さらに、一一人はかなり平均的な羅紗職人で、うち八人が一人あたり二エキュを、残りの三人はもう少し多く納税している。ほかに、織工が四人（一人あたり一ないし二エキュ）、食品店主やパン職人、精肉商などが数人いるが、彼らの税額は織工たちと大差ない。台帳にはまた、まるでぱっとしない書店主（税額二エキュ）が一人、これら庶民たちの中に紛れこんでいるが、その理由は次のことから説明がつく。彼の地区はロマンの寄宿学校の近くにあった。しかし、この寄宿学校はたしかに町の知的レベルを引き上げていたが、地区の社会経済的レベルまで改善することはなかったのだ。

こうした場所であってみれば、サン＝ニコラ地区では、富裕者よりむしろ貧しい職人や農民たちの方が支配的だった。そこは町の民衆同盟を率いた指導者を輩出したわけではないが、土地柄として、平民たちの運動に実行部隊を供給したと思われる（おそらく雄羊や野ウサギ、去勢鶏などの王国に）。

それゆえゲランとラロシュは、サン＝ニコラ地区を統制下におくことが、自分たちにとってきわめて重要だと考えた（町全体を支配し、ポーミエ派を完全に一掃するため）。そうしなければ、この地区は、コルドリエやジャクマール、サン＝ベルナールといった地区のブルジョワたちの足元を脅かすようになるだろう。彼らはそう危惧したのだ。

ポーミエの遺体はまだ温かかったが、ラロシュの配下や雇われ刺客たちは、完全武装で、すでにサン＝ニコラ門や、やはり町の東側の市壁にあるビトゥール門へと押しかけていた。ゲランは記している。「ラロシュの部隊は、そこから（ポーミエ殺害現場から）サン＝ニコラ門やビトゥール門へと進み、一部はそこを守っていた者たち、つまり有徳者たちが、彼らを敵と勘違いしたため、一部は悪意（実際は地区の民衆同盟支持者たちの抵抗）による小競り合いの後、これら両市門は押さえられ、国王の名と権威のもとに（国王とは名ばかりで、実質的にはゲランの権威のもとに）置かれるようになった。「そして、市門の守りを固めてから、前記の場所（サン＝ベルナール教会近くの大広場）に戻っていった」。この広場は、「つねに（ブルジョワジーの）有徳者が逢引きの場」に利用していた。

徐々に数を増していったラロシュとゲランの武装部隊は、大広場を囲みながら、ようやく自由にくつろげる気がした。水を得た魚のようでもあった。コルドリエ地区から、市庁舎と大広場を経て、ジャクマールやサン＝ベルナール地区へといたる、町の中心部に位置する《ブルジョワ＝手工業者》地区には、実際のところ耕作者はほとんど住んでいなかった。そこに住まいをもつ多数の職人は、有力者たちとたえず接触していた。これら有力者の家は、場所によって分散もしくは固まっていたが、界隈にしっかり根付いていた。

この広い中心部の北東に位置するコルドリエ地区では、「平均的な」税額は一納税義務者あたり三・二エキュを超えていた。相対的に言えば、これはかなり大きな数字である。一五八三年のタイユ税台帳にある多少不完全な数値によれば、同地区の耕作者と梳毛工と羅紗職人は、それぞれ二人ずつだった。きわめて少ない実動人員である。これら一握りの職人たちは、ほぼ一定して、一人あたり一ないし二エキュを納税していた。ここに住むもっとも典型的な職人たちは、とくに富裕層の需要をあてこんで生活していた。また、コルドリエ地区には精肉商が三人いたが、彼らの税額は、一人あたりそれぞれ二エキュ、三エキュ、四エキュだった。一方、靴屋は一〇人で、各二エキュ、一人だけは五・五エキュの税を払っていた（靴道楽や靴の履き替えは、十六世紀の富裕層内に生まれた《消費社会》の一つのしるしだった）。

さらに、一軒が「赤い帽子」の看板をかけていた旅籠二軒は二エキュと三エキュ。金銀細工師も二人だったが、そのうちの一人ジャン・アルノーは、じつに一六エキュ五七スーを納税している。これほど高い数値からすれば、彼はきわめて裕福な層（一五八三年に一二エキュ以上の税を納めた者たち）に入っていたと思われる。しかし、もう一方の旅籠主人ジャン・マルブリュニーは、三エキュ二六スーしか納めていない。彼と同じ名前の縁者の一人は、同じコルドリエ地区の武具師だが、こちらも二エキュ四〇スーしか納税していない。

コルドリエ地区では、富裕ないし単なるブルジョワの旧家が重要な位置を占めていた。その中にあって、とくに富裕だったのはヴェルー一族で、シャルル・ヴェルー[1]は、一四エキュを納税している。また、トメという姓の納税者は四人いたが、おそらくグルノーブルの高等法院の評定官だった（大）ジャン・トメは、ロマンには財産の一部しか置いていなかったものの、一二エキュ八スーを納税して

訳注1――シャルル・ヴェルー　ロマンの裁判官。第5章参照。

いる。マトラン・トメの（長男）ジャン・トメは三エキュ四〇スー、その兄弟の（小）ジャン・トメは五エキュ・二〇スー、フィリベール・トメは四エキュ五〇スーを納めていた[2]。

こうした旧家の中には、さらに市参事を代々つとめてきたギグ一族（二人がそれぞれ一九エキュ、七エキュを納税）やユグノー教徒の弁護士ジャン・プルー、そして、ロマンの最高納税者で、有力者たちの主要指導者の一人でもあったアントワーヌ・コストがいた。彼の税額九六エキュ三〇スーは、それだけで同地区の他のすべての税額を凌いでいた（おそらく、彼は市内に数多くの家と広大な土地を有していたのだろう）。

コルドリエ地区にはもう一人、別の意味で目をひきつける人物がいた。ロマンのカルナヴァルで民衆側指導者の一人だった、ギヨーム・ロベール＝ブリュナにきわめて近い親類のジャン・ロベール＝ブリュナである。だが、彼は決して貧しくはなかった。九エキュ四〇スーもの税金を払っているからである。むしろ高額納税者といえる。これは、民衆運動の指導者たちが、高級なコルドリエ地区の中心に家を構えた、羅紗商をはじめとするかなり裕福な一族と、少なくとも親しく付き合っていたことを語るかのようである。

コルドリエ地区に隣接するもう一つの地区、すなわちタンプル教会（プロテスタント教会。おそらく一五八〇年に転用）とモランの船着場がある地区は、コルドリエ地区の南隣、サン＝ニコラ地区の西隣、つまり町の中心部の東側に位置する。この地区は、ラロシュの部隊が《ブルジョワの拠点》として頼みにしたところで、重要な納税者が何人もいた。わけても重要なのは、裁判官ゲランその人で、ここに家を有し、住んでいた。彼は、税法上の特権や減免を得られる裁判官という職務のおかげで、税金をすべて免れるという、明らかに合法的な知識を備えていた。

同地区に家を構えていた重要人物はもう一人いる。ロマンにまで管轄権が及んでいた、サント＝マルスランの町とバイイ裁判所の副バイイだったガラニョルである。ゲランの姻戚〔義父〕だった彼には、二〇エキュ四二スーが課税されている。同地区の他の富裕な人物としては、ほかに（大）アントワーヌ・ボノーと、彼の他界した兄弟の同名の息子がおり、それぞれ税額は四〇エキュ二スー、一〇エキュ二〇スーだった。〔3〕

コルドリエ地区と同じように、タンプル＝モラン地区も農民はきわめて少なかった。一五八三年のタイユ税台帳には、二エキュと一エキュが課された二人の耕作者が載っているにすぎない。かなり少ない税額だが、二人のうちの一方は、自分の家すらもっていなかった。彼らのような耕作者がなぜ少ないかを説明するには、この地区のもつ漠然としたブルジョワ的な性格だけではなく、そこが町の外に向いた市門から離れていたという事実をあげなければならない。農産物を旧市街中心部の狭く曲がりくねった道に運びこむのは、運搬距離が少しでも長くなるのは、不都合この上もなかったからだ。耕作者とは逆に、半ば上品なたたずまいをみせるここには、たまたま反体制的な立場をとった職人たちが少なからずいた。一人あたりの税額二エキュの羅紗職人四人（したがって、実動人員は少ない）、同二エキュの縮充工三人、織工三人、指物師三人などだが、とくに梳毛工は多く、九人もいた（一人あたりの税額二エキュ）。

また、ロマンの他の地区と同様に、ここには《貧者》として表記された納税義務者も若干いた（五、

訳注2—ルネサンス様式の玄関をもつトメ一族の邸館は、今もロマン市の文化財として保存されている。

訳注3—彼とバイイについては、本書第1章六三頁と第1章訳注23参照。

六人）。一般にこの範疇には、寡婦、老人、病人、不能者、あるいは単純に惨めな生活を送る者などが入るが、彼らに対する税額は、《その貧しさに配慮して》きわめて低く抑えられており、一人あたり一エキュ以下（たとえば三〇スーとか五〇スー）だった。「本物の」貧者であるこれら不幸な人々は、町や《土地の力》とはなりえず、下層階級のレベルもまた同様だった。いわゆる下層階級とは、多くの職人や農民たち（納税者一人あたり二エキュ）によって代表されていたからである。事実、こうした貧窮者たちの中には、ロマンのカルナヴァルで頂点に達した反対運動の、重要な旗振り役なり活動家なりはいなかった。

中心的な拠点の最後から二番目の地区であるジャクマール界隈[3]は、富裕者ないし小富裕者の住む一角に嵌め込まれた形になっていた。のちにゲラン側につくようになったこの地区は、二心、いや四心すらもっていた。そんな二枚舌ないし不実な性格は、すでに政治的＝カルナヴァル的行動のうちに現れている。すなわち、最初、（その職人《主義》によって）民衆同盟側についたジャクマール地区は、派閥間の陰険な復讐合戦の後、そして、《ジャクマール住民》をポーミエ派から切り離したいくつかの理由のため、最終的にゲランとラロシュに側に寝返[4]っているのだ。この寝返りは外交的・民俗的方法を通して行われた。そこで基盤《もと》になったのは、王国や環通し競争、仮想婚姻、祝宴といった趣向で、これらはすべて、地域住民全体に、有力者たちとの新しい絆が、堅くかつ明確なものであると感じさせるための仕掛けにほかならなかった。もしかすると、両地区間の合従連衡には、裏取引が伴っていたかもしれない。たとえば、ジャクマールの一部の指導者に、参事ないし市吏のポストを約束する云々の、である。

ところで、このような《上部構造》の曖昧さはまた、社会学がいう下部構造のレベルにもみてとれる。やがて多情なジャクマール地区は、自ら進んで《川の両岸で釣りをする》〔5〕ようになるからだ。

これについては、いずれ後で触れるとして、問題のジャクマール地区はとりわけ豊かというわけではなかった。そこに住む二九五人の納税義務者ないし課税対象者についてみれば、一人あたりの平均税額は二・二七エキュたらずであり、決して多いとはいえない。こうした低水準さは、ジャクマール地区が帯びていたいくつかの社会＝職業的特徴とも合致している。たしかにそこには、一五七九年に進んで民衆同盟に加わった職人たちの中核があった。たとえば梳毛工の数は一六人と多かったが、半数の八人はかなり貧しく、一人あたりの税額は一エキュたらずだった。だが、あとの八人はそれほどでもなく、税額も二ないし二・五エキュだった。以下、〔タイユ税台帳には〕延々とさまざまな職人のリストが専門別に列挙されている。弩作り一人、仕立て工一人、製陶工一人……といった具合にである。反対に、ロマンでかなり活動的だった羅紗職人は僅か三人と少なく――まさにこれが、同地区の反体制的性向に歯止めをかけた要因にほかならない――、税額も一人あたり二エキュだった。

一方、耕作者の数も決して多くはなかった（記載数は七人だが、《高齢者》に分類された一人だけは五エキュ三〇スーも課税されている。それ以外は、伝統的に貧しく、税額も一人あたり二もしくは二・五エキュにとどまっていた）。農業従事者の数がこれほど少なかったため、ジャクマール地区は、去勢鶏の半農業的王国にみられるような、超反体制的性格を帯びることがなかった。（ロマンのカルナヴァルは、たとえどれほど都市的なものだったとしても、その根を周辺地域の農業生活に、実践的・政治的・神話的生活に下ろしていた。これについてはまだ十分検討していないが、いずれそこに

訳注4――鷲＝雄鶏王国とヤマウズラ王国。

訳注5――川の両岸で釣りをする　二兎を追うの意。

立ち帰りたい)。

ジャクマール地区はもう一つ、体制側が歓迎するような方向での保守性を有していた。職人たちを除けば、ここはかなりのブルジョワ地区だったからである。事実、住民の中にはロマン・ブルジョワジーの非常に古い、しかしすっかりメッキの剝がれた名前(たとえば税額四エキュ五〇スーのジャン・オドアール)が含まれている。また、反対にかなりの不動産を抱えた者もおり、その一部はヤマウズラ王国で重きをなしていた(税額四〇エキュ二一スーのガブリエル・ロワロンや、きわめてゲランに近かったガスパール・ジョマロンなどで、後者の一五八三年における税額は三八エキュ)。[6]

前述したように、戦略的に重要なジャクマール地区は、ロマン住民の過半数を抱えていたわけではなかったものの、ブルジョワジー勢力が支配的だった地区(コルドリエ地区や、その東・南側のタンプル=モラン地区)に囲まれていた。ジャクマール地区を囲むこのブルジョワ包囲網は、さらに西側と南西側に比較的豊かなパラディ地区(課税対象者二三四人、対象者一人あたりの税額は二・七一エキュ)があることで強化されていた。[4]

パラディ地区には、名声を誇り、ロマン社会にあって、時にその富ゆえに重きをなした有力者たちが住んでいた。ジャン・ジョマロン、ローラン・ド・マニシュー(税額一〇エキュ)、ジャン・ギグ(同二七エキュ)などである。多少とも錆付いていたが、高雅な職業についている者もいた。たとえば公証人三人(一人あたりの税額一、二一、三エキュ)、画家一人(かなり貧しく、同一エキュ二〇スー)などである。また、一人あたりの税額が一ないし二エキュの耕作者も六人記載されているが、それ自体さしたる意味をもたない。ロマン的優雅さという使命を帯びたパラディ地区は、田園に足を下ろしてはいなかったからである。

だが、職人たちは多かった。彼らは速やかに「反」ブルジョワジーに燃えるようになるが（町の西側にある手工業者たちの拠点クレリュー地区に近かったため）、彼らの中には梳毛工が一二人もおり（一人あたりの税額はおおむね二エキュ）、しばしば他人の、つまり有力者や富裕者の家に間借りしていた。羅紗職人は八人（同二エキュ）。ほかに、縮充工や織工、馬具職人などもそれぞれ複数いた。〔台帳には〕叛乱に関わった者たちの姓もいくつかみられる。たとえば、男女二人の課税対象者は、いずれも「フルール」という姓である。おそらく二人は、精肉商のジョフロワ・フルールの縁者だったと思われる。ちなみに彼は、一五八三年、職人たちの王国で指導的もしくは《中心的》役割を担ったカルナヴァル《事件》の後、絞首刑に処されている。

叛徒側に立った人物としては、ほかにシャムロンの名士ミシェル・バルビエがいる。彼は一五八三年にパラディ地区に居を構えている。のちにロマンの参事となるこの裕福な弁護士は、一五八〇年、生地の村から出た同盟農民たちを寛大に遇し、それによって指導者の一人になった。一五八〇年の事件後、彼はグルノーブル高等法院の訴追を受けるが、やがて大赦の恩恵に与った（ロマンの裁判官と参事という彼の輝かしい経歴は、まさにこの大赦による）。

以上が、ロマンの広い中心的な《拠点》である。たしかにそこは（人口論的に）庶民が過半数を占めていたが、（多少の留保をつけて言えば）主体はブルジョワたちだった。だからこそ、ゲラン派はここを当てにすることができた。この拠点には、コルドリエ、タンプル＝モラン、パラディ、ジャクマールの四地区が含まれる。

訳注6―ポーミエはこのロワロン一族の娘と再婚している。第5章参照。

そして、肉食の月曜日のいつ果てるともない流血の夜、武装ゲラン派は、町の東端にあるサン＝ニコラの周縁地区に加えて、それと同名の橋も支配下に置いた。彼らのやり方はいつも同じで、次の目的は「武器を手に衛兵詰め所を次々と襲って」（Ｐ８９）、町の西側を奪取することだった。それは、古代ローマでホラティウスがクリアケス三兄弟に対して用いた戦術と同じである。[7] すなわち、よく規律のとれた小部隊が、ばらばらでまとまりのない民衆軍を次々と粉砕したのである。

ここまでくれば、攻撃意図がどちらにあり、少なくとも「戦術的《タクティック》」次元で、攻撃の企てがどちらにあったかがはっきりと分かる。いうまでもなく、それはヤマウズラ王国側にあったのだ（反対に、「戦略的《ストラテジック》」には、ポーミエ派が何らかの攻撃意図をもっていたと考えられなくもない。[8] しかし、彼らには時間もなければ、手段もそれを完遂する機会もなかった）。

町の西端にあるサン＝ニコラ地区を襲った後、ラロシュの配下たちは、次の攻撃目標を、市壁内にあるが、サン＝ニコラ地区とは真反対に位置する、周縁的なシャプリエ地区に定めた。肉食の火曜日の真夜中に始まるこの攻撃を担った武装部隊もまた、舞踏会に加わっていた者たちだった。ただ、ポーミエを殺害し、サン＝ニコラ地区を襲ったのは別の一隊である。ゲランは書いている。「前記部隊の一つはシャプリエ地区に向かった。……部隊はそこで抵抗に遭い、防柵《バリケード》にも邪魔された」（Ａ１６４）。この部隊のメンバーは、「自分の手を叛徒たち（シャプリエ地区のポーミエ派）の血で汚すよう強いられていた。これによって、わが身の命を心配していた（叛徒たちの）一部は、要塞を放棄し、これを有徳者側（ゲラン派）に引き渡した」。おそらくここでいう《要塞》とは、市壁に設けられたシャプリエ門の衛兵詰め所のことだろう。間もなくわれわれは、この市門が、町の不満派と近隣農村の叛徒たちを結ぶ一種の橋渡しとして、戦略的な重要性を帯びてくるのを検討するようになる。

その前に、手短にシャプリエ地区についてみておこう。同地区が、たとえ短かったとはいえ、武装して裁判官ゲランの至上命令《ユカーズ》に抵抗したということは、読者にいささか意外な感じを与えるだろう。ここは町との関係がかなり希薄な地区で、堅固な市壁で囲まれたロマンの最西端をなしていた。さらに、ここはまた市民が住む最貧地区の一つでもあった。たとえば一五八三年、シャプリエ地区には課税対象者が一五一人いたが、各人の税額は平均で二・一三エキュと低いものだった。シャプリエ地区はまた、羅紗布加工用の水車が据えられた大きな川が裂け目となって、町の東側に位置する他の地区と切り離され、非常に個性化していた。

筆者の調べでは、まるでナイフで切り取ったかのようなこの一区画に、名前と財産とからそれと分かるような有力者は、一五八三年のタイユ税台帳に記されている者の中に一人たりといなかった。税額がもっとも多かった二人の納税者でも、七エキュを納めているにすぎない（高級地区に住むエリートたちの税額は、一〇エキュ、二〇エキュ、三〇エキュ、四〇エキュないし九〇エキュだった）。ロマンの町の東側、シャプリエ地区と真反対に位置するサン＝ニコラもまた貧しい地区だったが、そこでは税額の最大は七エキュではなく、一二エキュのレベルにあった。決して多くはないが、それでもシャプリエ地区よりは高い水準（！）にあったのだ。

町の最西端にあるこのシャプリエ地区では、一人あたりの税額が一ないし二エキュどまりの耕作者が五人、かつて下僕ないし召使だった荷車引きが一人（一人あたりの税額二エキュ六スー）、人足一

訳注7―ホラティウスは前七世紀の三兄弟戦士の名で、三人はアルバの三兄弟と闘う。兄弟が二人戦死すると、後に残った一人が逃げる振りをして敵を誘導・分散させ、ついに三人を倒したとされる。

訳注8―「戦略的《ストラテジック》」、「戦術的《タクティック》」という二つの用語の使い分けについては、ミシェル・ド・セルトーのそれと比較されたい。

人、それぞれ税額が半エキュと三分の二エキュの貧者二人、さらに僅かな繊維関連職人（税額二エキュの羅紗職人一人、同一・五エキュの「油なめし工《ブランシエ》」二人、一および二エキュの梳毛工三人、三エキュの剪毛工一人）がいた。シャプリエ地区の大部分の住民（一五八三年の台帳には姓名があるのみで、職業までは明示されていない）は、一人あたりの税額が一ないし二エキュだったことからして、おそらく肉体労働者や農業従事者、さらには、雇われて（他人の耕地）を耕し、必要があれば土木工事にも従事する、小規模ないし賃金ブドウ栽培者も住んでいた。ブドウ栽培者がいたことは、ロマンの食卓を飾った「シャプリエ・ワイン」を産み出す、上質なブドウ園があちこちにあったことからも裏付けられる(5)。

ヤマウズラ王国の若い狼たちが「手を血で濡らした」この西側の周縁地区は、町と周辺農村における叛徒たち、つまり都市同盟と村落同盟を結ぶ掛け橋とみなされていた。だが、それはさほど驚くべきことではない。平民階層のブドウ栽培者や農民たちが住むシャプリエ地区は、町のもっと東側に位置する手工業者・ブルジョワ地区とかなり様相を異にしており、実質的に、一種の「市壁内」市外区をなしていたからだ。赤い（共産主義的）郊外ではなく、緑の（共生＝自然主義的）郊外でもあった。そこはまた、「市壁外」の叛乱農民たちに共感を抱いていた。彼らと利害と苦痛と要求とを共有してもいた。そして、おそらく農業的な去勢鶏王国は、ここから生まれている（去勢鶏《シャポン》 Chapon と帽子屋《シャプリエ》 Chapelier とは掛詞か？）。

町のほぼ反対側、つまりイゼール川からさほど遠くない、市庁舎とサン＝ニコラ門との間に住んでいたポーミエは、これら最西端の支持者たちをひたすら独占しようとしていた。ここで思い起こされるのが、一六三二年、ブルゴーニュ地方の首都ディジョンで蜂起したレンテュルリュスたちのことである。[6] ブドウの若枝で編んだ被り物をつけた、バッカス的ブドウ栽培者の彼らは、「わが緑の羽飾りのもとに集まれ」というスローガン――筆者としては彼らの考案になると思いたい――のもとで反旗を翻している。実際、ロマンの平民たちによるカルナヴァル自体は、一五七九年の聖ブレーズの祝日に羅紗職人たちの祭として始まり、一五八〇年の肉食の日曜日と肉食の月曜日での、耕作者たちによる去勢鶏王国で幕を閉じているが、その農業的性格は徐々に濃厚になっていったのではなかったか。

❧ ❧ ❧

ゲランは、町在住の農民と彼ら市民たちの村の仲間とが結びつくのを危惧していたが、最終的に両者の結びつきは、肉食の火曜日当日のシャプリエ地区で、深夜の流血騒ぎを起こす寸前までいった。この頓挫した結びつきについて、公証人のウスタシュ・ピエモンは、すでに紹介しておいた個別的な事例を通して触れているにすぎない。

ピエモンによれば、ゲラン派の攻撃で傷を負ったシブフなる人物が、運命的な夜の間、大量殺害と町の包囲を何とか避けることができたという。すなわち、彼は傷を抱えたまま、精一杯急いでサン＝ポールの村へと向かい、あちこちで「ロマンの金持ちたちが人々を殺しまくっている」と叫んだのだった。「それを聞いて皆は怯え、知らせがロマン一帯に届くや、多くの村から人々が集まり（農村共同体）、武装した男たち約一五〇〇名を急遽駆けつけさせることにした。だが、彼らはロマンの市門にあえて姿を現そうとはしなかった（ここでは、言外に残念なことにという意味が含まれている）。急いでクレリュー門に駆けつけていたなら、そこに逃げ込んでいた隊長ルー、通称ルギルが彼らを町に引き入れたはずである」(この最後の文言は、以下のように理解されたい。すなわち、激怒したゲラン派の攻撃から身を守るため、バリケードの中に閉じこもった、あるいはクレリュー門の衛兵詰め所に《逃げ込んだ》ポーミエ派の隊長ルーが、仲間の農民たちともども、事態に的確に対処できたなら、援軍を町に入れられたはずである。だが、そうはならなかった。このように前記の結びつきが完全でなかったのは、ヤマウズラ王国の者たちにとってきわめて幸いだった)。

これについて、ゲランの語りは公証人の話より詳しい。彼によれば、ゲラン派の武力行動がシャプリエ門で凱歌を挙げたまさにその時、(ポーミエ派の)《叛徒たち》は、荒れ果てたサン=ロマン=デュ=シャプリエ教会の早鐘を打ち始めたという。時ならぬ早鐘に反応した勝利者たちは、彼らが奪取したばかりの市門をうっかり開け放ったまま、サン=ロマン教会に押し入った。ポーミエ派も、仲間の村人たちをより速やかに町に迎え入れようと、「前記市門の差し金と錠前を壊して」おいた。

たまたまロマン市の西・北部に位置する農村(大部分がかなり反体制的な共同体)の農民たちは、サン=ロマン教会の鐘楼から聞こえる悲痛な騒ぎに気づき、彼らの方でも、独自に早鐘を鳴らし始めた。ほぼ至るところで聞こえる騒音に、真夜中だったにもかかわらず、「村人たちは鐘と木製のコルネットの音で集まった」。その鐘と笛の音は、(プレル川の向こう岸にある)町の中でも聞こえた。

こうして八〇〇から九〇〇余の武装村民集団ができ、行進を始めるようになった。「たしかにこの部隊は」、ロマンの市壁の下に「姿を現し、クレリュー門に隣接する水車小屋や前記ロマンの市壁堀に入った頃には、少なくとも八〇〇から九〇〇の人数に膨れ上がっていった。やがて、そのうちの二〇人ばかりがシャプリエ門(なおも開け放されたままだった)に入り、三〇歩以上(町の)中に入り込んだ。彼らは斥候の後を追うつもりだった……。だが、(町の)中での戦闘の音を耳にし」、約束に反して「誰一人迎えが出ていないことに気づいて、彼らはひたすら怯えた」（A164）。そして、「あまりにもひどい怯えに駆られた彼らは退却し、前記（シャプリエの）市門も堀も放棄して、混乱と無秩序のうちに（村に）逃げ帰ったのだった。その有様は、もしも（彼らに敵対する）騎兵が二〇人もいれば、永遠に記憶に残るであろうような（村人たちに対する）虐殺すら起きたと思えるほどだった……」。

おそらくゲランは、たとえロマンの堀で農民虐殺が起きたとしても、これを悪くは解釈しなかっただろう。それが、生き残ったごろつきには貴重な教訓となる。彼はそう言うはずだ……。だが、事実から目をそらしてはならない。虐殺は起こらなかった。そこでこの裁判官は、さながらミサの終わりでも告げるかのように、いつもの敬虔かつきわめて真摯な言葉でこう書き記すのである。「神がかかる（村人たちを助けるという）御業をなされたと信じざるをえない」。とはいえ、彼らにとっては単なる一つの幸運にすぎなかった。ひと月半後の一五八〇年三月二六―二八日、モワランで起きた虐殺劇によって、一五〇〇から一八〇〇もの村人が剣の餌食になったからである。

シャプリエ地区[7]と村人たちとの紐帯は、こうしてたしかに互いに求め合いこそすれ、ついに現実的なものとはならなかった。しかし、ロマンの小さな戦争劇は、次第に舞台を町の東側と北東側に、つまりクレリュー門とその地区へと移していった。そして、肉食の月曜日から翌肉食の火曜日にかけての血生臭い夜、松明を焚いての芝居（！）が、まさにそこで演じられるのだ。ゲランは記している。「前記月曜日（肉食の月曜日）の夜、大人たちの闘いをもはや単なる遊び程度にしか思わない、小さな子供たち（町を巡回しながら街灯役をつとめる子供たち）が手にした、夥しい松明に誰もが驚きの声をあげた。このことを省いてはならない。それは、有徳者たちを大いに喜ばせ、ひたすら光を疎んじていた者たちを不安にさせた」（A168）。

ここでは、肉食の火曜日が、本来的に、復活祭主日の四〇日前[9]にあたるということを忘れてはならない。したがって、それは新月の時期であり、闇夜を生む日でもある。ゲランの示唆に倣っていえば、庶民の邪《よこし》まな攻撃すべてに都合のよい日でもあった。では、子供たちが振り回した《松明》とは、町の闘いを彩るためのものだったのか。

たしかに、子供たちがあちこち持って走り回る明るく無邪気な松明の後には、長々とした炎と殺戮の列が残った。まさに松明のおかげで、ヤマウズラ王国の悪党《マルフラ》たちは、重大な犯行現場を「真昼のように《アジョルノ》」明るく照らし出してもらうことができたのだ。もっとも、その松明さえなければ、彼らは人目につかない適当な片隅や、冷え切った、だが隣人愛に満ちた夜闇に、さらには広間やポーチの柱の陰に隠れたはずの何人かのポーミエ派を、追いたて殺すこともできただろう。悲劇の「闇」と明かりの「闇」。

しかし、それはマキャベリズムではなかった。これらの《松明》は計画的なものではなく、もっぱら民俗的なものだった[10]。つまり、ジュール・グラを、そしてそれに続く四旬節と子供たちの王国の始まりを特徴づける、カトリック祭の「祝い火《ブランドン》」だったのである[11]。

毎年、同じカルナヴァル時期に、子供たちは松明を手に巡回したものだったが、これらの松明は、果樹に寄生する害虫のみならず、収穫や抱卵の敵であるクマネズミやノネズミをも象徴的に退治してくれる、一種の浄化力を有しているとみなされていた[12]。こうすることで、向こう一年間のリンゴや麻の豊作が、さらに間近に迫った復活祭のための卵や雛の繁殖が約束されたのである。浄化・豊饒（多産）儀礼。神話のレベルからすれば[8]、カルナヴァル全体は、それに続く暦月にとっての豊饒（多産）

予祝の時期ともなっていたのだ。

シャプリエ地区での闘いについて、ゲランの考えとロマン的象徴体系は、そこに闇と光という二項対立の存在を強調している。すなわち、前者は顔を「黒く塗った」あるいは仮面をかぶった者たちに象徴され、その農耕的浮かれぶりが、聖ブレーズの祝日〔二月三日〕を皮切りとする馬鹿騒ぎの中で、雄羊の、次いで去勢鶏の王国を特徴づけるのである。それとは対照的に、鳥類（鷲、ヤマウズラ、雄鶏）の王国からは、高貴なパレードが生まれている。これら富裕者たちの王国には、上層の身分や地位の階調《グラデーション》がみてとれる。こうした階調は天空のヒエラルキーに似ているが、それもそのはずで、前者は後者に倣っているのである。大地と天空。夜と昼。肉食の火曜日に先立つ月曜日の陰鬱な夜、キリスト教的でありながら浄化と豊饒とをもたらす松明の炎は、このゲラン＝カルナヴァル的シナリオにごく自然に登場した。

死ないし悪魔の黒い仮面と天上的な松明の炎、襤褸《ぼろ》切れと正装祭典《ガラ》、四足獣と鳥類、去勢されたものと性別のあるもの……。都市的な階級闘争の場となったロマンの肉食の火曜日では、まさにこうした要素が実際に相争ったのである。そしてそれらは、神話的な次元で互いに結びつき、地上的方法と天空的方法のいずれかを用いて、寄生虫を根絶やしにし、向こう一年を豊かにしようとする。こうし

訳注9―四旬節期間中の日曜日は、斎戒を行わないため、実際には四六日前。

訳注10―ジュール・グラ　肉食の日曜日から火曜日までの三日間。

訳注11―ブランドン（brandon）は「燠」を原義とするが、フランスの民俗慣行では、火祭りに登場する火一般を指す。なお、キリスト教暦では、四旬節《カドラジェジム》の第一日曜日を「ブランドンの日曜日」ともいう。

訳注12―たとえばアルザス地方などでは、わが国の夏越し行事や小正月の虫追いないしモグラ打ち行事に酷似するこの慣行が、今でも復活祭主日後第七日曜の聖霊降臨祭に営まれている。

てヤマウズラ王国の王はカルナヴァルの熊を殺した。聖ジョルジュ（ゲオルグ）＝ゲランが龍《ドラゴン》〔ポーミエ〕を退治したのだ。

不発に終わったものの、もともとクレリューの闘いは、肉食の火曜日の払暁に、ロマンの市壁沿いで展開されることになっていた究極の内部対決だった。いずれそれは、ゲラン派が最重要とみなしていたある人物の役割を立証するようになる。彼は、ロマンのカルナヴァルの始めから終わりまで、このドーフィネの小都市にたえず監視の目を向けていた。フランスが宗教戦争の大波に飲み込まれていたこの時期、こうした彼の態度は、別の気がかりに心が執拗に奪われ、そして、もっと重要なことをほかにいろいろ抱えていただけに、一層称賛すべきものといえる。静けさが回復し、青空が舞い戻るにはまだだいぶ間があった――これが決定的になるのは、一六〇〇年を過ぎてからである。

裁判官ゲランの記述を信じれば、一五七九年二月に始まるロマン事件で、最初のうち、神、つまり前述の「人物」は、有徳者に敵対した民衆同盟側のさまざまな問題に忙殺されていたという。《一般民衆》と《有徳者》の双方に目配りを怠りなかった神は、一五七九年の聖ブレーズの祝日に、反体制的な祭を仕切った羅紗職人や梳毛工たちの「思慮分別」を失わせ（A33）、その際限ない智慧と絶対的な摂理とによって、同年春に叛徒たちに加えられるようになる罰を予測している（A36）。また、民衆同盟の支持者であるとないとを問わず、村人たちが盗賊ラプラドの企てを邪魔するよう仕向け（A37）、ラプラド本人からは良識を奪い取っている（A40）。さらに、有徳者たちに対しては、望徳〔13〕によって、神自らが性悪な者たちをさほどのさばらせたりしないとの期待を抱かせ、ひいては有徳者たちを一時的な静観主義へと走らせもした（A46）。

〔一五八〇年の肉食の火曜日の〕真夜中頃に起きたシャプリエ地区の闘いでは、神は八〇〇余からなる農民同盟の恐ろしい部隊を救いに来ている（なぜかは神のみぞ知る！）。彼らは町のポーミエ派仲間たちに加勢すべく駆けつけたのだが、無駄足だった。じつは神は、数日前に始まったカルナヴァルの冒頭で、ポーミエの仲間たちがひどい悪態をついたことに憤慨していたのだ。同様に、まず雄羊王国の、次いで去勢鶏王国の男たちが、「キリスト教徒の肉六ドゥニエ」（A152、154、160）という、おぞましい食人的スローガンを唱えていた所業に対しても、しかるべき断罪を下す腹を決めていた。と同時に、有徳者たちが卑猥さとは反対の側にいることにも留意していた。

たしかに、一五七九年の年末から、神は民衆同盟にのみ関心を向けるのをやめていた（彼ら同盟派は、長い間、神慮の対象となっていた。彼らがより以前から悪に身を浸し、その間違いに気づくのを望んでいたからである）。以来、神は有徳者がそうした者として自分に関わると感じ、仲介者として登用したグルノーブル高等法院評定官トメの口を借りて、彼らに慎みと「静観《ウェイト・アンド・シー》」とを勧告したのだった。やがて神の指は軟体動物のトメから甲殻類のゲランに移った。

この新しい局面で、至高の悪戯者であり、畏しい冗談好きでもある神は、しかし神聖な馬鹿騒ぎにはまり込むのは、自分より下にいる者たちの所業だとみなしていた。そこで、あらかじめカルナヴァルの筋書きを思い描き、ヤマウズラ王国の有力者たちに対し、去勢鶏王国の敵を欺いたり、粛清した

訳注13―望徳　信、愛とともに、キリスト教の三対神徳の一つ。

りできるようにしたのだった。こうした筋書きを、神はゲランに吹き込んでいた（A151）。だが、抜け目のないゲランすら超えて、神はゲラン派のために、自らの恐るべき力を発揮する準備をしていた。

ここまできて、〔ゲランの記述に登場する〕「民衆《プープル》」という語は突然その意味を変える。初めのうち、ゲランはこれを、一五七九年二月の「勝手し放題の」同盟派の《叛徒《プープル・ミュタン》》の意で用いていた（A34）。しかし以後、この語は善人たちの天使軍ともいうべき有徳者たちの陣営と関わるようになる。つまりそれは、神の民を、換言すれば、新しい選民《イスラエリテ》としての有徳者を指すようになったのである。神と国王に従順な彼らは、自分たちの報復で冷した料理を味わうことになるのだ[14]。

ともあれ、その時（一五七九年末）以来、神はゲラン派の「心」に直接働きかけるようになった。だが、神にとって、それはまるで広大な空虚とでも呼ぶべき器官だった。そこで神は、この器官を、ポーミエ派を殲滅するという、ふつふつとした熱情で満たすのだった。クレリューでの騒動時、神は有徳者たちに勝利を与えるための「機会」をようやく見つけた（A165）。こうして決定的な一歩を踏み出した神は、闘いを有徳者側の勝利に導き、町を開放した。にもかかわらず、神への願いはそれだけにとどまらなかった。邪まな者たちに対して、有徳者たちの上に庇護の手をなおもかざしてくれるよう懇願されたのである（A170）。ブルジョワジーの熱心な祈りと同様に、ゲラン自身の祈りも聞き入れてくれた。だからこそ、裁判官ゲランの仲間たちが成功するには、神に「名誉と栄光」を捧げなければならない（A171）。――ゲランの話は、さながら宗教的な善導のようである[9]。

だが、そこには逆説もみてとれる。ロマンのカルナヴァルに関するこの話の中には、ゲランのおかげで、たしかに神自身の折々の反応が見事に語られており、それがわれわれの知識不足を埋めてくれる。ただ、名実の伴わない、単なる《お人好し》の、それでいて民衆層から指導者として認められていたアンチ・ヒーローたるポーミエが、はたしてどのような個人的な考えをもっていたかについては、ほとんど分かっていない。いや、われわれの資料の山から頭を出している人物数は、かなり少ないと言わざるをえないのである。ゲランと神を別にすれば、ロマンは個々の人物の性格より、社会的な状況を、つまり心理学より社会学を多く語っているのだ。

ここでとくに強調しておきたいのは、ゲランが引き合いに出す神が、周知の明確な神だということである。この神はカルヴァン[15]の後、マルブランシュ[16]の前に位置し、聖母や聖人たちの介在なしに、直接ロマンの町に働きかけている。時代はまさにカルヴァンによって見直され、修正された時期であり、無垢にして聖化されたバロック的カトリックが華々しい復活を遂げる前であった。ちなみにゲランは、一時期とはいえ身近な者たちのカルヴァン主義に影響を受けていたことがあっただけに、より狂信的なまでにカトリックに帰依していた[10]。ただし、彼はこうした事実を隠し続けるだろう。

ゲランの神は、カルヴァン的性向を帯びていた点でかなり近代的なものだったといえるが、それ以外の点では、なおも太古的な性格をもっていた。この神は、一五八〇年時点での一小都市の将来を含む有為転変の流れに、ぎくしゃくと少しずつ、そして連続こそしているが気まぐれに介入するのを拒

訳注14―自分たちの報復で冷した料理を味わう　「復讐を焦らなくなるようになる」の意。

訳注15―カルヴァン　一五〇九―一五六四年。

訳注16―マルブランシュ　一六三八―一七一五年。哲学者・神学者。デカルトの哲学を発見したとされる一六六四年にオラトリオ会の修道士となり、一切が機械的に結びついているため自らの運動因たりえず、ただ神の意志のみがその第一原因として作用するとする、いわゆる「機会原因論《オカジョナリスム》」を唱えて、デカルト流の物心二元論を超克しようとした。

んだりはしなかった。

反対に、一世紀後に登場するマルブランシュの神は、無為の立憲君主に、栄光の殻だけをまとったルイ＝フィリップ[17]やアルベール・ルブラン[18]の先駆けになる。そして、専制的な身勝手さによって世界や歴史の流れに手を出そうとはせず、その政府に、つまり神自らが作り上げ、委任した自然や社会の法則にすべてを託すのである。

❧ ❧ ❧

裁判官ゲランの記述や有徳者の脳裏における神へのこうした言及は、きわめて根本的なものである。いや、おそらくそれは、民衆側の陣営に属する者たちの言説や思考にとっても同じだった。イヴ＝マリ・ベルセは、ペリゴール地方のクロカンたち〔第13章訳注1参照〕が記した文書や声明文（一五九五年）に登場する、さまざまな用語の統計的研究を行っている。たしかに彼らは、その反体制的な数多くの特徴からして、一五八〇年のドーフィネ地方における民衆同盟と似ていたが、ベルセの分析によれば、これらのテクストでもっとも多く用いられている語は「神」だという。クロカンたちの神とは、おそらく先の見通しのない《正当な叛乱をつねに援助する》存在だったともいう。同様のことは、ドーフィネの不満農民や不満市民の声明についてもいえるだろう。皮切りは、ポーミエである。死んだポーミエは、三日目に蘇りこそしなかったが、たしかに叛乱のキリストとなった。

さまざまな叛乱とキリスト教ないし原初的な理神論との関わりは明確ではなく、それを読み解こう[19]とする作業は、謎解きのようなものとなる。こうした信仰についての言及は、ベルセの著作に統計的研究の基礎を提供したテクストにもみられない。だが、民衆同盟の参加者たちは、彼らが書き記した以上に活動した。指導者たちを別にして、多くの不幸に見舞われた彼らは、いったいに無筆だったからである。それゆえ、彼らが個人的に何を考えていたかは、ド・ブール（一五七六年）やドゥラグランジュ（一六〇〇年）といった法律家の通訳たちが与えてくれる、あまりにも知的すぎる記述を通して解釈するほかないのである（最終章参照）。

クレリューの闘いは、それに関わる天（＝神）の秘密がどのようなものであれ、ロマンの市壁やあばら家を背景として、地上で行われた。とすれば、民衆同盟派の活動が最終的な局面を迎えたクレリューとは、まさにロマンそのものの中でいったいいかなる所だったのか。

大雑把に言えば、そこは時に豊かな者もいる手工業者たちの地区だった。一五八三年のタイユ税台帳には、全体で二五七人の納税者が掲載されているが、一人あたりの税額は平均で二・六一エキュ

訳注17―**ルイ＝フィリップ**　一七七三―一八五〇年。フランス革命時に反革命軍に加わるのを拒んで欧米各地に逃れ、偽名を用いて数学や語学などを教えた後、王政復古で帰国し、ナポレオンの「百日天下」で再びイギリスに逃れる。そして一八三〇年、七月革命で王位につき、自由主義者たちの後押しを受けて七月王政をしくが、一八四八年、二月革命で王位を追われてイギリスに亡命する。

訳注18―**アルベール・ルブラン**　一八七一―一九五〇年。鉱山局技師を辞して政界に入り、上院議長をつとめた後、第三共和制最後の大統領となるが、ヴィシー政権の成立で辞任する。一九四四年、ゲシュタポに逮捕されて強制収容所に送られ、翌年の終戦で救われる。

訳注19―本書引用・参考文献リスト参照。

だった。これは結構な額といえる。農村的ではなく、基本的に貧しさとは縁遠いここに、耕作者として分類されているのは、筆者の調べ得たかぎりでは僅か五人にすぎない（そのうちの一人は税額半エキュの貧者、残りは中程度で一人あたり二エキュの税額だった）。

一方、梳毛工の数は一五人と多かったが、どちらかといえば貧しく、税額も一ないし二エキュだった。また、羅紗職人は七人、うち二エキュと三エキュの納税者がそれぞれ二人ずついたが、驚いたことに、他の二人は、六ないし七エキュもの税を納めていた。この二人の人物は、したがってエリート層に属しており、羅紗職人の中でも豊かで活動的な存在だった。また、二人の同盟指導者、つまり羅紗職人のポーミエやブリュナよりも、経済的には若干豊かだった。クレリューの手工業者としては、ほかに、織工と仕立て職人がそれぞれ二人ずつおり、税額はいずれも二エキュだった。したがって、ここでは繊維業が支配的だったといえる。さらに、四人の油なめし工と三人の粉引き（製粉業者）がおり、後者の一人あたりの税額はそれぞれ一、二、三エキュだった（地元を流れるプレル川には、水車が何基も据えられていた）。

このクレリュー地区では、第二次産業（手工業者的・前貸問屋制的加工分野、とくに繊維業）が優先していたが、それは西隣の、プレル川と市壁とに囲まれたシャプリエ地区の構成と際立った対照を示していた。シャプリエ地区では第一次産業（耕作者とブドウ栽培者）が優勢だったからである。

だが、実際のところ、クレリュー地区にはロマンのこれといったブルジョワジーは住んでおらず、税額が一二エキュを超える富裕者（町の中心部西側にみられるような）もいなかった。そんな中にあって、一件だけ例外があった。亡き参事夫人ヴェルーの相続者たちで、彼らの税額は《なし》（おそらく免税）となっていた。

したがって、手工業者地区としてそこそこ豊かだったが、しかるべき有力者たちがいなかったこの一角は、故ポーミエの指揮下で、ブルジョワジーと仲違いしていた職人たちの最後の砦となっていたと思われる（ただし、ポーミエが住んでいたのはここではなく、より東の、イゼール川からさほど遠くない場所に住んでいた）[20]。おそらく二週間前のクレリュー地区は、職人的かつカルナヴァル的な雄羊王国の最初の《揺籃の地》だった……。

とはいえ、《有徳者たち》もまた、まさにクレリュー地区において、より強力な敵である同盟派に何らかの影響を及ぼしていたはずである。それはとくに、ブルジョワジーに近い各種の富裕な職人についで著しかった。これら職人は、すべてがポーミエ派を支持していたわけではなかった。そうしたことがありえるはずもなかった。肉食の火曜日早朝にクレリュー地区で起きた争いの始まりは、たしかにポーミエ派とゲラン派が友好的に交わっていなかったことを物語っているが、実際のところ両者は互いに入り組んだ形で結びついており、クレリュー門の衛兵詰め所では、一緒にバリケードを組んだりしていたのだ。

ことほどさように、クレリューの市門と地区は、まさに戦略的に重要な場所であった。その戦略地点を制圧しようとして、激しい争いがおきたのである。そうしたクレリュー地区とは、北側は同名の市門、南側はサン＝ベルナール教会およびイゼール川にかかる橋まで広がっていた。いわばそこは、ロマンの町の横腹でもあった。だからこそ、クレリュー地区を奪取することは、ロマンの町自体を奪取することにほかならなかったのだ[11]。

訳注20—前述の表記では「市庁舎とサン＝ニコラ門との間」。

ヤマウズラ王国の二部隊は、早起きしてクレリュー門に向かった。「人数こそ少なかったものの、やる気満々だった（A165）これら二部隊は、神が彼らのために格好の機会を、つまり町を王に従う者たちの手に委ね、面目をほどこさせるという機会を用意してくれると信じ……、クレリュー門に向かったが、そこには（去勢鶏王国の）かなりの数の叛徒たちが、この地区の有徳者とともに集まっていた……。彼らはすべて立てこもり、《防柵（バリケード）》を張っていた」。換言すれば、イゼール川の橋の衛兵詰め所がゲラン派にしっかり固められ、シャプリエ門の詰め所がやがて敗北するポミエ派に（少なくとも初めのうちは）占拠されていたため、クレリュー門の小さな衛兵詰め所は、まさに両勢力のせめぎ合いの場（！）だったのである。半ば去勢鶏王国、半ばヤマウズラ王国のどちらともいえない場でもあった。

この《砦》に集まった両王国の部隊は、今にも相手に襲いかかろうとしていた。だが、彼らは数時間前に同じロマンで行動を開始していた、舞踏会場からの突撃隊ほど決然とはしていなかった。彼らにはさほど激しく闘う気構えがなく、「わたしを怒らせると怖いぞ」といった決まり文句にみられるような、成り行きまかせの態度に終始していたのだ。しかし、そんな状況は、クレリュー門の衛兵詰め所近くに、互いに敵対する部隊がそれぞれ駆けつけたことで複雑になった。一方は、前哨戦をしゃにむに勝ち取ってシャプリエ門からやってきたゲラン派、もう一方は、町の外から加勢しに集まった親同盟派の農民たちだった。早鐘で急を告げられた後者は、なおも市壁の下を右往左往していたが、シャプリエ門で一敗地にまみれた後、何とかクレリュー門を押し破り、町の中に入りこもうとしていた。

こうした状況下で、クレリュー門の詰め所を占拠していた町の同盟派は、そこに彼らとともに一緒にいた有徳者を威圧したり、屈服させたりするようになるのではないか。やがて態勢を持ち直して、クレリュー門を開け放ち、農民たちを町に引き入れて、あちこち荒らしまわるようにさせるのではないか。

農民たちの侵入や略奪、そして自分たちの敗北。ゲランはこのようないかにも起こりうる不安[12]に悩まされていた。彼は書いている（A165）。「気がかりだったのは、砦に一緒にいた有徳者の数が多かったにもかかわらず、彼ら（衛兵詰め所の同盟シンパ）が集まって市門（クレリュー門）を開け、前記市門（の外）にいた敵（農民たち）を（町の）中に引き入れるということを、力ずくではなく、むしろ周到に行うのではないか、ということであった」。

これについて、公証人ウスタシュ・ピエモンの言葉もアントワーヌ・ゲランの証言を裏打ちしている。彼はこう記している。もし農民共同体から集められた一五〇〇人もの武装した男たちが、「ロマンの市門にあえて姿を現していたなら、そして急いでクレリュー門に駆けつけていたなら（P89）、そこに逃げ込んでいた隊長ルー、通称ルギル（同盟派の先頭に立って防柵を構えていた）が彼らを（町の）中に引き入れていただろう」。

ラロシュの部下たちによる正面攻撃は、したがって危険な賭けだったといえる。それは、ポーミエ派を追い詰めてしまう危険を孕んでいた。すなわち、ポーミエ派を絶望へと追いやり、彼らが掌握していた市門を開かせる事態に至ったことだろう。そうなれば、町と農村との恐ろしい結合が生まれる……。そこでゲランは考えた。そんな事態を招くより、むしろクレリュー門の詰め所に立てこもる同盟派に降伏を求める方が得策ではないか。ゲランはさらに、これ以後に起きるさまざまな出来事についても語っているが、それらは彼が当局に送った公式な報告書の中で、回顧的に自らを引き立てるという、さらなる利益を彼にもたらすようになる。

降伏の交渉は、同盟派が占拠する詰め所の入り口で行われた。それからというもの、町の有力者たちが手工業者たちの咽喉元を荒々しく摑むようになる。ゲラン一流の弁舌が溢れ出るようになったのだ。おそらく彼は、前哨戦に体を張って加わってはいなかった。彼は決死的な作戦行動に出るより、むしろ奸計を巡らすタイプの人物だった。だが、闘いが終わった今、彼はその名声をロウソクないし松明の光に委ねた。つまり、寒い夜に、陰謀によって熟成させた勝利の果実を刈り取るようになるのだ。

次第に自叙伝風かつ自画自賛的になるそのテクストの中で、彼はこう述べている（A165）。「（もっとも著名な何人かに補佐された）裁判官殿〔ゲラン自身〕が、彼ら（クレリュー門の衛兵詰め所に陣取っていたポーミエ派の代表たち）と休戦交渉を始めたのは、ちょうどその時だった。彼は彼ら（ポーミエ派の代表たち）に、なぜ国王や町に反撥しようとするのか、その理由を尋ねた」。ゲランは精神的な高まりを覚えながら、こうしてさらなる一歩を踏み出した。町が今や一体となって、危険な階級を演じる叛乱農民に相対している。彼にはそう思えた。やがて必然的な結果《イプソ・ファクト》として、町の叛徒たちは、平民の多数派ではない彼らが、たとえきわめて強力な少数派を代表しているとしても、町から自発的に退却するようになるはずだ。

「諸君には危機が何たるか、よく分かっているはずだ」。先刻まで敵対していた男たちへの演説の中で、ゲランはさながらタキトゥスにでもなったかのように、おおむねこのようなことを述べている。「諸君が（われわれに）刃向かうなら、自分たちがいかなる危機にあるか、はっきり分かるはずだ。この危機とは、諸君が《攻撃に耐える》（諸君の衛兵詰め所がわれわれに攻撃される）場合は、内部の者たち（ゲラン派、つまりわれわれ）となり、農民たちが入ってくる（諸君が彼らを町に入れる）場合は、ほかならぬその外部の者たちとなる」。こうした予測の中で、裁判官ゲランは、農民たちが大々的に略奪を始めれば、諸君（町の叛徒たち）の財産や家族も犠牲になる。そして、かかる農民たちを町に《引き入れた》諸君は、その略奪の張本人とみなされるということを、暗々裏に示しているのである。

ゲランの言葉はそれにとどまらず、さらに激しさを増していった。「諸君は自分だけでなく、子孫たちに対しても由々しき過ちを犯すことになる。自分自身のみならず、仲間たちにも多大の被害を与えるようになるだろう」。この《子孫》に対する威しは現実のものとなった。すなわち、一五七九年から一五八〇年にかけての一連の《事件》に連座したとして、後に断罪されるようになる何人かのポーミエ派は、絞首刑にあっただけではなく、財産まで没収され、しかも彼らの子供たちはその返還を求めるのを禁じられたのである。

ゲランはこうして恐怖という棒を巧みに操りながら、しかし多少とも偽善的に飴玉も与えた。「彼は（叛徒の代表たちに対し）、いかなる罰も与えず、全員を自分の庇護のもとに置くことを約束した」（A166）。

ゲランの言葉は、指導者が死んで士気が低下した詰め所の数少ない占拠者たちの上に、慈みと幻想とを同時にもたらす雨となって降った。「補佐役の（仲間の上位の）一人によって増幅された裁判官の言葉はきわめて激しく、ただでさえ、ジャクマール門を奪取した（ゲラン派の部隊）が向こうからやって来るのを目の当たりにしていた彼ら（ポーミエ派の者たち）を怯えさせた。防柵の中にいた有徳者たち（ゲラン派）は、自分たちと一緒にいる彼ら（ポーミエ派）が、何か抵抗しようとしているのではないかと恐れたが、寝首をかいたりせず（卑劣な手段で襲ったりせず）、（小さな砦から）退却して、（命を救ってくれるという）ゲランに従うことにした。実際、彼らは全員防柵から出てそれを打ち毀し、前記（クレリューの）市門から立ち去った」。これを受けて、ただちにゲラン派の小部隊が市門を支配下におさめた。ほんの少し前、ゲラン派の別動隊が（クレリュー門の東にある）ジャクマール門を完全に掌握したのとまったく同じように、である。ジャクマール地区がゲラン派に落ちた以上、ゲランの部隊にとって、それは掌握しやすい市門だった。

結局のところ、バリケードのこちら側と向こう側で、敵同士が互いに激しく奪い合うのを惧れたポーミエ派の最後の一角は、戦端を開くことなく闘いを放棄した。彼らは（未発の）局地戦に敗れ、同時に、（町の）全体戦にも敗れたのだ。

なおも市壁の下で右往左往していた、故ポーミエの仲間であり、忠実な信奉者でもある農民たちにとって、それは究極的な敗北のしるしとなった。「前記町に入りこみ、散々荒らし回ろうとやってきた農民たちは、一人残らず退却した」（A166）。神意が事態を《無事に》解決させたのである。(13)

これら一連の事件に関するピエモンの記述は、ゲランのそれと符合している。だが、それは、当然のことながら、ゲランが自らまとめた話より、彼により冷淡であった。事実、この公証人は、クレリュー門を指揮していた隊長ルー、通称ルギルが降伏したのは、ゲランではなく、「彼を敵から守っていたコンボヴァン氏」だったとしている。だとすれば、ゲランはもっとも過激な敵の間でさえ、いや、とくに彼らの間では信頼に足る人物とは認められていなかったのではないか……。それゆえ、降伏の申し出は、彼ではなく、その補佐役を選んでなされたのだろう。叛乱劇の続きは、いずれこうした慎重な降伏が正しかったことを示すはずである。

第9章 農民屠殺

ロマンのカルナヴァルが、ポーミエ本人およびポーミエ派の悲劇的な敗北によって終息し、近隣農民たちの侵入とそれによる略奪の危機が遠のいた二月一九日の金曜日、ゲランから助勢を頼まれた数百の貴族やその手勢が町に来て、盛大な宴会が始まる。それは失われたカルナヴァルの熱狂を取り戻すかのようであった。一方、町の「支配者」ゲランは革命参事会を設け、市門をすべて閉鎖し、手勢をそこに配置するなどの防衛策をとる。こうして三月には、ロマンはドーフィネにおける階級闘争の中心地たることを放棄し、地方自治主義に入っていく。しかし、経済的苦境はなおも解消されなかった。いや、それどころか、援軍の滞在費用がさらに町の財政を圧迫していた。同じ頃、ユグノー教徒に後押しされた農民同盟による叛乱の狼煙は、とりわけ北部の農村部でなおも燃え盛っていた。それはドーフィネ地方における農民戦争のいわば最終章にほかならなかった。

一五八〇年二月一六日、肉食の火曜日。カルナヴァルはその前に終息していた。それに続く数カ月の間に、農村叛乱は血に塗られた終末を迎えることになる。ロマンの町は、この時期から、ドーフィネ地方を揺さぶった三日間を越えて、次第に台風の目でなくなっていった。地形にたとえていえば、武装戦の急斜面が過ぎて、より傾斜の緩やかな地形に入ったのだ。それまでの数日間、ゲランはカルナヴァルのマキャヴェリとして、宇宙的かつ邪悪なシンボルとみなされていた。そして今は、郡庁所在地の政治屋に戻っていた。だが、鋭い爪と歯はそのままだった。

台風の目はドーフィネ地方のより北に位置する高地と平野部に、つまりヴァロワール一帯とビエーヴル一帯の一揆へと移っていた。

ロマンは周縁化していた。しかし、平常な生活の日常的な不協和音を見出そうとするなら、そこにはなおも一切が残っていた。抑圧、処罰、吟味、絞首刑、鞭打ち、追放、告白強制、拷問、公然たる侮辱、財産没収……。（ただし、公正を期すため、こうしたロマンでの弾圧が遺骸の実数、すなわち、騒ぎの渦中に殺された者や事件後に絞首刑に処せられた者を含む、二、三〇人にのみ行われたことを指摘しておこう。数カ月後の農民たちに対する虐殺は、一〇〇〇人をはるかに越える規模で行われた。この事実からすれば、ロマンにおける犠牲者数が相対的に少なかったのは、ごく少数だった都市人口と、圧倒的多数の農村人口との著しい不均衡を改めて物語るものといえる）。

　ロマンでの抑圧の権化とも呼べる裁判官ゲランは、まず完全に消えていない火が再燃しないよう監視した。クレリュー門の最後のポーミエ派はすでにほとんど降伏していたが、アントワーヌ・ゲランは援助を求める書状を三通、住民と孤立して向き合う、町のささやかなエリートに肩入れしてくれそうなさまざまな地方権力宛てに出した。一通は地方総督補佐官のモジロン、二通目はグルノーブルの高等法院、三通目は、ロマンを管轄するバイイ裁判所のもっとも身近な地方高官、すなわちサン＝マルスランの副バイイで、ゲランとは姻戚にあたるガラニョルに宛てた。

　ついでながら、ここでは、ゲランがドーフィネの《地方三部会》からの応援派遣を求めなかった事実に留意したい。三部会が、モジロンや高等法院、さらに副バイイとともに、地方権力の一翼を担っていたにもかかわらず、である。これに関して、三部会（とくに第三身分）が、ロマンの裁判官の超高圧的な野心に、かねてよりまったく賛同していなかった（この点で、三部会は他の権力と異なっていた）、ということを指摘しておかなければならない。もはや三部会は、ゲランの血生臭い主導権争いを水に流すつもりはなかった。さらにいえば、是非はともかく、おそらく三部会は、ゲランとその敵だったポーミエを、立場こそ反対だが、それぞれの陣営でともに激しい行動に走った同類とみなしていた。これに対し、モジロンと高等法院と副バイイの三者は、ゲランが暴走するのをひたすら座視していた。

　ともあれ、こうしてゲランは「モジロン殿に対し、前記敵（ポーミエ派の）に立ち向かうため、前記町（ロマン）に援軍を要請する（町の備えを強化してくれるよう依頼する）書簡をしたためた」。また、「（グルノーブルの）高等法院の評定官たち」にも書状を送っている。さらに彼は、「三人の使者にサン＝マルスランの副バイイ宛ての書状を託し、それぞれ徒歩と馬で出発させた。これらの使者に命じて副バイイ殿に書状を届けさせ、その中で一切を報告するためにである」（A166）。

だが、書状という方法だけでは不十分だった。配達にかかる時間、高等法院とモジロンの官僚的緩慢さ……。これでは、結果が出るまでにどうしても数日はかかる。抗い難いが、いざ動かすとなると何かと厄介な、これら権力のバネが作動するのを待ちかねて、精力的なゲランは、傘下のロマン貴族を一人派遣して、周辺地域の貴族たちを緊急にロマンに集結させようとした。彼らが、自分たちの城を焼き、新貴族に反対する農民・同盟派に恨みを抱いていたからである。こうして一部のエリートと貴族およびブルジョワの連帯が日の目を見るようになる。

肉食の火曜日の払暁、「前記夜に行われたあらゆる行為《去勢鶏王国》の粉砕）を目撃し、そのしるしを手につけた前記町に住む一人の貴族が、近隣の貴族たちに召集をかけるため、橋門から町の外へ」派遣された。「これらの貴族たちは、翌日（肉食の火曜日）の朝八時に、一二〇七ないし一二〇八人の手勢を引き連れて、（ロマンの町に）集まった」（A167）。（この数は住民数七〇〇〇の町にしては多すぎる。明らかに誇張されたものである）。

モンテリエやシャルペ、ブレット、ベヤンヌの領主たちや、ヴォーヌ領主アントワーヌ・ド・ソリニャックの武装部隊二〇〇人が、肉食の火曜日の朝、町に入り、治安維持にあたったということについては、ほかの資料から裏付けられる。アントワーヌ・ド・ソリニャック本人もロマンに駆けつけたが、これは、彼が、それぞれモジロンとトゥルノン伯とに象徴される、ロマンの寡頭支配とローヌ両岸の高位貴族とに密接に結びついていたことを物語るものであり、重要な意味を帯びている。

これら数百にのぼる貴族やその手勢は、何カ所かのオーベルジュで盛大に飲み食いしている。費用は町が負担した。ゲランのありがたい指揮のもと、町は彼らに、モジロンを後ろ盾とする正規の派遣部隊が到着するまで、食事や部屋、馬の飼葉を提供する約束をしていたからである。総勢一〇五人の貴族からなる部隊が町に入ったのは、二月一九日金曜日の「午後二時頃」（Ａ１６６）だった。それまでに町は完全に封鎖されていた（Ｐ８９）。新手の部隊は《住民たち》から「こういってよければ、まさに歓喜をもって」迎えられた（ポーミエ派は沈黙を守っていたか、あるいはこれに賛同した）。

灰の水曜日の二日後におけるこうしたポスト＝カルナヴァル的歓喜は、去勢鶏王国の虐殺によって祝うことができずに忘れられていた、肉食の火曜日の祝宴を取り戻したのではないか。明らかにそういえる。〔1〕いずれにせよ、人々は、ブルジョワジーであれ、非ブルジョワジーの《下層階級》であれ、叛乱農民たちが町に侵入して略奪する可能性が遠ざかり、「互いに農民・同盟派の専横から大過なく開放された」（Ａ１６７）ことを知って喜んだ。

モジロンの部隊には、反農民一揆《コントル＝ジャクリー》勢力が台頭していた、ビエーヴル地方のサン＝テティエンヌ＝ド＝サン＝ジョワールから馳せ参じた、かなりの数（約一〇〇名）の貴族も加わっていた。ウスタシュ・ピエモンが明確に記しているように、「このことは、ロマンの住民たち（ゲラン派）が貴族と一心同体であったということを示している」（Ｐ９０）。しばしば新貴族からなるこれら《反《コントル》＝農民《ジャック》》勢力は、町を荒らすだけでは飽き足らず、これを軍事的な支配下に置きさえした。「彼らはまた村々を走り回っては、農民たちを豚のように殺し、それゆえ（農民の）一部は森に逃げ込み、恐怖が過ぎ去るのを待った」（Ｐ９０）。

訳注1——ただし、日曜日と中日を除く四旬節期間中は、原則的に結婚式を含む一切の祝いごとが禁じられていた。

ロマンでは、各種の地元権力がこれまで以上にゲランに管理され、以後、力ずくの、だが表面上は穏やかな時期が支配するようになる。これらの権力当事者たちは、肉食の火曜日に続く最初の数週間、多少なりと安堵感はあったものの、大きな恐怖を想い出し、〔ゲランの〕抑圧策を担うようになる。その際、彼らは事態の急展開に下層集団が茫然自失となっているのにつけいった。事実、下層集団は大きな民衆蜂起の後で、とくにそれが失敗に終わった時に、まるで二日酔いにでもなったような《口の渇き》ないし《頭の重さ》を覚えていたのだ。

ゲラン派はこうした状況を利用した。すなわち、限定的な参事会と《拡大》参事会（実際は名ばかり）から不純分子を排除したのだ。これら会議体のポーミエ派ないし《臨時》のメンバーは面目を潰され、あるいは投獄された。中には、後に拷問を受けて、あるいはそれなしで絞首刑に処されたものもいた。こうして町は、ゲランの意のままに、ゲランによって組織されたいかにもおあつらえ向き《アド・ホック》の、臨時かつ違法な参事会の支配下に入った。つまり、意図的な封鎖状態に置かれるようになったのだ。まさにそれは、町の指導者たちの主導によって内部的に始められた自主的な町の封鎖だった。

以後、〔ポーミエ派を一掃した〕参事会と擬制的な拡大参事会では、だれもがブルジョワ風に平静さをすっかり取り戻し、互いに肉食の火曜日に行われなかった一大《虐殺》を語ることができるようになっていた。それは、隊長ポーミエが町の《名望家》に対して敢行する手筈になっていた殲滅作戦だった。もはや自分の行動が守れないと悟ったこの故指導者は、おそらく殺戮を目的として、自分と手を結んだ夥しい数の農民を町に入れようとした。ポーミエはこう糾弾された。

ただ、残念ながら、一五八〇年四月にグルノーブルの高等法院が作成した、ロマンでの抑圧に関わる訴訟記録は、どこかに紛失して残っていない。それさえあれば、歴史家として、ポーミエに対する死後告発のありようを明確にできるはずなのだが……。たとえそれが誇張されたものであっても、そこには明らかに真実の一端が含まれているに違いない。いったいそれはどのような真実なのか。

いずれにせよ、ゲランが設けた革命参事会――というより、むしろ反革命参事会――は、二月後半になると、活発に動き出すようになる。ゲランの突き上げもあって、かなり顔ぶれを一新した町の各種常設機関も、さまざまな対策を打ち出すようになる。こうして、ロマンの市門はすべて塞がれることになった。ただし、ジャクマール門とイゼール川の橋門は、偶然の結果でもあるかのように、開かれたままだった。むろん実際は、この二門が有力者たちの手で堅く守られていたためである。ポーミエの共犯者たちは武器を取り上げられ、《締め出された》。ヴォーヌ領主やビエーヴルやヴァロワールから来た民と対決するロマンのエリート層と協力して平民に対するため、ビエーヴルやヴァロワールから来た一四〇人あまりの貴族たちには、宿舎と食事が用意された。何度も頼まずとも、馬には飼葉用の燕麦があてがわれた。

これら一四〇人もの貴族を抱えるには、じつに法外な費用がかかったが、彼らに町にとどまるよう求めざるをえなかった。民衆の脅威が残っているかぎり、彼らがそこにいることが何より効果的だったからだ……。町はまた、トゥルノン伯の援軍も受け入れた。所領があったローヌ川西岸から、エリートと貴族、さらにはブルジョワジーの連帯という名のもとに、彼がロマンに善意と誠実さとに満ちた援助を申し出たからである。

町ではまた、パンの価格統制が実施され、パン職人はゲランが定めた最高価格を超えてそれを売ることが禁じられた。違反者には罰金が課せられた。もとポーミエ支持者たちが家財を整理したり、怯えた挙句に集団移住しようと、町から逃げ出したりするのも禁じた。「家財が持ち出された家には、再び家財が備えられた」。

やがて一五八〇年二月二二日には、貴族たちにとって、ジャクマール門やイゼール川の橋門よりはるかに《危険な》、クレリューとサン＝ニコラの両市門が、慎重の上にも慎重を期して再び開けられる。朝六時から七時までの一時間だけ開けられるこの二箇所の市門を通って、耕作者たち（ないし彼らの中で疑いを持たれない者たち）は、自分の農地に働きに出られるようになった。たしかに季節は、農作業の時期だった。いうまでもなく、これらの市門を守るため、貴族や地区の長に抜擢されたその従者たち、さらに貴族の「手足たち」がただちに徴用された。ただ、耕作者たちは、夕刻、ジャクマール門を通って町に戻るよう命じられた。こうすれば、彼らをよりよく監督できるからだった(1)……。

こうした単純な治安対策は、かなり速やかに緩和されていった。だが、それとは反対に、三月初旬から本格的な抑圧が厳しさを増していくようになる。すなわち、同月二日には、グルノーブルの高等法院から一時的に差し向けられた、評定官による臨時法廷がロマンに設置され、調査や裁判、拷問、絞首といった作業を開始するのだ。ゲランが支持者たちの怒りに委ねていなかった投獄者たちは、もはや牢獄の中で安閑としていられなかった。事実、彼らはやがて辛い目に遭うようになる。

だが、ロマンの町は財政的に窮地に陥っていた。町でもっとも重要な人物の一人であるガスパール・ジョマロンは、一五八〇年二月、借財のために獄舎に繋がれている。金融家のド・ブラニェが町の収入に対してもつ巨額な債権を、彼がかぶったのである。二月一八日、参事たちは懸命に動いて、何とかジョマロンの釈放にこぎつける(2)。一方、町の精肉商やパン職人に課せられた消費税ないし「タイユ税」は、一五七九年初頭以来、適切に徴収されておらず（町が経済危機に陥った結果）、計上ないし「正直に記帳」されてもいなかった(3)。たしかに精肉商やパン職人は、半年以上の長きにわたって反税ストを実施していたからだ。

❦ ❦ ❦

こうした悲惨主義《ミゼラビリスム》を背景として、きわめて空想的な噂がいろいろロマンを駆け巡った。ゲランの同意のもと、それは一五八〇年の二月から四月にかけて広まった。《叛徒たち》が陰謀を企てているとの噂だった。参事会での演説と権力当局に宛てた公の報告書の中で、ゲランはそれについてこう断言している。「それはまず、肉食の火曜日の日に、貴族や裁判官、さらには高等法院の評定官や聖職者、そしてロマンのあらゆるブルジョワ名士や商人たちを血祭りに挙げ、女たちも殺した後、自分たちが手にかけて葬った前記名士たちの才女と結婚し、すでに仲間同士で分配しておいた彼らの財産を奪い、最後に、町をユグノー教徒に委ねる……、というものだった」（A171）。

当然のことながら、そんな噂をだれもまるまる信じたりはしなかった。いや、まったく信じなかったといってもよいだろう。それはポーミエ派運動の信用失墜と、その運動に対する抑圧強化とを狙ったものだった。噂を構成していた三つの要素、すなわち殺戮と財産と性という三要素（エリート虐殺、財産の再配分、女たちの分配）は、しかし集団的な想像力に根づいていた。つまり、このような噂は、民衆蜂起と関わる時代の心的風景の一部をなしていたのだ。「歯の間にナイフを帯びた男」[2]のテーマが、一九二〇年代にヨーロッパの版画に登場し、しかもボルシェビズムの台頭を予感させたのとまったく同様に、ロマンの噂も時代の風景と溶け合っていたことになる。

こうした重要な噂話が、冬、春いずれのものだったにせよ、一五八〇年の二月を過ぎると、ロマンは、ドーフィネにおける階級闘争ないし集団闘争の中心地としての性格を最終的に放棄する。たしかにロマンの町は、結果的に何人もの死者を出した、そして、卑見では社会学的研究を正当化すると思われる司法弾圧の温床となる。だが、この問題を別にすれば、ロマンは以後長い間、陳腐で生彩のない、そしてもちろん、（時代が要請する……）悲劇のかけらもないことで嵩上げされる、いわゆる地方自治主義《ミュニシパリスム》に入りこんでいくのである。

一五八〇年の春から秋にかけてロマンの参事館でもたれたさまざまな審議資料は、もはや新しい市政（ゲランの支配下での）以外のことをさほど語らない。裁判官ゲランを後ろ盾とする町は、「ワンマン=タウン」となったのである。これらの資料では、町の経理課が、「直接税」ないし間接税（畜殺税、商品重量税、橋利用税、ワイン入市税など）の滞納金徴収になおも苦心しているさまが言及されている。また、旧参事たちの計算書の提示や、以後の地方三部会への代表派遣（これは難しい使命だった。プロテスタントと元同盟派が、イゼール川の両岸で通行を妨げているからである）についても触れられている。何人かの新しい住民の受け入れも記録されている（実際のところ、ロマンの人口が一時的かつ遠慮がちに回復するのは、おそらく一五七九—八〇年の騒乱後だが、それも一五八六年のペストで明確に打ち砕かれることになる）。

資料にはさらに、貧者問題という永遠の難問が、住民一般の貧困化によってより重大化したものとして述べられてもいる。住民たちはもはや物乞いに与える物すらもたず、あるいはもはや裕福でない振りをし、町の施しを求めてストを張る。そのあまりのひどさに、この問題を担当する市吏たちは、貧者たちに町で勝手に物乞いをさせたらどうかと考えたほどだった。

一方、ロマンの市吏たちは、ゲランに対し、彼が自分の損害を省みずに町の危機の際に貴重な尽力をしてくれたことへの謝礼として、数十エキュを提供しようともしていた（たしかにゲランは、自分が参事会で支配していた狂信的な信仰者たちに、こうした《褒美》を提案させるという働きはした）。町はまた、どうにかこうにか、というより、むしろ四苦八苦して、《遅配》になっていた賃金を支払っている。橋の管理人やゲラン派に属していた反革命の旧（すでに！）闘士、寄宿学校の教師たちの賃金を、である。さらに、散々苦労して、ひびの入った市壁をひとまず補修している。あるいは、まだ崩壊せずに残っていて、町にとってつねに危険な、盗賊たちの巣窟に変えられているとおぼしき周辺の城（たとえばペラン城）を取り壊させてもいる。

とりわけロマンは、（納税義務者が支払いを渋っていたため）たえず負債を抱えていた。新たな叛乱からロマンを守っていた、ヴォーヌ領主軍を初めとする各部隊の必要経費を捻出するための負債を負ってもいた。これらの部隊は、混乱した状況をよいことに、近隣の村から食料や家畜を徴発していた。ロマンの経済的窮乏と、リヨンなどの都市の大債権者の名で厳しく取り立てられる町の負債のため、参事たちは次々と牢獄に送られるようになったが、こうした状況は、一五八〇年の夏、マイエンヌ公率いる大軍が北西部からドーフィネに侵入したこともあって、ますます緊急の問題となっていった。金、秫、小麦、燕麦、ワイン、大砲運搬用の荷車……。町にはそれらが必要だった。加えて、ロ

訳注2—歯の間にナイフを帯びた男　反体制的人物の謂で、のちにコミュニストを指す表現となる。

マンを完全にプロテスタントと元同盟派の脅威から《解放》しなければならなかった。だが、そうするには、はたしていかなる代価（！）を払えばよいのか。

同じ頃、今度はロマン以外の地で、農民同盟の最終的な蜂起が企てられ、決定的な敗北をみている。ロマンで粉砕された同盟派は、なおもいくつかの村、とくにより北部の農村で活発に動いていた。そんな彼らにとって、ロマンでの敗北は青天の霹靂[3]といった印象を与えた。それでも彼らは地下に潜り、森に逃れて、自分たちを待ち構える弾圧から逃れようとしていた。そして一五八〇年三月、二〇〇〇を超える彼らが、ユグノー教徒と一緒に、火縄銃を手にボーヴォワール（サン＝マルスラン近郊）で蜂起した。ロワボンやモワラン、さらに高揚したヴァロワール一帯の他の村でも一揆の狼煙があがった。

こうした農民運動は、残酷な結末となったロマンの民衆運動と較べ、かなり自立的なものだった。二月初旬以降、ヴァロワールの村々もまた、課税の行き過ぎや不公平、そして貴族たちの免税特権に抗して立ち上がっていた。ユグノーの工作員たちは、レディギエールの顧問で、スイス流の民衆革命に精通していたジャンティエに後押しされて、密かにこの叛乱の火を煽りたてた。これら村々の農民や職人たちは、貴族や聖職者が享受していた免税を含む、あらゆる種類の特権に対する怨念なり憤りなりを爆発させた。彼らは、前年、いくつもの城が焼かれ、何人もの貴族が殺されたのを思い出した。一五七九年の夏に、各地の市参事たちを仲立ちとして、皇太后カトリーヌ・ド・メディシスに、自分たちの絶望的状況を訴えたことも忘れていなかった。しかしそれは、ドーフィネの歴史家ショリエが後に言うように、まさに「絶望を主君に訴える者は、主君を脅す者となる」であった。

結局のところ、一五八〇年二月初旬には、四〇〇〇あまりの農民が武器を取ったことになる。彼らは「いかなる貴族も一介の市民としてみなす(4)」、スイスの民主的・反貴族的モデルに想いを巡らしていた。そんな彼らの先頭に立ったのは、弁護士や公証人といった、小邑出身の弱小法曹家たちだった。

一五八〇年二月半ばにロマンで起きたカタストロフィックな民衆弾圧は、ヴァロワールの《大衆》の士気を挫くというよりは、むしろ呆然自失とさせるものだった。にもかかわらず、彼らは運動の《潮時》に条件をつけた。

二月から三月にかけて、モジロンはかなり燃え広がっていた叛乱を分裂させるのに成功する。ゴンスランで開かれた参事会で、彼は和解の言葉を連発し、叛乱がグレジヴォーダン一帯の町村にまで拡大するのを何とか防いでいる。さらに彼は、助勢を頼んだリヨンのマンドゥロ率いる援軍を大いに用いて、ヴァロワールの叛徒たちを粉砕することができた。これらの叛徒は、前週までに乏しい物資と糧食とを使い切っていた。同盟しているプロテスタントのレディギエールが、根城としている山から彼らに送った援助も遅れた。その上、彼らは分裂していた。火縄銃を手にした農民たちを含む、より闘いに慣れていた五〇〇人は、ボーヴォワールに砦を築いて立てこもり、老練なユグノー教徒の隊長ブーヴィエに指揮を仰いだ。

これに対し、物資不足で士気を阻喪していた同盟農民の寄せ集め部隊は、プレアルプス台地の麓に

訳注3――青天の霹靂　字義は「沼の中の敷石」。

位置するモワランに陣を構えたが、砦を築く余裕はなかった。人数もすでに二〇〇〇を切っており、一様に「精魂尽き果てて怯えていた」（P101）。そして一五八〇年三月二六日、まさにこのモワランで、彼らの半数以上が、モジロンとマンドゥロの率いる国王軍（騎兵一〇〇〇、歩兵三五〇〇）――一部リヨン兵が加わっていたが、ドーフィネ兵は皆無だった――に虐殺されるようになる。殺戮は残虐なものだった（ここで残虐というのは、往時のどちらかといえば人道主義的な規範に即してであり、二十世紀では、人々は流血沙汰により《柔軟》[4]になっている）。これはまさに村民屠殺とでも呼ぶべきものであり、一三五八年のジャクリーの乱を終わらせた大量虐殺や、一五二五年のドイツでの農民戦争にも匹敵する。

公証人ピエモンはこう語っている。モワランでは、「人々（＝武装同盟派）はすでに精魂尽き果てて怯えていた。そこに突然、（モジロン軍の）一部隊が（同盟派による）守りの手薄な防柵の一方から接近し、口々に《勝利はもらった》と叫びながら彼らを打ち破り、防柵の内側へと侵入した。だが、彼ら（同盟派）には守ろうという気もなく、ついに皆殺しに遭った。ただ、数人だけはその場を逃れて命拾いをした。戦死者九〇〇。二〇〇人が捕虜となった。ラピエール（同盟派指導者）を初めとして、数人は絞首刑に処された。囚人たちも大部分が（モジロンの兵たちによって）無残にも殺された。わたしはトゥルノン殿（ローヌ右岸の反同盟大領主）に関する次のような噂を耳にしている。それは、ただ一振りの剣で一七人も殺したというものである。じつにこれは、ドーフィネで起きた事件のうちで、もっとも嘆かわしく破廉恥な、そしてもっとも痛ましいものといえる」（P102）。

一方、ショリエは、これについて、モジロンの武装貴族の中心的人物が《憎悪を恥辱まで追いかけた》としている。怒りに駆られた彼は、自分の手で、かつて部屋付き小姓だった一人をクルミの木で絞首刑にしている。この小姓は、肉親や仲間たち何人かの影響で、同盟派となっていた……。

こうして勝利を収めた部隊は、自由勝手に略奪できるようになり、住民は奪われた財産の返却が期待できなかった。実際のところ、勝利者たちはドーフィネ出身ではなく、大量の戦利品を残らずドーフィネの外に持ち出してしまったからである。

モワランの虐殺劇は、すでにはっきりしていた問題を改めて映し出している。それは、農民たちのゲリラ的部隊では、たとえどれほど戦闘的であれ、都市の占拠ないし奪取を巡る正面対決や陣形戦では、とても正規軍には敵わないということである。

モワランでの血に彩られた大敗北は、しかし農民同盟の終焉を意味しなかった。同盟派はサン＝マルスラン近郊のボーヴォワールに築いた砦を、最後の拠点として強固に死守していたのだ。そこでは、モジロン軍（勇敢だが無鉄砲ではない）が対決を拒んでいた、ユグノー教徒の精鋭部隊が農民たちを支えていた。同盟派はこの砦を足場として、略奪やゲリラ戦を行っていた。彼らはまた、ゲラン派のロマン商人たちから、馬や小麦、金銭などを奪ったりもした。まさに復讐（！）である。モジロン＝マンドゥロ連合軍からは、弾薬や糧食を盗んだ。さらに、自分たちを裏切ったかつての仲間たち――農民や弱小市民――を襲ったが、これらの犠牲者はみな、地方権力の赦しを卑屈なまでに得るため、彼らに逆らったのである。

訳注4―ジャクリーの乱　フランス北東部のボーヴェー地方などで起きた大規模な農民叛乱。百年戦争初期のポワティエの戦い（一三五六年）で敗れた無給傭兵たちの略奪や、領主身代金調達のための重税賦課などに反発して、各所で農民が蜂起したが、ナヴァール王シャルルに粉砕され、指導者のギヨーム＝カイエは処刑、農民たちも国王・諸侯によって徹底的に弾圧された。なお、「ジャック」とは貴族による農民への蔑称。

こうしてユグノー教徒と結びついた《叛徒たち》は、「サン＝マルスラン（ボーヴォワール）に築いた砦を足場に、ヴィエンノワ一帯を何の障害もなしに往来していた。国王陛下（アンリ三世）にお
かれて速やかなご配慮がなされなければ、これによって、前記地域は将来にわたって徹底的な破壊と荒廃を蒙ることになるだろう……」（A171）。

だが、肝心のアンリ三世は、まさに状況次第で態度を豹変させた。一五八〇年の五月と六月には、パリの権力当局が新たに採用した寛大な措置によって、苛酷な春の司法弾圧が一部廃止されている。前述したように、ロマンやヴィエンヌの抑圧はかなり激しいものだったが、この新たな寛容策によって、かなりの数の農民たちが再編された同盟＝ユグノー派から離れ、安んじて家に戻っていった（P109）。

それでもなお、妥協を拒む強硬派は残った。そして一五八〇年五、六月、《反城主》の伝統にのっとって、彼らはヴィエンノワのファヴェルジュ城と、ビエーヴルのサン＝テティエンヌ＝ド＝ゴワール近郊にあるフォルトレス城を相次いで攻撃し、奪取・略奪した。(5) さらに、別の同盟派集団が、おそらく反ゲリラ軍と行き違いになったのだろうが、あらゆる助力が得られるヴァロワール一帯に侵入した。そして、貴族や聖職者たちを襲撃して財産を略奪したばかりでなく、彼らを獄舎に繋いだりもした。

一五八〇年七月六日の段階でも、彼らは一四〇人を数え、そのうち三〇人が騎兵だった。彼らはまた共犯者たちが牛耳っているサン＝タントワーヌの小村にも侵入し、修道院の家具や修道士を残らず盗みあるいは連れ出し、（動くことができなかった）九〇歳になる修道士を一人殺害している。それだけではない。通りかかった牛を何頭も奪ったりもしている……。しかし、帰途、隊長ボークレサン

の率いる国王軍の分遣隊の待ち伏せにあって、今度は彼ら自身が虐殺ないし追い散らされる憂き目をみている（P112）。

同年七月一八日、新たな噂がまたぞろサン＝タントワーヌに聞こえてくる。それは、同盟派とユグノー教徒の連合部隊が、ボーヴォワールの砦を出て、再度攻撃してくるかもしれないという噂だった。事実、カルデットの貴族領主が、この寄せ集め部隊に殺されている。新たな死者であった。「だれもあえて家から外に出ようとはしなかった」（P113）。だれもが家に閉じこもった。

七月末、マイエンヌ公の率いるカトリック＝国王連合軍が、ようやく（！）リヨンに到着する。歩兵七─八〇〇〇、騎兵二〇〇〇、工兵五〇〇。これに一八門の大砲を備えていた（P155）。全部で六連隊の編成だった。音に聞こえた、恐ろしいスイス人傭兵もいた。《うれしい》恐怖がドーフィネ地方に広まっていった。だが、ボーヴォワールとヴィエンノワ、さらにサン＝タントワーヌにいた同盟派は、彼らの砦がある低い丘から、アルプス南部のレディギエール派ユグノーの拠点を支えになおも踏んばっていた。

これら勇敢な男たちは、武器を捨てず、士気に衰えもなかった。そして、何事もなかったかのように、自分たちの陰謀を続行していた。事実、一五八〇年二月から夏までは、サン＝タントワーヌの弁護士だというランベールないしド・ランベールなる人物が、二重の大博打を打っている。彼は対立するモジロンとレディギエールの間でうまく立ち回った。すなわち、一五八〇年二月（ポーミエ殺害後）、彼はモジロンに対して恭順を約束し、サン＝タントワーヌの完全な服従を、ヴァロワールの他の町村代表ともども、この地方総督補佐官に申し出ている(6)。

ところが、その舌の根も乾かぬ四カ月後には、平然としてレディギエールに接触し、山岳部のプロテスタントと、ヴィエンノワの平地にいる同盟派との攻守同盟を持ちかけているのだ。[7]この裏取引は、（マイエンヌ公の脅威下にあった）一五八〇年八月、ディ（グルノーブル南西部）で開かれたプロテスタントの総会で承認されている。そして、この合意によって、同盟派は、プロテスタントがドーフィネにいるドイツの騎兵や歩兵〔いずれも傭兵〕を侵入させたら、「ただちに行動を開始し」、さまざまな町の重要拠点や市壁ないし城壁を奪取するとの約束がなった。

交換条件は、ユグノー教徒が、いずれ彼らの勢力下に入ることになるであろうヴィエンノワの非プロテスタント地域で、教皇主義の同盟派の仲間たちとともに、カトリックのミサに自由に与れる、というものだった。もっとも過激な牧師たちは、むろんそれに反対した。だが、駆け引き上手なレディギエールは、寛容さをたてに押し切った。たとえ成功とまではいかないにせよ、少なくとも生き残る最大の可能性を賭けて、北西部で目立つようになってきた、かなり強固な国家的・カトリック的脅威と対決しなければならなかったからである。

だが、残念なことに、われわれの親愛な同盟派の側に、平地戦であれ城砦戦であれ、まさに《ロードローラー》ともいうべき、マイエンヌ公の強大な軍に立ち向かえる兵力はなかった。レディギエールにはそれが分かっていた。彼は難攻不落な山中に立てこもっており、敵は大砲をそこに運び入れることができなかった。代りに、正規軍に対する防御の難しい丘の平坦地や平野部で、仲間の同盟派農民たちがマイエンヌ軍に蹂躙されるのを放っておいた。たしかに彼は、領主権に刃向かっている農民たちのことを、さほど重要視してはいなかったのだ。

マイエンヌ公は有利な立場にあった。この大柄で脂ぎった司令官は、予想外の柔軟さをみせて、「蜜と酢」[5]をばらまいた。蜜とは、ドーフィネ地方に入る前、「民衆蜂起の罪人たち」[8]に新たに赦免の約束をしていることである。では、酢とは何か。肥えた公爵があえて自分に刃向かおうとする者たちに、極刑と軍事的破壊とをもって威嚇した点である。

　こうしていよいよ、同盟派は手ひどい目に遭うようになる。

　八月から九月にかけて、マイエンヌ公はイゼール川沿いにドーフィネに軍を進めた。ところが、そこでもまた叛徒たちは取り返しのつかない過ちを犯してしまう。たとえば、スズメが自分より強大な敵が来た際に飛び立つように、森や野原に〔ゲリラ戦に備えて〕分散する代りに、彼らは要塞戦と短期的な攻囲戦、さらに陣形をほぼ整えての戦いに応じてしまうのだ。愚かなことだった。マイエンヌ軍の一隊が彼らに対して派遣される。《分隊》とはいえ、モジロンを指揮官とするそれは、兵四〇〇〇を数えた。こうして、一五八〇年九月九日、四〇〇〇の兵がボーヴォワールの砦を包囲し、やがて砦は、マイエンヌ軍の砲火を浴びて陥落する。周辺の平地には国王軍や傭兵たちがひしめき合っていた。「ひとことで言えば、それは悲惨以外のなにものでもなかった。（兵に飲まれて）ワインは底をつき、麦も打てず、大きな苦しみだけがあった……。おぞましいことに、略奪者たち（略奪兵たち）は四方を荒し回った……」。

　がんじがらめに包囲されて、ボーヴォワール砦の農民たちはもはや降伏するほかはなかった。「砦を指揮していた隊長フェランは、降伏して命拾いした。だが、武器を放さなかった邪《よこし》まな同盟派数人は、密かに殺された（マイエンヌ公とモジロンの兵隊によって）。他の者たちは身代金のかたにされた」（P116）。

訳注5――蜜と酢　「飴と鞭」の意。

一週間後、そこからさほど遠くない、ポン＝タン＝ロワイヤンの城とサン＝カンタンの村を押さえていた、ユグノー派の二人の隊長ブヴィエとダリエールも降伏する。だが、教皇主義の兵たちによるポン＝タン＝ロワイヤン城の奪還は、そこに陣取っていたカトリックの住民たちがレディギエールから厚遇され、以前ブヴィエといざこざがあったにもかかわらず、ユグノー派にきわめて忠実だったため、かなりてこずった[9]。

ブヴィエとダリエールの降伏後、二人の部隊に入っていた農民が数人、マイエンヌ兵に無残に殺されている。他のより幸運な農民兵たちは、戦争の掟にのっとって扱われ、武器携行の権利さえ与えられた。「こうして自分の武器を持った者たちは、サン＝カンタンの村近くまで送られた。他の者たちに対する扱いは、囚人も同様だった。そのうちのある者は身代金用にとどめ置かれ、ある者は幕舎の中で秘密裏に殺害された。ロマンのシブフ（同盟兵）もそこで殺された。ある貴族の頼みで、何がしかの金と引き換えに、モンリゴー地区（村）の農民を一人殺した兵もいた。復讐（村人たちに対する貴族たちの）を実行するのに、ちょうどよい時だったからだ。殿下（マイエンヌ公）は女たちが暴行されるのを避けたが、あるスペイン兵が娘を犯した。この兵は、同日、木に吊された……」。

以上が、ドーフィネにおける農民戦争（一五七八―八〇年）の顛末である。だが、これでマイエンヌ公の苦労が終わったわけではなかった。たしかに村の叛乱部隊に対する彼の鎮圧は、こうしてあまりにもあっけなく成功した。続いて（一五八〇年一一月六日）、彼は激しい攻囲戦のあと、「コット・ルージュ[6]」と呼ばれる女性が死守していた、ドーフィネ・プロテスタントの拠点ラ・ミュルを奪取するのにも成功している。しかし、それは高くついた《ピュロスの勝利》だった[7]。マイエンヌ公にとって、ラ・ミュル攻囲戦は克服できない難関を予示するものだった。事実、これ以後、ドーフィネにおけるカトリックの再制圧事業は失敗するようになるのだ。レディギエールが率いるユグノー派の堅固なアルプスの要塞は、いくら公が野心家ではあっても、とても歯の立つような相手ではなかった。

だが、このような事例は、やがて終焉を迎える村人たちの叛乱とは無縁である。以後、地方権力の中では、もはや農民叛乱は問題視されなくなる。されるのはただ、それに対する復讐ないし裏切りをどうするかということだけだった。そうした最終的な復讐を目の当たりにして、ピエモンは恐怖に飽き飽きしていたはずにもかかわらず、最後には激怒とも絶望ともつかぬ思いにかられている。事実、一五八〇年一二月、彼はこう書いているのだ。「マイエンヌ軍と傭兵たちが、リヨンとヴィエンヌの入り口まで、あちこち村を駆け回り、すべての村や市門を閉ざしていなかった町を襲い、略奪のかぎりを尽した。……まさにそれは、同盟に対する憎悪の後遺症にほかならなず、天に両手を挙げる以外救いのない貧しい村を貪りかねない所業といえる」(P124)。

このような所業は、たしかに以後消滅への道を辿る同盟運動を産み出した過激さを、結果的に阻止するようになった。加えて一五八〇年一一月には、ヴァランスの住民たちが、反同盟であることを示すため、手っ取り早い行動に出ている。つまり、周辺のユグノー教徒を襲い、六〇人あまりを虐殺したのである。これらヴァランス住民は、「ユグノー教徒とつながっていたとの疑いをもたれたため、じつはその逆であるところを見せたのだ」(P122)。こうしてヴァランスは、民衆という名の苦しむライオンに「ロバの足蹴り」〔8〕を食らわせたのである。

訳注6—コット・ルージュ 字義は、十二世紀から十六世紀頃まで男女が着た「赤いチュニック風上着」。

訳注7—《ピュロスの勝利》 とは、「引き合わない勝利」の謂。ギリシア北西部エペイロスの王ピュロスが、前二七九年、イタリア南部のアスクルムでローマ軍と戦い、勝つには勝ったが、自軍も大きな被害を受けた故事による。

元ポーミエ派の活動員は、一五八一年五月になってもなお数人絞首台に上げられている。彼らは商人たちを狙う盗賊や山賊に身を落としていたという。「一五八一年五月六日、サン＝マルスランの定期市から戻る六人のモンテリマール商人が、一〇人の恐ろしい盗賊に襲われた。だが、気丈な商人たちは最後まで抵抗し、金と商品を守った。そのため、盗賊たちは逃げざるをえなかった。商人のうち、三人が負傷した。この事件で、森に潜んで同盟派を指揮していた悪党のグリソン・ド・セールが捕まり、一五八一年六月三日に絞首刑に処された……。街道はこれで多少往来が安全になった」（Ｐ126）。

話はこれで本当に終わる。残るのは、せいぜいのところ、ユグノー教徒たちが、一五七九年から一五八〇年にかけてポーミエやその仲間の援助を受けた時と同じように、再度民衆の不満に支えられているという、漠然とした不安のみである。一五八一年三月一五日、ベリエーヴル＝オートフォールは、国務卿のルイ・ド・ルヴォル宛てに、次のように書き送っている。「小職といたしましては、ユグノー教徒たちがさまざまな陰謀を企てたり、民衆の不満につけこんで、何かできることを行おうとしていることはない、と確信するものであります……」[10]。

このような不安は杞憂のまま終わる。たしかに一五八〇年代、兵士たちはドーフィネ地方の貧しい民衆から勝手気ままに強奪を繰り返すが、これに対して、民衆が立ちあがることはなかった。ロマンのカルナヴァルとそれに続く荒廃のため、民衆は新たな蜂起に嫌気がさしていたのである。

訳注8―「ロバの足蹴り」とは、ラ・フォンテーヌの『寓話』に登場する表現で、弱者が弱まって攻撃される恐れのなくなった強者を攻撃すること。

第10章 カササギとカラスがわれらの目を穿った

一五八〇年二月末、カルナヴァル事件の連座者を裁くため、グルノーブル高等法院から派遣された六人の評定官がロマンに来る。彼らはまず首謀格のポーミエら三人に極刑の判決を下し、すでに死亡していたポーミエについてはその人形を絞首刑に、他の二人——羅紗職人のブリュナと精肉商のフルール——も拷問にかけた後、やはり絞首刑に処した。三月前半には三人以外のポーミエ派加担者を裁き、同様の判決を下している。そして四月、この臨時法廷は王国やパロディックな若者修道院を禁止する。これらの結社がロマンの騒動のもととなったからである。だが、修道院は一〇日も経たぬうちに復活し、五月の民衆祭を仕切るようになる。やがてロマンでの一連の裁判を終えたこの臨時法廷は、近隣の農民叛徒たちに対する審理を行い、その後、ヴィエンヌへと移動する。

蜂起ないし叛乱に対する民衆の嫌気は、とくに一五八〇年二月の事件に続く一連の司法弾圧に由来するものだった。この弾圧ないし抑圧は一考の価値がある。それが、ロマンという町に住む平民たちの《軍事的》枠組み、つまり彼らに襲いかかった断罪や処刑によって明らかになった枠組みに、生々しくも残酷な光を投げかけているからである。一時的ではあったにせよ、たしかに弾圧によってロマンの町は責め苦の園と化した。

ロマンにおける肉食の火曜日の小規模な虐殺は、「処罰する」ということに関わる問題を提起していた。そもそも罪人の認定からして、対立する派閥次第でいかようにも異なってくるのだ。叩かなければならなかったのは、はたして貴族の秩序をかき乱したポーミエ派だったのか、それとも《民衆》の虐殺者たるゲラン派だったのか。穏健派を含む第三身分の同盟勢力は、むろん二番目の解決策を選んでいた。

骨の髄まで同盟派だったウスタシュ・ピエモンの証言は、これについてはっきりとした態度を打ち出していた。そんな彼が書いているところによれば、「民衆を支持していた」ヴァロワール一帯の村人たちは、一五八〇年二月末、モジロンのもとに代表を送り、「ロマンの人々を罰した」者たち、つまり庶民を抑圧して死に至らしめた者たちを処罰するよう要求したという。

事実、この件で、ヴァロワールの教区から派遣された二人の代表が、地方総督補佐官のモジロンを訪ねている。モンシュニュとレタンという名のこれら二人の人物は、いずれもおそらく成り立ての貴族であり、穏健派だった（P90）。にもかかわらず、彼らは地元住民たちの意志を代表していた。二人のうちの一方は、ヴィエンノワ一帯のバイイであり、他方は一五七六年の全国三部会に（ヴィエンノワの）貴族代表として派遣されていた。したがって、すべての貴族が農民虐殺という狂気を分かち合っていたわけでは決してなかった。モジロンはこれら二人の使者に対し、処刑こそ行われるが、それはゲランのためであり、《民衆》を罰するためのものであると明言している。

こうした修復気運の中で、一五八〇年二月二七日、グルノーブル高等法院から派遣された六人の評定官がロマンにやってきて、〔三月二日に〕臨時法廷を開くようになる。彼らの役目は、生死にかかわらず、敗者を裁くところにあった。審理には、法院の部長評定官ビュフェヴァンと次席検察官リュゼも立ち会った（P91）。「歩兵三部隊」と貴族たちが「彼らを護衛していた」。

ロマンの町にこれら評定官が来たということは、カルナヴァルに特徴的な軍事的・司法的パレードの、最上の伝統のうちに位置づけられる。むろんにこの度は、パロディックなものではなく、至極真面目なものではあった。ともあれ、一五八〇年のカルナヴァルは、こうして破廉恥にも四旬節に入っても続くようになる。そしてそれは、じつに不愉快な、やがて冗談にしてはきわめて血生臭いものへと向かうのだった。

四旬節直前のジュール・グラ〔第8章訳注10参照〕に始まったロマンのカルナヴァルは、富裕者たちの人を食った行列によって、権力の派手な姿を見せつけた。時期を同じくして、四番目となる援軍部隊を率いてやって来たトゥルノンの領主も、ロマン周辺で小競り合いを愉しんでいる。彼は、自分に刃向かった農民たちに死の報復をしていたのである……。

一方、町に設けられた臨時法廷は、その審理を開始する。それはまず、もっとも大きな部分、というよりもむしろもっとも縛り首に値する者たちに襲いかかった。市民同盟の三人の最高指揮者、すなわち羅紗職人のポーミエとブリュナ、さらに精肉商のフルールが、大急ぎで訴追された。そして、すでに死んでいたポーミエは彼をかたどったマヌカンだけが、両足を空に向けて絞首刑に処された。ゲランによれば、ポーミエの体があまりに腐敗しすぎていたため、実際にこれを吊るすわけにはいかなかったという。生き長らえていたブリュナとフルールにも、当然極刑が宣せられたが、これには無用な飾りがつけられた。ポーミエの顔が描かれた簀《すのこ》に乗せられ、引き回された後で、拷問を受け、最後に絞首刑にされたのである〔1〕。

こうしたこと一切は、一五八〇年三月前半になされた。じつに迅速な裁判だった。これら三人を除けば、あとはいずれも取るに足りない小者ばかりだったが、彼らもまた三月前半に、生死を問わず、同様に裁判された。

ブリュナに対する拷問は、ただでさえ衰えを知らなかった弾圧をさらに強化した。この元叛徒の羅紗職人が、尋問されて、他の《罪人たち》の名を口走ってしまったからである。挙げられた名前の中には、シャムロンの名士ミシェル・バルビエ〔第8章参照〕の名もあった。同盟派はなおもロマン周辺の農村部で闘いを続行していたが、三月前半の時点で、彼はまだその重要な指導者の一人だった。三月二八日、ロマンの扇動者ないし《扇動された者（熱狂者）》が新たに三人絞首刑に遭っている。パン職人＝陶工のマトラン・デ・ミュール、パン職人の「パン・ブラン」、それに耕作者のモラ、通称ラグスだった。

《裁判(処刑)》はこうして一段落する。だが、一五八〇年三月三〇日、評定官たちは《串刺し》のように連なる新たな罪人たちに襲いかかる。この日は、ロマンの一五人ほどの職人と《耕作者たち》に対する審理が開かれたが、一五七九年二月に起きたカルナヴァルの最初の暴動に関しては、裁判官ゲランの記したメモが資料として取り上げられた。そして、彼ら一五人に対しても、次々と絞首刑が宣告されたが、その多くは幸いなことに欠席裁判だった。

評定官たちに休む間はなかった。同時進行的に、さまざまな村における農民叛乱の指導者や参加者たちに対する裁判も始めたからである。モンリュエルやヴェルーといった領主の執行吏に対してなされたこれらの叛乱は、一五八〇年二月以前までは、流血沙汰を伴わず、単なる心理劇を構成していたにすぎなかったロマンの事件より、はるかに血生臭く、はるかに残酷なものだったという。この農民叛乱の裁判でも、《絞首刑》が約一〇人に対して宣せられている。だが、そのうちの大半は、やはり欠席裁判だった。村人たちは、罠にはまり、市壁に逃げ道を遮られた町の戦士より、簡単に追っ手から逃れることができたからだった。

一五八〇年四月、グルノーブル高等法院の出先法廷ないし分院は、より包括的な措置をとることを決める。すなわち、去勢鶏、ヤマウズラ、雄羊といった王国や、モーグーベール大修道院[2]などを禁止してしまうのである。これらの結社は、民衆的・反民衆的運動の、いわば骨組みを作っていた。だが、禁令にもかかわらず、おそらくロマンでは、五月のさまざまな民俗的祝祭を契機として、反体制的な

訳注1――一般に、簀刑は処刑後の遺骸を簀に乗せて引き回す加辱刑だった。

訳注2――若者たちのパロディックな結社。第7章参照。

騒擾が復活していた。つまり、これらの禁令をもってしても、ブルジョワ的なモーグーベール＝ボングーヴェール大修道院が、公布後数十日以内に明確な形をとって現れるようになるのを阻止できなかったのである。

やがて、弾圧は日が経つにつれて次第に弱まっていった。一五八〇年四月一四日、緩和への最初の兆しがみられるようになる。すなわち、二月─三月の恐怖の最初期に、幸運にも予め絞首刑にあたわずと考えられていたかなりの数の被疑者が、武器を携行しない、町の集会に参加しない、といった軽い禁止条項を課せられただけで、釈放されているのだ。

四月二五日、周辺村落の村人たちに対する新たな訴追がなされた後で、臨時法廷はロマンでの審理終了を決める。次いで同法廷はヴィエンヌに移り、そこで同様の作業を行うようになる。この頃には、《事件》の記憶も、すでに最初の激しさを失い始めていた。

ヴィエンヌはロマンほど重罪ではなかった。それゆえ、抑圧の期間も、ロマンのそれより短く、苛酷でもなかった。一五八〇年六月一〇日、法廷は一切の仕事が終わった旨、言明する。そして、しかるべき威厳を保ったままグルノーブルに戻り、改めて高等法院に合体することになる(1)。

こうした訴追に関する一括資料から、わたしは、ロマンの民衆的カルナヴァルを指導した者や参加者たちに関する包括的な研究を引き出した。これにはさらに追加しなければならないものがある。それは、ドーフィネの農民戦争の基盤と方向に関わる農民叛徒たちがもっていた、性急でより断片的だが、より印象的な考え方にほかならない。

訴追され、断罪されたこれら活動家たちのことを多少とも詳しく検討するに先だって、わたしとしてはある先決問題を解決しておかなければならない。それはユグノー教徒に関する問題である。ゲランは彼らがロマンの民衆《策謀》に加担したとして非難している。この点に関するかぎり、彼は完全に間違っていたとはいえない。プロテスタントのレディギエールは、オート=アルプス地方の山中にある軍事拠点の山城から、仲介役に送りこんだ密使を通して、ロマンの濁った水溜りで遠隔操作の釣りと決め込んで満足していた。だが、ロマンのプロテスタントはどうだったのか。彼らはロマンのカルナヴァルで控え目な役柄を演じたのか。だとしたら、それはいったいどのようなものだったのか。

これについては、答えを与えてくれるより古い資料がある。すなわち、一五七二年八月二四日（サン=バルテルミの虐殺の日）、裁判官ゲラン――またしても彼だが――は、町に住むプロテスタントの家に、税ないし罰金を払うよう命じている。（その数日後[2]、煤で顔を黒く塗り、仮面仮装をした彼は、獄舎にいたプロテスタント数名の殺害を実行して、表舞台に登場するようになるのだ！）。この罰金を徴収するには、町のプロテスタントたちのリストを、ほぼ各家の資産に応じて定めた税額とともに作成しなければならなかった[3]。リストには各戸の家長名が一二八載せられた。これは、ロマンの戸数の一〇％弱に相当する。したがって、市民の大部分（九〇％以上）は、以前からのカトリックにとどまっていた、もしくは（再）改宗者だったことになる。だとすれば、ほかならぬこれらの住民たちが、すでに一五六〇年初頭に兆しが現れていた、町のプロテスタンティズム化の爆発を防いだともいえる。
たしかにロマンの《エリートたち》は、ユグノー派の宗教改革に影響されてはいたが、影響の度合いはたいしたものではなかった。ちなみに、一五七二年、ユグノー教徒の《富裕者たち》は一五リーヴル、二〇リーヴルないしそれ以上（手工業者や他の《細民》の場合は、三リーヴル、五リーヴル、さらには一〇リーヴル）が課税されていた(4)。これら富裕者の中には、ロマンの参事たちが作る《上流階級》のうちでもっとも地位の高い名前も入っていた。ジャン・ド・ヴィリエ（のちの参事。おそらくやがてカトリックに改宗したと思われる）、ジャン・ギグ〔第5章参照〕、トメ一族のジャン、マトラン、アントワーヌ、さらにアントワーヌ・ブイロー、ジャン・マニャ、ガスパール・シヴェなどである。

これら《申し分ない人々》である上流人士たちの名前は、一五八〇年の体制側リストにも再び登場している。彼らはそこで、厳格なゲランと（やむなく）連帯した軟弱な一派を形成していた。そんな彼らのうち、少なくともジャン・ギグだけは、一五七九年の春に、一時的ではあるが、《民衆側》と戦術的な同盟を結んでいる。だが、前述したように、やがて彼は変節し、ゲランの方につくようになる。

一五七二年のユグノー教徒リストで職業が明記された者についていえば（こうした明記がなされているのは、残念ながら少数にとどまっている）、かなりの数がはっきり職人ないし店主と記されている。すなわち、商人と公証人各一人、羅紗職人四人、漂白職人、荷鞍職人《バスティエ》、研磨工《ロディエ》、綱職人、指物師、靴下職人各一人、石工二人といったようにである。隣市ヴィエンヌの場合、一五六〇年代のユグノー教徒は手工業者が大多数で、残りはブルジョワとごく少数の耕作者とブドウ栽培者だった。同じことは、ロマンについても当てはまるだろう。

こうした事実は、プロテスタント勢力が台頭しつつあった当時の南仏全体にとって、普遍的な価値を帯びていた[5]。しかしながら、それは、これらユグノー教徒の職人たちが、一五七九—八〇年におけるロマンの反体制的運動の枠組みを形作っていたことを意味しない。ただ、一五八〇年のカルナヴァル後の弾圧で《処罰された》ユグノー教徒も、一人だけいた。一五七二年に一〇リーヴルを課税されている鍛冶師のアントワーヌ・ニコデルである。彼以外に、一五八〇年に絞首刑に処され、あるいは単に《抑圧》されることになる者は、一五七二年のユグノー教徒リストには入っていない。

だが、サン＝バルテルミの虐殺があった年、彼らはユグノー教徒であるかどうかではなく、その年齢（三〇代ないし四〇代過ぎ）ゆえに、こうして課税されているのだ。一五七九年の叛徒たちの中に、一五七二年のリストに記載されたプロテスタント職人がいなかったということは、別段驚くに値しない。サン＝バルテルミの虐殺とそれが産み出した恐怖の空気のため、ロマンのユグノー教徒たちは一五七二年以降、ジュネーヴに大量移住するようになったからである[6]。それは、南仏の都市について記録された移住劇の中で、もっとも大規模なものの一つ（！）だった。彼らは、恐ろしいゲランから、できるだけ遠くに逃げることを選んだのである。中にはまた、プロテスタントをやめ、カトリックに改宗する者もいた。聖書という《命の水の泉》を棄て、教皇主義という《亀裂の入った貯水槽》へと戻っていったのである。

各地でみられたプロテスタント迫害《ポグロム》と結びつく、こうした棄教ないし国外脱出という行動は、一五七九—八〇年の職人蜂起に際して、プロテスタントがそれを指揮する可能性を奪った。それゆえ、蜂起の指揮は、彼らではなく、「カトリック」の同宗団（聖ブレーズ、聖霊各同宗団）が担った。これらの同宗団は、一五六二年のロマンに短期間ながら実現したプロテスタント独裁体制にとっては、いわば不倶戴天の敵だった。そして、この体制が続いた間、同宗団は一時的に解体を余儀なくされていた。

以上のことを要約すれば、次のようになる。すなわち、ユグノー教徒のブルジョワジーは一時期ポーミエと親しい関係にあったが、やがて作戦を変更し、「反」同盟の緩やかな枠に入ったのである。一方、ユグノーの職人たちは、弾圧による殺害や移住によって、平民同盟の運動には脇役としての役割を演じただけだった。せいぜい一部のプロテスタントが、カルナヴァルの際の民衆王国、つまり野ウサギ王国のメンバーに加わったにすぎなかった。

とはいえ、もとよりそれは、ゲランに対するプロテスタントの深い怨恨が、ほかでもないゲラン本人によって仕組まれたドーフィネ版サン＝バルテルミの虐殺後に、再び燃え上がっていたことを否定するものではない。まさにこの怨恨が、一五七九年に、ロマンやとくに周辺村落で、反ゲランの力を育む土壌の一つとなったのだ（A30）。それはまた、ポーミエとその仲間たちが、たとえカトリックであったにせよ、遠くにいた山岳派プロテスタントの指導者であるレディギエールとともに、ロマンの平民たちを完全に操作していたということも否定しない。

重要なのは次の点である。すなわち、ロマンのカルナヴァルは、何よりもまず「市壁内」のカトリックたちのものであり、ゲランをして手工業者の同宗団と対立させたものにほかならない、ということである。これらの同宗団は、守護聖人の旗印のもと、町で暴政を行っていたマフィアに対する民主的な闘いを敢行した。まさにそれは、同じカトリック同士の上下入り乱れての闘いだった。大半がカトリックであるこうした下層集団の《混乱》は、われわれにとってきわめて興味深い現象といえる。

一五八〇年の三月から四月にかけて、有罪を宣告されたり、絞首刑や拷問に遭ったり、血が出るまで鞭打たれたり、あるいは欠席裁判がなされた者たちを統計的に調べても、ロマン全体の社会構造がつくるより漠然とした背景の輪郭が、辛うじて分かるにすぎない。

そこで以下では、すでに参照しておいた一五七八年のタイユ税台帳(7)によって、ロマン社会を分割する四通りの《資格》の内容について再検討したい。まず、《第一資格》の納税義務者の中には、同じ資格の仲間たちに反対して、ポーミエ派の部隊と実際に連帯した人物が一人だけいる。ミシェル・バルビエ、通称シャンプロンである。ごく表面的にいえば、このバルビエなる人物は、一五八〇年に死刑判決を受けながら生き延びた《一群》に属していた。事実、彼らは欠席裁判を受けた組で、審理が始まる前に、賢明にも逃亡を決意し、おかげで初期の恐ろしい弾圧を避けることができたのである。彼らにとって、状況がより悪くなる可能性はなかった。バルビエも判決の数カ月後に赦免となった。そして一五八六年、彼はロマンの参事に選ばれている。だが、この年、彼は絞首台に上る代りに、何千という同郷人同様、ペストに罹ってベッドの上で息を引き取っている。

ところで、一五七九年から一五八〇年にかけて、ミシェル・バルビエは本当にロマンにいたのだろうか。じつを言えば、彼がロマンの住民となるのは、優れた弁護士として、次いで参事としてロマンで大成功を収めるようになる一五八六年のことだった。一五七九年時点では、彼はロマン市民ではなく、村在住のきわめて裕福な名士にすぎなかった。まだ《村脱出》を果たしていなかったのだ。とはいえ、おそらく彼は新たに手に入れた家を一軒、ロマンに有していた。この持ち家に対する税額は低く、僅か一エキュだった。彼について、これ以上取りたてて言うことはないが、一五八〇年、バルビエは、「農民」叛乱に実質的に指導者として加わった、「村の」有力者集団の代表者となっている。だが、彼自身はいわゆる「町の」叛乱に関わっておらず、したがって、それを指導するといった目立った動きもしていない。

だとすれば、全体的にみて、第一資格の集団（簡単にいえば、土地からの収益や官職、さらに不労所得で優雅に生活していたブルジョワたち）は、町の叛乱に何ほども連座していなかったといえるのか。いや、実態はまるで逆（！）である。何よりもゲランがいる。財産のヒエラルキーではなく、人々を操った点で最大の人物たる彼を擁するこの集団は、反革命的な要素、より正鵠を期していえば、すぐれて反叛徒的な要素を具現していたのである。

⁂

次に、エリートたちの第二カテゴリーをみてみよう。そこには商人や公証人、さらにその他の小売商ブルジョワジーが含まれる。彼らは多かれ少なかれ富裕であり、いずれにせよ手工業者とは一線を画していた。このカテゴリーに関するかぎり、明確な分析ができる。すなわち、規模の大小を問わず、こうした商人や公証人からなる集団は、反体制運動に指導者のみならず、おそらく兵卒すら送りこんでいない。それゆえ、一五七八年のタイユ税台帳に記載されたこの《第二資格》の納税義務者のうち、一五八〇年に有罪判決を受けた者は、たとえ欠席裁判であれ、実際に絞首刑に遭った者であれ、いなかった。むしろ反対に、彼らは第一身分の《金利＝地代生活者》とまったく同様に、体制側に根本的な骨組みを提供していたのだ。(9)

❦ ❦ ❦

では、第三資格に属する納税義務者、つまり手工業者たちはどうだったか。最初に注目すべき点は、記述資料からも推測できるように（ただし、《民衆蜂起》に関する歴史家たちの著作につねに依存してはならない。資料は事例次第で変るからである）、叛乱の真の指導者が求められたのは、彼らのうちからだった。一五八〇年の二月から四月までに、ロマンの「町の」事件に連座し、あるいはそのために断罪された二六人の中で、エリート階層に属する者は一人のみだった（ミシェル・バルビエのことだが、前述したように、彼の役回りは町の外、つまり完全に農村的なものであった）。そこには七人の農民も含まれていた。しかし、職人は一八人おり、《叛徒》全体の六九・二％にのぼっていた。さらにいえば、これら一八人のうち、五人が羅紗職人だった。とすれば、これが飛びぬけて典型的な職業だったといえる。

このことは、聖ブレーズの同宗団に組みこまれ、叛乱の口火をつけ、その指導と扇動を行った、羅紗職人の主導権に関するゲランの指摘からも裏付けられる。こうした《叛乱》羅紗職人のうち、飛びぬけて目立つのは、いうまでもなくジャン・セルヴ、通称ポーミエである。しかし、ロマンと周辺地域における運動の最高指導者だった彼は、すでにみたように、殺害現場に置き去りにされたにもかかわらず、有罪の判決を受け、彼になぞらえたマヌカンが、両足を上にして吊り下げられている（一五八〇年）。ちなみに、彼は二・二エキュのタイユ税を払っていた。これは彼がかなり裕福だったことを物語っており、一五七八—七九年のロマンの一般的な職人の平均的な税額（一人あたり一・二エキュ）より明らかに多かった。

もう一人、目立った羅紗職人としてギヨーム・ロベール＝ブリュナがいる。同盟派の二番目の指導者だった彼は、一五八〇年の二月から三月にかけて拷問・絞首刑に遭っている。彼の場合、一五七八年に一・二エキュのタイユ税を納めている。ちょうどこれは職人の平均的な税額に相当するが、当時の同業職人の最頻値《モード》（〇・八エキュ）よりは多い。一方、同じ羅紗職人でも、ロマンの過激派の重要人物で、一五八〇年の三月—四月に財産没収の有罪判決を受けたジャン・ベッソン、通称マサクル[3]は、二三九エキュの罰金を払った上、血が出るまでの鞭打ち刑と一〇年のガレー船送り、王国からの追放といった措置をこうむっている。彼が一五八〇年に納めたタイユ税もやはり一・二エキュだった。

さらに、別の羅紗職人フランソワ・ロバンもまた叛乱に加担していたが、その指導者としての役割は、セルヴやブリュナ、あるいはベッソン＝マサクルほど明確ではなかった。それゆえ、彼に対する判決は財産没収と三五エキュの罰金だけだった。残るもう一人の羅紗職人ジャン・ジャックは、欠席裁判で絞首刑と罰金一二九エキュが宣告されている。彼は叛乱の旗印を高く掲げた羅紗職人集団のうちでもっとも貧しく、一五七八年には〇・八エキュのタイユ税を納めただけだった。これは職人一般の平均を下回る税額だった。ただし、羅紗職人の最頻値とは一致している。つまり、華やかさとは程遠いが、「極」貧というわけでもなかった。われわれの一五七八年の基準によれば、極貧とはおそらくタイユ税が〇・一ないし〇・二エキュ程度の状態をいうはずであり、いずれにせよ〇・八エキュをかなり下回っていた。

叛乱に連座し、断罪された指導者および扇動者という点で、羅紗職人の次に位置するのは、二人の精肉商である。まず、同盟派の「大法官」とも呼ばれたジョフロワ・フルールは、彼らのカルナヴァルが失敗に終わった後に拷問にかけられ、絞首刑に処されている。彼はポーミエやブリュナとともに、ロマンの過激な同盟派を指揮した三頭政治の一翼を担い、精肉商たちのセクト的な要求行動を、職人全体の闘いに結びつけていた。そんな彼が一五七八年に納めたタイユ税は二・四エキュ。かなりの税額といえる。

叛乱の同志で、やがて不幸な目に遭うフランソワ・ドルヴェもまた精肉商だった。しかし彼は、一五八〇年三月に、より《罪深い陰謀》の実行に加担したとして有罪判決を受け、血が出るまでの鞭打ち刑と武器携行の禁止、および財産没収という処分にとどまった、多少とも傷の浅い者の一人だった。一五七九―八〇年の《事件》前まで、彼は一般の精肉商同様、どちらかといえば裕福であり、実際に二・八エキュのタイユ税を納めている。これは、ロマンの納税義務者のまさに平均的な税額で、ジョフロワ・フルールを上回っている。つまり、フランソワ・ドルヴェは《連座＝断罪者》の集団内で二番目に豊かだったことになる。課税資産と税額の面で彼を凌いでいたのは、同業の職人であるルー、通称レギルのみであり、その税額は三・八エキュだった。

羅紗職人とそれに続く精肉商とは、こうして同盟運動の指導的な中核を担っていた。だが、有罪者の表彰台には、両者以外の職種も上っている。まず、パン職人のアントワーヌ・フレン、通称パン・ブランである。彼のタイユ税〇・八エキュは、ロマン市民の職人集団もしくは《第三資格》の最頻値

訳注3―マサクル　字義は「虐殺」。

とほぼ一致していた（若干平均を下回る程度）。彼は裏切りと、（ロマン自体に対する数々の《悪事》に加えて）サン＝マルスランの鍵を、この小村の叛徒たちに渡した廉で告発され、絞首刑に処せられるようになる。

　次にくるのは、靴職人のジャック・ジャック（タイユ税〇・八エキュ）である。彼に対する刑は、流血鞭打ちと一〇年間のガレー船労働、それに王国からの永久追放だった。パン職人＝陶工のマトラン・デ・ミュル（同〇・八エキュ。職人の最頻値）は絞首刑となり、一六〇エキュの罰金を支払った後、財産没収の憂き目に遭っている。大工のピエール・ランベール、通称「ル・グロ」[4]（同〇・八エキュ）に対する処分は、血が出るまでの鞭打ち刑、武器携行の禁止、財産没収だった。さらに、ユグノー教徒の鍛冶師アントワーヌ・ニコデル（同一・四エキュ。最頻値より多く、職人集団の平均税額よりも若干多い）の場合は、金敷やハンマーをふるっていただけでなく、叛乱で重要な役割も担っていた。それゆえ極刑を宣せられ、実際に処刑されている。

　有罪者リストの中には、さらに六人の職人が名を連ねている。そのうちの一人はおそらく旅籠兼食堂の主（《亭主《オート》》）である。他の五人の職種は分からない。

　きわめて貴重な一五七八年度のタイユ税台帳のおかげで、連座＝断罪された一八人の職人を、ロマンの財産序列、とくに職人のそれに完全に並べることができる。これら一八人のうち、実際に富裕だった者はだれもおらず、エリートたちの二集団に属する約二〇人のように、タイユ税が一〇エキュに達した者もいなかった（エリート層の中で、たとえばガブリエル・ロワロンは一八・六エキュ、隊長アントワーヌ・コストは四一・四エキュという高額納税者で、それぞれ富裕金利生活者と富裕商人だった）。

	職人集団の18人の《連座＝断罪者》のうち		職人全体の637人のうち	
税額	納税者数	%	納税者数	%
0.8エキュ以下	0	0.0%	106	16.6%
0.8エキュ（最頻値）	7	38.9%	257	40.3%
0.8エキュ以上	11	61.1%	274	43.0%
合計	18	100.0%	637	100.0%

だが、こうしたことから、一八人の連座＝断罪者がかなり貧しかったと結論づけてはならない。その全員が実際には平均値周辺におり、大半が彼らの職人集団の中では《ごく平均的》な資産水準にいたからである。ここで想起したいのは、ロマンの全体的な税額が、一五七八年に納税義務者一人あたり一・四八エキュだったとすれば、職人の平均税額はそれより若干低めの一・二エキュにすぎなかった、ということである。そして、職人の税額最頻値は〇・八エキュだった。

同じことは、一般的に市民の税額の最頻値についてもいえる。一五七八年のそれはやはり〇・八エキュだった。一方、以下でさらに分析する連座＝断罪者という限られた集団を越えて、職人集団の全体をながめてみれば、六三七人のうち一六・六％にあたる一〇六人が、〇・八エキュの最頻値を下回る経済状態であり、四〇・三％の二五七人がまさにこの最頻値の線上に位置していたことが分かる。そして、残りの二七三人、つまり四三％がより豊かな者たちで、〇・八エキュ以上を納税していた。

これを比較してみれば、《連座＝断罪者》の限定された職人集団が、ロマンのあらゆる職人の包括的な（あるいは彼らを《包括する》）集団より、幾分豊かだった、もしくは平均して貧しくはなかったことが一目

訳注4―ル・グロ　字義は「肥った男」。

で分かる。この結論は、ここで用いたのと同様の分類基準を使った場合でもはっきりみてとれるはずである。わたしが《限定的集団》と名づけた一八人の《連座＝断罪者》職人のうち、職人一般の最頻額すら納税していなかった者、換言すれば、〇・八エキュ以下しか払わなかった者は「皆無」である。これに対し、前述したように、「包括的な」職人集団では、こうした納税者が〇％ではなく、じつに一六・六％もいるのだ（前頁表参照）。

次に、同じ表の二行目（横）に目を転じてみよう。〇・八エキュの最頻値線上における比率は、《連座＝断罪者》の場合も職人の包括的な集団の場合も、それぞれ三八・九％、四〇・三％と大差ない。これが三行目になると、（連座＝断罪者一八人のうち）、六一・一％にあたる一一人が、最頻値である〇・八エキュ以上の税額を納めていることになる。一方、包括的集団六三七人についていえば、そのうちの二七四人（比率は前者より明らかに少ない四三％）がここに入っているだけである。《連座＝断罪者》職人の限定的なサンプルは、したがって（表の「下方」へと少し目をずらしていけば）、全体として包括的職人のサンプルより多少とも豊かであったといえるのだ。

では、この《連座＝断罪者》の限定されたサンプルは、基本的に豊かな職人だけからなっているのだろうか。そうしたことは決してない。だが、たしかに有罪判決を受けた彼らは、経済的に悲惨な状態にはなく、職人集団の平均的な層にあった。その大半（九七・二％）が一五八〇年の裁判とは無縁だった、職人たちの集団全体には、一五七八年の税額が三・八エキュの水準を「越える」裕福な者ないし分限者もかなりいた。連座＝断罪者のサンプルでは皆無だったが、全体の二・四％にあたる一五人がこれに該当する。

以上のことを結論づけるには、ロマンの職人集団を、貧しい順ないし《資産が増加》していく順に、

職人分布比率

	下層集団	中＝下層集団	中＝上層集団	上層集団	合計
A　包括的職人集団	16.6%	40.3%	40.7%	2.4%	100%
B　断罪職人たち	0	38.9%	61.1%	0	100%
C　比較（B／A）	−	♯	＋	−	

四通りの下位集団に分割するのがよい。ここでは、われわれの研究ないし柱状図《イストグラム》から明らかになったのと同様の基準に従って、（上表の左から右に）下層（税額〇・八エキュ以下）、中＝下層（同〇・八エキュ）、中＝上層（同〇・八―三・八エキュ）、上層（同三・八エキュ以上）の職人集団に分けて考察しよう。

　この表から明らかなように、反体制職人たち、あるいは彼らの中で、少なくとももっとも指導的で積極的ないし《熱狂的》だった職人たちは、彼ら固有の集団〔B〕の貧困層や富裕層にはいない。彼らはこの集団のもっとも典型的な層（最頻値線上ないし中＝下層）を出自としている。また、彼らの中でもっとも影響力のあった者たち（ポーミエ、ブリュナ、フルールほか）は、いずれもBの平均層と上位層（中＝上層）の出身である。

　ロマンの民衆運動のもっとも重要な指導者ないし扇動者を何人か生み出した、この少し豊かな、いや相対的にみればかなり豊かな層については、司法弾圧に関する資料によって、（納税・課税資料だけを用いて行うより多少とも正確に）規定し、明示することができる。諺にいうように、いかなる《者》にも、それぞれの身分や功績に応じて敬意を払わなければならないのだ。まず、指導者のポーミエ本人から検討していこう[10]。

彼が初婚でもうけた娘と再婚の妻（寡婦）による賠償手続き（その死と財産没収の後になされた）は、彼の前歴やそこそこの、だがはっきりした資産についていろいろ教えてくれる。それによれば、ロマンの《事件》の二〇年ばかり前の一五六〇―六二年、この将来の指導者は年齢が二〇歳から三〇歳の間だった。当時、彼は相次いで二度の、どちらかといえば派手な結婚をしている〔第5章参照〕。最初の結婚相手（一五六〇年二月二七日挙式）は、ロマンの名門で、地元で手広く商いをしていた商人ジャン・トメ（故人）の娘アントワネット・トメだった。トメ一族は町の生え抜きで、グルノーブルの高等法院にも人材を送りこんでいた。花嫁の婚資は一六〇エキュ、つまり大雑把にいえばブドウ園二・二ヘクタールを買える金額だった[11]。

だが間もなく、アントワネットは、おそらくは産後の肥立ちが悪かったためだろう、一人娘を生んで他界してしまう。そして二〇年後、この娘が、父の死後も生きていて、亡き母の婚資分の返還を裁判所に訴え出たのである。男やもめとなったジャン・セルヴ（当時、すでにポーミエという通称で呼ばれていたかどうかは不明）は、一五六二年一一月二〇日、マルグリット・ロワロンと再婚するが、ロワロンという家名もまた、ロマンでは、名門ブルジョワとしての栄光を享受していた。ポーミエ死後の一五八〇年春、寡婦となったマルグリット自身の婚資や相続などによる財産は、およそ二八〇エキュ、ブドウ園でいえば約四ヘクタール分あったと想定される。

生前、ポーミエは、こうして二人の妻がもってきた、六ヘクタールのブドウ園にも匹敵する富を管理していた。これに（親方）羅紗職人としての稼ぎを加えれば、彼の資産は全体でブドウ園一〇ヘクタール分にも相当したはずである。彼はさらに、ロマン近郊のペラン村にも一五エキュ、つまりブドウ園二ヘクタールに値する土地と納屋を所有していた。たいした額ではないにしても、悲惨さとは無縁のものだった。まあまあの、だが快適な生活が送れる中産階級といったところだった。

村（モンミライユ）で生まれ、おそらくは農民出身だった若いジャン・セルヴ（一五六〇年時点で二〇ないし二五歳）は、教区一番の色男で、勇躍町に乗りこんできた。魅力的で快活、加えて元気のよい雇われの羅紗職人だった彼は、家族を大いに喜ばせたに違いない結婚を二度までもしている。一石二鳥と名人芸！　ともあれ彼は、二度の結婚によって町の有力なブルジョワ一族であるトメ家とロワロン家とつながることになった。しかも、トメ家はロマンでの世間体を重視していたにもかかわらず、一五六〇年に短期ながら婿となったジャン・セルヴに、最後まで奇妙な好意を変わることなく抱き続けたのだった。

たしかに、一五六〇年代初頭の二度にわたる結婚は、彼に社会的栄達という輝かしい約束をしてくれたが、それは以後二〇年間に多少とも破綻をきたしている。ポーミエはなおもほどほどに豊かだったが、ただそれだけであり、職人集団の中にとどまっていた。商人集団に入る上で決定的な障害を突破できなかった。羅紗織りという卑俗な仕事に手を汚している者にとって、そうした出世は難しかった。なるほどポーミエは、運動や軍事、民衆、民俗、同宗団といった方面で突出した役割を演じていた。だが、まさに職人仲間との見事なまでの友情によって得たものが、ブルジョワジーの彼に対する支持と敬意とを失わせたのだ。事実、叛乱前の数年間から、彼は野心的な人物で、やはり出世に意欲を燃やし、一切がほとんど実現しかかっていたゲランと衝突している。自身過剰な羅紗職人は、この勝負にならない決闘でやがて命を落とすことになる。

すでに立証しておいたように、ロマンの手工業者の中間層や富裕層でも、時には町の権力ないしその一部に加わることができた。瘦せた請負人と肥った貴族たち。両者の《仲介役》を見事に演じたのは、聖ブレーズ同宗団だった。ポーミエは自分や仲間たちのためにこうした仲介役を徹底的に利用した。それは羅紗職人の支持のほかに、梳毛工たちの神話ややがて来る収穫の豊かさを願う農耕民俗を再編したものだった。

　ポーミエの死は、すべての者にとっての損失ではなかった。報復のために冷酷な追跡劇を繰り広げながら、ゲランはついに亡きジャン・セルヴ＝ポーミエの財産を「手にいれている」。すなわち、一五八〇年、彼は町がその敵対行為を理由として没収したポーミエの土地を、実際に一〇〇エキュで買い取っている。そしてこの金額を、新しい仲間で、カルナヴァルの罪人たちに課せられた罰金の徴収官でもあったジャン・ギグに支払っているのだ。ところが、町は拡大参事会の決定（ゲランの示唆？）に基づいて、一〇〇エキュの半額、つまり五〇エキュをゲランに払い戻ししている。《彼が町に対して行った数々の尽力に鑑みて[12]》。これが理由だったが、ともあれ《購入された》はずの資産の半分が、いわば無償でゲランのものになったわけである。

　こうしてポーミエは、とくに自らの失墜と、きわめて付随的ながら、その旧資産という二重の形で、敵の家産拡大に力を貸したことになる。そして、ゲラン一族は、続く二世紀の間に驚くほどの発展を遂げ、仰天するような話を作り出すのである。すなわち、有力なこの一族はやがて名門の《タンサン》家となるが（あのダランベールや高名な枢機卿[5]、さらには修道女のように優しく繊細な女性[6]などを輩出）、十六世紀末には、あろうことか枝に林檎をたわわにつけた林檎《ポミエ》の木（＝ポーミエ）の絵柄[7]を、さも当然のように紋章につけるのである。

　洒落にしては趣味の悪いものだったが、明らかにそこには、家の繁栄を願うという意味が込められていた。ゲラン自身も、一五八五年に数々の功績や尽力によって貴族に叙された際、この紋章を描いている。それは、《地が金色で、上部《チーフ》に、ビザンティン銀貨を二枚持つ、緑の「引き抜かれた林檎の木」》[13]があしらわれたものだった。ポーミエを殺させたことで、広く役立つ人間であると評価されるようになったゲランは、まさに金枝を集めた。やがて実現する一族の目を見張るような台頭は、したがって、もともとはポーミエの政治的な遺骸と生物学的な遺骸とから始まったのである……。ロマンでは、たとえ卑劣な手段であっても、ひとたび手に入れた権力は、維持しかつ維持されるのだ。

有罪宣告を受け、拷問の後に、実際に絞首刑に処されたもう一人の指導者として、ポーミエと同じ羅紗職人で、彼の右腕でもあったギヨーム・ロベール＝ブリュナがいる。前述したように、一・四エキュだった彼の税額は、ロマンの職人たちの平均（一・二エキュ）を僅かながら上回り、同市の納税義務者の全体的な平均よりは若干下だった。したがって、彼の経済状態はそれ自体何ら華々しいものではなかった。だが、経済状態だけがすべてではない。その「社会的」立場から、《同盟派の大法官》と呼ばれた彼は、仲間たちの言葉を借りれば、重要人物の一人だった。

彼が町や周辺農村の同盟派指導者と保っていた関係網は、かなり広いものだった。そんな彼が、牢獄で拷問から逃れようとして行った暴露のため（だが、この暴露というのは、彼が置かれていた条件を考えたとしても、疑わしい）、一五八〇年の三月から四月にかけて、ロマン一帯で数多くの仲間た

訳注5―高名な枢機卿　ピエール・ゲラン・ド・タンサン、一六七九―一七五八。リヨン大司教を経て、国務大臣にまでなる。

訳注6―修道女のように優しく繊細な女性　クロディーヌ・ゲラン・ド・タンサン、一六八二―一七四九。ダランベールの母で、ピエールの妹。文学と哲学をよくし、十八世紀を代表するサロンを主催した。

訳注7―六六五頁原典資料1参照。

ちが捕まることになった。

ブリュナはまた、かなり以前から、市の財務・税務問題に、先の見通しもないまま首を突っ込んでいた。そして一五七九年には、地元のブルジョワジーの中で、さらにゲラン本人からも、彼はしかじかの評価を受け、多少とも影響力と信頼を勝ち得ていた。同年五月には、明らかにブルジョワ参事たちが信頼を置く人物ともなっていた(14)。その証拠に、当時裁判官ゲランは、彼を《護民官》に用いて、エリートたちのため、町の下層階級に影響力を及ぼさせようとしたほどだった。だが、ゲランの期待は裏切られた……。

有罪を宣せられ、絞首刑に加えて、苛酷にも四〇〇エキュの罰金を課せられたブリュナは、それまで何がしかの動産、もしくは少なくともかなりの事業を営む職人として恩恵を蒙っていた。だが、土地やブドウ園、輝かしい人間関係といったものは、むしろ彼には縁遠かった。住まいも借家で、家持ではなかった(15)。ただ、本職の方で、彼は一度に三〇〇キログラム単位でかなり大量に羊毛を購入していた。そして、この羊毛をおそらく家族労働で、つまり妻子や一人ないし二人の下働きもしくは徒弟を使って羅紗に仕上げていた。

こうして織り上がった羅紗(売り捌かれるまでは彼の所有)を、彼は染物職人(染物商)に預ける。染物職人の方は、これに求められた色をつけ、〔色が落ち着くまで〕しばらく預かってから、彼に返すのである。これら一連の作業は、さほど実入りのよいものではなかった。それゆえ、ブリュナは死んだ時に債務者となっていた。羊毛商と染物職人に負っていた借金は、絞首刑時で一七〇エキュにものぼっていたのだ。

精肉商のジョフロワ・フルール、通称《同盟派の首領》は、ロマンの反体制三頭政治における第三の人物である。一五六一年に結婚しているところからすれば、一五七九―八〇年の《事件》時には、少なくとも四〇代になっていたはずである。税額から大雑把に割り出した連座＝断罪者職人の資産序列では、彼は上位に位置していた。一五七八年に二・四エキュを納税しているからである。この額は指導者のポーミエより少し多く、職人の平均値の二倍だった。絞首刑後に没収され、競売に付された動産を少し見ただけでも、彼が豊かだったとの印象が裏付けられる（ただし、それだけのことである）。

亡き精肉商のフルールは、ロマンに隣接したペランとピザンソンに、少なくとも六セテレ〔第1章訳注36参照〕の土地と一五〇エキュを所有していた。また、ブドウ栽培地に一八エキュ分のブドウ園と六二エキュ分の土地四セテレ、さらに、それぞれ八二エキュ、二〇エキュのブドウ園ももっていた。この精肉商＝ブドウ栽培者は、ロマンにも、シャプリエ地区の近くに家を一軒有していた（一五二エキュ）。ロマンの別の地区にあった家畜小屋と庭は、五一エキュで競り落とされた。以上、分かったかぎりでの彼の不動産は、総額で五三四エキュ。これはブドウ園七・五ヘクタールの時価に相当した。

こうした資産状況は、住民の大半が、明らかにブドウ園一ヘクタール相当分以下の資産水準に甘んじなければならなかった世界において、じつに確固たるものであった。これに対し、フルールの動産の方はさほどでもなかったが、それとても取るに足りないものだったわけではない。彼は二人の羅紗職人に次いで、ロマンの民衆蜂起で中核の一翼を担ったが、彼らはいずれも貧困だったとは考えられない。しかもフルールは、町に定着した複数の卸売商とも、必ずしもうまくいったわけではないが、いろいろ取引をしていた。しかし、彼がロマンの参事になる商人あがりのジャン・マニャに負っていた、一五六七年から一五八〇年にかけての負債三〇エキュは、ついに返済されずじまいだった(16)。

セルヴ＝ポーミエ、ブリュナ、フルールという三頭政治の主人公に較べれば、一五八〇年に絞首刑に遭った別の二人は、社会的＝経済的に幾分下の水準にいた。陶工＝パン職人のマトラン・デ・ミュルと鍛冶師のアントワーヌ・ニコデルのことだが、二人はそれぞれ一五七〇年と一五七一年に結婚している。仮説的にいえば、〔一五八〇年の〕二人の年齢はおおむね三五歳前後となるだろう。彼らの《富》はかなり控え目だったが、税額が〇・八エキュ（マトラン・デ・ミュル）と一・四エキュ（アントワーヌ・ニコデル）だったところからすれば、貧しかったというわけではない。たしかにこの額は職人の平均ないし若干それを下回るものだったとはいえ、一人あたりの税額が〇・二エキュのきわめて貧しい納税者よりは上だった。

彼ら二人の寡婦の固有財産（婚資）は五〇—六〇エキュで、ブドウ園一ヘクタールの購入金額にも相当しなかった。その一方の夫（ニコデル）は金敷やハンマーのほかに、ささやかな土地を所有していた。もう一方のマトラン・デ・ミュルは、一五七九年七月、参事会から馬で村人たちを巡回する役目を与えられている（長い期間ではなかった）[17]。彼はまた、暇な時に、ロマンのあるヴィエンヌ大司教の領主的諸権利小作地の又貸しを差配していた。だが、それはたいした実入りとはならず、その収入は、彼の死後で四エキュ（！）程度だった。したがって、彼の全体的な資産評価は、ほどほどのところにとどまる。

同様の印象は、税額は不明だが、競売された動産だけが分かる、他の断罪された職人たちについてもあてはまる。たとえば、「ペロリエ」（銅製品や什器一式、チーズ鍋などの製造職人）のシモン・ティセランなる鍛冶師は、一五八〇年のロマンの叛乱に参加した廉で絞首刑になっているが、処刑当時四〇歳代（結婚は一五六五年）だった彼は、ジャクマール大広場のサント＝フォワ施療院横に店を一軒構えていた。もっとも、それはたかだか一六エキュ（〇・二二ヘクタールのブドウ園に相当）の値がついたにすぎなかった。彼の寡婦はのちに婚資を回収できたものの、その金額は四七エキュ（〇・六五ヘクタールのブドウ園に相当）たらずだった。精肉商のクロード・テロ、通称バ＝ジャレの場合は、欠席裁判だったため、身代わりの人形だけが吊り下げられたが、多少資産があったようで、一二九エキュの罰金が宣せられている。彼はシャプリエ地区とロマン近郊のペランに、価格が一六八エキュ（一・三ヘクタールのブドウ園に相当）の土地をもっていた。

以上が、断罪された職人たちに関して集めることのできたデータである。このデータの中には、羅紗職人五人、精肉商三人、パン職人、陶工＝パン職人、靴職人、鍛冶師各一人つまり、熟練した各種手工業者を代表する者たちが、ほどほどに含まれている。

❧　❧　❧

繰り返しになるが、これら断罪された職人たちは、豊かさの度合いこそ異なるものの、いずれも貧困の水準、つまり税額〇・七エキュ以上にあった。しかしながら、彼らは《上層階級》のエリート職人より「かなり」下に位置していた。一五七八年のタイユ税台帳によれば、（露）店や工房を有していたこれら《上層階級》には、一五人の納税義務者が含まれ、それぞれが三・八エキュ以上を納税していた（断罪された職人たちとの税額の《格差》は、〇・六―三・八エキュだった）。かなり結びつきの堅かったこれら一五人の人物のうち、叛乱や民衆蜂起に加担した者は皆無だった。たしかに原則的には《第三資格》（手工業者）に属していたが、自分たちの職人集団の要求に対し、慎重な傍観主義をとっていた。実際のところ、彼らは自分たちがむしろ商人（第二資格）に近いと思っていたのだ。

重要な点は、かなりの数の職人が、豊かであれ、ほどほどであれ、われわれの利用しているテクストで、時には《商人》、時にはまた特定化して《羅紗職人》と呼ばれていることである。こうした曖昧さは、資格間ないし地位間の移動が、たとえ困難であったとしても、不可能ではなかったという事実を示している。たしかにポーミエ派は、戦略的に職人集団の中核を占めていた。しかし、彼らは商いに走ろうとする（難しい）思いに取りつかれた、この集団の上層を管理できなかったのだ。

❧ ❧ ❧

次に、ロマンの「農業」世界を出自とし、町に住み、叛乱に加わったために断罪された者たちをみてみよう。彼らは富農であり、グランジエ（分益小作人）であり、荷車引きであり、耕地やブドウ園の労働者でもあった。彼らについて確認できる点は、職人世界で検討したこととさほど変りはない。有罪を宣せられた耕作者たちもまた、地元農業の、体制側の大農場主を代表とするような、富裕ないし安楽な層の出身ではなかった。事実、彼らのうちで、税額が一・六エキュを超える者は皆無だった。だが、彼らもまた貧困層には属していなかった。誰一人として、〇・八エキュの税額を下回る者はいなかったからである。

これら第四資格の断罪者七人とは、ジャン・シャプレソ、ジャン・マロ、通称ラグス、エティエンヌ・ロメスタン、通称ゴソン、ルイ・フェヨル、ジャン・リル、ギヨーム・リル、それにジャン・トロワイヤシエだった。きわめて狭い税額《格差》（一五七八年では〇・八エキュから一・六エキュ）

の間に位置する彼らは、ロマン全体で四七八人もいた耕作（関連）者の大きな集団の中では、過不足なく中間に属していた。実際、ロマンの平均的耕作者が一エキュを納税していたのに対し、断罪された耕作者たちの平均的なそれは一・一エキュだった。つまり、税額という点で、彼らはその社会集団と同じか、若干上回っていたのである。

幾分なりと安楽ないし裕福だったとまでいえる耕作者たちの税額は、一・六エキュから一二エキュまでだった。彼らの数は四五人。これはロマン全体の耕作者四七八人の九・四パーセントにあたる。彼らは叛乱に加担して、手を血で汚したりはせず、裕福な職人たちと同様に、むしろ上位二集団、つまりブルジョワ＝公証人や商人たちの集団に入ることを目指しており、これらの人々に手を出したりせず、いや、それどころか逆に援助さえ与えていた。したがって、そんな《富裕》耕作者の中に、《連座＝断罪者》は一人もいない。

《農業資産者》序列の反対側の端には、貧しい耕作者たちがいる。税額〇・八エキュ以下（〇から〇・六エキュまで）の彼らの数は一四三人。これに対し、断罪者たちを出した平均的耕作者たちは二九〇人、断罪とは無縁な安楽かつ裕福な耕作者は、前述したように四五人だった。おそらく彼ら《貧困者》たちは、民衆カルナヴァルの各種の王国に共鳴していた。だが、彼らの中から蜂起の指導者は一人も出ていない。彼らの参加は、終始一貫して、主導的というよりむしろ追随的なものだった。

全体としてみれば、これら耕作者たちの集団は、彼らが属する同宗団、とくに聖霊同宗団によって叛乱に巻き込まれたのだった。しかし、集団として、一五七八―七九年のさまざまな運動に影響力を有していた。この集団の細分化した弱小市民＝農民からなる中間層は、たしかに事件に連座していた。だが、たとえ最終的に何人か弾圧の被害者を出したとはいえ、農民集団は指導的というより、むしろ実行部隊としての役割を担った。ロマンにおける下層階層の闘いを指揮した主な指導者たちは、無輪犂や鎌とは無縁の者たちだった。すでに幾度となく述べたように、彼らは羅紗を織ったり、肉切り台の上で肉を捌いていたのである。つまり、農民ではなく、ポーミエやブリュナ、あるいはフルールのように、羅紗職人や精肉商だったのである。

❧　❧　❧

こうした弾圧の記録[20]は、読む方としてはいささかうんざりする性質《たち》のものかもしれない。だが、まさにそのおかげで、わたしは、民衆叛乱の歴史がこれまで長きにわたって提起してきたいくつかの問題を、当面する研究の枠内で、より具体的に問うことができるのだ。

ロシアの近代史家ボリス・ポルシュネフによれば、都市の叛乱は「平民たち」、すなわち手工業者や、時には「市壁内《イントラ・ムロス》」に住む農民ないし耕作者たちの集団が抱く、不満や主張や要求を表すものだという。反対に、ロラン・ムニエや多少とも彼の考えを踏襲する弟子たちは、叛乱が有力者や貴族、官職保有者たちによって操作され、彼らが密かに民衆の怒りを煽ったのだとしている[21]。つまり、自ら下層民のうちに引き起こした暴動を利用して、彼らは、国家の将来を担う王国の動きに真っ向から対立しようとしたというのだ。

一五八〇年のロマンでは、ポルシュネフの説に分があった。あるいはそれは、大衆の自発性を説いたあの女性理論家ローザ・ルクセンブルクの考えとも符合していた。ロマンの蜂起の指導者や被疑者たちの中には、名士は一人しかいなかった。前述したミシェル・バルビエ、通称シャンプロンである。

だが、彼は《余所者《オルサン》》であり、ロマンでの資産もごく僅かしかなかった。そのかぎりにおいて、彼の果たした役割はたいしたものではなかった。このバルビエの実際の行動は、その大部分がロマンの外で、農村部で展開された。したがって、他のすべての被疑者に関する前述の統計によれば、叛乱の紛れもない中核は、第一に職人たちに、次に耕作者たちの中にあった。それゆえ、ポーミエと仲間たちが、レディギエールや、オート＝アルプス地方にいた、プロテスタント貴族の工作員と接触を保っていたという事実は、これら貴族たちが無条件に町の平民の指導者たちを操っていたことを意味するものではない。後者は、少なくとも自分たちの間では、つねにゲームの主役だったのである。

この点でポルシュネフの説を認めるとして、では、十六世紀のロマンの町で、職人や農民からなる住民たちは、いったいどのような役割を演じたのか。次にそれが問われなければならない。

至極重要な役割……。一五七八年、ロマンの町を通して払い込まれた直接税一九三二・四エキュのうち、三九・五％にあたる七六四エキュが手工業者たち、つまり《第三資格》の集団による納税分である。耕作者集団（《第四資格》）によるものは、二五・七％の四九七エキュだった。熟練の度合いはさておき、これら二通りの活発な手仕事従事者が納めた税額は、全体で市税の六五・二％、つまり三分の二に相当した。これらはまた、たしかに納税義務者数の八五・五％を占めてもいた[22]。

課税方式に何らかの不公平があったかもしれないが、この方式は改訂された教会記録簿と各人の動産評価に基づいている。したがって、それは全体として経済的実情に対応しているといってよい。官公庁も裁判所も軍隊もなかったここロマンでは、生産部門がきわめて重要な意味を帯びていた（今日の工業都市とまったく同様に）。それは、二十世紀の工業都市化と異なり、各種の手工業や僅かな農地、さらにブドウ園のうちに具体的に現れていた。そして、家族生産に基づく細分された手工業や農業に、最大級の経済的重みを与えていたのである。

普段なら、手工業と農業とが演じているこうした（地元の）経済的な主役は、しかし政治的にはほとんど取るに足りないものだった。だが、ひとたび叛乱の時となると、事情は一変する。たとえばパリでは、やがてカトリック同盟〔第7章参照〕が、裁判所書記組合の雑多でうようよした者たち——当時、首都に数多くいた——を前面に押し出すようになる。

ロマンでは、羅紗職人や精肉商、あるいはブドウ栽培者たちが舞台の前面にいきなり押し出された。以来、男たちを中心とする彼らは、無数の楽屋から決して退去することはなかった。こうして力ずくで登場したため、ゲラン同様、きわめて狡猾で恐ろしくもあった指導者たちは、見せしめに粉砕されるまで、いろいろ策を弄さなければならなかった。

平民の台頭は一時的なものだったが、（露）店ないし工房や狭い畑で働く者たちは、政治的な暴力に走るようになった。ただ、役割、とくに最初の役割の配分は、でたらめになされたわけではなかった。運動では職人たちが指揮棒を握っていた。町在住の農民たちも、たしかに紛れもなく重要な存在だったとはいえ、第二ヴァイオリンを奏でるにとどまった。明らかにこれらロマンの耕作者たちは、平均的に職人たちより貧しく、社会的序列の最下層に位置していたのだ。

（露）店と狭い畑に象徴される二つの反体制集団内部にいた職人や農民の富裕・安楽層は、やがて同盟運動に《関心を失って》いった。ジャクマール地区の親ゲラン派職人たちの態度が、まさにそれを物語っている。これら《富裕》ないし《安楽》層は、前述したように、町の二つの上層集団（金利＝地代生活者と商人たち）に対し、静観主義をとっただけでなく、時には直接的な援助さえ与えていた。こうして彼らは、熟練した手仕事の労働者からなる自らの集団を《裏切った》のである。

叛乱を導いていた中枢は、それゆえもっとも裕福な職人や農民からすれば、虫唾が走るような存在だった。この中枢指導者たちはまた、もう一方の前線から、別の方法で、もっとも貧しく悲惨な者たちをも追い出した。後者は一人あたりの納税額が〇・八エキュにも達していない者たちだった。公証人ピエモンは、ロマンの金持ちたちが《貧困者を食い物にして私腹を肥やして》いると非難している（P88）。その一方で、彼は、これら貧困者たちがポーミエの友人や仲間によって導かれた叛乱――彼の言葉によれば――を推し進めた、とは一言も語っていない。だが、実際のところ、「真の」貧困者や悲惨者、さらに物乞いたちも、おそらく聖ブレーズの祝日や、去勢鶏ないし野ウサギ王国などの出し物に加わっていたのだ。

ロマンの町は貧困者を作り出した。外部の貧困者も受け入れた[23]。ただ、彼らはいかなる時点においても、運動を指導したり、率先してそれを推進したりはしなかった。この運動は、つねに手工業者の同宗団の長たちの支配化にあった。より広く言えば、一五七八年に一人あたり一エキュ、ごく一般的には二エキュ以上を納税していた、《中＝下層》の職人たち（耕作者たちを伴った）の管理化にあったのだ。

同様に、庶民の女性たちも、ロマンの叛乱劇や弾圧記録にまったく登場していない。一人として絞首刑に処されたり、拷問や有罪判決を受けたりした者はいない。だからといって、裁判官ゲランが弱い女性に配慮したなどと信ずるわけにはいかない。たしかに、女性たちも闘うには闘ったが、さほど目立つものではなかったのだ。したがって、ロマンのカルナヴァルに、一七九三年と一八七一年の「トリコトゥーズ」や「ペトロルーズ」[8]、あるいは一六五四年のヴァランスを揺るがした叛乱の「カピテネス（女性指導者）たち」、さらにはフロンドの乱前のモンペリエの「ブランネールたち」[9]に類するものはみられない。
さらに、若者たちの影も、どちらかといえば薄い。分かるかぎりでいえば、民衆蜂起の指導者たちは、いずれも若くはなく、三〇歳から五〇歳までの多少とも《成熟した》男たちだった。むしろ敵側の、ブルジョワ的な鷲＝雄鶏王国やヤマウズラ王国の中で、女性や若者たち、つまり貴婦人や淑女、少女、そして「ボングーヴェール」の若い戦士たちは輝きを放っていたのである。

以上が、叛乱の市側指導者に関するものである。次に、市壁外のロマン周辺部における農村側指導者についていえば、彼らは自らが属する「指導的」層によって村落共同体を忠実に代表していた。これら指導者一四人のうち、一三人の職種については、いずれも断罪されているために分かっている。そのうち一人だけは農村の小貴族で、隊長キュシネルと呼ばれていた（彼は貧しさとは無縁で、サン＝タントワーヌ村は彼に六〇〇リーヴルの借財を負っていた）。城代二人（この肩書きが単に職務上ないし《官吏の》ものであったことを想起されたい。これは村の有力者をも意味するが、貴族ではなかった）。二人の書記はどちらかといえば上流階層に属し、今日の役所の秘書官ないし書記官にほぼ相当する。さらに、弁護士と公証人が一人ずついた。さらに、これら本質的に指導者もしくは司法的立場にある者たちのほかに、旅籠兼食堂《オーベルジュ》の主人二人、粉引きないし製粉業者一人、ブルジョワ（詳細不明）一人、耕作農民二人も含まれていた。肉体労働者ないし《雇われ農民《ブラシエ》》もたしかに叛乱や農民軍に加わっていた。だが、彼らは指導者の枠には入っておらず、おそらく激しい流血を伴う暴力の舞台にしばしば大勢で登場したのだった。

だが、こうした問題について、われわれはカラ村（ヴァール県）に関するほど精緻な情報を持ち合わせていない。われわれが調査したかぎりでいえば、プロヴァンス地方のこの村では、地元のじつに悪辣な領主に対する叛乱が起きた際（一五八〇年〔一五七九年？〕）、村議会内部に、領主派と領主の息子を支持する一派、さらに領主一族に敵対する一派（叛徒たち）とがつばぜり合いを演じている(24)〔第5章参照〕。しかし、ドーフィネに関しても、村の叛乱の決定が村の正式な参事会で、さらに若い農民たちが集まるさまざまな結社（社団）や集会でも、民俗慣行を営むとの口実でなされたとみなせるだけの資料はある。

これらの叛乱は、時に教区の肉体労働者や周辺人《マルジナル》たちに代表される下層住民の、抑制不能の要素によって爆発することもあった。ここで注目すべき事実は、この農民戦争の指導者層に、明らかに脱聖職化した下級聖職者の顔が見られないことである(25)。それは、一五四八年にフランス南西部で勃発した「ピトーの乱」や、一六三九年にノルマンディーで起きた「ニュ＝ピエ（裸足党）の乱」ときわめて異なっている。そこでは、彼ら叛徒たちがこれら司祭たちを押し立てて、国王軍や塩税吏たちを攻撃

訳注8―「トリコトゥーズ」や「ペトロルーズ」　前者はフランス革命時、編物持参で国民公会や革命裁判、死刑執行などに立ち会った庶民の女性たちで、呼称は編み機《トリコトゥーズ》に由来する。後者は、パリ・コミューンの際に、石油《ペトロル》をまいて火を放った女性闘士たち。

訳注9―ブランネールたち　一六四五年六月二九日の聖ペトロ＝聖パウロの火祭りをきっかけに起きた反税＝反徴税人闘争を、町の職人たちとともに主導した下層階層の女性たち。最初二〇〇あまりだった叛徒の数は数日後に農民たちも巻き込んで三〇〇〇以上にもなり、子供が産めなくなるとの女性たちの叫びと、彼女たちが手にした斧を先頭に、ブルジョワジーの家を打ち毀したり、徴税人たちの仲間数人を虐殺したりした。呼称は火祭で踊られた伝統的なダンス「ブランル」から。なおフロンドの乱については第7章訳注46参照。

しているのである。[10]

ドーフィネの下級聖職者たちは、なおもカトリックにとどまっていた地域においても、ユグノー教徒の攻勢に苦しんでいたのだろうか。あるいはまた、内乱で教育された彼らは、混乱の敵になっていたのだろうか。だとすれば、まさにそれは羹《あつもの》に懲りて膾《なます》を吹くの譬え通りということになる……。

以上をまとめていえば、ドーフィネ地方の二通りの指導者層は、際立った対照をみせていたことになる。町のそれは、叛乱手工業者とブルジョワジーの対立が「破裂した」市民共同体を象徴している。これに対し、村の指導者層は、多少とも反貴族で固まった農民共同体を「再編」していた。[26] ただ、この農民共同体の最上層部で、さまざまな衝突が起きていたかもしれない、ということを看過してはならない。クレリュー男爵領の場合のように、城代や書記が、領主やロマンのマフィア的特権者たちの共犯者とみなされて、叛乱の標的となった可能性があるからだ。

しかし、モラやボールペール、サン゠ヴァリエといったロマンからより遠い村の書記や城代、さらに小領主たちは、叛乱を指導していた。個人的あるいは地域的な理由によって、彼らは地元の農民たちと感情と友情を分かち合っていた。したがって、半傭兵、半盗賊のユグノー貴族アンドレ・ド・ブヴィエの場合は、きわめて異例といってよい〔第7章参照〕。農民戦争のごく初期には、彼は蜂起農民たちの不倶戴天の敵だった（一五七九年）。ところが、農民たちに希望の光が見えなくなり、もはやレディギエールのプロテスタント・ゲリラ軍に合流するほか道がなくなると、ブヴォワール要塞における彼らの守備隊長となっているのだ（一五八〇年）。[27] 後からやって来てうまい汁を吸おうとした（！）、まことに狡猾な老兵だった。それからしばらくして、ブヴィエは過たず反対側の道に入り、再びその新たな仲間たちを裏切ることになる……。

だが、これは些細な出来事にすぎない。農民戦争とロマンのカルナヴァルに関して重要なのは、民衆側の兵と指導者たちの集団が、彼らを大量殺害した弾圧を通して現れ、はっきり見分けられるようになったという点である。つまり、この弾圧の実態を見ていくことで、彼らを村落社会の影響力をもつ層ないし中間的な層に、さらに町の手工業者の類似した階層にも、明確に位置づけられるようになるのである。

叛乱の指導者について、職人が主体的だったという事実は、何ら驚くべきものではない。ロマン一帯の叛徒たちは、時にしかじかの司法官に対し、自分たちの指導者になるよう求め、即座に拒否されていた(28)。そこで彼らは方向転換し、一般民衆層から、主に（露）店や工房をもつ者たちの中から指導者を選ぶようになったのである。当時、町にはかなりの耕作者（耕作農民）が住んでいたが（全住民の三分の一以上）、彼らは仲間を、公証人や書記の指揮に従っていた農村部のみに限定せず、職人の

訳注10―ピトーの乱　一五四一年、塩の専売制が一大生産地である南西部にまで拡大され、塩税の徴収が始まって、自由な販売ができなくなった。だが、それでも密売人は後を絶たず、アンリ二世即位の翌年、アングーモア地方で、獄舎に繋がれた塩の密売人の釈放を求めて暴動が起こる。政府はこれに軍隊を差し向けたが、ピトーと呼ばれる農民の部隊に行く手を阻まれてしまう。やがて、小領主を指導者に仰ぐ叛徒は二万を数えるまでになり、これに司祭までが加わって、塩税吏たちを殺害し、各地の城を略奪した。当時、国王は叛徒たちに恩赦を与える意向を示した後、彼らの弾圧を命じた。

ニュ＝ピエの乱　一六三九年七月一六日、北仏モン・サン＝ミシェル湾の塩砂から製塩を行っていたアヴランシュの教区民たちが、それまでなかった塩税が導入されるとの噂に蜂起したもの。叛乱の狼煙はノルマンディー全域に広まり、八月には、中心都市のルーアンでは塩税吏が数人殺されるまでになった。ここに至って、リシュリューは軍隊を派遣し、一一月末、アヴランシュ郊外で叛乱軍を粉砕する。そして、翌年一月、ルーアンに派遣されていた大法官セギエによる叛徒約三〇〇名の裁判が始まり、首謀格の司祭モレルほか数十人が処刑された。呼称の「ニュ＝ピエ」とは、叛徒たちの多くが、塩田で裸足で働いていたところから。

長たちの旗のもとに集まった。たとえ自分たちの農耕的フォークロアが、町の平民たちからなる《祝祭委員会》に利用されるようになるにしても、である。

ロマンの騒擾が示した意義は、ゲランに代表されるブルジョワジーとポーミエに代表される平民たちが、象徴的・民俗的コードをいかにして用いるかという戦略的文法にあった。事実、両陣営の敵対行為はすぐれて宗教的かつ都市的な「同宗団」を拠点としていた。そのうち、事件との関連でとりわけ重要だったのは、エリートないしブルジョワたちのための聖マタイ（卸売り商や塩商人）、モーグーヴェール＝ボングーヴェール同宗団（若者修道院）、市壁内に住む都市農民と職人たちの聖ブレーズ、聖霊同宗団である。これらの同宗団は、町の日常生活のみならず、カルナヴァルを初めとする祝祭や宗教行事、舞踏会、住民たちの生と死、婚姻、さらにはシャリヴァリ、レナージュといった民俗慣行を担っていたが、ロマンのカルナヴァルでは、このモーグーヴェール同宗団と聖霊同宗団が激しくぶつかり合った。

第11章 モデル、同宗団、王国

グルノーブル高等法院の一括書類のおかげで、叛乱に関わる基本的な社会学は、以上の考察から明確になった。だが、それで能事足れりとするわけにはいかない。一五八〇年のロマンのカルナヴァルは、都市運動とより広域的な圧力、つまり農村的な圧力との交差点に、より大きな形で位置していたからである。以下でわたしは、こうした複雑な二つの側面を分析していくが、この分析を進めるにあたっては、できるなら、比較歴史学的な視点を導入したい。

オック語およびフランコ＝プロヴァンス語圏の南仏では、過激派ないし社会階層の「都市内」闘争は、簡略化すれば、カール・マルクス型モデルとイブン・ハルドゥーン型モデルと呼ばれる二つのモデルのいずれかに分けられるだろう[1][1]。

イブン・ハルドゥーン型モデルでは、十四―十五世紀の地中海地域で活躍したこの社会学者の分析と符合するもので、過激派のさまざまな紛争が問題となる。これらの紛争は、それぞれ富裕で指導的な集団に属し、たがいに対立している二つの家族的派閥《クラン》による（たとえば、一六四四年にアルルで起きた二貴族間の争い参照[2][2]）。一方がより大きな権力をもち、他方がむしろ反対の立場にあるこれら二つの派閥は、積極的にその庇護下にある民衆と結びつこうとする。

これに対し、（手っ取り早く《カール・マルクス型》と命名した）第二のモデルは、職人や農民ないし庶民を一方とし、ブルジョワ有力者や貴族をもう一方とする集団間の、本格的な階級闘争とかかわる。一六三七年にやはりアルルで起きた叛乱がその例である〔3〕。

むろんこれら二つのモデルないし極の間には、各種の中間的な事例がある。だが、全体としてみれば、おそらくこの二モデルが圧倒的に多いはずである。両者に関するかぎり、そこでは支配的な派閥とそれに対抗する派閥の素朴な争いが悪化して、ほぼ完全な寡頭制と一般大衆を構成する人々とを対立させる闘争へと変っていく、という傾向がみられる。そして、こうした局面において、大衆は闘争中のいずれかの派と結びつく。まさにそれが、大衆にとって象徴的な再編のきっかけとなるのだ（一六四九―五一年のエクサン＝プロヴァンスの叛乱（3））。

一五七九―八〇年のロマンの叛乱劇自体は、ほぼ純然たる階級闘争モデルを示している。おそらく同様の事例は、多少ともより不透明な場合もあるが〔4〕、一五七〇年から一七二〇年にかけてプロヴァンス、フランコ＝プロヴァンス、アキテーヌなどで頻発し記録された、さまざまな都市の叛乱ないし蜂

訳注1―イブン・ハルドゥーン（一三三二―一四〇六）はチュニスに生まれ、カイロで没したアラブ人歴史家・哲学者。法官および政治家として活躍する一方で、三部作の『イバルの書（アラブ人、ペルシア人、ベルベル人の歴史に関する考察の書）』を著した。歴史の発展法則を論じた「世界史序説」はその序章。

訳注2―アルルの市政は、代々貴族とブルジョワジーとから選ばれた参事たちが担っていた。だが、慣例的に筆頭参事の席を占めていた旧家貴族に対し、次席参事しか与えられなかった新興貴族が「貴族の平等」を唱えて反撥するようになり、一六四四年二月八日の肉食の月曜日に、武装した後者の過激派若者たちが、民衆たちも加えて筆頭参事や旧家貴族の打倒を叫んで騒いだ。

訳注3―復活祭翌日の月曜日、聖ペテロの宗教行列をしていた群集がローヌ川にさしかかった時、一隻の船が近づいてきたため、その通行のために橋が上げられた。だが、押し合いへし合いしていた群集のうち、三〇〇人あまりが川に落ち、約半数が溺死した。これに憤った民衆は、参事たちの命を受けた武装ブルジョワを迎え撃つべく、道にバリケードを張って抵抗したが、夜襲を受けて最終的に鎮圧された。

起の中にもあるだろう。同宗団を集合拠点として、平均的な手工業者たちが、大商人や卸売商、高位法官、さらに町に住む地主たちに代表されるエリート層と闘う。ロマンや他のいくつかの都市（アルル、エクサン＝プロヴァンスなど）の場合では、「市壁内」に住み、毎日市門を通って農地に向かう都市農民たちが、彼らもその一員である群集の運動に協力した。では、周縁的な存在（浮浪者や物乞いなど）ないし「ルンペンプロレタリアート」はどうだったのか。

彼らはロマンにもおり、住民数の数％を占めていた。だが、他の都市や暴動とは異なり、彼らは民衆運動にほとんど加わっていなかった。前述したように、平民の女性たちも同様だった。だが、十七世紀に入ると、生存をかけた暴動に、彼らの姿が数多くみられるようになる。ロマンのブルジョワジーに属する女性たちは、これも繰り返し述べてきたように、エリートたちによるカルナヴァルのさまざまな催しに、感嘆し、感嘆され、さらに欲望が向けられる対象として、かなりの数が加わっていた。

ルネ・ピヨルジェは、近世のプロヴァンスに関する統計の中で、共同体の上層と下層をなす二つの分節《セグメント》がそれぞれ立ち上げた都市の暴動こそが、集団行動の類型学の中でもっとも頻繁に登場する形態であると指摘している。(4) ロマンの場合も、その例にもれなかった。このドーフィネの町の叛徒たちが打ち出した要求もまた、長期にわたる平民の不満のうちに位置づけられるものだった。一五七九年のロマンの職人たちは、一三七八年のフィレンツェで勃発した、手工業者たちによる「チョンピの乱」(5) とまったく同じように、各種の税、とくに市税の重さと市の負債に切実な関心を抱いていた。

だが、反対に、労働者の賃金水準は問題視されなかった。ピヨルジェやカスタン、ベルセら近代・近世史家の研究によれば、こうした賃金に関する要求が、一五七〇年から一七八九年にかけての南仏ではみられなかったという……。それゆえ、十六世紀のリヨンの印刷業者一揆は、先端業種に限られる特異な例であったといえる。ここでさらに付言したいのは、ロマンでは、「組合職人《コンパニョン》」ないし手工業の賃金労働者の特有ないし文化的重みは、《独立した》零細企業家のそれより、かなり軽かったということである。したがって、賃金労働者の要求なりストなりは、本来の職人的要求にとってほとんど無意味に近かった。（逆に、間接税反対のストは、とくに親方職人を含む職人たちを広く結集させた）。

一方、地元の「権力者たち」に率いられた叛徒たちの要求は、ある程度の成果を得ている。たとえば、ロマンの地区の守備隊長は、《民衆》の要求にどれほど好意的かを基準として、更迭あるいは交替させられている。また、羅紗職人のセルヴ＝ポーミエとギヨーム・ロベール＝ブリュナ、フランソワ・ロバン、精肉商のフルール、靴職人のジャン・ジャックらを初めとする民衆同盟の指導者たちは、常設ないし拡大参事会に定期的に出席していた。一五七九年二月と三月の一連の《事件》以降、自分たちが《臨時＝定員外》のメンバーであると認めさせるのに成功したのだ。そして、彼らの死や逮捕ないし逃走の日である一五八〇年の肉食の月曜日まで、その特権を享受し続けた。

とはいえ、参事会において、彼らはロマンの《アンシャン・レジーム》を支え、やがて勝利の凱歌をあげるようになる多数派に対し、つねに少数派にとどまった。《四名》の代表参事の一角を突き崩すこともできなかった。終身裁判官のゲランを担当区域から追い出すのもできなかった。権力の奪取

訳注4―アキテーヌ　フランス南西部大西洋岸地方。
訳注5―チョンピの乱　ポポロ・グロッソ（富裕者）と職のないポポロ・ミヌート（細民）との関係が悪化し、チョンピと呼ばれる町の毛織物職人たちが一斉蜂起して権力を奪取し、以後四年にわたって市政を支配した事件。

という点で、ついに途中で頓挫したロマン《民衆》のささやかな叛乱は、職人たちの影響力がきわめて顕著だった、一六四九年のボルドーにおける、フロンド的《楡の木党《オルメ》》によるそれにははるかに及ばなかった。この乱は、一時的とはいえ、ジロンド地方の中心都市の市民生活に重きをなす、すべての《参事》を傘下に収めているのである。[6]

　ロマンの小規模な都市革命はまた、かつてE・P・トンプソンが民衆蜂起の起源について提唱した分析を想起させる。このイギリスの近代史家によれば、十八世紀までの同国では、都市の「平民」が独立した職人と商店主から構成されていたという。つまり、組合職人と賃金労働者は、平民層の中で、かなり小さな役割しか演じていなかったというのだ。彼は、アルベール・ソブールの顰みに倣って、これら平民＝職人＝商店主たちを《サン＝キュロット》[7]と呼んでいる。いくつもの伝統的な町に、永遠にサン＝キュロット階級が登場する……。

　むろん、製造工業都市のロマンであってみれば、平民手工業者たちの存在は、とくに日雇い労働者や農民、さらに世間のしがらみを断った貴族などが、数々の暴動に集まった農業都市のアルルより明らかに重いものだった。こうしたロマンの平民たちは、税や負債、参事会の構成などにかかわる、町の「規則」の改定を主張した。彼らにとって重要だったのは、より公平な規則に戻ることであり、都市エリート、とくに裁判官〔ゲラン〕に蹂躙されていた、町の伝統的な価値観を維持することだった。

　とはいえ、ロマンの平民たちにとって、新しい平等の「価値観」を明確に打ち出すというのは、とてもできない相談だった。（ただ、萌芽的なものではあったが、それはたしかに作られつつあった。この価値観を作り出すというイデオロギー的な作業を担っていたのが、ヴィエンヌのブルジョワジーを指導していた裁判官ド・ブールだった）。実際のところ、個人の平等と民衆主権という考えが決定的に明確になるのは、生地ジュネーヴの参事会の相互選出による寡頭政治に反対した、ジュネーヴ平民の勇敢な代弁者たるジャン・ジャック・ルソーまで待たなければならない。しかしながら、一六〇〇年の時点でも、ドーフィネではそうした方向での努力が一部でなされていたのだ（最終章参照）。

主権ということでいえば、ロマン市民たちは、ルソーよりはるか以前の一五九九年に、参事が《民の声》で選ばれるよう要求した、プロヴァンスの小村オリオルの平民たちよりよほど控え目だった。[5]オリオルでは、おそらく（？）中世に一般的だった小村の民主主義が復権している。十六世紀も終わろうとしている南仏でかなり広く行われていた、町のエリート自身による参事の相互選出という原理原則が姿を消したのだ。さらに、ルネサンス期以降、国王官僚制の拡充や強化と手を携えて歩んできた村の支配体制が、抗い難いほど力をつけることに対し、こうしてブレーキがかけられたのだった。

だが、本格的な都市であるロマンは、小村のオリオルとは異なっていた。ここでは、参事の相互選出が改めて問題視されることはほとんどなかった。町の寄宿学校でフランス語と《ラテン語》を教え込まれたロマンのエリートたちは、基本的に地方語やオック語を話し[6]、フランス語を知らない者すらいる平民に対し、なおも支配的な地位を占めていた。そんなエリートたちが、一五四二年に地方権力を簒奪し、以来それをほぼ独占してきたということは、叛徒たちにとって周縁的で一時的な傷でしか

訳注6―一六五一年、フロンドの乱に際して起きた楡の木党の叛乱は、市民がマザランに反対する諸公に味方して立ちあがり、同時に、ボルドーの寡頭的な市政の打破と民主化とを狙ったものので、革命的な性格を帯びていた。だが、最終的に国王軍に粉砕され、首謀者の一人が処刑されて終息した。

訳注7―**サン＝キュロット**　フランス革命時における民衆・小ブルジョワの通称。手工業者や小商店主、初期の工場労働者などからなり、議会とは別個に政治勢力を構成していた。サン＝キュロットとは、貴族やブルジョワジーが身につけていたキュロット（膝までの半ズボン）をもたぬ者の意で、貴族たちによる一般民衆への蔑称。

なかった。

反対に、ロマンのエリートたちにとって、これら反体制派の存在は潜在的な危険があることを象徴していた。とりわけこの危険は、最終的に暴力による反攻が起こるのではないかという不安とかかわっていた。事実、彼らは、ポーミエが反《富裕者》の仲間たちを町に引き入れるのではないかと恐れた。だが、彼らの恐れは、ゲランが抑圧策を取ったおかげで杞憂に終わった。ところが、その恐れが正しかったことは、一六三〇年にエクサン＝プロヴァンスを揺さぶった、激しい都市叛乱で立証されるようになる。そこでは、近隣農民たちが町に侵入し、同市の寡頭政治のメンバーである好ましからざる人物たちの住居を、情け容赦なく荒らしているのだ(7)[8]。

ロマンの大量虐殺に通じる弾圧の背景となった強迫観念は、じつはほかにもある。ゲランの非難にみられるように、叛徒たちが富裕者の財産だけでなく、《貧者たち》の妻より美しく若いと思える彼らの妻をも山分けしようとしていた、というのだ。この非難は幻覚によるものだったが、おそらくそれだけ現実味を帯びていた。しかも、ルネサンス期の各地の都市で、通りと家とを選ばずに集団暴行が頻発していたため、幻覚はさらに如実なものとなっていった。

とはいえ、富裕者たちの財産を山分けするという非難は、ポーミエやブリュナといった理性を弁えた指導者たちの真意に照らし合わせてみれば、おそらく中傷以外の何ものでもなかった。ただ、たしかにその非難は、《叛徒たち》のもっとも過激な一部にみられる、漠然としているが真実味を帯びた圧力や意図と何ほどか符合していた。これと酷似した山分けの意図は、一六〇九年前後のプロヴァンスや一六二七年のルエルグ、一六七〇年のヴィヴァレ一帯でもみられるようになる[9]。「金持ちたちを洞窟に閉じ込める……。彼らの財産を山分けする……。土の壺が鉄の壺を打ち砕く時がきた、云々(8)」。

だが、ここから幻覚が現実化するまでには、なおも乗り越えるべき距離があり、少なくともアンシャン・レジーム期では、それはついに実現することがなかった。他所と同様に、ロマンでも、それは埒もない考えであり、きわめてマイナーなものだった。唯一の例外は、一五三四年のミュンスターに出現した黙示録的愚者たち[10]で、彼らはこうした方向をかなり遠くまで推し進めたのだった。

明確にしておこう。ロマンの平民たちが投げかけた混乱を引き起こすようなさまざまな要求は、黙示録的に正当化されるという類のものでは決してなかったのである。十六世紀のドイツの再洗礼派や、トーマス・ミュンツァー[11]の弟子たち（一五二四年）、あるいはイギリス人ジェラード・ウィンスタン

訳注8―暴動のきっかけは、国王と合意の上で税額を定め、時にその徴収も行う権利を有していた、ペイ・デタ（地方三部会地域）のこの地に、直轄税務官《エリュ》が派遣されるとの通告だった。これを地方自治への干渉ないし侵害とみた三部会のメンバーは、高等法院の評定官やブルジョワなどの有力者、さらには手工業者や商店主、一般民衆ともども立ち上がり、抗議運動は町ぐるみの反王権闘争へと発展した。だが、やがて特権階層に分裂が起き、重税と経済危機に喘いでいた民衆側も、《青リボン派》と《白リボン派》に分かれて対立し、運動は内部的に紛糾した。そして、この白リボン派が助勢を求めた周辺村落の農民数百人が、町に侵入して略奪を働いた。暴動自体は、やがてコンデ公が町に乗りこんで鎮静化し、数人の首謀者が処刑された。国王も税務官の派遣を断念するに至った。

訳注9―ルエルグはフランス南西部アヴェロン県の町。一六二七年八月、新たに塩税徴収官制度が設けられるのを知った民衆が、女性たちを先頭に立ち上がった。最大時の参加者約二〇〇〇。彼らは石を武器に、騒擾を制止しようとする参事たちや上座裁判所を襲ったが、数日後、武装ブルジョワ部隊に鎮圧される。ヴィヴァレ（前出）の暴動は、子供や被り物、はては下着やスリッパにまで課税されるようになるとの噂に動揺し、憤った民衆による数町村での反税闘争。実際は借用馬と居酒屋に対する課税だったが、ランド領主ルールを指導者とする民衆の怒りは収まらず、地元の小貴族の支持も取りつけ、さらにラングドック地方総督補佐官の抑圧策への反感も手伝って、急遽派遣された国王軍と激しく対立した事件。

訳注10―黙示録的愚者たち　一五二四年にスイスのチューリッヒで生まれた再洗礼派による「神の王国」信奉者たち。彼らはミュンスターを掌握し、絶対的な権力を手にした指導者ヤン・ライデンは、メシアニズムと一夫多妻制による専制政治を行った。

訳注11―トーマス・ミュンツァー　一四九〇?―一五二五年。ドイツの宗教改革家。修道士時代に中世の神秘主義を学び、ル

[12]リーの共鳴者たちの場合とは異なり、プロテスタントや聖書主義、千年王国運動といった性格を帯びていたわけでもなかった。

たしかに、バ＝ドーフィネ（ドーフィネ低地）地方の都市手工業者たちは、一五五〇年から一五六〇年にかけて、ユグノー派の宗教改革に熱中していた。しかし、その熱も、一五七〇年を過ぎると、大部分の者たちから急速に退いていった[9]。ロマンでは、とりわけサン＝バルテルミの虐殺が彼らを怯えさせた。ユグノー教徒の指導者たちはゲランによって弾圧ないし殺害され、一五七二年以降まで生き延びた者たちも、命からがらジュネーヴへと逃げた。やがて町は、貴族や、ドーフィネのプロテスタンティズムを自分のために利用しようとする、レディギエールのような第一級の野心家たちの支配下に置かれ、これが庶民たちからやる気を奪った。事実、ロマンの騒擾が示す例外的なまでの意義は、プロテスタント的イデオロギーを使ったところに由来するものではない[10]。このようなイデオロギーは、さしあたり不在ないし不活発なものだった。つまり、その意義とは、象徴的・民俗的コードを最大限に活用したことに由来するのだ。まさにこれらのコードこそが、両陣営の相互的な敵対行為の基盤であり、それを正当化していたのである[11]。

❧ ❧ ❧

ところで、わたしは民俗的コードという言葉を、民俗語彙のもっとも広い意味、つまり民衆的伝統《トラディション・ポピュレール》[13]という意味で理解している。むろんロマンのカルナヴァルは、いずれにせよその一部をなす。平民ないしブルジョワジーの組織という面では、それは各種の「同宗団」を媒体として民衆的伝統と結びついている。これらの同宗団は、集団的行動や祝祭的儀礼のため、都市集団のさまざまな社会階層を独自に再結集させていた。

そうした同宗団のうち、四つだけをここで急いで紹介しておこう。まず、エリート層のための聖マタイ（マチユー）とモーグーヴェール＝ボングーヴェール同宗団、次いで、「市壁内」に居住する都市農民と都市職人たちのための聖ブレーズと聖霊同宗団である。（ロマンには、ほかに同様の結社ないし同宗団が一二あまりあった。これらの組織は、市民とカトリックの社会的結合関係《ソシャビリテ》を表し、《教皇主義的》教会によって活性化されていた。一五六〇年代初頭、急進的なユグノー派は、実際に同宗団すべての消滅を図っている。むろんこの企ては徒労に終わったが、彼らが短期間町を手中に収めた際、その財産を没収している[12]）。

ロマンの聖マタイ同宗団は、「セレクト」された組織だった。コルドリエ地区にある修道院に礼拝堂を有し、大広間は集会場として利用され、町のエリートたちや体制派の者たちを引き寄せていた。この同宗団は四〇ないし五〇名のメンバーを擁し、一五七八―八〇年はその全員が基本的に親方商人だった。ただ、一六一五年頃には、メンバーは三〇名程度に減り、エリートの募集も拡大する方向にはなかった（！）。

ターの聖書中心主義や反律法主義を非難し、人文主義の立場から、農民や下層市民たちのため、再洗礼派の指導者として、終末論的な「神の王国」（千年王国）樹立を目指した。だが、農民軍の敗北によって捕らえられ、処刑される。著書に『農民戦争』がある。

訳注12―ジェラード・ウィンスタンリー　一六〇九―一六六〇年。ピューリタン革命時に現れた平等主義の農民団体で、私有財産の廃止を提唱した「ディッガーズ」の指導者。

訳注13―民衆的伝統《トラディション・ポピュレール》　フランス語の tradition populaire は、フォークロアとほぼ同義の「民間伝承」も指す。

一五七八年時点での指導者層や主なメンバーの中には、ボールガールとアントワーヌ・コスト両隊長、ジャン、フェリクス、エヌモン・ギグ、名士ジャン・ベルナール、エヌモン・ルジョワ＝モルネ、隊長モルネ、それに市庁舎の書記官エヌモン・リコルなどがいた。幾分特殊なジャン・ギグの例を除いて[14]、これらの人物たちはロマンの参事会や体制派、および、地元《上流人士》たちのもう一つの系列機関ともいうべき、モーグーヴェール＝ボングーベールの《大修道院》内で支配的な立場を維持していた。

商人や富裕者たちが、彼らの同宗団を聖マタイ（祝日九月二一日）の庇護下に置いたのはもっともだった。そもそもこの使徒は、金銭や税の問題に精通していた《収税吏》だったからである。より正鵠を期していえば、彼らの同宗団は、塩の販売人ないし《塩商人《ソーニエ》》を仲間に入れようとしていたのだ……。当時、製塩はすでに税制的にも[15]、財政的にも、国家管理のもとに置かれた一大事業となっていた。それは、カマルグ地方の塩田から、平底船でローヌ川を遡ってヴァランスまで運ばれた。ロマンの商人たちはこのヴァランスで塩を仕入れていた。彼らは《塩税吏》としての役目も担っていた。つまり、《塩税》と国家に結びついた卸売商ということになる。

聖マタイ同宗団員の会費は比較的高額で、一人あたり一〇、二〇、三〇スーだった。これは、梳毛工や羅紗職人＝羅紗商たちによって民主的に構成されていた、聖ブレーズ同宗団が求める会費（五スー）の二倍、四倍もしくは六倍に相当した。《聖マタイ》同宗団の活動は、宗教的な特徴を帯びていた（たとえば、九月二一、二二日の聖別パンを伴う読唱ミサと歌ミサの実施）。また、貧者への施物配布にも関わっていた[13]。さらに、目に見えない役割も負っていた。ヴィエンヌの商人たちからなる「聖母潔斎の同宗団」に倣って、《町の参事や有力者たちが種を播き、刈り取る花園》としての機能も担っていた。それはまさに、市庁舎と祭壇との一体化にほかならなかった[14]。つまり、地元権力の本拠となっていたのだ。そして一五八〇年代からは、ゲラン本人によって町に創設された「告解（苦行）同宗団」が、これと同様の機能を果たすようになる。

＊　＊　＊

われわれの関心からして、こうした聖マタイ同宗団より重要なのが、前述した「モーグーヴェール（悪政）」ないし「ボングーベール（善政）」の《大修道院》である。ロマンのカルナヴァルに登場したヤマウズラ王国の行列で、彼らがいかに活発に活動したかについては、グルノーブル高等法院の記録がつとに示している[15]。ロマンに保存されている古文書も、この奇妙な組織のことを教えてくれる[16]。

プロヴァンスのローヌ流域ないしドーフィネ地方の都市や村にも間違いなくあった、パロディックなモーグーヴェール大修道院は、《若者》から構成されていた。独身、既婚両方いたが、年齢はおおむね一八歳から三八歳といったところだった。彼らは「修道士」（《完全な資格をもつ》参加者）および《修練士》（初心者）と呼ばれ、全員が、いずれ町の参事になるべく予定されていた、四〇歳間近の公認の指導者《修道院長》に統率されていた。ほかに経理担当が一人いたが、こちらの方はほぼ終身だった。

訳注14―最初叛徒側につき、後にゲラン派に寝返った彼は、プロテスタントの富裕商人で、一族は代々町の参事をつとめてきた。第5章参照。

訳注15―カマルグ地方　ローヌ河口に広がる南仏＝地中海岸の湿地地帯。

モーグーヴェール大修道院の役割は多様で、キリスト教的であると同時に、ディオニュソス的なものだった。すなわち、四旬節（説教者への出資）やカルナヴァル、さらには春（植物的）や権力（市政的）、愛（性的、婚姻的）……と関わっていた。ロマンの肉食の火曜日には、この修道院は小間使い（下女）たちの舞踏会を組織したりもしていた。むろん舞踏会であってみれば、舞台の設営費用や五、六人のヴァイオリン奏きへの報酬が必要だったが、そうした費用は、《修道士たち》が住民に対して行うカルナヴァル的な寄付集め《ケット》によって賄った。クリスマスからカルナヴァルにかけての期間に営まれるブランル（ダンス）や仮装行列も、可能なかぎり、モーグーヴェール＝ボングーベールがその責任において取り仕切った[17]。

大修道院はまた、《アンファン・ド・ラ・ヴィル（町の子供たち）》ないし「ジュネス・ドレ[16]」の隊長や軍隊行進をも監督した。さらに、ジュール・グラ（カルナヴァルの三日間）の軍事的・反平民的パレードの際、もしもの場合には、抑圧ないし懲罰治安当局の肩代わりをした。ちょうど一五八〇年の場合のようにである。

今日まで残っている古文書には、そんな大修道院の悪ふざけのことも数多く記されているが、実際のところ、それは地元の権力とかなり密接に結びついた、真面目で、時には流血さえ厭わない組織だったといえる。この結びつきは、婚姻にかけられた税が大修道院に収入としてあてがわれていた、という事実に象徴的に現れている。たしかにモーグーヴェール大修道院は、すべての婚姻、とくに「余所者」の結婚[18]に対するその統制権を主張し、各婚資からは一ないし二％の従価税、《市外で生まれた女性と結婚する新郎からは、修道士一人あたり》六〇スーの税を徴収していた。

こうして得られた収入は、まず市庁舎の修理に用いられた（石工作業用の石材や砂の運搬費用だけでも、巨額な支払いとなった)。大修道院の責任者たちは、いずれも有力者の若者もしくは成人であり、彼らの名前はすべて参事会名簿や聖マタイ同宗団記録簿などに記載されている。その中には、ギグ家やベルナール家に加えて、なかなかの悪戯好きだが、正真正銘の軍人だったボールガール隊長、大修道院の終身経理係で、十六世紀初頭には町の金融《エリート》の一員だった、古いブルジョワ一族の出身であるピエール・ブルジョワ＝モルネ隊長などの名がみられる[19]。モーグーヴェールの指導者たちが、聖マタイ同宗団員を《兼任》していたことは前述の通りだが、一五八〇年代には、このブルジョワ＝モルネが、《経理係》と参事のポストを兼任してもいる。

モーグーヴェール大修道院の象徴的な任務は、毎年五月に絶頂期を迎える。五月の木は春と権力と愛の三位一体を寓意的に表す。だからこそ、ロマンの《修道士たち》は、きわめて重要な暦月に、柱〔五月柱〕を自費で立てたのである。そして、これに、永遠の緑〔若さ〕と枝の主日《ラモー》[17]を喚起する、柘植の枝を括りつけた。さらに、五月柱の先端には、象徴性を倍化するため、やはり緑したたる松の若木をとりつけた[18]。こうして飾りつけられた五月柱は、植物の年毎の再生を、呪術的かつ半ば聖的に具現する。

だが、五月柱はまた政治的な木でもある。南仏では、今日でもなお新人議員の家の前にこれが植え

訳注16―ジュネス・ドレ　字義は「黄金の若者」。有力な家の子女たちの集まりで、呼称自体は、やがてフランス革命時にテルミドール派を支持した、金持ちの青年たちを指すようになった。

訳注17―枝の主日　復活祭直前の日曜日で、イエス・キリストが受難の前にエルサレムに入ったことを記念する。その際、エルサレムの人々は、棕櫚の枝を手にこれを歓迎したとされる。

訳注18―同様の五月柱は現在でもフランス各地でみられる。だが、訳者の調査したアルザス地方の事例からするかぎり、柘植の枝を用いているところはない。なお、五月柱の多岐にわたる民俗慣行については、本書第7章参照。

られている。ロマンでは、一五七七―八〇年頃、モーグーヴェール大修道院が市庁舎前の大広場に立てた五月柱の脚部に、フランス国王と地方総督補佐官モジロン、町、それに大修道院自体の紋章が張りつけられていた[19]。

愛の五月柱、愛の五月……。エリートたちの婚姻戦略もその権利を失念したりはしなかった。すなわち、モーグーヴェール大修道院は毎年銀色のスカーフとタフタ織を、ロマンの有力者一族の中でひときわ美しい娘や夫人たちに贈っていたのだ。カルナヴァルが実際に男女の結びつく時期なら、五月はまさに情熱の時期だった。

愛がくれば、次には理の当然として婚姻戦略となる。結婚とは、基本的に相互的で性的な誘引の結果ではなかった。前述したように、モーグーヴェール大修道院は町のすべての結婚に税を課した。そして、《修道士たち》は余所者や寡婦の結婚ないし再婚に対し、太鼓を打ち鳴らしてのシャリヴァリをかけた。こうした馬鹿騒ぎは、しかし宗教的、もとはキリスト教的な機能を帯びていた。長い間、教会は再婚を疎んじ、結婚の祝別を授けることさえ拒んできた。再婚が何ほどか均衡を突き崩すものだったからである。シャリヴァリの大騒ぎは、そんな崩れた均衡を修復するものだった[20]。

モーグーヴェール大修道院は毎年カルナヴァルの時期に、一年以内に結婚した新婚者たちの名簿を（課税のために）作成していた。たしかに、「カルナヴァル」は一年間になされた結婚の総まとめを行う時だった。続く「四旬節」期間は、式を挙げることが一時的にできなかったからである。《修道士たち》が賃金代りに聖職者帽を提供していたロマンの三教区の司祭たちが、モーグーヴェール大修道院のために、新婚者の名簿を作っていた。まさにこの強固な繋がりのうちに、パロディックな修道院をして、町の複数の教区にまたがる唯一市民的な組織（！）に仕立て上げていた、もう一つの鍵がみてとれるのである。こうしてモーグーヴェール大修道院は、冗談と真面目とがあい半ばする男根的な五月柱として、植物、婚姻ないし市政に関わる、ロマン的多産性のプロセス全体の中心に屹立していたのだ。

モーグーヴェール＝ボングーベール大修道院はまた、〔祝祭や反秩序的な場で〕増殖ないし再生産されるディオニュソス型熱狂を放任していた。だが、この熱狂に対しては、秩序に関するアポロン型＝デュルケーム的価値観を課していた[20]。これらの価値観は、フロイトが無秩序状態に対して唱えた脱抑圧を、時に流血を伴う笑いによって押さえこもうとするものだった。だとすれば、富裕エリートや中流階層の若者たちが集う大修道院が、一五八〇年のカルナヴァルにおける半平民的な殺人攻撃で、重要な役割を果たした理由が理解できる。実際、騒々しいシャリヴァリを演出する《悪政》修道院は、ふざけ半分ながら、婚姻契約や社会契約が正確に遵守される善政を再興する手段にほかならなかったのだ。

一五八〇年、とくに一五八一年を過ぎると、《大修道院》に関わるロマンの古文書では、それまでモーグーヴェール（Maugouvert）やマルグーベール（*Mal*goubert）〔悪政〕に代って、次第にボングーベール（*Bon*gouvert）〔善政〕という表記が多用されるようになる。おそらくそれは、一五八〇年の混乱とカルナヴァルの教訓がもたらした果実なのだろう。そのすべてを、たとえばアンブロジ

訳注19―五月柱の政治的利用という点でいえば、周知のように、フランス革命期の「自由の木」を忘れるわけにはいかない。

訳注20―いうまでもなく、ディオニュソス型、アポロン型とは、ニーチェによる文化や芸術の二項的類型で、前者は動的、激情的、陶酔的性格、後者は静的、理知的、調和的性格をもっとするもの。後者がデュルケーム的なら、前者はたとえばG・バタイユ的となるだろう。

オ・ロレンツェッティは、一三三七―三九年にすでに明確に理解しており、それをシエナの市庁舎に保存されている、善政と悪政との戦いを描いた壮大なフレスコ画に盛り込んでいる。[21] ヨーロッパ最初の風景画とされるそこでは、町を混乱させる悪しき力に対して、農村に広がる田園と都市の端正なたずまいとが、調和的な一体感を謳いあげているのだ。[21]

❧ ❧ ❧

聖マタイとモーグーヴェール大修道院という、ブルジョワ的ないし半ブルジョワ的同宗団には、一方はより手工業者的、他方はより農民的な性格を帯びた、二つの平民的な組織が対立していた。聖ブレーズと聖霊同宗団がそれである。すでに紹介しておいたように〔第7章参照〕、ドーフィネ地方の〔民間信仰における〕聖ブレーズは多岐にわたる顔をもつ人物だった。すなわち、農民であり（さまざまな農耕儀礼を通して、収穫や畜群へその庇護を与える）、医者であり（咽喉の疾患を癒してくれる）、さらに性と婚姻に関わる存在であり（娘たちを結婚させる）、職人でもあった（殉教の際、梳き櫛に着衣を引きちぎられた故事によって、梳毛工と羅紗職人の守護聖人となっている。そのかぎりにおいて、彼は金融家や塩商人などの守護聖人である聖マタイと、ごく当然のことながら対立する）。

一五七九年と一五八〇年のカルナヴァル時、平民の運動にかなり活発に動いた、ロマンの羅紗職人たちからなる聖ブレーズ同宗団のことは、多少時代は下るものの、ドローム県立古文書館に保存されている一括書類[22]を通して分かっている。

ロマンのカルナヴァル《事件》からおよそ三〇年経った一六一三年、この同宗団は九三名のメンバーを擁し、そのほとんどが羅紗織りの親方資格をもつ者たちだった。「殿《どの》」と呼ばれる者も何人かいた（五、六例）。彼らは（ごく）小規模の独立した経営者であり、職人＝製造者として、しばしば仲間同士で結びつきながら、家族ぐるみで働いていた。時にはまた、一人あるいは複数の職人を抱えることもあった。また、聖ブレーズ同宗団に対し、ささやかな維持会費を払っていた（五スー）。

彼らは羊毛を提供し、できあがった羅紗を引き取って売買する卸商に経済的に依存していたが、こうした依存関係〔前貸問屋制〕は、政治的な隷属を意味するものでは決してなく、むしろその反対だった。前述したように、卸商たちは自分たちの聖マタイ同宗団に一〇、二〇、三〇スーの会費を払っていた。聖ブレーズ同宗団は同業組合的な機能を帯びており、毎年同業の「親方たち」を新たに迎え入れ（一六一三年は一四名）、彼らの親方昇格を祝った〔22〕。しかし、このことは、羅紗職人が比較的民主的だった聖ブレーズ同宗団に入るのを禁ずるものではなかった。彼らもまた、われわれの知らない手続きで、入団が認められたのである。

聖ブレーズ同宗団には、さらに各種の《行事》を執り行うという役目もあった。事実、新米親方の受け入れと同じ時期の守護聖人祭に、舞踏会を催していたのである。そこでは数多くのろうそくが輝

訳注21―ロレンツェッティはシエナ生まれの画家。一二九〇頃―一三四八年。フィレンツェ絵画の技法や関心を学びながら、「貴顕的・哲学者的」（ヴァザーリ）に、人間の生と世界を詳細かつ具体的に描き、そのすぐれてシエナ的絵画は、イタリア中世リアリズムの最高峰といわれる。本文に言及されているフレスコ画は彼の代表作『善政の効果』（一三三八年頃）で、たしかに生地の「民衆宮殿《パラッツォ・プブリコ》」（十三世紀に建てられた市庁舎）に飾られている。

訳注22―時代と地域で必ずしも区分が固定していたわけではなかったが、一般に同業組合《コルポラシオン》は同業の親方たちで構成され、職人たちは同職組合《コンパニョナージュ》を組織していた。職人が親方になるには、その技量を示す作品が認められなければならなかった。この親方昇格作品のことを、フランス語で「シェフ＝ドゥーヴル（傑作）」という。英語の「マスター＝ピース」がこれに当る。

き、ヴァイオリンが妙なる調べを奏で、鐘の音が鳴り響いた……。新米親方の入団を祝うダンスも踊られたが、あるいはそれは、一五八〇年二月三日の鈴を鳴らし、剣を振りかざしての反富裕者的シャリヴァリ＝ダンスと、無条件に一致するものではなかっただろうか。可能性はかなり高い。

ともあれ、聖ブレーズ同宗団はまた、モーグーヴェールとまったく同様に、パロディックな「大修道院」としての性格も帯びていた。実際、それは一人の「修道院長」によって率いられていた（一六一三年の修道院長は、ヴァンサン・セルノンなる人物だった）。だが、「手工業者」の修道院たるそれは、エリートたちの最高かつ全市的な「修道院」たろうとしていた、モーグーヴェール大修道院とは対立していた[23]。聖ブレーズ同宗団はさらに、前記二月三日の軍隊式行進での「隊長」と、それとほぼ同日に行った「レナージュ」の凱旋式での「国王」を、それぞれ一人ずつ選んだ。これら国王、隊長、修道院長の三人は、伝統的なドーフィネの祝祭《王国》を特徴づける人物たちだった。

ロマンの民衆運動におけるもう一人の主役は、聖霊同宗団だった。職業的にみれば、聖マタイ同宗団は聖ブレーズ同宗団と対立していた。別の次元でみれば、婚姻の統制に基盤を置いていたモーグーヴェール大修道院は、聖霊同宗団と際立った対照をなしていたともいえる。両同宗団が関わる結婚と生・死とが対置されるからである。聖三位一体の第三位格である聖霊は、たしかにその役割として、誕生、とくに個人の霊的な誕生の問題に関わっていた〔第7章参照〕。そこでは、各人への堅信の秘蹟によって再生が具体的に表され、聖霊からの七つの贈物の分与が、聖霊降臨祭〔第1章訳注26参照〕の共餐時に、同宗団がメンバーのため、聖霊の名において行う食べ物の分配によって象徴されていた[24]。

この聖霊同宗団は、死者もその中に組み込んでいた。死んで間もない者をなおもメンバーの一員に数え、貧者たちを身代わりとして、ともに踊り、食事をしていたからである。聖霊同宗団にとってみれば、したがって死者もロマンの民衆共同体に加わっていたことになる。後代の定義では、われわれ生者はすべて死者の同族ということになるが、当時は逆で、死者が生者の同族だった。亡霊の存在を堅く信じ、死後の霊魂の救済ないし断罪と間近に関わっていると信じていた世界の話であってみれば、それも当然といえるだろう。

聖的な基体と世俗的参加者とからなる共同体としてのロマンの聖霊同宗団は、俗人たちの選挙によって小修道院長を選んでいた。さらに、基本的な目的を達成するための宗教的活動を監視する聖職者たちも、独自に選別していた。聖霊同宗団はまた、団員が顔を揃える毎年の会食を通して、自らの内的・象徴的一体性を打ち出していた。ロマンの多くの手工業者や町在住の農民たちを集めたこの同宗団は、中世起源の組織の通例として、原初的な霊的交流の本質を具現化するものであり、世代を超えてロマン市民の連続性を維持してきた平民集団の、太古的かつ物質的な絆をかきたてる組織でもあった。それは、よき婚姻秩序の奇妙な守り手であり、〔シャリヴァリの犠牲者となる〕再婚者やかかあ天下の夫たちに対する厳格な監視役でもあった、モーグーヴェール大修道院が主張するものとは正反対の、いわば補完的な絆にほかならなかった。

エリート層と民衆層とを基盤とするモーグーヴェール大修道院と聖霊同宗団という二つの結社は、カルナヴァル（とくに一五八〇年の）でぶつかった。加えて、両者は美しき五月にも会合を開き、一方はこの月の名称を冠した常緑樹を植え（立て）、他方は「火の舌」（火焔）の形をとって使徒や信者たちに降りてきた聖霊を喚起する、聖霊降臨祭の行事を熱心に執り行っている(25)。ここで想い起こしたいのは、十三世紀以降、たとえばマルセイユを初めとする各地の聖霊同宗団が、包括的、共同体的、平民的、そして革命的たろうとした、市民運動の誘因になっていた、ということである。これらの同宗団は、聖三位一体の三位格のうちでもっとも集団的かつ未来的である、第三位格の庇護のもとにあった[26]。

以上、もろもろの事情をよく考えてみると、一五七八―八〇年のドーフィネの状況は、あらゆる社会組織、つまり民衆同盟や支配的もしくは協同的集団、結社、（同業）組合といった《抽象的集合体《コレクティフ・アブストレ》》からなる、一種の野外博物館の態をなしていたともいえる。こうした組織は、一八八〇年から一九三〇年にかけて、ドイツの法学者や社会学者がいかにも面白がって見つけ出そうとしていたものだった。これら研究者たちの分析は、実際はわれわれが考えるよりはるかに多岐にわたっていたが、彼らはドイツの偉大な学問的伝統を、あまりにも頻繁にマルクスやウェーバーの構成概念にのみ、しかもその一部分に還元してしまった。まさに二本の巨大な樹木が、あまりにも長い間森を隠してきた弊害ともいえる。

さて、一五八〇年前後のロマン、より一般的にはドーフィネと関わることで、たしかに《経験を重視する者からすればもっとも遠いところにある》「抽象的集合体」が見えてくる。それはまず教会（ローマ・カトリックとカルヴァン主義＝プロテスタント）であり、次に、その官僚を通して、一時的には一五七九年のカトリーヌ・ド・メディシスを通してロマンに姿を現した、パリの国家である。さらに、カリスマ的な性格の「民衆同盟」（ないし「農民同盟《ブント》」）も、その上位を占める。これは、声望のあったジャン・セルヴ、通称ポーミエを中心として、町の平民と村とを結びつけた。

ロマンではまた、自らの「支　配《ヘアシャフト》」を集団の外なり町の外部なりに——こういってよければ下方に——広げようとする結社と、平等の原則に基づくメンバー相互の協力によって、一体性が民主的に形成されていた《協同組合《ゲノッセンシャフト》》とが際立った対照をなしていた(27)。そして、改めて指摘するまでもなく、まさにこの《支配／協同》（ヘアシャフト／ゲノッセンシャフト）という二分法が、ロマン社会のさまざまな階層がそれぞれの関わりに応じて分布する、多様な結社の間に生じた区別を裁断し直していたのだ。

「モーグーヴェール」の《大修道院》は、その格好の事例といえる。祝祭的かつパロディックな活動を行いながら、それは町のジュネス・ドレ〔本章訳注16参照〕を集め、同時に、富裕層の大人たちもかなり集めていた。さらにそれは、シャリヴァリこそ行ったり行わなかったりだったが、課税という手段によって、市民共同体における金持ち、非金持ち、そして貧者の「あらゆる」結婚を統制していたのだ。こうしたモーグーヴェールとは、間違いなく「ヘアシャフト」（《支配的な》組織）であり、全市的な活動全体の中でもっとも重要ないくつかの点で、自らが影響力ないし支配力を有していることを表す指導的集団でもあった。

これとは反対に、「聖ブレーズ同宗団」や聖霊同宗団のような、手工業者らからなる民衆的もしくは半民衆的同宗団は、はるかに純然たる「ゲノッセンシャフト」（協同組合）的特徴を帯びていた。それはしかじかの集団、つまり羅紗職人集団や、一般的には民衆階層の集団の活動を組織していたが、都市の「共同社会《コレクティヴィテ》」に対し、指導的ないし支配的役割を果たそうとはほとんど考えていなかった。（この点で例外的なのは、親方羅紗職人が雇い人や《下働き》にみせていた指導的役割である。ただし、そこでの関係は、たとえどれほど実質的なものであれ、民俗的にも象徴的にも書式化できないものだった。いずれにせよ、それはロマンのカルナヴァルにほとんど登場していなかった）。

このようにモーグーヴェール大修道院と聖ブレーズないし聖霊同宗団とは、それが担う役割でかなり異なっていた。にもかかわらず、これら三つの同宗団は、たとえば塩商人からなる聖マタイ同宗団といった他の組織ともども、それぞれ結社《フェアバント》あるいは社団《ケルパーシャフト》の全体的なカテゴリーに含まれていた[28]。きわめて興味深いことに、ロマン事件に関するもっとも厳密な意味でカルナヴァル的な情報（たとえば、食料品のあらゆる値段の倒錯的入れ換え）〔第7章参照〕は、全般的にモーグーヴェール大修道院や町のブルジョワ組織から出ている。こうした組織が、本質的に町の支配や序列を具現していたところからすれば、これは驚きに値する。だが、よくよく考えてみれば、予測できないことではない。つまり、たとえ一時的にせよ、社会を逆立ちさせるには、ほかならぬその社会を、あらかじめ垂直かつ序列的に、普段の立位のまま生かさなければならなかったのだ。

支配的結社ないし「ヘアシャフト」に由来する逆転（転倒、倒置）儀礼とは、まさにそうした機能を帯びている。とはいえ、支配的結社であってみれば、その性格は保守的であり、統合的かつ序列的なものである。したがって、これらの儀礼がカルナヴァルのジュール・グラに一時的な逆転を主張するとしても、それはただ、カルナヴァル期間以外の日常的な社会において、逆さまな世界が続くのをより巧みに拒むためにすぎないのだ。そのかぎりにおいて、逆転とは結果的に反革命的なものにほかならないといえる。

反対に、民衆的ないし職人的な純然たる同業組合的結社ないし「ゲノッセンシャフト」は、一五八〇年二月のカルナヴァルでは、象徴的で民俗的な、そしてこういってよければカルナヴァル的でもありながら、何よりも闘争と攻勢と異議申し立て、さらにいわゆる階級闘争という行動を準備していた。

だが、逆転という厳密な主題はさほど利用できなかった。

ここで比較してみよう。むろんコンテクストはまったく異なっているが、一九六八年五月にも同様の出来事があった。改めて構造を問題視しようとするその意志に反して、好むと好まざるとにかかわらず、支配層に組みこまれたソルボンヌの学生たちは、逆さまの世界と権力側の《カタンゲ》[23]というカルナヴァル的主題を用いたものだった。一方、ストを張った労働者たちも、民俗的ではないが、彼らの考えからすれば理性的な活動様式に固執していた。そして、組合闘争の古典的な手法を用いて、かなり高額な賃上げ要求を勝ち取るようになったのである。[24]

❦ ❦ ❦

組合的＝宗教的同宗団のことに加えて、「レナージュ」についても言及しておく必要がある。バリケードの両側で営まれたロマンのカルナヴァルは、実際、特定の人々が集まった祝祭同様、いくつかの《王国《レナージュ》》の結成と切り離せないものだった。こうした王国は、一五七九年二月にヴァロワール一帯で起きた一揆の最初期にも登場していた（たしかに十九世紀に入っても、ヴァロワールのレナージュの多くは、なおも聖母潔斎の祝日〔二月二日〕を初めとして、一月から二月にかけて祝われるさまざまな聖人たちの祝日に営まれていた）。

訳注23—カタンゲ　カタンガの傭兵たちのように働いたとして、街頭デモを繰り広げたCGT傘下の鉄道員やルノー従業員（四学生たちがソルボンヌの警備員を指すのに用いた蔑称。工場）、ORTF（フランス・ラジオ・テレビ放送局）員のものがある。

訳注24—代表的な組合としては、とくに五月一三日に大々的な

ロマンでも、一五七九年二月と、とくに一五八〇年二月に、「レナージュ」が組織されたが（雄羊、雄鶏＝鷲、野ウサギ、去勢鶏、ヤマウズラの各王国）、それらは、他所と同様、いくつかの儀礼や行事と不可分だった。聖人（ブレーズ）祭ないし宗教儀式（ミサ）、そして、その背景をなす手工業者同宗団やパロディックな大修道院の存在、徒競走、競馬、参加者たちの腕前を競う動物殺害競技（雄鶏の首刎ねなど）、パロディックな王や王妃、さらに廷臣たちの即位、埒もない話、時に破廉恥なものとなるダンス、大舞踏会、大宴会……。

しかし、こうした要素は、はるかに広く普及し、完全に解読される民俗慣行のロマン的な事例にすぎない。事実、「レナージュ」については、多くの歴史家や民族学者が、限られた、だがそれでも広範な普及地域を選んで正確に叙述している。具体的にいえば、それはリムーザン地方(25)から東に、オーヴェルニュ、ギュイエンヌ東部、ラングドック北部を経て、南東部のドーフィネ地方にまで広がっていたが、おそらく震央はル・ピュイ＝アン＝ヴレ周辺(26)だった(29)。「レナージュ」はそのすべての特徴を備えた形で、十五世紀後葉に現れている（かなり的確な最初期のテクストは一四九八年のものである。ただ、制度としてのレナージュへの言及は、それから少し後になる）。十六世紀になると、それは各地に広まり、かなり人気を博すようになる。そして、一六六〇年頃の反宗教改革時に最高潮を迎え、やがて徐々に衰退していき、十八世紀以降には、わずかに痕跡をとどめるだけとなる。

研究者たちのしっかりした調査によれば、「レナージュ」には以下のような要素が含まれていたという。

a　「宗教的核」。この慣行の中心をなす要素で、聖人（ブレーズほか）ないし聖母の祝日における祝賀行事。そこでは、一切が教区の信仰や土地の《奉納》祭、あるいは土地の礼拝堂や奇跡の泉……などに結びつけられている。

b　「王や王妃」および廷臣たちの「選出」。これは、初めこそ冗談めかしたものだが、やがて真剣なものへと変わる。これら廷臣たちの地位は、基本的に何らかの競技に勝った多少とも擬制的な代価として得られる。だが、現実には、この地位は教会で値がつけられた後、希望者同士の競り落としで売買された。こうして廷臣の地位を競り落とした者は、その場に応じて、関連する《教会財産》や礼拝堂ないし香具室に、できるだけ多くの金銭や小麦、あるいはとくにロウソク用の蜜蠟を差し出さなければならなかった（司祭や香具係は、実際に燃やされたロウソクの余りを、自分たちのために改めて売った）。むろん王位を手に入れるには、教会堂をもっと明るくしなければならなかった……。最終的に《王の》地位を買い求めた者たちは、「エヴェルゲート」（財政援助者、高額寄付者）となり[30]、教会に大量の蜜蠟を贈って、たとえ遊びではあっても、《君主》の名誉を手にすることができた。むろん、中には、信仰心や地元での政治的目的からそれを行う者もいた。ロマン同様、リムーザン地方では、至るところに手工業者や村落共同体の恒久的な同宗団がみられた。もともとは毎年一時的に結成されていた「レナージュ」だったが、その王国は何ほどか組合的な様相を帯びていた。これを組織するのは「若者たち」だった。だが、彼らだけではなく、もはや若いとはいえない大人たちも、自分たちの町の祝祭王国に関わることをかなり熱望していた。王冠の形をしたロマンの菓子「グリオッシュ・クローヌ」は、今もなおそんな往時の陽気さを物語っている。

訳注25―リムーザン地方　フランス中南部。

訳注26―ル・ピュイ＝アン＝ヴレ周辺　オーヴェルニュ地方。

c　「娯楽」。勝利者に賞品が出る動物の狩りないし殺害、徒競走、競馬、ダンス、舞踏会、愛の高揚、悪戯、冗談などがあったが、これらはドーフィネやリムーザンを初めとする、さまざまな地域の「レナージュ」で行われていた。

仮想王国の王は寛容さが求められる役目であり、たとえどれほど希薄なものであっても、その庇護ないし《寄付主義《エヴェルジェティスム》》によって、ブルジョワや手工業者、あるいは農民のお金を、教会や町の施設に分配できることになっていた。王はまた宗教的な機能を帯び（教会内で、〔実際の国王と同じように〕聖職者の頸垂帯《ストラ》のもとで聖別され、しかじかの聖人や日曜日を祝う）、王妃や王女に対しては誘惑者の性格も兼ね備え（「余は余分な脂身をもたぬ恋人たちの王である[31]」。鶏冠《とさか》をつけた愛の王は、完全に自分の好色な幻想にはまり込んでこう言っている）、さらに政治的な任務も有していた（フランス王権の模倣[32]）。

すでに幾度となくみておいたように、ロマンのカルナヴァルは「レナージュ」の祝祭的様式を広く用いていた。それは当時のカトリック的、教区的、そして同業者的文化のうちに根を張っていた。そこでは、名士や他の指導者たちが、力の大小と平民、富裕者とを問わず、《ブルジョワの度肝を抜こう（世間の顰蹙を買おう）》としていた。彼らはたまさか旧守的ないし反体制的だった目的を追い求め、何がしかの金銭や蜜蠟を差し出すことによって、カルナヴァルや復活祭、夏至祭〔27〕などで数日間王となり、その目的を達成するのだった。

アンシャン・レジームのカトリック文化は、聖なるものと俗なるもの、宗教的なるものと猥雑なるものとを、感心するほどない交ぜにしていた。それはまた、「レナージュ」によって社会的な装置を作り出した。この装置のおかげで、下層階層は自分たちの声や嘲り《あざけ》を理解させ、時には要求まで理解させることができた。平民の政治的意図は、通常は抑圧されるのがおちだったが、祭りの日の聖性によって、それは表現手段を見出していた。一方、集団がもつ危険な下意識は、一時的ではあったものの、「レナージュ」の厳粛かつ形式化された制度のうちで構造化された。まさにここにおいて、デュルケームとフロイトが手を握る。まさにここにおいて、野蛮な祭りと規則だった祭りとが合体《サンテーズ》するからだ。(33)

訳注27―夏至祭　六月二四日（聖ヨハネの祝日）ないしその前後に営まれる祝祭で、多くが祝火慣行からなる。

第12章 冬祭り

十六世紀のドーフィネ地方のカルナヴァルは、一年の周期の終わりとそれに続く年の始まりないし再開を画するものとしてあった。ヴァン・ジェネップの通過儀礼モデルやそれを再解釈したエドモンド・リーチらによれば、伝統的・祝祭的社会における「時間」は、通常の社会生活からの別離を示す「前=境界的」、移行期の「境界的」、そして日常的時間への再統合ないし再併合期にあたる「後=境界的」という、三位相からなるという。カルナヴァルにおいて、この位相はそれぞれ仮面仮装、逆転儀礼、様式性に呼応する。リーチはまた、カルナヴァル的時間の特徴が、まず生から死へと向かい、次いで死から生へと向かう周期的な均衡にあるとしているが、ロマンのカルナヴァルでは、仮装や動物王国、食物、同宗団、暴力、死といった祝祭要素が、「象徴の文法」に従って独自の世界を構築していた。

同宗団と王国の検討は以上である。残るのは、冬祭り、より正鵠を期していえば、四旬節前のさまざまな祭りに関する一般的な問題である。このカルナヴァルに関わる問題は、ドーフィネ＝南仏、さらにヨーロッパそのもののレベルで問われなければならない。一五七九年の二月と、とりわけ一五八〇年二月のロマンのカルナヴァルにみられた各種の行動は、それをカルナヴァルのより広域的な、そしてより比較可能な概念のうちに置き換えないかぎり、明らかにはできないだろう[1]。何よりもそれは、プロヴァンス〔やラングドック〕といったフランス地中海地方やサヴォワ、さらにスイス＝ゲルマンといったさまざまな文化の中で息づいていたものだからである。

これらの文化は、すべて十六世紀におけるドーフィネ文化の隣人ないしイトコたちだった。これに関して、ここではカルナヴァルの特徴と役割を、抽象的な時間から具体的な時間へと、次のように分類しておこう。(a)暦日的＝例年的、(b)キリスト教的＝異教的、(c)季節的＝冬季的、(d)農耕的＝豊饒的、(e)社会的＝対立的、(f)象徴的＝儀礼的な特徴と役割。

ドーフィネ地方のカルナヴァルは、明らかに年末もしくは年替りの祭りとして長い間機能していた。中世のみならず、時には十六世紀に入ってまで、ドーフィネの一年は九月二五日ないし一二月二五日、あるいは三月二五日に始まっていた[2]。したがって、カルナヴァル期間は、一年の周期の終わりと同時に、それに続く年の始まりないし再開を示す時期の一つだった。

ヴァン・ジェネップやエドモンド・リーチ、ヴィクター・ターナーといった民俗学者や文化・社会人類学者[3]は、こうした一年の周期的時間（未来へと真っ直ぐあるいは線的に向かう時間とは対照的な）の終わりと再開時に営まれる祝祭慣行について、興味深いモデルをいろいろ提唱している。キリスト教的であるとないとにかかわらず、あらゆる文化に関心を抱き、この問題で、ヴァン・ジェネップの通過儀礼に関する分析〔とくに、以下の三時間位相構成〕を用いたリーチにとって、伝統的・祝祭的社会における時間は、その歴史的未来と《終末》に関するキリスト教的信仰がどうであれ、いわば「振り子のような」ものだった。通常、そこでは時間が流れて一年が推移する。だが、祭りの間にかぎり、時間はつかの間逆方向へと流れ、それが終わると、再び通常の流れを取り戻し、続く一年ないし季節を刻むようになる。

こうした周期モデルは、昼・夜や生・死といった直接的な経験と符合する。したがって、祭りはまず通常の生活時間もしくは前年との別離を示す(A)《前＝境界的《プレ＝リミネール》》時間を、ついで境界（閾）の通過、つまり「移行」や周縁性に対応する(B)《境界的《リミネール》》時間を前提とする。後者は振り子が速やかに戻る時であり、時間が逆流する期間である。「逆転」の位相ともいえる。そして、最後にくるのが《後＝境界的《ポスト＝リミネール》》時間で、これは日常的時間への「再統合」ないし「再併合」の時間にほかならない。この時間は次の《周期》まで続き、以後、それが繰り返されることになる。

さらに、リーチによれば、《振り子の戻り》にもたとえられるこれら三つの時間位相（A、B、C）と、いうところのカルナヴァル的主題との間には、さまざまな繋がりがあるという。この繋がりは三つの言葉で表される。仮面仮装と逆転と様式性《フォルマリテ》がそれである。たとえば「仮面仮装」は、明らかに日常生活との断絶や分離を、祝祭の仮構的・聖的世界への入場を強調している。「逆転」儀礼は、人が移行過程のうちに、つまり入り口と出口という《二つの扉》の真っ只中にいることを示している。それはまた、祝祭の社会的基盤をなす人間集団が、一時的に逆さまになっていることを意味するものでもある。

ターナー（あるいはサルトル）によれば、これは浮かれ騒ぐ者たちの一体性を支える聖的瞬間であり、そこでは集団は《溶解状態》に、混合的な逆転状態になるという。最後の「様式性」とは、もはや〔仮装用の〕付け鼻や汚した顔ではなく、オペラ・ハットやシルク・ハットに象徴されるものであり、抑圧的もしくは《矯正的》（ターナー）な位相Cへの入場と呼応する。式服や法官服といった規範的な着衣の仰々しいまでの強調は、たしかに日常的時間のもろもろの掟への再帰ないし強制的な回帰を意味する。

別の局面では、こうした三位相からなる過程は、自分自身に何とかとどまろうとするが、相互に置換が可能なものでもある。たとえば、この上もないほどすぐれて通過儀礼的な結婚式は、「様式性」（オペラ・ハットやモーニング、燕尾服などの婚列）〔位相C〕に始まり、舞踏会、時には仮面舞踏会〔位相A〕の狂熱的な奇抜さで終わるのだ。

リーチはまた、生から死へと（一年の始まりから終わりまで）、次いで死から生へと向かう（一時的にカルナヴァルが再生する間）、周期的な均衡を主張してもいる。

このイギリス人人類学者の分析は、ロマンのカルナヴァルのみならず、それを超えて、さらにヨーロッパの他のカルナヴァルにも見事に当てはまる。ロマンの事件のきっかけとなった、聖ブレーズの祝日〔二月三日〕における催しでは、羽目を外した暴力的で《ディオニュソス型》の「仮装行列」に加えて、死のシンボルだった顔面仮装やダンス、箒、熊手、殻竿などが登場していた。そしてここから、人々は富裕者たちの王国の魅惑的な世界やプロヴァンス風カルナヴァルの桃源郷へと、さらに逆さまな世界や驚異（逆転）の領域へと入っていったのである。そこでは素晴らしいワインや菓子がただで売られ、腐った鰊に手の出ないような値段がつけられもした(4)。また、事件の終わりでは、ヤマウズラ王国の王や法官、兵士たちからなる、軍事法廷の最後の行列が行われたが、これはアポロン型「様式性」の段階に対応する。それが最終的な流血を伴う秩序の回復と、日常への回帰を用意したからである。

同じような三位相の図式は、オック語圏やオイル語圏〔第1章訳注30参照〕の、アルプスの南側と北側のカルナヴァルにもみてとれる。祭りの冒頭の仮面仮装者たちによる寄付集め、中間時期のカルナヴァル人形《ボノム》によるハムやソーセージの大盤振る舞い、そして締めくくりは、哀れにもスケープ・ゴートに仕立て上げられたこのピトレスクな人形を、銃殺、絞首刑あるいは溺死させる厳格な模擬法廷の設置となる。こうして罪の追放が準備され、人々は四旬節〔1〕の悲しみの中へと（再び）入っていくのである……(5)。

訳注1――斎戒期間の四旬節には、快楽に関わるタブーがいろいろ設けられている。

キリスト教的時間へのカルナヴァル＝四旬節の挿入については、すでに本書第1章で、四旬節の本質そのものに一致しながら、カルナヴァルの原初的な概念にももっとも よく符合するものが何であるかを指摘しておいた。卑見によれば、それはカルナヴァルの異教的生を埋葬することであり、同時に、洗礼志願者が四旬節の苦行に入る前、異教徒化するような究極的な放埒に身を委ねることでもある。こうして志願者は、復活祭の時に、洗礼によって与えられる自らの霊的な再生を最終的に確認するようになるのだ。結局のところ、四旬節の斎戒や説教と較べて厳密にカルナヴァル的といえる出来事は、論理的な前奏曲として、事前的なアンチテーゼとして機能しているのである。

他所と同様に、ロマンでも、これらの出来事はまずキリスト教的時間のうちに、より正確にいえばカトリック的時間のうちに組みこまれ、《挟み込まれて》いた（四旬節の斎戒を取りやめにしたプロテスタントたちは、当然の結果としてカルナヴァルの大宴会を廃止し、十六世紀には、終始一貫した態度をもって、気がかりなこのエデンの園の生き残りを何とか破壊しようとした）。

❦　❦　❦

一方、《教皇主義的》システムとしてのカルナヴァルは、諸聖人の祝日〔一一月一日〕から待降節〔クリスマス前の四週間〕やクリスマスまでの、そして後にカルナヴァルや四旬節、復活祭、さらに聖ヨハネの祝日〔六月二四日〕が続く、長い教会暦の流れのうちに位置している。一五八〇年のロマンのカルナヴァルは、こうした考え方と何ら矛盾するものではなかった。そこでは聖ブレーズや聖霊が祝われ、民俗的な儀礼の一部をなす肉食の月曜日の富裕者ミサが、状況に合わせてかなり強烈に営まれている。[6] また、首都パリでは、毎年、カトリック同盟による敬虔な宗教行列と卑猥さとが同居した肉食の火曜日が行われ、民衆は司祭たちをそれに強制的に参加させたものだった。[7]

問題は次にある。すなわち、その前＝四旬節と反＝四旬節としての役割自体が、カルナヴァルをキリスト教の苦行的ないし禁欲的意味から最大限遠ざける、という点である。四旬節は食事や性[8]に関わる禁欲と善行とを高揚する。かつてこの四旬節は、穏やかな「神の休戦〔2〕」を伴っていた[9]。反対に、カルナヴァルは罪や飽食、猥褻さを強調していたのだ。大宴会（食物の値段の転倒、《王国》の祝宴、《たんぱく質の神格化《アポテオシス》》、性の脱抑圧と自信過剰（一年のうちでもっとも多い結婚と受胎、ダンス、〔パロディックな〕王や王妃の選出、富裕な美女たちに対する暴行と誘拐の潜在的な脅威）……。さらにカルナヴァルは、軍事行動ないしそれらしき真似事を演出してもいた（貧しい者たちの剣踊り、《エリートたち》の行進）。この意味において、カルナヴァルは前キリスト教的もしくは非キリスト教的な、換言すれば、農村＝民俗的、いや異教的とも呼べる素材からなるシステムに近い。

《異教的生の埋[10]葬》を目的とするかぎりにおいて、カルナヴァルはキリスト教以前に存在していた一部の儀礼を、異教的な冬祭りの中に直接再現するものといえる。文化的ブリコラージュが際立っていた西暦一〇〇〇年までの間、農村部は徐々にキリスト教化されていったが、こうした異教的冬祭りとは、当時、庶民のうちにあったカトリシズムと何ほどか混ざり合っていたのである。その中でひときわ目立っていたのが、サトゥルナリア（サトゥルヌス祭）の倒錯や、ルペルカリア（ルペルクス

訳注2──神の休戦　中世において、教会が定めた特定の休戦日。

祭）の動物仮装と鞭打ち、さらにロバに乗せられての引き回しなどであった〔3〕。

だが、最終的にキリスト教は「罪」の宗教となっていった。したがって、そんなキリスト教がこれら異教の儀礼をすっかり吸収できたとしても、また、カルナヴァルの罪深い快楽を――四旬節が近づいたら排除しなければならないが――完全に同化したとしても、そこに何ら不思議はない。

こうした宗教的観念は正当なものである。しかし、それはなおも形式的な枠を出ていない。そこでは、カルナヴァルにおける生活や季節、農業、あるいは階級ないし派閥闘争などにまつわる問題が看過されているからだ。

実際、ロマンのカルナヴァル的エピソードは、リーチが言うような暦や《一年の周期》、さらには異教＝キリスト教にのみ関っていただけではない。それはまた、季節に関する経験的所与をも表してもいた。つまり、なおも半農耕的な、したがって自然に近い状態にとどまっていた文化にとって、決定的に重要な結節点ともいうべき、晩冬の始まりときわめて密接に結びついていたのである。聖母潔斎の祝日の熊男が登場したのは、まさにこの季節だった。前述したように〔第6章参照〕、ポーミエはこうして熊の毛皮をまとって仮装したまま、一時的にせよ、市庁舎の参事席を占拠したのだ。

ドーフィネやサヴォワ地方では、熊はもっとも寒い季節の終わりを告げる（あるいは告げない）と考えられていた。二月二日、熊は冬籠りした巣窟から出て空を見渡す。そして、それが雲に覆われていると、冬が終わったことを人々に告げる。反対に、青空だと、寒い季節がなおも四〇日間続くはずだとして、この民俗的な熊は巣窟に戻り、さらに数週間の冬籠りが続くという……〔11〕。

毛深い皮をまとった天気予報者とでもいうべき聖母潔斎の祝日の熊の伝承は、アルプスやピレネーを初めとするヨーロッパの山岳地方に広くみられる。熊のいないその他の西洋諸国では、《雪解けの告知》という同様の予告をする役目を、やはり冬籠りをする他の動物、たとえば「ハリネズミ」や「ウッドチャック」[4]が肩代わりしている。すなわち、アイルランドでは聖女ブリギット（ブリジット）の祝日（二月一日）のハリネズミが、ペンシルヴァニア州では二月二日ないし三日のマーモット（この代用齧歯類は、それまでの伝統を有していたヨーロッパ人入植者によって旧大陸から持ちこまれ、現地に順応したもの）が、熊の代りをしていた[5]。そして、ハリネズミもマーモットも、青空か曇り空か、冬の終わりがさらに四〇日間続くのかどうか、さらに冬籠りを続けるかどうかの決断を明言するとされていた。つまり、聖母潔斎の祝日のアルプス熊と同様の判断をしたわけである。

ピレネー地方では、聖母潔斎の祝日＝カルナヴァル周期の（仮装）熊は、羊を盗む者とされていた。そこで村人たちは、畜群を象徴的により一層守るため、模擬的にこれを《射殺する》のだった。熊はまた野蛮で毛深いサチュロスでもあり、たとえば蜂の巣の蜜や娘たちのコルセットの中に足を入れたりする、性的な悪戯者でもあった。ロマンでは、ポーミエ演じる聖母潔斎の祝日の熊が、季節の予告者から暴動の扇動者へと飛び跳ねている。そんな彼を支持していた一部の者たちは、おそらくブルジョワの美女たちを何とかものにしようとしていたはずである。ポーミエもまた、より真面目に、町の権力を一部なりと手に入れようと腐心していた[12]。だが、ポーミエを毛嫌いしていたゲランは、彼を縫いぐるみの熊とはみていなかった。毛深い熊皮をまとったポーミエは、政治的な動物だったのだ。

訳注3──第1章訳注28参照。なお、カルナヴァルやシャリヴァリにおけるロバによる引き回しを民俗語彙で「アスアド」「アゾアド」などという。第7章参照。

訳注4──ウッドチャック　北米産のリス科の動物。

訳注5──英語では聖母潔斎の祝日を「聖燭節の日」Groundhog Day と呼ぶ。字義は「ウッドチャックの祝日」。

聖母潔斎の祝日＝カルナヴァル周期は、単に《肩で時間を押す》[6]ためのものではなく、冬の終わりを告げる季節のリズムを、一段と早めさせるためだけのものでもなかった。この周期はまた、婚姻＝女性的、農耕的かつ集団的な豊穣・多産性を分け与える役目も担っていたのだ。それは、人間の心と体のみならず、その社会集団や収穫にすら影響を与えかねない、さまざまな悪や罪を象徴するものであると同時に追放する者でもあった。これは、カトリック的構造と矛盾していなかった。そこでは、カルナヴァルは、いずれ教皇主義的四旬節によって排泄物のように排除されるようになる、箍《たが》の外れた快楽や生きる愉しさ、踊る喜び、異教的大罪（大食、奢侈など）を体現していたからである。

ロマンでは、一五八〇年二月初めの聖ブレーズの祝日〔三日〕に、踊り手たちが、〔豊作予祝のため〕殻竿を叩いたり、脱穀場を熊手で掻き、さらに箒で掃き清めるといった、冬季の農耕作業を擬《もど》いたものだった。より正確にいえば、町の子供たちが、まさに一五八〇年二月半ばの最終的な虐殺が行われた時間に、松明を振りながら、果樹や収穫物の寄生虫を（象徴的に）根絶やしにしようとしていたのである。松明を手にしたこれら子供たちは、同一の行動によって、社会集団としての敵ポーミエ派と、林檎や穀粒を脅かすモグラや野ネズミとを一掃しようとしていたわけである〔第8章参照〕。

フランスでは、十七世紀に入っても二月二日から四旬節にかけて営まれていた、古い型のカルナヴァルの場合、夥しい贖罪慣行が《口まで》詰めこまれていた。その多くはドーフィネ地方でもみられたが、たとえば聖母潔斎の祝日の祝別されたクレープやロウソク、二月五日の鐘打ち、紡ぎ作業の休止、アンドゥイユ（腸詰めソーセージ）・スープの灌水、カルナヴァル〔人形〕の埋葬、「松明行事」、「ファスノート」[7]などがある。

こうした慣行の目的とするところは、次のようなものだった。すなわち、一年中お金に困らないように。雷を初めとする一切の災厄が避けられるように。聖女アガタの祝日〔二月五日〕の夜から魔女を追い出すこと[8]。鶏をくすねて食べる狐や、糸を齧るネズミたちを通れなくする。四旬節の間、節食〔肉断ち〕にさほど苦しまないようにする。畑を野ネズミや毒麦、虫害から守る。菜園の地味を豊かにし、大きな玉ねぎが成るようにする。村のすべての若者や娘に伴侶を見つけてやる……[13]。

豊穣・多産に関わるカルナヴァル、より一般的には、豊穣・多産に関わる冬祭りという考え方は[9]、ジョルジュ・デュメジルやイタリア人のパオロ・トスキを初めとする何人かの人類学者や歴史家によって、正確に展開されてきた。彼らよると、冬祭りに共同体の若者たちがかぶる死人や動物、仔熊

訳注6―肩で時間を押す　「暇つぶしをする」の意。

訳注7―ファスノート　揚げパンないしドーナツ。四旬節前の最後の甘味として供された。呼称の fassenote はドイツ語でカルナヴァルを指す「ファスナハト（Fastnacht）」から。

訳注8―シチリア出身のアガタは、一生を神に捧げ、ローマの執政官の求愛を拒んだ。そのため、執政官の怒りを買い、二五一年、乳房をもがれ、炭火に焼かれて殉教したとされる。プロヴァンス地方では、アガタの名が魔女の眷属である（黒）猫《ガト》を指すところから、この日、不吉な猫を見ないようにと、女性たちは洗濯や糸紡ぎを休んだ。また、アルルでは、この日、呪わしい季節の擬人化である奇怪な仮装をした人物「老婆」が、ロバに乗って夜の町を徘徊し、家毎に何がしかの寄付を求める習俗があった。住民たちはその寄付に応じるものの、棒をふるって「老婆」を追い出し、子供たちもこれを追いかけ、早く消えてなくなれとの悪罵を浴びせたという。

訳注9―正鵠を期していえば、G・デュメジル（一八九八―一九八六）はパリ生まれの宗教史家で、とくにインド＝ヨーロッパ神話の構造分析と比較研究で巨歩を印した。P・トスキ（一八九三―一九七四）はイタリアの民族学者。フィレンツェ大学で文学を学んだのち、イタリア各地の民俗文化を研究し、「ローマ民俗学博物館」の創設などに与って力があった。

などの仮面は、実は悪霊や死霊を表すものだという。それらは生者たちの周りを徘徊し、凍えるような季節から出て緑なす年に、善悪いずれの影響も与えることができる。それゆえ、当該集団全体でこうした仮面に贈り物を捧げ、一年の幸福と健康とを保証してくれる仮面の若者たちに、祭りを営ませることが肝要となる……。そうすれば、これら冥界の生き物たちは、もはや速やかに姿を消さざるをえなくなる。

前述したように、たしかに死者は、ロマンの聖母潔斎の祝日に、仮面仮装者や農耕的な「パントラニュ（仮装者）[10]」の中に入って踊っている。一五八〇年、鈴をつけた死者のシャリヴァリで、町の財産から自分たちの正当な分け前を要求したのが、このパントラニュたちだった……。

いずれ分かるはずだが、こうした考えは、遠い昔からの異教的な残存形態にどうしても頼らざるをえないというものではない。いずれにせよ、中世の民衆的なカトリシズムは、亡霊や悪霊が人々のすぐ近くに出没すると強く信じこませていた……。デュメジルやトスキは、こうして一部のカルナヴァル的仮面仮装がもつ当初の意味を示すことができた。だが、これらの仮面仮装が、一五八〇年当時のロマン市民たちから、はたして「そのようなもの」として理解されていたかどうかは定かではない。たとえ彼らが、祝祭的儀礼の一環として実際に仮面仮装を行っていたとしても、である[14]。なるほどそれは、習俗の中に定着しこそすれ、記憶の中にまで定着していたとはいえないのだ。

❦ ❦ ❦

だとすれば、カルナヴァルは農耕的機能と生物学的機能とを兼ね備えていたといえる。それはまた、社会的な有用性をも帯びていた。たとえば、五月柱の中で、政治的権力や愛の男根主義と緑木ないし緑葉とが分かち難く結びついているように、こうした機能と有用性という言葉は切り離すことのできないものである。カルナヴァルに関する両義的な、そして幾分短いが的確な定義の中で、スペインの偉大な民俗学者カロ・バロハは、この両極性をはっきりと感じ取っていた。彼はカルナヴァルの目的について次のように書いている(15)。

《それは、以下のようにして、当該社会の健全な生活を保証するものである。すなわち、

(1)最終的に浄化の時期となる四旬節前夜に、(生物学的、社会的ないし罪深い＝反キリスト教的)悪を境界の外に追放することによって。

(2)通常の生活を復元することによって。この復元は、誕生や交媾、死、再生の一連の具体化によって得られる(たとえばロマンの人肉食的幻覚は、富裕者に対する威しだけではなく、実体変化〔11〕の幻覚でもあった)。

(3)集団が生き延びる上で根本的な農作業(耕作。ロマンの場合は、さらに脱穀が加わる)などの擬きによって。

(4)経済的に重要な動物(野禽類、雄羊、家禽類。ロマンやその周辺では、こうした動物の象徴的機能は、単なる実利的な肉以上の意味を帯びていた)の表象によって。

訳注10――パントラニュ　pantragne とは、ドーフィネ地方の粗末ないし汚れた着衣の女性たちを指す。プロヴァンス語の pantragno から。

訳注11――実体変化　キリスト教の聖体秘跡において、パンとワインがキリストの肉と血に変ること。

(5)悪を追放したり、通常の活動を続けたりする上で有用な、たとえば馬鹿騒ぎといった行為によって〔12〕》。

宗教上の罪を一般化した社会的悪の追放とは、単純にいえば「諷刺」〔13〕であり、ドーフィネのカルナヴァルのみならず、イタリアやスイス、オック地方、ジロンド地方、パリ盆地など、各地のカルナヴァルにつねに繰り返し登場した（する）ものである。たとえばスイスの歴史は、政治的ないし政治＝宗教的カルナヴァルに彩られている。それは、十四世紀には富裕者たちを襲い、フランス革命初期には教皇を、十九世紀にはナポレオンを攻撃しているのだ。フランスの南部と北部では、さまざまな名前で呼ばれるカルナヴァル・マヌカン〔第7章訳注53参照〕の模擬的な遺言と判決とが、一年以内に起きたすべての姦通や高利貸しなどを暴露する形で行われていた。

十七世紀中葉のボルドーのカルナヴァルは、サン＝キュロットの先駆けともいうべき、「楡の木党」の激しい叛乱〔前章参照〕と軌を一にして始まっている。つまり、それは反マザランを掲げた、人を食った行列祭の時だったのだ。そして、笑いが真面目なことをもっとも効果的に表す手段でもあるような雰囲気の中で、マザランのマヌカンを斬首するというフロンド的悪ふざけは、宰相マザランの処刑に対する絶対的な、だが決して実現しない要求を示していた。

同じことは、フランス革命期に、旧専制体制に反対して営まれた、プロヴァンスのカルナヴァルにおける長い馬鹿騒ぎについても言えるのだろうか。十六世紀から二十世紀にかけて、モンペリエやリムーを初めとするラングドック地方にみられたカルナヴァルでは、人々は、ローマのカルナヴァル〔14〕同様、時代が完全にカトリック的状況にあったにもかかわらず、地元の哀れなユダヤ人ないしマラーノを次々に揶揄していった。さらに、住民たちが個人的に多少とも隠しておいた罪悪も、揶揄の対象となった。むろん、こうした揶揄や制裁行為が、流血の暴力沙汰を伴うことはなかった[15]。

では、ロマンではどうだったか。当時、これらの揶揄や制裁行為はカルナヴァルの各種実行委員会のプログラムに入っていなかった。それを一五八〇年二月に意図的に導入したのは、じつはゲランその人だった。ただ、揶揄自体は、アルプスを南北に挟む地域で行われていた十五―十九世紀のカルナ

訳注12―カロ・バロハ（バロッハ）の原著『カルナヴァル』からの邦訳と仏訳はかなり表現を異にしている。邦訳『カーニバル』（佐々木孝訳、法政大学出版局、一九八七年）でのこの箇所は以下の通り。「……年の初めの仮装行列が実行する行動全体から見て、その一義的な目的が昔も今も、なによりも先ず、四つのタイプに分類される行動を通じて、それが属する社会的グループの幸運が一年を通じて保証されることであると推測することができる。四つのタイプとは次のものである。（Ⅰ）自分たちの領域外に悪を追い出すことで、これはある特定の人物たちの行為によって表現される。（Ⅱ）つねに連鎖する誕生、成長、そして死という三つの基本的段階を通じて進展する人間、動物、植物の尋常な再生、繁殖。（Ⅲ）グループにとって基本的な仕事の再生産と、最大の経済的利潤をあげる動物などの表象。（Ⅳ）悪の追放、健康、尋常な労働などを保証するために有効と考えられるいくつかの行為の遂行」。

訳注13―ジロンド地方　フランス南西部。

訳注14―マラーノ　キリスト教に改宗させられたユダヤ人たち。もとはスペインやポルトガルに住んでいた。

訳注15―たとえば、十八世紀初頭に中断し、十九世紀初頭に再開されて以降、今も盛んに営まれているラングドック地方西部、ピレネーに近いリムー（オード県）のカルナヴァルは、白い上着を着た「粉引き」と青い上着の「荷車引き」に、ワインの澱で顔を黒く塗った「フェコス」、道化服のピエロなど、数多くの登場人物が繰り広げる祭りとして知られる。かつては粉引き役が見物人に小麦粉を投げつけたり、フェコスがワインの澱を女性たちに塗り付けたりするなどの悪戯で、祭りの感興を高めていたが、一方でカルナヴァル特有の揶揄精神も大いに発揮し、一九七一年には、天体の土地を犯したとして、宇宙飛行士の張りぼてが焼かれたりもしている。詳細は、J.-L. Eluard & G. Chaluleau : *Le Carnaval de Limoux*, Ateliers du Gué, Villelingne, 1997 や U. Gibert : La partie des meuniers ou le carnaval de Limoux, in «Annales de l'Institut d'Etudes occitanes», fasc. I, 1948, pp.1–12 などを参照されたい。モンペリエのカルナヴァルはすでに事実上廃れているが、そこでも仮装者たちがブドウの枝で見物人を叩いたという記録が残っている。ただ、いずれの場合でも、本文にあるような反ユダヤ主義的カルナヴァルがいつ、どのような形で行われたのか、訳者は寡聞にして知らない。

ヴァルでは、もっとも頻繁に登場する祝祭要素の一つであった[16]。この要素は、よりおとなしい形ではあるが、他のさまざまな夏祭りや冬祭りにもみられる[16]。

社会から、農業や生き物の場合と同じように、罪や悪を追放する。いうまでもなく、それを実現するのは口で唱えるほど容易ではない。自然を克服することはひと苦労だが、自然を克服したものを克服するのは、もっと大変である[17]。しかし、畑や身体の敵なら、これを放逐することに異議を唱える者は誰もいない。寄生虫やモグラ、野ネズミなどは文化の破壊者でもある。毒蛇や雷は人間存在に対する危険である。肉食の火曜日のアンドゥイユ・スープの灌水や、聖母潔斎の祝日のロウソクなどは、一般的にこれらもろもろの危険を防いでくれるものとされていた。

反対に、「社会的」脅威に関するかぎり、意見は多様で一致をみない。手工業者にとっての悪は、おそらく肉や小麦粉に対する課税と同じである。ところが、この税は、政府に金を融資する町のエリートたちにとっては望ましいものとなる。これとまったく同様に、平民の反抗心は、彼ら自身にはプラスだが、支配層にはマイナスといえる。カルナヴァルは、その純然たる農耕的性格を放棄して以来、そして、さまざまな集団について語り、自らを都市の祝祭あるいは少なくとも集団的な祝祭として表そうとして以来、不可避的に社会的紛争を伴うようになった。それは調和的な歌声とはまったく無縁な、対立のための言語を創り出した[18]。極端な場合には、同一の町や村で、二通りの異なるカルナヴァルなり五月柱なりが組織されたりもする。貧者たち（「一文なし」）のものと富裕者たちのもの、といったようにである。そこでは、左右両側にそれぞれ五月柱が立てられたりもする。たとえば、ルイ＝フィリップ時代[17]の南西部ペリゴール地方や、二十世紀における北部ノルマンディーのとある村のようにだが、その先駆けとなったのは、じつは一五八〇年のロマンであった。

政治的ないし実際的な次元でのこのような《二元的》対立は、さらに、すでにみておいたようなカルナヴァルのもつ神話的＝年周的＝季節的機能(19)とも結びつく。それは、必要とあれば芝居仕立てで周期的な時間や年、農耕的季節、宗教的期間といったものを象徴化しようとする機能でもある。カルナヴァルを特徴づける各種の象徴的な競技は、こうして一方の次元からもう一方の次元へといとも易々と転位する。たとえば、フィレンツェのカルナヴァルにおける騎乗槍試合やジュー・ド・ポーム〔18〕、あるいはイギリスで肉食の火曜日に行われたフットボール試合などは、時に同じ町や貴族たちの二つの派閥を対立させ、さらに二つの年齢集団（既婚者と独身者）、実際の、もしくは演劇的に強調される二つの民族（イングランド人とスコットランド人）、同じ町にありながら互いに競合関係にある、河川の両岸や地理的な二区域ないし二地区の住民たちをも対立させた。

だが、これら《二元論的》競合はまた、民俗的＝宗教的であると同時に時間的でもある、二通りの事柄同士の闘いを表してもいる。カルナヴァル対四旬節、豚肉対鱈〔19〕、そして季節間の対立としての夏対冬……。ここでは、ドーフィネやラングドック、プロヴァンスといった地方での政治的生活が、季節とまったく同じように、一年という枠内で推移していたことも看過してはならない。これらの地方

訳注16―たとえばバーゼルのファスナハト（カルナヴァル）では、現在でも政治的・社会的揶揄ないし諷刺が、重要な祝祭言語となっている。

訳注17―**ルイ＝フィリップ時代**　在位一八三〇―四八年。

訳注18―**ジュー・ド・ポーム**　十一世紀頃、フランスで考案されたテニスの原型とされる、基本的に上流人士の球戯で、競技者が素手ないし手袋をつけて球を打ち合い、優劣を競うもの。のちにはラケットも使うようになった。ただし、一般には、「ジュー・ド・ポーム」は「掌球場」を指す。十六世紀以降、モリエールの「盛名劇団」やマレ座、ゲネゴー座など、フランス演劇史に名高い芝居小屋の多くは、パリの掌球場を拠点としていた。

訳注19―**鱈**　鰊同様、肉食がタブーとされる四旬節の貴重なタンパク源。

では、毎年、春の草が秋＝冬の死んだ藁——これはカルナヴァルのマヌカンを作る材料となった——の後を引き継ぐ時である年頭に、新しい参事が再選されていたのだ。

したがって、二通りに解釈できる特徴によって、季節間の象徴的・生物学的闘いは、政治的分派間の、あるいは《任期満了者たち》と《任期満了者たちは出ていけ》と叫ぶ者たちとの間の、実際的かつ規範的な闘いと符合していたことになる。そして、そのすべてが、なおも前コペルニクス的な段階にとどまっていた思考体系の中に刻み込まれていたのだ。そこでは、宇宙的時間と社会的時間とが錯綜したまま混ざり合い、両者とも互いに相手の《幻惑的な》尻尾を嚙んでいた。だが、従来の人間中心主義が、人間という（中心的な）ミクロコスモスを、自然環境の包括的なマクロコスモスに従属させるところまで変化したことで、こうした二通りの時間はそれぞれ蘇る。レヴィ＝ストロースは書いている。[20]《象徴的システムは、「身体的」現実と「社会的」現実がもついくつかの側面のみならず、さらにこれら二つの現実形態が互いに保っているさまざまな関係をも明らかにしようとする》（カギ括弧は引用者）。とすれば、カルナヴァルはとりわけ象徴的システムで紡ぎ出されたものといえるだろう……。

とはいえ、宇宙と都市を、コスモスとポリスとを一体化させようとするこのような考え方の中でさえ、二元論がつねに当を得ているとするわけにはいかない。たとえば、十六世紀のイタリア農民やベルン市民たちは、カルナヴァルの時期に一年間の季節の移ろいを芝居仕立てで演じていたが、その際、彼らは、カルナヴァル／四旬節、冬／夏といった一年の周期の中でとくに強烈な「二つ」の時ではなく、司教座聖堂の正面扉にみられるように、農民社会の継続的な農作業や《黄道十二宮》などによって、一年＝「十二」カ月を表現していたのだ。

外見的にはかなり様相を異にしているが、ロマンでも、カルナヴァルは、最終的に互いに対立する二つの党派の衝突へと帰着しこそすれ、多元的なものとしてあった。そのことは、敵対あるいは同盟関係にある王国が、少なくとも五つ（雄羊、鷲＝雄鶏、野ウサギ、去勢鶏、ヤマウズラ）は登場している一五八〇年のカルナヴァルに顕著にみてとれる。前述したように、これらの王国は、町のさまざまな地区や同宗団、パロディックな大修道院、年齢集団、社会的分派ないし階層を具現するものであった。

こうした王国間の闘争は、畢竟するところ、野ウサギや去勢鶏、雄羊の王国に対する、鷲＝雄鶏王国とヤマウズラ王国の提携という形で推移する。そして、この種の多元主義的伝統は、それ以後も維持された。カリクスト・ラフォスが記しているところによれば、一八四〇年頃のロマンのカルナヴァルは、「周囲二〇里にわたって大いなる名声を保持していた」という。一五八〇年とは異なり、王国の数はすでに五つを割っていたものの、「たしかに合唱団は二〇ばかりあった。そして、それぞれの合唱団は、テスピスの車〔20〕に乗って各地を遍歴していた詩人や役者を抱え、どこが一番上手に歌え、もっとも素晴らしい詩を朗読するかを競いあった。人々にとって、それはじつに愉しい暇つぶし（！）だった。そこではあらゆる歌が歌われた。〔ドーフィネやサヴォワ地方の〕方言であるフランコ＝プロヴァンス語やフランス語、あるいはオーヴェルニュ方言の歌があり、道化や悲劇、喜劇擬き、政治諷刺の歌もあった。さらには際どい歌もあり、傑作、愚作とりまぜて歌われた。まさにそれは無料

訳注20―テスピスの車　マラトン生まれで、悲劇の台詞や仮面、演技などの考案者とされる、半伝説的なギリシアの詩人テスピス（前六世紀没）は、愛用の車を駆って、史上初の旅芸人一座とともにアッティカ地方を巡り、アテナイに悲劇を紹介したともされている。

（！）の娯楽だった。最上の歌は数カ月も歌われ続け、翌年の新しい歌と交替した。だが、今日（カリクスト・ラフォスが回想録を書いた一八六九年）、法外な印刷代（詩や曲の印刷代）と予備検閲のため、すべてが終わってしまっている。（一八四〇年頃に書かれ、演じられていた）カルナヴァル寸劇の主題は、たとえば肉食の火曜日と結婚するのを拒み、そのため肉食の火曜日を衰弱死させてしまう娘を巡るものである。こうしたことはすべて娘の父親ジャクマールの目の前で起きるが、娘は天に近い存在で、同名の塔（ロマンの時計塔）の先端に住んでいた。だが、求めに応じて地上に降り、こう言うのだった。《わたしは高い国にいる鷲の仲間だけど、じつはアヒル（鴨）になりたかった》。そして、オック語の歌が入る。「もしわたしが預言者なら、イゼール川をピケット（安酒）に変え、ロマンの汚いどぶ水を蒸留酒と上物のワインに変えてやるのだが……」[21]。

　一八四〇年の出し物には、明らかに一五八〇年のロマンないし十六世紀末のプロヴァンスのカルナヴァルに、はっきりと、あるいは潜在的に含まれていた伝統的な主題が数多くみられる。食べ物の逆転（きれいな水がピケットとなり、汚い水が美酒になる）、ジャクマールの上から下に降りた、鷲＝雄鶏ではなく、鷲＝アヒルとしてのカルナヴァル・マヌカンの結婚などである。（ジャクマール塔の足元には、実際に家禽類の像が置かれている[21]）。ことほどさように、多元主義の継続性は顕著だった。一八四〇年は二〇の合唱団、一五八〇年には五つの王国。

　ロマンのカルナヴァルは、[22]いつの時代においても、老・若、貧・富間の単なる《二元的》対立の場ではなかった。リヨンやイタリアのカルナヴァルのように、それは社会や地区、職業、年齢集団、若者、男たちなどについての、一種の包括的かつ詩的表現となっていた。つまり、ロマンのカルナヴァルはそのすべてを一時に体現し、まさにこのことによって、「社会変化」の手続きにきわめて的確に関わるようになったのだ。変化とはいっても、現代の尺度からすればいかにも遅々とした歩みではあったが、たしかにそれは十六世紀の都市（バーゼル、リヨン、ロマン）で間違いなく進行しており、やがてルネサンスや宗教改革、さらに反宗教改革を激しく揺さぶるようになる。

　こう言ってよければ、カルナヴァルとは、社会的なものを「ただ一時的に」、そしてふざけ半分で二元論的になされる逆転、結局のところ、現実の世界を《実質的には》保守的なまでに正当化するような逆転の単なる装置ではない。複雑にからみあった集団にとってみれば、むしろそれは、諧謔的で叙事的、さらには叙情的な知を備えた道具であり、したがって、社会全体に関していえば、それを変化させたり、時には「進歩」させたりする行動の道具ともなる。[22] たとえば、一七八三年にヴィヴァレ一帯で蜂起した「仮面仮装者たち」は、賂《まいない》をもらって領主に仕える、堕落した法官たちと闘っている。じつに彼らは、農民や村民のため、真の正義を目指して闘ったのだ。[23][23]

　仮面をかぶった裁判官対強欲な裁判官……。だが、改めて指摘するまでもなく、モンペリエや近代のローマにおける「反ユダヤ主義的」カルナヴァルが、《進歩主義的》（！）なものであるとみなすことは難しい。祝祭と社会変化とは、つねに一方通行とは限らないのだ。

訳注21―この家禽類の像については「訳者まえがき」参照。

訳注22―具体的にどこかの指摘がないが、たとえばローマのカルナヴァルについては、ゲーテの『イタリア紀行』を参照されたい。

訳注23―一帯を数年間続けて見舞った不作に苦しむヴァンやバンヌの町の住民たちが、一七八一年九月と一七八二年一月、仮面をつけ、武器を手に、領主の手先だとして裁判官の業務を妨げたことをきっかけとする暴動。暴動は一七八三年一月末に本格化し、三三名の住民がやはり仮面をつけてヴァンの町に入りこみ、代官の家を略奪する。そして翌月には、二〇〇あまりの仮面仮装者が、税の名目でヴァン教区の法官や名士たちから金銭を強奪するまでになる。この暴動で死んだ叛徒四八名のうち、半数は叛徒のスポンサー的役割を担っていた居酒屋の主人や富裕者だったという。

社会における抗争や力学をこうして通観してみると、ロマンのカルナヴァルを組織した者たちが、さまざまな象徴的手続きを用いたことが分かる。この点からするかぎり、彼らは自分たちを互いに対立させ、と同時に内部的に堅く結びつけた（！）憎しみにもかかわらず、いや、むしろそれゆえにこそ、彼らの部隊によってきわめてはっきりと理解させられ、部隊もまた追随して理解するようになる。比喩が基本的に民衆の発話の手段にほかならない、ということをである。(24)

すでに何度か触れたように、そこでは「食料」のシンボリズムがゲランの仲間たち、あるいはゲラン本人が仕掛けた「値段」によって提起されている。野禽類や家禽類、新鮮で美味な淡水魚、上質のワイン、香料、高価な果物、さらに砂糖。これらは富裕者たちを象徴し、彼らはそれをカルナヴァル期間に、これ見よがしに食するのだ。反対に、鼻を刺すような、汚れて腐った、そして酸敗して悪臭を放つ飲み物や食べ物、さらにふつうの家畜（雄羊、雄牛、雌牛、豚）やその餌（干し草、藁、燕麦）などは、冗談の転倒劇でパロディックに高値がつけられ、一時的かつ諧謔的に《高揚》されたが、結局は貧しい者たちを象徴することに変わりなかった。

より斉一的かつ独創的だったのは、貧者側の熊、ロバ、野ウサギ、雄羊と、富裕者側の鷲、雄鶏、ヤマウズラという、現実の動物の〔二元的〕分類である。言葉を換えれば、これは去勢されたものとされないもの、地上の動物と天空の動物との対比ということになる。

こうした分類法は、他のカルナヴァルでもしばしば用いられたが、その狙いは、社会学的というよりは、むしろ時間的なものだった。たとえば、豚肉と鱈の対比（前出）が、肉食の火曜日と四旬節のそれになっているようにである。さらに、十四世紀の恰好のカルナヴァル詩では、ヤマウズラ、キジ、去勢鶏、ツグミ、ブーダン（腸詰め）、鳩のカルナヴァル側と、人参、西洋ねぎ、えんどう豆、マグロ、ウナギの四旬節側とが対置されている[25]。

イタリア南部や、同じイタリアでもドーフィネに近い北部のカルナヴァルでは、社会学的・風刺的目的を帯びた同様の手法が用いられてもいた。そこでは動物群だけでなく、ロバや豚、七面鳥、狼といった、すぐれてカルナヴァル的な動物の特定の身体部位も取り上げられた。これらの部位は、しかじかの動物が、カルナヴァルという社会的カテゴリーに遺贈したと考えられていた。聖職者の胃や女性の性器、弁護士の頭なども同様に扱われた。また、一七〇五年のモンモリオン〔24〕のカルナヴァルでは、雌羊は住民を、狼は徴税吏を象徴していた。「美しい雌羊を守れ。狼たちがそこに来てるぞ……」。

ロマンのカルナヴァルにおける《象徴の文法》は、三段階で作用していた。まず、所定の文脈に登場する動物は、雄鶏は雄雄しさ、熊は気象、野ウサギは凶兆といったように、それぞれ明確かつ特定の、そして時には卑猥な意味をも帯びていた。次に、そこに登場した大小の動物は、《社会を差異化するための概念的な支えとして、さまざまな動物を用いることを可能にする》[26]紋章として、あるいは暗号ないしコードとして機能していた。さらにこれらの動物は、前述したように、貧・富両階層の区分とも関わっていた。こうなれば、社会学は動物学や植物学の優位を認めて、すごすごと引き下がるほかはない。マルクスもジョゼフ・ド・トゥルヌフォール〔25〕に取って代わられる。

訳注24―モンモリオン　フランス中西部ヴィエンヌ県。

第三に、動物は共同体ないし社会に敵対するものの罪を負わされた《スケープ・ゴート》であった。それは牧畜作業や狩猟・スポーツ活動（雄鶏の頸刎ねや鎌投げによる雄羊の殺害競技、ヤマウズラ競走）を想起させるものであり、町の各下位集団の一体性を、皆が会食する祝宴の打ち解けた熱気によって強化するものでもあった。「肉を食べながら話せ！」。この言葉が言わんとしていることは、たしかに多様な意味をもち、その意味も共通の祝祭なり行為なりの文脈毎に変りこそすれ、かなりはっきりしている。

雄鶏や鷲、ヤマウズラといったシンボルは、表象的なものであると同時に機能的なものだった。それらは多岐にわたる戦略を備えており、この戦略のおかげで、集団の分派は所与の状況を統治する主になろうとすることができ、さらにそこから何らかの利点を引き出すこともできた。こうした手法は、一五八〇年のロマンの生活でごく自然に実践されていた。そこでは、共通の考えがごく自然に《唯名《ノミナ》論的《リスト》》なものとなっていた。それは、階級闘争や改革といった抽象的な概念を用いるより、あらゆる実用的な目的をもつ対象（五月柱、雄羊）を扱うことに長けていた。だからこそ民俗の主ゲランは、彼が徹底的に知悉し、実践してもいたこれらの精神的な構造を大いに利用したのだった。

❧　❧　❧

ロマンのカルナヴァルを舞台に繰り広げられた政治的＝民俗的祝祭の中では、したがってシンボルがプログラムと同様に重要性を帯びていた。では、富裕者たちのシンボルと貧者たちのそれについて語るべきだろうか。答えはウィであり、ノンである。誰もが、そう、《裕福な者たち》さえもがむしろ貧しいような不幸な時代の小都市では、これら二つの集団を隔てる距離はさほど大きくはない。場合によっては、敵といつでもシンボルを交換ないし共有したりもするのだ。実際のところ、両者は同じ世界に属していたからである。

一五八〇年のロマンでは、ロバによる引き回しは細民の側で行われ、スイス人傭兵の仮装は有力者たちの特権事項だった。だが、ほぼ同時期のリヨンでは、この引き回しとスイス人傭兵は、二つとも印刷植字工のカルナヴァルに属していた。ジュール・グラ〔カルナヴァルの三日間〕のトルコ人と使者は、一五二三年のベルンのカルナヴァルでは互いに敵対する登場人物だったが、一五八〇年のロマンでは同盟関係にあった。結果的にいえば、こうした《社会的》区分は、事物や動物、そして用いられたシンボルの特有性に関するかぎり、何ら絶対的なものではないのである。

だが、それはまた全体的な枠として存在してもいた。混乱の時期と、それに続く秩序の時期における、プロヴァンスやドーフィネ南部の祭りにみられた二項対立的な区分は、結局のところ、エクサン＝プロヴァンスのキリスト聖体祭[26]や、タラスコンの激しい「タラスク祭」（第一幕では、怪物タラスクが荒れ狂って鼻から火を吐き、第二幕では聖女マルタによって飼い犬のように馴化される）とまったく同様に、ロマンでも顕著なものだった[27]。

訳注25―ジョゼフ・ド・トゥルヌフォール　一六五六―一七〇八年。エクサン＝プロヴァンス出身の植物学者。ヨーロッパや小アジア各地を旅して調査・収集した標本資料に基づく彼の植物分類は、リンネのそれの先駆けとなった。

訳注26―キリスト聖体祭　復活祭後の第七日曜日。

**訳注27―タラスク祭は、ローヌ河岸のタラスコンで毎年六月最終日曜日に営まれている怪物祭。十五世紀に始まったこの祭りでは、イエスの死後、ヤコブや下女のサラらと迫害を逃れて船出し、サント＝マリー＝ド＝ラ＝メールに漂着したマルタが、イエスの教えを広めるためにこの町に至り、当時ローヌ河に棲んで町民や通行者を苦しめていたタラスクを、イエスの名を唱えておとなしくさせたとの伝承に基づく。本来は、したがって

祝祭要素のこうした分有は、時間的なものであり、地区毎に異なるところから、おそらくは地理的なものでもある。事実、一五八〇年のロマンでは、ヤマウズラ（秩序）が雄羊（混乱）のあとを継いでいるが、その一方で、富裕者地区を結ぶ南北軸（サン＝ベルナール／ジャクマール）が、職人や耕作者の地区を結ぶ東西軸（サン＝ニコラ／ル・シャプリエ）を横断しているのだ。さらにそこでは、火さえも分けられていた。すなわち、聖母潔斎の祝日のロウソクは、祭りの間、平民に独占されていたが、それは富裕者らの意を受けた子供たちによって火が点された、肉食の月曜日の松明（これもまたカトリック的なもの）と際立った対照をなしているのである。(27)

⁂

平民側ではっきりしているのは、諷刺が象徴的に使われたことである。支配層に対する反体制的カルナヴァルにおいて、とくに諷刺の道具となるのは、一般的には時代の敵に似せて名前をつけられたカルナヴァルのマヌカンだった。ローマ教皇やルター、ナポレオン三世、豚のルイ十六世、山羊のマリー＝アントワネットなどが、こうして晒しものになったが、これらのマヌカンは原則として肉食の火曜日当日に引き出された。しかし、ロマンの場合、それをこしらえる時間がなかった。前夜の肉食の月曜日にヤマウズラ王国が仕掛けた虐殺のため、祭りが頓挫してしまったからである。

しかし、貧しい者たちの象徴体系は、多様な形をとって現れている。(28) たとえばそこでは、聖ブレーズの祝日の農耕儀礼が用いられた。もっぱら殻竿を用いて、春の種まきの準備と富裕者たちを粉砕する行為とがともどもに擬《もど》かれた。さらに、彼らの象徴体系はロバのパレードも利用した。その意図は、エリートたちにこう言うところにあった。《お前たちの女房は亭主を張り倒し、間男している》[28]。それはまた、哀悼儀礼を行い、聖霊同宗団の深紅の制服をリズミカルに靡かせながら、去っていく一年を埋葬し、階級的な敵の肉を食べると威したりもした。指導者たちに別称（ポーミエ〔林檎〕、パン・ブラン〔白パン〕）も冠した。そしてこの象徴体系は、祭り参加者たちの顔を汚し、表情に細工を施すこともした。泥と灰と粉からなるこれらの仮面は、亡霊の出現を思わせただけではない。不正を糺すため、若者たちが仮装行列に正体を隠して反対給付を強要するよう、町の搾取者や高利貸し、あるいは住民を食い物にする者たちに対し、民衆の法によって報復するよう命じたのだ。

これらさまざまな儀礼的仕掛けは、それぞれ神話的レヴェル（播種、暦、亡霊）と政治的レヴェル（階級闘争）とを、具体的な意思表示の手段に引き入れた。いわばこうした意思表示は、抽象的で空しい概念の代りに、民衆が理解できるような、それゆえ役柄にぴったりはまった役者を用いたのである[29]。

同様のことは、聖ブレーズの祝日にロマンで必ず行われることになっていた、剣踊りの儀礼的な武

キリスト教的性格を多分に帯びていたはずだが、現在、主役の一人である聖女役は、行列の端役に退き、代りに、ニーム出身の作家アルフォンス・ドーデの作品に登場する「ハンター」のタルタランが、タラスクと主役の座を分け合うようになっている。また、タラスケールと呼ばれる若者たちに引き回されるタラスクの動きも、その長い尾で見物人をなぎ倒した往時の面影はすっかりなくなり、本文にあるような鼻からの吐火もない。おそらく著者は、一九四〇年代半ばにこれを調査したルイ・デュモンの『ラ・タラスク』（*La Tarasque*）を参照しているはずだが、詳細は『ヨーロッパの祝祭』（前掲）所収の蔵持論文「タラスク再考」を参照されたい。ちなみに、伝承にある下女サラは、マヌーシュ（ジプシー）の守護聖女として信仰され、今でも例年五月後半に、前記漂着地で盛大な祭りが行なわれている。

訳注28―伝統的な社会では、こうした《カカア天下》や《間男》の当事者たちも、シャリヴァリの対象となった。

力対決についてもいえる。聖人の祭りと《剣の》踊りの時期的な符合は、決して偶然ではない。これはアルプスを南北に挟むピエモンテとドーフィネ両地方で行われていた。[30] トスキを初めとする何人かの研究者は、イタリアやドイツ、イギリス、スペイン、そして南仏でかなり一般的にみられたこの《剣踊り》について、かなりよく調べている。彼らによれば、そこには次のような特徴が認められるという。

a　**「時空的儀礼」**。踊りの中で剣が形作るバラ模様ないしバラ飾りは、東西南北と季節の宇宙的な回転を描いている。そこには、しかじかの人物（道化、アルレッキーノ……）の死と再生が絡む。

b　**「各種の災禍に対する農耕予祝の、時には人間の健康祈願の儀礼」**。この踊りは、カルナヴァルやプロヴァンスのオリーヴ収穫と結びついている。[31] イタリア北部のピエモンテ地方では、剣は穀物用の畝溝を示し、ドーフィネ地方のセルヴィエールでは、それはまた、中世末以来毎年聖ロックの祝日〔八月一六日〕に営まれている、ペスト除けの祭りととくに呼応しているとも考えられる。[29]

c　**「若者」と手工業者の同宗団メンバーの「男性的で危険なイニシエーション」**。これはカルナヴァルを闘いの時、少なくとも象徴的な暴力の時として特徴づけるもので、こうしたカルナヴァルは、人間の「肉」を切り分けることを禁じた、「神の休戦」[32]（前出）としての四旬節と対照をなす。

d　**「階級闘争の明確化」**。ピエモンテでは、剣の踊りは、農民たちを恐怖に陥れ、あるいはその娘たちを凌辱していた、悪辣な領主の振舞いをやめさせた。この踊りにはまた、婚姻の主題もみてとれる。踊り手たちによる娘の誘拐もしくは、《悪辣な領主》からの娘の奪回である。剣の踊りはまた、「モリスコ」[30]とか「モレスカ」[31]とか呼ばれた、トルコ風喜劇の民衆的主題ともしばしば混ざり合った。

だが、ロマンの場合、トルコ人に扮した仮装者は、バリケードの反対側、つまり富裕者たちの側にいた。シンボルはここでも移動し、相互変換のきくものとして現れていた。

一五八〇年のロマンのカルナヴァルでは、剣踊りの際、これら四つの特徴のうち、あとの二つ（象徴的暴力、社会的抗争）が、じつにはっきりと最初の二つ（時間周期、祓禍的・豊作予祝的役割）を凌駕していた。とはいえ、後二者がなかったというわけでは決してない。

このカルナヴァルではまた、ロマン的・民衆的な遊戯用剣が、鈴や太鼓といった、馬鹿騒ぎや政治的騒擾の道具とも密接に結びついていた。当時のプロヴァンスやフランコ＝プロヴァンス語圏にみられたこれらの道具は、支配的集団に対する批判的・反体制的祭りにおいて、ラフ・ミュージックないし《反＝音楽》として好んで用いられた。こうした点からすれば、民衆的カルナヴァルは独自の合理性を帯びていたといえる。つまりそれは、社会的目的を達成し、自らの要求を明確に主張するため、当該時代の文化や心理構造に鑑みつつ、もっとも効果的ないしもっとも能弁なアジテーション手段を

訳注29—聖ロック　一二九五年、モンペリエに生まれたロックは、イタリア各地でペスト罹患者を治療した。だが、ついに自身がペストに冒されてしまう。そこでロックはとある森に身を隠し、静かに死を迎えることにした。すると、一匹の犬が毎日やって来て、彼の右足にできたペストの腫脹を舐め、パンも運んでくれる。神意の象徴であるそんな犬の献身によって、ロックは奇跡的に助かり、生地に帰る。ところが、間諜とみなされて獄舎に繋がれ、五年間の独房暮らしの後、一三二七年に三二歳で他界する。だが、死の病から立ち直ったことで、ペスト治癒の守護聖人としての彼は、聖セバスティアヌスや聖アントニウス、聖エロワとともに広い信仰を集めた。

訳注30—モリスコ　字義は十六世紀にスペイン王に強制的にキリスト教に改宗させられたイスラム教徒。

訳注31—モレスカ　スペインのムーア人が考案し、ルネサンス期にヨーロッパ各地で大流行した舞曲。

用いたのである。[33]

❧ ❧ ❧

反対に、富裕者たちのカルナヴァルはどんなものでも使う。それは、ヤマウズラ王国の大行列（国王や高位聖職者、肉食の火曜日の判決を用意する強力な裁判所などのシミュラクル）を始動させる。つまり、カリカチュアーや仮面仮装に対し、一連の誇張と様式とを最大限活用するのだ。手工業者や農業従事者の王国は、大地や死、耳障りな馬鹿騒ぎ、剣と残酷な暴力のシンボリズムのもつ、「内的」な意味価値への後退ないし回帰を唱えていた。

一方、エリートたちの宗教行列的行進は、一種の軍隊行進のみならず、階級社会のメタファーを誇示するような、《大仰かつ厳粛な集団》を意図していた。そして、後退する代りに、高みへと、上位のシンボルや飛翔する鳥たちへ向けて、体系的な投影をしきりと行った。そこでは、上部構造が下部構造に対して明確に自己主張をしていた。「下＝現実的《スー＝レエル》なもの」対「上＝現実的《シュール＝レエル》（超現実的）なもの」、土の壺対鉄の壺……。まさにそれは、二つの正義の闘いだった。

この理屈でいけば、さらにこうもいえる。すなわち、四旬節に入ると、ポーミエの仲間たちを処刑する断罪の見世物《スペクタクル》も組織されるようになるが、そこでは文化が自然に勝利する。その直前、すなわち一五八〇年のジュール・グラにおけるゲランの祭りは、ロマン・ルネサンスの目録に入っていたすべての演劇的伝統を利用した。実際にどうだったかは、ひとり神のみぞ知るだが、これらの伝統としては、たとえば十六世紀初頭のほとんど中世的ともいうべき聖史劇や国王の入市、敬虔な宗教行列、

「十字架の奇跡の道」[32]の設営などがあった。そして一五八〇年、町のカトリック空間（サン＝ベルナール、コルドリエ地区）は、騒々しい出し物やトルコ趣味のイスラム民俗（！）を受け入れた。明らかにゲランは突出した凄腕の演出家《アンプレザリオ》だった。そんな彼にとって、（悲劇の）終わりはその手法を正当化するものであり、コミックないしドラマティックな動機を裏打ちするものでもあった。こうして虐殺が起こるまで、誰もが大いにジュール・グラを愉しみ[34]、誰もが快活に死んでいった。

❧ ❧ ❧

では、このような状況において、逆転の手続きは、下層の者たちが描いたカリカチュアーと上層の者たちが持ち出した誇張とに挟まれて、身動きできない状態にあったのだろうか。人類学者たち（マックス・グラックスマン、マルク・オージェ、ヴィクター・ターナーほか）によれば、逆転はカルナヴァルの至高の痙攣と、女性やさまざまな役割が交換されるオルガスムの絶頂期を表すという。そこでは貧者が富裕者の位置を占め、富裕者が貧者の位置を占める。一切がひっくり返り、共同体や《境界（移行）期》[35]からの流れが、通常の構造や日常的なヒエラルキーの隙間から奔出する。このヒエラルキーがきちんと修復されるようになるには、やがてくる四旬節の大斎まで待たなければならなかった。

たしかにロマンでも、逆転は一時的に主要な位置を占めていた。物価が逆転した時である。だが、

訳注32──十字架の奇跡の道　「訳者まえがき」参照。

その役割はどちらかといえば表層的のものだった。平民自身、それを操ることはほとんどなかった。むしろそれは敵側の富裕者たちによって利用された。つまり、この逆転は、彼ら富裕者たちが下層民たちを嘲笑うために用いた、戦術的な諧謔の役割へと追いやられてしまったのだ。自分たちと張り合い、社会と婚姻とを台無しにしようとしている。ことの是非はともかく、富裕者たちはそういって下層民を非難した。

前述したように、ロマンにおける逆転の位相は、美味の食べ物を安価にしたところにあった。それは、たしかにつかの間とはいえ、オック的桃源郷への入国を示すものだった[33]。そこは消化を司る身体が王として君臨し[36]、城郭は氷砂糖製。しみったれたところは微塵もなく、これみよがしの消費がなされる国である。こうした桃源郷のイメージは、十七世紀初頭に入ると、プロヴァンスのカルナヴァルに好んで用いられるものの一つとなる。善良な国王アンリ四世の時代[34]、食料は比較的豊富にあり、そのため《桃源郷的》のイメージも大きく花開いたわけである。しかし、民衆蜂起真っ只中の一五八〇年は、飢饉もあって、それも五分咲きがいいところだった[37]。

❧　❧　❧

以上、《象徴の森》を経巡りながら、われわれはいつの間にか、ロマンのエピソード最後の数日間を特徴づける、ジャクマール地区やそれに続くジャクマール＝市庁舎でのさまざまな行動に近づいている。これらの行動は、民衆同盟と女性への献身と愛とに関わるカルナヴァル的意味の周りを回っていた[38]。ジャクマールはそれ自体きわめて興味深い地区であり、蝶番《ちょうつがい》的な、つまり中心的な地区だった。われわれのよく知らない個人的な復讐劇が何度か繰り返された後、同地区はその忠誠心を組み立てなおし、再びそれを放棄した。すなわち、民衆同盟（ポーミエ）側から体制（ゲラン）側へと寝返ったのである。

当初、ジャクマールの王国は、雄鶏のそれだった。別の雄鶏との闘いで斃れ、あるいは技競べで若者たちに首を刎ねられ、さらに児童たちの石礫《つぶて》で殺される宿命の雄鶏は、ドーフィネはもとより、イタリア、スペイン、南北フランス、ドイツ、イングランド、スコットランドなど、ヨーロッパ全域でもっとも普及していたカルナヴァル動物の一種である。雄牛がスペイン文化を代表するなら、雄鶏はまさにカルナヴァルの代表ともいえる。鶏冠の先まで意味を詰めこまれたそれは、雄々しさと勇気と男性性とを打ち出す。そんな雄鶏であってみれば、若い雌鶏と交尾したがるのも無理からぬところである。

〔ロマンでは〕この雄鶏＝鷲がヤマウズラと番《つがい》になった。騎乗槍試合、環通し競走、舞踏会、そしてジュール・グラ最後の出し物を飾った王妃（女王）たちは、若者たちがロマンの美女たちに誓った献身的崇拝と同時に、ゲランやラロシュがポーミエに対して企てた危険な路線をも物語るものだった。カルナヴァルが男だけで構成されていた貧しい者たちは、カルナヴァルのイロハである女装すらすることなく、この奸計にはまってしまった。前年八月には、彼らはカトリーヌ・ド・メディシスに地団駄を踏ませていたにもかかわらず、一五八〇年の二月には、自分たちを陥れるために用意された罠と

訳注33—しみったれたところは微塵もなく　原義は「犬がソーセージと結びつけられ」。

訳注34—アンリ四世の時代　一五八九—一六一〇年。

も知らずに、迂闊にも舞踏会に登場した王妃の魅力に身を委ねてしまった(39)。彼らは二重に解釈できる罠に執着したのだ。

❧ ❧ ❧

今日、祝祭的であると同時に抗争的でもあるという、こうした二重の解釈はもはやほとんどみられない。カルナヴァルという民俗慣行も、ロマンでは実質上廃れている(35)。十九世紀までは、なおもかなり盛んだった。第二次大戦前には、ロマンの「パントラニュたち」が肉食の火曜日の仮面仮装行列を繰り広げていた。彼らはそれぞれぼろをまとい、思い思いに泥などを塗り付けて顔を黒く汚したおぞましい出で立ちで、亡霊や狂気に陥った若者、さらには娘ないしもう少し年のいった女性たちになり代わって、通りで騒いだり行進したりしたものだった。一九三〇年に営まれたこの最後のカルナヴァルは、同時期に町のエリートたちが市立劇場の大仮面舞踏会で行っていた、五線符のように規則化された金ぴかのカルナヴァルと対立するものだった(40)。泥濘対金ぴか。通り対舞踏会場……。踏襲される対立(!)。

訳注35—ロマンのカルナヴァルは一九八〇年代に再開されている。

ロマンのカルナヴァルは、市民意識の単なる発現などではなく、中世的な農村部の流れ＝タイプⅠ（農民戦争）と、古典主義的な市民の流れ＝タイプⅡ（税の公平化ないし反税運動）の渦の真っ只中で展開した、十六世紀の民衆・農民叛乱の中に位置づけられる。つまり、都市的な表象でありながら、農民的・反貴族的意識の覚醒と符合していたのである。そうした意識のかたちは、ド・ブールの「陳情書」に過不足なくみてとれるが、それはまたロマン以外のドーフィネ各地の反税・反貴族運動が共有するかたちでもあった。そして十六世紀末以降には、この運動は大きな転回点を迎えることになる。第三身分の知識人たちが、ド・ブールの戦術と思想を引きうけつつ、ついにタイユ税訴訟において勝利を収めるようになるのだ。わけても、アンジェー城代のクロード・ブロスが十七世紀初頭に国王に提出した陳情書は、まさに変革の始まりを告げるものだった。

第13章 農民たちへの回帰

ロマンのカルナヴァルは、市民意識の単なる象徴的な微視開示者《ミクロ＝レヴェラトゥール》などではなかった。それは、町を取り巻く広大な流れの中に組みこまれたものだった。そこにはまず、農村部の流れがあった。事実それは、ドーフィネの農民戦争がもっとも激しさを増した時期（一五七九―八〇年）に起きている。一方、全体的な市民の流れとしては、同地方の各都市で繰り広げられていた闘争があった。これは、いろいろな目的の中で、とくに貴族もまた税の公平主義を分かち合え、つまり税金を払えという要求を勝ち取るための闘いだった。貴族に払わせる！　ドーフィネにおけるこうした二重の運動は、一つの類型の中に、つまり十六世紀の民衆・農民叛乱の中に位置づけられる。

これら叛乱はまた、二通りの連続的な暴動の接点に位置してもいる。[1] ここでは話を簡略化するため、それをタイプⅠ（とくに中世）とタイプⅡ（《古典主義》時代）と呼ぶことにしよう。

タイプⅠ――ここには十三世紀のスイスでの暴動や一三五八年のフランスのジャクリー〔第9章参照〕、一三八一年のイングランドを揺さぶった大農民運動、一五二〇―四〇年のイギリス各地での小規模な一揆、十四―十五世紀のカタロニアの蜂起、とくに一五二五年の農民戦争が含まれる。これらさまざまなエピソードには、いくつか共通の特徴がみられる。[2] すなわち、個別的には農村経営体、一般的には村落共同体ないしその中の過激派が、自然・社会環境にある各種の資源や権力要素に対する管理を打ち出そうとした、という特徴である。

　そこでは、森や狩猟、漁撈、共同牧場、あるいは危機のために放棄された土地などが対象となった。教会十分の一税についても、それを廃止するのではなく、むしろ自分たちが支配し、もしくは減額する方向で管理しようとした（この十分の一税は、農民が司祭や貧者のために収穫の一部を確保していたもので、彼らはそれが少ないことを望んだのである）。むろん、村長はもとより、村司祭や領主バイイないし領主裁判官の任命についても、発言権を得ようとした。これによって、部分的ながら裁判の公平化を図り、結果的に《農民たち》に重くのしかかる罰金刑を制限しようとしたのだ。また、農奴制ないしその残滓を攻撃し、労働賦役や領主制地代、相続税、さらには国家が徴収する租税も引き下げさせようとした。遺産を通して、同一土地における同一農家の存続を確実なものとし、場合によっては、地域の制度や機関内にとくに農民側に立つ国家の代表を積極的に送り込む。

　こうした村のさまざまな異議申し立ての運動は、一般的には農民共同体に向けられていた。運動の対象や敵にとって、おそらくそれは《全方位的》なものだった。だが、大きな敵は、基本的には領主だった。国家は――もし存在するなら――二番目の標的にすぎなかった。そして三番目には、ほかのスケープ・ゴートがくる。都市やユダヤ人などである。これらの運動はまた、何ら義務的ではなかったが、宗教的正当化もしくは、今日の言語学者たちが専門用語として使う宗教的《コード》に囲まれることもあった。たとえば一三八一年には、イングランドのフランシスコ会士の次の言葉が、農民運動を正当化する宗教的合言葉となっていた。「アダムが耕し、イヴが紡いでいる時、貴族たちはどこにいたのか？」。そしてこれは、一五二五年のドイツでも、福音的・ルター的スローガンとなった。

　農民運動はまた、千年王国的・黙示録的様相を帯びる場合もあった。一五二五年のドイツの農民革命およびとくに都市革命は、トーマス・ミュンツァー〔第11章訳注11参照〕の思想にある、現世の流血を伴う徹底的な再生による最後の審判の計画と混ざり合っていた。

ここで取り上げた農民運動は、いずれもかなりの成功を収めている。早くも十三世紀に最終的に解放を勝ち得たスイスの州の暴動は例外として、これらは長く続いた危機の時期（十四—十五世紀のカタロニア）ないし経済的拡張の時期（一五二五年のドイツ）と符合している。さらに運動には、ある一定量の共産主義的、絶対自由主義的、あるいは単なる民主主義的「不変量」を何ほどか伴っていた。まさにこの不変量こそ、チョムスキーやシャファレヴィッツィといった著者たちが、歴史時代全体に及ぶ社会転覆の流れの中で分析したものにほかならない。(3)

❧　❧　❧

一三〇〇年から一五三〇年にかけてとくに頻発したこのタイプⅠとは反対に、**タイプⅡ**は、一五二〇—五〇年代（フランス南西部アキテーヌ地方の「ピトーの乱」やカスティーリャ地方の「コムニダデスの乱」）から十八世紀初頭（フランス南・西部における「クロカンたち」の最終的暴動）までの古典主義的な民衆叛乱の中で展開している。〔1〕

この第二の《モデル》の役者たちもまた、自分たちの村落共同体と農村経営体の権力と財政的自治を保とうとした。そして、先人たちを見習って、とりわけ宗教戦争の間、《全方位的》な攻撃を行った。それだけに攻撃は限りなく激しいものであり、宗教戦争の後まで続いた……。暴動は穀類の高値に対する一揆となり、フランス西部では親カトリック的な宗教叛乱となった。また、これとは反対方向の、教会十分の一税に対する騒擾も起こり、領主制や盗賊、都市、債権者などに対する闘いも勃発した。

古典主義時代におけるこれら叛乱の大部分には、共通した特徴がみられる。十四―十五世紀の叛乱以上に、台頭しつつあった近代の大きな力、つまり国家を問題視している点である。まさに時代は、この権力が成長発展し、増殖している最中だった。しばしば叛徒たちの心に《王政主義》が顔を覗かせていたにもかかわらず、真面目であるにはとうの立ちすぎた国家は、こうして暴動に激しく揺さぶられ、いたぶられ、攻撃された。と同時に、異議申し立ては、国家に加えて、軍隊（国王軍）や租税

訳注1―コムニダデスの乱　一五一六年にイスパニア王となった神聖ローマ帝国皇帝カール（カルロス）五世に反撥して、カスティーリャ各地の都市が一五二〇―二一年に起こした叛乱。カスティーリャ語（いわゆるスペイン語）を解せず、フランドルやブルゴーニュ出身者を重用するなど、王の地元軽視の政治姿勢に対する民衆の憤りは、重税の実施という経済政策によって爆発し、国王不在を狙った反税一揆の嵐は、トレドを皮切りに、セゴヴィアやブルゴスなどへと次々に広がった。だが、民主化を願うユンタ（都市連合）の政治プログラムは皇太后に一蹴され、アクーニャ領主らに率いられた叛乱部隊コムネラス（コムニダデス）も、最終的に国王軍に打破される。これによって、ユンタ側は三〇〇名あまりの処刑者を出したとされる。

クロカン　もともとプロヴァンス語で「農民」を意味し、時代や地域で呼称は必ずしも一定していないが、歴史的にはとくに十六世紀末から十七世紀に、フランス南・西部を中心に反税・反貴族闘争で蜂起した農民たちの総称。彼らの叛乱のうち、主なものとしては、一五九三―一五九五年のリムーザン・ペリゴール地方（タール＝アヴィゼの乱）、一六二四年のケルシー地方、一六三五―一六三六年のギュイエンヌ地方、一六三七年のペリゴール地方、一六四二―一六四三年のガスコーニュ、ギュイエンヌ地方などがある。たとえば、ルイ十三世治世下の一六三五年、重税実施の噂に憤って蜂起した、ギュイエンヌ地方の、とくにガロンヌ流域のいくつもの都市民は、翌年、農民を巻き込んでタイユ税の撤廃を要求するまでになる。そして、この運動は、一六三七年にはアングモアやペリゴールへと飛び火し、武装したクロカンたちは農村貴族を主導者として、ベルジュラクを初めとする町村を占拠する。だが、ラ・ヴァレット公麾下の三〇〇〇の兵に粉砕され、一〇〇〇人あまりの犠牲者を出して、暴動にひとまず終止符が打たれる。なお本文にある十八世紀のクロカンの叛乱とは、一七〇七年にケルシー地方のタール・アヴィゼが起こした反税闘争で、クロカン叛乱としては最後となるもの。ピトーの乱については第10章訳注10参照。

（直接・間接税）、新たな官僚エリート、すなわち徴税や土地や書記のエリートたちにも向けられた。そして、農民や時に彼らと同盟した都市民は、敵のことを包括的に理解していた。標的である高位の国王裁判官が同時に城代であり、債権者であり、領主であり、軍隊への糧秣供給者であることを理解していたのだ。だからこそ、国王裁判官はそうした者としてさまざまな方法で攻撃されたのだ。

だが、反国家的な傾向は、ほとんどの場合顕著なものであり、〔叛乱を見極める上での〕試薬となり、体制側《ブルー》、反体制側《ルージュ》いずれの方も向く向日葵でもあった。したがって、それはタイプIIに属する叛乱であるかないかを判断する材料となる(4)。十六―十七世紀には、この傾向は、たえず増え続ける領邦国家の密度を拒絶する運動を意味したが、国家自体、長期にわたって増大する社会的不平等の要因となっていた。

❦ ❦ ❦

こうした観点からすれば、ロマンのカルナヴァルとドーフィネの農民戦争は恰好の事例といえる。両者は《タイプI》の系譜に沿って、都市の名士たちのみならず、貴族や領主さえも手加減なしに攻撃したのである。その結果、十七世紀の南西部における「クロカンたち」のさまざまな蜂起より、明らかに過激なものとなった。後者の蜂起は、とくに反税闘争であり、貴族たちに何ら攻勢を仕掛けたわけではなかったからだ。

だが、たしかにタイプIを想起させるものとはいえ、ドーフィネの冒険は間違いなくタイプIIの明確な枠に入っていた。際立って都市的かつカルナヴァル的な騒擾を超えて、実際にこの冒険は断固として国家と税に立ち向かった。つまり、ドーフィネ人たちはまさに基本的な反税闘争を仲立ちとして、免税という大きな恩恵を受けているとみなした貴族たちに対し、異議を申し立てるようになったのである。そのかぎりにおいて、ロマンとドーフィネの叛乱は、反貴族、反税という二重の意図をもっていたことになる。

❧ ❧ ❧

単なる都市の扇動者であっただけでなく、周辺農村のカリスマ的指導者でもあった、ポーミエという人物に導かれたロマンのカルナヴァルは、農民的・反貴族的意識の見事な目覚めと符合していた。そしてこうした意識化は、農村部において以後何世代にもわたって受け継がれるようになる。十五年後の一五九六年には、マンドゥマンとかシャトゥルニとか呼ばれる〔2〕、城代管轄下の大きな村毎に、農村第三身分の「陳情書」が編まれているが、そこで経験的に証明されるようになったのが、まさにそのことだった。住民たちがしたためたこれらの記録を含む宣言書は、やがて国王に提示される平民の要求の基盤となる。この要求とは、直接税の最大負担者である第三身分が、特権者たちからこうむっていた差別を打破しようとするものだった(5)。

ショメル氏のご協力を得て、イゼール県立古文書館所蔵になるマイクロフィルムで、これら陳情書に盛られた激しい異議申し立てを調べていくと、次のようなことが分かった。すなわち、シャブルイ

訳注2―とくにドーフィネのアルプス一帯で、共有の夏季牧場や森林を有するいくつかの教区からなる。

ユ（ロマン近郊）では四一三〇セテレ（約一〇〇〇ヘクタール）の土地が教会や貴族たちの領地であり、したがって税を免れていた。また、ラ・コート＝サン＝タンドレの土地は、三分の一がかつてタイユ税を課せられていたが、特権者、とくに貴族がそれを所有するようになって以来、免税となった。一五九九年のディヴァジューでは、免税地は約一〇〇ヘクタール。一五九六年のフィアンセイの場合は、一五五六年以降、つまり大雑把にいって宗教戦争が始まって以降、真贋取り混ぜての貴族たちに五〇〇ヘクタールも所有されていた。こうした貴族の領地は農民たちの咽喉元に突き刺さったナイフであり、彼らの餓えのもととなった。しかも、さらにこれに聖職者の領地二〇ヘクタールを加えなければならないのだ。

一五五六年までに貴族の手に帰していたものから考えれば、彼らはフィアンセイの土地の《ほぼすべて》を所有していたことになる。モンテレジェでは、一五九六年には、特権者たちが土地の四分の三を握り、第三身分のそれは、したがって四分の一にすぎなかった。個人や町が莫大な負債を抱えていたため、この地の平民は所有地をあらかた貴族たちに売らなければならなかったのである。たとえばモンメラン（一五九六年）では、過去四〇年間に貴族と聖職者が大量に土地を買い占め、土地の約半分が貴族のものに帰すまでになっている。残りの半分は、なおも平民のものだったが、負債を払うのに見合った収入も資金も産み出さなかった。負債はなおも平民と町を打ちのめし続けた。

一方、パリゼの特権者たちは、じつに七〇〇ヘクタール近くも有し、ピペの貴族と聖職者たちは、土地の四分の三を握っていた。一五九六年のケのマンドゥマン〔前出〕では、最上の土地の三分の一が、過去五〇年間で特権者たちのものになっている。こうして不動産を手放したにもかかわらず、町はなおも一万八〇〇〇エキュもの借金を抱えていた。中には、村の負債が一万二〇〇〇エキュにもなっていたレヴェルのように、貴族と第三身分が所有地を折半しているところもあった。だが、戦争で荒廃したサン＝ポール＝トロワ＝シャトーでは、やはり特権者たちが最上の土地を一五〇ヘクタールも所有していた。

さらに、サン＝マルスランやサン＝テティエンヌ＝ド＝サン＝ゲオルでは、貴族たちが一五七〇—八〇年および一六三三年に、さながら勢いに任せてといった調子で、平民から資産の三分の一（サン＝テティエンヌ）、あるいは土地の三分の一（サン＝マルスラン）をまきあげている。後者の場合、公証人証書が正確なレファレンスを示してくれるおかげで、その入手にいたるまでの過程を一括書類（一六三三年）によって完全に跡付けることができる。これら二つの村は、一方は農業、他方は牧畜を営んでおり、いずれも高い評判を得ていた。今日、サン＝テティエンヌ＝ド＝サン＝ゲオルには飛行場[3]があるが、その滑走路は、当然（！）のことながら、そこが非常に平坦な平野であることを物語る。では、有名なサン＝マルスランのチーズはいったい何を意味しているのか……。

さらに、叛乱を経験した一五八〇年以降、かなり反体制的となっていたボーフォール地域では、特権階級が土地の買占めを続けていた。これらの土地もまた、他の土地同様、タイユ税が軽減されるようになる。だが、それによって、平民は三〇〇ヘクタール以上の耕地と四〇ヘクタールの牧草地、五〇ヘクタールの森、加えてブドウ園を失うのだった。この売買の三分の二は、一五八〇年から一六〇二年の間に行われた。

そして、ロマンに隣接するピザンソンでは、一五九六年に第三身分が三九一五セテレの土地を保有

訳注3—グルノーブル空港。

していたのに対し、貴族や他の特権者たちが押さえていたのは三四三八セテレだった。ただし、第三身分の土地には、負債総額四九八七エキュ分の抵当権がつけられていた。こうして特権者たちのものとなった土地の一部は、貴族かどうかは定かではないが、間違いなく裕福な者たちが平民を犠牲にして新たに購入したものだった。そんな購入者の中に、例によって《新貴族》のゲラン（四〇ヘクタール）がいた。同じ《新貴族》のヴェルー某（牧草地三フォーシュレ[4]）やガスパール・ジョマロンなどもいた。ここには、静かに目立たずに貴族の血を増していく、ロマンの抑圧的な古いブルジョワ王朝の姿がみてとれる。

ヴィエンヌ地方に関して、この陳情書を詳細に吟味したガヴァール神父は、何点か正確なメモを残している[6]。彼によれば、グルノーブルやヴィエンヌ、ロマン、クレミューなどのエリート市民によって支配されていた、実質的には《中央集権的な》前記ラ・コート＝サン＝タンドレ村では、すべての牧場が特権者たちに属していたという。これら特権者貴族のうち、居住者は約四〇人、二五人は村外に住んでいた。また、四〇人の貴族のうち、六人が偽者ないし貴族になりたての者であり、一九人は古い家柄〔帯剣貴族〕の出身ではなく、三人は私生児だった。おそらく残りは《本物》（！）だったのだろう。

一方、サン＝イレールでは一〇人ほどの貴族が、数百ヘクタールの土地に、さながらチーズの中に棲みついたネズミのようにぬくぬくと暮らしていたが、村は六〇〇〇エキュの負債の支払いを抱えて、ひたすら途方に暮れるだけだった。また、一万エキュの借財に苦しむベルガルド村では、一四人の貴族が三分の二の土地をもっていた。そこで村人は、一五七九年から一五八〇年にかけて、驚くべきことに、公証人を先頭に免税特権者たちに断固として拒否（！）の態度を示しているのだ。

さらに、セテーム村となると、文字通り八方ふさがりの状態だった。一五七六年から一五八六年まで、一七人の貴族が一四〇〇エキュ相当の土地を入手していた。村は貴族たちの雛鳥も同然であり、彼らはまるで他の巣に卵を産みつけるカッコウのようだった。このセテームでは、聖職者たちもかなりの土地をもっていた。加えて、村は、個人の借財を除いて、じつに二万エキュもの借金に喘いでいた。驚いたことに、ヴィエンヌ市はセテームに土地を所有している市民が、同村にタイユ税を納入するのを拒んでいる。タイユ税の支払い場所を巡っては、昔から都市と農村間で紛争が繰り返されてきたが、それが一五八一年以降に再び息を吹き返したのである。(7) 都市の圧力は、こうして貴族たちの高飛車な態度と結びついた。セテームで土地を手に入れた一七人の貴族のうち、七人は少し前までブルジョワジーで、社会的には新たに貴族の称号を買い取った法服貴族の出（当然！）であった。

ヴィエンヌ市の対応に気落ちしたセテームの住民たちは、完全にさじを投げ、〔5〕その多くは、負債とタイユ税に打ちのめされて土地と家を捨てた。サン＝サンフォリアン＝オゾンとソレーズの場合でも、住民は四万エキュという村の巨額な負債と、特権者たちの免税によってさらに膨れ上がった税との挟み撃ちにあっていた。両村の不幸な平民は、まさに「二枚の鉄板に挟まれたワッフル（ゴーフル）のように(8)」押し潰されていたのだ。もとより彼らを非難するのはあたらない。この二つの村の場合、免税の特権を享受していた地元の幸運な者たちの中には、旧家出身の二人の帯剣貴族と一人の村司祭、それに大修道院からの出向者がいた。これに加えて、裕福な旅籠の末裔や自称貴族の私生児、金持ち

訳注4―フォーシュレ　オート＝アルプス地方などで用いられていた面積単位で、一フォーシュレは約三〇エーカー。

訳注5―完全にさじを投げ　原意は「斧の後に柄を投げる」。

の婿（養子）、隊長、旅籠主の婿（養子）、外科医の息子、元近衛騎兵のイタリア人二人、公証人の娘、精肉商と靴直し職人の孫娘、裁判官の息子、鍛冶師の息子、弁護士一人などもいた。つまり、彼らがサン＝サンフォリアン＝オゾンの免税《貴族》だった。ここまでくれば、もはや実際は《何でもよかった《ナンポルト・クワ》》！　貴族であることを自慢するには、かつて商店主や法官、軍人……だったということだけでよかったのだ。

陳情書に盛り込まれた主張の正確さそのものも重要だが、より重要なのは、これらの主張にみられるさながら溶岩のように奔出する農民の考え方である。一七八九年〔フランス革命〕の二世紀前に、新貴族を敵対視する《反貴族的》意識は、ドーフィネの農民や平民の中できわめて大きなものとなっていた。こうした意識は、都市の不労所得と農産物の都市における販路とに基づく、農業資本主義の拡大に反撥するものだった。そしてそれは、旅籠や鍛冶や精肉で財を成した、なりたての貴族たちによって活性化された。貴族の紋章と名前をいただくこの資本主義は、農民の弱小な家族経営を下部から侵していった。農民たちはこれに敏感に反応した。どちらかといえば地方を代表する機関や、土地の第三身分の伝統的な組織が、王国の他のどの地方にもみられないほど、大きな軍事的行動の基盤を提供してくれただけに、彼らの反撃は激しかった。

いうまでもなく、その刺激剤になったのは、近隣地域（ドーフィネ南部、プロヴァンス、ラングドック）での事例だった。これらの事例は、公正に記載された土地台帳のモデルの何たるかを示しているが、それは免税特権のないことを特徴とするものだった。そこでは特権者たちに対するこうした権利が拒絶されており、したがってプロヴァンスでは、彼ら特権者たちはきわめて少なかった。

ドーフィネにおけるこの特殊な沸騰は、十六―十七世紀にフランスの他の地方で頻発した社会的含意とは無縁だが、はるかにより《プジャード主義的》〔第6章訳注8参照〕で《反税的》でもあった、叛乱や闘争意識とは際立った対照をなしていた。当然のことながら、地域間の比較をすれば、いくつか特徴が指摘できる。たとえば、ドーフィネと同様の反貴族的意識は、おそらく北部のピカルディーやブルゴーニュといった他の地方でも、潜在的に存在していた。だが、これらの地では、しかるべき機関や「陳情書」がなかったため、その反貴族的意識は、ドーフィネにおけるような完全な形で現れることはなかった。北部の場合、そうなるには十八世紀まで待たなければならない〔例、ブルゴーニュ地方〕。

とはいえ、ドーフィネの動きを過大評価してはならない。それは限定されたものであり、理屈からすれば、なり立ての怪しげな貴族の贋金には反撥したが、真の貴族にはなおも従順だったからである。とりわけそれが抵抗したのは、特権者たちに対する免税措置だった。領主的諸権利はそのままにしておいた。生まれにかかわらず、各人が平等だとするルソー的考え方にまでは、当然〔!〕のことながら達していなかったのだ。グルノーブルやヴィエンヌ、さらにロマン周辺の農村でのこうした反対運動は、したがって、どれほどもっともらしい留保条件をつけようと、筆者にはおいそれと信じられないものがある。本当なら、むろん感服するのみである。

ともあれ、反税に起因する貴族や領主、封建制に対する理屈に適った反撥の激しさという点からすれば、一五七〇―一六四〇年頃のドーフィネ地方は、サヴォワやピエモンテ、スイスなどと同様に、ゲルマニアのまでとは言わないまでも、少なくとも《ガリアの》他の地域よりかなり進んでいた。一五七九年から一五九六年にかけて、ドーフィネ各地の村人たちは税に対するこうした不満から出立したが、やがてその不満は、一六三九年に叛乱の狼煙を上げたバ＝ノルマンディーの耕作者ないし《裸足党》〔第10章参照〕、あるいは一六三七年の南西部のクロカンたちを刺激するようになる。だが、彼らはそこから際限なく遠くまで向かう社会的もしくは社会学的結論を引き出している。《帝国》[6]は《王国》[7]より世事に長けていたのだろうか。

叛乱の流れが三〇〇年、いや四〇〇年にもわたって続いているところからすれば、ロマンのカルナヴァルがその狭間に位置するIとIIのモデルは、「長期的な」問題意識《プロブレマティック》に含まれる。だが、一五六九年の「陳情書」がまさに示しているように、そこでは「幅広の」問題意識をも想定できる。おそらくこの問題意識は約五〇年間に関わるものであり、四世紀を超えるわけではない。とすれば、こうした意識を叛乱の厳密な枠組みから切り離し、叛乱を取り囲む、時に平穏な、時に紛糾した状況に関心を向けてもよいだろう。

「暴力」を伴う叛乱だけに話を限定するとして、では、ドーフィネで一五四〇年から一六四〇年まで繰り広げられ、一五八〇年のロマンで最高潮となったような反税・反貴族の集団運動を、われわれは十分に解明できるのだろうか。じつは、そこには危険が待ち受けているのだ。関心の向けられる先が、《原初的な叛乱》や被害に遭った周縁者たち、やかましくがなりたてる者たち、扇動家たち、《本性の錯乱》、さらに残虐行為の悪循環としばしば愚かしくもある循環を唐突に活気づける脳髄などに限られる、という危険である。[9]

また、直接的な対決に関する単純化された言葉や、往々にしてデマゴギー的で《埒もない》好戦的なスローガンしか考慮に入れない、という危険もある。たとえば、炎に包まれた城の赤い光に、かつての括弧付き黄金時代への能天気《ユトピック》な回帰を求めたり、善王に悪代官を退治するよう願ったり、あるいは往時の美風とやらの復活を求めたりもするこうしたスローガンを、言葉の濫用というべきか、《近代的》国家主義に対する《由々しき墨守主義》のせいにしたりもするのだ[10]。イヴ＝マリ・ベルセヤルネ・ピヨルジェ、ギュンター・フランツといった叛乱史家は、武装叛徒たちの要求に限界があった点をつとに指摘している。

実際のところ、反体制的・集団的運動は、しばしばより明確で雄弁な別の面を有していた。一五五〇年や一五七九年、一五九五年、一六三四年にみられたものがそうで、いずれも国務会議に対する暴力抜きの介入や裁判・訴訟、法的紛争に関わっていた。とりわけ法的紛争の場では、有能な弁護士が、反抗者や村落共同体、あるいはドーフィネのブルジョワのように社会的に抑圧された者たちから出された論拠を、洗練された形でたえず活用することができた[11]。

この点からすれば、「タイユ税訴訟」はドーフィネにおける恰好の事例といえる。本書の冒頭で述べたように、これは十六世紀中葉を嚆矢とする。そして、一五七六年にも続いて起こり、ロマンのカルナヴァルの前夜ともいうべき一五七九年に頂点に達しているが、一五九一年から一六三九年にかけては、一層激しさを増している。さらに、アンリ四世とルイ十三世の時代〔8〕には、アンリ三世治世下〔9〕にド・ブール〔第3章、第6章参照〕がとった方針に従っていた。

訳注6―帝国　ローヌ河東部の東ローマ帝国領土。
訳注7―王国　同西部のフランス王国領土。
訳注8―ルイ十三世の時代　一五九四―一六四三年。
訳注9―アンリ三世治世下　一五七四―一五八九年。

一六三四年と一六三九年の王令[10]によって、この裁判は、部分的ではあるが、第三身分の画期的な勝訴となる。事態を決定づけたこれら国王名のテクストを見るかぎり、一〇年ばかり前から貴族たちに買収されてきた平民の資産は、一六三九年を機に土地台帳に記入され、課税対象になっている。そして、タイユ税は、すでにドーフィネ南東部やプロヴァンス、ラングドックで実施されていたように、ドーフィネ全域で物的タイユ税となる。特権者たちの免税措置はなおも維持されたが（これが消滅するのは、一七八九年のことである）、貴族たちが第三身分の中で、《自由な鶏小屋に放たれた自由な狐》のようだった苛酷な十六世紀と較べれば、その特権は明らかに削減されていた。

筆者としては、ここでタイユ税訴訟について語るつもりはない[12]。ただ、何点か注目すべき特徴だけは指摘しておこう。そうすれば、ロマンのカルナヴァル[13]を、それが位置する歴史的流れの中でより明確に理解できるからである。事実、第三身分の《組織知識人》の集団が、まず一五七六年（ド・ブール）から、さらに一五九五年からはっきりと立ち現れるようになったのは、ほかならぬこの訴訟がきっかけだった。彼らは、一五七六年から一五七九年までポーミエの黒幕だったド・ブールの戦略を踏襲した。

そんな知識人の中で際立っていたのは、平民と親しく交わっていた、農村城代の一族を出自とするクロード・ブロスだった。当初、ブロスは、血気盛んな革命的ヴァロワールに近接した、ボールペール平野のアンジェー城代だった。やがて、一五八八年から[11]一六三〇年代まで、ドーフィネの村総代[14]をつとめた。もう一人の知識人アントワーヌ・ランボーはディ生まれで、グルノーブル高等法院の次席検察官の地位にあった。カトリックで、衒学者のようにラテン語とギリシア語をひけらかす趣味のあった彼はまた、貴族とユグノー教徒に厳しい態度をとっていた。最後の役職は生地のセネシャル補佐だった。さらに、《小都市の勤勉な行政官》クロード・ドゥラグランジュは、サン＝マルスランにあったバイイ裁判所の代理官。クレストの副セネシャルの甥ジャン・ヴァンサンは、ヴァランス大学の博士で、弁護士だった。しかし、法学教授の資格を得ていたにもかかわらず、実際に教壇に立つことはなかった。エヌモン・マルシエもまた、グルノーブル出身の弁護士だった。(15) フランソワ・（ド・）ゲランもヴィエンヌ出身の弁護士で、生地での叛乱ではド・ブールに続いた。

一五九五―一六〇〇年頃のタイユ税訴訟の重大局面で攻勢に出たドゥラグランジュとランボーとヴァンサンの三人は、三〇年後には、第三身分の第二世代の弁護士たちにその座を譲っている。後者の一人フランソワ・ゲラン（あのアントワーヌ・ゲランとは無関係）は、一六三四年頃にはもっとも重要な人物だった。農村の戦闘的働き蜂だったクロード・ブロスは、一六〇〇年の活動家たちから一六三〇年のそれへの橋渡しを効率よく行った。これら多様な人物たちの一部は、町の弁護士や裁判官、さらに裁判官ゲランと同様に、貴族への出世を選んだ者もいる農村部の城代といった、戦略的意図をもつ中流層に属していた。また、彼らとは逆に、弁護士ゲランのように、すぐ下の社会階層に目を向け、第三身分の指導者となった者もいた。

彼らは半平等主義的傾向を帯びたイデオロギーを打ち出した。そして、当時の文化から最大限引き出したこのイデオロギーを、都市のブルジョワジーと農村集団の指導層に委ねた。これら弁護士＝指導者の大半は、一五七〇年頃は、ヴァランス大学でローマ法の手直しを行っていた偉大なジャック・

訳注10―一六三四年と一六三九年の王令　課税台帳の改訂と免税特権者の資格再検討に関する王令。

訳注11―ディ　ロマン南東四〇キロメートル。

キュジャス[12]の弟子として、みずみずしい青春時代を送っていた。裁判官ゲランも、ヴァランスの法学生だった[13]。だが、それはキュジャスが教授として同地に赴任する「前」だった。心性の差はあるいはそこに起因するのかもしれない。つまり、アントワーヌ・ゲランは階級的・貴族的意識が強かったのに対し、第三身分の擁護者だった一六〇〇年の裁判官や弁護士たちは、より平等主義的で民主的だったのである。

十七世紀初頭の農村の本格的な指導者だったクロード・ブロスの活動には、当初、農民たちの要求が、卑俗な内容であれ、どれほど具体的かつ身近に刻まれていたのだろうか。たしかにそれは、特権者たちの擁護者で、自らもまた特権者だったグルノーブルの高等法院官僚によって、たとえ一時的とはいえ投獄されるほど強固なものだった[16]。ブロスは一六〇六年と一六〇八年の二度、ドーフィネ農民の名において、自らがまとめた陳情書を国王に提出している。やがてこの「陳情書」は、ルイ十三世の時代、グルノーブルの印刷業者たちによって繰り返し再編集されるようになるが、著者の関心は、とくに免税措置の濫用にあった。彼もまた、貴族が平民から獲得した資産に対するタイユ税の自動的な免除を廃し、貴族に属する定額小作農や分益小作農が享受していた免税措置も廃止すること、さらに一六〇〇年以降の未納税が支払われることを求めたのである。

ブロスの陳情書は、単なる反税の《プジャード運動》の枠を超えており、ある程度まではあったが、反領主、反貴族的なものだったとも考えられる。この意味において、それは一五七六年のボースやドーフィネの陳情書にも較べられ、一六一四年のシャンパーニュの「陳情書」よりははるかに大胆なものだった(17)。事実、ブロスは、いくつもの村の参事会を介して伝えられた農民たちの不満を体していたのだ。これらの不満は、何よりもまず土地に関するものだった。そこでブロスは、国王に対し、第三身分が貴族たちに買い取られた土地を、取りこみ詐欺や土地投機の対象とはしないことを条件として買い戻せるよう求めたのだった。

「陳情書」にはまた、個人のと村のとを問わず、負債の問題も取り上げられていた。ブロスは、村の債権者たちが債務者の麦を、穂が出ないうち、あるいは種籾のうちに押さえてしまうことをできなくしようとした。また、アンリ四世によって定められた、相続債権ないし相続地代の利子に対する一部支払い猶予令が遵守されるよう望んだ。

クロード・ドゥラグランジュはもっと激しかった。すなわち、この問題をきわめて直接的な反領主的異議申し立てにまで押し進めた彼は、土地に基づく数多くの定額地代ないし領主的諸権利が、実質的には、かつて利益をもたらした土地に対する、古い相続債権ないし相続地代にほかならないと主張した。後者は、領主となった債権者の相続人が、保有農《トゥナンシエ》(15)に変った債務者の相続人を犠牲にして、いわゆる領主制的賦課租の形で永久的に強化したものだというのである(18)。

訳注12―ジャック・キュジャス　一五二二―九〇年。トゥールーズ生まれの法学者で、生地やブールジュなどでも講壇に立ち、ローマ法を再解釈し、「ローマ法学者の王」と呼ばれた。シャルル九世やアンリ三世に重用されたが、宗教戦争時には中立的態度に徹した。門下生に、プロテスタンティズムを棄て、第三身分の声をまとめ、さらにカトリック同盟の過激さを公然と非難して、フランス教会の指導者となった法学者ピエール・ピトゥー（一五三九―九六）などがいる。

訳注13―ゲランは法学博士号を取得している。

訳注14―保有農　領主から土地を半永久的に貸与された農民。

領主に対する法的なゲリラ戦法は、ブロスの陳情書に如実に現れている。たとえば彼は、ドーフィネの伝統と思える農民の狩猟権を遵守させるよう腐心している（まさにそれは、動物を根絶やしにし、環境を破壊する権利の民主化であり、《反封建制》闘争の目的の一つとなる）。さらにブロスは、借財のために差し押さえられ、あるいは売り飛ばされた土地の移転税（領主に支払われる税）を徴収しないこと、もともと種籾で算出されていた領主的諸権利の一五年延滞分を、（小麦が不作な年は現金で）払わせたりしないことを要求している。

領主制に対するこうした部分的な問題提起の矛先は、領主裁判官やなおも農民を敵視していたグルノーブルの高等法院官僚による対農民訴訟のみならず、書記官や徴税吏による不当徴収にまで向けられた。ただ、教会に対するブロスの考えは、賛否相半ばしていた。すなわち、負債の見返りに司祭の家具を差し押さえするのは禁じたかった。聖職者不足で霊的な救いを得られない不幸な者たちや多くの教区が、聖職者に恵まれるよう望んでいたのだ。だが、その一方で、彼は、かつて聖職者のものだった土地に対する十分の一税付加税（聖職者税）の支払いを抑えようとした。ミサを資金援助するとの名目で地代が払い込まれていた、農地に対する免税措置を禁じようともしていた。教会についていえば、結局のところ、ブロスは司祭には好意的、聖職者による税の悪用については反対の態度をとっていたことになる。これは古典主義的な態度であり、論理的な態度でもあった。

最後に、自分の、とくに農村の立場と都市のそれとを明確に区別するブロスにとって、農民身分ないしその《下位身分》が、地方を代表する機関に参加するという問題が残っていた。前述したように、一五二五年のドイツの農民戦争時に、村落共同体の「席」について、この種の要求がなされていた。おそらくブロスは、「各」村がしかるべき村総代ないし、当該村落を含むいくつかの村からなる《マンドゥマン》（あるいは領地）を管理する城代を、地方三部会に送り込むよう望んでいた。これもまた、前代未聞（！）の策だった。この考えが実施されれば、圧倒的多数の農民たちが、少数の貴族や聖職者や都市民と、とくになおも三部会を牛耳っていた前二者と、初めて拮抗することができるようになる。だが、ついにそうはならなかった。

ともあれ、いずれ改めて気づくようになるが、ブロスは、平民たちと頻繁に交わり、何よりも領主の役人たろうとしていた城代たちを、彼らが管理する相手である村民たちにきわめて近い存在だとみなしていた。彼によれば、城代たちは自分を任命してくれた領主の必然的な共犯者ではなかった。何よりもかくいうブロス自身が城代の出だった……。そして一六〇〇年、ブロスは、一五七九年の一揆農民がもっぱら話の中で語ったことを包み隠さず書きとめている。しかし、これら村民たちの言葉は、歴史の舞台から消え去っている。残っているのはただ、彼らの敵だったゲランがたまたま取り上げた若干の言葉だけである。(19)

第14章
平等の未開人たち

クロード・ブロスに続くマルミエやドゥラグランジュ、ヴァンサン、ランボーといった十七世紀の第三身分の弁護士たちは、ブロスより都市のブルジョワジーや知識人文化に近いところで、権力自体とそれを産み出す社会集団へと目を向けた。そんな彼らの主張は、ド・ブールが「陳情書」で提起した問題、すなわち平民の税負担を軽減し、貴族にも平等に税を負担させるという問題に、理論的かつ歴史的な根拠を与えるところにあった。事実、彼らはその根拠を、身体と社会をパラレル視する有機体論や、三身分を植物や自然、建物、領主、家畜、船、音楽などの比喩的なイマジネールに見出してもいる。さらに彼らは、アリストテレスをはじめとする過去の思想家や旧約聖書の言説までも援用しながら、平等の意味を問う。身分社会の存在を認めていたかぎりにおいて、その主張はアンシャン・レジームの枠内にとどまっていたが、平等にこだわることで第三身分の社会的止揚を図ろうとした彼らのうちにあったのは、ほかならぬロマンのカルナヴァルの記憶だった。

農民たちの要求を記した目録は、たしかにさほど詳細なものではない。だが、世界観については、マルミエ、ドゥラグランジュ、ヴァンサン、ランボー、ド・ゲランといった、第三身分に関する他の弁護士たち（一五九六―一六三〇年）の弁論に、より完璧な形で登場している。これらの弁護士たちは、クロード・ブロスほど農民に近くはなく、都市のブルジョワジーや知識人文化の方により強く結びついていた。むろん、かつて平民のものであった土地が、貴族のものとなって免税されるという措置に対する闘争は、なおも彼らの最重要課題であった。だが、彼らはそこから出立し、権力とそれを産み出す社会集団を問題視するところまで進んだ。

その背景となったのは、彼らが官職保有者《オフィシエ》（保有官僚）[1]に抱いていた反感だった。[1]《この輩は、われわれが搾ったブドウの滓から引き出された者たちだ。そして、自分自身や子供たちを新貴族に仕立て上げているが、所詮は滓にすぎない。にもかかわらず、免税措置を享受している》。こうした非難は、会計法院の上級官僚や、とくにグルノーブルの高等法院官僚に話が及ぶ時、とりわけ激しいものとなった。[2] 後者の場合は、裁く者であると同時に裁かれる者である、つまり公平な裁決を下すことができない（自分と利害関係のある訴訟の裁判を行う）と非難された。彼らはまた、特権者として税を免がれ、さらに司法官として、自分と他の貴族たちの免税を法的に決めていた。

一方、ヴァンサンは金銭と引き換えに子孫に世襲される官職の相続、つまり《官職売買》を問題視すらしている。投獄された第三身分の者たちに対し、牢番がその足裏に焼き鏝を押し付けたり、爪の内側に針を刺したり、あるいは瞼を鋏で切り取るといった拷問を加えて、国庫に未納税を納入させようとする、監獄システムも槍玉にあげた。(3) ついでに、ユグノー教徒の弁護士(グルノーブル高等法院と密接な関係のある最上級弁護士)たちも非難した。善良な第三身分の商人たちが、グルノーブルからインドネシアまで、血と汗を流しながら僅かな儲けをかき集めているのに、ぶらぶらして、民衆から搾り取った脂で肥えた小役人(!)だと難じたのだ。

多少とも生彩に富んだこうした侮辱的言動の向こうに立ち現れてくるのは、国家の新たな、そして一世紀来の拡張であった。(4) この国家は、善良なルイ十二世(2)の牧歌的で僅かに神話的な時代から、いわば壊疽《えそ》のように発展してきた。ただ、《祝福された》ルイ十二世の時代には、官職保有者の数は、一六〇〇年当時の七分の一にすぎなかった。つまり、かつての財務官僚は、一六〇〇年頃のように、困窮者の血を吸う蛭のようにうようよしてはいなかったのである。

後述するように、ドーフィネ地方の第三身分に属する者たちは、これを問題視し、たしかに一世紀間に著しく膨らんだ官僚国家を、あらゆる手立てを用いて攻撃した。だが、彼らは、一六二四年以降、他の地方で民衆一揆の恰好の標的となる塩税吏や総括徴税請負人《フェルミエ・ジェネロー》、金融家およびその他の《シンパたち》に対しては、ほぼ攻撃を控えた。この種の攻撃として筆者が分かっているのは、僅かに一例のみ

訳注1―宮職保有者《オフィシエ》(保有官僚)　親任官僚と並ぶ絶対王政期の官僚で、国王から官職を授与されたが、官職自体は売買や相続の対象となった。

訳注2―ルイ十二世　在位一四九八―一五一五年。イタリア遠征は挫折したが、学芸や商工業を保護し、フランス・ルネサンスを開花させて、「人民の王」と呼ばれた。

である。マルミエの言葉を借りれば、それは「親任官僚や金融家という名の怪物たち、われわれの柔らかな羽で息を吹き返したアスプクサリ蛇」[3]に対するものだった。

さらに、ドゥラグランジュは母校であるヴァランス大学の教授陣にも、批判の矛先を向けている。彼らは学説という乳と知という果汁を注がなければならないのに、実際は何一つ教えていない、というのである。[5]しかも、モンペリエやトゥールーズの教授たちが税金を払っているのに、彼らはタイユ税を免れている……。

権力と国家に話を戻そう。国家の飛躍的な発展が社会全体にもたらした近代化への進歩に背を向けて、民衆一揆が本質的に懐古趣味に陥っていたとは、しばしば指摘されてきたところである。イヴ＝マリ・ベルセは書いている。《これらの民衆暴動は、国家的な近代主義を拒み、痛手を蒙って、ゆっくりと取り替えられていったシンボルや価値を目の当たりにして嘆く、古い秩序と結びつく傾向にあった》。そして、《静止した時間への避難と、望めば閉じこもれる往時の遺産の蘇生》[6]を称揚していた。

これに対し、ルネ・ピヨルジェは、こうした叛乱の中に伝統的な価値を守る堡塁をみている。[7]ピエール・ショニュは、フランス国内のさまざまな叛乱やスペインの「コムニダデスの乱」〔前章訳注1参照〕のような蜂起を、近代化を促進する国家の建設に反対する反動的な行動だとしてみなしている。[8]ムーニエは十六―十七世紀の叛乱が原罪から生まれ、国家の発展に反対するものだとする。[9]さらに、ギュンター・フランツは、一五二五年のドイツの農民戦争に関して、それが近代ないし領邦国家のみならず、ローマ法にすら反対して、ゲルマン町村の《伝統的な「慣習法」》を守るための闘いであったとしている。[10]

タイユ税訴訟は、明らかに一五七九―八〇年の農民戦争と密接に結びついていた。やがてそれは、続く二世代の間に、このカルナヴァル的戦争の照準を平和裏に広げていった。では、訴訟は、第三身分最高の弁護士たちの声によって、ギュンター・フランツやベルセが指摘したような、懐古趣味的ないし慣習的方向へと導かれたと考えるべきなのだろうか。これら弁護士たちが唱えた、国家の発展と敵対する反官僚的抵抗については、少し前でみておいたが、それからするかぎり、この問いには肯定的な答えを出さざるをえないかもしれない。

だが、実情は違っていた。問題の法曹家たちは、かなり時代遅れの反動的な言動で特徴づけられるような人物たちではなかった。たしかに、彼らは国家の拡大に反対していた。しかしながら、それは不公平な税制特権を支える混乱した拡大に対するものであり、こうした彼らの反対姿勢は、したがって、本質的に古き良き神話的な時代への愛着に由来するものではなかった。彼らは不正義と対決するため、もっとも近代的で不変な自然の理性に訴えたのである。弁護士ランボーは述べている（p. 91）。《（税の公平さを求めるという考えは）古代の慣習にはなかったが、そもそも自然の叡智の根源から汲み出された理性というものは、決して変るものではない》。

ドゥラグランジュもこう書き記している。「慣習を意図的に歪め悪用して、理性に反対する盾を作る。これはもっとも残虐な専制君主を作り出すことにほかならない」。不合理なものは、古い習慣であればあるほど、激しく非難されなければならない！　そして、貴族たちによる免税特権の《横暴な所有》や、それを特徴づける規則、さらに必要とあれば《特権》自体をも攻撃する行為は、〔古い慣習

訳注3―アスプクサリ蛇　アルプス地方の毒蛇。

である攻撃対象がなくなることによって」退き、消えていかなければならない（J・ヴァンサン）。これについては、キケロの手紙とあるギリシア都市の慣習が傍証のために引用されている。彼らの考え方の基盤には、古典文化があった。「スパルタ人たちは言っている。民衆の安寧に逆らうような慣習に従うより、むしろその慣習を黙らせる方がいい、と」（ドゥラグランジュ、p. 15）。

実際、第三身分の弁護士たちは、かつての反税闘争を、慣習に対する敬虔なまでの敬意によるものとして説明する現代の歴史書とは、まさに正反対の考えをしていた。彼らの視点からすれば、慣例を守る防壁は、たとえどれほど馬鹿げたものであれ、民衆ではなく、貴族が築いていた。事実、こうした考えは、一六〇〇年頃には、貴族の弁護士たち、たとえばエクスピリやデュ・フォスらに等しくみられた（むろん彼らは、ランボーやブロス、ヴァンサンたちの敵だった）。エクスピリとデュ・フォスの二人は、第三身分の支持で産み出されたかずかずの《証拠》からなると思える、《汚物と蜘蛛の巣で満ちたおぞましい巨像》を粉砕しようとした。そのため、二人はきっぱりとこう宣言したのだった。「慣習は正統な王、法は専制君主である（！）」。

貴族たちが全力を傾けて奨励した慣習、それはむろん彼ら自身に向けられた免税措置である。第三身分の弁護士ヴァンサンは、これに関して、「ゴート人の」、つまり中世の蛮行を引き合いに出している。彼によれば、それがこの問題での貴族たちをよく物語っているというのだ。免税という慣習は、一枚の色褪せた古着でしかない。貴族たちの言葉を信じれば、これは保持すべきものだが、平民に従えば、処分すべきものとなる。

もとより、第三身分の弁護士たちは、実際にはその考え方に含みをもたせるようになっていた。なおも有効な一部の特権と慣習を、「慣習の悪用」ないし「曲解」をもたらすそれらと区別するようになったのである。ドゥラグランジュはアンリ四世時代の中世後期に、カタロニア各地で起きた叛乱を重視していた。「悪しき慣行」ないし「悪しき慣習」について語ってすらいる。彼によれば、これらの中でとくに由々しき問題は、免税措置とほかならぬ貴族の私生児に対する授爵だという。結局それは、淫蕩な所業を合法化することになるのではないか。彼はそう指摘する。こうした観点に基づいて、国王を伝統的な慣習の公平な擁護者ではなく、訴えをつねに合法的に取り上げてくれる裁判で、悪用を一掃する者とみなしてもいた。

この合理的な考え方には、過去に精通しながら、現在に過去以上の特権を与える歴史的な見方も含まれている。一五九九年に編んだ近代主義的な小冊子の中で、ドゥラグランジュは仲間たちの応援を受けながら、第三身分が貴族たちに逆らわなかった古代の「古き時代、よき友情」を唱える、《ユグノー派弁護士たち》（親貴族派）にこう答えている。「かつて免税問題は起きたためしがなかった。税負担がほとんどなかったからだ。しかし、今は事情が変っている。それゆえ、生き方も変えなければならない。各人が義務と理性に基づいて、（税を）払わなければならないのだ」（p. 279）。

ドゥラグランジュの中で、これはライトモティーフのように繰り返し登場する問題意識だった（同、p. XXIX, etc）。「事態は変った。（十五世紀以来）税はかなり引き上げられ、貴族たちは平民の土地を手に入れた」。だが、以前はどうあれ、彼らはその税を払わなければならない。ドゥラグランジュはさらにこうも言っている。「古代は貴族にとって良き時代だったかもしれないが、現代には現代の義務なり法なりを定めなければならない……」[11]。そして、速さという点に着目すれば、われわれは今日、歴史的な変化が加速していることを語れるはずだとした上で、「すでに現代（一六〇〇年頃）は、往時（一五六〇年以前）とは異なる問題を抱えている」とも述べている。そこでは、タキトゥスやセネカ、オウィデウスらの言葉も傍証のために引用されているが、これらの引用は、過去に対する現在の優越をさらに強調するためのものだった。「われわれは古人を称える。しかし、われわれが生きているのは、この現在なのだ」。

こうした反慣習的主張は、北方の専制的な中央政権に対し、微妙な問題を投げかけるものだった。ドゥラグランジュを初めとするドーフィネの弁護士たちは、貴族たちの免税特権を認め、フランス北部のオイル地方を税金で締めつける慣習法を心底侮蔑し、毛嫌いしていた。それは、貴族のものであるなしにかかわらず、あらゆる土地に等しく課税するローマ法とは対極にあるものだった。ラングドックやプロヴァンス、そしてドーフィネの各地方は、このローマ法によって治められる、あるいは是非とも治められなければならなかった。だが、そうした反慣習法的侮蔑をおおっぴらに誇示すれば、彼ら弁護士たちが苦境に立たされることは必定。そこで彼らは、オイルの慣習法がローヌ河を越えない、つまり「帝国」（ローヌ東岸）ではなく、「王国」（ローヌ西岸）にのみ関わると指摘するにとどめた。

さらに、ジャン・ヴァンサンやその仲間たちは、皮肉たっぷりにこうも述べている。いわゆるフランス人以外のより《野蛮な》人々、たとえばポーランド人やブルターニュ人などですら、貴族たちに税を払わせている……。こうした言葉からすれば、ドゥラグランジュの歴史同様、地誌に造詣の深かったヴァンサンは、ブレーズ・ド・ヴィジュネールの『ポーランド論』（*Description de Pologne*、パリ、一五七三年）を、情報源として大いに活用していたと思われる〔4〕。

ここで、これら弁護士たちに対する理解を深めておこう。何よりも公正な税制の指導者だった彼らには、《ブルジョワ革命》[12]を起こしたり、身分社会を打破するという考えは毛頭なかった。のちにマックス・ウェーバーやローラン・ムーニエが描いた身分社会は、よほどひどい事態でも起こらないかぎり、なおも時代の超えられない精神的地平にあった[13]。第三身分の代弁者たちは、言外に意味を含めながら、聖職者や貴族が第一および第二の《名誉階梯》[14]によって、平民とは区別されることを認め、第三身分は、各身分がしかるべき位置にあるかぎり、第三の名誉階梯を占めるにすぎないとしている。だが、彼らは不正な操作については終止符を打ちたかった。この操作によって、二つの特権的身分が地方代表（＝ドーフィネ《地方三部会》）を完全に掌握し、第三身分はそこで端役しか演じられないようになってしまうからである。たしかに彼ら弁護士たちは革命家ではなかった。彼らが望んだのは、身分社会の構造を破壊するのではなく、改善することだった。だとすれば、彼らは断固たる改革主義者だったといえる。それはさほど悪い考えではなかったが、さほど一般的なものでもなかった。

この点に関し、明らかにリシュリューは敵対する特権階級と平民階級のいずれの肩ももたなかった[15]。そして一六二八年、彼は事実上《デ・ファクト》ドーフィネの地方三部会を解散させてしまうのである。だが、反税要

訳注4―ヴィジュネール（一五二三―九六）は、アンリ三世の時の国務会議書記官をつとめた貴族出身の翻訳者。ヘブライ語を含む古典語に通じ、プラトンを初めとする多くの著作を翻訳した。本文に記された書は、おそらくH・フォン・フルスタイン著『ポーランド年代記』の仏語訳。

求に関するかぎり、一六三四年から一六三九年にかけて、第三身分はより望ましい立場にあった。一六〇〇年の彼らの主張が、なおも三身分の構造の枠内にとどまっており、ついにこれら三身分が納税「決議」を行うようになるからである。件《くだん》の弁護士たちによれば、三身分が足並み揃えて税を支払うというのは、義務と理性に適ったものであるという[16]。これはランボーの意見であり、そのかぎりにおいて、彼は孤立無援の騎士ではなかった。

⚜ ⚜ ⚜

第三身分の弁護士たちは、三身分のうちの第二身分をなす貴族階級について、ある考えを抱いていた。それはまず、貴族たちに土地問題を投げつけるということだった。たしかにこの問題は、数多くの革命や農民戦争の公けないし秘密の核心をなしていた……。では、彼ら平民の弁論を聞いてみよう。まず、アントワーヌ・ランボーからである[17]。「貴族たちは、国王領はもとより、平民や教会の農地を財産として奪い取ってきた（教会はユグノーの領主たちの略奪にあっていた）。われわれがなりたいのは、国家のロバであって、貴族のロバではない。……自然の掟が定めるところでは、一つの体が生まれれば、別の体が腐るという。したがって、貴族によるわれわれの財産の買占め（《貴族の体》を増産する買収）のため、われわれの財産がすり減り……、（結果的に）われわれが納めるタイユ税も少なくなる」。

マルシエもこの問題に関しては正しい見方をしているが、現象の大きさを誇張している[18]。彼は次のように述べている。「貴族たちは農民の土地を手に入れてきた」。これらの土地は、ここ一〇〇年間の物価高騰で値上がりしている。「かつての五スーが、今では一〇〇エキュ（六〇〇倍）にもなっている」（だが、おそらくこれは誇張がすぎる。土地の値上がりは六〇倍程度であった）。貴族たちの買占めによって、今では「たった一人の課税対象者が、村全体のタイユ税を払わなければならなくなっている」（残りすべての地主の土地が、免税措置に与る者たちに買い占められていたため）。

一方、ドゥラグランジュはこう主張する。[19] かつて貴族たちは父祖伝来の領地を支えに生活していた。ところが今では、「靄《ブルイヤール》や政治的混乱《ブルイユリ》にもかかわらず」、彼らは「われわれの家畜や財産を、寡婦や孤児の財産を奪った」ことをひた隠しにしようとし、「出費が多すぎて値下がりしたわれわれの土地」を安く買い叩いている。農地に対してあまりにも多くの費用をかけすぎたため、たしかに農地は採算がとれなくなっていた。だからこそ、今、第三身分にある「われわれは行動し」、いや、行動しなければならないのだ……。

一世代後のフランソワ・ド・ゲラン[20]は、一六三〇年頃、正確な数値をはじき出している。「過去四〇年間に、第三身分の一八七人が授爵されている。……直接税ないしタイユ税は数年間で五〇〇万リーヴル増えているが、課税対象者の土地資産は、これらの授爵と（貴族たちが平民の土地を）獲得したことにより、半分以下（？）に落ち込んでいる、云々」。その結果、シャロンやマルヴィユ、サン・ボーディユなどでは、全住民はもはや一アルパン〔約五一アール〕の土地すら持てなくなっている。アルボン公爵領のいくつかの村でも、「こうした買占めによって」由々しき問題が起きている。ヴァランスの町でもまたしかりである。そこでは免税特権に与っている貴族たちが、かつて平民だった課税対象三九戸のうち、二六戸を所有していた。それだけタイユ税の納入が減る勘定となる。

こうして悲惨さに打ちのめされた貧しい村人たちの行く先は、死ぬかあるいは街道で物乞いするほかなかった。たとえば十七世紀の最初の三〇年間に、ある四村の住民は、一七八二家族から九七二家族に激減している。率にすれば四五・五％となる。前述したアルボン公爵領では、フランソワ・ド・ゲランによれば、貴族たちが農耕用家畜のみならず、耕作可能な土地を手に入れていて、この土地の値段は、雄牛一二五頭分の値（一〇〇〇ヘクタールから二〇〇〇ヘクタールの間）に相当するという。その結果、一九二家族が消えたともいう……。

たしかに大胆なフランソワ・ド・ゲランであってみれば、何らためらうことなく社会学的な原因を人口論的な結果に結びつけている。だが、たとえこの人口減が死亡率の危機的高さに一部よるものだとしても、貴族の土地買占めによって直接的ないし間接的に引き起こされた、税の圧力と社会的危機とが、悲惨さや死や移住を拡大したことに間違いはない。

偶然見つけた正確な数値の向こうには、しばしば《ねじれもなく難解さとも無縁な》、つまり単刀直入なまでにはっきりした憎悪があった。〔5〕こうした憎悪なり怨嗟なりは、プロヴァンスやフランス南西部、ノルマンディー、ボースといった地方でも、多少明確さは欠けるものの、同様にみられた。[22]

土地の買い占めと並んで、ヴァンサンとマルシエとドゥラグランジュは、農民階級にかかる公的・私的な負債の重さについても非難している。たとえばロマンに隣接するピザンソン村では、平民は土地一ヘクタール毎に負債を抱えており、その一ヘクタール当りの負債額は、毎年、元本だけで農業労働者の四四日分の賃金に、利率ではその四日分に相当したという。[23] 第三身分の弁護士たちは、若干話を誇張しながら、これら農民の負債は貴族たちに責任があるとしている。「貴族たちはわれわれの資産の大部分を握っており、残っているものも彼らの抵当に入っている」。[24] 誇張混じりの偏見……。周知のように、ブルジョワもまたより頻繁に貧しい農民相手に高利貸しを行っていた。だが、貴族たちはブルジョワジー以上にきわめて数の多い社会集団をつくっており、十六世紀末には、その中に村に債権をもつ者がいたのだ。(25)

貴族階級に対する非難は、過不足なく富裕者たちに対する告発となる。物事を単純化したための混同《アマルガム》ではある。だが、たしかに富裕者たちは貴族と同義語であり、その母体ともみなされていた。アントワーヌ・ランボーは次のような等式を簡単に導き出している（p. 12）。「実際、貴族になるのは富裕者たちです。それゆえ免税措置とは富裕者に対する免除であり、貴族に対するものではない」。また、ジャン・ヴァンサンからすれば（1598, p. 18）、「貴族たちがつねに肥満で丈夫なのは、われわれの財産で豊かになったからにほかならない」という。

エヌモン・マルシエはこの分析をさらに先まで、パラノイアすれすれのところまで推し進めている（P362―365）。「貴族は第三身分の壊滅をもくろんでいる。この巨像が倒れたら、皆で残骸を分け合おうとしているのだ」(26)。そして、マルシエはこう結論づける。「われわれの廃墟は彼ら（貴族）の蓄財にほかならない」。同じ言葉は、ペリゴールのクロカンたちが掲げた次のスローガンにも、ただちにかつ明確にみてとることができる。「われらの廃墟は彼らの富だ」(27)。マルクスもまた、文脈は異なるが、もはや領主制ではなく、資本主義自体が富と悲惨さとの相関的な蓄積だとみなしている。

ドゥラグランジュのペン先は、さらに反貴族的《中傷》もいくつか書き留めている。これらの中傷はほとんどが紋切り型だが、中には現実を穿ったものもある。それによれば、貴族たちは自分の地位を利用して、宗教戦争の間、いわば《闇取引き》を行っていたという。「彼らは平和な時期より、む

訳注5―ボース　パリ盆地南部。

しろ戦時下で、多くの商品や家畜を売り捌いていた[28]」。その強力なネットワークを利用して、彼ら貴族たちは兵士たちの略奪行為を避けることができた。「われわれの土地が荒れ果てているのに、貴族たちは何の危険もなく自分の土地を耕させていた」。

同様の非難は、さらに公証人のウスタシュ・ピエモンの日記にも記されている（P267）。貴族が戦争で蒙った被害は、第三身分によって補われている。「兵士に鶏を奪われたとしても、貴族はそれを村の第三身分に属する貧しい者たちに償わせていた。われわれがこうして受けた残酷な仕打ちを語ろうとすれば、とてもこの紙幅では間に合わないだろう」。

ドゥラグランジュの指摘を信じれば、貴族たちは悪行を推し進め、ついには自らの手で（？）兵士くずれに略奪させる企てを立てたという。「貴族たちは隣人の財産を手に入れようとしてこれを痛めつけ、領内を通る兵士の群れに略奪させ、村税全体の代りとしてその家畜を奪わせたりもした」。貴族たちはまた、怠惰であり、良識と慈悲に欠け、好色で狡猾だと考えられてもいた。「貴族の中に常識なるものは滅多にみられない。……悪辣で好色な彼らは、自分の私生児すら貴族にしてしまうのだ[29]」。だが、貴族に対する根本的な非難は、彼らの傲慢さと暴力に関わっていた。「貴族たちは第三身分に暴力を振う。……彼らは平和を憎み、〔自分に逆らう〕民衆の力を弱めようと望み、それ以外の者たちは残らずその足元にひれ伏させようとしていた[30]」。

これら暴力的な貴族たちとは、あるいは本物の兵士だったのではないか。当然の疑問（！）である。この疑問は、第三身分の弁護士たちを大いに悩ました。たしかに貴族たちは、免税と引き換えに、その身分に合ったいわゆる兵役義務（《血税《アンボ・デュ・サン》》）を果たさなければならなかった。だが、ランボーとドゥラグランジュはそんなことでだまされなかった。ランボーは言っている[31]。第三身分は宗教戦争の間、貴族と同様に、いやそれ以上に戦った。「フランスの貴族階級はわれわれの内戦〔宗教戦争〕の時に武器を取って戦った。しかし、ドーフィネの貴族は、ノンである（このランボーによるフランス／ドーフィネの対比は、その論拠のために誇張されている）。もし貴族が戦時に戦うとの事由で税を免れているとするなら、彼らに勝るとも劣らないほど戦った第三身分は、彼ら以上に免税されてしかるべきではないか……。貴族たちは自分が兵士だと言うが、それは第三身分の者たちも同じである……。今日の貴族は、とてもローマ時代の軍団兵士と較べられるようなものではない。後者は職業軍人として、つねに戦場にいた。とすれば、われわれの貴族たちは兵士とはいえない。それゆえ、彼らには、ローマの軍団兵士が享受していた免税措置を受ける権利はない」。

同じ問題で、ドゥラグランジュの非難はとどまるところを知らない。彼は宗教戦争の際に第三身分が担った軍役の優越性を強調している。この優越性は、ドゥラグランジュがよく知っていた平民人口の圧倒的な多さに由来していた。宗教戦争時の軍隊では、「貴族一人につき、第三身分の兵が一〇〇名いた」（実際、第三身分は総人口の九五％を占めていた）。さらに、彼はこうも続ける。「ドーフィネの人々は優れた兵である。……数々の勝利において、われわれが何の役にも立たなかったとするわけにはいかない……。公権力の品格や威厳といったところで、平民の力や民衆の同意がなければ、あまりにも不安定なものとならざるをえないのだ」。（ドゥラグランジュのこの考えは、ティトゥス・リウィウスに負っている。彼とその仲間たちが挙げているラテン語のレファレンスは、概して不正確だが、間違っているわけではない）。連禱のように長い彼の非難ないし愚痴は、さらに続く。「われわれの内戦では、武勇はすぐれて民衆たちのものだった……。下層出身の人材に加えて、そこ（下層）に何ほどか貴重な善意や徳といった特徴が見出せるとしても、別段目新しいことではない……」。

歴史をひもといてみれば、こうした平民出身者の軍人としての誇りを主張する根拠はいろいろ出てくる。ドゥラグランジュはそう続ける。「タキトゥスによれば、下層から身を起こしたマルクス・アグリッパ[6]は、戦争のまさに申し子だったという……。ローマの元老院議員は、大部分が庶民上がりだった……」。

ガリアの地に三通りの地位区分（ドルイド僧、騎士、平民）があったことに関する、カエサル（シーザー）の有名な文章（『ガリア戦記』Ⅵ、15）は、ドゥラグランジュもよく知っていた。カエサルによれば、ガリアでは「すべての」騎士が戦争に加わり、その点でもわれわれの貴族たちとは異なっていた。ドーフィネの弁護士ドゥラグランジュはそう指摘している。それゆえ、彼らには、軍功を重ねた軍人に与えられる免税を受ける資格はない。

中世もまたこの考えに味方した。中世の「ドーフィネ法」（十四世紀）は同地方の自治の根幹だった。ドゥラグランジュによれば、それは「貴族同様、第三身分もまた戦争や勇気によって貢献すること」を明確に定めているという。中世フランスの場合は、「クレシーの戦い[7]やモンレリーの戦い[8]における歩兵隊は、第三身分出身者で編成されていた」ともいう。

こうした平民の主張を前にして、貴族たちはなおも心穏やかでいられたのだろうか。彼らの擁護者の一人クロード・エクスピリは、これについて一つ俚諺《りげん》を引用している。「貴族の血筋、それは百年の轍であり、百年の担架である[9]」。この俚諺は、貴族たちが身分特有の永遠に戦うという能力なり適性なりに対し、さほど幻想を抱いていなかったことを物語っているようでもある[32]。

ランボーとドゥラグランジュの中には、どうやら平民の武力に基づく驕りが頭をもたげ始めていた。いずれこの驕りは、貴族の専売などではないとして、戦争すら要求するようになるだろう。ミュラやオシュ、あるいはクレベールらの軍に、覇気と勇気とを提供するようにもなるだろう。[10] さらに、何万というフランスの農民を、東に導くことにもなるはずだ。一人の皇帝に従って、モスクワまで……。

結局、弁護士たちからなるこれら第三身分の知性は、貴族階級に対する憎悪を隠そうとはしなかった。そして、貴族の顔に、《もっとも辛辣な非難を加えなければ、もっともきつい苦さが分からないもの》として唾を吐いた。たしかに彼らは、正統的な貴族に何がしかの美徳をみようとしていたが、これらの美徳は遠い過去に、騎士が恐れを知らず非の打ちどころなく生きていた時代に隠れていた。そんな騎士はもはやこの世にいない。「貴族たちはバイヤール[11]を引き合いに出す。だが、バイヤール

訳注6―マルクス・アグリッパ　前六三―前一二年。ローマの将軍・政治家。皇帝アウグストゥスの友人で部将。シチリア戦争でポンペイウス軍、アクティウムの海戦でアントニウス・クレオパトラ連合軍と戦い、軍功をあげる。アウグストゥスは実娘を彼に与え、二人の間にできた息子たちを養子にしてまで、彼を後継者にしようとしたが、アウグストゥスより先に他界してしまう。軍功に加えて、ローマに巨大な皇帝記念碑を建てたり、ガリア提督時代には交通網の整備につとめた。

訳注7―クレシーの戦い　百年戦争序盤の一三四六年、フィリップ六世率いるフランス軍が、北部ピカルディ地方のこの地でエドワード三世のイングランド軍と戦い、敗れた。

訳注8―モンレリーの戦い　一四六五年、パリ南方エソンヌ地方のここで、ルイ十一世が、国王への権力集中をよしとしない、封建諸侯の公益同盟を率いるブルゴーニュ公シャルル軍と戦った。

訳注9―　「殿様を一〇〇年やった後には、雑兵を一〇〇年やる」、つまり「栄枯盛衰」の意。

訳注10―ミュラ（一七六七―一八一五）は、ナポレオンの懐刀的元帥として数多くの軍功を挙げ、短期間ながら、彼からスペインやイタリアの国王にも任じられた。オシュ（一七六八―九七）は、フランス革命後の共和国軍の将軍、クレベール（一七五三―一八〇〇）は、アルザス義勇軍の長としての活躍により、革命政府より将軍に任ぜられたが、やがて失脚する。だが、ナポレオンに重用される。

訳注11―バイヤール　一四七五頃―一五二四年。英雄的なフランス貴族。本名ピエール・ド・テレイユ。バイヤールはグルノーブル近郊の生地＝領地名。若くして武勇の誉れ高く、ルイ十二世のミラノ遠征（一四九九―一五〇〇）に加わって大活躍する。そして三年後のナポリ統治を巡る遠征でも、強大なスペイン軍相手にガリリアーノ橋の攻防戦で獅子奮迅の働きをし、結局敗れはしたものの、その名声は、フランスはもとより、スペインやフランドルの民衆文化の中にも、たとえば児戯の名称

は民衆を愛していた[33]」。

この件に関するかぎり、ヴァンサンの言葉はドゥラグランジュ以上に澱みがなかった。彼は貴族たちが「ドーフィネ地方で間違いなく最上位の地位を占めている」ことを認めている。それはそれでよい！「これは彼らの血のおかげである[34]」。だが、ことが本質に触れると、ヴァンサンに容赦はない。「（税の）免除は問題外である。貴族とは単に家系上の美徳でしかないからだ」。一方、ドゥラグランジュにとっては、この美徳すら問題ではなかった。彼は言っている。「貴族たちは、半分以上がでっちあげの系譜係累ですべての者たちを苛立たせているのだ[35]」。ドゥラグランジュはその非難から、明らかに「もっとも開明的な貴族たち」を除こうとしていた。たしかに彼は「聖職者、貴族、平民」という三身分が存在しているのを認めるのにやぶさかではなかったが、「増大する貴族たち（偽、新興、新貴族など）が資格詐称によって真の貴族を害すること」を疎んじていたのである[36]。

第三身分の弁護士たちは、貴族たちに対してことほどさように攻撃的だった。一方、社会全体に対しては、《有機体論的《オルガニシスト》》視点をもっていた。すなわち、彼らは社会を、個人が一部分でしかなく、紛争が基本的に嫌われるきわめて組織立った全体とみなしていたのだ。時代錯誤のためか、自分たちの考えを定着させるためか、ともあれこの意味において、彼らは啓蒙時代の個人主義や、ティエリ〔12〕、ギゾー〔13〕、さらにマルクスらの唱えた階級闘争の観念からもかなり遠いところにいた。だが、だからといって、ドゥラグランジュやヴァンサン、ランボーらもろもろ《ツッティ・クァンティ》を、《頑固な墨守主義》の持ち主と非難できるだろうか。

卑見によれば、おそらくそれは誤りである。シュザンヌ・ベルジェが明らかにしているように、[37] 二十世紀の《協調主義者《コルポラティスト》》は必ずしも反動主義者とはいえないだろう。ましてや十七世紀初頭の弁護士たちのことである。ドーフィネ全域で納税義務を免れようとする貴族の要求とより効果的に闘うため、彼らが社会的世界に関する統一された身体的概念しか用いなかったとしても、やむをえないところである。彼らはまた、三部会の完全な資格をもつメンバーとしての第三身分の誇りを復権しようともしていた。とすれば、彼らの目的は、おそらく理想的な規範へと回帰したことによって前進したといえる。いくらそのイデオロギーが、過去へと向いた保守的で協調主義的なものとして現れたとはいえ、である。

身体と社会との比較は、弁護士たちのこうした有機体論的見方にとっては基本的なものだった。そこには教会の神秘的な身体に関する中世の思想もみてとれるが、この思想は、聖なるものから政治的なるものへとかろうじて世俗化され、転位されていた。ランボーは書いている (p. 14)。「貴族は国家という身体の飾りとして、そして支えや要塞としても重要な存在である。(しかし、その免税特権

として残るほどだった。なお、本文にある「恐れを知らず非の打ちどころない」とは、この大胆不屈の騎士に捧げられた美称。

訳注12—ティエリ　一七九五—一八五六年。フランスのブルジョワ自由主義歴史家。代表的著作に、民族を征服者と被征服者に区分けした歴史理論で知られる『ノルマン人によるイングランド征服史』(一八二五)や『第三身分の形成と進歩に関する歴史』(一八五〇)などがある。

訳注13—ギゾー　一七八七—一八七四年。南仏ニーム生まれの政治家・歴史家。七月王政下で首相となり、制限選挙制と利権の分配によって、上層ブルジョワの政治独占の維持につとめた。また、初等教育の自由と組織に関する法律を定めたり、ソルボンヌに最初の歴史学講座も開設するなど、教育にも力を注いだ。著書に『わが時代の歴史に資するための回顧録』(一八五八—一八六七)がある。

は）おそらく古代全体を通してみられた慣習に背くものといえる」。

ヴァンサンもまた、同様に教会や国家に関わる語彙を用いながら、次のように述べている。[38]「われわれ（第三身分）はただ神秘的身体の……、さまざまな部位とさまざまな性質からできている、この神秘的身体の一員であることを認めてもらいたいだけである。ローマには元老院と平民が、ガリアにはドルイド僧と騎士と平民がいたように、である」。後述するように、第三身分の要求は、他の階層との「違い」を認めてもらい、と同時に、そうした自分たちの存在に対する「認知」を得ようとするところにあった。

神秘的な身体からごく素朴な身体への移行。生物学的なミクロコスモスは、それ自体世界ないし前コペルニクス的宇宙の似姿《イマージュ》である、社会的マクロコスモスに同化される。ランボーは記している（p. 94–100）。「身体、それは都市《ポリス》（組織された社会）である。頭、それは国王である。腕、それは貴族である。足、それは第三身分である。そして、腕（貴族）は口に食べ物を運ばなければならない」。だが、目下のところ、彼らは例の免税措置によってそれを怠っている。国王の頭のすぐ近くにある口は、「共同基金」、つまり国庫（国王財務府）にほかならない。「聖職者、それは心臓である。この心臓は教会十分の一税であまりにも肥大しすぎている。したがって、その税の一部を返還しなければならない」。（後述するように、われわれの弁護士たちは、ハーヴェイ[14]の血流理論を知らなかった。彼らにとって心臓はポンプではなく、気で膨らんだ器官にすぎず、それが最上の形となるには、気の一部を排出しなければならなかった）。

第三身分は足の部位に位置し、体全体の重みを担うものだった。「耕作者、つまり不動産をもつ第三身分に属する者たちは、もっともひどく踏みにじられている」。このような状態は終わりにしなければならない。変らなければならない。そして、より均衡のとれた状態に戻らなければならない……。ランボーはそう主張するのである。

一方、地方もまた、それ自体一個の《身体》と考えられていた。ヴァンサンは指摘している(1598, p. 29)。「地方の《身体》は、通常の機能と、その四肢全体が果たすべき共同の援助とによって維持」されなければならない。これについて、マルシエは多少身体語彙から離れた言葉で語っている。「(土地の)大部分を所有している貴族は、地方の(維持)に参画しなければならない」。だが、ドゥラグランジュは再び身体用語を用いて言う(1599-2, p. 14)。「われわれは貴族と第三身分との間に差があることを否定するものではない。第三身分は身体の三番目の手足なのである」。そして、彼はさらに比喩を続ける。「ある手足(たとえば貴族)が身体のすべての気(すべての富)を帯びてしまうと、身体は腐敗する。反対に、気がそれぞれの四肢に行き渡ると、身体は健康となる」。こうした身体観は、公正さが問題とならないかぎりにおいて、ヒエラルキーを認める(p. 72-80)。「根本は理性である。それぞれがその国家(身分)に応じて維持されなければならない。貴族たちは国家(権力)の操作と教会の維持だけで満足すべきである」。

身体的イメージの次には、愛国的な使命と不可分な母親と両親との比較がくる。第三身分の弁護士は叫んでいる。貴族たちよ、諸君は自分を育んでくれた肉親を倒してはならない。諸君の共通の母である地方や国に寄与することを拒んではならない。「国、それは両親のようなものだ」。ヴァンサンは

訳注14―ハーヴェイ　ウィリアム・ハーヴェイ、一五七八―一六五七年。イギリスの医師。パドヴァで当代最高の解剖学者と謳われたアクアペンデンテに師事し、ガリレオの物理理論も修めて、王室侍医となる。やがて、血流のメカニズムと哺乳類の胎児の形成過程を解明する。

そう書いている（1598, p. 16–22）。「そこでは一つの心が分かちもたれなければならない。三身分は同じ身体の四肢であり、自分たちの共通の母でもある同じ地方の四肢なのだ」。タキトゥスの一文を拠り所として、ヴァンサンは階級闘争を、「分裂」を明確に否定する。

だが、これは逆（！）である。共通の身体の四肢をよく結びつけるには、特権者たちはその税の割り当て分を払わなければならない。これに関して、ヴァンサンは自らの修辞法に、聖アンブロシウス[15]やタキトゥスの愛国的な文章を援用している（同、p. 31）。「自然の本能と、人間的でありたいという考えから生まれた寛大な人物に共通する欲求」とは、三身分をして、「われわれの共通の母である国を応援するべく」駆り立てるはずである。ここでは、理性と自然ないし本性とが、思考法の二つの《糧》となっている。

身体的なアナロジーの次にはまた、アリストテレスやトマス・アクイナス的中世に共通したものだった。植物の比喩も用いられている。五月柱に熱中していた民衆にとって、これは分かり易い喩えであった。ヴァンサンは主張している（1598, p. 22）。「ドーフィネ地方は一本の樹木のように分けることのできないものである」。こうしてドーフィネが樹木のように不可分だとした上で、彼は地域全体に、ガプやアンブラン、あるいはブリアンソンなどですでに用いられている、土地台帳を普及させなければならないと結論づける。さらに、言葉は樹木からブドウへと飛ぶ（ヴァンサン、1598, p. 26）。「国王はブドウのような存在であり、支柱（民衆！）を必要としている」。別の個所では、ブドウは野生植物を伴う糸杉に代ってもいる。「貴族という名のこの巨大なケシは唯一の糸杉[16]（国王）を軽んじ、民衆はスベリヒユの地を這っています」（ランボー）。

太陽の比喩は、すでに一五七六年にド・ブールがその一〇〇カ条〔の陳情書〕の中で用いているが、ここではそれが社会構造と宇宙の組織を比較するために援用されている。これによって、歯に衣を着せぬ貴族批判が可能になる。「民衆は海、貴族は風（この風は嵐であり、秩序を乱すものでもある）、国王は正義の太陽にほかならない」（ランボー）。「国王は太陽であり、共通の父である」（ヴァンサン、1598, p. 16–17）。「国王は太陽で、貴族はその輝きを、第三身分は滋養を、そして教会は神を担っている。こうして三身分は、自分自身および自らの財産によって貢献しなければならない」（ランボー、1600, p. 16–17）。だが、この太陽はまだコペルニクス的なもの（地動説）ではなく、なおも《プトレマイオス的なもの》（太陽惑星・地球中心説）なものだった。つまり、太陽はアリストテレス的宇宙の完全な一員だったのである。

さまざまな要素を結びつけるこうした一連の《統合的》イメージは、さらに弁護士たちのペン先から、建物や領主、家畜（厩舎）、船、音楽……といった比喩となって登場している。

《建物》の比喩。マルシエはアンリ四世の面前でこう主張している（P360）。「国家にとって、民衆は貴族と同様に有益な存在です。それは王政の接着剤なのです」。これがなければ、建物全体が「崩壊してしまう」。そうなれば、「圧政」となる……。

《領主》の比喩。「一人の領主は三つの分益小作地をもっている」。ランボーは書いている（1600）。（聖職者と貴族と第三身分を象徴する）これら三つの分益小作地は、費用を分担して牧童に「報酬を払い」、「城館の腐った屋根を修繕しなければならない、云々」。結局これは、だれもが分かっていた

訳注15—聖アンブロシウス　三三〇頃—三九七年。四大教会博士の一人。ローマ帝国の高官だった時、洗礼志願者にすぎなかったにもかかわらず、ミラノ司教に任命される。アウグスティヌスを改宗させて洗礼を施し、テッサロニケで大虐殺を働いたテオドシウス帝には、公衆の面前での贖罪を行なわせた。祝日は一二月七日。

訳注16—スベリヒユ　南米原産の雑草。

ように、貴族もまた税を払えということを意味していた。

《家畜》の比喩。「大型のバルブや軍馬（貴族たち）に勒をつけるのと同じように、ロバ（第三身分）に荷を積んではなりません」。ランボーはさらにそう主張している（1600, p. 108）。[17]

《船》の比喩。ローマ法に組み込まれたロードスの「海難《デ・ヤクトゥ》」法は、難破〔魚〕船の中では「互いに助け合う」ことがうたわれている。[18]これは、危機的状況にある人間に対する義務的な援助である。貴族もまた、他の身分に対してそれを行う義務がある（ドゥラグランジュ、p. II, VIII & 188）。このロードスの法律には、難破船の出資者たちは、失われた荷に対し、例外なくしかるべき賠償金を払うことが定められていたという（同）。

そして最後は、音楽やオーケストラや調和の比喩である。ドゥラグランジュは書いている（p.225）。「貴族たちは同胞を農奴のように扱おうとしている。彼らは国家の調和的な均衡と維持とを害している」。

こうしたギリシアないしラテン世界への衒学趣味を越えて、[39]弁護士たちの典拠は当然のことながらアリストテレスへと、彼の「ポリス（都市国家）」に関する統合的な考え方へと広がっていた。その理想は、社会的かつ自然的な全体を考慮しつつ、それを構成する部分もしくは下位集団が相互に調整する共有財産にあった。ドゥラグランジュはとくに書名をあげて、アリストテレスの一文を引いている（p. 182）。「いかなる《ポリティエ》（社会＝政治的組織）においても、このポリスの構成部分間には義務の共同体が必要である」（『政治学』V - 1）。ドゥラグランジュの援用したアリストテレスのテクストを参照したかぎりでいえば、たしかにそこには「正義、[40]つまり均衡のとれた平等」がうたわれている。こうした言葉は、一五七六年にド・ブールが陳情書の中で言及している、身分間の「非公式な平等」とかなり似ている。

ドゥラグランジュによれば、実際のところ、これは「全ての特権が必要に迫られて停止すること」を意味するという。さらに、別に引用されたアリストテレスによれば、「貴族たちは虐げられている仲間たち（第三身分）の負担を軽くしなければならない」ともいう。これに関して、第三身分の弁護士ドゥラグランジュはキケロや聖アンブロシウスのテクストを援用している。「仲間を守らず、仲間に対してなされた侮辱にも反対しないような者は、親や国、あるいは友人を棄てるのと同様に間違いを犯している」。

このアリストテレス主義者はまた、都市における調和を願い、それは直ちにドーフィネの生活の望ましいあり方へと移されている。アリストテレスとドゥラグランジュによれば（p. 154, 159）、こうして切望された「調和」は、「一方が他方を虐げ、あまりにも強大になりすぎるのを避けるため、国家の構成要素と成員との間にしかるべき音律を保つところ」に成り立つという。そしてドゥラグランジュは、「国家においてはこの調和のとれた、（ほとんど音楽的ともいえる）均衡」が不可欠だとして、「民衆なしで存立しうる国家はない」（p. 92）と結論づけるのである（p. 124）。同様のアリストテレス的常套句は、ランボーの中にもみられる（1600, p. 15）。「国家の調和と正義と均衡」は、不可欠なものである。「国家の各部分は普遍的なるもの（全体）の維持に貢献しなければならない」。

「協調主義的」でもあるこうした社会観は、時にアリストテレスを引き合いに出してのより表層的

訳注17—バルブ　耐久力に優れた北アフリカ産の乗用馬。Jal : *Nouveau Glossaire nautique*, CNRS, Paris, 1848/1995, p. 974を参照されたい。

訳注18—この法律（lex Rhodia）については、たとえばAugustin

な適用を産み出す。たとえばヴァンサンはこう主張している（1598, p. 28 & 1600, p. 53）。「アリストテレスはスパルタでの免税を望んでいなかった」。免税措置が信仰心や公序《サリュ・ピュブリク》に反するようになるからである。別の典拠に目を移すと、これについて、ドゥラグランジュはプラトン（『法律』第五部）も引用している（p. 182）。「よき市民は都市国家の負担を拒まず、むしろ積極的にこれを担う」。デモステネス[19]も、その著『レプチヌス反駁（レプチヌス法について）』[20]で、アテネにおける免税措置に反対していたと思われる。おそらく借財を負った者たちの庇護者ソロンも、同じ考えを示していた。ヴァンサンはこれら二人のギリシア人著作者も引用している。

　次に、「公序」という考え方をみておこう。ここでもやはりヴァンサンが登場するが、彼は「公共財産《サリュ・コマン》」ないし公益《ビアン・ピュブリク》に関する、一般的かつ君主制的＝民主主義的概念を提唱しているが（1598, p. 23, 28）、やがてこの概念は、ジャコバン派がさらに明確に展開するようになる[21]。

　ヴァンサンは書いている。「貴族たちはドーフィネ地方のさまざまな特権を、まるでそれが自分たちのためだけにあるかのように使っている（1598, p. 36）。彼らは自分たちのためだけに生まれたと考えている。だが、トゥキュディデスが引用したペリクレスによれば、何よりもまず公益を尊重し、自分のためでなく、世界のために生まれたと考えなければならない」（同）。後段は美しい文言となっているが、だとすれば、「多様なるもの」、つまり社会は唯一者に、国王に帰着しなければならない。「国王は公共財産の父である」（ヴァンサン、1600, p. 128）。民衆と国王は神を畏れる。「国王と民衆は密接に結びついている。貴族たちの免税特権に賛成するのは、民衆や人々の権利、さらに自然な信仰心や、権利と人間社会の守護者たる神の威光そのものに反対することにほかならない」（同、p. 26–27）。

アリストテレスから偉大なキリスト教の伝統まで、そしてトマス・アクイナスまで、さしたる問題もなく話が飛ぶ。カトリック思想において、トマス・アクイナスがギリシア哲学の学統を継ぎ、その擁護者でもあったからだ。ドーフィネの弁護士たちは、ルネサンスによって蘇生したばかりの古代と、トリエント公会議（宗教会議）〔第1章訳注29参照〕の後まで続いた、麗しきトマス的十三世紀の中世キリスト教との間には、文化的な連続性があると考えていた。これらの時代には、自然の理性が身分間に、つまり貴族と第三身分の間に調和的な均衡を据えていた。この理性は、それぞれキリスト出現の前と後に位置する、二つの文化的流れを結ぶ公分母の役割を担っていたというのだ。

　ドゥラグランジュは聖トマスの名をあげてこう記している（1599-2, p. 55）。「理性に欠けた法は、法ではなく、邪悪である。王の不正な裁きも、法ではなく、背徳である」。「身分」社会は、さまざま

訳注19―デモステネス　国家財政の厳格な運営を唱えたアテネの雄弁家・政治家。第7章訳注56参照。

訳注20―ソロン　前六四〇頃―前五六〇頃年。アテネの政治家・詩人。強い愛国心と誠実さから、市民から絶大な信頼を受け、執政官に選ばれると、中小農民を苦境に追い込み、社会不安を招いていた借財の帳消しや、身体を抵当にしての金融の厳禁、政治犯の釈放などを実施した。また、寡頭政治を改め、市民を土地財産の大小に応じて四等級に分け、その等級に応じて参政権を与えた。なお、彼が自分の思想を謳った抒情詩は、現存する最古のギリシア文学作品とされる。

訳注21―たとえば、ジャコバン主義の基本は、所有権を制限することで、弱小所有者の平等社会を実現しようとするところにあった。なお、革命後にモンターニュ派の主導で「一般防衛委員会」から改組された、より強力な権限を有する「公安委員会」は、コミテ・ド・サリュ・ピュブリック（Comité de salut public）と呼ばれた。

な教父たちを通して、その根幹をイエスのイメージに置いていたが、イエスは皇帝《カエサル》たちに払うべき税を納めている。「キリストは聖職者だった。そして貴族（神の子）であり、最後には役人（偉大な立法者）となった。そして、税を支払い、ついには自分自身をも支払ったのではないか」（同、p.25, 26）。ドゥラグランジュはまたこうも主張する。納税を拒む貴族たちは、宗教的信仰心のみならず、それ以上に、異教的であると同時にキリスト教的でもある観念、すなわち「国に対する愛徳」を損なっているのだ（同、1599–2, p. 31, 105 ほか）。

一方、聖書と教父は、古代の著作家と同じように、望んでいる典拠をすべて提供してくれるという。たとえば、時に不公平な「慣習」とつねに公平な「真の」法のいずれを選ぶか、という場合がそうである。ドゥラグランジュによれば、旧約聖書の『知恵の書』（第一四節）では、ソロモン王がこの問題について、プラウトゥス〔22〕やキケロ、あるいはセネカと同様の考えをとっていたという（1599–2, p. 55）。「不公正な慣習が時間とともに強くなり、ついには法として尊ばれるまでになる。これはまったくの誤りである」。

ドゥラグランジュはまた、聖キプリアヌス〔23〕も聖アウグスティヌスも、同様のことを語っているとしている（同、p. 107）。「神は自分が慣習であるとは言っていない。道であり、真実であり、命であると言っているのだ」。こうしてドゥラグランジュは、聖書の中で、税をごまかす貴族や役人たち、つまり悪徳を慣習に変える者たちに対する神の罰が強調されているとする（1599–2, p. 27）。「貴族たちは祖先からして、すでにしてわれわれの法を損なっている。彼らは今、神の前でその申し開きをしている。今日の貴族もまた、いずれそれを神に裁かれるようになるだろう。悪徳は、かなり長い間続いてきたため、その邪《よこし》まな性格を決して変えたりはしないものだ」。

『創世記』と福音書の双方に由来する、人間の一体性に対する呼びかけは根本的なものである。この一体性の中に、もともと貴族階級はなかった。十四世紀の叛徒たちはそれをよく理解していた。「アダムが耕し、イヴが紡いでいた時、貴族はどこにいたのか」。さほど弁舌巧みというわけにはいかなかったが、それでもより詳細に、ドゥラグランジュは右のテーマについて長々と語っている。ただし、しばしば彼が援用するアリストテレスやタキトゥスも、ことこの件に関するかぎり、創造と贖罪の平等主義を明言している旧約聖書や新約聖書ほど役立たなかった。「タキトゥスやアリストテレスによれば、国家はさまざまだが、人間は同じだという。平民も貴族たちも、同じ肉、同じ血、そして同じ骨からできている。もし貴族が本来的な高貴さ《アンジュニュイテ・ナチュレル》（世襲の貴族性）を帯びているなら、購いのためのイエスの血は無用になるだろう。だが、彼らは、アダムが罪を犯す前（すべての人間を平等にした原罪を犯す前）に、一人の息子（貴族）がいたことを立証しなければならない」。貴族は初めから一貫して貴族だったわけではない。「貴族がそうなる始まりがあったのだ。そうした貴族と他の人間との違いは、決して自然なものでも、本質的なものでもない。偶然そうなっただけにすぎない。自然の法則では、すべての人間は一つとなっている……。物乞いも貴族と同じ人間なのである……。われわれはみな同じ原父の末裔なのだ。したがって、貴族はそれ以後現れたことになる」。

訳注22—プラウトゥス　前二五四頃—前一八四年。ローマの喜劇詩人。ギリシア新喜劇を当時のローマ人用に脚色した一三〇編あまりの作品のうち、現存するのは二〇編だが、臆面のない遊女や意気地のない女衒、自分の置かれた境遇に疑念を覚えない奴隷などが絡み合うその作品は、筋の現実性や社会心理を突いた軽快なテンポもあって、民衆の人気を博した。
訳注23—聖キプリアヌス　三世紀初頭—二五八年。生地カルタゴの司教・教父。迫害を受けて棄教《ラプシ》した者に対する贖宥を唱えた。祝日は九月一六日。

たしかにドゥラグランジュら弁護士たちは、黙示録ないし旧約聖書の『ダニエル書』に基づく社会転覆の支持者たろうとしていた、再洗礼派やミュンツァーの千年王国〔第11章訳注11参照〕まではとても進まなかった。しかし、プロテスタンティズムはドーフィネでも旧約聖書を読むという志向を普及させるのに力を尽している。平民の運動家たちは、カトリックだったとはいえ、旧約聖書の『詩篇』や『知恵の書』や『箴言』を読んでいた。こうして彼らは、ヘブライ（ユダヤ）の預言者たちの言動に、富裕者や貴族に対する貧しいものたちによる制裁を読み取ったのである。

この問題でとくに能弁なのはドゥラグランジュだった。彼は『箴言』（２９）の中に大衆の友たる善良な王に関する論を見出している。「真実をもって貧しい者たちを裁く王の玉座は、永遠に揺らぐことはないだろう。[24]……ファラオはその人民にさほど厳しい態度をとらず、しかじかの金を払って彼らに財産を戻している。だが、貴族たちは第三身分にそうしたことをしていない」（ドゥラグランジュ、p. 164ほか）。それから彼は、悪辣な者たちが繁栄する不思議さと、貧者たちの際立った誇りについての論へと目を向ける。「貴族たちはわれわれの土地の大半を握っている。しかし、だからといってそれが彼らの快適さへと変ることは決してない」（同、p. 217–218）。

さらに彼は『詩篇』（７２）も引用している。「彼らは肥えて脂ぎっており、奢りの首飾りをつけている。不公平さから漏れ落ちた脂肪で膨れてもいる」[25]。次に、国王が地上における似姿である神に話を向ける。「主よ、われわれにお慈悲を。われわれはあまりにも侮蔑の水を飲まされすぎました。われわれの魂は、傲慢な者たちの侮蔑ではちきれんばかりです」（『詩篇』１２２、ドゥラグランジュによる引用）[26]。「王への正しい訴え」（ドゥラグランジュ、1597）は、『詩篇』３４の文言、すなわち「主よ、あなたは虐待者から不幸な者を、略奪者から貧者や惨めな者を引き離してくれます」[27]に呼応している。

反体制的な弁護士の合唱には、教父や最初期の聖人たちの力強い声も混ざっている。たとえばヴァンサンは、聖アンブロシウスが皇帝に税金を納め、国家を助けるため、必要とあれば聖杯も売り払ったとしている（1598, p. 15 および 1600, p. 58–59 ほか）。彼は貴重ではあるが金属にすぎない聖具を維持するより、人々の安寧を選んだのである。では、なぜわれわれの聖職者たちは同様のことをしないのか。また、五世紀のマルセイユ司教で道徳家、さらにジャン・ジャック・ルソーの先駆者で、不正に対する残虐行為の証人ないし称賛者でもあった聖サルヴィアヌス[41]〔28〕は、ドゥラグランジュが語るところによれば、税を免れていた富裕者や貴族たちに激しい憤りを抱いていたという（1599–2）。

❧　❧　❧

古代の神学的な右の文脈において、一五七六年にすでにド・ブールが明確に、だが慎重に作成した「平等」の要求は、はたして一六〇〇年にはどうなっていたのだろうか（前述したように、ド・ブー

訳注24―「誠実をもって寄るべのない者をさばく王、その王座はとこしえまでも堅く立つ」『新旧聖書共同訳』29・13。

訳注25―「それゆえ、高慢が彼らの首飾りとなり、暴虐の着物が彼らをおおっている」同73・6。

訳注26―「わたしたちをあわれんで下さい。主よ。……わたしたちのたましいは、安逸をむさぼる者たちのあざけりと、高ぶる者たちのさげすみとで、もういっぱいです」同123・3―4。

訳注27―「主よ、だれか、あなたのような方があるでしょうか。悩む者を、彼よりも強い者から救い出す方。そうです。悩む者、貧しい者を、奪い取る者から」同35・10。

訳注28―聖サルヴィアヌス　三九〇頃―四八四年頃。歴史家でもあり、『神の統治について』八巻を残している。

ルは身分間の《非公式な平等》を要求していた）。

ドゥラグランジュにとって、「自然はわれわれをすべて平等にする」ものだった（p. 173–174）。貴族と平民との間の「差」は、もっとも「名誉のある」任務、つまり優先的に貴族たちが担う世俗の要職につけることぐらいだった。それゆえ高等法院はその評定官を自動的に貴族に仕立て上げたのである。厳密にいえば、明らかにドゥラグランジュは、「国家《ショーズ・ピュブリック》（国民共通の利益）の行政において、庶民が（貴族より）権力に乏しいこと」を認めようとしていた。だが、それだけ（！）である。このドーフィネの弁護士からすれば、爵位それ自体は持って生まれたものではなく、キリスト教の教義を踏みにじりながら、貴族たちが誤って主張するような、「本来的な高貴さ」によるものでもない。爵位、それは単に、何らかの奉仕に対して王が与える報酬にすぎないのだ。「国王が貴族たちに爵位という形で名誉を授けるのは、貴族が実際に国王に対して行った奉仕の見返りであり」、別の理由からではない（同、p. 208）。貴族たちは「すでに死んでいる祖先たちの奉仕を鼻にかけ、他者の栄光の上に胡座をかく」道化師にほかならない（同、1599–2, p. 27）。

とはいえ、ドゥラグランジュによる平等の主張は、身分社会の存在を認めているかぎりにおいて、控え目で穏やかなものだった。「われわれ（第三身分の弁護士たち）は、貴族たちが誤解して言っているように、何も民衆国家や平等を意図しているわけではない。だが、われわれの特権（本来的自由など）は、（彼らのと）同等である」（ドゥラグランジュ、1599–2, p. 232）。この弁護士にとって、平等とはしたがって本質的というより修飾的なものであり、権力より、むしろ自由（非＝隷属）を求めるものでもあった。「われわれは支配を望んでおらず、王政に対決しようとも思わない……。自然の法則に従って、われわれは皆、自由の身として生まれているのだ」（同、p. 233–235）。

平等とは、税が各人の資産や資格に応じて負担されることを意味するにすぎず、こうした設定なり配分なりは、それ自体、干し草を集めたり、地ならしをしたりする巨大な装置ともいうべき王国の法に由来している。つまり、この法は、原則的に《各人各様に》という文言に従って全市民に納税を課している、というのである。フランソワ一世の「エダンの王令は、たとえ相手がだれであれ、国王が公平かつ例外を設けずに裁きを行うことをうたっている。それはまた、平等が人民の間で維持され、各人がその身分に応じてしかるべき負担を負うことを求めてもいる」(ドゥラグランジュ、p. 253)。ドゥラグランジュによれば、ここで用いられている「人民《プープル》」という語は、「一般大衆《コマン・プープル》」ないし「庶民《コマン・ポピュレール》」と呼ばれる下層階層だけでなく、貴族を含む三身分全体をも指しているのだという(同)。

一方、ヴァンサンはこれについて大胆さと慎重さとを併せもった見方をしていた。彼は土地に関する原始共産主義的考え方から出発している。「自然は当初、自由で共有の土地を人々に帰していた」(ヴァンサン、1598, p. 38)。ドゥラグランジュほど過激ではないが、彼もまた古来から《差》が存在していることを認めている。「自然は、全員が等しくなるようにと思って人間を創造したわけではない」。身分の違いはいつの時代にもあった。ローマ時代には平民と元老院議員、カエサルのガリアには、ドルイド僧と騎士と平民がいた」。ヴァンサンは、こうした地位の区分が第三身分の「内部」にもみられるとも指摘する。そこでは雑巾とナプキンが、つまり職人と貴族が峻別されている、というのである。彼はさらに、身分間の基本的な平等主義にも反対している。そして、次のように断言するのである。「身分間の平等ほど不平等なものはない!」。

だが、ヴァンサンは、借財から人々を解放したアテネのソロンを典拠としつつ、応分的な平等という、他の弁護士たちとも共通する考えをもっていた。「均衡の法則たる調和は、ポリスの接着剤だった。ソロンはすべての人民を四身分に区分けして資産を評価させ、各人が身分に応じて国家の費用を分担するよう命じるとともに、そうした平等を遵守させた」（ヴァンサン、p. 319–320）。ここでもまた、平等は自由ないし非＝隷属や正義と対になっている。「われわれは冷酷《テュルク》で圧政的な支配下に置かれた農奴や奴隷などではない。われわれの情熱、それは正義である」（同、p. 13, 17）。

すでに一五九五年、マルシエはアンリ四世の前で行った演説の中で、これらの事柄について言葉少なに述べている。「（税）負担は（土地）資産所有者に関わるもので、これが同一国家の臣民たち（貴族であるなしを問わず）の間に平等をもたらすのです」。換言すれば、各人がその資産に応じて（！）適切に税を納めるということになる。このような平等観であってみれば、一〇年後の一六〇五年に、マルシエ自身が授爵[29]（！）されるのを妨げるものではなかった。

各人に完全な平等とまではいかないにせよ、少なくとも自由ないし非＝隷属を保証する「自然法」の考え方は、オランダの法学者グロティウス[29]が、この概念を独自に発展させるより以前に、すでにドゥラグランジュの中ではかなり強くなっていた。ドゥラグランジュは書いている（p. 235–239 & 1599, p. 255）。「自然法によれば、自由は自然なものである。貴族の勇敢な代弁者が何を考えようとも、隷属は反自然的なものであり、われわれは農奴ではないのである」[43]。ランボーもこうした自然主義に足並みを揃えている（「第二弁論」p. 6–7）。彼はプロヴァンスやラングドックにみられるような、そして、とくに「人類とともに誕生した」公正な税法の適用を要求していた。

アリストテレス狂のランボーにとって、平等とは身分間の音楽的な調和観と不可分なものであった。彼はこう書いている（p. 8–9）。「第三身分は算術的ではない調和の法則を望んでいる。公正な平等を求めるつもりはない（そうなれば《人民国家》となるだろう）。第三身分が望んでいるのは平等な公正さである。しかし、それは算術的な性格を帯びた公正さではなく、一切を同じ重さと形にするような公正さでもない。さまざまなものから構成される調和のとれた均衡なのである。しかじかの国家を維持するには、均衡と調和の平等に基づき、統一へと向かう公正さの秩序が不可欠だからだ」。

ジャン・ボダンの読者でもあったランボーは、数量的・算術的な複雑な調和を拒み、その早なりの部分は、自分や顧客たち〔第三身分〕より上位に位置する役人たちに残している。「われわれは自分たちの言葉を、ボダンが国家という豪華壮麗な建物の最上階に設定した、知的で算術的な調和を考えるところまで引き上げようとは思っていない。無学な第三身分にとって、それはあまりにも高度で繊細な課題となるだろう。この課題は、したがって官僚たちに残さなければならない。役人諸氏がそれを考えるのだ」（「第二弁論」p. 9）。

こうしてランボーは、民衆が好み、理解できる得意の音楽の譬えにこだわる。「われわれはただ国家の統治権を、民衆が聴いて直ちに理解できるような、多声音楽の調和的な構成に結びつけようとしているだけなのだろうか」（同）。しかるべき税の公平さ。それは、オーケストラの決して不協和音を出さない複雑さと同じである。「民主主義や、無秩序で混乱した平等と引き換えに、各人は資産に応じて税を払わなければならない。資産が少なければ、納税額も少なくなる。金持ちはその分多く納める。まさにこれは、異なる声調による調和といえるだろう。そして、一体性は声調が最高音の時に得

訳注29—グロティウス　一五八三—一六四五年。国際法や自然法の父と呼ばれる。カルヴァンの救霊予定説を疑問視したオランダの神学者アルミニウム（一五六〇—一六〇九）に同調するなどして投獄されるが、脱獄してパリに向かい、この地で主著『戦争と平和の法』を公刊する。

られ、他の声調はすべてそこに向かわなければならない。統一を目指す。それは一切を等しくすることではない。音楽における一体性は、国家における王政と何ら異なるものではないのだ」。してみれば、指揮者は国王であって民衆ではない。いや、最終的には神となる。「音楽でのあらゆる調和が、一つの最高音に向かうことで維持されるように、国家の成員たちもまた、その照準を王政に向けてそれを支えなければならない」。そして、ランボーはこう結論づける。「この王国の統一こそが、世界のうちで至高の王政へと」導くようになるはずだ、と（ランボー、同、p. 10–11）。

ランボーら弁護士たちのうちにある明確な平等主義は、「すべての人間は自由と平等の権利をもって生まれる」とした一七八九年の革命宣言におけるそれとは異なる。一六〇〇年には、誰もが身分社会の中にあまりにも深く入り込んでいた。たとえこれらの身分を横並びに等しくしようと望んだとして[44]も、それを廃止するところまでは望まなかった。そこにはまだ、熱烈な個人主義を求める野望はみられなかった。この個人主義は、一六五〇―一七八〇年頃、ホッブスやロック、ルソー、アダム・スミスらの次第に膨らんでくる影響のもとで、近代の平等主義を特徴づけるようになる。ロックないしルソー的な考え方によれば、各人は他者と同じ価値をもち、他者と等しいものとして扱われる自然の法を要求できるという。したがって、一五七五年から一六三五年にかけてのドーフィネの戦闘的弁護士たちが、《ブルジョワ革命》を意図していたとするのは、おそらく時代錯誤もしくは時期尚早との誇りを免れないだろう。それは、十六世紀におけるドイツやスペインの大規模叛乱を、性急に《最初期のブルジョワ革命》と呼ぶのと同様の時代錯誤である。

しかもドーフィネの第三身分の弁護士たちは、スイスの叛乱を手本とすることを拒んでいた。それがあまりに民主的なものであり、したがって彼らの大義にとってあまりにも危険すぎるというのであった。「われわれは貴族たちをスイス人のように扱おうとは（＝略奪・殺害しようとは）思わない」。ドゥラグランジュは書いている。「（第三身分から）すべての土地資産を奪いながら、その税を納めず、国王を（スイス人のように）扱おうとしているのは、むしろ貴族たちなのだ（1599, p. 269）。

彼ら弁護士たちは、むしろ好んで、革命的ではなく、改革的なサヴォワ地方のモデルを引き合いに出していた。「サヴォワの貴族たちは、彼らが第三身分から手に入れた資産に対するタイユ税を払っている」（ドゥラグランジュ、1599-2, p. 30）。弁護士たちの親サヴォワ的理想は、（一般的意味での）王政と意図的に結びついていた。この王政は、場合によっては絶対主義に通じるが、同時に、社会のさまざまな「身体」の間に、最小限の税の均衡を、相対的な平等さを保証してくれるはずのものでもあった。

たしかに、サヴォワの事例は、彼らにとっていかにも望ましい構造を示していた。すなわち、一五八四年から十八世紀にかけて、この地方の改良主義《レフォルミスム》は貴族の農地に税を課し、土地を台帳に記載し、領主的諸権利を縮小しようとしていた。その一方で、サヴォワの歴代公爵たちは、〔同地方における〕さまざまな地方三部会の権限を制限してもいた。こうして彼らは、やがて枢機卿リシュリューがドーフィネの第三身分に対してとるようになる施策を、シャンベリやアネシー〔30〕で先取りした。ちなみに、

訳注30―シャンベリやアネシー　いずれもサヴォワ地方の代表的都市。

枢機卿はわれわれの平民たちにこう示唆したという。わが絶対主義にとって目障りな地方三部会を廃止したい。あわせて、貴族たちの免税特権も減らそうと思う。「三部会を渡したまえ。そうしたら、公平な税を渡そう」(45)〔31〕。

前述したように、弁護士たちは王政派であって民主主義者ではなかった。主権が誰にあるかという問題で、彼らは愛読したジャン・ボダンの政治理論に触発されていた。フランスでは、目には見えないが、主権は人民ではなく王にある。彼らはそれを認めていた。だが、彼らは主権を口実としてこうも言っている。王の支配をトルコ的な圧政に変えてはならない。王は法に従い、臣下の財産を盗んではならない。ドーフィネの第三身分の正当な権利を遵守しなければならない、と(46)。

❧　❧　❧

ドーフィネの弁護士たちはまた、そのイデオロギー的基盤、すなわち、古代的(47)でキリスト教的、合理主義的、そして中庸だが頑ななまでに平等主義的で王政主義的基盤を支えとして、歴史へと向かうこともできた。すなわち、間違った慣習から正当な慣習へと、堕落した伝統からより高度な伝統へと遡ったのである(48)。そして、最終的に彼らは普遍的に適用される法を想い起こした。それは、中世におけるドーフィネ地方の特権とローマ法を二重の典拠とする法だった。

まず、ドーフィネの特権について、彼ら弁護士たちは、すでにド・ブールが行っていたように、一三四一年のドーフィネの免税令を強調している。これは、第三身分の者たちを含む地方の住民「すべて」に、タイユ税を免除するものだった。したがって、強制的なタイユ税がもはや存在しないと考えられるようになったこの年以降、原則的に自由意志による、つまり三部会が自由に受け入れる納税だけが残ることになった。それは普遍的な税、換言すれば特権者たちを含む誰もが払える税だった。こうして、ドーフィネ人たちは例外なく〔強制的な〕タイユ税から「解放された」自由人となり、貴族を含む誰もが自由意志による納税者となった、あるいはそうなったはずである。

一三四一年のドーフィネ免税令に触れた後、弁護士たちは改めてタイムマシンで過去へと遡る。十三世紀を飛び越え、いや一〇〇〇年間も飛び越える。そしてその途中、彼らはいくつか資料も集めている。まったくもって、たいした教養人であった。パ（ス）キエ〔第3章訳注5参照〕やフォーシェ〔32〕、グレゴワール（グレゴリウス）・ド・トゥール〔33〕、さらにさまざまな史家の書を読んでいる。

そして、聖王ルイ〔34〕やヒルペリヒ一世〔35〕、ヒルデベルト一世〔36〕といったカペー朝〔37〕やメロヴィング朝〔38〕に連な

訳注31―ドーフィネの地方三部会は一六二八年に廃止された。

訳注32―**フォーシェ**　一五二九―一六〇四年。パリ出身の歴史家。アンリ四世の宮廷に入り、王から「フランス修史官」の称号と年金をもらう。著書に『ガリア古代史』がある。

訳注33―**グレゴワール（グレゴリウス）・ド・トゥール**　五三八頃―五九四年頃。トゥール司教・聖人。オーベルニュの貴族出身で、フランク族の内紛のさなかに教会や聖職者の権利を守った。主著に四〇巻からなる大作『フランク史』がある。祝日は一一月一七日。

訳注34―**聖王ルイ**　在位一二二六―一二七〇年。王権の確立を進め、イングランド王ヘンリ三世からノルマンディやポワトゥー地方などを獲得し、ラングドック地方（モンペリエを除く）も王領化した。さらに、高等法院や会計院の創設、施療院や聖堂の建設・建立、バイイやセネシャル裁判所長官の行政調査などを積極的に行った。詳細は、J・ル・ゴフ『聖王ルイ』、岡崎敦・森本英夫・堀田郷弘訳、新評論、二〇〇一年参照。

る王たちが、貴族や聖職者にも税を課していたと指摘しているのである。(50) これら先人たちを根拠として、彼ら弁護士たちはきわめて速やかに基本的な立論へと到達する。この立論によって、彼らは古代ラテン世界へと入っていく。そこにはローマ法が待っていた。

その著『ルイ・ボナパルトのブリュメール一八日』〔一八五二年〕の中で、マルクスはまるで人を小馬鹿にしたように、一七八九―九九年のフランス革命家たちは、はるか遠い昔に出現したローマ共和国の悪趣味な服を身にまとっていた《ス・ドラペ》、と書いている。[39] だが、ドーフィネの弁護士たちにとって、もう一枚の重要な《羅紗《ドラプリ》》であるローマ法に関するかぎり、本当に悪趣味な服とか仮装衣装といった言葉があてはまるのだろうか。むしろそれは、一つの偉大な文化的伝統を別の伝統に巧みに繋いだ接木なのではなかったか。事実、ローマに由来する法は、彼ら慎ましやかな法曹家たちを超えて、近代の法思想全体に見事なまでに形を与えるようになる。

この問題で、弁護士たちは二通りの次元で論を展開している。まず、厳密に歴史的な次元では、ヴァンサンやドゥラグランジュが、ローマの政治家たちに注目している。これらの政治家たちは、共和国や帝国のすべての時代にわたって、貴族たちに税を課していた。彼らは富裕者や地主がいかなる人物であるか寸酌することなく、富や土地に広く課税していたというのだ。それゆえグルノーブル高等法院での弁論では、[40] ローマ人の列挙が長々と続くことになる。[41] たとえば、財産調べを実施したセルウィウス・トゥリウス、[42] 喜びごとや娯楽にも課税した大カトー、神殿の宝物を売却したスラ、祖国のため、自分の総税額分の銅貨を車一杯に積んで運んだ元老院議員たちのこと、あるいは第二次ポエニ戦争、さらにはウィテリウス、[43]アウレリアヌス[44]……などである。ほかにもあるが、このくらいでいいだろう。

ランボーやドゥラグランジュは、このようにタキトゥスおよびティトゥス・リウィウスからいろいろ援用しているが、それは必ずしも正確なものだったとはいえない。だが、彼らが主張したいことは、これら二人のラテン人史家やその他の古代の著作者たちから効果的に引用されていた。[51]つまり、弁護

訳注35—ヒルペリヒ一世　ネウススリア王在位五六一—五八四年。フランク王国を統一したクロヴィスの死後、四分割された王国を再統一したクロタール一世の子。愛人に唆されて妻を殺害し、その姉妹の夫によって暗殺される。

訳注36—ヒルデベルト一世　パリ王在位五一一—五五八年。クロヴィスの息子。兄弟のクロタール一世などとチューリンゲン地方を制圧し、ブルグンド王国を彼と分割統治する。

訳注37—カペー朝　九八七—一三二八年。

訳注38—メロヴィング朝　四八六—七五一年。

訳注39—「ブリュメール一八日」とは、一七九九年のこの日（一一月九日）に、ナポレオンが総裁政府を倒したクーデタ。

訳注40—セルウィウス・トゥリウス　前五七八頃—前五三五年頃。古代ローマ第六代目の王。伝承では、都市を地区に、領土を地域に、住民を資産に応じて五通りに分けたという。また、民会を創設して、貴族と平民の身分闘争に終止符を打ったとも伝えられる。

訳注41—大カトー　前二三四—前一四九年。監察官として奢侈を廃し、ローマの力の源泉である伝統的な美風を損なうとして、ヘレニズム的習俗を一掃しようとした。

訳注42—スラ　前一三八—前七八年。貴族出身の彼は、ミトリダテスとの戦争などに軍功を挙げ、かつての主マリウスの死後、その一派を粛清してディクタトールの地位につき、虐殺や財産没収を気ままに繰り返したり、護民官の権力を制限して元老院の権力回復につとめるなど、貴族寄りの反動・恐怖政治を行った。

訳注43—ウィテリウス　一五—六九年。六九年に皇帝ガルバが他界すると、オトとともにローマ皇帝を分け合う。そして、同年、これをイタリア北部のベドリアックで破ってローマに凱旋するが、人心を掌握することができず、ローマのフォールムで民衆に殺害される。

訳注44—アウレリアヌス　二一二頃—二七五年。騎士団の指揮官に取りたててくれたクラウディウス二世の死後、軍隊を背景に皇帝を僭称し、ローマ世界の復興を目指して、道徳的統一を図り、ローマに太陽崇拝を導入した。そして、太陽神殿や神官を創設し、一二月二五日を「ソル・インヴィクス（不滅の太陽）」の祝日と定め、自らも不滅の神と称した。

士たちは、貴族を犠牲にしてまでも民衆の権利を守ろうとしていた護民官の介入を、ローマ風に一種の脅威として修辞学的かつ積極的にちらつかせたのだった[52]。

❧ ❧ ❧

ローマ法とドーフィネとの結びつきは、単なる法的な合理性だけにはとどまらなかった。それはさながら恋愛結婚のように、共存的な結びつきだったのだ。多少の曲解があったにせよ、ともあれラテン世界の源泉に精通していた弁護士たちが言うように、ドーフィネの人々は、前一三年にアルプス地方を治めていた善良な小国王コティウスの時代、ローマ帝国に自由な形で属していた。一五七〇年から一六〇〇年にかけて、これらディやグルノーブルの知識人たちは、前章で紹介したように、それまで旧弊的で滑稽なまでに衒学的だったヴァランス大学の研究を再生させた、法学者キュジャスの教え子だった。さらに彼らは歴史家パ（ス）キエの書に鍛えられ、最終的に自らをローマ人と、「古代イタリア人」とみなすようになった。一九七〇年にラングドック的ノスタルジーに駆られた人々が、自分たちをモンセギュルの異端カタリ派やセヴェンヌ地方のカミザールたちになぞらえたように、である[45]。

彼らはまた、革命後の国民公会議員たちのように法服をまとっていた。そんな彼らからすれば、カエサルによる強制的な祖国の征服というものは存在しなかった。ドーフィネの住民たちはそれ以前から進んでローマの市民になっていたからだ、というのである。まさに彼らは、ローマ法の信奉者そのもの（！）だった。こうした当初の確認ないし《確信》を支えとして、弁護士たちは一度ならず歴史の滑り台に乗った。つまり、時間の流れを下流へと下ったのである。それは、古代へと遡った時と同様、まことに眩《めくるめ》くものだった。

彼らの主張では、ドーフィネ地方におけるローマ法の永続性によって、この地方は、《ナルボネンシス》(46)や《ウィエネンシス》(47)に由来する、ラングドックやプロヴァンス地方と結びついているという。さらに、プロヴァンス語、すなわちラテン語は、エクスやモンペリエと同じように、ロマンでも話されていたともいう。これは、一六〇〇年当時、こうした言語共同体の意識がかなり強かったことを物語っている。したがって、ドーフィネは「帝国」の領土だった。それはまずナルボネンシスとウィエネンシスを含むローマ帝国の領土となり、次いで中世には、ローマ皇帝の正統な後継者である「カイザー（皇帝）」を戴く、神聖ローマ帝国の領土となった。

そして十四世紀の間、ドーフィネは、しばしば不幸な結末をもたらしたさまざまな変遷を経て、フランス王国に併合されるようになった。にもかかわらず、第三身分の弁護士たちによれば、同地方はなおも帝国の一部にとどまっていたという。それゆえ、彼らはきわめて堅固な土地にいたことになる。十九世紀ですら、ちょっとした船でローヌ河を下れば、左岸は「帝国」、右岸は「王国」であったことに気づくだろう(53)。

訳注45―カミザールとは、一七〇二年から一七〇四年にかけて、フランス南西部のこの地方で、ナントの王令を廃止し、プロテスタント迫害を行うルイ十四世に対して叛乱を起こした、カルヴァン派のプロテスタントたち。呼称は、国王軍に夜襲をかけるため、味方の目印として白いキャミソール（ラングドック語で「下着」の意）を身につけていたところから。

訳注46―**ナルボネンシス**　前二七年にアウグストゥス帝によって四分割されたガリアの一画。

訳注47―**ウィエネンシス**　ローマ帝政後期のガリアにおける行政管区で、中心都市はヴィエンヌ。

ローマ法に従えば、重大な結論が導き出されるようになる。弁護士たちは言う。被征服民のうちにとくにみられる強制的で個人的かつ屈辱的な直接税、つまりタイユ税と呼ばれる恥ずべき直接税を納めることが問題なのではない。それはフランス人にとって、また、以前なら長髪に滑稽な髭も蓄えていたガリア人にとって、むしろよいことなのである。われわれドーフィネ人は、法服をまとった自分たちも含めて、「自有地」、つまりローマ風の全面的所有になる土地（《ローマ市民的《キリテール》》土地）にかけられた「物税」を、「自発的に」払っているのだ。

おそらくこれらの土地は、長期賃貸借契約《アンフィテオーズ》によるもの（領主が農民に賃貸したもの）だった。ただ、それを保有する農民（保有農）ないしブルジョワにとってみれば、（賃貸期間が半永久的だったため）地主所有も同然（！）だった。その点で、彼ら法曹家たちの主張は正しかった。

むろん成文法であるローマ法は、物的タイユ税とともに、「土地台帳《カダストル》」についても語っている。これら土地税の記録簿は、税務上、ノルマンディやイル＝ド＝フランスで用いられていた同種のものより、はるかに均衡がとれていた。こうした記録簿は、ラングドックやプロヴァンス、さらにドーフィネの南部・南東部で「土地台帳」ないし「財産台帳《コンポワ》」と呼ばれていた。

弁護士たちは言っている。われわれがもう少し頑張れば、ドーフィネの貴族たちの所領は、やがて北部から南部へ、東部から西部へかけて「残らず」記録簿に記載されるだろう。もとより、グルノーブルの高等法院が、ローマ法にある古いが立派な土地台帳の決まりを遵守していたなら、以前からそうなっていたはずである。同じドーフィネ地方でも、より南部のディやアンブラン、ブリアンソンなどでは、第三身分が勇気をもってこれらの決まりを守ってきたのだ……。

はたして偶然なのかどうか、やがてロマンの町は「シタデル・デュ・カダストル（土地台帳の城砦)」と命名されるようになる。ドーフィネ地方を南仏と北部に分けるイゼール河岸に位置するところから、ロマンは、十六世紀以降、全力を傾けて、土地や家屋、ブドウ園、クリ園、店舗など、個人の所有になる不動産が記載された土地台帳の作成に邁進したのである……[54]。

❦　❦　❦

一六〇〇年頃に記された弁護士たちのテクストは、一五七六年にド・ブールがまとめた平等を求める「陳情書」にみられる、より密度が濃く、より原初的な、そしておそらくより感動的な主張に対し、第三身分側がどれほど鋭敏かつ進歩した認識を抱いていたかを物語るものである。この「陳情書」から四分の一世紀が経って、反貴族意識の激しさは、ルイ四世の治世下でより一層明確になり、より詳細になった。今や闘いへの使命を認識する第三身分の誇りは、これまでにも増して前面に出ていた。貴族と平民という二つの集団の分極化が、一層鮮明になったのである。

一六〇〇年頃には、弁護士たちが援用したキリスト教的ないし聖書的な感覚と、ド・ブールが唯一文化的な立論に用いたギリシア＝ローマ的思想との、一種の統合がなされていた。その上、ローマ法とフランス史までもが、免税特権者たちに対する平民の闘いに決定的な形で入りこんでいた。とすれば、ド・ブールは、ランボーやドゥラグランジュという名の、いかにも自分に相応しい後継者を得たことになる。後二者は、ド・ブールの政治＝文化的闘争という遺産を有効に運用した。

一方、クロード・ブロスは、一六〇〇年から一六三〇年にかけて、とくに農村的「要求」のために大いに活躍した。彼はまた、アントワーヌ・ゲランがひたすら残飯だと侮蔑し、独特の言い回しで底意地の悪い注釈を加えた、農民たちの真の「思想」を認めさせようともしたのだった。

❦ ❦ ❦

十六世紀最後の二〇年間に、反体制派の考えは巧妙に進歩したが、こうした進歩は、しかし継続して実現したわけではなく、暴力を伴ったわけでもなかった。いや、事実はむしろ逆だった。第三身分の知性たちが抱いていた考えの流れ[55]には、裂け目ないし深淵があり、しばらくの間、これが彼らの足元で大きく口を開け、肩越しに視線を後方に投げかけようとする際、彼らをつねに悩まし続けたのである。農民戦争（一五七九―一五八〇年）、ロマンのカルナヴァル、モワランの虐殺〔第8章参照〕……。これらは不愉快な記憶であり、《原罪》でもあった。貴族たちはそうした記憶に手厳しい非難を投げつけ、それをたえず平民のイメージと結びつけようとしていた。

ドーフィネの弁護士たちは物覚えの悪い方ではなかった。彼らはその言葉を通して、秩序を乱す行為だとして突きつけられていた、ロマンのカルナヴァルにかたをつけなければならなかった……。そこで彼らは、このカルナヴァルを解釈し直そうとした。問題を棚上げすることができなかったからである。そして、彼らはカルナヴァルへの支持をとりやめ、それからできるだけ遠くに身を置くようにした。

こうした理性的な行動の中で、ひときわ目立ったのがドゥラグランジュである。有力なブルジョワで貴族に反感を抱き、と同時に下層平民が好んで引き起こそうとする混乱にも反対していた、教養人だが民俗的な思考とは無縁の彼は、ロマン問題に関する弁論の中で、軽蔑的な、しかしいかにも居心地の悪い暗示的な言葉をいくつか用いた。その際、彼が第三身分擁護のため振りかざした立論の主眼は、裁判官ゲラン（当時は授爵前）を筆頭とする、第三身分の名士たちや平民の富裕者たちがポーミエを殺害したのは、褒められこそすれ、非難される所業ではなかったという点を力説するところにあった。殺害することで、彼らはロマン市中に秩序を回復できたからである。そして、ブルジョワとしての体面を一層高めた。つまり、すべての有力者たちは、社会に平和を戻すことで、貴族のみならず、非＝貴族たちも利したというのである。

したがって、貴族たちは、命を賭して彼らの安全を確かなものにしてくれた上層の平民たち、それまで不当にも見下していた平民たちに感謝しなければならない。貴族たちに対するドゥラグランジュの主張は、つまりこういうことだった。あなた方はわれわれに命を救われた。われわれの援助がなければ、農民や職人たちがずっと以前にあなた方をめった切りにしていたはずである。にもかかわらず、あなた方は厚顔にも税を免れ、われわれにその分の支払いを余儀なくさせているのだ！

ドゥラグランジュのテクストには、さらに次のようなことも記されている（1599, p. 53）。「ロマンの第三身分の住民たちは、町を制圧し、ロマンとその周辺地域でいろいろ無礼を働いていた、一部の狂人や農民の指導者だった隊長（ポーミエ）を自らの手で屠った。この無礼とは、単に貴族たちに対するだけでなく、より裕福で名誉を勝ち得ていた第三身分に対するものでもあった。これらの狂人たちは、欲しいものがあると思えば、どこにでもでかけて手に入れた。第三身分が狂人たちの無礼を糺そうと、しかるべき手を講じなかったなら、いうまでもないことながら、貴族たちの安全は保証されなかっただろう。それゆえ、貴族諸氏よ、不埒で貧しい狂人たち（ポーミエ派）のことをこれ以上申し立てないようにしてほしい。（民衆）同盟についても、これ以上口にしないでほしい」。

ドゥラグランジュはまた、別の箇所（1599, p. 264）で、「一五七九年にドーフィネで起きた、貴族たちや第三身分の何人かの有力者に反対する、少数の農民や資質に欠けた職人による暴動」についても言及している。どれほど刺々しくても、叛乱職人や農民を正確に特徴づける言葉遣いに満足していた彼は、それを幾度となく繰り返している（p .87, 103–104, etc., & 1599–2, p. 26）。「多くの不埒で、狂った職人や農民たちの興奮と憤りは、各都市の第三身分の有力者たちによって抑圧された。貴族たちは、まさにこれによって（民衆）同盟から守られたのである……。第三身分のもっとも分別を備えた主要な者たちが、一五八〇年のロマンで、下層民たちの興奮を鎮めたのだ」。

ヴァランスの場合、町の騒擾を指揮した張本人は、市当局や有力者たちではなく、「ヴァランスから半里ほどのところにあるアボンの製粉業者ボニオルだった」。とはいえ、「ヴァランスでは（ドゥラグランジュの平等主義的心情にとって貴重な）王の正義がなおも生きていた」（同、p. 25）。叛徒たちに対し、第三身分の弁護士たちは、ドゥラグランジュのようにつねに敵意を向けていたわけではなかった。中には、その抑圧が民衆暴動を引き起こしたとして、貴族を非難した者もいた。「貴族たちは民衆に害をなした。それゆえ、民衆を貴族たちと同等にしようとする騒擾が起きたのである」。さらに激しかったのは、マルシエである。アンリ四世の面前で、彼は、貴族たちの振舞いに怒った第三身分と各地の農村が、彼らをたしかに一度ならず侮辱したということを理解させようとしている……。(56)

一五七九—八〇年の叛乱、あるいは他の同様の社会現象について思いを巡らせようとした時、弁護士たちは差異を、つまり上流のブルジョワジーと、すぐにかっとなって暴力に走る下層平民とを隔てる溝そのものをはっきりと認識していた。たとえばドゥラグランジュは、入市税や他の消費税（精肉や小麦粉などに対する税）について、理性的な分析を行っている（p. 99）。彼によれば、これらの税は、富裕者や名士たちが享受する法外な剰余分から、均衡に徴収される物税や地租とは対照的に、貧者たちを直撃したという。

ランボーもまた、第三身分との連帯を堅く保っていた。ただ、彼はブルジョワの土台の上に身を置いていた。「第三身分が国王陛下に対し、（義務的な回路である弁護士ランボーを通さずには）正義を要求できないようにしている、（第三身分という）立場のもつ愚かしい足かせと弱さ」を訴えるために、である（p. 92）。

まさにこれが手工業者とブルジョワとの差異だった。一方、同じ第三身分内の農民と都市民との対比は、税問題に言及した弁護士たちの陳述の中に再三登場している。一五八三年にドーフィネ各地の市町村の第三身分がロマンで協定を結んでから、都市部と農村部との間でかなり長く続いていた紛争は、後者の利益となる形で解消された。事実、一五八三年には、村に土地を所有していた不在地主の都市民たちは、当該土地に課せられたしかるべき税を払うようになっている。これによって、地元の農民たちはその分の過重負担を免れることができるようになった。思うに、それは農村部の第三身分も同意した、都市部第三身分による最終的な譲歩であった。貴族たちに対する第三身分の何一つ欠けるところのない同盟関係を、きわめて誠実に強化するものでもあった。にもかかわらず、それは農村部と都市部との長期にわたる激しい内紛を、完全に消滅させるところまではいかなかった(57)。

❦　❦　❦

これらさまざまな社会的矛盾は、ポーミエとゲランが主役を演じた、ロマンのカルナヴァルの背景にくっきりと浮かび上がっている。だが、こうした矛盾はカルナヴァルの後まで、すなわち、程度の差こそあれ、一五八〇―一六〇〇年を過ぎても存続したものであり、《横並び》に考えてはならない。それは、ロマンのカルナヴァルが決定的な、だがあくまでも通過的な一瞬でしかなかった、長い時間の流れの中に運び込まれた矛盾でもある。したがって、純然たる事実記述の枠を超えてこの問題を検討しようとするなら、テル＝アヴィヴ大学のエリ・バルナヴィ教授が、往時の《身分社会》に関して提唱した、異議申し立てと叛乱の見事な年代モデル(58)を是非とも援用しなければならない。この歴史家のモデルは、ボヘミアのタボリストの乱(48)、ミュンツァーの再洗礼派の叛乱〔前述〕、スペインの「コムニダデス」の乱〔前章訳注1参照〕、ナポリのマサニエッロの乱(49)、パリのカトリック同盟の乱〔第12章参照〕など、きわめて多岐にわたる叛乱なり一揆なりに適用できる。

バルナヴィによれば、これら《モデル化》された叛乱の出発点には、暴動化する以前の平穏な《共同戦線的》状況がみられるという。ドーフィネ地方の場合、貴族や他の免税特権者たち〔聖職者、評定官など〕に対する、第三身分の、都市部と農村部との、職人とブルジョワとの大同団結がそれに当る。同様の行動は、じつは一五五〇年代にもあった。そしてそれは、一五七六年から、ド・ブールによって積極的に繰り返された。すなわち、彼はそのカリスマ的個性を武器に、自らがまとめた「陳情書」の支持基盤として、村落共同体と都市共同体を結びつけたのである。

やがて運動がより暴力的な段階に入ると、最初の「分裂の兆し」がいろいろ感じられるようになる。たとえばモンテリマールでは、一五七八年の夏から秋にかけて、上層平民と下層平民との間に、コラとバルルティィエ〔第4章参照〕との間に、それがみられるようになっている。

ロマンにおいて、いわゆる「分裂」そのものがはっきりしてくるのは、一五七九年のことだった。すなわち、農民が自分たちのために反貴族・反領主闘争を続行していたのに対し、町の平民は名士派と手工業者・農民派とに分かれてしまったのである。こうした社会的分裂は、地元の政治的・財政的問題にも影響を及ぼした。ゲランとポーミエという二人の指導者は、大きな社会的階段の別々の段に位置して、互いにぶつかり合った。前者は教養のあるマキャヴェリ的ブルジョワで、かなり近い時期での授爵を待っているところだった。彼はまた町の政治「機構」の紛れもないパトロンであり、「ボス」でもあった。

これに対し、ポーミエは、五〇年ほど前、村から出てきたゲランの父親がいた段階になおもとどまっていた。[50] 農民出身のポーミエは、しかし成功した親方職人であり、自分自身と仲間たちのために、町の権力という菓子の正当な分け前を手に入れようとしていた。ゲランはすでに貴族と結びつくことを考えていた。ポーミエの方は、二度の結婚を通して、ブルジョワジーの仲間入りをすることしか念頭になかった。

《未来永劫的な平等主義的本能[59]》が生まれたのは、まさにこの《分裂》期だった。とりわけそこでは、あらゆる手段が用いられた。すなわち、十六世紀のゲルマン世界の平民は、再洗礼派の黙示録

訳注48―タボリストの乱　フスの処刑後、国王ジギスムントによる迫害に対し、一四一九年、プラハ市民がフスの教説の承認を求めて蜂起した叛乱。呼称は中部ボヘミアにフス派の過激派が建設した都市タボールから。

訳注49―マサニエッロの乱　一六四七年、アラゴン＝スペイン支配下のナポリ王国で、果物や野菜に対する課税に反対した市民が、漁師のマサニエッロ、本名トマゾ・アニエッロを指導者として獗起し、一八箇所の邸館を焼き討ちするなどして、一時、町を奪取し、共和国を宣言した叛乱。

訳注50―ゲランの父親ピエールは行商人だったが、一五二〇年にロマンに住みつき、貴金属宝石商と両替商を営んで財を成している。

的・聖書的文化のうちに革命理論を探すようになった。一方、ドーフィネの民衆はといえば、カルナヴァルという弾薬と伝統で武装した。農民共同体と若者結社の民俗＝宗教的表現である村落「王国」は、貴族が大土地所有をほしいままにする悪習に対して立ち上がった。ロマンでは、すでに幾度となく触れてきたように、聖母潔斎の祝日から肉食の火曜日にかけて営まれた町の各種祝祭が、抗争中の両陣営にとって、審美的な随伴物と象徴的な引きたて役を演じた。

そして《分裂》後には、いよいよ《エリートたち》に対する平民・農民集団の「武力闘争」という段階に突入する。この闘争の嵐は、一五八〇年の冬の終わりから春先にかけて、ドーフィネ各地で吹き荒れた。二〇年後にドゥラグランジュや仲間の弁護士たちが正確に分析しているように、それは「同盟関係の転覆」を伴う闘争でもあった。個別的にはロマンの、そして一般的には都市部における第三身分の上層は、こうして一五八〇年、その旧敵、つまり、かつて免税特権を粉砕するために激しく戦った相手と手を結んでいる。昨日までの敵だった新しい同盟者の中には、たとえばモジロンや高等法院、超教皇主義者などが含まれる。反対に、獲物を求めてなおもあちこち徘徊していた平民や農民たちは、逆の同盟で身を守ろうとしていた。カトリック教徒だった彼らは、そこで奥の手《ドゥーブル・ジュー》を使った。(60) すなわち、指導者層に対して、彼らはレディギエール率いるプロテスタントと手を結んだのである。

だが、平民たちは最終的に打破される。それを機に、前述したモデルの以前ないし初期の状態へと徐々に戻っていく。あらゆる叛乱分子をかき集めて、第三身分の正面対決ないし連立戦線へと立ち返ったのである。以後、彼ら第三身分は、血生臭い内部分裂を超えて大同団結するようになり、これによって、免税特権をなおも享受している貴族や高等法院に対する純粋な闘いを再開したのだ。

もとよりこの《回帰》は、純然たる再開などではなかった。歴史的にみて、状況毎にどこにも還元できない独自性を具体化していたからである。アンリ二世（一五五〇年代）とその妃カトリーヌ・ド・メディシス（一五八〇年代）の中央集権国家は、玉座の本来的な支持母体とされた貴族たちの免税措置を、おおっぴらに認めていた。だが、一六二〇年代に入ると、枢機卿リシュリューの登場によって、国家機構は方針を一変する。枢機卿が、貴族たちに対する第三身分の免税廃止要求を、ある程度まで認めたのである。こうして財政国家は、納税者をだれかれ構わず搾り上げることに関心をもつようになった。この国家は、すでにドーフィネ地方では、正義の国家というよりは、カトリーヌないしアンリ二世の時代に、社会秩序の不公平な柱を強化してやまない不正国家を制していた。

❦　❦　❦

しかしながら、これらの《通時的》モデルを時系列的に対比させていけば、叛乱過程の深層での一体性が、《共時性》のうちに、つまり長期的時系列《ロング・デュレ》の端から端まで、同時ないし横一列にみられる、という重要な事実に行き当たる。構成要素間に裂け目やほころびがあったにもかかわらず、たしかにドーフィネの第三身分はなおも一塊りの輪郭を保っていた。一五八〇年八月における第三身分の内部分裂という緊張した時期でも、たとえばグルノーブル人のガモといった人物が、たった一人であちこち駆け回り、何とか第三身分をまとめあげようとしたものだった。この熱情家の代訴人は、彼に木霊のように仕えた外科医＝理髪師のバスティアンに助けられ、一五七九年二月から、グルノーブルの《反金融家》的民衆同盟の指導者としての役を担った(61)。彼はグルノーブル高等法院の活動的な書記、つまり下級吏員だった。

これら下級吏員たちのかなりの数が、貴族と共犯関係にある同法院の《お偉方》に対する、ロマンの叛乱職人たちの訴訟を支持していた。たしかにガモとバスティアンは、彼らの激しい誹謗文書の目玉に、一五五〇年から一六四〇年にかけて、平民の要求を公分母的に表すスローガンを掲げていた。それは聖職者と貴族の免税特権に反対する闘いだった。「貴族諸氏に告ぐ。もし貴殿らが税を払おうとしないなら、貴族一〇万人分の肉ができることになるだろう」。スイスの革命家たちによる流血の惨事を想い起こさせた後で、ガモとバスティアンはおおよそこのようなことを言っている。

ガモについては、のちに遅ればせながら、ドーフィネで反貴族騒擾の起爆剤（！）となるべく、一時期スイス各地で鍛えられたとの主張がなされているが、グルノーブルの扇動家であった彼は、まさにロマン市民が自分たちに相応しいとみなした、カルナヴァル的役者の完璧な化身だった。一五七九年、彼は、熊手（農具であると同時に社会的平等派の執り物でもあった）と若木（五月、豊穣・多産、平和などのシンボル）、さらに玉ねぎを繋いだ数珠（赤痢を予防するという庶民の日常的食物）を手に、グルノーブル市中を駆け回っている。疲れを知らないこの活動家は、たしかにあらゆるシンボリズムのサンドイッチマンであり、両足で立つシンボルの化身でもあった。

グルノーブルのブルジョワジーから徹底的な非難こそされなかったものの、手工業者的・法院書記的大胆さによって彼らを怯えさせていたガモは、高等法院から死刑の判決を受けている。だが、彼を《有徳の士であり、大衆に一身を捧げた》[62]とみなしていた、いくつかの都市やその有力参事たちのとりなしのおかげで、刑の執行を免れ、釈放され、大赦の恩恵に与っている。

ロマンでも分裂はあったが、それによって統合の動きが排除されることはなかった。なるほどポーミエとゲランは不倶戴天の仇同士だった。にもかかわらず、二人は互いの《超コード《シュルコード》》を形作るカルナヴァル的フォークロワを共有していた。そこでは、彼らは相反する役割を演じていた。さながら水を得た魚のようでもあった。やがて一方が他方を殺害するようになるこれら二人の指導者は、しかし文化的に行動した仲間だったともいえる。

卑見によれば、ロマンの事件には濃密な戯画がみてとれる。一五八〇年の二月に泥と小麦粉の仮面をかぶった同じ職人たちが、前年には、ドーフィネの第三身分による「陳情書」のもっとも断固たる「支持者」だったのだ（A44）。そのかぎりにおいて、ロマンのカルナヴァルは、一時的な出来事だったとはいえ、時代がもつさまざまな文化や抗争を照らし出し、反映していたのである。これらの抗争の中で際立っていたのは、厳密に都市的な闘争だった。この闘争は、貴族とパン商を含む手工業者との対立、征服者となり、資本主義者ともなった領主[63]へと矛先を変えた伝統的な農民騒擾、さらに国家や税に対する激しい拒絶反応という構図を、町の問題へと移動させた。そこにはまた、カルナヴァルという祝祭のもつカトリック的、中世・ルネサンス的、そして間もなく訪れるバロック的フォークロワも登場していた。半高踏的かつ半平等的で、古代の著作者を滋養とする初期古典主義と同時代のブルジョワ・イデオロギーもあった……。

筆者にとって、ロマンのカルナヴァルとは、コロラドのグランド・キャニヨンのようなものである。出来事の地溝を辿っていけば、いつしか構造的な層位へと入りこんでいる。そしてそれは、もう一つのきわめて古いアンシャン・レジームを構成していた、心的・社会的地層を、さながら鋸の目印線を引いたかのように、直線的に垣間見せてくれる。ルネサンス期の黄昏に、こうしてこのカルナヴァルは、血の色に染め上げられ歪められた、ある地質学の全貌を明かにしているのだ。

(51) GUÉRIN, p. 9 ; DELAGRANGE, 1599–2, pp. 6, 7, 24, 54, 92, 122–123 ; VINCENT, 1598, pp. 14, 16, 25, 28–29 & 1600, pp. 99, 218–220 ; RAMBAUD, pp. 87–89 & 1600, pp. 26–27. 本書では取り上げていないが、古代ローマの「本格的な」税の公平さについては、G. ARDENT : *Histoire de l' impôt,* Paris, 1971, vol. I参照。

(52) VINCENT, 1598, pp. 6–7, 28, 71.

(53) ローマ時代からメロヴィング朝を経て神聖ローマ帝国へと至る、ガリア南東部の帝国観の連綿性については、M. DUVERGERによって組織された「帝国」研究会（パリ第I大学、1977年）でのM. WERNERの発表がある。

(54) ドーフィネ地方のローマ性と土地台帳制とに関するこれら弁護士たちのテクストは、文字通り無数にあり、しかも、この点についてはエティエンヌ・パ（ス）キエを参照していることで強化されてもいる（A. LACROIX : *Procès des Tailles* : Ch. LAURENS : *Le Procès des Tailles* 参照）。テクストとしては以下がある。VINCENT, 1598, pp. 8–9 & 1600, p. 51 ; GUÉRIN, p. 4 ; DELAGRANGE, pp. 67, 70, 76–78, 119, 138–141, 146, 170, 191–192 & 1599, p. 225 & 1599–2, pp. 2–3, 106–107, 112–114. ドーフィネ的オック性のより特殊な問題については、DELAGRANGE, p. 139、ローマ市民権の所有については、ibid., pp. 79, 150 ; VINCENT, 1600, pp. 107–109、ナルボンヌやラングドック、プロヴァンス地方と土地台帳の問題については、RAMBAUD, 1599, pp. 31, 70–73 ; VINCENT, 1598, p. 25 & 1600, pp. 86, 135–136, 203, 210 ; GUÉRIN, pp. 8–11 ; DELAGRANGE, p. XLI & 1599–2, p. 19 などを参照されたい。

(55) 1579年から16世紀末にかけてのドーフィネ地方における第三身分の継続的な活動に関しては、RAMBAUD, p. 64 参照。

(56) MARCHIER, p. 366および DELAGRANGE, p. 146 & 1599, p. 228 & 1599–2, pp. 23, 90. 叛乱は第三身分に対する貴族側弁護士たちの主たる非難となっていた（C. EXPILLY, op. cit., pp. 361–381 ; J. DUFOS, op. cit., p. 24）。

(57) 1583年に結ばれた協定の本文は、A. D. D., E 11535（A. C. R., CC 492）にある。《モンボノ（Montbono）》と呼ばれるこの紛争については、DELAGRANGE, pp. 73, 152 ; 1599, p. 288 & 1599–2, pp. 75, 94, 242 ; EXPILLY & VINCENT, 1600, p. 222 ; RAMBAUD, p. 33 参照。

(58) 個人的な会話の中で、なおも未発表のその《モデル》について筆者に多くを教えてくれた、エリ・バルナヴィ氏に感謝する。

(59) J. MICHELET : *Histoire de France,* Rouf éditeur, III, pp. 153–154.

(60) たとえば、サン＝タントワーヌの代議員だったランベールは矛盾した態度をとっている。すなわち、民衆同盟と手を切ったように思わせながら、じつはこれと和解し、1580年8月にはレディギエールと盟約を結んでいるのである（J. ROMAN, in *BSSI*, 1890, pp. 399, 423 ; PIÉMOND, op. cit., p. 95）。

(61) *BSSI*, 1890, p. 305 にあるオートフォール宛てのリヨンヌの書状（1579年3月3日）。

(62) ガモについては、A. LACROIX : *Procès des Tailles,* p. 23 ; PIÉMOND, p. 366, n. 1 ; DELAGRANGE, 1599–2, p. 25 ; DUFOS, 1601, p. 24 および本書第1章参照。さらに、以下も参照されたい。VAN DOREN, 学位論文, op. cit., p. 317 ; PRUDHOMME, 1888, p. 399 ; *Lettres de Catherine de Médecis,* VII, pp. 71–73 ; p 82–82 ; CAVARD, op. cit., p. 221, etc.

(63) こうした騒擾は、17世紀になって《再び盛んになる》。これについては、HÉMARDINQUER : «Guerre auc châteaux...», *Com. trav. hist. et scientif.*, 1977, p. 88. むろん騒擾は18世紀にも、そして1789年（革命）にもみられた。

ラ・バティ（La Batie）など。
(22) M. FOISIL : «Harangue...», *Annales de Normandie*, 1976, pp. 30–31 ; BERCÉ, op. cit., vol. I, p. 277 ; PILLORGET, op. cit., pp. 103, 107 ; PIÉMOND, p. 136 ; M. CONSTANT（憎悪が反領主的である以上に反貴族的だった、ボース地方に関する口頭での示唆）.
(23) 1596年のピザンソン（A. D. V., CC 96)。貴族所領地3438セテレに対し、第三身分の土地は1915セテレで、4987エキュの負債を抱えていた。以上の計算に際し、筆者は1ヘクタール＝4セテレ、農業労働者の日給＝7スー（拙著 *Paysans de Languguedoc,* I, 1966, p. 273 による)、1エキュ＝3リーヴル、利子＝9％（ibid., II, p. 1024 による）を用いた。
(24) DELAGRANGE, pp. 217–218.
(25) HICKEY : *Warfare...,* 1976（図表）.
(26) P 362–265.
(27) 第三身分の書簡は、BERCÉ, op. cit., vol. II, p. 701 による。
(28) これらの引用と以下の引用は、順に DELAGRANGE, pp. 270, 161, 96 による。
(29) VINCENT, 1598, p. 32 ; DELAGRANGE, pp. 199, 204.
(30) MARCHIER, p. 355 ; DELAGRANGE, pp. 61, 123, 128.
(31) P 13, 14, 32, 38 et pass.（以下のテクストについて）.
(32) EXPILLY, op. cit., p. 400. 以上のテクストは DELAGRANGE, pp. 128–130 および ibid. (1599–2), pp. 103, 112, 241, 267.
(33) DELAGRANGE, p. 254.
(34) VINCENT, pp. 26, 40.
(35) DELAGRANGE, p. 79.
(36) DELAGRANGE, pp. 95–96 および ibid. (1599–2), p. 105.
(37) S. BERGER : *Les Paysans contre la politique,* Paris, 1975.
(38) VINCENT, p. 39. とくに13世紀以降の神秘的身体（corps mystique）については、*Dictionnaire de spiritualité,* Beauchène, Paris, vol. II, 1953 のこの語を参照。
(39) この点に関するマルシエの見方は、とくにもったいぶったものである。
(40) 本書第2章参照。
(41) *Vie des Saints,* Letouzey éditeur, 1949, vol. 7.
(42) P 358 & PIÉMOND の索引参照。
(43) ドーフィネの自治権と非隷属の実際の起源（中世）については、CHOMEL : «Francs...», 1965 参照。
(44)「平等主義の正当性は個人ではなく集団に立脚していた」(F. FURET)。FURET & P. NORA, in NORA : *Daedalus*, hiver 1978, p. 327.
(45) サヴォワ地方については、J. NICOLAS, 学位論文, op. cit. : P. DEFOURNET, 学位論文 (Bassy), vol. I, p. 47 ; GUICHONNET : *Histoire de la Savoie,* Toulouse, 1973 参照。
(46) DELAGRANGE, 1599 & 1599–2, pp. XXV, 105, 227–231 ; VINCENT, p. 232 ; RAMBAUD, pp. 37–49 ; BODIN, op. cit., liv. I, chap. 8（引用は、第三身分の弁護士たちによる）.
(47) C. JOUHAUD, op. cit.
(48) Jacques JULLIARD : *Contre la politique professionnelle,* Paris, 1977.
(49) GUÉRIN, p. 6 ; DELAGRANGE, pp. 39–45, 63, 106–108, 187, 223, 228 & ibid., 1599, p. 75 ; 1599–2, p. 62 ; VINCENT, 1598, p. II ; 1600, pp. 40–49.
(50) RAMBAUD, pp.23–25（利用文献 E. FAUCHET : *Antiquité gauloise*）; DELAGRANGE, 1599–2, p. 148.

(16) BROSSE, 1660, 1611, 1621.
(17) 1576年のドーフィネの陳情書については、本書第1章参照。同じ年に出たボース農民たちの陳情書はきわめて反貴族的なものだった。そして、それは翻って、盗賊や暴力集団、徴用者、さらに大土地の徴税を請け負うことで平民の徴税請負人の競合者ともみなされていた、山岳貴族へと向けられるようにもなった（J. M. コンスタン氏の私信による)。1614年のシャンパーニュ地方の陳情書は、反貴族や反領主をほとんど、あるいはまったくうたっていないが、おそらくそれは、貴族や領主たちがこれらの陳情書の作成を管理していたからである（J. M. CONSTANT R. CHARTIER & J. NAGLE : «Les cahiers ...», *Annales*, 1973, pp. 1490–91)。
(18) DELAGRANGE, pp. 88–89.
(19) A 149–150 et pass.

第14章
(1) MARCHIER, in P 361–363 ; VINCENT, 1600 ; DELAGRANGE, 1599, p. 261.
(2) MARCHIER, P 355–359 ; RAMBAUD, pp. 73–75 ; DELAGRANGE, pp. 14 et pass.
(3) VINCENT, 1600, p. 48 (売官) ; MARCHIER, p. 363 (拷問).
(4) P. CHAUNU, in BRAUDEL & LABROUSSE, op. cit., I,1, chap. III, IV : F. De GUÉRIN, p. 105 ; VINCENT, 1600, p. 185 ; DELAGRANGE, 1599–2, pp. 92, 103.
(5) DELAGRANGE, 1599–2, pp. 133–134.
(6) BERCÉ, op. cit., vol. II, pp. 634, 636.
(7) PILLORGET, op. cit., p. 445.
(8) P. CHAUNU : *L' Espagne de Charles Quint,* 1973, pp. 236, 240, 244.
(9) R. MOUSNIER : *Fureurs...,* 1867, pp. 308, 350.
(10) G. FRANZ : *Der Deutsche Bauerkierg,* éd. 1956, pp. 1–3.
(11) 同様のことは次の世代についてもいえる（GUÉRIN, p. 30)。1600年から1630年にかけて公共支出の増大、つまり「社会変化」がみられた。土地ではなく、個人に課税する物的タイユ税の必要性と正当性はここに由来する。
(12) この点では、筆者は Joseph PEREZ や M. STEINMETZ（引用・参考文献リスト参照）と意見が異なる。
(13) M. WEBER : *Économie et société,* éd. 1971, p. 244 ; R. MOUSNIER : *Les Hiérarchies sociales de 1450 à nos jours,* Paris, 1969.
(14) この点については、A. JOUANNA : *L' ordre sociale...,* 1977, p. 65. 16世紀のフランスにおける家系神話に焦点を当てたこの書は、当時、フランスの他の地域――パリのカトリック同盟を別にして――を席巻していた《ヒエラルキー的》心性と較べ、控え目なものではあったにしろ、ドーフィネ的平等主義の特別の独自性を明確に示している。
(15) これについて、F. ゲランは1628年に、ドーフィネ地方が三部会と、必ずしもドーフィネ人ではなかった金融家に託されていた塩税の管理とを、同時に失ったと指摘している。
(16) 以上は、DELAGRANGE, 1599, pp. 42–43, 123, 155, 283, 286–287 et pass. ; RAMBAUD, pp. 50–51 による。
(17) P 30, 102, 106...
(18) PIÉMOND, pp. 359–360.
(19) DELAGRANGE, pp. 126, 147, 189, 192, 268, etc.
(20) P 34–37.
(21) モレステル（Morestel)、ヴァルーズ（Valouse)、ドンテジュウ（Demptezieu)、

書館写本。また、とくにロマン在住のブルヌ氏による同市内での個人的調査。

第13章

(1) 筆者はこのパラグラフにおいて、《原子》(すなわち、叛乱の過程で相次いで登場するさまざまな形態。たとえば、陳情書の作成や祝祭的蝟集、市での暴動、城館の焼き討ち、土地台帳の焼却など) より、むしろ包括的に《分子》(農民戦争やその他の叛乱) の方に関心を向けている。いうまでもなく《分子》とは《原子》の集まったものとしてある (シャルル・ティリィはこのテーマでの研究を準備している)。

(2) D. SABEAN : «Communal basis...», *Comparative politics*, 1976.

(3) P. VILAR : *La Catalogne...*, I, 1962, pp. 464, 497, 499 ; R. BRENNER : «Agrarian class structure...», *Past and Present*, 1976, p. 62 (16世紀のイングランドの叛乱) ; SABEAN : *Landbesitz...*, 1972 ; S. LUCE : *La Jacqurie,* 1859, pp. 56–57 ; "les 12 articles des paysans allemends (1525)", in K. C. SESSIONS : *Reformation...*, 1968, p. 17 ; N. CHOMS-KY : *Réflexion...*, 1977, pp. 160–165 ; I. CHAFAREVITCH : *Le Phénomène...*, 1977 ; R. B. DOBSON : *The peasants' revolt...*, 1970, p. 270 ; M. MOLLAT & P. WOLFF, op. cit., p. 87.

(4) この問題については、膨大な文献があるが、PORCHENEV, MOUSNIER, BERCÉ, PILLORGET (引用・参考文献リスト) や、BRAUDEL & LABROUSSE : *Hist. Econ. Soc. France,* op. cit., I-2, chap. V 所収の拙論や M. LAGRÉE : «Structure...», *Rev. d' hist. méd. et cont.*, 1976 も参照されたい。

(5) A. D. V., CC 42 (A. D. I. マイクロフィルム 1 MI 105 所収). ロワロンやヴェルー、コストといった生え抜きの貴族一門所有になるロマンの土地の免税については、A. C. R., FF 26, 27, CC 499, 貴族の免税所領の面積については、A. D. D., E 11819, 11828, 11955, 12014, 12019, 12025 を参照。これらの資料が取り上げている村の耕地全体に対する免税地の割合は、14.4%から56% (平均32.1%) と開きがある。本書で問題としている時期については、A. D. I., B 190 (特権者たちのためのタイユ税免除と教会十分の一税に対する異議申し立て).

(6) CAVARD, op. cit., pp. 395 sq.

(7) V. CHOMEL : «Le Dauphiné...», *Cahiers d'histoire*, 1963, p. 309.

(8) CAVARD, op. cit., p. 396.

(9) R. COBB : *Police and the people,* 1970.

(10) BERCÉ, *Hist. Croq...,* op. cit., I, p. 462.

(11) 第三身分の弁護士たちによるじつに膨大な主張に関する以下の記述は、C. DELAGRANGE (ドゥラグランジュ) や A. RAMBAUD (ランボー), C. BROSSE (ブロス), E. MARCHIER (マルシエ) らの小冊子や口頭弁論から引いたもので, 貴族側弁護士の C. EXPILLY (エクスピリィ) や J. DUFOS (デュフォ) の主張とは、際立った対照をなしている。これらのテクストは、引用・参考文献リスト参照。

(12) イゼール県立古文書館館長のヴィタル・ショメル (V. CHOMEL) 氏は、これについて重要な研究を準備している。

(13) 「ロマンやモンテリマール、ヴァロワール一帯の叛乱派は、タイユ税抗争の展開を通してみなければ理解できない」(V. CHOMEL) in B. BLIGNY : *Hist. du Dauphiné,* p. 233.

(14) A. LACROIX : *Procès des Tailles.* これは C. LAURENS (同一書名) や A. ROCHAS : *Biog. du Dauphiné* (ブロス、ランボーなどについて) の内容をかなり補完している。

(15) P354 ; CHOMEL in BLIGNY, op. cit., p. 245.

(32) G. DUBY, op. cit., pp. 69–70.

(33) 剣踊り全体については、*Standard Dict. of Folklore* の Sword dance の項目、ドーフィネ地方の事例は Lajoux の民族誌学的映画（聖ロックの祝日にドーフィネのセルヴィエールで営まれるダンス）と A 152、プロヴァンス地方については、VOVELLE, op. cit., p. 61 ; VILLENEUVE, ibid., pp. 209–210、ピエモンテ地方については TOSCHI, op. cit., pp. 78, 98, 329、イングランドについては E.P. THOMPSON : *Charivari,* p. 11、アルザスについては POITRINEAU, in *Autrement*, 7 / 1976、ドイツについては K. MESCHKE : *Schwerttanze,* Berlin, 1931 ; スウェーデン（カルナヴァル）については *Kult. hist. Lexik.,* IV, 1959、スコットランドについては V. TURNER（インタヴュー）などを参照されたい。また、タキトゥス『ゲルマニア』24（國原吉之助訳、ちくま学芸文庫）やクセノフォン、6–1–5（危機との繋がり）参照。全体像は CLASTRES : *Libre,* 1977–1。シャリヴァリに登場する鈴や鐘およびその他のカルナヴァル的「楽器」に関しては、BAROJA : **Carnaval,* p. 257 やさまざまな民族誌学的映画、さらに PILLORGET, op. cit., pp. 339, 343, 401、婚姻シャリヴァリから政治的シャリヴァリへの移行については、N. BELMONT の「シャリヴァリ・コロック」での研究発表および国立古文書館 8 M 29（コート・ドール地方、シャルル・ティリ氏のご教示による）を参照されたい。

(34) カルナヴァル的誇張と風刺については、CASTAN, op. cit., pp. 52, 424–425 ; BARTHES : *Mode,* op. cit., p. 25、トルコ人ないしサラセン人の造形表現については、VOVELLE : *Fêtes,* op. cit., p. 79 ; J. ESTÈBE : *Tocsin,* p. 105、都市空間（16世紀のリヨン）におけるカトリック的な聖なるものの役割については、N. DAVIS, 学位論文, op. cit. 参照。また、エリート法官たちの市政での役割については、R. DAHL : *Who governs...,* ロマンと同様の《壮麗》ないし荘厳な行列については、P. VAN DYKE : *Catherine...,* I, pp. 214, 250 ; BERCÉ, op. cit., I, p. 208、16世紀のロマンの演劇については、J. CHOCHEYRAS : *Théâtre...,* 16世紀における国王のロマン入市の模様は、*BSASD*, 1873, pp. 79–80, ロマンの宗教行列に登場する磔刑像に関しては、U. CHEVALIER, 1882, op. cit., ; M. OZOUF, op. cit., p. 265 ; *Autrement*, op. cit., p. 201 などを参照されたい。

(35) 境界（移行）期（liminalité）とは、通過儀礼の中心である閾の時期を指す（V. ターナーとヴァン・ジェネップによる）。

(36) M. BAKHTINE, trad. 1970, chap. IV, V, VI.

(37) カルナヴァル的倒置ないし転倒については、BERCÉ, op. cit., II, pp. 585–592 ; V. TURNER : **Ritual process,* pp. 188 sq. & *Forest...,* p. 125 ; M. GLUCKMANN : *Order...,* 1963 ; Mac. Kim MARRIOTT, in M. SINGER, 1966 ; E. EHMKE : *Perception...,* 1975 ; A. T. D' EMBRY : *Les Hermaphrodites* (L' Isle des Hermaphrodites nouvellement descouverte), Paris, 1605 ; M. DOUGLAS : *Meanings,* 1976, pp. 162–163 ; H. COX : **Feast...,* 1969、オック＝カルナヴァル的宝島については、Ph. GARDY, 学位論文, op. cit. 参照。

(38) TOSCHI, op. cit., chap. XI et pass.

(39) ジャクマールや他の地区でのカルナヴァルの環通し競走などについては、Bague（環）や Héraldique（紋章）に関する参考文献参照。雄鶏については、M. AGULHON, op. cit., 1975 ; TOSCHI, op. cit., p. 96 ; RUDWIN : *Origin...,* 1920 ; E. CROS : *L' arstocrate...,* 1975 ; A. R. WRIGHT, op. cit. vol. I, p. 13（肉食の火曜日）& vol. II, p. 156（スコットランド）; GEERTZ : *Cockfight,* 1975 ; PILOT DE THOREY, op. cit., p. 17 ; P. RIVIÈRE : *Moi...,* ; POITRINEAU, in *Autrement*, op. cit.（フランス北部とシャンパーニュ地方の闘鶏）

(40) Calixte LAFOSSE によるロマン地方語彙集の「パントラニュ」の項。ロマン市立図

ろ「多元的性格」については、TOSCHI, p. 95（Florence）を、また、カルナヴァルにおける二季節だけでなく、12カ月と黄道一二宮の造形に関しては、*Fêtes de la Renaissance,* I, p. 362 (Berne, 1506) 参照。

(23) A. MOULINIER, op. cit., p. 354 et pass. は、1783年の「仮面暴動」の反領主的側面を強調している。SONENSCHER, op. cit.

(24) P. FONTANIER : *Figures du Discours,* éd. 1977, p. 157.

(25) TOSCHI, op. cit., pp.150–195 & 251–266 ; BERCÉ, II, op. cit., p. 585.

(26) Cl. LÉVI-STRAUSS : **Le Totémisme...,* p. 101 ; A. RADCLIFFE-BROWN, 1965, chap. VI. また、シンボリズムの問題については、本書に掲げた参考文献では、何よりもV. TURNER の著作を参照のこと。さらに、M. OZOUF : *Fête...* ; M. DOUGLAS : *Implicit meaning,* p. 261 ; GREIMAS : op. cit. & *Sém. sc. soc...,* p. 49 ; A. DE VRIES, 1974, p. 238 ; S. OSSOVSKY : *Struct. de class...,* p. 64 以下。様々な動物が有するそれぞれの意味に関しては、たとえば（狼の場合）プリニウス（大）『博物誌』第 8 巻第54章（邦訳：『プリニウスの博物誌』中野定雄・里美・美代訳、雄山閣出版、1986年）、シンボルの《多義性》については、U. ECO, *1977, p. 181 et pass. および J. B. FARGES & J. LE GOFF : «Gestes symboliques...», p. 737 ; T. TODOROV, *1977, p. 181 et pass. ; R. BARTHES : **S / Z,* pp. 12, 18, 49, 126, 166 ; *Communication*, 4–1964 ; G. DUBY, op. cit., p. 131 ; R. ROBINS, 1976, p. 224 ; Cl. GEERTZ, 1973, p. 141 などの便利な著作参照。

(27) この問題については、M. VOVELLE : *Fête en Provence,* p. 53 et pass. また、リヨンのロバとスイス人についてはN. DAVIS, トルコ人と使者は *Fêtes de la Renaissance,* I, p. 363（ロマンに関しては、A 156 & A 160）参照。

(28) 南・北フランスのカルナヴァルに登場する風刺的＝政治的マヌカンについては、R. J. BEZUCHA : *Masks of revolution...* によって集められた簡便な資料、また、国立古文書館 BB 30, 362（C. タミアゾン氏の好意的なご教示による）、また、Y. CASTAN : *Honnêteté...* によるオート＝ガロンヌ県立古文書館 B, SP 741（1743年のグダルグ）& M. AGULHON in *Autrement*, 7 / 1976, pp. 203 sq.（1848年のカルナヴァル）；OZOUF, in J. LE GOFF & P. NORA (éd.) : **Faire de l' Histoire,* III, p. 265 なども参照されたい。

(29) 象徴的な破壊を意味する殻竿の用途については、G. DUBY : *Hist. France rurale,* III, p. 39、冬ないし四旬節の祝火のシンボルとしての殻竿と藁（藁男）については、FRAZER, éd. abrégée, p. 368 ; BERCÉ : *Hist. Croq.* II, p. 645、さらにアルプス地方のカルナヴァル期間の農耕儀礼は、VOVELLE, op. cit., p. 57 ; VAN GENNEP : *Manuel...,* Carnaval–Carême 参照。1930年頃（？）までのロマンのカルナヴァルにおける殻竿ダンスは、著者の聞き書き。ロバについては、VOVELLE, ibid., p. 114 ; FLANDRIN : **Familles,* p. 123 ; VAN GENNEP : *Folklore dauph.* , vol. II, p. 176, 16世紀のリヨンにおけるロバによる引き回しについては、N. DAVIS, 学位論文 ; CLEBERT, G. GUIGUE, etc.（引用・参考文献リスト）；ROSSIAUD : *Abbayes,* p. 86, 聖ブレーズについては VOVELLE, ibid., pp. 45, 58 ; VAN GENNEP, 1924, pp. 136 sq. ; PILOT DE THOREY : *Usages... ;* A.WRIGHT & T. E. LONES : *Brit. Cal. Customs,* vol. II（聖母潔斎の祝日—聖ブレーズの祝日）；G. LONG, 1930, p. 18 & *The gentleman's magazine...,* 1885 ; TOSCHI, op. cit., p. 142 参照。裁きを行う仮面・顔面仮装者については、BERCÉ, ibid., II, p. 214、「パントラニュ」については、ロマン市立図書館の Calixte Lafosse 文庫、VOVELLE, ibid. p. 98 および、とくに M. SONENSCHER の秀作 *Masques armés du Vivarais en 1783* (1972) 参照。

(30) TOSCHI, op. cit., p. 78.

(31) Comte de VILLENEUVE : *Statistique des Bouches-du-Rhône,* vol. III, pp. 26–27.

母潔斎の祝日のクレープ（ヴァンデ県の高齢女性のインタヴュー）；*Hist. rur. France*, IV, p. 332； H. Vincenot, 1976, pp. 61–64（聖母潔斎の祝日とカルナヴァル：豊饒・多産儀礼）；FUNK & WAGNALLS： *Dict. folk.*, p. 370（カルナヴァルの熊）； MOULIS, 1975, pp. 36, 65, 67, 71, 76, 79, 85, 93； VAN GENNEP 文庫のドローム関連文書（前出、聖母潔斎の祝日）；MANNHARDT： *Wald und Feld Kulte,* pp. 535–538（祝火）； O. ERICH & R. BEITL： *Wört. Deutsh. Volksk.,* 1955, p. 193.

(14) 以上は、P. TOSCHI, ibid.； MANNHARDT, ibid.； JEANMAIRE： **Dionysos,* p. 38； G. DUMÉZIL： *Le problème des Centaures,* pp. 11–13. また、《植物霊》に憑りつかれていたにもかかわらず、フレーザーの『金枝篇』（J. G. FRAZER： **The Golden Bough,* éd. 1916, vol. 1, p. 137, vol. IV, p. 252, etc.）は重要性を失っていない（残念ながら、彼はマンハルトのあるがままの堅固な観察から、あまりにも《短絡的な結論》を引き出している）。フレーザーに関しては、M. DÉTIENNE, 1972, pp. 9 sq. 参照。アングロ＝サクソンの《ハローウィン》（万聖節・死者の日）は、仮面仮装の若者たちと悪魔的ないし呪わしい人物像との繋がりを、われわれのカルナヴァル以上に保っている〔ただし、ロトヴァイルやフィーリンゲンを初めとするシュヴァルトヴァルト（黒い森地帯）や東欧諸国のカルナヴァルでは、しばしばさまざまな悪魔仮装者が登場する〕。

(15) BAROJA： **El Carnaval,* p. 277.

(16) カルナヴァルは風刺的だが、必ずしも暴力を伴うわけではない。PILLORGET, op. cit., pp. 407–408. また、肉食の火曜日の風刺劇（1627年）は、リエ〔マルセイユ北東の町〕の司教所有の売春宿を茶化している（ibid., p. 256）。イタリアのカルナヴァルのラッツィ（悪ふざけ）については、TOSCHI, op. cit., p. 725 参照。スイスの反体制的カルナヴァルは、*Fêtes de la Renaissance,* op. cit., I, pp. 361–364；国立古文書館 BB 30–423 (1860)； P. WEIDKUHN, op. cit., pp. 43–50.； *Félix et Thomas Platter à Montpellier,* 1892, pp. 196, 399、さらにローマのカルナヴァルは Mme BOITEUX： TOSCHI, pp. 333–340 を参照されたい。1651年にボルドーで起きた反マザラン的カルナヴァルの模様は、M. JOHAUD の未刊論文と F. LOIRETTE, 1972（マザランのマヌカンが儀礼的に斬首されたことに触れている）、マントワ地方の聖母潔斎の祝日に登場するシュヴァル＝ジュポン（馬仮装）については BOUGEATRE, p. 231 参照。カルナヴァルのマヌカンやアルレッキーノ、動物および他のカルナヴァル的登場人物のことは、TOSCHI, pp. 228–243 に詳しい。プロヴァンス地方の他の風刺的な冬祭りに関しては、PILLORGET, pp. 588, 781 参照（エクサン＝プロヴァンスで1649年と1659年に営まれた聖セバスティアヌスと聖ヴァレンティヌスの祭り）。

(17) この表現は Michel SERRES による。

(18) P. ANSART, op. cit., p. 30.

(19) 神話的／実際的の区別は、A. GREIMAS： *Sémantique structurale,* pp. 128, 149–150 による。これら二通りのカルナヴァルと五月祭については、FAYOLLE： *Limousin* 参照。

(20) Cl. LÉVI-STRAUSS, M. MAUSS： **Essai sur le don* 序文, p. XIX.

(21) この一文全体は、ロマン市立図書館所蔵の Calixte LAFOSSE 文書による。

(22) カルナヴァルにおける若者結社の役割（他の年齢集団にもみられる役割）については、TOSCHI, po. cit., pp. 98–99； G. DUBY (M. BOUDIGNON et als.： *Fêtes en France,* 1977 序文, p. 15)、基本的に保守的なものとしてのカルナヴァルの概念（筆者の考えでは、不完全な概念）については、P. WEIDKUHN, op. cit., pp. 45 sq.； A. POITRINEAU, in *Autrement*, 7 / 1976, p. 189； A. DE GAUDEMAR, ibid., p. 81； F. RAPHAEL, in *Contre-point*, vol. 24, 1977, p. 123 など参照。都市型カルナヴァルの二元論的というより、むし

(2) A. PRUDHOMME : «Du commencement de l' année... en Dauphiné», *Bulletin hist. et philol. du Com. des trav. hist. et scientif.*, 1898 (pp. 279 etc.). ヴィエンヌ地方では、16世紀まで、1年は3月25日に始まっていた。

(3) A. VAN GENNEP : **Les rites de passage,* Paris, 1909（とくに第1・第9章）; E. LEACH : «Symbolic representation of Time», *Rethinking anthropology,* Londres, 1961 ; Victor TURNER : *Dramas, fields, and metaphors,* Cornelle, 1975, pp. 38–39, 78–79.

(4) 宝島については、オック詩人Claude BRUEYSが1628年にエクサン＝プロヴァンスで発表した作品（H. ALBERNHE & Ph. GARDYの未刊学位論文：*Carmentrant,* vol. I, Univ. de Montpellier, 1970による）; J. DELUMEAU : *Mort des pays de Cocagne,* Paris, 1976, p. 13参照。その地位を無個性化し、一時的に他の人物、通常は社会的位階の底辺にいる者たちに与えることで、社会的権力をより明確にしようとする手段としてのカルナヴァル的倒置ないし逆転については、C. CAROZZIの中世詩人アダルベロン・ド・レオン（Adalbéron de LÉON）に関する論考を参照されたい。

(5) この三要素からなる構図は、19—20世紀においてもなおドローム地方の多くの村のカルナヴァルを特徴づけていた（VAN GENNEP文庫のドローム関連文書。国立民衆芸術伝統博物館付属図書館）。

(6) ロマンでの托鉢修道士たちによる四旬節の説教に関しては、A. C. R., GG 39 : *BSASD,* I, 1866, p. 335. 一般的な主題については、Peter WEIDKUHN : *Carnaval de Bâle*（プロテスタントのカルナヴァル抑圧）およびTH. DE BÈZE : *Hist. ecclés.,* vol. 2（ルーアンにおけるプロテスタントのカルナヴァル抑圧）参照。

(7) L' ESTOILE : *Journal*（1589年2月14日）.

(8) GABOURDIN, 学位論文, I, pp. 358–361 ; A. MOLINIER, op. cit., p. 620 ; C. CROS, 1976–1, p. 41.

(9) G. DUBY, op. cit., pp. 69–70.

(10) 本書第1章参照。

(11) Ibid., & VAN GENNEP : *Folklore Dauphiné,* vol. I, p. 228.

(12) ドーフィネ＝サヴォワ地方の天候予示的な聖母潔斎の祝日の熊に関連して、暦日についてはVAN GENNEP : *Folk. Savoie* : *Folk. Dauphiné* : *Manuel...* およびVAN GENNEP文庫のドローム関連文書（前出）を、また、冬の《終わりの始まり》（14—18世紀）としてのこの祝日については、M. VOVELLE, op. cit., p. 100 ; CAVARD, op. cit., p. 5を、さらにピレネー地方の聖母潔斎の祝日＝カルナヴァルに登場する熊に関しては、VAN GENNEP : *Manuel...* : V. ALFORD : *Pyr. fest...* およびダニエル・ファーブル（Daniel FABRE）の近年の民族誌学的記録映画と、とくに彼の力作である『熊男ヨハネ』（*Jean de l' ours,* 1969, 第二部）などを参照されたい。2月2日—3日の北米のウッドチャック〔マーモット〕にまつわる民俗については、*Encyclopedia americana* のgroundhogの項目を、アイルランドの聖女ブリジットの祝日におけるハリネズミについては、C. O. DANACHAIR : *The year in Ireland,* Dublin, 1972およびS. O. SUILLEABHAIN : *A handbook of Irish Folklore,* 1942をそれぞれ参照されたい。

(13) これらの資料はすべて司祭ジャン＝バティスト・ティエルの『俗信論』（Jean-Baptiste THIERS : *Traité des superstitions,* 1679）による。フランソワ・ルブランは見事な論文の中で、この『俗信論』の1777年版から、前記のさまざまな慣行に関する言及を集めている（François LEBRUN : *Annales de Bretagne,* 1976, pp. 456–457）。これについては、以下も比較参照されたい。P. TOSCHI : *Origines Folklore italiano,* Roma, 1963, pp. 275 sq.（聖母潔斎の祝日に関して）; J.-C. BRINGUIER : *Provinciales*（ヴァンデ県），1976年11月30日放映のTF 1の番組。雌鶏に一年中卵を産ませるために作る聖

(17) A. C. R., BB 22（1607年12月11日から1608年2月16日までの全期間の特徴的なテクスト）．ボングーヴェール修道院による四旬節の説教者への出資については、*BSASD*, I, 1866, p. 335 参照。
(18) A. C. R., BB 13（1577年4月）．
(19) A. C. R., BB. ロシオー氏の好意的なご指摘による。
(20) アンシャン・レジーム期のローヌ中流域地方で、土地の若者たちが娘たちを独占する手段として行われていたシャリヴァリについては、A. MOLINIER, 学位論文, pp. 696–697 および1977年にパリの国立民衆芸術伝統博物館（ATP）で催されたコロック（の報告書）参照。
(21) ロマンのこのモーグーベール＝ボングーベール修道院に関する描写は、A. D. D., E 3797 および A. C. R., GG 41, GG 42 による。また、G. DUBY : **Cathédrales,* pp. 315–317 ; M. OZOUF : **Fête... ;* M. ELIADE : **Traité... ;* J. ROSSIAUD, op. cit., 1976 なども参照されたい。
(22) A. D. D., E 3796（1613年2月）．
(23) J. ROSSIAUD, op. cit. は他の事例からこの点を明確にしている。
(24) DUPARC, 1958, M. VOVELLE : *Fêtes...,* p. 49.
(25) 中世・ルネサンス期の南東・中部フランスにおける聖霊同宗団と住民共同体との分かち難い結びつきについては、DUPARC, 1958 参照。
(26) P. AMARGIER : «Mouvements populaires...à Marseille», *Cahiers de Fanjeaux*, vol. 11, pp. 305–319.
(27) A. CUVILLIER : *Manuel de sociologie,* vol. I, pp. 142, 147, 149–150 による、VON WIESE や SCHMALENBACH の研究参照。
(28) VON TÖNNIES, in CUVILLIER, ibid., p. 147.
(29) A. DAUZAT : *Le village et le paysan de France,* Paris, 1941, p. 153（地図）．
(30) P. VEYNE : *Le pain et le cirque,* 1976.
(31) J. ROSSIAUD, op. cit. による引用。
(32)「レナージュ」の王を、フレーザーが『金枝篇』で描いた祝祭の王と完全に同一視するわけにはいかない。おそらくこの《フレーザー的》王は、とくに自らの生と血生臭い、あるいは模擬的な死によって、豊作を再びもたらすという役目を果たしていた。だが、あまりにも植物のみにこだわりすぎるこうした考えは、今日の研究者から強く批判されている（R. DÉTIENNE : **Jardins d' Adonis,* pp. 9 sq.）。
(33)「レナージュ」とそれに付随する問題については、R. BAUTIER, 1945 ; L. LAMARCHE, 1958 ; A. LACROIX, 1880, 1881 ; A. VAN GENNEP : *Folklore Auvergne,* 1942, pp. 179–194 ; J. P. GUTTON, 1975 ; A. DAUZAT, 1941 ; L. DE NUSSAC, 1891 ; J. ROSSIAUD, 1976（末尾），さらに、GUÉRIN や PIÉMOND のテクスト（ロマンの出来事について）; M. VOVELLE, op. cit., p. 53 ; A. D. D., E 11822, GG 1 & E 11949, GG 4 ; E 11952, BB 3 ; E 12033, GG 2 ; M. OZOUF, op. cit. : S. FREUD, éd. 1962, pp. 96–97 ; R. BARTHES : **Le système de la modes,* Paris, 1983, p. 263 ; B. BETTELHEIM : *Interview,* 1977 ; SHAKESPEARE : *The Tempest,* II, 1 (pp. 141–163)（邦訳：シェークスピア『あらし』豊田実訳、岩波書店、1964年ほか）; G. DUBY, op. cit., pp. 21–23 など参照。

第12章

(1) ドーフィネ地方の文化や言語におけるプロヴァンスの影響と類似性については、André VEVAUX, 1892 (éd. 1968), pp. 440–441. ロマンはオック地方の北縁地帯に位置している。

Bordeaux) ; S. BERTEKKI : «Oligarchies et gouvernement dans la ville de la Renaissance», *Social Science Information*, 1976, XV, 4–5, pp. 601–62. ドーフィネ地方の周縁者や放浪者については、テン（Tain）市立古文書館 BB 1（1578年 8 月 3 日—9 日）; M. MOLLAT & Ph. WOLFF : *Ongles bleus...*, Paris, 1970 : Ch. DE LA RONCIÈRE : *Florence*（学位論文、未刊）, livre III : E. P. THOMPSON : «Mode de domination... en Angleterre», *Actes de la recherche en sciences sociales*, juin 1976 & *The Making of the English working class*, Londres, 1968, pp. 167–172 : A. SOBOUL : *Sans-culottes*, p. 442. ジュネーヴの手工業者とルソーに関しては、*Histoire de Genève* (éd. par Paul GUICHONNET), Toulouse, 1974, pp. 237 sq. 参照。中東部の手工業者とその政治的役割については、R. GASCON : *Grand commerce...*, Paris, 1971, p. 421. 南仏における叛乱の類型に関しては、PILLORGET, op. cit., pp. 151, 420, 427 (Bacon のテクスト) ; pp. 48–51（参事の相互選出制度）; p. 58（《もっとも顕著なもの》）; pp. 198, 223, 233 : pp. 52, 169（1599年のオリオル）; p. 512（居酒屋店主たちのスト）; p .630（精肉商たちの行動）; p. 630（1630年のエクサン＝プロヴァンスの叛乱）; p. 846（1659年のドラギニャンにおける、それぞれ支配層を背後につけた農民と手工業者たちの対立）; pp. 656, 666（1656年のエクサン＝プロヴァンスにおけるなめし工たちの暴動）; p. 717（1656年のアヴィニョンにおける支配層の抗争と農民運動）; p. 508（1637年のアルルにおける、橋の崩壊にかかわる民衆と《お偉方》との対立）; pp. 162, 164, 169, 930（しばしば反市政的な性格を帯びた賃金労働者たちの珍しい行動。Y. CASTAN : *Honnêteté*, p. 333 を比較参照）; pp. 320, 333, 344（1630年の農民たちのエクサン＝プロヴァンス侵入と略奪）; pp. 386–388（民衆運動に関する統計）; pp. 7, 429–431（富裕者たちに対する《革命的》攻撃）; p. 982. 本書で扱った時期「以降」の蜂起の増大については、BERCÉ, I, p. 231（ヴィルフランシュ＝ド＝ルエルグでの細民叛徒）; ibid. pp. 294–295, 326, 334（ボルドーやアーゲンで蜂起した手工業者たちなど）。再洗礼派については、A. FRIESEN : «The marxist interpretation of Anabaptism», *Sixteenth Century Essays ...*, éd. par Carl S. MEYER, *Saint-Louis*, 1970, vol. I : Hans J. HILLERBRAND : «Thomas Müntzer, a bibliography», in *Sixteenth Century Bibliography*, vol. 4 (Saint-Louis, Center for Reform. Research, 1976). 全体については、PLATON : *République*, IV, 422e（ある都市における富裕者と貧者との対立）; R. BARTHES : *Fragments d' un discours amoureux*, Paris, 1977, p. 244（戦争目的の偏向）; Robert DAHL : *Who governs*, Yale, 1975（パトリキ＝貴族からプレブス＝平民への都市権力の移動）などを参照されたい。

(12) このカトリック同宗団のリストは、1562年、ユグノー教徒がその解消を狙って（むろん徒労に終わったが）作成したもの。筆者が調べた四同宗団のほかに、さらに以下のような結社があった。聖クレパン（靴商・靴職人？）、聖ニコラ、聖フォワ（ロマンの二教区）、聖セバスチャン（ペスト退散祈願とパプゲ）、聖女カトリーヌ、ノートル＝ダム＝ド＝マルス、聖クロード、聖エティエンヌほか（*BSASD*, vol. 9, 1875, p. 138. PILLORGET, op. cit., pp. 94–95 を比較参照されたい）。N. DEVIS の学位論文が示しているところによれば、1560年を過ぎると、リヨンのカトリックたちは、信仰の発露として手工業者の同宗団を援助したという。

(13) HH 8, HH 9, HH 10（1578—83年の聖マチユー同宗団に関する一括書類）および A. D. D., E 3796（同、1614—16年）.

(14) CAVARD, op. cit., p. 10. R. PILLORGET, op. cit., p. 24.

(15) P 98, note.

(16) ロマンのモーグーヴェール＝ボングーヴェール修道院に関する一括書類。A. D. D., E 3797 および A. C. R., GG 41, GG 42.

だった。A 170 : A. LACROIX, *BSASD* , 1897, p. 394 および U. CHEVALIER, *BSASD* , 1876, p. 68 参照。

(21) MOUSNIER, 1958 & 1954, p. 460.

(22) 職人637人＋耕作者478人＝1115人が課税対象者（全体1304人）だった。ここでもまた、農民はきわめて高い比率（36.7%）となっているが、これはとりわけロマンのフォークロリックな農地改革主義（アグラリスム）を物語っている。なお、筆者はこのフォークロワ（folklore）という語を語源的ないし一般的意味で用いている。ファヴレ＝サーダ〔フランス民族学者〕はその見事な妖術論の中で、まったく正当な事由から、この語に多少とも侮蔑的な意味を与えているが（J. FAVRET-SAADA, **Les mots, la mort, les sorts...,* 1977, pp. 15–16, n. 2 & 3)、筆者としてはそうした意味は考えてはいない。

(23) ロマンの貧者たちについては、本書第１章参照。1579年12月と1580年１月・２月の議事録（A. C. R., BB 14）は、施物や身障者および貧者の問題を大きく扱っている。

(24) J. -C. BRIEU, 1868–69.

(25) 同様の指摘は、民衆叛乱の指導者たちがしばしば役人ではあったが、決して聖職者や帯剣貴族ではなかったプロヴァンスについてもあてはまる（PILLORGET, op. cit., p. 393)。

(26) 農村部の指導者たちとしては、モラの貴族キュシネル、オートリヴの製粉業者ビュイソン、サン＝ヴァリエやボールペールの書記、モラの城代、1000エキュの罰金と絞首刑を宣せられたベルガルドの国王公証人、サン＝ポールの弁護士ミシェル・バルビエ、ブルジョワと旅籠主人と製粉業者（いずれもキュルソン在住)、さらに耕作者２名などである。これらの人物についてはヴァン・ドランの見事な労作（VAN DOREN, op. cit., pp. 321, 353）およびその論文 Sixteenth cen. Journ..., 1974、さらに PIÉMOND, pp. 96, 98, 179 などを参照されたい。

(27) BRUN-DURAND : *Dict. biog. Drôme,* Bouvier (A. de) の項。

(28) *Lettres de Catherine de Médecis,* vol. VII（1579年９月６日).

第11章

(1) Ibn KHALDOUN, trad. 1967, II, pp. 777–779.

(2) PILLORGET : *Mouvements,* op. cit., pp. 528 sq.

(3) Ibid., pp. 587–631.

(4) Ibid., pp. 388–389. 後述する分類でもっとも数が多かったプロヴァンスの都市の暴動は、参事の指導者層や土地の司法官僚（ロマンの場合はゲランがこれにあたる)、国王間接税、さらに軍事当局に対して起きたものである。こうしてみれば、1579―80年のロマンの騒動はきわめて典型的なものだったといえる。

(5) Ibid., pp. 170–171.

(6) ロマンはオック地方の北限、フランコ＝プロヴァンス地方の南限に位置している。

(7) PILLORGET, op. cit., pp. 333–334.

(8) Ibid., p. 7 および拙著 *Paysans de Languedoc,* vol. I, op. cit., pp. 502, 608 参照。

(9) 最近、プリンストンで公開審査が行われた、アメリカ人歴史家 R. ベネディクト（BENEDICT）の《16世紀のルーアン》に関する学位論文参照。

(10) P. ANSART, 1977, p. 105.

(11) 以上のことについては、次の比較研究を参照されたい。R. CHARTIER : «L' ormée de Bordeaux», *R. H M C* ., avril 1974, pp. 279 sq. (c. r. de S. A. WESTRICH : *The ormée...,* Baltimore, 1972 および J. CAVIGNAC によるその仏訳（*Cahiers de l' IAES* , no 3, 1973,

cit., p. 165；1572年については、ARNAUD : *Histoire des Protestants...*)。
（3）A. C. R., EE 9.
（4）ユグノー教徒の課税対象者128名のうち、12名が20リーヴル以上の税を払っているが、残り91%の納税額は、一戸あたり20リーヴル未満だった。
（5）J. ESTÈRE, Thèse. ヴィエンヌでは、1568年から85年にかけて、職業の分かっているユグノー教徒が128名いた。内訳は手工業者が60.2%（77名）、各種ブルジョワが20.3%、商人14.1%、さらに耕作者やブドウ栽培者が2.3%だった。市民全体の実数と較べて、手工業者とブルジョワジーの数がかなり多かった。一方、町に住む農民は実際にはきわめて多かったが（ロマンでは町人口の36%！）、ほとんどがプロテスタント＝ユグノー教徒ではなかった（以上の比率と数値は、GAVARD, op. cit., pp. 419 sq. のリストに基づいて筆者が算出したもの）。
（6）*Revue suisse d' Histoire*, 1966 所収の MANDROU の作図参照。
（7）A. C. R., CC 92 および本書第1章参照。
（8）1578―79年の課税額は、1583年のタイユ税台帳のものと同じではない。後者の年は、課税が包括的で、1578―79年より重かった。筆者はこの台帳をロマンの「地区」毎の検討に用いている（本書第8章参照）。
（9）じつをいえば、第二資格のある「登録者」は、1580年の《欠席裁判で絞首刑を宣告された》者だった。たとえば前述のミシェル・バルビエ、通称シャンプロンは、第二資格のこの集団の中では例外的に二度課税されている（かつて第一資格に属していた際にも課税されていたため）。それは、余所者だったにもかかわらず、彼がこの集団の一員から以前家屋なり土地なりを入手していたからである。だが、繰り返し指摘しておくが、彼はロマンの「都市」叛乱に何ら加わってはいなかった。
(10) 以下の資料の主たるものは、A. D. I., B 2039 による。
(11) ブドウ3セテレは72エキュに相当した（前同）。
(12) A. C. R., CC 354.
(13) やがてそれとなく月桂樹やオリーヴに変っていくこの林檎の木（pommier）については、COYNART, op. cit., p. 47 や G. de RIVOIRE : *Armorial du Dauphiné,* p. 295、さらに国立図書館の写本室に保存されている各種の *Armoriaux du Dauphiné*（18世紀初頭）を参照されたい。ゲランに対する授爵状は1581年10月に出されている（*Annales de la ville de Romans*, p. 172）。また、公証人のウスタシュ・ピエモンは、1579―80年の《叛徒たち》の指導者の名を、しばしば Pomier と綴っている。
(14) G. ブリュナは参事からの使命を帯びていた（J. de GILLIER の1579年5月25日付書状。A. C. R., CC 491 [79]）。
(15) A. C. R., CC 93（1578年）. ギヨーム＝ブリュナはエヌモン・ショソン・デュ・ペリエの持ち家を借りていた。
(16) A. C. R., FF 19. 1580年11月のテクスト（処刑された G. フルールの遺産相続に関する取り決め）。
(17) A. C. R., CC 491 [48]（1579年7月11日）.
(18) A. C. R., FF 19. 精肉店権利書。
(19) 本書序文で、筆者は耕作者の裕福域を、この一節より高めに置いていた。それを明示するため、実際に社会の第一デシルを考慮したためだが、ここでは、断罪された耕作者が見当たらない1.6エキュ以上の上位の耕作者層を、単に切り離して考えている。
(20) こうした弾圧の結果について、グルノーブル高等法院からロマンに出向いた特別法廷は、すでに殺害され、その人形だけが絞首刑に処されたポーミエを除いて、実際に11名を絞首刑にしている。また、欠席裁判のため、処刑にまで至らなかった断罪者は33名

（4）《三番目の地区はパラディ館からボナノーまで、さらにポルトフェールの大通を下って精肉店まで、またアンドレ・フランドラン邸の右手までを指す》（A. C. R., CC94、1583年タイユ税台帳 f° 29）。
（5）カルナヴァルの転倒した価格については、さらに本書第4章参照。
（6）1632年2月19日から28日までのディジョンの一揆は、実際にはカルナヴァル的なものだった。B. PORCHNEV : *Soulèvements...*, éd. Sevpen, 1963, pp. 135–140 参照。
（7）《Le gros chapon de pallier（ごまかしの肥えた去勢鶏）》（Chapelier の洒落か？）。ゲランのふざけた値段表（A 157）参照。
（8）A. GREIMAS : *Sémantique structurale...*, p. 128. 焚火によって約束される、動植物の多産・豊穣（豊饒）については、ヴォルティエが収集した重要なテクストを（R. VAULTIER : *Folklore pendant la guerre de Cent Ans...*, pp. 47–50）、また、フランス全体に関するテクストはMANNHARDT, 1875やVAN GENNEP: *Manuel...*, vol. *Carnaval-Carême* などの所収テクストも参照されたい。
（9）M. DE CERTEAU : *L'ecriture...*, pp. 275sq.
（10）Ch. de COYNART : *Les Guérin de Tencin....* 第1章をアントワーヌ・ゲランにあてている。
（11）1583年タイユ税台帳（A. C. R., CC 94）には、この地区に関する名簿があるが、そこにはイゼール川の橋の「上」に住み、町の門番をしているギヨーム・エスピヌエも含まれている。
（12）R. PILLOUGET : *Mouvements...*, op. cit., p. 334 には、17世紀のエクサン＝プロヴァンスの事例が挙げられているが、それによれば、1630年の叛乱の後、農民たちが不法に町に侵入して略奪を働いたという。
（13）A. C. R., BB 12. 誤ってこの台帳に綴じられている1580年3月2日ないし12日（？）の議事録。

第9章

（1）A. C. R., BB 14（1580年2月22日から29日までの議事録）.
（2）A. C. R., BB 14, f° 22 r°（1580年2月18日）.
（3）A. C. R., BB 14（1580年2月22日の臨時参事会）.
（4）CHORIER, II, 697.
（5）P 105 & 110 : CHORIER, II, 701.
（6）*BSSI*, 1890, p. 399.
（7）Ibid., p. 423.
（8）Ibid., p. 420
（9）本書第2章および CHORIER, II, 701 参照。
（10）*BSSI*, 1890, p. 444.

第10章

（1）1580年4月28日、アンリ三世は元同盟派や叛徒のための（訴追）赦免状をモジロンに送っている。王は単に人道主義に立ってそれを書いたのだが、そこにはまた、元同盟派とプロテスタントとの新たな盟約に対する危惧もあった。この王が指摘しているところによれば、かつてユグノー教徒たちは同盟派をひどく恐れていたという（グルノーブル市立図書館 R 80, vol. 16, f° 76）。
（2）ロマンは、おそらくゲランを主犯として、規模こそ小さかったが、サン＝バルテルミの虐殺を経験している。だが、ヴィエンヌではそれは起こらなかった（GAVARD, op.

(26) GARDY & ALBERNHE, Thèse, I, p. 178（ブリュイについて).
(27) J. ZIEGLER : *Une Suisse...,* 1976.
(28) ルネサンス期のヴィエンヌで営まれたある宗教祭のため、恭しくも墨を塗って体を黒くした裸体主義者たちからなる、正統的に神聖であり、同時にバーレスクでもあった儀式を想起されたい（GOVARD, op. cit. プロテスタントの宗教改革に関する章参照)。
(29) J. BODIN : *République,* éd. latine, Paris, 1586, fin du 3e livre, p. 362（このテクストはフランス語版にはない).
(30) Ibid., テクストの続き。
(31) ピエモンの文書を校訂したブラン＝デュランは、これを誤って雄鶏としている（P 88, n. 2)。
(32) L. ALIBERT : *Dictionnaire occitan-français,* p. 406.
(33) 16世紀のロマン市議事録は、当時若者たちが行っていた「石投げ遊び」を暗示している（A. C. R., FF 67)。
(34) これと同様の人物たち――トルコ人と使者――は、1523年のベルンのカルナヴァルでも、時代を反映する形で登場している（*Fêtes de la Renaissance,* CNRS., I, p. 363)。
(35) VAN GENNEP : *Folklore du Dauphiné,* Paris, 1932, p. 176 : N. DAVIS : *Society and Culture...,* chap. IV & V.
(36) 16世紀初頭のベルンでも、同様の二元論ないし二項対立がみられたという（*Fêtes de la Renaissance,* op. cit., p. 364)。
(37) 拙著 *Paysans de Languedoc,* vol. I, op. cit., p. 398–399 参照。
(38) P 98（註 2 文末).
(39) 筆者はゲランの写本（国立図書館 ms. fr. 3319, f° 145 v°）でこれを《héraut》(紋章官）と読む。《homme》(人）とするのは、校訂者 J. ロマンの誤読。
(40) GUÉRIN 写本、前同。この一文は、ロマンによって削除されている。
(41) これは《à son aise（簡単に)》であって、《à son aire（その領域で)》ではない（ゲラン写本、前同に対するロマンの誤読)。
(42)《couvrir》(隠す）の古い性的な意味〔交尾する〕については、『リトレ辞典』参照。
(43) TOSCHI, op. cit. また、以下の一文全体については、国立図書館のカタログ Héraldique 参照。
(44) A. C. R., HH 3, 1579–1580.
(45) A. C. R., BB 14（1579年12月から1580年 2 月にかけての議事録).
(46) *BSSI*, 1890, pp. 392–394（二書簡).
(47) *BSSI*, 1890, p. 391. 1580年 2 月12日付のモジロンから国王への書状。
(48) J. ROSSIAUD : «Prostitution...» in *Annales*, mars 1976 & «Fraternités de jeunesse», in *Cahiers d' Histoire*, 1976.
(49) ROSSIAUD, ibid.

第 8 章

(1) 課税件数278。総額555エキュ（地区毎の1583年度タイユ税台帳による。A. C. R., CC 94)。1583年度のこの資料では、一人あたりの課税額が、絶対値としては、本書の他所で用いた、たとえば1578年度の台帳と同じでないことを想起されたい。ただし、納税者と課税額にかかわるヒエラルキーは似通っている。

(2) 実際には50人きっかりである。

(3)《サント＝フォワ施療院からジャクマールの大通りを下った一画は、右に下り勾配となっている小さな広場で終わる》(A. C. R., CC 94、1583年タイユ税台帳 f° 46)。

(4) TOSCHI : *Origines...,* 1955.
(5) A 152, note. 残念ながら一例だけだが、筆者が得た口頭による証言によれば、ロマンでは1938年の時点でも、肉食の火曜日に、マヌカン焼殺と同時に、殻竿ダンスが営まれていたという。
(6) P. DUPARC : *Saint-Esprit... ;* LORCIN, pp. 161–163.
(7) VAN GENNEP, 1924.
(8) 空想的ないし時に現実でもあった人肉食の場面は、さまざまな民衆騒擾に明確な形をとって現れた（拙著 *Paysans de Langudoc,* vol. I, op. cit., pp. 398–399 参照)。
(9) これは《一切を葬る》(tout tuer) であって、《一切を保持する》(tout tenir) ではない。ゲランの《無署名》写本を出版したJ. ロマンの誤読。筆者は原典（国立図書館 ms. français 3319）にあたって、この語が tuer であることを確認している。
(10) TOSCHI, op. cit.
(11) 以上は、*BSSI*, 1890, p. 391 による。
(12) Ibid., pp.386–392（1580年2月10日から12日にかけてのベリエーヴルとモジロンの書状).
(13) P 88–89.
(14) このことはドーフィネだけでなく、ラングドック地方についてもあてはまる。後者の場合もまた、カルナヴァル（パイヤス〔クールノンテラルのカルナヴァルに登場する藁布団を体に巻きつけた男たちで、ワインの澱や、時に排泄物すら撒かれた路上を転げたり、見物人に汚物を塗りつけたり、といった悪戯を仕掛けて興じる〕、シュヴァレ〔わが国の春駒のように、馬型を腰につけ、踊ったり飛び跳ねたりする。いわゆるシュヴァル・ジュポンの南仏版〕、張りぼて動物〔メーズの牛やペズナスの馬、ジニャックのロバなど〕が登場する）は、基本的に男たちのものといえる（D. Fabre : *Fêtes en Languedoc...*)。
(15) 古文書館にラロシュに関する記録はほとんど残っていないが、ジャン・ロシャ（ゲランが語っているのは、ほぼ間違いなくこの《ラロシュ》）については、1576年9月9日の重要な総会に、平民職人として臨時に出席したことが記されている（A. C. R., FF 19 のこの日の記録および BB 13 f° 273)。
(16) BOUGES : *Histoire de Carcassonne,* année 1579.
(17) BB 14 ,f° 19（1580年2月17日の議事録).
(18) Ph. GARDY, 学位論文（17世紀初頭のオック地方のカルナヴァル劇作家ブリュイの作品論)。
(19) A. D. D., E 3745（1588年）および本書第2章参照。
(20) R. CHARTIER & M. JULIA, in *Arc*, 1976, no 65.
(21) Ibid.
(22) M. AUGÉ, 1977.
(23) M. MARION : *Dict. des Inst.,* p. 454 : S. CLÉMENCE, 1958, p. 11.
(24) MARION, ibid., p. 265.《すべての司法機関（高等法院など）の上位に位置する機関》であった大評定院は、16世紀には、政治・行政を司っていた国務（諮問）会議と分離していた〔創設されたのは1497年〕。《これは一種の諮問団であり、さまざまな紛争や「抗弁」の行政裁判所となり、「移動の際には法廷を伴った」。16世紀にはきわめて活発に活動したが、高等法院からは権力べったりの機関だとして毛嫌いされた》。大評定院は評定官や弁護士、書記官、検察官、執達吏から構成され、16世紀には国内を巡回していた。そして1629年には、国王に従ってモンテリマールでも開かれている。
(25) *Lettres de Cath. de Méd.,* vol. VII, p. 48.

(12) 1エキュ＝3リーヴル。
(13) GUÉRIN（A 40–41）。偏った解釈をするゲランたが、A. C. R., FF 19の資料から裏付けされるように、正確に事実を語ることがある。ロマンのさまざまな「レナージュ」の動物（《雄羊、ヤマウズラ、去勢鶏》）の《ゲラン的》リストについても、同じことが言えるが、こちらの方はグルノーブル高等法院の古文書（A. D. I., B 2039, in PIÉMOND, op. cit., p. 98, note）で確認できる。
(14) FF 19.
(15) 1583年度タイユ税台帳CC 94。
(16) A. C. R., BB 12, fol. 250（1579年3月23日。他年度の議事録に誤って綴じられている1579年度の議事録）.
(17) 以下は、A. C. R., BB 14の当該期日資料による。
(18) これに関しては、1579年11月から1580年2月までのA. C. R., BB 14参照。
(19) 本書第1章参照。
(20) A. C. R., FF 19（1579年7月2日）.
(21) 同（1579年9月10日）。
(22) *Lettres de Catherine de Médicis,* vol. VII, pp.120–121（1579年9月6日）.
(23) 市当局に対するロマンの精肉商やパン商の反税ストは、すでに1579年11月12日に張られている（A. D. D., E 3743, doc. 57, f° 21 r°。コピーはヴァン・ドラン氏のご好意による）。
(24) 穀粉税に対する小作人のストについては、A. C. R., CC 491 (52)、1579年12月参照。
(25) この記述全体は、A. C. R., FF 19（とくに、1579年9月10日と1580年2月22日）による。
(26) PIÉMOND, p. 87 : DEVIC, XI-1, p. 679 : PONTBRIAND, 1886（第4章）.
(27) *BSSI*, 1890, p. 384.
(28) V. CHARETON : *La Réforme...en Vivarais,* pp.85 sq.
(29) *BSSI*, 1890, p. 383.
(30) 拙著 *Paysans de Languedoc,* op. cit., I, pp. 607 sq.（1670年に貴族のルールに率いられたヴィヴァレ地方の叛乱）
(31) DEVIC, XI–1, p. 564 : GUÉRIN in *BSSI*, 1890, p. 384.
(32) Ibid. ; DEVIC, XI–1, pp. 668–669 & note.
(33) *BSSI*, 1890, p. 385.
(34) A. C. V., BB 9, f° 251.
(35) Ibid., f° 257, 259.
(36) Ibid., f° 276.
(37) *BSSI*, 1890, p. 382.
(38) Ibid., p. 391.
(39) FOURMENTEAU : *Finances,* 3ᵉ livre, p. 405（Littré による）. 一本の《旗印》には、100—120名が数えられる。
(40) P 86 : GUÉRIN, *BSSI*, 1890, p. 385.

第7章

(1) A. C. R., BB 14（当該月）.
(2) Pierrette CROUZET（ソルボンヌで公開審査を受けた特赦状に関する博士号準備論文、未刊）.
(3) *BSSI*, 1890, p. 385.

られた1579年３月23日の総会メモ）。

(90) Paul VAN DYKE : *Catherine de Médicis,* II, pp. 230 sq. ; Edith SICHEL : *Cath. de Méd.,* Londres, 1908, p. 316 : J. H. MARIÉJOL : *Cath. de Méd.,* Paris, 1922, p. 290 : Irène MAHONEY : *Madame Catherine,* New York, 1975, p. 248（きわめて詳細な記述）; Ivo LUZZATTI : *Cath. de Méd.,* Milan, 1939, p. 376 : Jean HERITIER : *Cath. de Méd.,* Paris, 1959 ; J. CASTELNAU : *Cath. de Méd.,* Paris, 1954, p. 204 : MEZERAY : *Hist. de France,* éd. d' Alès, 1844, I, p. 468.

(91) 国立図書館 ms. fr. 3319, p. 123.

(92) J. ROMAN : «Cath. de Méd. en Dauphiné», *Bull. de l' Acad. delphinale*, Ier déc. 1882 (éd. 1883).

(93) Ibid., p. 7 による。この拠点はカパンセ、シャンソール、トリエーヴ、バロニ、ディオワおよびヴァランティノワ地方の《大部分》における、部分的ないし全体的な優越性を前提とする。

(94) J. C. BRIEU, 1868–69.

(95) *Lettres de Cath. de Méd.,* vol. VII（1579年７月のテクスト）.

(96) この記述全体は、BAGUENAULT DE PUCHESSE : *Lettres de Cath. de Méd.,* vol. VII, pp. 48-51 所収の1579年７月18日付書状による。

(97) Ibid., p. 50.

(98) 前述したように、筆者は原典（国立図書館 ms. fr. 3319）に当って、これが「商人」（marchand）だと確認している。J. ブラン＝デュランは、自ら編んだウスタシュ・ピエモン文書の校訂本で、欄外註（P 80）として「悪質な（méchant）羅紗商」としているが、誤読である。実際、カトリーヌはコラ（彼女の人物評では「愚か」）やド・ブール（同「叛逆的」）と較べ、ポーミエに対してはさほど不快の念を抱いていなかった。ポーミエはゲランを除いて、指導者層に先験的に恐怖心を何ら与えてはいなかった。いや、それどころか……。

(99) GUÉRIN (A 44 sq.) ; PIÉMOND, pp. 78 sq. ; *Lettres de Cath. de. Méd.,* 1579年７月18—20日付のロマンからの書状。これら三資料の驚くほどの符合は、ピエモンとゲランの証言が多少偏向しているとはいえ、いったいにかなり重要な価値を帯びていることを示している。

第６章

(1) *Lettres de Catherine de Médicis,* 1579年９月６日。

(2) A. C. R., CC 534（＝A. D. D., E 11577）.

(3) A. C. R., FF 19（および BB 13, f° 273 sq.）.

(4) A. C. R., BB 13, f° 230 v°.

(5) 16世紀の穏やかな基準からすれば、この高騰は《ものすごい》ものだった。だが、20世紀では、おそらくそれは《普通》と考えられるだろう。

(6) A. C. R., GG 44.

(7) DUSSERT, 1931, p. 123.

(8) 当然のことである。1580年２月に市庁舎で開かれた祝宴と舞踏会を想起されたい。

(9) A. C. R., FF 19 (77).

(10) Ibid., & A 41.

(11) A. C. R., CC 353（４人の参事の１人ベルナルダン・ギグの1579年度の収支）. 彼は罰金などを徴収し（211エキュの収入）、門衛や教師に給与を払っている（315エキュの出費）。

一転して、秩序の維持に貢献するようになったのだ（CHEVALIER, *BSASD*, X, 1876, pp. 42–43）。
(59) P 70, n. 1.
(60) Ibid.（1579年３月16日のロマンの議事録［消失］）。
(61) Ibid.
(62) Ibid.
(63) A. D. D., E 6414.
(64) 1579年のテクスト。LACROIX, op. cit., vol. V, pp. 111–114.
(65) 拙著 *Paysans de Langudoc,* pp. 393–394.
(66) A. C. R., CC 491 (64)、1579年５月12日のバセの書状。三部会代表のバセは、農村の残虐さとは反対に、町を秩序正しく治めるロマンの参事たちを賞賛している。バセによれば、ロマン市民にとって、まさにこの秩序こそが陳情書の成果をもたらす力になるという。
(67) P 74, note 1 & A 42.
(68) P 75, note 1 & A. D. I., B 2339, f° 6800（1579年５月11日・20日）；DUSSERT, 1931, p. 152 : VAN DOREN, Thèse, p. 60.
(69) CAVARD : *Vienne,* p. 221.
(70) A. C. R., CC 491 (=A. D. D., E 11534)。
(71) J. NICOLAS, Thèse.
(72) さらに、本書第１章；国立図書館 MF, 15. 561, f° 22 : COLAS, op. cit., pp. 179–180 (*Bull. Acad. delp*., 1846, tome Ier, p. 561 より) などを参照されたい。.
(73) ほかに本書第１章参照。
(74) これらはすべて P 73 & P 74, n. 1 による。
(75) A. D. D., E 3620.
(76) A. C. R., CC 92（1578年）. フランソワ・ロシャ（＝綱職人ラロシュ）は、７フローリンを納税している。叛乱劇の指導者で、ラロシュの敵だったポーミエとブリュナもほぼ同様の税額で、ブリュナは６フローリン、ポーミエは11フローリン３スーだった。
(77) P88にはこう記されている。《返済すべきかどうか、横目で窺っていた富裕者たちは……》。
(78) 同様の考え方は、ド・ブールが起草した陳情書にもみられる（さらに本書第１章参照）。
(79) 1783年にヴィヴァレで起きた．法官たちに対する武装仮面仮装者たちの叛乱を比較・参照されたい（SONERSCHER, 1971, pp. 254–255 : MOLINIER, 学位論文, p. 914）。
(80) ロマンの裁判と国王＝教会参事会員との関係については、THOMÉ DE MAISONNEUVE, *BSASD*, 1941–1942, pp. 78–80 参照。
(81) ARNAUD : *Histoire des protestants...,*（1572年の場合）.
(82) P 65 ; A 29.
(83) THOMÉ DE MAISONNEUVE, *BSASD*, 1941–1942, pp. 80–82.
(84) A. D. D., B 1709（ロマン、17世紀初頭）.
(85) さらに、本書第１章参照。
(86) V. CHEVALIR, in *BSASD*, 1875, pp. 42–43.
(87) Ibid., p. 44.
(88) A. C. R., FF 19（1579年11月５日）.
(89) このすべては、参事および参事会員リストの比較研究による。資料は A. C. R., BB 15（1580年春に選ばれた新しい参事会総会）；BB 12（議事録末尾：BB12に誤って綴じ

(36) THOMÉ DE MAISONNEUVE, 1943–45, p. 223, note 49 & 1941–42, pp. 78–80.
(37) Ibid., pp. 221, 224.
(38) THOMÉ DE MAISONNEUVE : *Histoire de Romans.*
(39) THOMÉ DE MAISONNEUVE, 1943–45, p. 223. ロマンの議事録《BB》(消失) を引用。
(40) 筆者が自ら引用・編集する際に、原典から借用した《ルベル》(rebelles) や《ミュタン》(mutins) といった語［字義は「暴徒、叛徒」など］は、必ずしも正確ではないが、便宜的にこれを用いることがある。
(41) 以下は、BRUN-DURAND, op. cit., La Prade の項による。
(42) LEDESGUIÈRES, op. cit., vol. I, pp.13–15, 33 (コラのルーサ奪取に対するレディギエールの異議申し立て).
(43) 1579年3月3日のロマンの議事録 (PIÉMOND, p. 66, n. 1)。
(44) 同。また、VAN DOREN 氏からご教示のあったシャヴイユ市立古文書館の CC 2–2 (42) も参照されたい。
(45) 驚くことに、市当局と地元の民衆「同盟」とに支持された、ロマン市民のシャトードゥーブル派遣のための出費を担当したのは、第三資格 (=手工業者) の市参事であるパン商のジャン・マニャだった。4人の参事がそれぞれ市の収入と出費を別々に管理するという、ロマンの古代的な財務システムのため、こうした財政的な裁量が可能だった。だが、この裁量権はまた、たしかに、マニャ以上に急進的だったポーミエが町で扇動した手工業者や商店主たちの主張に、マニャ自身、政治的には穏健派に属していたにもかかわらず、少なくとも部分的に共感を抱いていたことによっても説明できる (A. C. R., CC 353、1579年春。なお、ジャン・マニャと他の3人の参事の1年の任期は、1579年3月ないし4月に切れている)。
(46) A 40, note 1. ゴルドについては P 563 参照。
(47) シャトードゥーブルは、いくつかの教区を含むシャテルニないしマンドゥマンの中心地だった (BRUN-DURAND : *Dic. topog.* Drôme)。レディギエールとラプラドの提携が難行した点については、P67, n. 2参照。
(48) 以上のことについては、A39および J. ROMAN, op. cit., *BSSI*, 1890, p. 305 参照。
(49) P 67 & A 39 R. 全員一致。ヴァンデ地方における同様の状況については、ARON : Clausewitz, II, p. 107 参照。
(50) p 67, note 2. 1579年3月10日のロマンの審議および P 68 & *BSSI*, 1890, pp. 309–310 参照。
(51) A. D. D., C 1023 *BSSI*, 1890, p. 307.
(52) P 67, note 1 & 2 : P 68, note 1.
(53) BRUN-DURAND : *Biog.,* op. cit. 所収 La Prade の項；P 69 : A 38–39, note 1.
(54) ラプラドの死については、さらに CHORIER, II, 657, in P 69, n. 1 (ただし不正確) がある。
(55) A 40 & P 69. シャトードゥーブルの崩壊は大きな反響を呼び、おそらく事件の少し後 (?) に創られたと思われるシャンソンのテーマともなっている。E. コラの『……ジャック・コラ』(COLAS : *Colas*) には、ル・ルー・ド・ランシィを引用してのその全文が載っている。LE ROUX DE LINCY : *Recueil de chants histo-riques français,* Paris, 1842, vol. II, pp. 383–388 参照。
(56) A 38, note ほか。
(57) LEDESGUIÈRES, op. cit., p. XXVI.
(58) 実際、この和解のため、国王の《赦免》が同盟派に与えられるようになる。1578年から79年にかけての冬に蜂起した罪人たる彼らは、シャトードゥーブルの盗賊退治の後、

(10) この暦日は匿名者（＝ゲラン）による。刊行されたピエモンのテクストの下部に付された注記（誤り）によれば、2月10日となっている。ゲランによれば（！）、トメ・ド・メゾヌーヴも間違ってこの選出を2月11日に行われたとしている：in *BSASD*, 1943–45, p. 164.
(11) PIÉMOND, p. 65. 本書に登場するセルヴの縁者であるもう1人のセルヴには、モンミライユ（Montmirail）という興味深い綽名がついていた：ギヨーム・セルヴ、すなわち「Montmirail」（A. C. R., CC 92, f°16 v°. 1578年の第三資格に関するタイユ税台帳）。
(12) BRUN-DURAND, p. 349.
(13) PILOT DE THOREY, p. 12. ; M. AGULHON : «Jeu d'Arquebuse à Aix...». ロマンの歴代パプゲ王については、A. C. R., BB 23（1611年6月12日、1612年3月25日）、BB 24（1614年4月28日）、BB 27（1628年4月1日）など、また、ロマンのパプゲの射撃者たちによるヴァランスでの遠征試合に関しては、A. C. V., BB 9（1579年7月13日）などを参照されたい。
(14) THOMÉ DE MAISONNEUVE, 1943–45, pp. 223–224.
(15) BRUN-DURAND, p. 350.
(16) 本書第6章参照。
(17) ヴァロワールは、ロマンの北部にある平野と峡谷とからなる農作地帯。
(18) ここの表記は「商人」（marchand）であって「悪質な」（méchant）ではない［ピエモン文書の校訂者の誤り（P 80）。］〔第5章原注98参照〕。なお、筆者はこのテクストを国立図書館 ms. fs. 3319, f° 79 v°–81 r° で確認している（他の言葉における同一文字の書き方を比較して）。
(19) 以上は、すべて P 65、とくに J. ROMAN : «Cathrine de Médicis en Dauphiné», p.7.
(20) 本書第1章参照。
(21) PIÉMON, p.65：1579年2月10日のロマンの議事録（消失）から引かれた欄外註。
(22) THOMÉ DE MAISONNEUVE, 1943–45, p. 218 によるテキストの要約。ロマンの場合、1582年度のタイユ税台帳では、納税者1335名のうち、484名が耕作者となっている（A. C. R., CC 93）。このかなり大きな数値は、ロマンの暴動が、なぜ最終的にプロテスタント手工業者の当初の騒動を通してより、むしろカトリックの農耕的フォークロワを通してその姿を明確にするのか、という理由を理解する手がかりとなる。
(23) PIÉMOND, p. 65：1579年2月10日のロマンの議事録《BB》（現在消失）の欄外引用註。
(24) このすべては、THOMÉ DE MAISONNEUVE, 1943–45, p. 21 による。
(25) A. C. R., FF 19 : A. D. D., E 3743 (57) 1579年11月12日。ロマンの議事録テクストは、VAN DOREN 氏のご教示による。ほかに、本書第3章および第4章参照。
(26) p. 65–66. 前述した欄外註。
(27) A 32, n. 1.
(28) Ibid. ほかに、同様の意味で、第1章のド・ブールの陳情書も参照されたい。
(29) J. ROMAN, 1883, p. 9 : *BSSI*, 1890, p. 316.
(30) A. C. R., CC 491 (58).
(31) A. C. R., FF 24. および同 FF 10, FF 11, FF 15, FF 49 参照。
(32) A. C. V., P 65, n. 2 にある BB1579年2月4日。
(33) J. ROMAN, op. cit. および p. 57.
(34) A. D. D., E 3744 / 2（1579年2月13日）. THOMÉ DE MAISONNEUVE, 1943–45, p. 221. また、J. ROMAN : Documents, *BSSI*, 1890, doc. n° 177–178 も比較参照されたい。
(35) A. D. D., E 3744 (3).

（3）以下は、A. LACROIX : *Arrondissement de Montélimar,* vol. VI, p. 173 による。この問題については、1576年のド・ブールの陳情書参照。
（4）J. GOY & E. LE ROY LADURIE : *Les fluctuations du produit de la dîme* 参照。
（5）A. D. M., BB，1578年8月22日。A. LACROIX, op.cit. による。
（6）A. D. D., E 3387（1578年8月3日のボレーヌの参事書状）．ドンゼール市立古文書館 BB 2 in A. D. D., E 6849（1577年6月から1578年10月まで）。当初の「連合」の分節化した性格については、Baron de COSTON : *Hist. de Montélimar,* p. 392 所収のソーゼの参事書簡（1578年10月19日）参照。BERCÉ : *Histoire des croquants,* I, p. 275（アキテーヌ地方の分節主義）も比較参照されたい。
（7）THOMÉ DE MAISONNEUVE, *BSASD*, 1943–45, p. 113 & note 25.
（8）以下は、A. LACROIX, op. cit., vol. VI, p. 174（モンテリマールのコミューンに関する注記）と Baron de COSTON, op. cit., p. 392 による。
（9）A. LACROIX, op. cit., III, p. 128（ドンゼールにおける1579年2月1日の議決）．また、LACROIX, ibid.,vol. V, p. 113 および A. D. D., E 6849, BB 2（1577年6月14日、1580年4月4日）も参照されたい。
（10）ジャック・コラに関するこの一文は、COSTON, op. cit., pp. 272, 366 ほか、および COLAS DE LA NOUE : *Jacques Cola* による。
（11）COLAS : *Colas,* pp. 38–39（LESTOILE I, pp. 197–199 からの引用）。
（12）COLAS : *Colas*（書簡集）, pp. 157–161.
（13）THOMÉ DE MAISONNEUVE, *BSASD*, 1943–45, p. 111．ラロシュの表記は、トメ・ド・メゾヌーヴの悪筆ゆえ、La Croche とも読めるが、Laroche と読まなければならない（A. D. D., E 3387，1578年2月—3月の記録）。
（14）A. D. D., E 3387．1578年8月と1579年2月—3月の書簡。
（15）Lettres de Cath. de. Méd., vol. VII, p. 49.
（16）COLAS : *Colas,* pp. 181–185 所収テクスト。
（17）このリストにヴィエンヌが入っていないのは注目（！）に値する。ヴィエンヌ出身のド・ブールは、たしかに平民運動の「暴力的な」側面ではなく、慎重派を代表していた。
（18）コラの晩年については、本人の自伝（COLAS : *Colas*）のほか、COSTON, op. cit. : BRUN-DURAND : *Biographie du Dauphiné* 参照。

第5章

（1）VAN GENNEP : *Manuel... (Carnaval-Carême).*
（2）Ch. de COYNARD : *Les Guérin de Tencin,* p. 26. また、本書第8章参照。
（3）筆者がシャモニーの博物館で見たサヴォワやスイスの牧童用ラッパは、実際には長さ40センチメートルほどの、かなり細長い円錐状の木製コルネットで、両端に孔が開けられていたが、中には何本もの鉄輪で補強されたものもある。
（4）この人物については、国立図書館 ms. fr. 15561, f° 185.
（5）本書第7章参照。
（6）VAN GENNEP, in *Revue d' ethnographie* ..., 1924, pp. 136 sq.
（7）ドーフィネ地方の1月と2月の農耕祭については、PILOT DE THOREY, pp. 12–13 参照。
（8）VAN GENNEP, 1924.
（9）レナージュ（Reynage）とは、フランコ＝プロヴァンス語やオック語で「王国」を指す。

（7）1530年から1560年にかけての「平等化」要求については、DUSSERT, 1922, op. cit., pp. 214 n. 1, 288 n. 2, 289, 291 n. 2, 296 n. 3 & 4, 197 参照。また、VAN DOREN, op. cit., p. 88 & n. 98 も参照されたい。たしかに国家は、税収を改善するため、税の《平等化》、つまり地域や身分、「社会集団」の富に応じての税の割り当てを促進することに腐心していた。やがて、リシュリューもまたそれを考えるようになる（第9章参照。プロヴァンス地方については、PILLORGET, *Mouvements...,* pp. 355, 358–59 参照）。さらに、ロマンの軍事占領による負債を地方全体で「平等」に引き受けることを求めた、A. C. R., BB 15（1580年4月6日）も参照されたい。

（8）A. D. D., C 1024 および A. LACROIX : *Procès des Tailles.*

（9）逆に、ド・ブールは、やがてパ（ス）キエが主張するようになる物的タイユ税に「こだわらない」、名誉とは程遠い理由をかかえていた。都市ブルジョワだった彼は、物的タイユ税そのものに反対ではなかったが、それがあまり一般化するのを望んではいなかった。というのも、いずれこのタイユ税が、都市ブルジョワジーの利益と対立するようになる、つまり、これによって、ブルジョワジーは自ら農村部に有する資産全体に対する税を納めなければならなくなるからだった。前述したように、むろんド・ブールは、納税義務者の「住居」に単純に課税することに対しては賛成だった。

（10）このテクストが取り上げているのは、《古い特権によって免税特権に与ってはならない》者たち——聖職者たち——のことである。したがって、ここでは昔のよき特権と現行の悪しき特権とが対比されていると思われる。

（11）Y. BERCÉ, vol. II, op. cit.

（12）Vol. I, pp. 274 sq.

（13）以下は、DUSSERT, 1931, pp. 134 ほかによる。

（14）Ibid. および国立図書館 ms. fr., 15561, p. 22 参照。後者の資料では、アンブラン大司教のアヴァンソンによって、第三身分の立場が中立的に要約されている。

（15）Art. 1–14, 28, 30–34, 36 (DUSSERT, 1931, pp. 166 sq.).

（16）DUSSERT, 1931.

（17）本章後述。

（18）44カ条のうち、Art. 20, 23, 24, 31, 32, 40.

（19）P. CHAUNU, in *Hist. écon. et soc. de la France* (dir. par F. BRAUDEL & E. LABROUSSE), Paris, 1977, vol. I, pp. 35–39.

（20）CAVARD, op. cit., pp. 217 sq.

（21）PIÉMOND, pp. 74–76 : DUSSERT, 1931, p. 144.

（22）グルノーブル市立図書館 ms. R. 80 m vol. XVI, fol. 64. このテクストのより不完全な版は、CAVARD, op. cit., pp. 221–222 にもある。

（23）以上は、*Lettres de Cathrine de Médicis,* vol. VII, juillet–août 1577 : CAVARD, ibid., pp. 210–230 : DUSSERT, 1931 : PIÉMOND, pp. 72–85 による。スイス側の資料としては、さらに以下を比較参照されたい。Alfred BERCHTOLD et als. : *Quel Tell?,* Lausanne, 1973, chap. 1.

第4章

（1）BERCÉ : *Histoire des croquants.*

（2）ポン＝タン＝ロワイヤンの住民たちは、のちに盗賊ラプラドの攻撃に晒されるようになる。だが、モジロンは、彼らがプロテスタントであったにもかかわらず、ラプラドに抵抗すると信じていた（A. D. D., E 3671, n° 2，1579年1月9日のモジロンの書状。このテクストは、VAN DOREN 氏のご教示による）。

《ドーフィネでの影響力を欲していたサヴォワ公（ただしカトリック）と、近隣のピエモンテ地方にあるサルッツォ伯領を手に入れるため、陰謀を企てていたベルガルド元帥とも密かに手を結んだ》。そして、そんな彼が演出した複雑な芝居の中で、駒としての農民同盟は、地域毎に敵になったり、味方になったりした（A. DUSSERT, art., 1931, pp. 130–131）。

（3）CHEVALIER, 1876, pp. 40–41.

（4）*Ibid.*

（5）*Ibid.,* p. 36.

（6）DUSSERT, 1915, 1922, 1931.

（7）G. FRANTZ : *Bauernkrieg ;* Y. BERCÉ : *Histoire des Croquants,* II, pp. 679, 680, 687.

（8）DUSSERT, 1922, pp. 43–46, 282–285.

（9）原語 Montilien＝「モンテリマール（Montélimar）の」

（10）DUSSERT, 1915, p. 73.

（11）DUSSERT, 1922, p. XIV.

（12）同様の状況は、隣接するヴィヴァレ地方の三部会でもみられた（A. MOLINIER, 学位論文, p.41）。

（13）A. モリニエの計算（A. MOLINIER, 学位論文, p. 41）と比較されたい。1562年から1580年にかけて、ドーフィネ地方三部会と隣接するヴィヴァレ地方の三部会は、とくに戦争と徴税を担当していた。1743—99年には、さらに地元の商業や産業、土木工事などをも監視するようになる。

（14）VAN DOREN : *Comm...,* I, pp. 26–27, 76.

（15）Ibid., pp. 15 & 27. 本書 P. 62 図および DUSSERT, 1922, pp. 43–46, 183–184, 214–215, 282–284, 331 参照。

（16）DUSSERT, 1922, p. 241 および註 2， VAN DOREN, op. cit., pp. 21, 25, 27.

（17）DUSSERT, 1922, pp.24 1–243, 296–297 および VAN DOREN : *Comm...,* I, op. cit., pp. 21–29, 32, 39 と註103参照。

（18）VAN DOREN, op. cit., pp. 32, 53と註100, 122および DUSSERT, 1922, p. 297.

（19）J. E. BRINK, 1975 参照。

（20）DUSSERT, 1915, pp. 335–339, 及び VAN DOREN : *Comm...,* I, p. 32 sq.

（21）VAN DOREN : *Comm...,* II.

（22）CAVARD, 1950, pp. 125 & 183.

第3章

（1）CAVARD, op. cit., p. 175.

（2）A. D. D., C 1023：100項目からなるテクスト（1576年11月24日と1577年3月16日）。コピーはヴァン・ドレン氏からご好意によって拝借したものだが、筆者はそれを原文と照合している。

（3）1579年8月4日にカトリーヌ・ド・メディシスがガスパール・ド・ラヴァルのことでアンリ3世に送った書状には、この種の入手例が記されているが、それは6年から9年の制限つきだった（*Lettre de Cath. de Méd.,* vol. VII, p. 70）。

（4）DUSSERT, 1922 & 1931.

（5）17世紀中葉のボルドーの「楡の木党」の乱〔第11章参照〕は例外。この乱は古代的な考え方が前面に押し出されていた（C. JOUHAUD, 1977）。

（6）C. LEFORT : *Les formes de l' histoire,* Paris, 1978.

する学位論文を参照されたい。氏の論文は、筆者の土地問題についてのモノグラフィーをかなり先まで後押ししてくれた。同論文は、この主題にかかわる問題意識を完全に一新するようになるだろう。

(71) この比率の数値は、ボナン氏（*Dossier...*, n° 22）による。

(72) BONNIN : *Dossier...*, n° 21.

(73) 以下の計算は、ペリエ夫人が集めたデータに基づいて筆者自身が行ったもの。筆者はまた、ロッシ氏の研究にも触発されている。

(74) 農民たちがこうむった貴族による抑圧に関する以下の考察は、筆者の友人であるB.ボナン氏との話に多くを負っている。

(75) 貴族の爵位に与れる官職を得たことによる免税特権についての言及は、古文書に際限なく登場している。たとえば1580年、ロマンの寡頭体制を担ってきた一族に属するアンリ・ギグは、会計法院の主席検察官の職位を得たことで、免税を宣せられている。1570年代と80年代の高等法院の一括書類には、免税措置に関する同様の事例が無数記されている（A. C. R., CC 354［1580年］および A. D. I., B 185–195 参照）。

(76) René VALENTIN DU CHEYLARD, 1960, pp. 273–284. なお、J. WOOD, 1977 を比較されたい。

(77) J. NICOLAS, 学位論文, p. 866.

(78) A. C. Vienne CC 95, etc.

(79) V. CHOMEL の私信（1977年）による。

(80) 本書が問題とする時期に遡ってみよう。1579年、グルノーブルの高等法院は、こうした地方の教会十分の一税を6.6%から3.2%に引き下げている（A. D. I., B 190：教会十分の一税対象者たちに対するヴァルクロワサン司祭の訴訟事件記録参照）。また、1576年には、ヴィエンヌの第三身分の陳情書起草者（A. D. I., 4 E, 245 / 62）が、この税率を一律4.8%（＝21分の1）にするよう要求している。だが、1576—80年の反体制派の帳簿では、反貴族の主題が反税のそれをはるかに上回って頻出している。

(81) A. D. I., B 190, ibid., 1579年。1562年、ユグノー教徒たちは教会十分の一税を撤廃する代りに、それを没収しようとした（CAVARD, p. 71）。

(82) 教会十分の一税に関するこれまでの計算は、すでに引用しているペリエ夫人とロッシ氏の研究に基づく貴重な数値から、筆者が自ら行ったものである。

(83) 農民階層や耕作者を犠牲にして、所有者階層が行う徴税全体（国王税＋教会十分の一税＋領主制諸権利＋定額小作料＋負債利子）にかかわる包括的な疑問点は、ひとまず横におく。農産物の四分の一（？）それとも三分の一（？）か。だが、さすがに半分まではいかなかった。B. ボナン氏の学位論文は、この問題について、説得力のある徹底した回答をもたらしてくれるはずである。

(84) L. STONE : *The causes of the English Revolution,* Londres, 1972.

第2章

(1) A 29.「民衆の高揚」という語は、ロマン社会の上・下、支配・被支配という階層化された側面とともに、《細民》の《上昇》意欲をも意味するもので、ゲランと、1579年初頭に第三参事になったパン商＝職人のジャン・マニャがそれぞれ用いている。ほぼ自明のことだが、それはロマンのブルジョワや民衆の中に一般的に広まっていた考えであった（A. C. R., CC 353, & A 29）。

(2) LESDIGUIÈRE : *Correspondance,* I, p. 31. 当時、レディギエールの作戦基地はガップにあった。ここではっきり確認しておくべきことは、この事件で、農民同盟がしばしば《駒》の役割を担っていた、という点である。ユグノー教徒のレディギエールは、部の者だけに与えられた一部の力ではない。それは、当該社会の複雑な戦略的状況を示す名称にほかならないのだ》。

(56) 1504年の旱魃や1505年のペスト禍。これら二度の災禍を一掃するため、1509年にロマンで上演された聖史劇『三人の師』の詳細については、Ulysse CHEVALIER : *Mystère des Trois Doms à Romans en 1509* (texte complet, Romans, 1887) 参照。

(57) この磔刑像については、後代の記録だが、A. C. R., BB 23（1610年1月7日）およびBB 24（1617年12月29日）、とくに *BSASD*., vol. 16, 1882, p. 386（1517年の奇蹟に関する優れたテクストである）; vol. 4, p. 476 : vol. 9, p. 74 sq. : vol. 15, pp. 238–290 : vol. 17, p. 218 : vol. 18, p. 123 さらに U. CHEVALIER : *Notice historique sur le Mont-Calvaire de Romans,* Montbéliard, 1883 などを参照されたい。

(58) Archange de CLERMONT, op. cit.

(59) Archange de CLERMONT, op. cit.

(60) A. D. D., E 3668, doc. no 14.

(61) A. D. D., E 11599（=A. C. R., EE 9）および第7章参照。

(62) Dictionnaire de Spiritualité, éd. Beauchène, 四旬節の項（四旬節は325年のニケア公会議から言及されるようになった）。

(63) この年代については、M. VERARD, op. cit. 参照。

(64) J. M. COLONI, 1575.

(65) A. LACROIX : *Romans et le Bourg-de-Péage,* Valence, 1897, chap. XVIII. また、A. D. D., E 11649 (=A. C. R., FF 13 & FF 15) ; ibid., E 11748–11749 (=GG 45–46) 参照。のちにイエズス会やオラトリオ会に取って代わられる、16世紀フランスにおける都市の寄宿学校の「市立的」性格については、F. de DAINVILLE (s. j.) : *La naissance de l' humanisme moderne,* Paris, 1940 を批判する Georges HUPPERT の来るべき書を参照されたい。

(66) A. C. R., CC 491.

(67) A. C. R., GG 21（ロマン最古の教区記録簿の一つ。結婚のためのサインが記載されている）.

(68) Fustel de COULANGES : *L'Alleu...,* pp. I-IV.

(69) R. BRENNER in *Past and Present*, 1976, p. 63, n. 80.

(70) 筆者は、貴族については1602年以前の、聖職者については1635年以前のそれぞれの資産に基づいて、以下に示すような両者の数の比率と統計を算出・作成しているが、これらの数値は、ロマンのエレクシオン（徴税区）地域（106箇所）とヴィエンヌの同地域（165箇所）に関するペリエ（PERIER）夫人とロッシ（ROSSI）氏の、博士準備論文（いずれも未刊）による。

	ロマンのエレクシオン	ヴィエンヌのエレクシオン	合計
A)貴族資産（1602年以前）と聖職者資産（1635年以前）	10059.34ha A/C＝34.12%	22297.24ha A/C＝40.85%	32356.58ha A/C＝38.49%
B)課税対象資産（1658年と1693—95年に免税となる土地を含む）	19420.92	32290.33	51711.25
C)合計	29480.26	54587.57	84067.83

より詳細は、ベルナール・ボナン（Bernard Bonnin）氏のドーフィネ土地所有史に関

(40) サン＝ニコラ地区について、A. C. R., CC 5の平均をとって行った筆者の試算から出た多くの指数による。50エキュの値がつけられた不動産の場合、家賃は3エキュ相当だった。
(41) 第7章に登場するアントワーヌ・ニコデルについては、家持ちとは思えない。未亡人も同様である。また、資産指数もかなり低い。
(42) 第7章の、1580年に断罪された職人たちに直接関わる検討参照。この検討によって、彼らは貧者ではなく、小規模ないし弱小所有者だったとして特徴づけられる。
(43) A. D. V., no. 45, in CAVARD, op. cit., p. 216（1579年3月17日）.
(44) 1569年から1580年にかけて、ロマンの地方総督は、セルヴィエール＝サン＝タンドレ領主のフィリップ・フィルベールだったが、影響力は皆無だった。1584年はヴォーヌ領主のアントワーヌ・ド・ソリニャックで、彼はゲランを好んでいた（*BSASD*, vol. 8, 1874, p. 29）。
(45) 原則的にロマンの裁判は、国王裁判官と、同市の共同領主であるサン＝ベルナール参事会教会会議によって任命された裁判官とが、隔年ごとに分担していた（たとえば、BOUCHU, 1698, in *BSASD*, 1873, p. 6 および n. 1、前同のテクスト参照）。
(46) Archange de CLERMONT 神父：*Mémoire pour... l'histoire des huguenots de Romans,* éd. Romans, 1887, p. 26, n. 2.
(47) A. C. R., FF 19, 1577年3月5日。
(48) A. D. D., E 3598：ロマンの参事選挙に関するグルノーブル高等法院条例。
(49) 参事になることは、上位二《資格》のブルジョワの《家柄》にエリートとして生まれた者——たとえばギグやコストなど——にとっては、多少とも当然の成り行きだった。一介の職人にとってみれば、《第三の資格》（＝手工業者）にあてがわれた参事職に就くには、おそらく1561—85年の段階で二つの条件が不可欠だった。「第一の条件」は、明らかに町の《パトロン》である裁判官ゲランと良い関係を保つこと、「第二の条件」は、手工業者の同宗団と、おそらく町の間接税徴収の仕事で、あらかじめ経歴を積むことだった。たとえば、製パン商＝職人のジャン・マニャの場合、1576年から77年にかけて、町の食品などに関わる職能集団から「租税」を徴収する請負人ないし前請負人であり、1578—79年（この年の春に政治的緊張が終息した）に、ロマンの第三参事となっている。町のために尽すことが、町での名誉につながったのである（A. C. R., FF 19, 1577年：同 CC 353, 1579年の前記参事業務に関するマニャの報告）。
(50) A. D. D., E 3596, 1536年3月25日（同 E 3592 によれば、1366年には430人の参加者がいた）。
(51) A. D. D., E 3596（1542年5月19日）. このテクストは以後定期的に確認されるようになる。とくに1622年については、A. D. D., E 3598 参照。
(52) A. D. D., E 3737（1558年7月26日のテクスト）.
(53) A. C. R., BB 14 f° 69 v°, 70, 71 v°–72 v° まで。1579年5月ないし春の市参事会審議記録だが、原則的に1579年11月からの BB14の巻に誤って綴じられている。同テクストは一部欠損しているものの、ゲランの証言を完全に裏付けている（A 34）。ただ、より後代のロマン史家はこれを明らかに誤解して攻撃している（Thomé de MAISONNEUVE はこの点についてほとんど知らされていなかった。*BSASD*, vol. 18, 1943–45, p. 219）。
(54) ibid., f° 69 v°. 参事や参事会の特権だった地区隊長の任命（《貧民》が《民衆に好意的な隊長》を指名した1579年のような革命期を除く）については、基本的テクストの A. D. D., B 1709 参照。
(55) L. GRUPPI : *Dialectique*, n° 17, hiver 1977, p. 40. cf. M. FOUCAULT : *Histoire de la sexualité,* I, La volonté de savoir, Paris, 1976, p. 123 の次の一文参照。《権力とは……一

(15) A. D. D., E 3804.
(16) P. LASLETT : *Household and family in past time.*
(17) A. C. R., CC 92, 1578年。他のタイユ税台帳でも同じ分類がなされている（例：A. C. R., CC 93, 1582年）。
(18) 筆者の計算では、1578年、彼らは所有地として整理・記載された資産の価値に応じて、少なくとも314エキュのタイユ税を納めている。ロマン市全体のタイユ税は1932.4エキュだった。土地台帳に記された価格は、少なくとも不動産の5分の4に対するものであり、残りの5分の1は動産に対するものである（A. D. D., E 11689=A. C. R., FF 53)。
(19) VENARD : *L' Église d' Avignon...,* p. 1758.
(20) 16世紀初頭のロマンの交易に関するロシオー氏のご教示による。
(21) ロマンの4、5人の公証人については、A. C. R., GG 19, an 1591 も参照されたい。
(22) すなわち、1932.4エキュ（筆者が1578年のタイユ税台帳を精査して算出した金額）のうち、358.2エキュの税額となる。当時行われた精査によれば、1592年度は379.3エキュとなっており、これは1932.4エキュの19.4%にあたる〔19.6%の誤りか〕。
(23) A. C. R., BB 13, f° 317 v°(=311 v°). 1577年3月25日の参事総会。第三資格から第二資格への移動に関する、羅紗商のジャン・トメ、ガスパール・ジュルダン、ミシェル・セルヴォネの要求（却下)。
(24) この一節については、VENARD, op. cit., pp.1766 sq.参照。
(25) A. D. D., E 11600（A. C. R., EE 10, 1577年6月）および P. E. GIRAUD : «Procédure ...», *BSASD*, 1866, p. 400 sq. A. D. D., E 3794（1547年). 1663年頃のディオワ地方については、以下を参照されたい。J. ADHÉMAR : «Montlaur...», *BSASD,* sept. 1972, p. 353（類似追放例).
(26) 都市農民についてのこれらすべての記述は、VENARD, op. cit., p. 1771sq. に多くを負っている。穀物にまつわる異議に関しては、1579年12月から1580年2月にかけての A. C. R., BB14参照。
(27) 1エキュ＝5フローリンないし3リーヴル。
(28) だが、このロマン社会は、おそらく今日のフランス以上に不平等なものであった。ただ、後者も決して公平な社会とはいえず、最初値十分位数が収入（ロマンの場合の「資産」）の30.5%をコントロールしていると思われる。西欧世界でもっとも平等なスウェーデンでは、最初値十分位数は収入の18.6%を占めているにすぎない（Malcolm SAWYER : «Enquête de l' O. C. D. E.», *Le Nouvel Observateur*, 1976年9月6日号による)。現代フランスの不平等さについては、近年 J. Fourastié がつとに指摘しているところである。
(29) R. GASCON : *Grand commerce,* I, p. 63.
(30) R. GASCON : *Grand commerce... ;* M. LACAVE, in *Annales*, nov. -déc. 1977.
(31) A. C. R., CC 4, CC 5, CC 6.
(32) A. C. R., CC 11, 12, 13, 14.
(33) A. D. D., E 3608.
(34) A. C. R., CC 2 & CC 3.
(35) J. SOUVEYROUX, 学位論文。
(36) VENARD, op. cit., p. 1786.
(37) 第二資格137名のうち、1578年のタイユ税台帳に記載されている17名の家長は、タイユ税が0.8エキュを下回っていた。
(38) A. C. R., CC 94（1583年のタイユ税台帳）および CC 5（借家人資料)。
(39) A. C. R., CC 5 & CC 94.

原　注

（出典表記の中で《　》は論文、イタリックは単行本と掲載誌を、また pp.100 sq. とあるのは「100頁以下」、et pass. は「ほか」、ibid. は「前同」、op. cit. は「前掲著作」を示す。引用文献の題名や刊行年などについては、p.683 の引用・参考文献リストを参照されたい。なお、原注にある引用文献のうち、同リストに入っていないものの一部については、訳者が原注当該箇所で補足しておいた。また、＊を付した著作の邦訳については、同じく引用・参考文献リスト参照。）

第１章

（１）A. D. D., E1169（＝A. C. R., II 4）.

（２）マルティヌ・ペロシェは、15世紀のロマンに関する博士論文（未刊）の中で、各戸の構成員を５人と数え、さらに戸数調査に含まれなかった特権階級や貧者については、これに１戸当たり0.67人を加えている。こうして得られた係数5.67を家長数の1163に乗ずると、6594という住民数が得られる。だが、５人という基礎数は、筆者には多すぎるように思われる。筆者はそれを4.5人とし、補助数を《0.67》として、5.17という係数を算出した。いずれにしても、これは概算の域を出るものではない。

（３）A. D. D., E 3592, 1366 年。

（４）数値は、ペロシェがエコール・デ・シャルトル（国立古文書学院）に提出した前記論文による。

（５）A. C. R., CC（当該年のタイユ税台帳）およびトメ・ド・メゾヌーヴ『ロマン史』（Thomé de MAISONNEUVE : *Histoire de Romans,* II, p. 571）。

（６）A. C. R., CC 81.

（７）A. C. R., BB の当該年文書（ロシオー氏の好意的なご指摘による）。

（８）1564年６月から1565年１月にかけてロマンを襲ったペストの犠牲者は、おそらく4000を数えたものと思われる（A. D. D., E 3667）。1557年に対して1566年の住民数が減っているのは、ここに起因する。だが、それにもかかわらず、農村人口の町への速やかな流入や同様に速やかな寡婦の再婚、さらには彼女たちの速やかな出産によって、ロマンの人口はかなり急速に回復していった。

（９）A. C. R., CC（1566年のタイユ税台帳）.

（10）A. C. R., CC 90（1570年のタイユ税台帳）.

（11）A. C. R., CC 93.　1578年のタイユ税台帳には、A. C. R., CC 92 という整理番号が付されている。

（12）A. C. R., CC 94.　市外区がなかった16世紀の市壁内におけるロマンの市域は、37.68ヘクタールだった（数値はフランシーヌ・マイエ夫人のご好意による）。

（13）A. C. R., CC 361.　私は《住民数6000以下》とはじいている。各戸の平均構成員数もペスト禍による大量死によってやはり減少したはずだからである。

（14）R. GASCON : *Grand Commerce...,* I, p. 350.

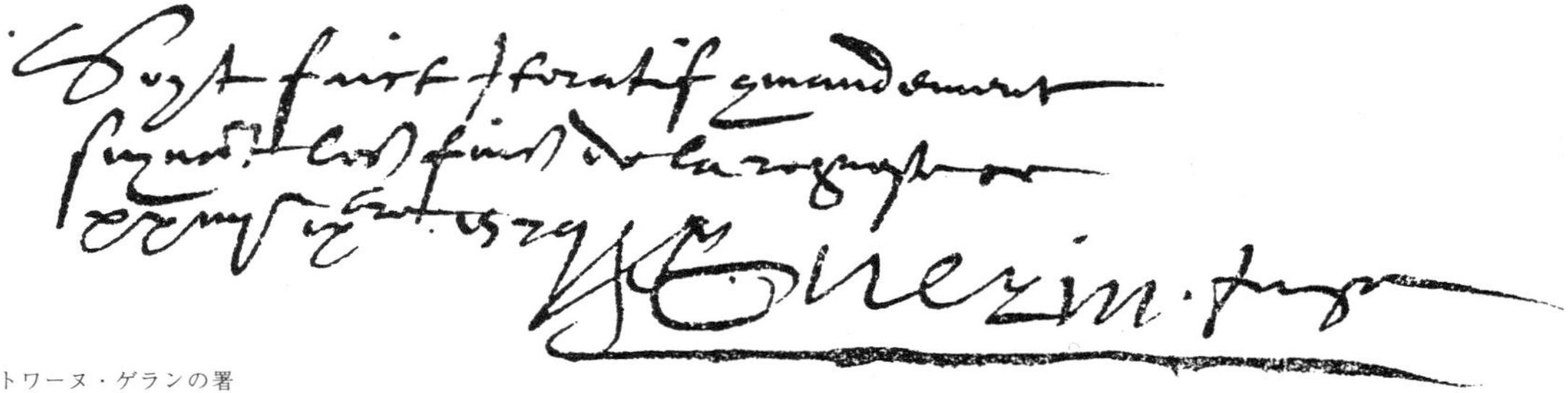

7. 裁判官アントワーヌ・ゲランの署名。1579年、A. C. R., FF19(63)。
8. モンテリマールの「同盟」指導者ジャック・コラのテクスト（盗賊ラロシュについて）と署名。1579年、A. D. D., E3387。

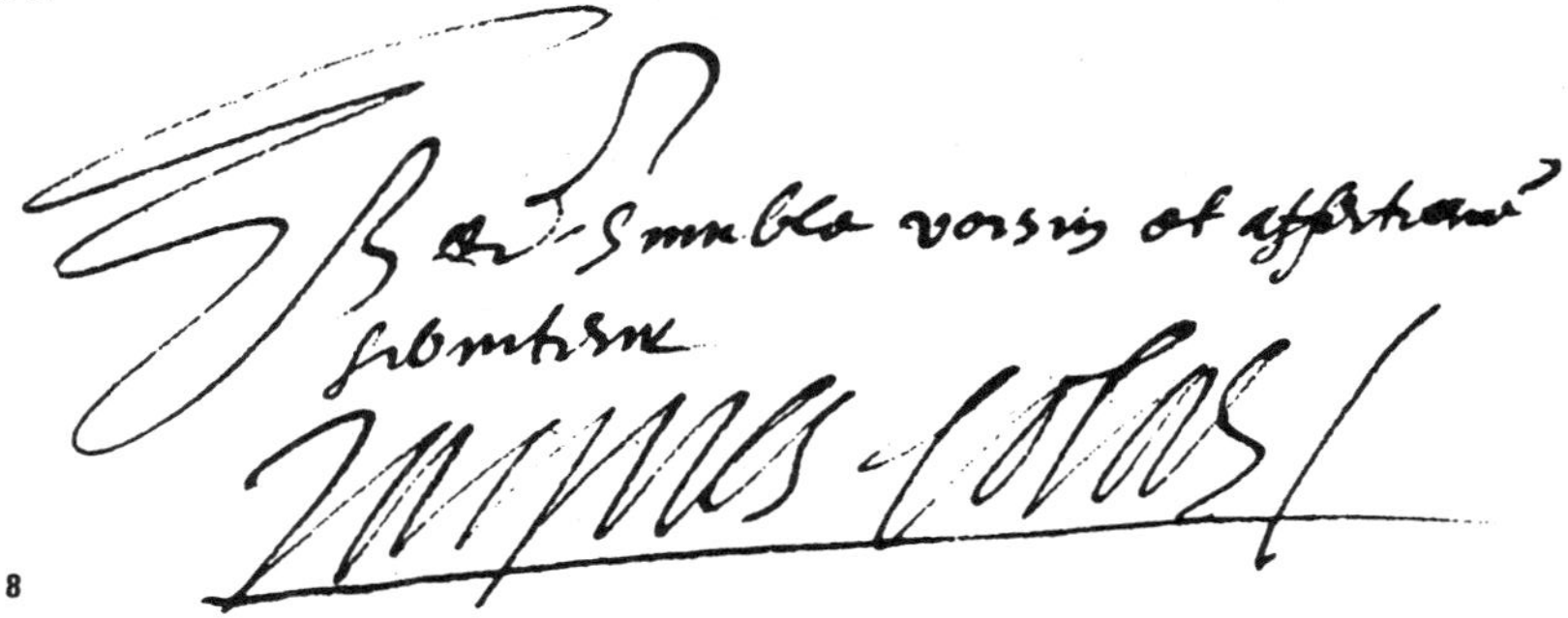

8

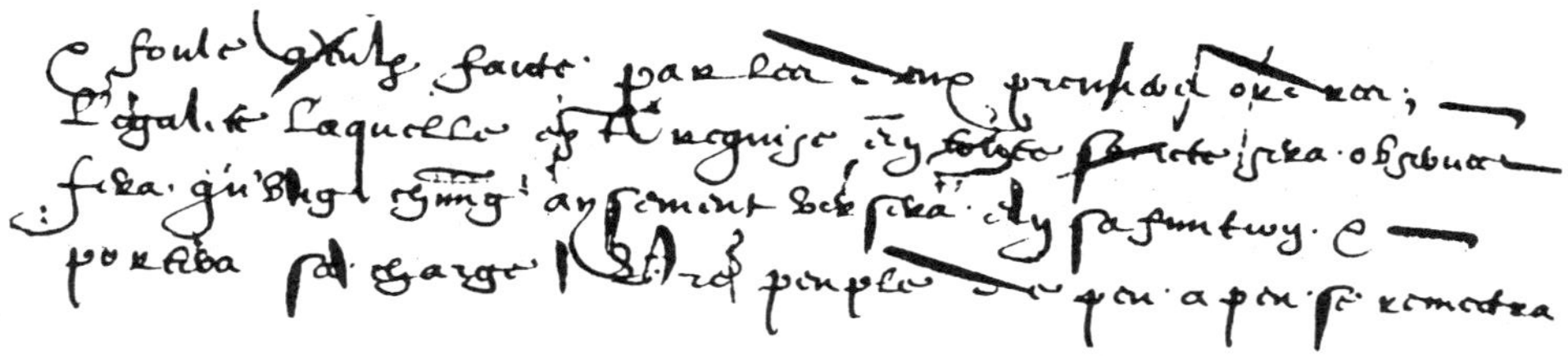

3

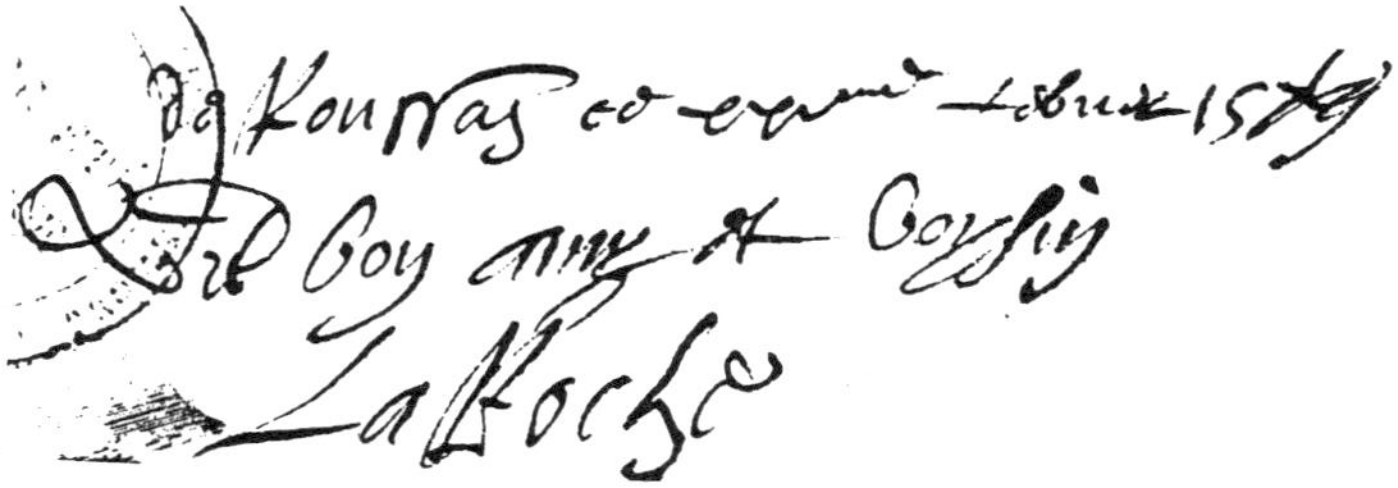

4

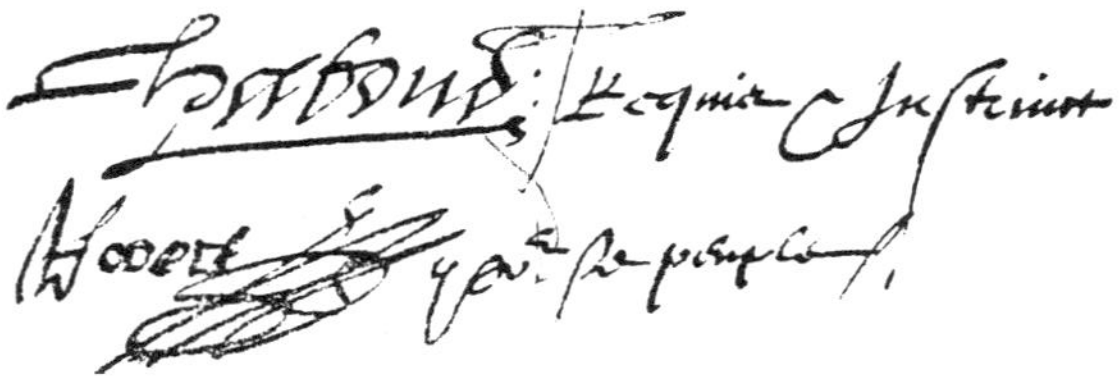

5

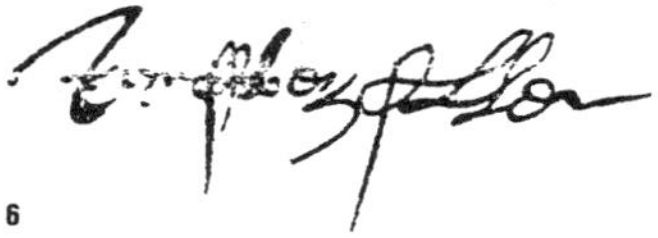

6

3. ド・ブール起草になる一〇〇カ条の陳情書（一部）。「……いかなる社会でも求められる平等……」。1577年、A. D. D., C1023。
4. 盗賊ラロシュの署名。「……良き友にして隣人……」。1579年、A. D. D., E3387。
5. 手工業者たちの指導者ギヨーム・ロベール＝ブリュナの署名。「……民衆のため……」。1579年、A. C. R., FF19。
6. 叛乱の指導者の一人精肉商ジョフロワ・フルールの署名。1579年、A. C. R., FF19。

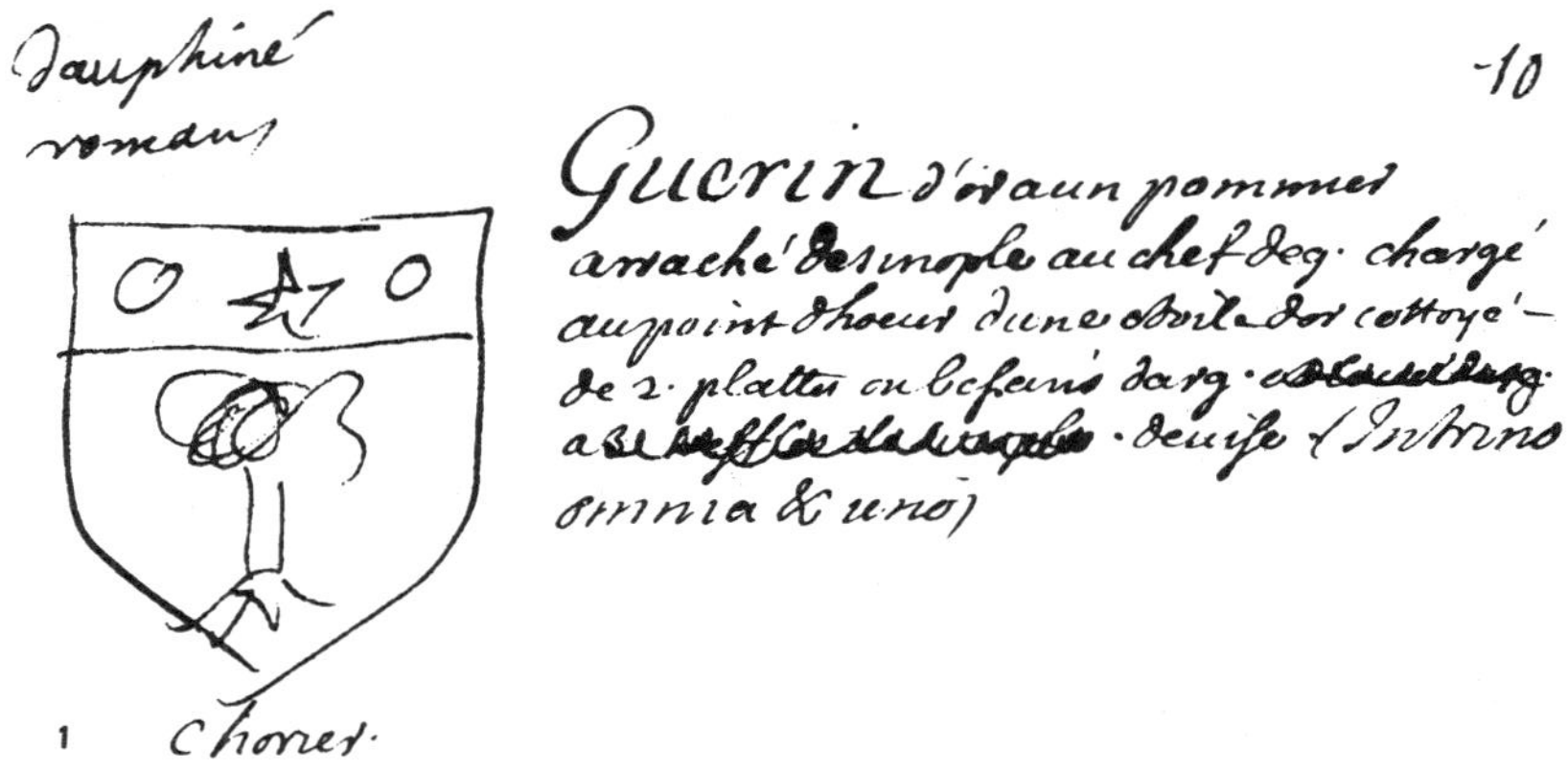

1

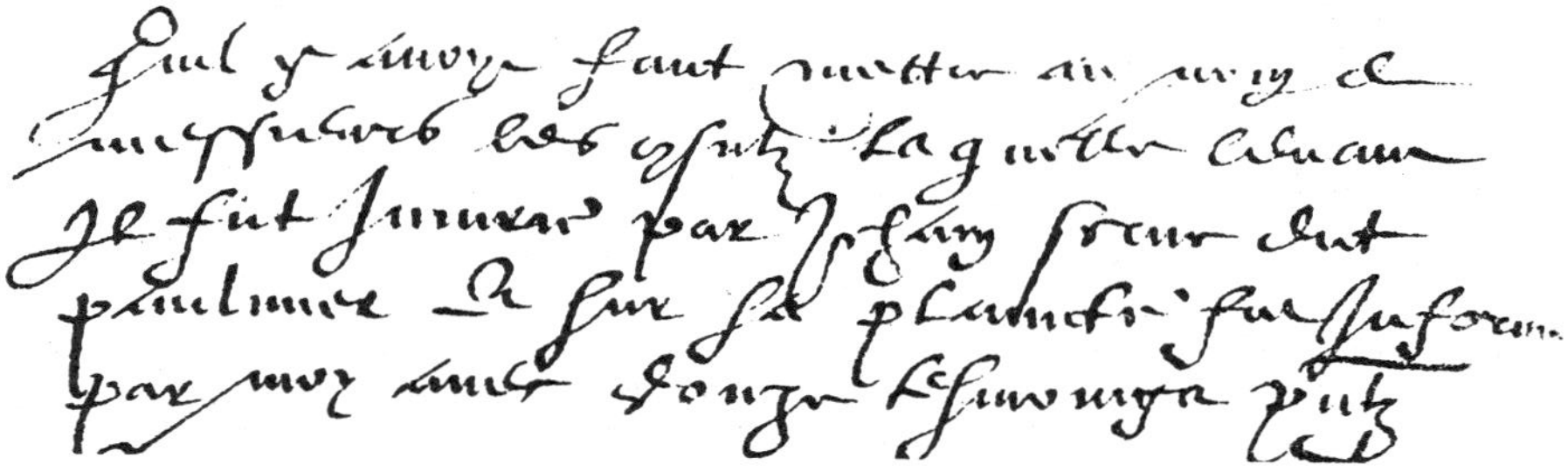

2

1. ゲランの紋章と引きぬかれた（！）林檎の木《ポミエ》（ポーミエ）についての言及。「金色のゲランは引き抜かれた林檎の木を一本有している……」。国立図書館蔵。

2. ポーミエと参事会との悶着に関する一文。1577年2月。A. C. R., GG 44/23。

付録　原典資料

◆邦訳のある文献◆
①マルク・オジェ『国家なき全体主義：権力とイデオロギーの基礎理論』竹沢尚一郎訳，勁草書房，1995年
②ミハイール・バフチーン『フランソワ・ラブレーの作品と中世・ルネッサンスの民衆文化』川端香男里訳，せりか書房，1973年
③カロ・バロハ『カーニバル』佐々木孝訳，法政大学出版局，1987年
④ロラン・バルト『モードの体系』佐藤信夫訳，みすず書房，1972年
⑤ロラン・バルト『S / Z：バルザック「サラジーヌ」の構造分析』沢崎浩平訳，みすず書房，1973年
⑥イヴ＝マリ・ベルセ『祭りと叛乱』井上幸治監訳／松平誠・斎藤玄・小井高志訳，新評論，1980年／藤原書店，1992年
⑦ハーヴェイ・コックス『愚者の饗宴』志茂望信訳，新教出版社，1971年
⑧ナタリー・ゼーモン・デーヴィス『愚者の王国　異端の都市：近代初期フランスの民衆文化』成瀬駒男・宮下志朗ほか訳，平凡社，1987年
⑨マルセル・ドゥティエンヌ『アドニスの園：ギリシアの香料神話』小苅米晛・鵜沢武保訳，せりか書房，1983年
⑩ジャン・デュヴィニョー『祭りと文明』小苅米晛訳，紀伊國屋書店，1980年
⑪ミルチャ・エリアーデ『エリアーデ著作集第1巻　太陽と天空神：宗教学概論1』久米博訳，せりか書房，1974年
⑫アラン・フォール『パリのカーニヴァル』見富尚人訳，平凡社，1991年
⑬ジャン＝ルイ・フランドラン『フランスの家族：アンシャン・レジーム下の親族・家・性』森田伸子・小林亜子訳，勁草書房，1993年
⑭ミシェル・フーコー『知への意志』渡辺守章訳，新潮社，1986年
⑮ジェームズ・フレイザー『金枝篇』永橋卓介訳，5 Vols.，岩波文庫，1951–52年
⑯アルジルダ・J．グレマス『構造意味論』田島宏・鳥居正文訳，紀伊國屋書店，1988年
⑰アンリ・ジャンメール『ディオニューソス：バッコス崇拝の歴史』小林真紀子ほか訳，言叢社，1991年
⑱ジュリア・クリステヴァ『テクストとしての小説』谷口勇訳，国文社，1985年
⑲エドモンド・リーチ『人類学再考』青木保・井上兼行訳，思索社，1974年
⑳クロード・レヴィ＝ストロース『今日のトーテミスム』仲沢紀雄訳，みすず書房，1970年
㉑マルセル・モース『社会学と人類学（１・２）』有地享ほか訳，弘文堂，1973/76年（序文，レヴィ＝ストロース）
㉒マルセル・モース『贈与論』有地享訳，勁草書房，1962年
㉓モナ・オズーフ『革命祭典』立川孝一訳，岩波書店，1988年
㉔エドワード・P. トムスン「ラフ・ミュージック〔イギリスのシャリヴァリ〕」福井憲彦訳（二宮宏之・樺山紘一・福井憲彦編『魔女とシャリヴァリ』《アナール論文選１》所収，新評論，1982年）
㉕ツヴェタン・トドロフ『象徴の理論』及川馥・一之瀬正興訳，法政大学出版局，1987年
㉖ヴィクター・ターナー『儀礼の過程』冨倉光雄訳，思索社，1976年
㉗ヴィクター・ターナー『象徴と社会』梶原景昭訳，紀伊國屋書店，1981年
㉘ヴァン・ジェネップ『通過儀礼』綾部恒雄・綾部裕子訳，弘文堂，1977年
㉙ポール・ヴェーヌ『パンと競技場』鎌田博夫訳，法政大学出版局，1998年

G. WALTER, *Histoire des paysans de France*, Paris, 1963.
Max WEBER, *Économie et Société*, Paris, 1971, p. 238–314.
P. WEIDKUHN, «Carnaval de Bâle», *Cultures*, III, 1, 1976 (「転倒」の主題).
S. A. WESTRICH, *L'Ormée de Bordeaux, Bordeaux* (trad. J. CAVINHAC), Cahiers de l'I. A. E. S., n° 3, 1973.
James B. WOOD, «Mobility among Nobility of modern France», *16 th Century Journal*, avril 1977, p. 3.
A. R. WRIGHT (avec T. E. LONES), *British Calendar customs*, England, 2 vol., Londres, 1936–1938 (また，Mrs Mac Leod Banks，前掲書参照).
Jean Jacques WUNENBURGER, *La Fête, le jeu et le sacré*, Paris, 1977.
Myriam YARDENI, *La Conscience nationale pendant les guerres de Religion*, Louvain, 1971.
Jean ZIEGLER, *Une Suisse au-dessus de tout soupçon*, Paris, 1976.

どに関する学位論文，未刊).
L. S. VAN DOREN, «The royal taille in Dauphiné 1494–1559»，および «*id*., 1560–1610». (親切にも筆者に送られたタイプ原稿論文．最初の論文は *Proceed. of the Amer. philos. soc.*, vol. 121, n°1, fév. 1977, p. 70–96，次の論文は *Proc. of the 3 rd ann. meet. of the west. soc. for French hist*., déc. 1975 et 1976, p. 35–53 所収)
Paul VAN DYKE, *Catherine de Médicis*, New York, 1922.
A. VAN GENNEP, *Les rites de passage*, Paris, 1909. ㉘
A. VAN GENNEP, *Le Folklore des Hautes-Alpes*, Paris, 1946.
A. VAN GENNEP, *Le Folklore du Dauphiné*, Paris, 1932, 2 vol. また，*Folklore de l'Auvergne et du Velay*, Paris, 1942, p. 179 (レナージュ) 参照.
A. VAN GENNEP, «Le culte de saint Blaise en Dauphiné et Savoie», *Rev. de l'ethnog. et des trad. popul*., vol. 5, 1924, p. 136–148. さらに，同氏の *Manuel de folklore français* (カルナヴァル＝四旬節の巻), *Rites de passage*, et les *Dossiers V. G*. conservés au Musée des Arts et traditions populaires (dossier Drôme)なども参照のこと.
Jane VAN LAWICK-GOODALL, *Les Chimpanzès et moi,* Paris, trad. 1971(男性社会の普遍的な結合について).
A. VARAGNAC, *Civilisation traditionnelle...,* Paris, 1948.
Guy VASSAL, *Les Paladins du diable,* 12ᵉ festival d'Aigues-Mortes, août 1976.
R. VAULTIER, *Le Folklore d'après les letters de rèmission,* Paris, 1965.
Marc VENARD, *L'Église d'Avignon au XVIᵉ siècle...*, thèse de doctorat d'État (inédite), Univ. Paris-I, 1977.（16 世紀のアヴィニヨンの教会に関する国家博士号論文，未刊）
Ph. VENAULT, ロマンのカルナヴァル関連脚本. EHESS (パリ高等社会科学研究院)修士論文．主査筆者．Paris, 1977 年．また，同じ著者の次の論考も参照されたい．«Plaisir de l'historien», *Ça cinema*, nᵒˢ 12–13.
Paul VEYNE, *Le Pain et le cirque*, Paris, 1976. ㉙
L. VIDEL, *Histoire de Lesdiguières*, Paris, 1638.
P. VILAR, «Motin de Esquilache», *Historia iberica* (おそらく 18 世紀における祝祭的叛乱から).
P. VILAR, *La Catalogne dans l'Espagne moderne*, Paris, 1962 (第 1 巻に叛徒たちに関わる章).
A. VILLADARY, *Fête et vie quotidienne*, Paris, 1968 (詳細な参考文献リストあり).
Cte de VILLENEUVE, *Mœurs des Provençaux*, Nyons, 1972 (再版).
H. VINCENOT, *Vie quotidienne des paysans bourguignons...*, Paris, 1976.
Jean VINCENT（本文に登場するグルノーブルの第三身分弁護士), *Discours...*, Paris, 1598 ; et *Réplique...*, Paris, 1600.
J. VOSSIER, «Claveyson», BSASD, 1882 (1586 年のペストについて).
M. VOVELLE, *Métamorphoses de la fête en Provence*, Paris, 1976.
A. de VRIES, *Dict. of symbols*, Londres, 1974, art. *hare*.

深い資料).
Albert SOBOUL, *Les Sans-culottes parisiens...*, Paris, 1968 (都市の民衆一揆における手工業者たちの役割).
M. SONENSCHER, «Masques armés de 1783 en Vivarais», *Féd. hist. du Languedoc méd. et du Roussillon*, 1971 (1972 年モンペリエの Paul-Valéry 大学刊).
Jacques SOUBEYROUX, *Pauvres à Madrid au XVIIIe siècle*, thèse d'État, inédite, Univ. Montpellier, 1976.（18 世紀マドリッドの貧者たちに関する国家博士号論文，未刊）
D. SPERBER, *Le symbolisme aujourd'hui*, Paris, 1974.
F. C. SPOONER, *Économie mondiale et frappes monétaires 1493–1725*, 仏訳版, Paris, 1956. より完全な英語版は, Harvard, 1972.
H. de TERREBASSE, «Mont-Calvaire à Romans... miracle de 1517», BSASD, 1882, p. 383.
J. B. THIERS, *Traité des superstitions*, Paris, éd. 1679, 1700, 1777.
P. THOMÉ de MAISONNEUVE, *Histoire de Romans*, 2 vol., Romans, 1937–1942.
P. THOMÉ de MAISONNEUVE, «Les libertés municipales de Romans», BSASD, 1939–1945.（継続掲載項目. 1943—45 年の項目はしばしば誤記が見受けられこそすれ重要）
E. P. THOMPSON, *The making of the English working class*, Londres, 1963.
E. P. THOMPSON, «Le charivari anglais», *Annales*, mars 1972. ㉔ (また，同じ著者の *charivari*〔前掲〕所収論文も参照されたい)
Ch. TILLY, «Rural action in modern Europe», dans J. SPIELBERG et S. WHITEFORD, *Forging nations*, Michigan State Univ. Press, 1976.
Tzvetan TODOROV, *Théories du symbole*, Paris, 1977. ㉕
Paolo TOSCHI, *Le origini del Teatro italiano*, Einaudi, 1955 (同じ著者の次の著作も参照されたい. *Invito al folklore italiano*, Rome, 1963, p. 275 sq.).
Victor TURNER, *The ritual process*, Chicago, 1969. ㉖
V. TURNER, *Dramas, fields and metaphores*, Ithaca, 1974 (voir aussi ses *Tambours d'affliction*, trad., Paris, 1972). ㉗
V. TURNER, *Revelation and divination in Ndembu ritual*, Ithaca, 1975.
V. TURNER, «Symbolic studies», *Annual Rev. of anthrop.*, vol. 4, 1975, p. 145 (重要). また，同氏の *Daedalus*, vol. I, été 1977 所収論文（p. 61）も参照.
V. TURNER, *The Forest of symbols*, Ithaca, éd. 1974, p. 28 et *passim*.
R. VALLENTIN du CHEYLARD, «Ban et arrière-ban, 1594, Valentinois-Diois», BSASD, 1960, p. 273.
H. VAN DER WEE, «Economy and revolt in Southern Netherlands», *Actaneerland*, 1968.
L. S. VAN DOREN, «Revolt... in Romans, 1579–80», *Sixteenth century journal*, avril 1974 (基本的論文).
L. S. VAN DOREN, *War, taxes and social protest... in 16 th century Dauphiné*, Thèse de Phd., Univ. de Harvard, 1970 (16 世紀のドーフィネ地方における戦争や徴税，社会的抗議な

A. R. RADCLIFFE-BROWN, «Sociological theory of totemism» dans *Structure and function in primitive society*, New York, 1965.

Ant. RAMBAUD (ドーフィネ地方第三身分の弁護士), *Plaidoyer*..., Lyon, 1598 ; *Lettre*..., Paris, 1598 ; *Second plaidoyer*, Paris, 1600 (1600 年版には三通りのテクストがまとめられている).

D. RICHET, «Conflits religieux, Paris, seconde moitié du XVIe siècle», *Annales*, juillet 1977 (とくに p. 779).

D. RICHET, «Élite et Noblesse», *Acta Poloniae historica*, 36, 1977.

G. de RIVOIRE de la BATIE, *Armorial du Dauphiné*, Lyon, 1867.

Adolphe ROCHAS, *Abbaye joyeuse*..., Grenoble, s. d. (1870 年頃).

A. ROCHAS, *Biographie du Dauphiné*, Paris, 1856–60, 2 vol. (とくに Guérin de Tencin について).

J. ROMAN, *Documents sur la Réforme et les guerres de religion en Dauphiné*, publiés par *Bull. soc. statist. Isère*, 3e série, tome 15 (=26), 1890, Grenoble (基本書).

J. ROMAN, «La guerre des paysans en Dauphiné, 1579–1580», *BSASD,* 1877 .（ゲランのテクストを含む基本書だが，筆者がフランス国立図書館 ms français. 3319 の原典に基づいて調べたところ，このテクストには何カ所か誤記逸脱がみられる）

J. ROMAN, *Catherine de Médicis en Dauphiné*, Grenoble, 1883(=*Bull. Acad. delph*., déc. 1882).

M. ROSSI, *L'élection de Vienne en 1697–1706*, D. E. S., Univ. Grenoble (ADI., microfilms 2 J 55).

J. ROSSIAUD, «Prostitution... au XVe siècle», *Annales*, 1976, p. 289.

J. ROSSIAUD, «Fraternités de jeunesse», *Cahiers d'histoire*, 1–2, 1976, p. 67 (重要).

Max J. RUDWIN, *German Carnival comedy*, New York (Stechert), 1920.

D. SABEAN, *Landbesitz am vorabend... des Bauernkriegs*, Stuttgart, 1972.

D. SABEAN, «Communal basis of peasant uprisings...», *Comparative politics*, avril 1976.

Gaston SAFFROY, *Bibliographie généalogique, héraldique et nobiliaire*..., Paris, 1968, col. 3301 à 3374 (環通しゲーム) ; et 3465 à 3515 (紋章官).

C. et M. SAGE, «Saint-Jean d'Avelanne», *Monde alpin et rhodanien*, 1–2, 1976 (ドーフィネ地方の民俗慣行紹介).

J. H. M. SALMON, *Society in crisis, France, 16 th century*, New York, 1975.

J. H. M. SALMON, «Peasant Revolt in Vivarais (1575–1580)», *French Historical Studies*, 1979.

J. SERVIER, *Portes de l'année*, Paris, 1962.

Kyle C. SESSIONS, *Reformation and authority(the peasant's revolt in Germany)*, Heath, Lexington, 1968 (とくに p. 17).

Annie SIDRO, «Carnaval de Nice (1294–1889)», *Lou Sourgentin* (Nice), févr. 1976 (重要).

Josias SIMLER ou SIMMLER, *La République des Suisses*, trad. I. Gentillet, S. L., 1577 (自分自身ドーフィネの叛徒たちの友であった翻訳者が明示する，反貴族的内容ゆえに興味

再生).
Jean NICOLAS, *La Savoie au XVIII*ᵉ *siècle*, Paris, 1978 (同じ著者の «Éphémérides du refus», *Ann. hist. Rev. fr.*, 1973, p. 593, et 1974, p. 111 参照).
P. NORA, J. LE GOFF の項参照.
Notices et livre de raison du couvent des Cordeliers de Montélimar (抜粋), BSASD, 1870, p. 375–455.
Ch. NUGUES, *Le festival*... (詳細な参考文献リスト). *Autrement* の項参照.
L. de NUSSAC, «Quelques reynages en Limousin», *Bull. soc. scientif. hist. archéol. de Corrèze*, 13, 1891, p. 463.
S. OSSOVSKI, *La Structure de classe*, Paris (trad.), 1971.
Mona OZOUF, *La Fête révolutionnaire*, Paris, 1976. ㉓ (さらに同氏の *Autrement* および LE GOFF et NORA, III, p. 266 et *passim* 所収論文参照)
P. PANSIER, *Théâtre populaire d'Avignon*, Marseille, éd. 1973 (p. 5 : 1373 年のエフィナニにおける「王国」の起源についての重要な資料).
J. L. PEACOCK, *Rites of modernization*, Chicago, 1968.
Marcel PÉJU, *Fidélités à Paris, seconde Ligue, 1588–1594*, D. E. S. hist., Univ. Paris-IV, 1975 (未刊).
Joseph PEREZ, *La révolte des Communidades*..., Bordeaux, 1970.
Augustin PERIER, *Recueil de documents relatifs à l'histoire du Dauphiné*, Grenoble, 1881, I, p. 1–5.
Mme PERIER, *L'élection de Romans vers 1701*, D. E. S., Univ. de Grenoble (ADI, 2 J 73).
Martine PERROCHET, *Romans au XV*ᵉ *siècle*. Thèse inédite de l'École des chartes (1974), exemplaire à la Bibl. Mun. de Romans.（15 世紀のロマンに関する学位論文，未刊）
E. PIÉMOND, *Mémoires* (éd. J. BRUN-DURAND, 1885), Genève, 1973 (再版，Slatkine reprints).
René PILLORGET, *Mouvements insurrectionnels en Provence*, Paris, 1975 (基本書).
J. PILOT de THOREY, *Usages, fêtes... en Dauphiné*, Grenoble, 1882.
Les Plaisirs de l'Ile enchantée, 1664 (réf. dans G. SAFFROY).
Félix et Thomas Platter à Montpellier, Montpellier, 1892.
A. POITRINEAU, *Autrement* 所収論文.
Ch. PONSOYE, *Quelques pages de notre passé*, Valence, 1941, p. 133–150.
A. de PONTBRIAND, *Le Capitaine Merle*, Paris, 1886.
B. PORCHNEV, *Soulèvements populaires en France*, Paris, 1963.
J. POUEIGH, *Le Folklore des pays d'oc*, Paris, 1952.
A. PRUDHOMME, «Commencement de l'année en Dauphiné», *Bull. hist. et philol. du Com. des trav. hist. et scientif.*, 1898, p. 260.
Auguste PRUDHOMME, *Histoire de Grenoble*, 1888 (再版), Marseille, 1975.

C. LÉVI-STRAUSS, *Le Totémisme aujourd'hui*, Paris, 1962. ⑳
C. LÉVI-STRAUSS, «M. MAUSS, *Sociologie et anthropologie*» 序文, Paris, 1966.㉑
F. LOIRETTE, «Mazarinade... et Carnaval de Bordeaux (1651)», *Bull. et Mém. Soc. archéol. Bordeaux*, vol. 66, 1972, p. 83.
Georges LONG, *The folklore calendar*, Londres, 1930.
J. D. LONG, *La Réforme et les guerres de Religion en Dauphiné (1560–1598)*, Paris, 1856, et Genève (Slatkine reprints), 1970.
M. T. LORCIN, *Les campagnes lyonnaises (XIVe-XVe siècles)*, Lyon, 1974.
Siméon LUCE, *La Jacquerie*, Paris, 1859.
A. MACHIOCCHI, *Pour Gramsci*, Paris, 1974 (巻末にグラムシの興味深いテクスト付載).
MAC KIM MARRIOTT, «Feast of love» dans Milton SINGER, *Krishna Myths*, Honolulu, 1966.
Mrs M. MACLEOD BANKS, *British calendar customs, Scotland*, 2 vol., Londres, 1939.
R. MANDROU, Cartographie des protestants réfugiés à Genève après 1592, *Revue suisse d'histoire*, 1966 (ロマン移住者たちに関する重要な資料).
W. MANNHARDT, *Wald-und Feld Kulte*, Berlin, 1875 (基本書だが，フレーザーは引用しすぎ).
G. de MANTEYER, *La terre de Jarjayes...*, Gap, 1946.
MARMIER, avocat du tiers état, voir le texte de sa plaidoirie à la fin de PIÉMOND, *infra*.
Jacques MARROT, *Fête à Carcassonne* (Diplôme EHESS, 未刊, 1976).
M. MAUSS, *Essai sur le don*, Paris, éd. 1968. ㉒
R. MENTZER, 16 世紀の南仏プロテスタンティズムの社会＝職業的基盤に関する論考（英文）, *Bibl. d'humanisme et Renaissance*, vol. 29, 1977 (Genève).
Thomas MERMET aîné, *Histoire de Vienne*, 1853.
John MERRIMAN, *Amer. hist. Rev.*, 1975 所収の《ドモワセール戦争》に関する論文.
J. MICHELET, *Hist. de France*, vol. III (livre 4, ch. 5 à 18)，とくに p. 153–154, éd. Jules Rouff, Paris (XIXe siecle, s. d.).
Alain MOLINIER, thèse de 3e cycle (inédite) sur *Le Vivarais sous l'Ancien Régime*, Paris, EHESS, 1977.（アンシャン＝レジーム期のヴィヴァレ地方に関する学位論文，未刊）
R. MOLLAT et Ph. WOLFF, *Ongles bleus, Jacques et Ciompi*, Paris, 1970.
Abbé Eugène MONIER, *Études monographiques sur le Charlieu*, Valence, 1907.
R. MOUSNIER, *Fureurs paysannes*, Paris, 1967 (*Histoire de France*, Larousse, Paris, 1954 所収論文も参照されたい).
R. MOUSNIER, *Précurseurs du contrat social,* EDHIS, 23 rue de Valois, Paris, 1978（16 世紀の反専制著作に関する記述）.
R. MUCHEMBLED, *Culture populaire et culture des élites dans la France moderne (XVe-XVIIIe siècles)*, Paris, 1978 (ドーフィネ地方とフランス北部におけるカルナヴァルの同時期の

て）. ⑱
Léonard KURTZ, *The dance of death*, 1934 (Genève, Slatkine reprint, 1975).
M. LACHIVER : BOUGEATRE の項参照.
André LACROIX, «Canton du Grand-Serre : la Valloire», *BSASD,* 1868.
A. LACROIX, *Romans avant 1890*, Valence, 1897.
A. LACROIX, *Claude Brosse et les tailles*, *BSASD,* 1897–1899, vol. 31 à 33(基本書).
A. LACROIX, «Les de Fructu...», *BSASD,* 1880.
A. LACROIX, *L'arrondissement de Montélimar*, Valence, 1868–1893.
A. LACROIX, «Reynages et vogues», *BSASD,* 1880, p. 421.
M. LAGRÉE, «Structure pérenne en Bretagne», *Rev. d'hist. méd. et cont.*, juillet 1976, p. 394.
L. LAMARCHE, «Reynages», *BSASD,* vol. 74, 1958, p. 104.
P. LASLETT etc., *Household and family in past time*, Cambridge, 1972.
A. LATREILLE, éditeur, *Histoire de Lyon*, Toulouse, 1975.
A. LAUBE, Max STEINMETZ, etc., *Illustr. Gesch. der deutsch. frühburg. Revol.*, Berlin, 1974 (論議のある概念だが, 興味深い卑俗化).
Ch. LAURENS, *Le Procès des tailles*, Grenoble, 1867.
Ed. LEACH, *Critique de l'anthropologie* (trad. de *Rethinking anthropology*), Paris, 1968. ⑲
Maria LEACH, etc., *Standard dict. of folklore*, New York, 1972.（*Carnival, Fastnacht, Sword-dance* などの項目参照）
Christian LE BARON, *Formes... de Carnaval en Provence,* Paris VIII-Vincennes(博士号準備論文，未刊).
Arlette LEBIGRE, *Les grands jours d'Auvergne*, Paris, 1976 (とくに領主の抑圧に関する p. 102 参照).
Françoise LEBRUN, «Le Traité... de J. B. Thiers», *Annales de Bretagne*, 83, 1976–3.
LE CAMUS (Monseigneur), texte du XVIIe siècle sur l'usage des brandons etc. dans le Carnaval dauphinois, *Monde alp. et rhod.*, 1–4, 1977, p. 64.（ドーフィネ地方のカルナヴァルにおける祝火慣行についての17世紀のテクスト）
A. M. LECOQ, «Citta festeggiante», *Revue de l'Art*, 1976.
Cl. LEFORT, *Les formes de l'histoire*, Paris, 1978, p. 235(1400 年頃のフィレンツェでの平等「未開人たち」については，L. Bruni et C. Salutani).
J. LE GOFF et P. NORA, etc., *Faire de l'histoire*, Paris, 1974. また, J. LE GOFF, *Pour un autre Moyen Age*, Paris, 1977 所収論文 «Le rituel symbolique» (p. 335 sq.)も参照されたい.
Pierre LÉON, *Naissance de la grande industrie en Dauphiné*, Paris, 1954 (p. 51, 67, etc.).
E. LE ROY LADURIE, *Les Paysans de Languedoc*, Paris, 1966.
Connétable de LESDIGUIÈRES, *Actes et correspondance*, le comte DOUGLAS et J. ROMAN 編, Grenoble, 1878, 3 vol.
Pierre de l'ESTOILE, *Mémoires*, Paris, éd. 1875–96.

A. GREIMAS, *Sémantique structurale, et Sémiotique et sciences sociales*, Paris, 1966 et 1976. ⑯
Martine GRINBERG, «Carnaval et société urbaine, XIVe-XVIe siècles», *Ethnologie française*, IV, 3 および同氏の中世末のフランスにおける祝祭に関する未刊学位論文（EHESS）と参考文献リストは基本的資料.
B. GUENÉE etc., *Entrées royales... 1328–1515*, Paris, CNRS, 1968.
B. GUENÉE, *L'Occident aux XIVe et XVe siècles, les États*, Paris, 1971 (ドーフィネ地方の代議員会の位置を知る上で, きわめて重要な著作).
François de GUÉRIN, *Très humbles remontrances...*, Paris, 1634 (タイユ税に関する各種裁決を含む).
P. GUICHONNET (éditeur), *Histoire de Genève*, Toulouse, 1974 (とくに p. 168 はロマンの人口実勢と比較可能).
A. Y. GUREVITCH, «On the nature of the comic», *Mediaeval Scandinavia*, 9–1976.
J. P. GUTTON, «Reynages...», *Cahiers d'histoire*, XX, 1975.
J. HEERS, *Fêtes... à la fin du Moyen Age*, Montréal-Paris, 1971.
J. J. HÉMARDINQUER, «Guerre aux châteaux (Bretagne, 1675)», *Com. trav. hist. et scientif., Actes 97e congr. soc. sav.*, Nantes, 1972, *sect. hist. mod. et cont.*, vol. II, Bibl. Nat., Paris, 1977(叛乱の反領主的な性格について).
Héraldique, hérauts d'armes, cf. SAFFROY.
H. E. S. F. BRAUDEL et LABROUSSE の項参照.
Daniel HICKEY (prof. Univ. de Moncton, Nouveau-Brunswick, Canada), *Warfare, stagnation, and mobility in Valentinois-Diois*（学位論文，未刊）.
D. HICKEY, article sur «The routes of Renaissance Dauphiné», *Canadian journal of history*, vol. VI–2, sept. 1971 および D. HICKEY, «Procès des tailles... en Dauphiné au XVIe siècle», Congrès de 1976 de la Société historique du Canada.
Général Jacques HUMBERT, *Embrun*, Gap, 1972.
IBN KHALDOUN, *Discours sur l'histoire universelle*, Trad. MONTEIL, vol. II, Beyrouth, 1867.
J. JACQUOT, Voir *Fêtes de la Renaissance*.
H. JEANMAIRE, *Dionysos : histoire du culte de Bacchus*, Paris, 1978. ⑰
C. JOISTEN, *Contes populaires du Dauphiné*, Paris, 1971.
Arlette JOUANA, *L'Ordre social dans la France du XVIe siècle*, Paris, 1977.
C. JOUHAUD, sur la Fronde et le Carnaval frondeur à Bordeaux (séminaire de D. RICHET, diplôme de l'EHESS, 1977).（ボルドーのフロンド派とそのカルナヴァルについての修士論文，未刊）
Ph. JOUTARD, J. ESTEBE, etc., *La Saint-Barthélemy*, Neuchâtel, 1976.
E. KONIGSON, *L'espace théâtral médiéval*, CNRS, Paris, 1975 (p. 131 : 1509 年のロマンにおける『3 人の師』〔Trois Doms〕の聖史劇に関する研究).
Julia KRISTEVA, *Le texte du roman*, Paris-La Haye, 1970（中世のカルナヴァル的祝祭につい

J. FAVRET-SAADA, *Les mots, la mort, les sorts : sorcellerie en Bocage*, Paris, 1977.
G. FAYOLLE, *Vie quotidienne en Périgord*, Paris, 1977, p. 274 (左右両側の五月柱に関する記述).
J. FEJOZ, «Fêtes locales... en Savoie», *Monde alp. et rhod.*, 1976–1.(サヴォワ地方の祝祭紹介)
Fêtes de la Renaissance, éd. du C. N. R. S., Paris, 1956, 1975, 3 vol.
Maria N. FILIPPINI, *Cuisine corse*, Vico, 1965 (とくにエレクシオンに関する一節重要).
R. FIRTH, *Symbols*, Ithaca, 1973.
J. -L. FLANDRIN, *Familles : parente, maison, sexualité dans l'ancienne société*, Paris, 1984. ⑬
Madeleine FOISIL, «Harangue... d'Antoine Ségnier», *Annales de Normandie*, mars 1976.
Aless. FONTANA, «La scena», *Storia d'Italia*, Turin, 1972, I, p. 866.
M. FOUCAULT, *Histoire de la sexualité, I, La volonté de savoir*, Paris, 1976. ⑭ (cf. 同, *Moi, Pierre Rivière...*, p. 42 : le jeu du coq)
Günther FRANZ, *Der Deutsche Bauerkrieg*, Darmstadt, 1952.
J. G. FRAZER, *The golden bough*, Londres, éd. 1916 (とくに最終巻の索引における Carnival の語と全 11 巻中に散見されるレファランス). 簡約版, Paris, trad., 1939. ⑮
F. FURET et J. OZOUF, *Lire et écrire*, Paris, 1977.
C. GAIGNEBET, *Le Carnaval*, Paris, 1974 (刺激的著作). なお *Annales* (mars 1972) 所収のカルナヴァルと四旬節の論考も参照されたい.
Anatole de GALLIER, «La Baronnie de Clérieu», *BSASD*, 1869–1870 (1580 年代の地元紙の発行に関する論考 «imprimerie à Tournon», *BSASD*, 1877 参照).
Achille GAMON, *Mémoires*, «Nouv. coll. des Mém. pour serv. Hist. France» MICHAUD et POUJOULAT 編, Paris, 1838, vol. VIII. なお Valence 版（1888 年）も参照.
Ph. GARDY, «Carnaval d'oc», *Europe*, Paroles occitanes, 1976–1977 ; ALBERNHE の項参照.
R. GASCON, *Grand commerce et vie urbaine à Lyon au XVIe siècle*, Paris, 1971.
Cl. GAUVARD et A. GOKAL, «Charivari au Moyen Âge», *Annales*, mai 1974.
Gaspard GAY, *Mémoires des frères Gay...*, Jules CHEVALIER 編, Montbéliard, 1888.
Cl. GEERTZ, *Myth, Symbol and Culture*, New York, 1975 (とくに《闘鶏》に関する章).
Paul GEIGER, *Deutsches Volkstum in Sitte und Brauch*, Berlin, 1936(仮面論重要).
Ralph E. GIESEY, *Royal funeral ceremony in Renaissance France*, Genève, 1960.
P. E. GIRAUD, «Procédure contre les chenilles à Romans, 1547», *BSASD*, 1866.
Samuel GLOTZ 編, *Le Masque dans la tradition européenne*, Ministère de la Culture, Binche, 1975.
Max GLUCKMAN, アフリカに関する著作だが，興味深い儀礼的転倒の問題についてはとくに以下を参照されたい： *Order and rebellion in Africa*, Glencoe, Ill., 1963.
G. L. GOMME, *The gentleman's magazine library, English Traditions and foreign customs*, Londres, 1885 (とくに p. 65 の聖ブレーズについて．また，ロマンのカルナヴァルときわめて似ているフィレンツェのカルナヴァルについては，p. 244 参照).

A. DUJET, «Antoine Rambaud», *BSASD,* 1922–23, p. 197.

G. DUMÉZIL, *Le problème des Centaures*, Paris, 1929.

P. DUPARC, *Annecy jusau'au XVIe siècle*, Annecy, 1973 (きわめて興味深い著作).

P. DUPARC, «Confréries du Saint-Esprit», *Rev. hist. de droit français et étranger*, 1958 (聖霊同宗団に関する重要な論考).

A. DUSSERT, *Les États de Dauphiné aux XIVe et XVe siècles*, Grenoble, 1915, p. 24 et *passim*.

A. DUSSERT, «Catherine de Médicis et les États de Dauphiné», *Bull. acad. delph.*, 6e série, vol. II, 1931 (19–12–1931).

A. DUSSERT, «Les États du Dauphiné de la guerre de Cent Ans aux guerres de Religion», *Bulletin de l'Académie delphinale*, (5e serie, tome 13, vol. 2, 1922, paru en 1923).

A. DUSSERT, *La Mure*, Paris-Grenoble, 1902.

J. DUVIGNAUD, *Fêtes et civilizations*, Genève, 1973 (cf. aussi *Le Don de rien*, Paris, 1977, p. 134–137). ⑩

J. DUVIGNAUD, *Cultures* の項参照.

U. ECO, *Della periferia dell'Impero*, Milano, 1977.

E. G. EHMKE, «Order and disorder in 17 th century France», Colloque sur la France, Chicago, Newbury library, 10 oct. 1976.

J. EHRARD et P.VIALLANEIX 共編, *Fêtes de la Révolution*, Paris, *Soc. des ét. robesp.,* 1977.

M. ÉLIADE, *Traité d'histoire des religions*, Paris, 1975, chap. VIII. ⑪

Entrée royale de François Ier à Romans (1533), 原文は *BSASD,* 1873, p. 79 所収.

Oswald A. ERICH et R.BEITL, *Wörterbuch der deutschen Volkskunde*, Stuttgart, 1955 (*Fastnacht* の項目).

M. ESMONIN, «Sur la taille réelle», *Bull. mens. soc. hist. mod.*, janv. 1913, p. 176 sq.（物的タイユ税についての考察）

Janine ESTEBE, *Protestants du Midi* (1559–1598). Thèse d'État, inédite (Université de Toulouse-Le Mirail, 1977).（南仏のプロテスタントたちに関する国家博士号論文，未刊）

Claude EXPILLY, Son *plaidoyer* (pour la noblesse) ... (s. l. n. d) ; et *Plaidoyers*, édition globale, Paris, éd. 1612, 1619, etc.

Daniel FABRE, *Jean de l'ours*, Trav. du lab. d'ethnog. et de civ. occit., Instit. d'étud. mérid. Fac. Let. Toulouse, éditions Revue *Folklore*, Carcassonne, été 1969–2 (重要).

D. FABRE et J. LACROIX, «Vie quotidienne des paysans de Languedoc au XIXe siècle», Paris, 1973.

Daniel FABRE, *La Fête en Languedoc*, Toulouse, 1977 (フランス北・南部のカルナヴァルに関する著者と LAJOUX の映像記録参照).

Alain FAURE, *Paris carême-prenant*, Paris, 1978 (秀逸). ⑫

Claude FAURE, *Recherches sur l'histoire du collège de Vienne*, Paris, 1933.

Roberto DA MATTA, «Carnaval», dans ses *Ensaios de Antropologia estrutural*, Petropolis, 1973.
«Le Dauphiné en 1698» (Bouchu による調査), *BSASD,* 1873.
A. DAUZAT, *Village et paysan de France*, Paris, 1941.
Natalie Z. DAVIS, *Society and culture in early modern France*, Stanford, 1975(参考文献重要). ⑧
N. Z. DAVIS, sur *les protestants de Lyon au XVIe siècle*, microfilms de l'Université de Michigan (16 世紀のリヨンのプロテスタントに関する学位論文．未刊．フランス中東部のフォークロアに関する重要な文献リストを含む).
P. DEFOURNET, Thèse de 3e cycle sur Bassy (Savoie), EHESS, 1970 (サヴォワ地方バシィに関する学位論文。とくに vol. I, p. 47).
R. DELACHENAL, *Histoire de Crémieu*, Grenoble 1889 (p. 481, annexe 12, 1579 年のクレミューの陳情書原文所収).
Claude DELAGRANGE (本文に登場するドーフィネ地方第三身分の弁護士), *Juste plainte...*, Lyon, 1597 ; *Responses...*, Paris, 1599 ; *Deffense...et response à la réplique*, Paris, 1601 (フランス国立図書館カタログの [Cl. de] Lagrange の項参照).
Gérard DELILLE, *Vourey (XVIe-XVIIe siècles)*, D. E. S. hist.Univ. Grenoble, 1968 (農村部における貴族領の拡大について).
J. DELUMEAU, *Mort des pays de Cocagne*, Public. Sorbonne, tome 12, とくに第 1 章 (Paris, 1976).
H. DESROCHE, *La société festive*, Paris, 1975 (祝祭的なフーリエ主義のユーモア...).
M. DÉTIENNE, *Les Jardins d'Adonis*, Paris, 1972. ⑨
André DEVAUX, *Essai sur la langue vulgaire du Dauphiné...*, Lyon 1892, p. 440–441 (et Slatkine reprints, Genève, 1968).
C. DEVIC et J. VAISSETTE, *Histoire générale de Languedoc*, Toulouse, 1872–92, vol. XI-1 (événements de 1579–80 en Dauphiné, Vivarais et Gévaudan).
Dict. de Spiritualité, par M.VILLER, etc. (Beauchesne, Paris 1953, tome II, art. *Carême*).
R. A. DOBSON, *The peasants' revolt of 1381*, Londres, 1970.
J. B. DOCHIER, *La taille en Dauphiné*, Grenoble, 1783, p. 5, 51, etc.
J. B. DOCHIER, *Origine de Romans*, Valence, 1813 ; *Recherches sur l'impôt...en Dauphiné*, Valence, 1817.
Mary DOUGLAS, *Implicit meanings*, Boston, 1976.
Paul DREYFUS, *Histoire du Dauphiné*, Paris, 1976.
Henri DROUOT, *Mayenne et la Bourgogne*, Paris, 1937.
G. DUBY, *Le temps des cathédrals*, Paris, 1976 (以下の書も参照．*Histoire de la France rurale*, Paris, 1977, vol. 2, p. 542, et vol. 4, p. 332 ; また M.BOUDIGNON の前掲の序文も参照されたい).
Julien DUFOS, *Défense de la noblesse...*, Paris, 1601 ; *Secondes Écritures...*, Grenoble, 1602.
A. DUFOUR, «Nobles dauphinois pendant la Ligue», *Cahiers d'hist.*, 1959, p. 227.

Chanoine Ulysse CHEVALIER, *Mystère des Trois Doms, du Chanoine Pra, en 1509 à Romans*, Lyon, 1887.
Jacques CHOCHEYRAS, *Théâtre religieux en Savoie, et en Dauphiné*, Genève 1971, et 1975.
G. CHOLVY, «Sentiment religieux populaire», *99e congr. soc. sav.*, Besançon, 1974, p. 293.
V. CHOMEL, «Le Dauphiné sous l'Ancien Régime ; publications historiques, 1935–1962» ; *Cahiers d'histoire*, 1963, p. 303 (重要).
V. CHOMEL, BLIGNY, 1973 所収の基本的論文.
N. CHOMSKY, *Per ragione di stato*, ainsi que *Dialogues avec M. Ronet*, et *Reflexions sur le langage*, Turin 1977, et Paris 1977 (自由・平等観の本質的性格に関する興味深い推測).
N. CHORIER, *Histoire générale de Dauphiné*, Lyon 1672, p. 697 (1579 年 4 月にはなお叛徒側だったが，1580 年 2 月に反ポーミエ派となったジャン・ギグの役割について興味深い記述あり).
P. et M. CHOVET, «La Ligue des Vilains de Romans», *Le Peuple français*, n° 26, avril-juin 1977 (*Peuple français,* n° 6 参照).
Pierre CLASTRES, «La guerre dans les sociétés primitives», *Libre*, 1971–1.（「未開」社会における戦い）
S. CLEMENCET, *Guide des recherches dans les fonds judiciaires de l'Ancien Régime*, Paris, 1958.
Père Archange de CLERMONT, *Mémoires*, J. CHEVALIER 編, Romans, 1887.
R. COBB, *Police and the people*, Oxford, 1972.
Giuseppe COCCHIARA, *Paese di Cocagna*, Turin 1955, et 1969.
E. COLAS DE LA NOUE, *...Jacques Colas*, Paris, 1892 (アネックス重要).
J. M. COLONI, de Romans, *Prévoyances...jusqu'à 1582*, Avignon, 1575.
J. M. CONSTANT，sur les Cahiers de doléances de Beauce en 1576（1576 年のボースの陳情書に関する報告，未刊．農民たちの領主に対するより激しい貴族に対する憎悪).
Baron de COSTON, *Histoire de Montélimar*, Montélimar, 1883.
Harvey COX, *The feast of fools*, Cambridge 1969 (trad. Paris, 1976). ⑦
Ch. de COYNART, *Les Guérin de Tencin*, Paris, 1910.
Claude CROS, «Démog. hist. de Saint-Priest», *Bull. soc. d'ethnog. du Limousin*, janv. -juin 1976, p. 41.
Edmond CROS, *L'aristocrate et le Carnaval des gueux*, Centre d'études socio-critiques, Univ. P. Valéry, Montpellier, 1975.
Cultures (Presses de l'Unesco, Paris) vol. III, 1976, n° 1 : *Les grandes traditions de la fête* (とくに J. DUVIGNAUD と P. WEIDKUHN [Carnaval de Bâle] の論考) ; n° 2 : *Fête et cultures.*
A. CUVILLIER, *Manuel de sociologie*, Paris, 1967.
Robert DAHL, *Who governs?*, New Haven, 1969.
G. DALET, «Guerre des paysans de Valloire», *Bull. mens. acad. delph.*, nov. 1972.（ヴァロワール地方の農民戦争について）

Guy CABOURDIN, *Terres et hommes en Lorraine*, 1550–1630, Univ. Lille III, 1975.

Ça cinéma, n 010–11, 1976, articles sur le *Carnaval de Romans* par Ph. BLON, J. FARGES et l'auteur.（本書に関する記述あり）

Max CAISSON, «L'hospitalité corse...», *Études corses*, 1974–2.

P. CALDERON DE LA BARCA, *L'alcade de Zalaméa* (1645), drame de la révolte paysanne contre la soldatesque.（残兵たちに対する農民たちの反抗劇）

Carnaval en Suède : cf. *Nordisk cultur*, n° 22, 1938 ; et P. NILSSON, *Arets folkliga fester* (1936) (Börje Hanssen 氏のご好意による) et *Kulturhist. lexik. for nord. medeltid*, vol. IV, Malmoë, 1959.

Art. *Carnevale* de l'*Encicl. del. Spettacolo*, Rome, 1956, vol. III.

Cl. CAROZZI, «...Adalbéron de Léon», *Annales*, juillet 1978.

Antoine CASANOVA, «Sur le Carnaval corse» dans Hommages à Georges Fournier, *Annales de Littérature de l'Université de Besançon*, Paris, 1973.（G. フルニエ献呈論集所収のコルシカのカルナヴァル論）

Yves CASTAN, *Honnêteté...en Languedoc*, Paris, 1974.

Catherine de Médicis, Lettres, BAGUENAULT DE PUCHESSE 編, tome 7, Paris, 1899.

P. CAVARD, *La Réforme et les guerres de Religion à Vienne*, Vienne, 1950.

Césaire d'Arles, *Opera Omnia*, éd. 1937, vol. I, p. 743 (紀元 1000 年紀の冬祭りと仮面仮装).

I. CHAFAREVITCH, *Le Phénomène socialiste*, Paris, 1977.

V. CHARETON, *Réforme et guerres civiles en Vivarais*, Paris, 1913.

Charivari (討論会報告書), Musée des Arts et Traditions populaires, 1977.

R. CHARTIER, «Noblesse française et états de 1614 : réaction aristocratique?» *Acta Poloniae historica*, 36, 1977.

R. CHAETIER et D.JULIA, «Le Monde à l'envers», L'*Arc*, n° 65, 1976.

R. CHAETIER et J. NAGLE, «Les cahiers de doléances de 1614», *Annales*, nov. 1973.

P. CHAUNU, *L'Espagne de Charles Quint*, Paris, 1973.

P. CHAUNU, *La Mort à Paris*, Paris, 1978, p. 203.

Dr Ulysse CHEVALIER, «Cordeliers de Romans», *BSASD,* 1867–68. (同じ著者に «Le pont de Romans», *ibid*. 1867 がある)

Dr Ulysse CHEVALIER, «Les statuts de Saint-Barnard de Romans», *BSASD,* 1880.

Dr Ulysse CHEVALIER, «Généalogies romanaises : Velheu», *BSASD,* 1882.

Dr Ulysse CHEVALIER, «Annales de Romans pendant les guerres de Religion», *BSASD,* 1875–1876.

Dr Ulysse CHEVALIER, «Les Abbayes laïques de Romans», *BSASD,* 1882, p. 27.

Dr Ulysse CHEVALIER, *Hôpitaux de Romans*, Valence, 1865 (et *BSASD,* 1866, p. 114).

Dr Ulysse CHEVALIER, *Un Tournoi à Romans en 1484*, Romans, 1888 (ドーフィネにある《スルタン》が来訪して…).

による章参照).
J. BODIN, *La République*, éd. Latine, 1586.
Martine BOITEUX, articles sur le Carnaval romain dans, *Annales*, mars 1977, et *Mélanges École française de Rome*, 88, 1976–2.（ローマのカルナヴァル論）
M. BONI, *Carnaval de Nice,* Nice, 1876 (動物表象を伴うカルナヴァルの伝統).
B. BONNIN, art. sur «l'endettement des communautés dauphinoises au XVIIe siècle», *Bull. centre rech. hist. écon. et soc. rég. Lyon*, 1972.（17 世紀のドーフィネ地方共同体の借財に関する論考）
B. BONNIN, thèse (en préparation) sur l'histoire du Dauphiné à l'âge moderne (renouvellera cette vaste question). BLIGNY の項参照.
Michèle BOUDIGNON,etc. *Fêtes en France*, Paris 1977 (G. DUBY 序文).
E. BOUGEATRE, *Vie rurale dans le Mantois...*, Meulan, 1971 (M. Lachiver の重要な民俗学的言及参照).
R. P. BOUGES, *Histoire de Carcassonne*, Paris, 1741 (とくに p. 363).
P. BOUSSEL, *Guide de la Bourgogne...*, Paris, 1976, p. 333 (儀礼的にロマンの結社と似ているディジョンの「狂った母」に関する言及あり).
Jean BOUTIER, *Révoltes bas-limousines*, fin XVIIIe siècle, D. E. S. Univ. Paris VII (未刊).
F.BRAUDEL, *La Méditerranée et le monde méditerranéen à l'époque de Philippe II*, Paris, éd. 1966, 2 vol.
F. BRAUDEL et E. LABROUSSE, *Histoire économique et sociale de la France* (= «H. E. S. F.»), Paris, 1977, tome I (最初の 2 巻は P. CHAUNU, R. GASCON, E. LE ROY LADURIE, et M. MORINEAU による).
Robert BRENNER, «Agrarian class structure...», *Past and Present*, fév. 1976.
J. C. BRIEU, «Assassinat du sieur de Callas, 1579», *Bull. soc. études scientif. et arthéol. de Draguignan,* VII, 1868–69, p. 101–134.
J. E. BRINK, «*A Tax Loophole*, Montpellier, 16 th century» *Meeting of West. soc. for French hist.*, Denver, déc. 1975 (同じ著者の *États* méridionaux, un art. dans *Annales du Midi*, juillet 1976, p. 287 参照).
Claude BROSSE, *Cahiers des villages*, Grenoble, 1606, 1608, et éditions de 1611, 1616, 1621 (B. N.).
J. BRUN-DURAND, *Dictionnaire topographique de la Drôme*, Paris, 1891.
J. BRUN-DURAND, *Dict. biog. de la Drôme*, Grenoble, 1900, 2 vol. (cf. *Guérin, Serve,* etc.の項目).
BSSI, 1890, cf. J. ROMAN, 1890.
Jean BUREL, *Mémoires*, Le Puy, 1875.
Peter BURKE, «Festivals and protest, Italy, 1647», *Social history society newsletter*, printemps 1977, p. 2.

G. ARDANT, *Histoire de l'impôt*, Paris, 1971.
Camille ARNAUD, *Abbaye de la jeunesse...*, Marseille, 1858.
Eugène ARNAUD, *Histoire des protestants du Dauphiné*, Paris, 1875–76, 3 vol.
J. -P.ARON, P.DUMONT, E.LE ROY LADURIE, *Anthropologie du conscrit français*, Paris, 1972.
Th. ARTUS, sieur d'EMBRY, *Description de l'île des hermaphrodites*, Cologne, 1724.
Marc AUGÉ, «Quand les signes s'inversent», *Communications*, 28, 1978, p. 66.
Marc AUGÉ, *Pouvoirs de vie,pouvoirs de mort*, Paris, 1977. ①
Autrement (7 / 1976), revue, numéro spécial, *La Fête, cette hantise*.
F. BABY, *La Guerre des demoiselles en Ariège*, Carcassonne, 1972.
Bague (jeux de), cartels, tournois, etc. : cf.BN Lb 36 149 ; Lb *37* 3475 (Perrault, carrousel de 1662) ; Lb *36* 3460 ; Ye 13861 ; Lb 36 1377 (Louis XIII, 1620) BN, Fontanieu, 120 (Savoie 1608).
Cf.aussi *infra*, PIÉMOND, p. 135 ; COLAS, p. 67 ; VOVELLE, p. 79 ; *La Princesse de Clèves* (Madame de Valentinois に関する) ; BERCÉ, *Hist.Croq*. I, p. 214 ; DUBY, *Cathédrales*, p. 246.
Bague : sur les jeux de bague,voir G. SAFFROY.
BAGUENAULT DE PUCHESSE, *Catherine de Médicis (Lettres)...*の項参照.
M. BAKHTINE, *L'Œuvre de François Rabelais...*, trad., Paris, 1970. ②
Julio CARO BAROJA, *El Carnaval*, Madrid, 1965. ③
Roland BARTHES, *Système de la mode*, Paris, 1967. ④
Roland BARTHES, *S / Z*, Paris, 1970. ⑤
Ph. BAUTIER, *Les Reynages*, Guéret, 1945 (重要).
Nicole BELMONT, *Mythes et croyances dans l'ancienne France*, Paris, 1973.
Philippe BENEDICT, *Thèse* sur les protestants de Rouen au XVIe siècle, Univ. de Princeton, vers 1975 (16 世紀のルーアンのプロテスタントに関する学位論文，未刊).
Yves BERCÉ, *Histoire des Croquants*, Genève 1974 (同じ著者の次の書も参照されたい．*Croquants et Nu-pieds*, Paris, 1974).
Y. M. BERCÉ, *Fête et révolte*, Paris, 1976. ⑥
A. BERCHTOLD et autres auteurs, *Quel Tell?* Lausanne, 1973.
Dr Claude BERNARD, *Histoire du Buis-les-Baronnies*, Buis, 1954.
R. BEZUCHA, «Masks...», Roger PRICE, *Revolution and reaction*, 1848 (Croom Helm, Londres ; Barnes and Noble Books, New York) 所収論文.
J. N. BIRABEN, *Les Hommes et la peste*, Paris 1976, 2 vol., p. 119 (1564 年と 86 年のロマンを含むフランス全土のペストに関する基本書).
André BLANC, *La Vie en Valentinois* (1500–1590), Paris, 1977.
Bernard BLIGNY 編, *Histoire du Dauphiné*, Toulouse, 1973 (とくに V. Chomel と B. Bonnin

引用・参考文献リスト

（丸数字は邦訳のある文献を示す．末尾にそのリストを挙げる）

＊以下のリストは，カルナヴァル全般の問題に関する文献を網羅したものではない．これについては，カロ・バロハ（C. BAROJA）やパオロ・トスキ（P. TOSCHI）などの著作を参照されたい．

＊写本資料…本書で用いた写本資料は，基本的にロマン市立図書館に保存されている，同市有古文書（記録文書）や同図書館の他の写本（Calixte Lafosse 蔵書），ドロームおよびA. D. I.，ヴァランス市有古文書，グルノーブル市立図書館写本，国立図書館《フランス写本》などからのものである．これら《古文書》の正確なリファレンスは，本書の原注に記されている．ドーフィネの第三身分の諸権利に関する，歴史家エティエンヌ・パ（ス）キエの見事な未刊テクスト（A. D. D., C 1024）は，筆者のみるところ証拠に基づいたものと思えるが，本書最終章では使っていない．なお，ヴィエンヌ市有古文書にある地域調査 CC 39–44（A. D. I. のマイクロフィルム Mi 104–107）の重要性は，ここで指摘しておいた方がよいだろう．

M. AGULHON, *Pénitents...de Provence*, Paris, 1968.（また，彼の G.DUBY, *Hist. de la Fr. rur.*, vol. III, p. 145–147 および *Autrement, infra*．所収論文参照）

M. AGULHON, «Le jeu de l'arquebuse à Aix...», tiré à part, 1977 ; et «Imagerie civique...», *Éthnol.française*, 1975, 5, (p. 39 : le coq).

H. ALBERNHE et Ph. GARDY, *Caramentrant dans la littérature occitane*, thèse de 3e cycle, Univ.Montpellier, 1970.（同じ著者の次の著作も参照されたい．*Chansons du Carrateyron*, Paris, 1972 ; et «Carnaval en litt.occitane», *Revue des langues romanes*, 1971.）

Louis ALIBERT, *Dict.occitan-française*, Paris, 1966.

Guy ALLARD, *Bibliothèque du Dauphiné*, Grenoble, 1797, et *Dict.du Dauph.*, ibid., 1864.

A. AMARGIER, «Sur la confrérie du Saint-Esprit au Moyen Âge», *Cahiers de Fanjeaux*, vol. 11, 1976, p. 305.（中世の聖霊同宗団に関する考察）

Annales de la ville de Romans : U. CHEVALIER の項参照．

Archives hist. du dép. de la Saintonge : tome 46, p. 35.（カルナヴァルにおける貴族たちの叛乱に関するテクスト）

	2月19日　反農民勢力の（新）貴族部隊、ロマンへ。ゲラン、「革命参事会」を設けてロマンを完全掌握。 3月2日　グルノーブル高等法院の臨時法廷、ロマンで叛徒＝騒乱者たちに対する裁判開始（—3月末）。 3月　ドーフィネ各地の農民・手工業者たち、しばしばユグノー教徒たちとともに税の公平化や貴族の免税特権廃止などを唱えて蜂起。モジロン軍や国王軍による鎮圧（—12月）。 4月　臨時法廷、ロマンの「王国」や若者修道院禁止。 4月25日　臨時法廷の審理終了。 6月10日　臨時法廷、ヴィエンヌでの審理終了。グルノーブルへ。
1581	ポーミエ派の元活動員数名、盗賊行為の廉で処刑。
1596-1630頃	第三身分の弁護士たちによる反免税特権闘争。
1598	ナントの王令（4月）。

	ヴァランスの職人・耕作者、国王軍放逐のため、製粉業者ボニオルを指導者として叛乱（2月）。 ロマンの反税気運高揚（2月）。 セネシャル裁判所所長代理ジャック・コラ、盗賊ラロシュ征伐（2月）。 民衆同盟（ポーミエ）・ロマン参事会・地方総督補佐官モジロン軍による、ラプラドのシャトードゥーブル城攻撃（3月）。 ロマン近郊農民たちによる領主城館焼き討ち（2―4月）。 冷害によるブドウ不作（春）。 全国三部会（4月）。 ド・ブール、グルノーブル地方三部会に「44カ条陳情書」提出（4月）。この頃、ドーフィネ各地での叛乱絶頂期。 ロマン住民への外出禁止令（5月）。 ロマンの精肉商による反税スト（6月―9月？）。 ド・ブール、ドーフィネ巡行中のカトリーヌ・ド・メディシスに「短信」提出（8月）。 大雨による播種作業遅滞（10月）。 第7次宗教戦争（11月）。 ロマンのパン職人による反税スト（11月―）。 ド・ブール没（11月）。 グルノーブル地方三部会（12月）。 ロマンの裁判官ゲラン、精肉商・パン職人たちに納税命令（12月）。
1580	1月30・31日　羅紗職人たち、カルナヴァル準備。 2月2日（聖母潔斎の祝日）ポーミエの熊仮装。 2月3日（聖ブレーズの祝日）職人たちの武装行列。羅紗業者たちによる「レナージュ」。雄羊王国建設。ブランル・仮装行列（―13日）。 2月6／7日　「雄鶏（＝鷲）レナージュ」旗揚げ。 2月8日　ユグノー教徒、グルノーブル占拠未遂。 2月9日　ポーミエ、雄鶏王国の夜宴出席。ゲランら「ヤマウズラのレナージュ」。 2月11日　ヤマウズラ獲得競走初日。勝利者ラロシュ（ヤマウズラ王国の王）。 2月14―16日　「カルナヴァル」（ジュール・グラ）。 2月14日（肉食の日曜日）　ロマンのパロディック大評定院行列。「野ウサギのレナージュ」と「去勢鶏のレナージュ」。 2月15日（肉食の月曜日）　ヤマウズラ王国の《富裕者たち》（ゲラン派）、「去勢鶏王国」（ポーミエ派）襲撃。ポーミエ射殺。 2月16日（肉食の火曜日）ロマンのエリート・ブルジョワ・周辺貴族連合（ゲラン派）、サン＝ニコラ地区やシャプリエ地区で叛徒＝同盟派（ポーミエ派）掃討。クレリュー地区での対峙と農民たちの退却。 2月17日　灰の水曜日（四旬節初日）。

〈ロマンのカルナヴァル〉関連年表

西暦	事　項
(1341)	(ドーフィネ地方免税証書発効)
1537-38	ドーフィネ地方で臨時税徴収。
1542	グルノーブル高等法院評定官レイモン・ミュラ、ロマンに。最後の市民総会（5月15日）主導。「臨時参事会メンバー」排除。
1550	地方三部会への村落代表派遣。
1556	貴族の免税措置などを定めるボーリュー王令発令（5月6日）。
1559	アンリ二世事故死。フランソワ二世即位（7月）。外戚ギーズ家、実権掌握。
1560	ポーミエ、アントワネット・トメと結婚（2月）。フランソワ二世没。シャルル九世即位（12月）。母后カトリーヌ・ド・メディシス摂政。
1562	ユグノー勢力によるロマン支配（—1563年、ほかに1567—68年）。ポーミエ、マルグリット・ロワロンと再婚（11月）。
1572	サン＝バルテルミの虐殺（8月24日）。ロマン・ユグノー教徒のジュネーヴ脱出。同日、ゲラン、ロマンのプロテスタント家長128名に課税ないし科料。さらに、入獄中のプロテスタント数名殺害（8月末）。
1575	ドーフィネ地方総督補佐官ド・ゴルゴによる上納税要求（9月）。
1576	ギーズ公アンリ、カトリック同盟（リーグ）結成。ブロワの全国三部会（12月。77年まで）。ドーフィネでの反税・反特権階級闘争開始（—1579年）。
1577	カルナヴァル（2月）。ブロワの全国三部会（3月16日）における第三身分の「陳情書」。ドーフィネ各地での連隊兵士の横暴。ド・ゴルド軍への糧秣要求（7月22日）。ポワティエ王令（9月）。ジャン・ド・ブール、「100カ条陳情書」を作成し、ヴィエンヌの地方代表としてブロワの全国三部会へ（10月）。
1578	ドーフィネ地方農民戦争（—1580年）。
	「盗賊」ラプラドによるロマンの商人ジャン・ギグ誘拐と略奪（3月）。
	ドーフィネ全域で臨時徴税（8月）。
	都市同盟組織（8月）。
	タイユ税・臨時税徴収（10月ほか）。
	モンテリマール市会開催（11月）。
1579	ドーフィネ一帯での反タイユ税闘争開始（1月）。
	ロマン市庁舎での聴聞会：市民と市政府との最初の対決（2月）。
	ロマンの「レナージュ（王国）」慣行。
	職人叛乱（聖ブレーズの祝日＝2月3日）。

訳者あとがき

✦

本書は、副題にもあるように、一五七九年の聖母潔斎の祝日から一五八〇年の四旬節初日、つまり灰の水曜日のロマンの事件を、さながらドキュメンタリー・タッチで描いたものだが、まず最初に、気がかりなその後のアントワーヌ・ゲランを、H・トリブ・ド・モランベールほか編の『フランス人名事典』（H. Tribour de Morembert et als. : Dictionnaire de biographies françaises, t. 16, Letouzey et Ané, Paris, 1895, pp. 1479–1480）に基づいて追っていこう。

一五八〇年五月八日に、彼がロマンの市当局から五〇エキュの特別慰労金を与えられたことは、本文中に記されている通りだが、ポーミエ＝民衆同盟の叛乱を未然に防ぎ、ロマン市の安寧に尋常ならざる貢献をしたことは、一五八五年一〇月三日付の貴族たちの書状によって、国王の知るところとなる。だが、二年後、彼はロマンの都市守備司令官だったラ・ロシュ伯バルタザール・ド・フロットとの間に軋轢を招く。後者が市民を犠牲にして私腹を肥やしていたのみならず、市の費用で居城を築こうとしたからである。

すでに三年前の一五八二年、本書にしばしば登場する地方総督補佐官のモジロンが、ヴァランスに城砦を築き、これを自分たちに対する迫害の始まりと誤解したプロテスタントたちの反撥を招いていたが（Jules Ollivier : *Essais historiques sur la ville de Valence*, L. Borel, Valence, 1931, p. 127）、このラ・ロシュ伯の専横に対するゲランの反意は、彼が失脚・追放される因となった。そんな彼が再びロマンに戻れるようになったのは、市民たちの嘆願のおかげだった。しかし、旧職に復帰することは禁じられた。

こうして失意の日々を送っていたゲランは、一五九四年、ようやく国王裁判官に復する。だが、それも長くは続かず、おそらく二年後の暮れ、息子のアンリ＝アントワーヌに後を託して、ついに波瀾に富んだ一生を閉じる。彼に裁判官の職をもたらした妻フランソワーズ・ド・ガラニョル（本書第1章・第8章参照）は、一六一〇年まで生きた。

フロジュ領主となったアンリ＝アントワーヌは、妻シュザンヌ・ド・ペリシエとの間に数人の子供をもうけ、本書第10章にあるゲラン一族の発展は、まさにこの世代から本格化する。すなわち、長子フランソワは一六三七年からじつに二七年もの間、グルノーブル高等法院の評定官をつとめたほか、初めてタンサン領主を名乗り（エマール・ゲラン・ド・タンサン）、その二世代後から、本書第10章にあるように、リヨン大司教から国務大臣にまでなったピエール・ゲランや、彼の妹で、十八世紀に重要なサロンを主宰するようになるアレクザンドリーヌ・ゲラン、そしてその息子ダランベールなどが登場する。さらに、アンリ＝アントワーヌのもう一人の息子ピエールは、メルキオールの姓を得てカプティン会士となり、誤ってアントワーヌ・ゲランの書とされる『聖俗史大要』を編んでいる。

行商人だった父ピエールが、一五二〇年にロマンに住みつくようになってから約二世紀、たしかに著者ル・ロワ・ラデュリも述べているように、ゲラン一族の栄達には刮目すべきものがある。そして、そんな栄達の決定的に重要な一階梯に、ドーフィネの地方総督（一五九一年）や大元帥（一六〇八年）にまでなって国政に与った、山岳プロテスタントの総帥レディギエールの場合と同様、ドーフィネ地方の小都市ロマンで繰り広げられた叛乱劇があったのだ。

いつからそうなったか、訳者はまだ調べきっていないが、今日、ロマンのカルナヴァルは肉食日前週の土・日曜日に営まれている（二〇〇〇年は二月二六・二七日）。夥しい数の奇抜な仮装者たちが市内を行列闊歩するさまは、この町の春迎えの行事としてすっかり定着している。だが、それはあくまでも観光戦略の一環であり、その限りにおいて、きわめて一般的なカルナヴァルといえる。では、本書が取り上げた十六世紀のカルナヴァルとは何であり、何でありえたのか――。

カルナヴァルを初めとする祝祭が、しばしば民衆暴動や叛乱ないし蜂起の契機となったということは、イヴ＝マリ・ベルセが名著『祭りと叛乱』（井上幸治・松平誠訳、新評論、一九八〇年）でつとに示したところであり、ラングドック地方に限っても、たとえばダニエル・ロルゼクスらの『オック地方の叛乱』（D. Rorzeix et als. : *Révoltes populaires en Occident*, Éds. Les Monédière, Treignac, 1882）やマリ＝ルネ・サンチュッシの『十九世紀の犯罪と抑圧――エロー県の事例』（Marie-Renée Santucci : *Délinquance et répression au XIX*^{e} *siècle. L'exemple de l'Hérault*, Economica, Paris, 1986）などに明らかである。単なる騒動劇なら、古文書館のカルナヴァル関連資料に必ずといってよいほど言及されている。

だが、本書が取り上げたロマンのカルナヴァルは、社会の諸相が一気に対立の構図に投入されたかぎりにおいて、まさに《全体史》としての性格を帯びていた、といってもよいだろう。社会的沸騰という点からすれば、《全体的社会事実》（マルセル・モース）と呼べるかもしれない。事実そこでは、地域社会の貴族や名士＝有力者と手工業者・農民、富裕者と貧民ないし非富裕者との階級対立だけでなく、町と農村との地域対立、カトリックとプロテスタント＝ユグノー教徒の宗教対立、さらに反税・反有力者闘争や免税特権反対闘争といった、十六世紀（に限ったわけではないが）という時代状況でおよそ考えられるほとんどの社会的軋轢が、ポーミエとゲランという対照的な二人を主役あるいは化身とし、カルナヴァルというすぐれて伝統的な民俗慣行を舞台とし、さらに象徴的な祝祭言語を格好の装置として、複合的かつ連鎖的に、そして周辺地域をも巻き込む形で同心円状に奔出する。そのかぎりにおいて、ロマンのカルナヴァルは、過不足なく時代の縮図としてあり、住民と社会とが織りなす、時に苛酷な集団的イマジネールの仕掛けとしてありえた。

こうした本書の主題や主張については、刊行当時より歴史家を中心に、多くの研究者がいろいろ言及してきたが、訳者が知る限り、A・アクンとP・アンソール共編著になる『社会学事典』（A. Akoun et P. Ansort : Dictionnaire de Sociologie, Seuil, Paris, 1999）は、そのもっとも新しい事例である。アンソールによる「歴史と社会学」の項には次のような指摘がみられる。「歴史家たちは（社会の）変容とその特性を描写し、説明しようとする。たとえばル・ロワ・ラデュリは、『ロマンのカルナヴァル』（一九七九年〔本書〕）の中で、さまざまな社会的カテゴリーが、流血を伴う対立の舞台となった儀礼的な祝祭において、いかにしてその役割と関係とを変えたかを示している」（二五七頁）。

本書が社会学者にまで高い評価を得ている証左の一例だが、ロマンのカルナヴァルが血生臭いものとなった原因は、ありていにいえば、むしろ身分や資格、職種、居住地区ごとにしばしば内部分離ないし対立（intra-rivalité）をみせていた社会的カテゴリーが、ほかならぬその「役割と関係」を変えようとしたところにあったのではないか。隷属・服従すべき側が異議申し立てを行い、秩序体制を維持する側が騒擾を掻きたて、最後にこれを弾圧する。このストーリーのうちに立ち現われるのが、じつはロマンのカルナヴァルが演出する、もう一つの、しかも多分に皮肉な《逆さまな世界》にほかならないのだ。可視的なカルナヴァルと不可視のカルナヴァル。いささか陳腐な表現であることを承知で言えば、おそらくそうなるだろう。

多少とも時間の流れを交錯させ、意図的に話し言葉を多用しつつ、そうしたカルナヴァルと叛乱の連動を、そして何よりもドーフィネの一地方都市のカルナヴァルがうちに秘めた歴史的な、いや、むしろ歴史の諧謔を、当時の一次史料を駆使して読み解き、前作『モンタイユー』同様、さながらバルザックの『人間喜劇』を髣髴させる小説風に仕立てて克明かつ平易に語る。もとよりそれは、著者の比類のない力量と洞察力のなせる技だが、そこには、かねてより歴史学と人類学の協同を標榜し、自ら歴史人類学の地平を鮮やかに切り拓いてみせた、著者ル・ロワ・ラデュリの真骨頂がある。

✵✵✵

この碩学については、これまで少なからぬ邦訳書が出されており、たとえば樺山紘一氏による『新しい歴史』訳者あとがきなど、懇切な紹介がなされているところから、ここで改めて多くを語る必要はないだろう。ごく手短に紹介するにとどめたい。

一九二九年、フランス北部バス＝ノルマンディーの県都カンのカトリック系名門に生まれた彼は、第二次世界大戦後の一九四九年、国立師範学校に入り、フランス共産党に入党する。だが、「レーニン・スターリン主義の教条化に絶望し」（樺山紘一）、一九五六年、ハンガリー動乱を機に脱退する。この時、行動をともにした「同志」としては、セザンヌやモジリアニなどの美術評論でも一時代を画した詩人のアンドレ・サロモンや、黒人奴隷の末裔で、その祖先たちの肉声を詩作に蘇らせた詩人のエメ・セゼール、さらにフランス革命史の研究で知られるフランソワ・フェレらがいた。このフェレは、のちに《アナール派》とよばれるようになる新しい歴史学をともに支えることになるが、歴史家としてのル・ロワ・ラデュリの決定的な出発点は、一九五三年、上級教授資格試験に合格し、南仏モンペリエのリセで歴史学を教えるようになったところにある。ラングドックに関する膨大な数の著作は、まさにこのモンペリエ時代の調査・研究を下地とするからである。

以後、国立中央科学研究所（C.N.R.S.）派遣研究員（一九五八—六〇年）やモンペリエ大学講師（一九六〇—六五年）をつとめ、同時に、学位論文（『ラングドックの農民たち』）の提出を待って、一九六三年から、パリの国立高等研究院第六セクション（のちの高等社会科学研究院）でも、研究指導教授として講壇に立つようになる。さらに、六九年からは、同研究院の歴史学部門を率いるフェルナン・ブローデルのもとで、新しい歴史学を標榜する《経済・社会・文明年報》（いわゆる《アナール誌》）の編集陣に加わり、七三年には、ブローデルの後を受けて、コレージュ・ド・フランスの歴史学教授に就任する。そして、一九八七年には、国立図書館の館長という重責も担うようになる。

だが、世界有数の蔵書や資料を誇るとはいえ、当時の同図書館は、本を請求しても閲覧できるまでに早くても一時間、遅ければ二時間以上も待たされるありさまだった。訳者もまたこれには随分と苦労したものだったが、着任して日も浅い一九八八年、ル・ロワ・ラデュリは、多くがシステムの旧陋さと施設の手狭さに起因するそうした実情を丹念に調査し、その改善策を時の文化担当大臣のフランソワ・レオタールに提案する。最終的にこの具申が政府を動かし、ついに新国立図書館（フランソワ・ミッテラン図書館）が創設されるまでになる（一九九六年一般開放）。

こうして在職中、二十世紀最後の一大国家プロジェクトをなし終えたル・ロワ・ラデュリは、一九九四年、館長職を辞す。それに先だって、一九九三年、彼はフランス科学アカデミーの第五部門（歴史・地理学）のメンバーに選ばれている。この部門には、本書にも登場するピエール・ショニュ（一九八二年選出）や、ジャック・デュパキエ（一九九六年選出）といった、現代フランス、いや世界の歴史学をリードする錚々たる泰斗が名を連ねている。

こうした輝かしい経歴は、もとよりそれに見合うだけの業績なしにはありえない。いや、公職を離れてからの執筆・講演活動も、いよいよ盛んになっている。フランスという国が伝統的に築き上げてきた学問的状況の懐の深さを、改めて思い知らされるばかりだが、以下は、訳者が調べえたかぎりでの、ル・ロワ・ラデュリの主要著作一覧である（初版のみ。雑誌論文を除く）。

Histoire du Languedoc, PUF (Collection QUE SAIS-JE?), Paris, 1962.（『ラングドックの歴史』和田愛子訳、白水社クセジュ文庫、一九九四年）

Les paysans de Languedoc, S.A.V.P.E.N., Paris, 1966 / t. I, II, École des Hautes Études en Sciences Sociales, Paris, 1985.

Histoire du climat depuis l'an mil, Flammarion, Paris, 1967.

Le territoires de l'historien, 2 vols., Gallimard, Paris, 1973 & 1978.（『新しい歴史——歴史人類学への道』樺山紘一他抄訳、新評論、一九八〇年、藤原書店、一九九一年）

Montaillou, village occitan de 1294–1324, Gallimard, Paris, 1975.（『モンタイユー——ピレネーの村・1294～1324』上・下、井上幸治・渡邊昌美訳、刀水書房、一九九〇年）

L'Argent, l'amour et la mort en pays d'oc, Seuils, Paris, 1980.

Paris-Montpellier. P.C.-P. S. C. (1945–1963), Gallimard-Témoin, Paris, 1982.

La Sorcière de Jasmin, Seuils, Paris, 1983.（『ジャスミンの魔女――南フランスの女性と呪術』杉山光信訳、新評論、一九八五年、新装版一九九七年）。
Parmi les historiens, I & II, Garimard-Témoin, Paris, 1983, 1994.
Pierre Prion, scribe : mémoires d'un écrivain de campagne au XVIIIe siècle, Gallimard-Archives, Paris, 1985.
L'État royal de Louis XI à Henri IV 1460–1610, Hachette, Paris, 1987.
Histoire de France (éd.),T. II, Hachette, Paris, 1987.
L'Ancien Régime, 2 vols., Hachette-Pluriel, Paris, 1991.
Le siècle de Platter : 1499–1628, Fayard, Paris, 1995.
Saint-Simon ou le système de la Cour, Fayard, Paris, 1997.
L'Histoire, le chiffre et le texte, Fayard, Paris, 1997.
Mémoires 1902–1945 (en coll. avec Jacques Le Roy Ladurie et al.), Plon, 1997.
Histoire de France des régions, Seuil, Paris, 2001.

さらに、ル・ロワ・ラデュリは、次のような一種の歴史学事典にも重要な論考を発表している。

Histoire de la France rurale (dir. par F. BRAUDEL & E. LABROUSSE, Seuil, Paris, 1970).
Histoire économique et sociale de la France, dir. par G. DUBY & A. WALLON, PUF., Paris, 1975–77.
Histoire de la France urbaine, dir. par G. DUBY, Seuil, Paris, 1980–85.
Histoire de la France, dir. par A. BURGUIÈRE & J. REVEL, Seuil, Paris, 1990.

なお、フランスで単行本として出ているわけではないが、邦訳で読めるものとしては、ほかに、山口昌男氏との対談記録「歴史における局地性と普遍性」（《世界》一九八三年十二月号）、講演記録「歴史家の領域——歴史学と人類学の交錯」（二宮宏之訳、《思想》no. 728, 一九八五年二月号）、『家の歴史社会学』（《アナール論文選2》、二宮宏之・樺山紘一・福井憲彦編、新評論、一九八五年）所収論文「慣習法の体系」（木下賢一訳）、速水融氏との対談記録「新しい歴史学のめざす『総合』とは」（《中央公論》一九八四年四月号）、講演記録「『新しい歴史学』と現代科学」（国際フォーラム『現代文明の危機と時代の精神』所収、長谷川輝夫訳、岩波書店、一九八四年）、J＝P・グベール著『水の征服』（吉田弘夫・吉田道子訳、パピルス、一九九一年）の解題、ジャック・ル・ゴフとの共著『メリュジーヌ物語——母と開拓者としてのメリュジーヌ』（クードレッド作、松村剛訳、青土社、一九九六年）、ミシェル・サカン編『図説　天才の子供時代——歴史の中の神童たち』（二宮敬監訳、新曜社、一九九八年）の序文、などがある。

❖❖❖❖

思えば、カルナヴァルという題名に惹かれて、刊行直後の本書を留学先のパリの書店で手にしてから二十数年。いつ訳書が出るかと心待ちにしていたが、図らずも自分が翻訳をすることになった。アナール派の仕事に関心を抱き、ベルセの『祭りと叛乱』や著者の『モンタイユー』など、すぐれて歴史民族学的な著作に感激を覚え、自らも民衆蜂起や暴動に関する資料をフランス各地の古文書館で集めこそすれ、所詮は歴史学の門外漢。正直、本書はこれまで手がけた翻訳と異なり、いささか荷の重い作業となった。むろん、訳出に際しては、『十六世紀フランス語辞典』（Dictionnaire de la langue franç aise du seizième siècle, éd. par E. Huguet, Didier, Paris, 1925–1965）や、『アンシャン・レジーム事典』（Dictinnaire de l'Ancien Régime, éd. par L. Bély, PUF., Paris, 1996）はもとより、本書の内容に即して、F・ミストラルの『フェリブリージュ宝典』（F. Mistral : Lou Trésor dóu Félibrige ou Dictionnaire provençal-français, Culture Provençal et Méridionale, Raphèle-lès-Arles, Nlle. éd. 1979）、さらにはL・アリベールの『オック＝フランス語辞典』（L. Alibert : Dictionnaire occitan-français, Institut d'Études Occitanes, Toulouse, 1966）といった、定評ある辞典・事典類を参照した。問題の専門用語についても、『フランス史2——16世紀—19世紀なかば』（柴田三千雄・樺山紘一・福井憲彦編、山川出版社、一九九六年）を初めとして、いろいろ参考書にあたりもした。にもかかわらず、浅学ゆえの誤記・誤読があるかもしれない。識者の忌憚のないご指摘を仰げれば幸いである。

最後に、本書の翻訳の大半は、訳者が、モンペリエ第三大学（ポール・ヴァレリー大学）に客員教授として招かれた一九九九年四月から約一年間になされたが、当時、同大学の博士課程に在籍していた若きフランス民族学者の出口雅敏氏（早稲田大学人間科学研究科博士課程）と、現在トゥールーズの高等社会科学研究院でフランス民族学を専攻中の小倉健一氏（同）の両君には、翻訳上の資料収集に多大の協力を仰いだ。心より感謝の念を表したい。さらに、訳者の至らなさを辛抱強く見守り、補ってくれた新評論編集部の山田洋氏と吉住亜矢氏にも、満腔の謝意を捧げなければならない。

二〇〇二年二月

蔵持　識

631
領主的諸権利 droits seigneuriaux 35, 79, 131, 238, 247, 569, 575, 576
領主制的賦課租 redevance seigneuriale 253, 276, 575
臨時税 parcelle extraordinaire 115

ルソー、ジャン・ジャック Rousseau, Jean Jacques 132, 133, 499

レナージュ reynage 182, 190, 315, 322-397, 512, 517-521

ローマ法 droit romain 105, 573, 582, 586, 602, 616, 618-622

ワ行

若者修道院（大修道院） Abbaye de la jeunesse 262, 392, 541
環通し競争 jeux de bague 373, 376, 406

418, 510, 527, 528, 532, 548, 549
プロテスタンティズム　protestantisme　124, 461, 502, 608
プロテスタント　protestant　85, 88, 113, 158, 160, 163, 164, 167, 180, 314, 324, 461, 463, 502, 514, 528, 630
ブロワ（➡全国三部会）Blois　85, 126, 280
分益小作人（＝小作人）（➡定額小作人）métayer, grangier　80, 114, 482, 574

平民　plèbe, plébéien, roture　93, 95, 107, 114, 116–117, 118–121, 128, 143, 161, 172, 200, 250–251, 252, 264, 279, 464, 484, 496, 498, 564, 594, 623, 630–631
弁護士（➡ユグノー教徒弁護士）　avocat　65, 112, 445

暴動（➡一揆、叛乱、叛徒）　soulèvement　186, 379, 459, 484, 496, 531, 560, 582
法服貴族（➡帯剣貴族）　noble de robe　48, 65, 76, 94, 108, 118, 567
ボダン、ジャン　Bodin, Jean　132, 350–354, 613
保有官僚→官職保有者
保有農　tenancier　575, 622

マ行

マヌカン（人形）mannequin　365, 366, 458, 467, 536, 542, 548
マンドゥマン　mandement　563, 564, 576–577

「身分」　ordre　34–55, 417, 610–611, 614
民衆同盟　Ligue（populaire）　44, 89, 156–157, 159–160, 161, 163, 168–169, 180, 196, 214, 217, 220, 225, 228, 303–306, 379, 383, 418, 419, 422–423, 456, 497, 514, 626
民衆連合　Union（populaire）　120, 156, 159–160, 169, 232

名士　notable　78, 108, 144, 185, 191, 196, 201, 213, 251, 276, 306, 332
免税　examption fiscale, affranchis d'impôt, affranchissement fiscal, défiscalisation　77, 85, 93, 99–102, 107, 120–121, 140, 199–200, 223, 240, 250, 269, 404, 444, 563, 564, 567–569, 572, 574, 580, 583–585, 589, 604, 630, 632

モーグーベール（＝ボングーベール）修道院　Abbaye de Maugouvert（＝Bongouvert）　354, 369, 370, 390, 459–460, 503, 504, 505–510

ヤ行

（社会）有機体論　organicisme　133, 596–600
有徳者　gens de bien　211–212, 254, 276, 306, 313, 321, 339, 347, 361, 387–388, 418, 419, 420
ユグノー教徒　huguenot　60, 68, 70–71, 88–92, 118, 119, 158, 164, 166–167, 176, 180–181, 185, 186, 194, 211–212, 214, 216, 225, 260, 261, 267–268, 313, 324, 357–358, 444–445, 448, 450, 453, 454, 461–464, 502
ユグノー教徒弁護士　avocat consistorial　404, 581, 585

予定説　prédestination　333, 389

ラ行

羅紗職人　drapier　35, 59, 70, 186, 187–189, 190, 192, 210–211, 279, 284, 312, 314, 320, 401, 405, 409, 424, 462, 467, 468, 482, 484, 510

リシュリュー枢機卿　Richelieu, Armand Jean du Plessis de　101, 141, 587, 615,

転倒儀礼 rite d'inversion　335, 516, 526

同業組合 corporation　38, 188, 511, 516
同宗団 confrérie　38, 74, 161, 188, 189, 190, 197, 210, 319, 320, 463–464, 467, 476, 483, 487, 496, 502–521, 541, 550
同盟→民衆同盟、カトリック（教徒）同盟
土地移転税（➡相続移転税）lods et ventes　79, 80–81, 576
土地台帳 cadastres　104–105, 120, 140, 152, 572, 600, 622
特権者 privilégié　94, 114, 119, 204, 563, 564–566, 568, 572, 580
ドーフィネ的（免税）特権 libertés dauphinoises　94, 99–101, 228, 231, 616
ドーフィネ法 Statut delphinal　594
トマス・アクイナス Thomas d'Aquin　600, 605

ナ行

肉食の火曜日（➡カルナヴァル）mardi gras　293, 320, 333, 382, 400, 416, 417, 434, 437, 456, 506, 529, 542
肉食の月曜日（➡カルナヴァル）lundi gras　47, 332, 334, 345, 360, 374, 384, 415, 528
肉食の日曜日（➡カルナヴァル）dimanche gras　354
認定債 rente constituée　82

農業従事者 agricole　38–41, 189, 407
納税（義務）者 contribuable　91, 99, 250, 298, 400–401, 407, 465–467, 485
農民一揆（➡一揆）jacquerie paysanne　182, 246, 250, 253, 276, 444

ハ行

バイイ裁判所 baillage　63, 128, 130, 144, 145, 165, 405
「灰の水曜日」 mercredi des cendres　382, 437
パ（ス）キエ Pasquier, Etienne　134–135, 617, 620
裸足党 Nus-pieds　489, 569–570
パプゲ papegay　191–192, 262, 342
反税 contestation anti-fiscale　100, 102, 151, 156, 160, 197, 277–281, 292, 294–301, 562–563, 569, 570, 584
叛徒（暴徒）（➡一揆、叛乱）rebelle, mutin, révolté, manifestant　44, 54, 188, 195, 202, 203, 204, 208, 209, 235, 247, 258, 260, 317, 379, 384, 410, 420, 428, 434, 441, 445, 448, 456, 460, 467, 491, 496, 497, 500, 561
パントラニュ pantragne　534, 556
叛乱 révolte, rébeillon　54–55, 76, 88, 184, 185, 186, 190, 197, 200–201, 202, 216, 229, 374, 422, 445, 459, 466, 483, 484–492, 494–498, 500, 558, 560, 570–571, 582, 626, 628

日雇い農 journalier　80
貧農 brassier　40–41, 80, 181, 488
貧民 pauvre　53–55, 405–406, 442–443, 487

フォルクロリザシオン folklorisation　324
プジャード主義 Poujadisme　292, 569
復活祭 Pâques　72, 334, 416
富農（➡耕作者、貧農、小作人、自作農）laboureur　181, 183, 186, 189, 196, 482–483
プラウトゥス Plaute　606
プラトン Platon　135, 604
ブランル branle　316, 320–321, 322, 323, 356, 506
ブレーズ、聖（の祝日）Blaise, Saint　187–190, 312, 314–315, 318–320, 417,

76, 162, 186, 196-197, 271, 284, 360, 390, 401, 402-403, 405, 407, 409, 424-425, 459, 462, 467, 470-482, 485, 486, 498
象徴（シンボル） symbole 364, 377-378, 535, 539, 544-547, 548, 552, 632
象徴体系 symbolique 338, 377-378, 417, 540, 544-545, 548-549
新貴族 anobli 81-82, 93-94, 117, 127, 141, 143, 240, 250, 437, 566, 568, 580

聖史劇 mystère 69-70, 552
聖職者 prêtre, clergé 70, 76, 93, 102, 250, 489-490, 564, 567, 576, 598
聖職者税（➡十分の一税付加税）taxe ecclésiastique 576
聖母潔斎の祝日 Chandeleur 188, 304, 308, 309, 312, 334, 517, 530-531
セネカ Sénèque 585, 606
全国三部会 États généraux 95, 122, 126, 143, 161, 168, 280

総括徴税請負人（➡徴税吏）fermier général 581
相互選出方式 autocooptation 65, 69, 265, 499
相続移転税 droits de mutation d'héritage 78-79
ソロン Solon 136, 604, 611
村落代表 commis des villages 115, 143, 145, 301

タ行
帯剣貴族（➡法服貴族）noble d'épee 48, 76
第三身分 Tiers État 37-38, 84, 92, 93, 95, 100, 102-103, 113, 119-120, 126-129, 133, 136, 142-145, 150-151, 167, 172-173, 176, 186, 231, 250-251, 325, 435, 456, 563, 566, 572, 580-581, 583, 594, 598-600, 623, 626-627, 630
代訴人 procureur 128, 142, 150
代表参事 consul 62, 64-65, 207, 285, 497
大評定院 Grand Conseil 335, 342, 344
タイユ税 taille（物的— taille réelle, 人的— taille personnelle） 28-29, 34-55, 92-93, 96-102, 106-107, 134-135, 141, 197, 250, 292, 300-301, 468-473, 564-565, 567, 572, 588-589, 616-617, 622
タイユ税訴訟 procès des tailles 146, 269, 571, 572-573, 583
タイユ税台帳 livre des tailles 29, 34, 400, 402, 405, 411, 423, 465, 470, 481
タキトゥス Tacite 429, 585, 594, 600, 607, 619

「地位」 estats 34, 417, 482
地方財務庫 Trésor provincial 110
地方三部会 États provinciaux 92, 94, 101, 103-104, 110, 112, 123, 128, 132, 142, 144, 197, 198, 206, 250, 435, 577, 587
地方総督 gouverneur 62, 184
地方総督補佐 lieutenant général 123, 206, 219
地方代表 commis du pays 123
抽象的集合体 collectif abstract 514
超教皇主義 ultra-papiste 156, 164, 175, 630
徴税吏（➡総括徴税請負人） commis du fisc 130, 199, 545, 576
陳情書 Cahiers de doléances 92-95, 97, 126-151, 156, 228, 234, 251, 563, 574-575

通過儀礼 rite de passage 525, 526

定額貨幣地代 cens 78, 575
定額小作人（➡分益小作人） fermier 80, 114, 574
ティトゥス・リウィウス Tite Live 394, 593, 619
テリエ（賦課租台帳） terrier 84, 247

貴族階級 aristocratiee　94, 176, 588, 591, 595, 607
教会参事 chanoine　34, 51, 78, 206
教会参事会（➡参事会教会）chapitre des chanoines　74, 78, 206, 258-259
教会十分の一税 dîme　35, 83-84, 161, 238, 253, 276, 559, 561, 598
教皇主義者（➡超教皇主義者）papiste　70, 160, 166, 168, 169, 217, 325, 345, 360, 450, 452, 463, 503, 528, 532
金利（＝地代）生活者 rentier　34, 40, 44, 46-47, 54, 67, 466-467

組合→同業組合
組合職人 compagnon　197, 497, 498
クロカン croquant　138, 152, 156-157, 422, 562, 570
グロティウス Grotius　134, 612

公益 bien public　604
公共財産 salut commun　602, 604
耕作者（➡富農、貧農、小作人、自作農）cultivateur, laboureur　39, 46-47, 59, 80, 144, 204, 320, 360, 401, 407, 440, 459, 482-483, 484, 485, 486, 491, 569
公証人 notaire　36, 144, 408, 466, 488
公序 salut public　604
高等法院 Parlement　112, 118, 129, 165, 174, 176, 192, 206, 208, 220-221, 245, 630
高利貸し grosse bourse　129, 198-199, 256, 536, 549
五月祭（➡五月柱）fête de mai　370
五月柱（➡五月祭）mai　370, 507-508, 534, 538
黒死病（ペスト）peste　27-29, 30-33, 53, 123, 191, 550
国務会議 Conseil du roi　112, 571
小作人→定額・分益小作人
小作料 fermage　253
国庫（王国財務府）Trésor royal, Trésor du roi　97, 102, 110, 122, 598
コムニダデス（の乱）Communidades　560, 582, 628

サ行
財産台帳 compoix　105, 622
裁判官 juge　62-63, 112, 126, 185, 239
細民 peuple menu（menu populat）　61-62, 306-307
柵争い combat à la barrière　372, 373, 375
サン＝キュロット Sans-culotte　498, 536
参事会 conseil　62-69, 112, 151, 162, 163, 195, 206, 265, 278-279, 438
参事会会員 conseiller　73, 78, 83, 103, 206
参事会教会 collégiale　74
サンス地代→定額貨幣地代
サン＝バルテルミ（の虐殺）Saint-Barthélmy　71, 176, 216, 259-260, 461, 463, 502

「資格」qualité　34-55, 465-482
自作農 faire-valoir direct　117
四旬節 carême　72, 293, 416, 457, 506, 527, 529
執達吏 sergent　63-64, 276
社会的疎外主義 marginalisme social　181
シャリヴァリ charivari　210, 290, 317, 370, 390, 417, 508, 509, 512, 534, 536
宗教戦争 guerre de Religion　28, 50, 89, 592-593
十分の一税付加税（➡聖職者税）décime　35, 141, 576
守護聖人 saint-patron　189, 191, 318, 319, 320, 464, 510
ジュール・グラ jours gras　416, 457, 506, 516, 547, 552-553
城代 châtelain　144, 239, 488, 490, 577
職人（➡組合職人）artisan　37, 49-50, 70,

人名・事項索引

（表記は人名も含めて本文に倣うが、用語の中には、同じ意味を複数の語彙で表記している場合があることに留意されたい——訳者）

ア行
アウグスティヌス、聖 Augustin, Saint 333, 606
アリストテレス Aristote 600, 601, 602-604, 607

異教 paganisme 71-73, 342, 370, 528-529, 532
一揆（➡農民一揆、叛乱）jacqurie 181, 354, 434, 517, 558, 560, 582, 628

エレクシオン élection 78, 83

王国（➡レナージュ）royaume 182, 190, 254, 320, 326-397, 406, 417, 512, 541
王令 ordonnance 164, 165, 169, 180, 335-336, 572

カ行
階層 strate 34, 494-502, 515, 541, 545
核家族 famille nucléaire 30-33
拡大家族 famiille élargie 30-33
課税目録 rôle d'impôts 44, 55, 60, 328
仮装 déguisementt 526-527, 530, 534, 543, 556
仮装行列 mascarade 257, 321-322, 323, 356, 376, 386, 506, 527, 549
寡頭政治 oligarchie 256, 287, 499, 500
カトリシズム catholicisme 71-73, 358, 529
カトリック catholique 71-73, 85, 88, 113, 156, 159, 163, 164, 324, 342, 358, 421, 463, 514, 520-521, 528
カトリック（教徒）同盟 （Sainte）Ligue 122, 156, 159, 160, 166, 168, 175, 345, 486, 529, 628
カトリーヌ・ド・メディシス Catherine de Médecis 124, 139, 140, 141-142, 146-147, 148, 168, 172, 193, 203, 231, 266-273, 317, 514, 631
カパージュ capage 56
仮面 masuque 417, 461, 526, 533-534, 543, 549, 556
カルナヴァル（➡肉食の日・月・火曜日）carnaval 26, 29, 30, 60, 72-73, 74-75, 182, 202, 203-204, 291, 312, 315-397, 406-407, 416-417, 457, 460, 494, 506, 516, 524-556, 624-634
カレーム＝プルノン carême-prenant 293, 333, 369
官職保有者 officier 112, 198, 484, 580

機械仕掛けの神 Deus ex machina 259, 389
キケロ Cicéron 133-134, 584, 603, 606
寄宿学校 collège 35, 368, 401, 499
貴族 noblesse, le noble 34, 76-77, 81-82, 85, 93, 102, 104, 116, 172-173, 175, 176, 185, 236, 239-246, 436, 484, 564, 584, 588-593, 623

訳者紹介

蔵持 不三也（くらもち　ふみや）

1946年栃木県生まれ。早稲田大学文学部卒。パリ第Ⅳ大学（ソルボンヌ校）修士課程修了。パリ社会科学研究院前期博士課程修了。現在早稲田大学人間科学部教授。1999—2000年、モンペリエ第Ⅲ大学客員教授。博士（人間科学）。フランス民族学専攻。
主要著書：『祝祭の構図』（ありな書房、1984／1992）、『ワインの民族誌』（筑摩書房、1988）、『異貌の中世』（弘文堂、1986）、『シャリヴァリ』（同文館、1991）、『ペストの文化誌』（朝日選書、1995）、『ヨーロッパの祝祭』（編著、河出書房新社、1996）ほか。
訳書：A・ヴァラニャック他『ヨーロッパの庶民生活と伝承』（白水社クセジュ文庫、1980）、E・バンヴェニスト『インド＝ヨーロッパ諸制度語彙集Ⅰ・Ⅱ』（共訳、言叢社、1986／87）、J=L・フランドラン『農民の愛と性』（共訳、白水社、1989）、D・ホワイトハウス『世界考古学地図』（原書房、1984）、A・コットレル『世界の神話百科　ギリシア・ローマ／ケルト／北欧』（共訳、原書房、1999）ほか。

南仏ロマンの謝肉祭《カルナヴァル》
叛乱の想像力　（検印廃止）

2002年4月1日初版第1刷発行

著　者　エマニュエル・ル・ロワ・ラデュリ
訳　者　蔵持 不三也
発行者　武市 一幸

発行所　株式会社 新評論

〒169-0051　東京都新宿区西早稲田3—16—28
http://www.shinhyoron.co.jp
TEL 03（3202）7391
FAX 03（3202）5832
振替 00160-1-113487

定価はカバーに表示してあります
落丁・乱丁本はお取り替えします

装幀　山田英春
印刷　新栄堂
製本　河上製本

ISBN4-7948-0542-X　C0022
Printed in Japan

J.P.クレベール／杉崎泰一郎監訳・金野圭子・北村直昭訳

ミレニアムの歴史

四六　349頁　3200円　〔00〕

ISBN4-7948-0506-3

【ヨーロッパにおける終末のイメージ】千年前の人々が抱いた「世の終わり」の幻影と、新たな千年期（ミレニアム）を生きる現代人の不安を描いた、西洋における終末観の変遷史。

ジャン・ドリュモー／西澤文昭・小野潮訳

地上の楽園

〈楽園の歴史Ⅰ〉

A5　392頁　4200円　〔00〕

ISBN4-7948-0505-5

アダムは何語で話したか？アダムとイブの身長は？先人達は、この地上に存続しているはずだと信じた楽園についてのすべてを知ろうと試みた。教会権力が作ったイメージの歴史。

J.ドリュモー／永見文雄・西澤文昭訳

恐怖心の歴史

A5　864頁　8500円　〔97〕

ISBN4-7948-0336-2

海，闇，狼，星，飢餓，租税への非理性的な自然発生的恐怖心。指導的文化と恐れの関係。14－18世紀西洋の壮大な深層の文明史。心性史研究における記念碑的労作！　書評多数。

J.ド・マレッシ／橋本到・片桐祐訳

毒の歴史

A5　504頁　4800円　〔96〕

ISBN4-7948-0315-X

【人類の営みの裏の軌跡】毒獣，矢毒，裁きの毒，暗殺用の毒，戦闘毒物，工業毒。人間の営みの裏側には常に闇の領域が形成される。モラルや哲学の必要性を訴える警告の書！

P.ダルモン／河原誠三郎・鈴木秀治・田川光照訳

癌《ガン》の歴史

A5　630頁　6000円　〔97〕

ISBN4-7948-0369-9

古代から現代までの各時代，ガンはいかなる病として人々に認知され，恐れられてきたか。治療法，特効薬，予防法，社会対策等，ガンをめぐる闘いの軌跡を描いた壮大な文化史。

ルドー・J. R. ミリス／武内信一訳

天使のような修道士たち

四六　386頁　3500円　〔01〕

ISBN4-7948-0514-4

【修道院と中世社会に対するその意味】エーコ「薔薇の名前」を彷彿とさせる中世ヨーロッパ修道院の世界への旅に誘い、「塀の中の様々な現実」をリアルに描く。図版多数。

A. マルタン＝フュジエ／前田祝一監訳

優雅な生活

A5　612頁　6000円　〔01〕

ISBN4-7948-0472-5

【＜トゥ＝パリ＞、パリ社交集団の成立1815-48】バルザックの世界の、躍動的でエレガントな虚構なき現場報告。ブルジョワ社会への移行期に生成した初期市民の文化空間の全貌。

スタンダール／臼田　紘訳

イタリア旅日記　Ⅰ・Ⅱ

A5　Ⅰ 264頁　Ⅱ 308頁　各3600円　〔91,92〕

Ⅰ ISBN4-7948-0089-4
Ⅱ ISBN4-7948-0128-9

【ローマ，ナポリ，フィレンツェ（1826）】生涯の殆どを旅に過ごしたスタンダールが，特に好んだイタリア。その当時の社会，文化，風俗が鮮やかに浮かびあがる。全二巻

スタンダール／臼田　紘訳

ローマ散歩　Ⅰ・Ⅱ

A5　436頁　4800円　〔96〕

Ⅰ ISBN4-7948-0324-9

文豪スタンダールの最後の未邦訳作品，上巻。1829年の初版本を底本に訳出。作家スタンダールを案内人にローマ人の人・歴史・芸術を訪ねる刺激的な旅。Ⅱ巻'98年秋刊行予定。

表示の価格はすべて消費税抜きの価格です。